U0880323

说到做到，定日必达！
说到做到，服务至真至诚！
我们用真诚贯穿服务始终。真诚是信任与合作的基础，在这里，
每一次相遇都是满意的开始，每一次离开都是下次合作的序曲。
我们相信，全力以赴，全心付出，为您带来更多价值。
天地华宇
中国公路快运领导者
400-808-6666
天地华宇
中国公路快运领导者

FOTON
物流行业
福田物流
全力以赴 积极投入旺季劳动竞赛
热情 创新 永不止步

行天下長久遠
遠
长久物流

公司成立以来，秉承“服务至上、缔造共赢”的理念，坚持“立足安徽、面向华东，沿长江黄金水道发展”的战略方针，迅速发展壮大，2010年，全公司实现销售收入183亿元，并被评为全国4A级物流企业。公司现已成为中国制造业与物流业联动发展课题组的重要专家成员；中国物流与采购联合会钢铁专业委员会副主任单位。

HNCC 河南煤化集团 国龙物流

河南煤业化工集团

河南煤业化工集团国龙物流有限公司，隶属于河南省首家资产、营业收入双双超千亿元企业——由永煤、焦煤、鹤煤、中原大化、省煤气化战略重组而成的河南煤业化工集团有限责任公司，是其重组后成立的第一个全资直属子公司，注册资本金3.9亿元。国龙物流成立至今充分依托河南煤化集团的资金、品牌、区位和市场优势，按照供应链管理和现代物流理念，整合内部资源，打造物流网络，逐步形成了以煤炭、钢材、木材、油脂、有色金属、化工产品为核心，集采购、销售、仓储、运输、配送、加工于一体的综合物流服务能力，2010年实现营业收入162亿元，位列“中国物流企业50强”第10

◎时任河南煤化集团董事长、党委书记陈雪枫与日照港签约。

◎河南煤化集团国龙物流总经理朱新强。

集团简介

远成集团（Yuan Cheng Group）创建于1988年，注册资金3.05亿元。 通过20多年的拼搏，远成集团已发展成为以公路快运、城际配送、仓储服务、铁路运输、航空海运、国际货代及物流方案策划等为主导，集物流服务、实业投资和国际贸易为一体的综合性现代化企业集团。其中远成综合物流（YCIL）已形成覆盖全国公路网络的新干线汽运班列，具备“以公路铁路干线运输，城际区域配送、仓储服务等相结合”的多层次、广覆盖的独具特色的综合物流服务商。

远成集团现已在全国各省市自治区拥有全资直属一级分公司、二级分公司，营业网点覆盖所有的省级城市及大多数地级市，目前营业网点正快速向县级及乡镇发展；拥有一支庞大的专业高效的物流服务团队；每个直属公司都拥有能够满足客戸需求的自有车队；各直属分公司已有及在建的仓储基地能满足客戸仓储业务的需求。

远成集团严格按现代物流操作流程进行标准化运作，已通过国际质量管理体系认证。集团引进和开发先进的物流供应链管理系统，为客戸提供专业高效的物流星级服务，包括电子商务系统、订单管理系统（OMS）、运输管理系统（TMS）、仓储管理系统（WMS）、业务协同工作管理系统、车辆全球定位系统（GPS/GIS）和财务系统。远成物流供应链管理系统的应用，有效地满足了客戸的查询、监控、跟踪、结算、配送等需求，让客戸选择远成时，更无后顾之忧。

远成集团是中国首批5A级“综合服务型物流企业”，并荣获“2009年物流百强企业”、“中国物流改革开放30年旗帜企业”、“中国物流示范基地”、“中国物流学会产学研基地”、“2009年度最佳服务质量物流企业奖”、“2010中国物流品牌价值百强企业奖”、“2010中国物流十大成长力企业奖”、“2010年中国物流杰出企业”等荣誉。远成集团一直秉承“以心传递、畅达天下”的物流星级服务理念，经过一批又一批远成人不畏艰难、顽强奋斗、不断创新，铸就了辉煌，使远成集团跻身于国内出色的物流企业之列。

大气度决定大格局，大眼光决定大前途。

远成集团有信心、有能力与所有合作伙伴一道，共同为实现中国现代化物流跻身于国际先进行列加油努力，实现远成人“以心传递、畅达天下”的承诺。

YCIL 远成物流
现代综合物流服务商
准时优先
安全实惠
YCIL 远成物流
以心传递 物达天下
远成新干线
★覆盖全中国大部分城市网点
★优先提取、优先装运、优先配送
★全程“绿色通道”快速发运
★承诺时间，限时到达
远成新干线：以多种载体与全局网络为基础，为工业、商业、居民客户提供优惠于行业、优先于时效、优质于全程的一站式物流零担运输与配送服务。
我们的核心产品：金融物流、基础物流、仓储配送、国际物流、更多增值服务
我们的资源优势：特快行邮、城际班车、集装箱班列、市内配送、铁路行包快运、行李车、五定班列、空运海运、仓储基地……
YCIL 远成物流
全国客服热线 400-820-1646

宝湾物流
BLOGIS

宝湾物流是深圳赤湾石油基地股份有限公司的物流服务品牌，凭借母公司 20 多年来经营国际著名石油后勤服务基地的丰富经验，宝湾物流在短短几年内快速成长，相继在长三角、珠三角、环渤海、西南等经济区域的上海、昆山、南京、广州、深圳、天津、廊坊、成都等地自行开发拥有并管理多个大型物流园项目。

目前，宝湾物流投入运营及在建的物流仓储设施已经超过 100 万平方米，是国内著名的物流园开发商和运营商之一，获中国仓储协会颁发“2010 全国通用仓储企业排名第四”，吸引了众多物流企业、生产企业和商贸企业进驻，并为他们提供高端物流设施和物流综合服务。

上海（松江）宝湾物流中心

地址：上海市松江区松蒸路
联系人：顾雪军
电话：021-33791000
传真：021-33794050
网址：www.blogis.com.cn

上海（松江）宝湾国际物流有限公司项目占地 332 亩，计划建造 12 栋高标准仓库，仓储面积达 11.3 万平方米。可根据客户需求提供个性化定制服务，预计于 2012 年一季度投入运营。

公路： 距 G1501 上海绕城高速（原 A30 郊环高速）仅 2 公里；
距 G60 沪昆高速（原 A8 沪杭高速）仅 1.5 公里；
距沪闵路 25 公里。

机场： 距虹桥机场 30 公里；
距浦东机场 55 公里。

港口： 距外高桥集装箱码头 70 公里；
距浦东机场 55 公里。

港口： 距外高桥集装箱码头 70 公里。

成都（龙泉）宝湾物流中心

地址：成都市龙泉物流中心
联系人：钱峰
电话：028-66898288
传真：028-66898300
网址：www.blogis.com.cn

成都（龙泉）宝湾国际物流有限公司项目占地 381 亩，计划建造 10 栋高标准仓库。一期 4 栋库，面积近 5 万平方米，于 2011 年中投入运营；二期计划建造 3 栋高标准仓库，仓储面积达 4 万平方米，于 2012 年投入运营；三期计划建造 3 栋高标准仓库，仓储面积达 3 万平方米，于 2013 年投入运营。

公路： 距市中心（一环路）仅 20 公里；距三环路 11 公里；距成渝高速路立交桥 10 公里；距成南高速路立交桥 18 公里；依托绕城高速、成渝高速、成南高速、沪蓉高速，通过汽车城大道、老成渝路、成龙路、成洛路，辐射成渝经济带、川东川南经济区域、贵州等地区。

铁路： 紧邻成渝铁路、成昆铁路。

机场： 距离成都双流机场 15 分钟车程。

BLOGIS

BLOGIS

广州宝湾物流中心

地址：广州市萝岗区开创大道
联系人：许飞彪
电话：020-82252067
传真：020-82252065
网址：www.blogis.com.cn

广州宝湾物流中心占地 240 亩，分 2 期开发。一期占地 65 亩，建有 3 栋高标准仓库，仓储面积达 2 万平方米，于 2006 年初投入运营；二期占地 175 亩，计划建造 4 栋高标准仓库，仓储面积达 10 万平方米，预计 2013 年投入运营。

公路：距广园快线 1.5 公里 / 距广深高速公路萝岗出口 1 公里路程；通过开创大道，北接广汕公路（324 国道），南连广深公路（107 国道）；距深圳、珠海、东莞、佛山、中山均在 1.5 小时车程内。

港口：距黄埔新港 10 公里 / 距香港 65 海里。

机场：距广州新白云国际机场 40 分钟车程。

铁路：距广深铁路 3 公里 / 距新港铁路 1 公里 / 距南岗货物编组站（规划中）2 公里。

廊坊宝湾物流中心

地址：廊坊市经济技术开发区
联系人：王晓东
电话：0316-5296266
传真：0316-5296266
网址：www.blogis.com.cn

廊坊宝湾物流中心占地 260 亩，计划建造 10 栋高标准仓库。仓储面积达 8.7 万平方米，预计 2012 年年初投入运营。

公路：园区紧邻 104 国道，距北京界约 1 公里；距京津塘高速公路采育口 9 公里。

机场：距北京首都国际机场约 60 公里；距天津滨海国际机场 70 公里。

港口：距天津港 105 公里。

总公司：深圳赤湾石油基地股份有限公司
电话：0755-26694211　传真：0755-26694227
网址：www.blogis.com.cn
地址：广东省深圳市蛇口赤湾石油大厦 14 楼

HurryTop 华运通物流

China Network Logistics

上海华运通仓储配送有限公司，成立于2005年，前身是华运通物流有限公司（1999年注册）。2007年被香港China Network Logistics Limited（以下简称CNL）并购后，成为港商独资企业。注册资金为2380万元人民币,投资总额4760万元人民币。此后，CNL又先后并购了上海辉鹏物流有限公司，上海虎韵物流有限公司，上海华运通实业发展有限公司，廊坊市华运通危险品运输有限公司和安徽华运通物流有限公司。其战略目标是通过资本运作来整合国内物流服务市场、创建一个大型物流企业、在2～3年后实现海外上市。业务范围涵盖企业合同物流、国际货代货运、外贸分销的大型综合型供应链服务企业。CNL旗下的两个知名品牌为“华运通 HurryTop”和“飞鹏 ”。

华运通是国内知名的第三方物流企业之一。在全国建立了由30多个分公司或办事处组成的物流网络，业务覆盖了除西藏以外的所有地区，为包括宝洁、飞利浦、联合利华、卡夫、丰田、汉高等20多家500强企业及海尔、光明、伊利、泸州老窖、TCL等20多家国内著名品牌企业提供全方位的供应链服务。

公司提供的服务内容涉及原材料物流、成品物流、分销物流、反向物流、售后服务/备品备件物流、危险品物流等。华运通针对不同行业，提供家电、食品、饮料、日化、化工、冷冻冷藏等全套解决方案。

公司的所有业务均建立在国内领先的LMS系统上（LOGISTICS MANAGEMENT SYSTEM），包括仓库管理系统（WMS）、运输管理系统（TMS）及物流信息交换平台LIS（LOGISTICS INFORMATION EXCHANGE PLATFORM），对运作进行实时管理。系统均基于WEB网络，提供良好的用户接口，随时接受客户查询和监控。

华运通有着一批同行业中引以为豪的管理队伍。公司业务骨干均在物流领域有着多年的实践经验。公司管理层绝大多数拥有硕士以上学历，平均年龄36岁，是一个充满朝气和活力的团队。

华运通矢志成为中国优秀的、成功的供应链服务提供商。

集团新动向——B2C业务

华运通·达 作为华运通旗下的快递品牌，以电子商务物流为导向，以快递、代收货款、逆向物流、仓储和流通加工一条龙服务。

随着B2C业务优势的凸显，公司高度重视物流信息实时、自动化应用，相继采TMS、WMS、EDI 、DPS和自动分拣机等先进技术，打造信息网络平台，为电子商务类型的客户，提供定制的多样化的物流服务。

华运通背景

- 成立于1999年4月
- 多次被国家著名咨询公司和投资银行评为“中国领先的第三方物流企业”
- 总部设在上海，拥有7家分公司和30个物流中心，物流网络覆盖了全国所有的地级和县级城市
- 100万吨年货运输吞吐能力
- 30万平方米专业化管理的仓库
- 50多家世界500强企业选择华运通为长期供应链管理及服务伙伴
- 500多个全国主要城市机构的华运通物流网络

荣誉和资质

- 国家级4A级物流企业
- 获得ISO 9001：2008公司质量管理体系认证
- 中国物流发展重点联系企业
- 被国际著名管理咨询公司美世咨询（Mercer）评为中国知名的第三方物流企业
- 荣获美国供应链协会（CSCMP）颁发的“2006年度优秀供应链管理解决方案及应用案例”奖
- 指定的税务试点物流企业之一
- 中国物流与采购联合会理事单位

地址：上海市青浦区华新镇新协路1189号

邮编：201708

电话：021-60829100

传真：021-60829101

网址：www.cnlgroup.cn

邮件：gm@hurrytop.com

联邦快递是：

全球最具规模的速递运输公司之一；
全球 500 强企业；
一家开创了航空速递行业的公司；
《财富》杂志“全球最受尊敬的公司”；
较早拥有直飞中国大陆航权的货运航空公司。

FedEx® Express
联邦快递

联邦快递（“**FedEx**”）是全球最具规模的速递运输公司之一，为全球超过 220 个国家和地区提供快捷、可靠的速递服务。联邦快递运用覆盖全球的航空和陆运网络，确保分秒必争的货件可于指定日期和时间前迅速送达，并且设有“准时送达保证”。

中国是联邦快递策略的核心。1984 年，联邦快递开始在中国大陆开展业务，自此，其国际快递业务迅速扩展至中国的所有主要城市和省区。位于广州白云国际机场的联邦快递亚太区转运中心从 2009 年 2 月起正式投入运营，中国在联邦快递全球网络中开始扮演更为重要的角色。

目前，联邦快递在中国作为独资公司运作。2007 年 5 月 28 日，联邦快递开始在中国推出国内服务。目前联邦快递的国际快递和国内服务已经覆盖全国 400 个城市。2010 年 1 月 4 日，联邦快递将其首架波音 777 货机在中国上海投入运营，首次将上海与联邦快递位于孟菲斯的超级转运中心直接相连。

作为一家富有爱心和社会责任感的公司，联邦快递与政府机构及非营利性组织在社会公益项目上进行合作，回报社会。在中国，联邦快递和全球儿童安全网络共同携手，在国内推广“儿童安全步行”主题教育活动，旨在提高儿童安全步行意识。2007 年 9 月，联邦快递在上海启动“让梦想插上翅膀”活动，帮助提高民工子弟学校的教学设施和教育水准。联邦快递通过向国际奥比斯提供志愿飞行员和对飞行眼科医院提供免费维护，对其医疗项目提供资金支持以及提供药品和其他设施的免费运输服务等方式，以支持其在中国开展防盲治盲活动。自 2008 年起，联邦快递携手格诺威特基金会在武汉和广州分别推出“格诺威特学生环保教育计划”，在当地的青少年中推广和普及环境保护知识。2010 年，联邦快递宣布与保护国际基金会在四川省开展十个社区保护项目，帮助保护该地区大熊猫的生存环境。

西三 现代物

海西三明现代物流产业开发区由三明市和沙县两级政府共同投资开发建设，是福建省“十一五”现代物流产业发展专项规划重点建设项目。开发区位于福建省中部的沙县境内、闽江支流沙溪河下游，规划总用地面积24平方公里，核心区开发10平方公里（即东接向莆铁路、北靠205国道、西至环城西路、南临建设中的长深高速公路连接线）。2010年11月，被中国物流与采购联合会命名为“中国物流实验基地”和“常务理事单位”；12月，被福建省政府批准为省级经济开发区。

2009年，开发区成立了“海峡西岸三明现代物流产业开发区管理委员会”，同时注册成立“福建省三明现代物流产业开发建设有限公司”，管委会与公司实行“两块牌子，一套人马”管理体制，按照公司化管理、市场化运作模式经营。自开发区成立以来，各级领导高度重视，在海峡都市报网站开辟的“海西建设十大新作为”评选活动中，三明现代物流产业开发区在上百个开发区和重大项目中人气指数极高，进入了“十大新作为”行列。

三明市地处闽中腹地，它是中国的森林之乡，自然资源丰富，是镶嵌在海西内陆的一颗绿色明珠。这里聚集了福建省最大的钢铁、化肥、化纤、人造板、重型卡车等生产企业。据不完全统计，三明市物流总量每年约上亿吨，并逐年高位运行。物流专家预测，伴随着交通的发展，未来三明市的物流需求系数将呈快速增长，三明市经济和社会发展对物流的依赖程度也越来越高，因此推动三明市物流产业的发展，对构建海西三明市生态工贸区，进入循环经济状态和低碳生活时代无疑奠定了坚实的基础。

区位条件：开发区位于福建四大综合交通枢纽之一的沙县境内。今后有三条高速公路、三条铁路、一个机场和一个航运码头在境内汇集，形成陆、空、水立体交通网络。

交通方面：正在运营中的鹰厦铁路、在建的向莆快速铁路及三明北站、开工建设的杭广快速铁路（南三龙段）；建成通车的长深、泉三高速公路和205国道、304省道，动工兴建的厦沙高速公路和长深高速公路连接线；动工建设的三明机场；改造中的沙溪河航运码头等重大交通基础设施。

功能定位：以陆地港为平台，水、陆、空、铁多式联运为载体，海关、检验检疫部门等单位为依托，加快建成物流园区、陆地港综合区、中央商务区、配套商住区等综合性功能区，逐步建成功能齐全、综合性强、资源配置合理，具备现代物流特点的集运输、仓储、包装、加工、展示、电子商务为一体的现代物流产业开发区。

供地优势

对完成“七通一平”（指通路、通水、通电、通信、排水、排污、广播电视和土地平整）的用地，按政府公布的最低价挂牌出让。

服务模式

开发园区实行“一个窗口对外、一个漏斗办结”的服务模式，为入园企业的引进、批办、筹建、生产提供全程服务。对投资规模大、科技含量高、增加地方财力多以及产业带动效应大的投资项目，按“一企一策、一事一议”的原则，由项目筹建小组协助项目业主做好筹建工作，直至投入使用。

发展目标

以“构建一个新区、打造一个新城”为总目标，加快培育商贸服务功能，完善居住配套设施，建设国内先进的省内一流的加工配送中心、多式联运中心、综合服务为一体的综合型物流园区，建成交通便利、经济繁荣、配套齐全、亦商宜的城市新区，成为区域经济重要的增长极。

海峡西岸三明现代物流产业开发区管理委员会
福建省三明现代物流产业开发建设有限公司

地址：福建省沙县虬江街道
邮编：365500
电话：0598—5697938
传真：0598—569792

上海中石化工物流股份有限公司

董事长 谢林昌

上海中石化工物流股份有限公司（简称股份公司）是一家主要从事各类化工危险品、剧毒品运输，并集普通货物运输、仓储及与物流相关的汽车修理（一类资质）、汽车驾驶员培训、槽罐检测等为一体的综合性大型化工物流企业。

股份公司前身是创建于1976年8月的原中国石化集团公司全资子公司——上海石化汽车运输场。2005年6月，原上海石化汽车运输场根据中国石化集团公司关于实施主辅分离的部署开始进行企业改制工作。2006年7月，原上海石化汽车运输场改制变更为上海中石化工物流有限公司。2011年7月28日，企业整体变更为上海中石化工物流股份有限公司。

股份公司注册资本为6200万元，总资产为2.35亿元，总占地面积16万平方米。公司拥有各类化工危险品槽车、集卡（罐）和各类箱式、栏板货运车等360余辆，总运力8100多吨，年运输能力400余万吨；仓储面积3万余平方米。

股份公司在历经30多年的改革发展中，培养、造就了一支在化工危险品物流行业具有丰富实战经验、综合素质优秀的经营管理团队和员工队伍。现有1280余名员工，其中中高级专业技术人员50余名，其他各类专业技术人员90余名。

股份公司实施以分（子）公司为独立经营单位的企业运行体制和管理构架。目前拥有化工物料运输分公司、固体料货运分公司、集罐分公司、多式联运分公司、仓储分公司、镇海物流分公司、嘉兴物流分公司、汽车驾驶员培训部等，并拥有上海欣漕物流有限公司、上海中石汽车修理改装厂、上海中石槽桶维修服务部、上海中石实业有限公司等子公司和1个合资公司——扬州中石九洲物流有限公司。

股份公司主要客户和物流合作伙伴包括：中国石化上海石油化工股份有限公司、中国石化化工销售华东分公司、巴斯夫有限公司、拜耳有限公司、亨斯曼有限公司等国内外著名企业。业务分布在以沪、江、浙、皖等为重点的全国20余个省市、自治区的150多个城市和地区。

股份公司在国内同行业中率先提出了"任何事故都是可以避免的"HSE理念，并通过开展大规模的全员培训、岗位承诺活动，将"任何事故都是可以避免的"HSE理念转化为全体员工的行为准则，从而形成了具有中石化工物流特色的安全管理文化。

股份公司是上海市交通运输行业协会、上海市道路运输行业协会、上海市危险货物运输行业协会等三大行业协会副会长单位，上海市危险品车辆维修行业协会会长单位；具有国家道路货运二级企业、国家4A级物流企业、上海市三星级安全资信企业、上海市A类财务信用单位等资质；是全市同行业内最早通过并取得ISO 9001质量管理体系、HSE管理体系、RSQAS道路安全质量评估体系认证和评估资质证书的企业之一。

股份公司先后获得了中国物流示范基地、中国危险品物流行业模范单位、全国"安康杯"竞赛优胜单位、上海市文明单位、上海市"职工最满意企业"、上海市新经济组织"五好党组织"、上海市"安全行车先进集体"等荣誉称号。

股份公司愿以真诚"开启业主为客户售后服务的窗口"，用守信作为"联结业主为客户产品传递的纽带"，致力于打造"一个值得信赖的、最容易合作的物流伙伴"企业品牌。

股份公司董事长谢林昌先生和总经理赵勇先生携全体员工，竭诚为新老客户和物流合作伙伴提供全方位、高品质的一体化物流服务。

地址：上海市金山区石化金二东路64号
电话：021-57942178，57941941转各部门
网址：www.szclc.com

中南物流园
国家AAAA级综合服务型物流企业
湖南省十大商贸物流领军企业
长沙市先进物流企业
服务创造價值
诚信铸就辉煌
集货运配载 零担专线 仓储配送 停车住宿
餐饮休闲 综合服务于一体的区域物流中心
地址:湖南省长沙市长沙经济技术开发区中南汽车世界凉塘西路311号 邮编:410100
电话:0731-84088566 84088556 传真:0731-84088566 Http://www.znwly.com

涂宏斌校长

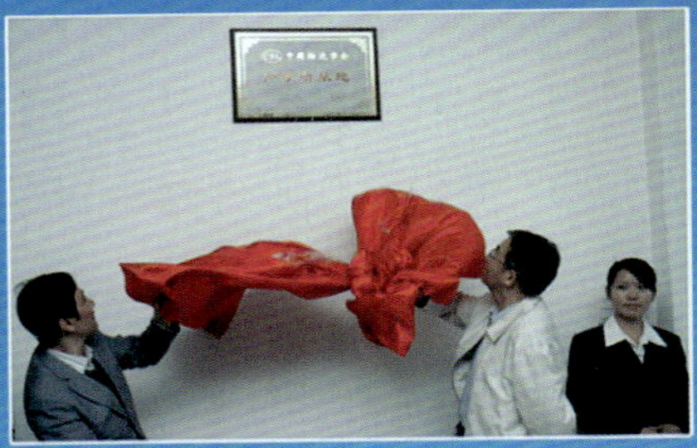

湖南现代物流职业技术学院

湖南现代物流职业技术学院是全日制普通高等院校，是一所以现代物流为主导专业的高等职业学院。学院是湖南省政府和中国物流与采购联合会共建院校，是湖南省示范性高等职业学院，也是中国物流与采购联合会物流师职业资格认证培训中心、物流职业教育研究中心和培训中心，被中国教育评价中心评为“全国最具特色职业院校”，学院率先牵头组建湖南现代物流职业教育集团——湖南省第一家职教集团。曾荣获“物流人才培育杰出院校”称号，2010年被中国教育网、中国教育在线等评为“全国十佳优秀高职院校”。

学院现有物流管理系、物流工程系、物流信息系、物流经贸系、公共管理系5个系，开设物流管理、物流工程技术、物流信息技术、物联网应用技术、电子商务、物流金融、物流连锁经营等17个物流相关专业，形成了特色鲜明的现代物流专业群。其中物流管理专业是省级教改试点专业，有国家级精品课程2门；会计（物流企业会计方向）专业是省级精品专业建设项目。

学院现有在校三年制全日制高职学生6000余人，成教生600余人，面向全国22个省、市、自治区招生。学院现有教职工395人，专职教师272人，其中，教授、副教授以上教师90人，具有博士、硕士学位的教师115人。学院拥有省级教学名师2人，省级专业带头人3人，省青年骨干教师1人。

学院科研实力雄厚。2010年，学院承担国家级课题和湖南省科技重大专项研究并获得各级各类科研奖励共计30项。

学院实习实训条件好。现代物流实习实训基地是中央财政支持的实训基地、湖南省职业院校重点实习实训基地和湖南省物流专业教师专业技能教学水平认证培训基地。学院建成了包括“供应链一体化”多媒体沙盘室、物流仿真实训室、物流设施设备实训室、物流信息技术实训室等57个专业实训室。此外，学院还围绕“一区一园一中心”（金霞经济技术开发区、中南物流园、全洲药业配送中心）建立了83家稳定的校外实训基地，有力地保证了技能型物流专业人才培养质量，60多家企业在校内设立人员培训中心。

学院毕业生社会认可度高，就业质量好。在2010年湖南省黄炎培职业教育奖创业规划大赛和全国物流职业技能大赛中，学院代表队分获一等奖和二等奖。同时，学院与中铁五局、中远国际、中建五局、国药控股、一力物流、京阳物流、远诚集团、湖南粮食集团、深圳粮食集团、三一集团、山河智能等200余家企业单位建立了良好的合作关系，多年来就业率稳定保持在95%以上，毕业生供不应求。

学院秉承“以人为本，崇技强能、质量立校、特色兴校”的办学理念，坚持“对接产业、工学结合、提升质量、打造品牌”的办学思路，“用现代物流理念培养现代物流人才”，紧扣应用型、实用型人才的培养目标，突出以能力为本位的教学质量观，走“校企合作、产学研结合”、“订单式”培养的办学之路，树立满足社会“急用”、能力“够用”、上岗 “顶用”的新型人才观，着力培养具有创新意识和创业精神的实用型、技能型人才。

★公办全日制普通高等学校

★全国物流类高职学院

★湖南省示范性高职学院

★湖南省人民政府和中国物流与采购联合会共建院校

招生电话：0731-84083978 QQ：408273298

地址：湖南省长沙市远大二路泉塘

邮编：410131

网址：www.56edu.com

后勤工程学院现代物流研究所

后勤工程学院现代物流研究所是全国最早从事物流教学、研究与开发的科研机构之一，成立于1987年1月，1990年取得国家首批物流专业硕士授予权，现有军事物流博士与硕士授权点各1个、物流工程硕士授权点1个、管理科学与工程硕士授权点1个、总后优秀人才流动站1个，承担物流管理、仓储管理、仓储自动化等本科专业教学任务。经过20多年的建设与发展，我所已拥有一支学术思想活跃、教学水平高、科研能力强、方向结构合理、有创新和团结协作精神的人才梯队，目前有教授6人、副教授14人，博士生导师1名、硕士生导师18名，博士8人、硕士35人。其中，国家自然科学基金委管理科学部评议专家1人，中国物流学会常务理事2人，重庆市322工程人才2人，重庆市学术技术带头人1人，全军仓库机械化自动化学会主任委员2人，军队院校育才银奖4人，总后优秀教师2人，总后“科技新星”1人，享受军队优秀专业技术人才岗位津贴4人。通过军队院校2110一期、二期工程建设，我所已建成全国领先的物流管理与物流工程实验室群，占地3000平方米的自动化立体仓库在全国院校少有、且重庆唯一。联合地方相关院校成立的重庆市现代物流生产力促进中心，既是全军也是西部地区物流人才培养与物流研发的重要基地。

后勤工程学院现代物流研究所具有建筑工程规划设计甲级资质，是中国物流与采购联合会授权的国家优秀物流师培训中心、高级物流师培训中心、ITC与注册采购师培训中心、物流经理培训中心，是全军仓库机械化自动化学会自动化专委会主任单位、重庆市物流协会副会长单位，研究领域涵盖物流自动控制、信息技术、流程管理、成本控制与优化决策等各个方向。“十一五”期间，围绕国家现代物流业发展目标和新时期军事斗争准备，先后承担和完成2项国家自然科学基金和3项国家社会科学基金，1项国家工信部物流振兴规划项目，8项军队重点项目、16项军队一般项目以及19项重庆市攻关项目和一般项目，研究成果产生显著的军事、经济和社会效益，并在科研和教学上取得丰硕成果。五年来，入选总后双百精品课程1门，获重庆市优秀教学成果一等奖1项、军队院校级教学成果一等奖1项、军队院校级教学成果（包括实验室建设成果）二等奖2项、三等奖6项；编写各种教材和著作15部，其中2部教材列入国家教育部“十一五”高等院校规划教材，2部著作分别荣获全国物华图书奖二等奖、三等奖；为国家和军队输送各级物流人才近6000名，其中物流师、采购师等职业资质认证培训5100人，培养的硕士研究生获全军和重庆市优秀学位论文2篇；获全军后勤学术一等奖2项，重庆市科技进步二等奖1项，全军和重庆市科技进步三等奖6项，发表学术论文650篇；目前在研项目51项，在研项目经费575万元。后勤工程学院现代物流研究所已成为我国现代物流业发展和军队后勤信息化建设的生力军。

我们热诚期望与社会各界联手，就现代物流领域的科学研究、可行性论证、工程设计、技术改造、信息系统集成、管理咨询和人才培养等诸多方面开展广泛合作，共同推进中国物流现代化进程。

立体仓库实验室　物联网与控制实验室　物流仿真实验室　仓库安全技术实验室　物资养护实验室

物流教材与著作

地址：重庆市沙坪坝区大学城后勤工程学院　邮编：401311
电话：023-86730779 86730780 86730788　传真：023-86730779 86730788
联系人：王丰　姜大立
网址：www.chongqing56.com

霸龙重卡
霸龙507 安全、节油、轻量化
霸龙507荣获2007中国物流商用车用户满意度调查"安全性物流用车"
霸龙507荣获"第二届中国卡车年度安全车型"
户服务热线:400-8877-669 服务监督电话:18877236524 配件导购热线:0772-3286666 www.dflzm.com.cn
东风柳州汽车有限公司
DONGFENG LIUZHOU MOTOR CO., LTD.

广州大学物流管理专业

广州大学物流管理专业前身为2002年开设的市场营销专业（物流管理方向），2004年物流管理专业正式招生，2006年在技术经济及管理学科下设立了物流运作与管理硕士生研究方向，并于2007年正式招收该方向研究生，2008年获得学士学位授予权。

近年来获得各级、各类科研教学成果奖励十余项；公开出版教材、著作十余部，拥有国家级精品课程1门；公开发表论文100多篇；共承担国际合作、国家、省、部等各级科研课题近30项，科研经费达500多万元。

学科带头人博士生导师谢如鹤教授是铁道部优秀教师、广东省“千百十”工程省级培养对象、省学科带头人培养对象、广州市优秀专家，享受国务院政府特殊津贴。兼任国内外多个重要学术团体领导职务，担任中国物流学会副会长、国际制冷学会冷藏运输专业委员会副主席、教育部高等学校首届物流类专业教学指导委员会委员等职。

人才培养模式突出应用型、创新性的特点，学生的社会实践活动和社团活动丰富多彩，实践能力和创新能力较强，连年获得全国ERP大赛一等奖、全国物流技能大赛银奖、创业设计大赛银奖等，并在“挑战杯”竞赛中获得好成绩。

经过九年的发展，物流专业已取得了长足的进步，获得了良好的声誉。如在实验条件方面，我国首座冷藏物流与运输条件模拟试验平台已建成并投入使用，该平台总体上达到了国内领先、国际一流的水平，并被国际制冷学会列入“国际重要制冷领域实验室目录”；具有国内先进水平的物流技术模拟实验平台也已建成，并已经在教学中得到了应用，2008年被授予中国物流学会首批“产学研基地”称号；同时与政府主管部门和物流企业建立了良好的关系，在十多家物流企业建立了实习基地。物流管理专业2008年被评为广州大学特色专业。

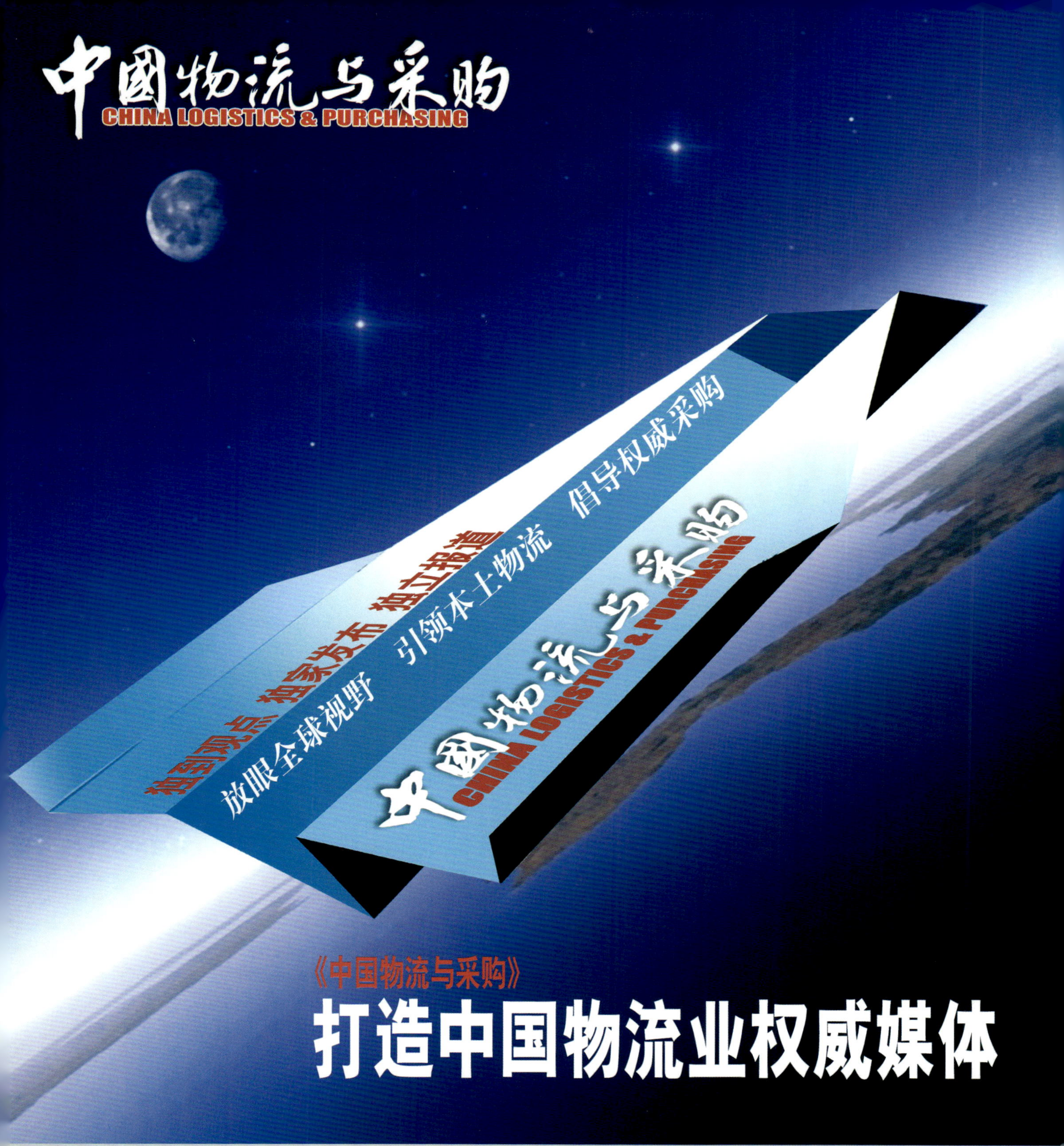
中国物流与采购
CHINA LOGISTICS & PURCHASING
独到观点 独家发布 独立报道
放眼全球视野 引领本土物流 倡导权威采购
中国物流与采购
CHINA LOGISTICS & PURCHASING
《中国物流与采购》
打造中国物流业权威媒体

中国物流与采购
2007物流风云

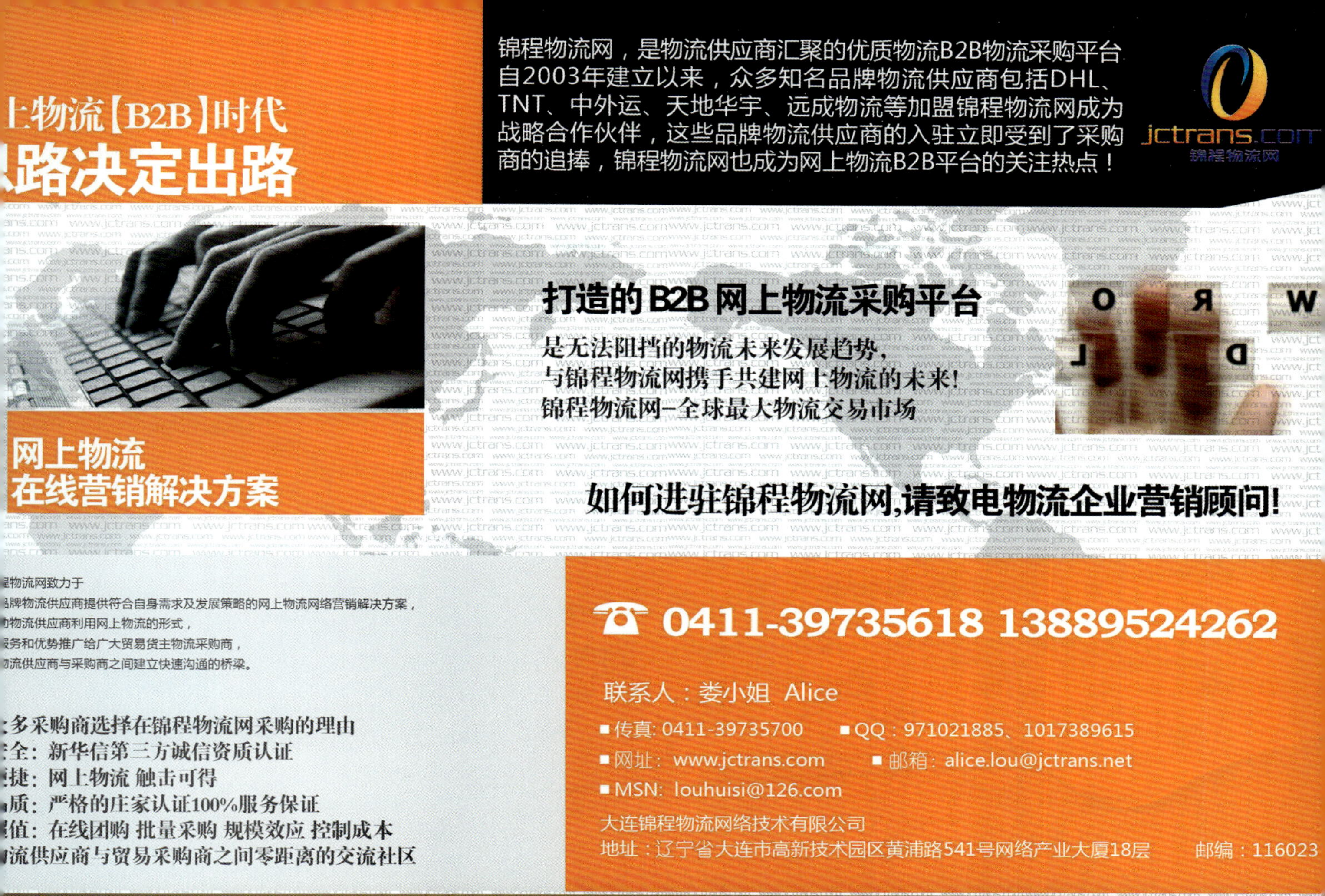

上物流【B2B】时代
路决定出路
锦程物流网，是物流供应商汇聚的优质物流B2B物流采购平台
自2003年建立以来，众多知名品牌物流供应商包括DHL、TNT、中外运、天地华宇、远成物流等加盟锦程物流网成为战略合作伙伴，这些品牌物流供应商的入驻立即受到了采购商的追捧，锦程物流网也成为网上物流B2B平台的关注热点！
jctrans.com
锦程物流网
打造的B2B网上物流采购平台
是无法阻挡的物流未来发展趋势，
与锦程物流网携手共建网上物流的未来！
锦程物流网–全球最大物流交易市场
网上物流
在线营销解决方案
如何进驻锦程物流网,请致电物流企业营销顾问!
物流网致力于
牌物流供应商提供符合自身需求及发展策略的网上物流网络营销解决方案，
物流供应商利用网上物流的形式，
务和优势推广给广大贸易货主物流采购商，
流供应商与采购商之间建立快速沟通的桥梁。
多采购商选择在锦程物流网采购的理由
全：新华信第三方诚信资质认证
捷：网上物流 触击可得
质：严格的庄家认证100%服务保证
值：在线团购 批量采购 规模效应 控制成本
流供应商与贸易采购商之间零距离的交流社区
0411-39735618 13889524262
联系人：娄小姐 Alice
传真：0411-39735700
QQ：971021885、1017389615
网址：www.jctrans.com
邮箱：alice.lou@jctrans.net
MSN：louhuisi@126.com
大连锦程物流网络技术有限公司
地址：辽宁省大连市高新技术园区黄浦路541号网络产业大厦18层 邮编：116023

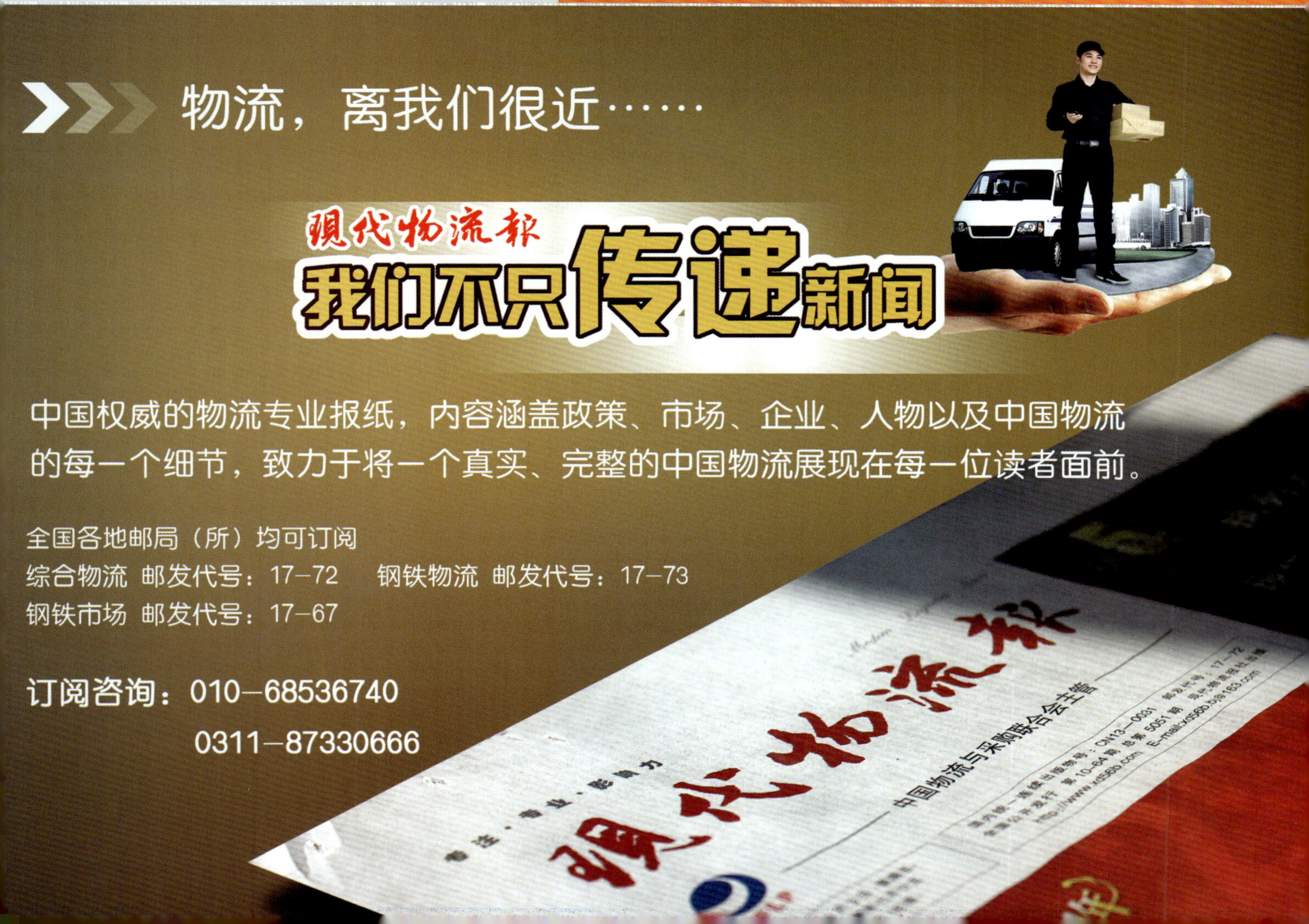

物流，离我们很近……
现代物流报
我们不只传递新闻
中国权威的物流专业报纸，内容涵盖政策、市场、企业、人物以及中国物流的每一个细节，致力于将一个真实、完整的中国物流展现在每一位读者面前。
全国各地邮局（所）均可订阅
综合物流 邮发代号：17–72 钢铁物流 邮发代号：17–73
钢铁市场 邮发代号：17–67
订阅咨询：010–68536740
0311–87330666
现代物流报
中国物流与采购联合会主管

长江上游综合交通枢纽
千亿级公路枢纽经济集聚区
——崛起中的重庆公路物流基地

重庆公路物流基地是重庆市打造长江上游物流中心而规划的“三基地四港区”之一，是国家级枢纽型、综合性物流基地，是西部最大的公路物流基地之一。项目规划控制面积约35平方公里，总投资300多亿元，建成后将成为西部集货运配载、增值加工、展示交易、电子信息等功能于一体的公路枢纽型经济集聚区，货运年吞吐量达1亿吨，可实现年产出3000亿元。

物流基地施工现场

物流基地奠基

战略优势明显 多式联运便捷

基地是市政府为打造长江上游商贸中心和物流中心而规划的“三基地四港区”国家级物流枢纽平台之一，是重庆乃至西部唯一的国家级公路物流枢纽。基地除了具有便捷高速公路网的优势外，还有其他候选地无法比拟的多式联运优势。铁路东南环线目前已经启动勘察设计工作，在“十二五”期间将全面提速建设，在基地设有专用货运站场，规划年吞吐量近1000万吨，可以有效实现公路铁路的联合运输。通过内环、外环、建设中的东城大道和龙州湾隧道可与东港、果园港、寸滩港、佛尔岩码头有机衔接，实现公铁水多式联运，有效满足大宗物资和远距离辐射的联运需求。

区位优势独特 便捷辐射经济腹地

基地位于重庆主城南大门的巴南区，交通区位优势十分明显。经贵州省至广西北部湾的出海大通道渝黔高速段和重庆至广东省、福建省沿海的出海大通道渝湘高速段汇集于此，是重庆市西南部、东南部物资进出的门户，承接两大国家级物流通道上主要公路物资，沟通重庆与长江经济带、东南沿海经济带、云贵昆经济区之间商贸联系，通过公、铁、水多式联运，实现与东南亚等国物流联络。

基地东临渝湘高速、西连渝黔高速、北接内环高速、南接绕城高速。规划中的铁路东南外环线在重庆公路物流基地设置有专用的货运站场，有利于降低物流成本，能够便捷服务重庆一小时经济圈内的生产和生活所需。

科学配置功能板块 造就无限商机

结合产业特点，以大商贸大物流为建设理念，以产业为支撑，以市场为纽带，重点发展汽车摩托车、机电装备、家居建材、农副产品、高质木料、服装轻纺、医药、小商品等产业的现代仓储、配送和展示交易以及新型电子信息产业推动物流、商流、资金流、信息流高效联动，为制造业发展提供便利，为物流业发展提供商机。

生态信息物流 物流园区新典范

为打造环保低碳的物流体系，重庆公路物流基地不断追求“绿色、高效、统一”的发展理念，基地结合地域形态特征，依山而建，科学叠加人工环境和自然环境，实现合理布局，使山水与人工环境共同构建出鱼骨型生态渗透网络系统。整个生态系统对外承接自然环境和新绿地系统的功能；对内穿插于各功能区域，形成有机的绿色生态网络，提高物流机制的环境品质。

得天独厚的区位优势、大气磅礴的城市营造、科学现代的功能配套、完善齐备的交通体系、生态绿色的园区典范，重庆公路物流基地必将为重庆城市化建设及中国物流的发展事业谱写最为华彩的乐章！

物华天宝 公路汇流 与君携手 共创辉煌

我的法务网
http://www.myfawu.com
企业网上法务部
我的法务网
首页
法治时讯 | 财经资讯 | 法务论道 | 新法速递
登录 | 注册
企业法库
法务案例
法务问答
法务百科
法务文书
法务专业人员
法务专业机构
输入关键字
选项
搜索
我的信息：查看 修改
我的法务下单：
文件审核 申请 | 查看
问题咨询 申请 | 查看
面谈预约 申请 | 查看
专项顾问 申请 | 查看
法务文件 申请 | 查看
我的定制套餐
管理
法务
品牌
技术
基于互联网，面向中小企业
重构法律服务的商业模式

中国物流年鉴

2011（上册）

CHINA LOGISTICS YEARBOOK 2011

CFLP

中国物流与采购联合会编

中国物资出版社
CHINA LOGISTICS PUBLISHING HOUSE

图书在版编目（CIP）数据

中国物流年鉴：全2册.2011／中国物流与采购联合会编.—北京：中国物资出版社，2011.10

ISBN 978－7－5047－4031－1

Ⅰ.①中…　Ⅱ.①中…　Ⅲ.①物流—中国—2011—年鉴　Ⅳ.①F259.22－54

中国版本图书馆CIP数据核字（2011）第212411号

策划编辑　朱　琳　　　**责任印制**　何崇杭

责任编辑　朱　琳　　　**责任校对**　孙会香　杨小静　梁　凡

出版发行　中国物资出版社

社　　址　北京市丰台区南四环西路188号5区20楼　　　**邮政编码**　100070

电　　话　010－52227568（发行部）　　　010－52227588转307（总编室）

010－68589540（读者服务部）　　　010－52227588转305（质检部）

网　　址　http：//www.clph.cn

经　　销　新华书店

印　　刷　北京华美扬铭印刷技术有限公司

书　　号　ISBN 978－7－5047－4031－1/F·1595

开　　本　880mm×1230mm　1/16　　　**版　　次**　2011年10月第1版

印　　张　43.75　　　**印　　次**　2011年10月第1次印刷

字　　数　735千字　　　**定　　价**　480.00元（全2册）

《中国物流年鉴》（2011）编委会

郑会友　香港物流协会会长
周汉知　中国西部现代物流港管理委员会党工委书记、管委会主任
周建亚　武汉商贸职业学院物流学院院长、现代物流研究所所长
钟荣钦　台湾物流协会秘书长
胡江潮　浙江物产集团董事长
姜超峰　中国物资储运协会会长
高艺林　广州百货企业集团公司副总经理、广州市商业储运公司总经理
高会恩　北京福田物流有限公司总经理
黄东风　江西省鹰潭市现代物流业发展办公室主任
黄必烈　中外运长航集团副总裁
黄有方　上海海事大学副校长、教育部高等学校物流类专业教学指导委员会主任
黄远成　远成集团有限公司董事长兼总裁
黄艳婷　广州嘉诚物流股份有限公司董事长
盖守岭　山东盖世国际物流集团有限公司总经理
谢　勤　成都亿博物流咨询有限公司总经理
谢如鹤　广州大学商学院教授
韩　松　西安市人民政府副市长、中共西安国际港务区工作委员会书记
韩继志　国家粮食局政策法规司副司长
靳　伟　中国物流与采购联合会托盘专业委员会常务副主任
赖展京　南光物流有限公司总经理
翟小平　长三角金属物流园集团有限公司董事长兼总裁
薄世久　吉林省长久实业集团有限公司董事长
魏振中　中国航空运输协会秘书长

特别支持单位

中国邮政速递物流股份有限公司
中国远洋物流有限公司
天津港（集团）有限公司
沃尔沃（中国）投资有限公司

《中国物流年鉴》（2011）

主　　办　中国物流与采购联合会
承　　办　《中国物流与采购》杂志社
主　　编　丁俊发
副 主 编　蔡　进
编辑部主任　徐小青
编　　辑　崔　冬　张　俭　吴海波　李鸿宝　王　林　宇　颖
杜　林　贾　丽
发　　行　高　威
广告设计　阳光设计工作室

联系方式
编 辑 部　010－68391393　010－68392774
邮　　箱　xxq6429@yahoo.com.cn
gwrshk@126.com　zgwlnj@126.com
发　　行　010－68391021　010－68392774
传　　真　010－68391021　010－63738995

《中国物流年鉴》（2011）供稿者

（按姓氏笔画排序）

丁　飞	于冰心	于诗语	马增荣	王　伟	王　杰	王　嘉	王广策	王文博	王克臣
王宗喜	王国文	文德华	方雅红	叶正富	吉爱平	朱光前	朱华斌	刘卫战	刘长庆
刘清利	刘宇航	刘伟华	刘昆林	刘春玲	池　倩	闫　宁	汤筠伟	关　丰	孙　敏
李　岩	李　昂	李晓晨	李素彩	李惠红	严文萃	吴文迪	沈绍基	张　洁	张　铎
张　喆	张小洁	张国会	张艳丽	张彩霞	陈秀芝	陈显宝	武美燕	罗晓颖	周　怡
周锦宇	洪　涛	姜　旭	姜超峰	顾珍璐	晏庆华	倪东生	徐　东	徐　勇	郭淑华
高　伟	黄久久	黄东风	黄定政	龚卫锋	崔淑筠	阎淑君	韩永生	韩兆轩	葛美莹
蒋长兵	蒋坤元	谢雨蓉	靳　伟	路　胜	窦永虎	蔡晚生	管晓薇	樊一江	穆宏宇

国家发展和改革委员会经济运行局、国家统计局贸易外经司、国家发展和改革委员会综合运输研究所、北京市统计局服务业处、江西省发展和改革委员会经济贸易处、山东省经济和信息化委员会交通与物流处、沈阳市发展和改革委员会经济贸易处、哈尔滨市统计局贸易处、南京市统计局综合处、武汉市统计局、成都市统计局服务业处、青岛市交通委员会物流业发展处、苏州市发展和改革委员会现代物流业发展领导小组办公室、宁波市发展和改革委员会服务业处、扬州市发展和改革委员会物流办、鹰潭市工业和信息化委员会现代物流业发展办公室、晋中市统计局、乌海市统计局、重庆市物流协会、吉林省物流与采购联合会、四川省现代物流协会全国物流标准化技术委员会、中国国际货运代理协会、中国仓储协会、中国散装水泥推广发展协会、中国工程机械工业协会工业车辆分会、中国木材流通协会、中国物流与采购联合会行业事务部、中国物流与采购联合会标准化工作部、中国物流与采购联合会科技信息部、中国物流与采购联合会物流企业综合评估委员会审核办、中国物流与采购联合会生产资料市场专业委员会、中国物流与采购联合会汽车物流分会、中国物流与采购联合会托盘专业委员会、中国物流与采购联合会冷链物流技术委员会、中国物流信息中心、北京工商大学、北京物资学院物流学院、天津大学管理学院、天津科技大学、解放军后勤指挥学院、《中国物流与采购》杂志社

《中国物流年鉴》（2011）

广告提供单位

编 辑 说 明

一、《中国物流年鉴》（以下简称《年鉴》）是中国物流与采购联合会主办、《中国物流与采购》杂志社承办的大型文献性工具书。自2002年出版发行至今，《年鉴》发行量和发行范围不断扩大，得到业界广泛好评。为使《年鉴》越办越好，我们不懈工作，努力提高《年鉴》的编辑质量，使其更具权威性、可读性和资料性，便于业界人士查询、引用、论证、存档，成为名副其实的"工具"。

二、2011年，中国物流与采购联合会更名十周年。同时，《年鉴》也迎来创刊十周年。对业内来说，这是值得庆贺的事情。翻开以往的《年鉴》我们能够清晰地看到，伴随着我国物流业的快速发展，中国物流与采购联合会为推进我国物流业的发展发挥的重要作用。我们能够感受到，近十年来我国物流业取得的令人瞩目的成绩，离不开党和政府的大力扶持，离不开行业协会的积极推动，更离不开众多优秀物流企业和杰出企业家的积极参与。为庆贺十周年，2011版《年鉴》将延续2010版《年鉴》的框架结构和主体内容，但在第九部分中增加特别内容——十年来为我国物流业发展作出较大贡献的50家企业和50位人物。我们希望通过记录这些积极投身参与我国物流业发展的实践者，宣传他们的精神，唤起更多业内企业和人士为我国的物流业发展贡献力量。我们力图通过不断调整扩充相关内容，使《年鉴》能够更真实、更全面地反映行业的发展变化，与行业共同成长。

三、2011版《年鉴》的组稿、编纂工作得到了国家发改委、商务部、交通部、国家统计局等中央部委和部分省、自治区、市地方政府部门，物流行业团体，相关行业专业协会，中国物流信息中心，全国物流标准化技术委员会等专门机构，以及中邮物流、中远、中铁现代、中铁特货等知名企业的大力支持，对此我们表示衷心的感谢。

四、对不符合《年鉴》编辑要求的来稿，编辑人员作了谨慎认真的删改，由于时间原因这部分稿件来不及返回作者核校，请作者给予谅解。

五、编辑部人员水平有限，如有不妥之处，恳请批评指正。欢迎大家继续对2012版《年鉴》的组稿和编辑工作给予支持！

《中国物流年鉴》编辑部

2011年8月10日

前　　言

2011 年，中国物流与采购联合会已运作整整十周年，同时《中国物流年鉴》也迎来了创刊十周年。对于业界来说这些都是值得庆贺的大事。

2001—2011 年的十年是我国物流业快速发展的十年，也是我国物流产业作为一个战略产业确立产业地位的十年；是中国物流与采购联合会在物流行业中确定自身地位的十年，也是中国物流与采购联合会建立和形成核心业务的十年。十年来，正是在政府大力支持、行业协会不懈推动和企业积极参与的共同作用下，才有了我国物流业快速发展的大好局面。

党中央、国务院对促进我国物流业的健康发展一直给予高度重视，并将其作为吸纳就业、促进生产、拉动消费以及促进产业结构调整、加快经济发展方式转变和增强国民经济竞争力的重要举措，十年间先后制定出台了一系列相关的政策和措施。2001 年，国务院 6 部委联合出台了《关于加快我国物流发展的若干意见》；2004 年 8 月，国家发展和改革委员会会同商务部等 9 部门印发了《关于促进我国现代物流业发展的意见》；2006 年 3 月，十届全国人大四次会议通过的《中华人民共和国国民经济和社会发展第十一个五年规划纲要》中，单列一节突出强调“大力发展现代物流业”，物流业的产业地位首次在国家规划层面得以确立；2009 年 3 月，国务院发布的《物流业调整和振兴规划》把物流业列入应对全球金融危机的十大振兴产业之一，其中的六个“有利于”第一次完整地、科学地阐明了物流业在国民经济中的地位与作用；2011 年 3 月，全国人大十一届四次会议审议通过了《中华人民共和国国民经济和社会发展十二五规划纲要》，其中有 20 多处提及物流相关内容，并在第四篇第十五章“加快发展生产性服务业”中单列一节“大力发展现代物流业”；2011 年 6 月 8 日，温家宝总理主持国务院常委会议，讨论通过了《关于促进物流业健康发展政策措施的意见》，表明了党中央、国务院大力发展现代物流业的坚定决心。

十年来，中国物流与采购联合会坚持服务政府、服务行业、服务企业，真正发挥了桥梁和纽带作用。中国物流与采购联合会作为全国现代物流部际联席会议的成员单位，在配合国务院政府有关部门推进我国物流业发展方面做了很多开创性的工作，如建立物流统计核算制度、制定物流的国家和行业标准、进行物流人才培养等。中国物流与采购联合会每月定期发布的制造业和非制造业采购经理人指数 PMI 调查和分析报告，已成为各界进行宏观经济分析、研究决策的核心数据；

中国物流与采购联合会依据《物流企业分类与评估指标》国家标准开展的A级物流企业评估认证工作，使我国物流企业核心群体初步形成，促进了我国物流业发展的市场主体不断扩大。在《物流业调整和振兴规划》出台以后，中国物流与采购联合会积极开展调查研究，在深入调查的基础上，提出了关于税收、交通、投融资、物流企业、物流园区和制造业与物流业联动发展六个方面的“60条”政策建议，为企业反映诉求、为政府建言献策。到目前，经中国物流与采购联合会汇总推荐、国家税务总局批准的税收试点物流企业接近600家；参与的专项资金项目评审已有1000多个；向国家开发银行推荐的重点企业和项目获得贷款超过100亿元；组织评审的A级物流企业总数超过了1000家。此外，“中国物流示范基地”、“中国物流实验基地”、“中国物流十大年度人物”、A级信用等级和产学研基地等联合会自创品牌评选活动在业内影响力不断扩大，吸引了一大批企业积极参与行业的创新发展。十年来中国物流与采购联合会为业界搭建了一个很好的平台，让企业与政府、企业和企业、企业和学者之间进行不断的交流，其中还包括一些国际交流。中国物流与采购联合会用行动扩大了影响力，形成了行业的凝聚力。如今它的会员单位已经达到7500多家。中国物流与采购联合会为推动我国物流业的快速发展发挥了不可磨灭的作用。

中国物流与采购联合会大步向前的十年，也是我国物流业发生巨大变化的十年。这十年，依托我国经济的高速发展，不仅催生了巨增的社会物流需求，更是培养产生了一大批具有竞争力的物流企业、优秀的企业家和物流专家。他们关注行业发展、探索行业改革、参与行业创新，是行业发展创新的实践者，是推动我国物流业快速发展的不可忽视的力量。

2001—2011年的十年是我国物流业实现跨越发展的十年。十年来物流业作为现代服务业的一个重要组成部分，在我国经济社会发展中发挥着越来越重要的作用。2010年，我国物流业增加值达2.7万亿元，比2001年的7429亿元净增2万亿元，10年间年均增长14.8%；社会物流总费用与GDP的比率为17.8%，比2001年的18.8%降低了1个百分点，相当于新增社会经济效益近4000亿元。我国生产资料市场流通规模则由2001年的5.7万亿元增长到2010年的36.1万亿元。物流业在促进国民经济发展和发展方式转变中的重要支撑作用日益显现。

十年来，我国物流业取得的令人瞩目的成绩，离不开党和政府的政策支持，离不开行业协会的积极推动，更离不开众多优秀物流企业和杰出企业家的积极参与。优秀的物流企业和杰出的企业家是我国物流业发展的实践者，是推动我国物流业发展的生力军，他们不应该被遗忘。为此，2011版《中国物流年鉴》第九部分增加了特别内容——十年来为我国物流业发展作出较大贡献的50家企业和50位人物。这50家企业和50位人物只是千百万物流实践者的代表，《中国物流年鉴》希望借助这种方式唤起更多业内企业和人士为我国物流业的发展贡献力量。

《中国物流年鉴》是中国物流与采购联合会主办、《中国物流与采购》杂志社承办的大型文献性工具书。十年来，《中国物流年鉴》真实记录我国物流业发展经历的沧桑巨变，如实反映了中国物流与采购联合会从头起步、艰苦奋斗、顽强拼搏的创业历程。面对物流业的快速发展，《中国物流年鉴》将不辱历史责任，一如既往地求实记录物流行业的发展变化轨迹、客观反映物流行业成长的历程，同时，将不懈地改革创新，使其越做越精、越做越好。

在此十年庆贺之际，《中国物流年鉴》编辑部的全体同人向十年来支持、关心、帮助过我们的各界朋友和辛勤的作者表示由衷的感谢。

丁俊发

2011 年 8 月 25 日

目　录

上　册

第一部分　物流综合

第二部分　物流统计

第三部分　物流产业

第四部分　行业物流

下　册

第五部分　地区物流

第六部分　物流技术与装备

第七部分　采购

第八部分　物流科技、信息化、标准化

第九部分　部分优秀物流企业综观及经典案例

第十部分　附录

第一部分

物流综合

2010 年发布的物流与采购相关的重要政策法规

国务院及国务院办公厅发文

国务院关于加快培育和发展战略性新兴产业的决定

（国发〔2010〕32 号　2010 年 10 月 10 日）

各省、自治区、直辖市人民政府，国务院各部委、各直属机构：

战略性新兴产业是引导未来经济社会发展的重要力量。发展战略性新兴产业已成为世界主要国家抢占新一轮经济和科技发展制高点的重大战略。我国正处在全面建设小康社会的关键时期，必须按照科学发展观的要求，抓住机遇，明确方向，突出重点，加快培育和发展战略性新兴产业。现作出如下决定：

一、抓住机遇，加快培育和发展战略性新兴产业

战略性新兴产业是以重大技术突破和重大发展需求为基础，对经济社会全局和长远发展具有重大引领带动作用，知识技术密集、物质资源消耗少、成长潜力大、综合效益好的产业。加快培育和发展战略性新兴产业对推进我国现代化建设具有重要战略意义。

（一）加快培育和发展战略性新兴产业是全面建设小康社会、实现可持续发展的必然选择。我国人口众多、人均资源少、生态环境脆弱，又处在工业化、城镇化快速发展时期，面临改善民生的艰巨任务和资源环境的巨大压力。要全面建设小康社会、实现可持续发展，必须大力发展战略性新兴产业，加快形成新的经济增长点，创造更多的就业岗位，更好地满足人民群众日益增长的物质文化需求，促进资源节约型和环境友好型社会建设。

（二）加快培育和发展战略性新兴产业是推进产业结构升级、加快经济发展方式转变的重大举措。战略性新兴产业以创新为主要驱动力，辐射带动力强，加快培育和发展战略性新兴产业，有利于加快经济发展方式转变，有利于提升产业层次、推动传统产业升级、高起点建设现代产业体系，体现了调整优化产业结构的根本要求。

（三）加快培育和发展战略性新兴产业是构建国际竞争新优势、掌握发展主动权的迫切需要。当前，全球经济竞争格局正在发生

深刻变革，科技发展正孕育着新的革命性突破，世界主要国家纷纷加快部署，推动节能环保、新能源、信息、生物等新兴产业快速发展。我国要在未来国际竞争中占据有利地位，必须加快培育和发展战略性新兴产业，掌握关键核心技术及相关知识产权，增强自主发展能力。

加快培育和发展战略性新兴产业具备诸多有利条件，也面临严峻挑战。经过改革开放30多年的快速发展，我国综合国力明显增强，科技水平不断提高，建立了较为完备的产业体系，特别是高技术产业快速发展，规模跻身世界前列，为战略性新兴产业加快发展奠定了较好的基础。同时，也面临着企业技术创新能力不强，掌握的关键核心技术少，有利于新技术新产品进入市场的政策法规体系不健全，支持创新创业的投融资和财税政策、体制机制不完善等突出问题。必须充分认识加快培育和发展战略性新兴产业的重大意义，进一步增强紧迫感和责任感，抓住历史机遇，加大工作力度，加快培育和发展战略性新兴产业。

二、坚持创新发展，将战略性新兴产业加快培育成为先导产业和支柱产业

根据战略性新兴产业的特征，立足我国国情和科技、产业基础，现阶段重点培育和发展节能环保、新一代信息技术、生物、高端装备制造、新能源、新材料、新能源汽车等产业。

（一）指导思想。以邓小平理论和"三个代表"重要思想为指导，深入贯彻落实科学发展观，把握世界新科技革命和产业革命的历史机遇，面向经济社会发展的重大需求，把加快培育和发展战略性新兴产业放在推进产业结构升级和经济发展方式转变的突出位置。积极探索战略性新兴产业发展规律，发挥企业主体作用，加大政策扶持力度，深化体制机制改革，着力营造良好环境，强化科技创新成果产业化，抢占经济和科技竞争制高点，推动战略性新兴产业快速健康发展，为促进经济社会可持续发展作出贡献。

（二）基本原则。坚持充分发挥市场的基础性作用与政府引导推动相结合。要充分发挥我国市场需求巨大的优势，创新和转变消费模式，营造良好的市场环境，调动企业主体的积极性，推进产学研用结合。同时，对关系经济社会发展全局的重要领域和关键环节，要发挥政府的规划引导、政策激励和组织协调作用。

坚持科技创新与实现产业化相结合。要切实完善体制机制，大幅度提升自主创新能力，着力推进原始创新，大力增强集成创新和联合攻关，积极参与国际分工合作，加强引进消化吸收再创新，充分利用全球创新资源，突破一批关键核心技术，掌握相关知识产权。同时，要加大政策支持和协调指导力度，造就并充分发挥高素质人才队伍的作用，加速创新成果转化，促进产业化进程。

坚持整体推进与重点领域跨越发展相结合。要对发展战略性新兴产业进行统筹规划、系统布局，明确发展时序，促进协调发展。同时，要选择最有基础和条件的领域作为突破口，重点推进。大力培育产业集群，促进优势区域率先发展。

坚持提升国民经济长远竞争力与支撑当前发展相结合。要着眼长远，把握科技和产业发展新方向，对重大前沿性领域及早部署，积极培育先导产业。同时，要立足当前，推进对缓解经济社会发展瓶颈制约具有重大作用的相关产业较快发展，推动高技术产业健康发展，带动传统产业转型升级，加快形成支柱产业。

（三）发展目标。到2015年，战略性新兴产业形成健康发展、协调推进的基本格局，对

产业结构升级的推动作用显著增强，增加值占国内生产总值的比重力争达到8%左右。

到2020年，战略性新兴产业增加值占国内生产总值的比重力争达到15%左右，吸纳、带动就业能力显著提高。节能环保、新一代信息技术、生物、高端装备制造产业成为国民经济的支柱产业，新能源、新材料、新能源汽车产业成为国民经济的先导产业；创新能力大幅提升，掌握一批关键核心技术，在局部领域达到世界领先水平；形成一批具有国际影响力的大企业和一批创新活力旺盛的中小企业；建成一批产业链完善、创新能力强、特色鲜明的战略性新兴产业集聚区。

再经过十年左右的努力，战略性新兴产业的整体创新能力和产业发展水平达到世界先进水平，为经济社会可持续发展提供强有力的支撑。

三、立足国情，努力实现重点领域快速健康发展

根据战略性新兴产业的发展阶段和特点，要进一步明确发展的重点方向和主要任务，统筹部署，集中力量，加快推进。

（一）节能环保产业。重点开发推广高效节能技术装备及产品，实现重点领域关键技术突破，带动能效整体水平的提高。加快资源循环利用关键共性技术研发和产业化示范，提高资源综合利用水平和再制造产业化水平。示范推广先进环保技术装备及产品，提升污染防治水平。推进市场化节能环保服务体系建设。加快建立以先进技术为支撑的废旧商品回收利用体系，积极推进煤炭清洁利用、海水综合利用。

（二）新一代信息技术产业。加快建设宽带、泛在、融合、安全的信息网络基础设施，推动新一代移动通信、下一代互联网核心设备和智能终端的研发及产业化，加快推进三网融合，促进物联网、云计算的研发和示范应用。着力发展集成电路、新型显示、高端软件、高端服务器等核心基础产业。提升软件服务、网络增值服务等信息服务能力，加快重要基础设施智能化改造。大力发展数字虚拟等技术，促进文化创意产业发展。

（三）生物产业。大力发展用于重大疾病防治的生物技术药物、新型疫苗和诊断试剂、化学药物、现代中药等创新药物大品种，提升生物医药产业水平。加快先进医疗设备、医用材料等生物医学工程产品的研发和产业化，促进规模化发展。着力培育生物育种产业，积极推广绿色农用生物产品，促进生物农业加快发展。推进生物制造关键技术开发、示范与应用。加快海洋生物技术及产品的研发和产业化。

（四）高端装备制造产业。重点发展以干支线飞机和通用飞机为主的航空装备，做大做强航空产业。积极推进空间基础设施建设，促进卫星及其应用产业发展。依托客运专线和城市轨道交通等重点工程建设，大力发展轨道交通装备。面向海洋资源开发，大力发展海洋工程装备。强化基础配套能力，积极发展以数字化、柔性化及系统集成技术为核心的智能制造装备。

（五）新能源产业。积极研发新一代核能技术和先进反应堆，发展核能产业。加快太阳能热利用技术推广应用，开拓多元化的太阳能光伏光热发电市场。提高风电技术装备水平，有序推进风电规模化发展，加快适应新能源发展的智能电网及运行体系建设。因地制宜开发利用生物质能。

（六）新材料产业。大力发展稀土功能材料、高性能膜材料、特种玻璃、功能陶瓷、半导体照明材料等新型功能材料。积极发展高品质特殊钢、新型合金材料、工程塑料等先进结构材料。提升碳纤维、芳纶、超高分子量聚乙烯纤维等高性能纤维及其复合材料

发展水平。开展纳米、超导、智能等共性基础材料研究。

（七）新能源汽车产业。着力突破动力电池、驱动电机和电子控制领域关键核心技术，推进插电式混合动力汽车、纯电动汽车推广应用和产业化。同时，开展燃料电池汽车相关前沿技术研发，大力推进高能效、低排放节能汽车发展。

四、强化科技创新，提升产业核心竞争力

增强自主创新能力是培育和发展战略性新兴产业的中心环节，必须完善以企业为主体、市场为导向、产学研相结合的技术创新体系，发挥国家科技重大专项的核心引领作用，结合实施产业发展规划，突破关键核心技术，加强创新成果产业化，提升产业核心竞争力。

（一）加强产业关键核心技术和前沿技术研究。围绕经济社会发展重大需求，结合国家科技计划、知识创新工程和自然科学基金项目等的实施，集中力量突破一批支撑战略性新兴产业发展的关键共性技术。在生物、信息、空天、海洋、地球深部等基础性、前沿性技术领域超前部署，加强交叉领域的技术和产品研发，提高基础技术研究水平。

（二）强化企业技术创新能力建设。加大企业研究开发的投入力度，对面向应用、具有明确市场前景的政府科技计划项目，建立由骨干企业牵头组织、科研机构和高校共同参与实施的有效机制。依托骨干企业，围绕关键核心技术的研发和系统集成，支持建设若干具有世界先进水平的工程化平台，结合技术创新工程的实施，发展一批由企业主导，科研机构、高校积极参与的产业技术创新联盟。加强财税政策引导，激励企业增加研发投入。加强产业集聚区公共技术服务平台建设，促进中小企业创新发展。

（三）加快落实人才强国战略和知识产权战略。建立科研机构、高校创新人才向企业流动的机制，加大高技能人才队伍建设力度。加快完善期权、技术入股、股权、分红权等多种形式的激励机制，鼓励科研机构和高校科技人员积极从事职务发明创造。加大工作力度，吸引全球优秀人才来华创新创业。发挥研究型大学的支撑和引领作用，加强战略性新兴产业相关专业学科建设，增加急需的专业学位类别。改革人才培养模式，制定鼓励企业参与人才培养的政策，建立企校联合培养人才的新机制，促进创新型、应用型、复合型和技能型人才的培养。支持知识产权的创造和运用，强化知识产权的保护和管理，鼓励企业建立专利联盟。完善高校和科研机构知识产权转移转化的利益保障和实现机制，建立高效的知识产权评估交易机制。加大对具有重大社会效益创新成果的奖励力度。

（四）实施重大产业创新发展工程。以加速产业规模化发展为目标，选择具有引领带动作用，并能够实现突破的重点方向，依托优势企业，统筹技术开发、工程化、标准制定、市场应用等环节，组织实施若干重大产业创新发展工程，推动要素整合和技术集成，努力实现重大突破。

（五）建设产业创新支撑体系。发挥知识密集型服务业支撑作用，大力发展研发服务、信息服务、创业服务、技术交易、知识产权和科技成果转化等高技术服务业，着力培育新业态。积极发展人力资源服务、投资和管理咨询等商务服务业，加快发展现代物流和环境服务业。

（六）推进重大科技成果产业化和产业集聚发展。完善科技成果产业化机制，加大实施产业化示范工程力度，积极推进重大装备应用，建立健全科研机构、高校的创新成果发布制度和技术转移机构，促进技术转移和扩散，加速科技成果转化为现实生产力。依托具有优

势的产业集聚区，培育一批创新能力强、创业环境好、特色突出、集聚发展的战略性新兴产业示范基地，形成增长极，辐射带动区域经济发展。

五、积极培育市场，营造良好市场环境

要充分发挥市场的基础性作用，充分调动企业积极性，加强基础设施建设，积极培育市场，规范市场秩序，为各类企业健康发展创造公平、良好的环境。

（一）组织实施重大应用示范工程。坚持以应用促发展，围绕提高人民群众健康水平、缓解环境资源制约等紧迫需求，选择处于产业化初期、社会效益显著、市场机制难以有效发挥作用的重大技术和产品，统筹衔接现有试验示范工程，组织实施全民健康、绿色发展、智能制造、材料换代、信息惠民等重大应用示范工程，引导消费模式转变，培育市场，拉动产业发展。

（二）支持市场拓展和商业模式创新。鼓励绿色消费、循环消费、信息消费，创新消费模式，促进消费结构升级。扩大终端用能产品能效标识实施范围。加强新能源并网及储能、支线航空与通用航空、新能源汽车等领域的市场配套基础设施建设。在物联网、节能环保服务、新能源应用、信息服务、新能源汽车推广等领域，支持企业大力发展有利于扩大市场需求的专业服务、增值服务等新业态。积极推行合同能源管理、现代废旧商品回收利用等新型商业模式。

（三）完善标准体系和市场准入制度。加快建立有利于战略性新兴产业发展的行业标准和重要产品技术标准体系，优化市场准入的审批管理程序。进一步健全药品注册管理的体制机制，完善药品集中采购制度，支持临床必需、疗效确切、安全性高、价格合理的创新药物优先进入医保目录。完善新能源汽车的项目和产品准入标准。改善转基因农产品的管理。完善并严格执行节能环保法规标准。

六、深化国际合作，提高国际化发展水平

要通过深化国际合作，尽快掌握关键核心技术，提升我国自主发展能力与核心竞争力。把握经济全球化的新特点，深度开展国际合作与交流，积极探索合作新模式，在更高层次上参与国际合作。

（一）大力推进国际科技合作与交流。发挥各种合作机制的作用，多层次、多渠道、多方式推进国际科技合作与交流。鼓励境外企业和科研机构在我国设立研发机构，支持符合条件的外商投资企业与内资企业、研究机构合作申请国家科研项目。支持我国企业和研发机构积极开展全球研发服务外包，在境外开展联合研发和设立研发机构，在国外申请专利。鼓励我国企业和研发机构参与国际标准的制定，鼓励外商投资企业参与我国技术示范应用项目，共同形成国际标准。

（二）切实提高国际投融资合作的质量和水平。完善外商投资产业指导目录，鼓励外商设立创业投资企业，引导外资投向战略性新兴产业。支持有条件的企业开展境外投资，在境外以发行股票和债券等多种方式融资。扩大企业境外投资自主权，改进审批程序，进一步加大对企业境外投资的外汇支持。积极探索在海外建设科技和产业园区。制定国别产业导向目录，为企业开展跨国投资提供指导。

（三）大力支持企业跨国经营。完善出口信贷、保险等政策，结合对外援助等积极支持战略性新兴产业领域的重点产品、技术和服务开拓国际市场，以及自主知识产权技术标准在海外推广应用。支持企业通过境外注册商标、

境外收购等方式，培育国际化品牌。加强企业和产品国际认证合作。

七、加大财税金融政策扶持力度，引导和鼓励社会投入

加快培育和发展战略性新兴产业，必须健全财税金融政策支持体系，加大扶持力度，引导和鼓励社会资金投入。

（一）加大财政支持力度。在整合现有政策资源和资金渠道的基础上，设立战略性新兴产业发展专项资金，建立稳定的财政投入增长机制，增加中央财政投入，创新支持方式，着力支持重大关键技术研发、重大产业创新发展工程、重大创新成果产业化、重大应用示范工程、创新能力建设等。加大政府引导和支持力度，加快高效节能产品、环境标志产品和资源循环利用产品等推广应用。加强财政政策绩效考评，创新财政资金管理机制，提高资金使用效率。

（二）完善税收激励政策。在全面落实现行各项促进科技投入和科技成果转化、支持高技术产业发展等方面的税收政策的基础上，结合税制改革方向和税种特征，针对战略性新兴产业的特点，研究完善鼓励创新、引导投资和消费的税收支持政策。

（三）鼓励金融机构加大信贷支持。引导金融机构建立适应战略性新兴产业特点的信贷管理和贷款评审制度。积极推进知识产权质押融资、产业链融资等金融产品创新。加快建立包括财政出资和社会资金投入在内的多层次担保体系。积极发展中小金融机构和新型金融服务。综合运用风险补偿等财政优惠政策，促进金融机构加大支持战略性新兴产业发展的力度。

（四）积极发挥多层次资本市场的融资功能。进一步完善创业板市场制度，支持符合条件的企业上市融资。推进场外证券交易市场的建设，满足处于不同发展阶段创业企业的需求。完善不同层次市场之间的转板机制，逐步实现各层次市场间有机衔接。大力发展债券市场，扩大中小企业集合债券和集合票据发行规模，积极探索开发低信用等级高收益债券和私募可转债等金融产品，稳步推进企业债券、公司债券、短期融资券和中期票据发展，拓宽企业债务融资渠道。

（五）大力发展创业投资和股权投资基金。建立和完善促进创业投资和股权投资行业健康发展的配套政策体系与监管体系。在风险可控的范围内为保险公司、社保基金、企业年金管理机构和其他机构投资者参与新兴产业创业投资和股权投资基金创造条件。发挥政府新兴产业创业投资资金的引导作用，扩大政府新兴产业创业投资规模，充分运用市场机制，带动社会资金投向战略性新兴产业中处于创业早中期阶段的创新型企业。鼓励民间资本投资战略性新兴产业。

八、推进体制机制创新，加强组织领导

加快培育和发展战略性新兴产业是我国新时期经济社会发展的重大战略任务，必须大力推进改革创新，加强组织领导和统筹协调，为战略性新兴产业发展提供动力和条件。

（一）深化重点领域改革。建立健全创新药物、新能源、资源性产品价格形成机制和税费调节机制。实施新能源配额制，落实新能源发电全额保障性收购制度。加快建立生产者责任延伸制度，建立和完善主要污染物和碳排放交易制度。建立促进三网融合高效有序开展的政策和机制，深化电力体制改革，加快推进空域管理体制改革。

（二）加强宏观规划引导。组织编制国家战略性新兴产业发展规划和相关专项规划，制定战略性新兴产业发展指导目录，开展战略性

新兴产业统计监测调查，加强与相关规划和政策的衔接。加强对各地发展战略性新兴产业的引导，优化区域布局、发挥比较优势，形成各具特色、优势互补、结构合理的战略性新兴产业协调发展格局。各地区要根据国家总体部署，从当地实际出发，突出发展重点，避免盲目发展和重复建设。

（三）加强组织协调。成立由发展改革委牵头的战略性新兴产业发展部际协调机制，形成合力，统筹推进。

国务院各有关部门、各省（区、市）人民政府要根据本决定的要求，抓紧制定实施方案和具体落实措施，加大支持力度，加快将战略性新兴产业培育成为先导产业和支柱产业，为我国现代化建设作出新的贡献。

国务院办公厅关于印发中央预算单位2011—2012年政府集中采购目录及标准的通知

（国办发〔2010〕61号 2010年12月5日）

国务院各部委、各直属机构：

《中央预算单位2011—2012年政府集中采购目录及标准》已经国务院同意，现印发给你们，请遵照执行。

国务院办公厅

《中央预算单位2011—2012年政府集中采购目录及标准》

一、集中采购机构采购项目

（一）以下项目必须按规定委托集中采购机构代理采购。

（二）列入财政部等有关部门印发的节能产品政府采购清单中的产品应当委托集中采购机构实行集中采购。

二、部门集中采购项目

以下项目原则上应当实行部门集中采购。部门集中采购由部门自行组织，可以委托集中采购机构采购，也可以委托社会采购代理机构采购。

（一）货物类。救灾物资、防汛物资、抗旱物资、农用物资、储备物资、医疗设备和器械、计划生育设备、交通管理监控设备、港口设备、农用机械设备、气象专用仪器设备、人工影响天气作业设备、测绘专业仪器设备、消防设备、警用设备和用品、专用教学设备、广播电视和影像设备及专业摄影器材、文艺设备、体育设备、海关专用物资设备、税务专用物资装备、边界勘界和联检专用设备、质检专用仪器设备、海洋专用仪器设备、金融系统专用设备及有价单证和凭证、救助船舶和直升机、执法船艇、检察诉讼设备、法庭内部装备、特种车辆（指事先在车内装有固定专用仪器设备，从事监测、消防、医疗、电视转播、雷达等专业工作的车辆）、缉私船、地震专用仪器设备、水利专用仪器设备（水保、水文专用仪器设备）。

（二）工程类。部门确定的本系统京内单位公用房建设及修缮和装修工程。

（三）服务类。本部门或本系统信息管理系统开发及维护项目，部门确定的其他有特殊要求的专用服务项目。

目录项目	适用范围	备　注
一、货物类		
台式计算机		
便携式计算机		
计算机通用软件	京内单位	指直接从市场可以购买的标准软件等非定制开发的商业软件，不包括定制软件和对购买的标准软件再进行第二次开发的软件
服务器		
网络设备		指网络交换机、网络路由器、无线局域网产品、网络存储设备、网络测试设备、网络监控设备、网络安全产品、网络应用加速器
音视频会议设备	京内单位	
复印机		
文印设备		指速印机、胶印机、数码印刷机、装订机
多功能一体机		
打印机		
传真机		
扫描仪		
投影机		
碎纸机	京内单位	
摄像机	京内单位	指单台或批量金额在 1 万元以上
电视机	京内单位	
电冰箱	京内单位	
复印纸	京内单位	
移动存储设备		指单项或批量金额在 1000 元以上
照相机		指单台或批量金额在 1 万元以上
汽车		指单价在 5 万元以上的轿车、越野汽车、面包车、大客车
电梯	京内单位	指单价在 10 万元以上
供暖锅炉	京内单位	
空调机		指除中央空调以外的空调
办公家具	京内单位	指单项或批量金额在 2 万元以上的木制或木制为主、钢制或钢制为主的家具

续 表

目录项目	适用范围	备 注
变配电设备	京内单位	
二、工程类		
统一组织的房屋（含宿舍）修缮、装修	京内单位	指用国务院机关事务管理局、中直管理局分配资金进行的房屋（含宿舍）修缮、装修的项目
三、服务类		
汽车维修	京内单位	
汽车保险		
汽车加油	京内单位	
印刷项目	京内单位	指单项或批量金额在 2 万元以上的本单位文印部门（含本单位下设的出版部门）不能承担的票据、证书、期刊、文件、公文用纸、资料汇编、信封等印刷业务
会议服务	京内单位	指单项会议金额在 2 万元以上
工程监理	京内单位	指对建设工程（包括建筑物和构筑物的新建、扩建、装修、拆除、修缮）的监理
机关办公场所物业管理	京内单位	指单项或批量金额在 50 万元以上，用于机关办公场所水电供应、设备运行、建筑物门窗保养维护、保洁、保安的项目

注：表中“适用范围”栏中未注明的，均适用所有中央预算单位。

三、分散采购限额标准

除集中采购机构采购项目和部门集中采购项目外，各部门自行采购单项或批量金额达到 50 万元以上的货物和服务的项目、60 万元以上的工程项目应执行《中华人民共和国政府采购法》和《中华人民共和国招标投标法》有关规定。

四、公开招标数额标准

政府采购货物或服务的项目，单项或批量采购金额一次性达到 120 万元以上的，必须采用公开招标方式。政府采购工程公开招标数额标准按照国务院有关规定执行，200 万元以上的工程项目应采用公开招标方式。

部委发文

商务部关于完善生产资料流通体系的意见

（中华人民共和国商务部　商商贸发〔2010〕115号　2010年4月13日）

各省、自治区、直辖市、计划单列市及新疆生产建设兵团商务主管部门：

生产资料流通业是生产性服务业的重要组成部分，在保障生产、促进经济循环、优化资源配置等方面具有重要作用。为进一步完善我国生产资料流通体系，促进经济发展方式转变，现提出以下意见。

一、指导思想与基本目标

（一）指导思想。以邓小平理论和“三个代表”重要思想为指导，贯彻落实科学发展观，立足当前，着眼长远，以市场为导向，以企业为主体，以科技为支撑，加强政府引导，转变发展方式，统筹生产与流通，处理好速度与效益、局部和整体、传承与创新的关系，推进生产资料流通体系与现代产业体系融合发展，更好地服务于生产发展、民生改善和对外开放总体要求。

（二）基本目标。适应国民经济市场化、信息化、国际化发展趋势，满足城镇化、工业化和新农村建设发展要求，健全生产资料流通体系，发展现代流通方式，创新经营模式，提高组织化程度，完善服务功能，加强市场调控，完善法律法规标准体系，推进生产资料流通有序协调健康发展。“十二五”期间，基本形成有中国特色的统一开放、竞争有序、安全高效、绿色低碳的生产资料流通体系。

二、主要任务

（三）创新生产资料经营模式。专业化分工与产业化协作相结合，创新生产资料经营模式。以供应链为纽带，推进产业融合，引导生产资料流通企业向上下游延伸，探索形成集原材料采购加工—产品开发—商品销售—物流配送服务于一体的经营模式或联盟。引导生产资料流通企业与生产企业建立紧密的工商关系，满足精益生产、定时生产等现代生产方式发展需要，探索形成全产业链服务模式。鼓励大宗生产资料生产、流通企业间建立风险共担、利益共享的佣金代理制。

（四）大力发展现代流通方式。根据商品特点、区位优势和企业实际情况，因地制宜地规范发展连锁经营、电子商务、物流配送等现代流通方式。支持具备条件的生产资料流通企业以品牌和成熟的经营管理体系为依托，以现有门店和经营网点为基础，吸收中小企业加盟，大力发展连锁经营。鼓励大型骨干生产资料生产、流通企业、大宗商品交易市场规范发展电子商务。支持建设专业化的生产资料第三方电子商务平台，整合供应链上不同环节、不同领域、不同企业间的生产资料生产、需求和物流等服务信息资源，完善服务功能。鼓励生产资料生产、流通企业采取多种形式构建集仓储、加工、配送、多式联运等功能于一体的专业化、综合性生产资料物流配送中心。

（五）引导生产资料批发市场改造升级转型。支持有发展潜力、辐射能力强的生产资料批发市场加快改造升级步伐，提高集展示、信息、交易、仓储、运输、加工、配送等功能于一体的综合服务能力；健全市场管理规章制度体系，完善市场交易规则，形成大宗生产资料全国性或区域性交易中心、集散中心、价格中心、信息中心。引导不适宜以批发市场形态继续存在的传统生产资料批发市场遵循市场规律，调整经营方向，转变经营形态，合理利用土地、设施、人力等资源。推进与居民生活密切相关的建材、五金等生产资料批发市场大力发展专业化经营。

（六）加快农村生产资料流通体系建设。以服务“三农”为宗旨，加快农村生产资料流通体系建设。充分利用“万村千乡市场工程”等网点资源发展农资连锁经营，防止假冒伪劣农资产品流入农村市场。鼓励开展区域性重点农机市场和农机品牌店建设。加快农村散装水泥流通设施建设。引导各类投资主体改造和整合农村传统流通渠道和社会网点资源，积极拓展农村生产资料市场。完善农资售后服务体系，探索建立农资商品赔偿制度，切实维护农民利益。

（七）鼓励生产资料流通龙头企业加快发展。鼓励主业突出、经营规模大、网络覆盖广、核心竞争力强、现代化水平高的大型生产资料流通企业加快发展，实现大宗生产资料组织化、规模化、集约化经营。鼓励具有竞争优势的生产资料生产、流通企业通过参股、控股、兼并、收购等方式，跨地区、跨行业、跨所有制进行资源整合、战略重组，形成若干大批发商、大代理商、大经销商、大物流服务商。鼓励具备条件的生产资料生产、流通企业开展内外贸结合的经营模式，建立跨国采购和销售网络，充分利用国内外两个市场、两种资源。

（八）促进中小生产资料流通企业发展。重视发挥中小企业在满足市场多层次、多样化、个性化特别是小批量需求方面的重要作用。鼓励中小生产资料流通企业运用信息技术和现代流通技术，提高企业核心竞争力。对发展前景好的中小生产资料流通企业在市场准入、信用担保、金融服务、物流服务、信息服务、人才培训等方面给予支持。健全中小企业信用担保体系，充分发挥融资租赁、实物租赁企业作用，搭建中小企业融资平台。

（九）发挥科技引领支撑作用。鼓励生产资料生产、流通企业加大科技研发和投入力度，引进先进技术和设备设施，提高生产资料流通的科技含量和附加值。推进生产资料流通领域应用先进适用的机械化、自动化、信息化、剪切加工、物流和环保节能技术。顺应物联网和互联网融合发展趋势，加大生产资料流通领域信息化改造力度，不断提高行业信息化水平。

（十）加大生产资料流通基础设施建设力度。支持生产资料生产、流通企业在中心城市、交通枢纽、经济开发区和工业园区建设大宗生产资料现代物流基地和物流园区。加大石油、天然气等重要生产资料储备设施建设力度。支持有条件的生产资料生产、流通企业采取合资、合作等方式参与铁路、公路等基础设施建设。建立健全覆盖县级区域和中心乡镇的公共物流配送网络，为汽车下乡、建材下乡、农机下乡、农资流通等提供有力支撑。

（十一）推进生产资料流通领域节能降耗与循环利用。鼓励各类生产资料流通企业、大宗商品现货交易市场、物流配送中心等加大节能改造投入，优化用能设备配置。鼓励大型生产资料生产企业形成专业化再制造体系，推进托盘共用系统建设，发展循环经济。推广绿色物流，促进低碳经济发展。加大新型建材推广工作力度。进一步加大散装水泥、预拌混凝土、预拌砂浆推广力度。

（十二）健全生产资料市场监测、调控和行业统计体系。进一步完善煤炭、石油、天然气、钢材、有色金属、汽车、建材、农机、木材、橡胶、化肥、农药、再生资源等重要生产资料市场监测体系，准确反映生产、需求、库存、进出口和价格变化情况，及时掌握生产资料市场发展变化趋势。加强生产资料市场运行分析和预测预警工作，及时发布市场信息，促进产需衔接，保障生产资料市场平稳运行。按照有关规定，做好重要生产资料国家储备和商业库存管理相关工作。结合行业和地区实际，建立健全重要生产资料企业（商业）储备和地方储备制度。加强生产资料流通行业统计工作，全面了解行业发展状况，及时反映行业发展新情况、新问题、新趋势。建立生产资料流通行业综合评价指标体系，科学评价行业发展状况，引导行业健康发展。

（十三）改善生产资料市场发展环境。加强规范生产资料市场主体、市场行为、市场秩序、市场调控和市场管理等方面的法律法规建设。完善生产资料流通标准体系。健全生产资料流通领域市场准入制度。广泛开展“诚信经营”创建活动和行业信用评价，探索建立企业信用和从业人员资质分级分类管理制度，形成信用激励、失信惩戒机制。协调解决生产资料流通企业发展中遇到的制约因素和困难。引导和鼓励社会资金投向生产资料流通基础设施建设。加强生产资料流通人才队伍建设。

三、组织保障

（十四）健全组织机构和工作机制。加强组织领导，健全生产资料流通行业管理机构，明确工作职责，加强行业指导、管理和服务。加强商务部门与有关部门间的分工协作，完善工作机制，着力营造良好的市场环境、法制环境和政策环境。加强生产资料流通行业管理专业队伍建设，加大生产资料流通业务培训力度，不断提高业务能力和工作水平。

（十五）重视发挥行业协会作用。充分发挥行业协会连接政府和企业的桥梁纽带作用，制定行规行约，加强行业自律。发挥行业协会在行业统计、课题研究、咨询服务、资质认证、人才培训等方面的积极作用。指导或委托行业协会做好国内外市场行情跟踪、信息收集、趋势研究等工作。广泛听取行业协会的意见与建议。支持行业协会通过向政府和企业提供服务发展壮大自己。

（十六）建立重点联系制度。商务部将重点联系若干主业突出、经营规模大、辐射能力强、现代化水平高的大型生产资料生产、流通企业与交易市场，重点联系一批运作规范、影响力强的生产资料生产与流通行业协会、科研咨询机构，重点联系一群理论造诣深、实践结合能力强的生产资料生产、流通方面的专家。紧密结合我国实际情况和特点，充分借鉴和消化吸收国外先进经验，以生产资料流通重点行业、关键领域、突出问题为突破口，创新理论、创新体制、创新经营、创新科技、创新管理，加大宣传力度，发挥典型示范作用，以点带面，以局部带动整体，逐步形成政府部门、行业协会、科研咨询机构、企业和专家群体共同推进生产资料流通行业加快发展的工作格局。

各地商务主管部门要从社会主义现代化建设和改革开放全局的高度，提高认识，转变观念，加强领导，健全机构，创新管理，善于发现新情况、解决新问题、总结新经验、开拓新局面，按照本意见精神因地制宜地抓好贯彻落实工作，确保生产资料流通体系建设取得明显成效。

各地商务主管部门贯彻落实本意见的有关情况、问题和建议请及时报商务部。

关于印发《全国物流标准专项规划》的通知

（国标委服务联〔2010〕42 号　2010 年 6 月 12 日）

各省、自治区、直辖市质量技术监督局、发展和改革委员会、科技厅、工业和信息化主管部门、交通运输厅、铁路局、商务厅、粮食局、民航局、邮政局，中国标准化研究院，各有关标准化技术归口单位：

为贯彻落实《国务院关于印发物流业调整和振兴规划的通知》（国发［2009］8 号）要求，在新形势下进一步推进物流标准化工作，针对规划中提出的“制定物流标准专项规划”任务，国家标准化管理委员会联合国家发展和改革委员会、科学技术部、工业和信息化部、交通运输部、铁道部、商务部、国家质量监督检验检疫总局、国家粮食局、中国民用航空局、国家邮政局等部门以及全国物流标准化技术委员会、全国服务标准化技术委员会、全国物流信息管理标准化技术委员会、全国国际货运代理标准化技术委员会编制了《全国物流标准专项规划》（以下简称《规划》）。

《规划》从我国物流业发展的实际需要出发，提出了物流技术、物流信息、物流服务、道路运输、铁路运输、国际货运代理、仓储、粮食物流、冷链物流、医药物流、汽车和零部（配）件物流、邮政（含快递）物流、应急物流等 13 个重点领域的标准制修订任务，旨在推动物流业基础性、通用性标准和急需标准的制修订工作，健全并完善重点突出、结构合理、层次分明、科学适用、基本满足物流业发展需要的物流标准体系，充分发挥物流业各相关部门、行业、技术组织的作用，共同推进物流业标准化工作的深入开展。

现将《规划》印发给你们，并对《规划》的实施提出如下要求：

一、各部门、各行业、各地方及有关单位要高度重视物流业标准化工作，根据《规划》中确定的主要任务和重点项目，加强协调合作，切实推动《规划》落实工作。

二、国家标准化管理委员会将会同有关部门适时召开物流业标准化工作会议，研究和部署《规划》中提出的各项任务，并对《规划》的落实情况进行督促和检查。

三、《规划》实施过程中的意见和建议，请及时与国家标准化管理委员会和有关行业主管部门联系。

全国物流标准2009—2011年专项规划

一、我国物流标准化工作的现状

（一）主要成绩

1. 制定并发布了《全国物流标准2005年—2010年发展规划》

为建立物流标准体系，加快物流标准制修订，为物流业发展提供技术支撑，2005年国家标准化管理委员会、国家发展和改革委员会等八部委联合印发了《全国物流标准2005年—2010年发展规划》，提出了我国物流标准化的指导思想和制修订任务。确立了以“物流技术、物流信息、物流管理、物流服务”为主体结构的物流标准体系。该规划的颁布与实施，对建立物流标准体系、加快社会急需的物流通用类标准和专业类标准的制修订工作、初步解决我国物流业标准短缺和滞后等问题发挥了重要作用。

2. 出台了有关指导性文件

为促进物流业标准化工作的发展，引导各级政府和社会各界重视和支持标准化工作，自2004年以来，国务院和各有关部门相继出台了一批指导性文件，对物流业标准化工作提出了要求。如：国务院转发的国家发展和改革委员会等九部委《关于促进我国现代物流业发展的意见》、《国务院关于加快发展服务业的若干意见》等均提出了物流业标准化是发展现代物流的基础性工作，要建立和完善物流业技术标准体系，要抓紧制定和修订物流等行业服务标准。同时明确重点抓好物流业标准的宣贯，推动物流业标准的实施。商务部、国家粮食局、国家邮政局分别就推进商贸、粮食、快递服务领域物流标准化工作发布了有关文件，明确了发展规划、工作重点和规范性管理的要求。上海、广东、山东等物流业发达地区政府部门，在颁布物流管理技术规范、开展物流标准体系研究、建立物流标准技术组织、推进地方物流标准化工作方面也进行了积极的探索。

3. 制定了一批重要物流标准

按照《全国物流标准2005年—2010年发展规划》的要求，加大了标准的制修订力度，重要物流标准制修订工作全面展开，包括物流术语、物流企业、物流成本、物流园区、物流服务、物流统计、物流中心、通用平托盘、国际货运代理等方面的通用类标准项目相继完成；冷链、港口、出版物、汽车和零部（配）件物流等方面的专业类标准制定工作开始起步。截至目前，我国已发布物流标准267项，包括国家标准188项，行业标准79项。其中，物流技术标准105项，物流信息标准97项，物流管理标准51项，物流服务标准14项。这些标准对于加强物流业规范化管理，提高行业整体发展水平，促进物流业与制造业的联动发展发挥了重要作用。

4. 标准实施取得初步成效

近年来，政府部门、行业组织、生产流通企业积极推进物流标准的贯彻实施，取得初步成效。如：物流企业分类与评估标准经过近几年的实施，对引导和规范物流企业发展起到非常重要的作用，已得到政府部门、物流企业、市场客户的肯定和重视；实施新修订的通用平托盘标准，为从根本上促进我国通用平托盘规格的统一，提高物流效率，进一步在我国建立托盘共用系统奠定了基础；国际货运代理标准的实施，对进一步规范国际货运代理服务，提高服务质量，推动更多企业走出国门起到了重要作用；条码、电子数据交换报文等标准在物流领域的推广实施，促进了物流信息采集、识别和管理的统一，加快了物流信息化的发展。

物流标准的实施，对于提高物流服务质量，推动物流企业健康发展，规范物流市场发挥了积极作用，产生了良好的社会效果。

5. 技术工作机构和队伍基本建立

为满足物流标准化工作新的需要，在2003 年全国物流、全国物流信息管理两个标准化技术委员会成立之后，又组建了全国国际货运代理标准化技术委员会和全国物流标委会托盘、物流作业、物流管理、第三方物流服务、冷链、仓储技术与管理6 个分技术委员会，集中了来自全国的科研机构、高等院校、行业组织、大型物流骨干企业以及行政管理部门的专家近 200 名，初步形成了一支素质高、业务精、适应物流标准化工作需要的人才队伍。

6. 采标工作和对外合作交流取得初步成果

在物流标准化工作中，结合我国经济社会发展的需求，积极借鉴和采用国际和国外先进标准，提高了相关领域标准质量水平。同时加强了我国物流业标准化国际合作与交流，重点在托盘领域开展与日、韩的合作，并由中、日、韩三国发起成立了亚洲托盘系统联盟，提升了我国物流产业的国际竞争力。

（二）主要问题

我国物流业的不断发展，新技术新成果的广泛应用，对物流标准化工作提出了新的更高的要求。与之相比，物流标准化工作还存在着不适应的问题，主要是：基础性研究比较薄弱；专业类物流标准偏少；标准宣贯实施力度不够。

二、指导思想和主要目标

（一）指导思想

以科学发展观为指导，以促进物流业发展为目的，全面贯彻落实国务院《振兴规划》提出的标准化工作的各项任务；突出抓好专业类物流标准制定，完善物流标准体系；积极采用国际和国外先进标准，不断提高标准水平；加强标准的前期研究，促进物流业科技成果的转化和应用；强化标准的实施，充分发挥标准对物流业发展的技术支撑作用，促进物流业又好又快发展。

（二）主要目标

通过3 年的努力，建立和完善重点突出、结构合理、层次分明、科学适用、基本满足物流业发展需要的物流标准体系；在加快专业类物流标准制定、加强基础性研究、强化标准宣贯实施等方面取得阶段性成果。

到 2011 年年底基本实现以下目标：

——完成制修订物流标准 137 项，其中，国家标准 122 项；行业标准 15 项；2010 年下达标准制修订项目计划；

——国家标准制修订周期控制在 2 年以内，标龄控制在 4. 5 年以内；

——冷链物流、医药物流、汽车和零部（配）件物流、应急物流等重点物流领域标准化基础性研究取得重要成果；

——重点物流领域的物流作业、信息、管理、服务、安全等运作环节和设备设施有标准可依，标准实施取得成效。

三、重点领域及主要任务

（一）基础通用标准

——物流技术：物流自动化、仓储设备设施、托盘、货架、分拣、装卸机械等方面标准，共27项；

——物流信息：电子数据交换、条码、物流信息平台建设、移动物流信息技术、道路运输卫星定位监管等方面标准，共20项；

——物流服务：物流园区服务、媒介购物物流服务、物流服务合同准则等方面标准，共3项。

（二）公共类物流标准

——道路运输：运输作业、道路货运管理、卫星定位监管系统等方面标准，共12项；

——铁路运输：铁路运输行包分类、包装铁路集装箱，共2项；

——国际货运代理：术语、责任保险、风险评估、绩效评估、作业规范、服务质量、信息交换、企业信用、货物包装、加工贸易、合同、货运单证等方面标准，共31项；

——仓储：仓储绩效、仓单要素、配送作业等方面标准，共4项。

（三）专业类物流标准

——粮食物流：粮食产品物流基础管理、规划设计、装卸作业、信息技术、专用设施设备等方面标准，共19项；

——冷链物流：冷链作业、冷库管理，企业评估，水产品、畜禽产品运作规范等方面标准，共5项；

——医药物流：运作规范、服务规范、冷链专用箱等方面标准，共3项；

——汽车和零部（配）件物流：术语、零部件周转箱、运输乘用车捆绑、信息模块等方面标准，共5项；

——邮政（含快递）物流：快递运单、安全作业、信息技术等方面标准，共3项；

——应急物流：企业评估、包装标识、仓储设备等方面标准，共3项。

四、主要措施

（一）建立协调机制

建立物流相关各部门、行业、标准技术组织协调配合、合作联动的工作机制，加强部门、行业、企业、标准技术组织间物流标准化工作的信息交流，研究推进物流标准化的政策和措施，协调解决工作中出现的有关问题，贯彻落实《规划》提出的各项任务，共同推进物流标准化工作。

（二）加强基础研究

加强冷链物流、医药物流、商贸物流、汽车和零部（配）件物流、应急物流、物流单证、物流统计等重点物流领域标准化基础性研究和重要标准项目前期研究，加大智能标签、无线射频识别等高新技术应用标准的研制力度，确保研究成果及时转化为标准，解决标准滞后问题，使科技研发和标准化工作互相促进、同步发展，提升标准总体水平。

（三）加强标准宣贯力度

政府部门、行业组织、企业、研究与教学机构共同努力，大力开展标准培训，积极推进物流成本核算、物流统计、物流服务、物流枢纽、物流基础器具标准化运作水平。注重人才培养，定期开展业务培训。

（四）强化标准实施

建立物流标准实施反馈机制，实施物流标准化示范工程，选择大型物流企业、物流园区开展物流标准化试点工作并逐步推广。

（五）推进国际标准化活动

进一步加大物流业标准采用国际标准和国

外先进标准的力度，提高我国物流业标准的整体水平。积极开展国际交流与合作，推动重点领域与国际接轨。重点支持具有优势技术的领域制定国际标准。

（六）加大资金支持

加大物流标准项目资金投入，国家有关部门和行业应制定相关配套政策，在物流标准制修订计划项目、科研和推广应用等方面给予重点政策与资金支持。

五、物流标准体系框架图

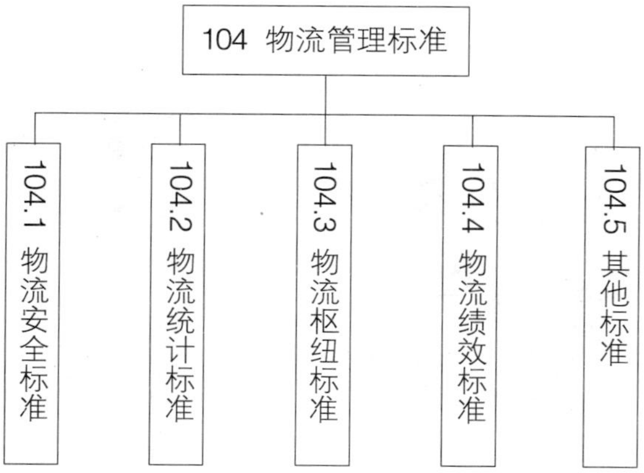
104 物流管理标准
104.1 物流安全标准
104.2 物流统计标准
104.3 物流枢纽标准
104.4 物流绩效标准
104.5 其他标准

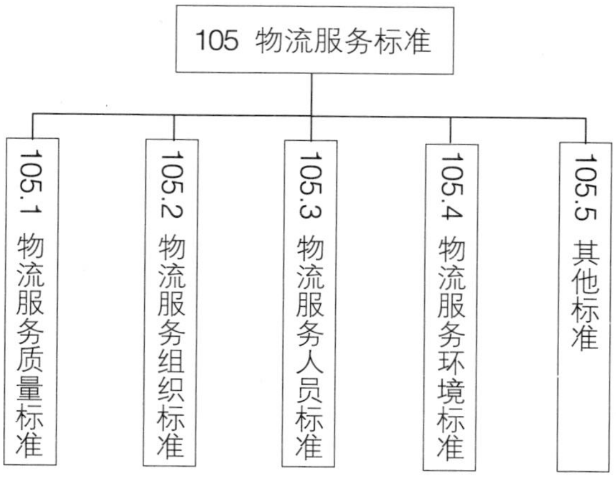
105 物流服务标准
105.1 物流服务质量标准
105.2 物流服务组织标准
105.3 物流服务人员标准
105.4 物流服务环境标准
105.5 其他标准

国家发展改革委关于印发农产品冷链物流发展规划的通知

（发改经贸〔2010〕1304号 2010年6月18日）

各省、自治区、直辖市及计划单列市、新疆生产建设兵团、黑龙江省农垦总局发展改革委：

根据《物流业调整和振兴规划》（国发［2009］8号），为指导我国农产品冷链物流的发展，我委组织编制了《农产品冷链物流发展规划》（以下简称《规划》），现印发你们，请认真贯彻执行。

近年来，随着农业结构调整和居民消费水平的提高，我国生鲜农产品的产量和流通量逐年增加，全社会对生鲜农产品的安全和品质提出了更高的要求。加快发展农产品冷链物流，对于促进农民持续增收和保障消费安全具有十分重要的意义。各地区要结合本地的实际情况，按照全面贯彻落实科学发展观、推进社会主义新农村建设和构建和谐社会的要求，紧紧围绕构建农业增产增效和农民持续增收的长效机制，适应城乡居民生活水平提高和保障居民食品安全的需要，以市场为导向，以企业为主体，初步建立冷链物流技术体系，制订推广冷链物流规范和标准，加快冷链物流基础设施建设，培育一批冷链物流企业，形成设施先进、管理规范、网络健全、全程可控的一体化冷链物流服务体系，以降低农产品产后损失和流通成本，促进农民增收，确保农产品品质和消费安全。

附件：农产品冷链物流发展规划

附：

农产品冷链物流发展规划

农产品冷链物流是指使肉、禽、水产、蔬菜、水果、蛋等生鲜农产品从产地采收（或屠宰、捕捞）后，在产品加工、贮藏、运输、分销、零售等环节始终处于适宜的低温控制环境下，最大程度地保证产品品质和质量安全、减少损耗、防止污染的特殊供应链系统。近年来，随着农业结构调整和居民消费水平的提高，生鲜农产品的产量和流通量逐年增加，全社会对生鲜农产品的安全和品质提出了更高的要求。加快发展农产品冷链物流，对于促进农民持续增收和保障消费安全具有十分重要的意义。

为落实《物流业调整和振兴规划》，促进农产品冷链物流快速健康发展，特制订本规划。规划期为2010—2015年。

一、现状与形势

（一）发展现状

我国现代农产品储藏、保鲜技术起步于上世纪初，自上世纪六七十年代开始在生鲜农产品产后加工、储藏及运输等环节逐步得到应用。进入新世纪以来，我国农产品储藏保鲜技术迅速发展，农产品冷链物流发展环境和条件不断改善，农产品冷链物流得到较快发展。

1. 农产品冷链物流初具规模。我国是农业生产和农产品消费大国，目前蔬菜产量约占全球总产量的60%，水果和肉类产量占30%，禽蛋和水产品产量占40%。近年来我国生鲜农产品产量快速增加，每年约有4亿吨生鲜农产品进入流通领域，冷链物流比例逐步提高，目前我国果蔬、肉类、水产品冷链流通率分别达到5%、15%、23%，冷藏运输率分别达到15%、30%、40%，冷链物流的规模快速增长。

2. 农产品冷链物流基础设施逐步完善。目前全国有冷藏库近2万座，冷库总容量880万吨，其中冷却物冷藏量140万吨，冻结物冷藏量740万吨；机械冷藏列车1910辆，机械冷藏汽车20000辆，冷藏船吨位10万吨，年集装箱生产能力100万标准箱。

3. 冷链物流技术逐步推广。生鲜农产品出口企业率先引进国际先进的HACCP（危害分析和临界控制点）认证、GMP（良好操作规范）等管理技术，普遍实现了全程低温控制。大型肉类屠宰企业开始应用国际先进的冷链物流技术，从屠宰、分割加工、冷却成熟等环节低温处理起步，逐渐向储藏、运输、批发和零售环节延伸，向着全程低温控制的方向快速发展。适应我国国情的低能耗、低成本的冷链处理技术广泛推广，推动水产品和反季节果蔬为代表的高价值量农产品冷链迅速兴起。

4. 冷链物流企业不断涌现。中外运、中粮等社会化第三方物流企业强化与上下游战略合作与资源整合，建立国际先进的冷链设施和管理体系，积极拓展冷链物流业务；双汇、众品、光明乳业等食品生产企业，加快物流业务与资产重组，组建独立核算的冷链物流公司，积极完善冷链网络；大型连锁商业企业完善终端销售环节的冷链管理，加快发展生鲜食品配送。我国冷链物流企业呈现出网络化、标准化、规模化、集团化发展态势。

5. 农产品冷链物流发展环境逐步完善。国家高度重视冷链物流发展，在近几年下发的中央1号文件中均强调要加快农产品冷链物流系统建设，促进农产品流通。一些冷链物流的国家标准、行业标准和地方标准先后颁布实施，《食品安全法》等重要法律法规逐步完善。农产品冷链物流的重要性进一步被消费者认识，全社会对“优质优价”农产品的需求不断增长。

但是，我国农产品冷链物流发展仍处于起步阶段，规模化、系统化的冷链物流体系尚未形成，与发展现代农业、居民消费和扩大农产品出口的需求相比仍有差距。突出表现在：一是鲜活农产品通过冷链流通的比例仍然偏低。目前我国鲜活农产品冷链流通的比例远低于欧美发达国家水平（欧、美、加、日等发达国家肉禽冷链流通率已经达到100%，蔬菜、水果冷链流通率也达95%以上），大部分生鲜农产品仍在常温下流通；冷链物流各环节缺乏系统化、规范化、连贯性的运作，部分在屠宰或储藏环节采用了低温处理的产品，在运输、销售等环节又出现“断链”现象，全程冷链的比率过低。二是冷链物流基础设施能力严重不足。我国设施整体规模不足，人均冷库容量仅7公斤，冷藏保温车占货运汽车的比例仅0.3%，与发达国家差距较大；现有冷冻冷藏设施普遍陈旧老化，国有冷库中近一半已使用30年以上；区域分布不平衡，中部农牧业主产区和西部特色农业地区冷库严重短缺，承担全国70%以上生鲜农产品批发交易功能的大型农产品批发市场、区域性农产品配送中心等关键物流节点缺少冷冻冷藏设施。三是冷链物流技术推广滞后。生鲜农产品产后预冷技术和低温环境下的分等分级、包装加工等商品化处理手段尚未普及，运输环节温度控制手段原始粗放，发达国家广泛运用的全程温度自动控制没有得到广泛应用。四是第三方冷链物流企业发展滞后。在农产品冷链物流发展过程中，优质优价的机制仍没有形成，冷链物流的服务体系尚未完全建立，服务水平有待进一步提高，第三方冷链物流企业发展滞后。现有冷链物流企业以中小企业为主，实力弱，经销规模小，服务标准不统一，具备资源整合和行业推动能力的大型冷链物流企业刚刚起步。五是冷链物流法律法规体系和标准体系不健全。规范冷链物流各环节市场主体行为的法律法规体系尚未建立。冷链物流各环节的设施、设备、温度控制和操作规范等方面缺少统一标准，冷链物流各环节的信息资源难以实现有效衔接，在发达国家普遍推行的相关管理办法和操作规范在我国尚处于推广的起步阶段。

（二）面临的形势

从国际农产品流通产业发展的经验看，发达国家已经建立了“从田间到餐桌”的一体化冷链物流体系，不仅确保了产品质量，而且提高了农业效益。随着我国经济和社会的快速发展，对加快发展农产品冷链物流提出了更高的要求。

1. 加快冷链物流发展是适应农产品大规模流通的客观需要。经过改革开放30年的发展，我国农业结构调整取得显著成效，区域和品种布局日益优化，使农产品流通呈现出了大规模、长距离、反季节的特点，对农产品物流服务规模和效率提出了更高的要求。一是随着农产品区域生产布局的细化，农业特色产区加快发展，生鲜农产品的区域规模化产出，迫切需要加快发展农产品跨地区保鲜运输；二是农产品反季节销售加快发展，急需进一步提高低温储藏保鲜水平。从今后一段时期农业结构加快调整优化的需要看，加快发展农产品冷链物流也是适应我国生鲜农产品大规模流通的客观需要。

2. 加快冷链物流发展是满足居民消费的必要保证。随着城乡居民消费水平和消费能力的不断提高，我国生鲜农产品的消费规模快速增长，居民对农产品的多样化、新鲜度和营养性等方面提出了更高要求，特别是对食品安全的关注程度不断提高。加快发展农产品冷链物流已经成为提升农产品消费品质，减少营养流失，保证食品安全的必要手段，是满足居民消费需求的必要保证。

3. 加快冷链物流发展是促进农民增收的重要途径。长期以来，我国农产品产后损失严重，果蔬、肉类、水产品流通腐损率分别达到20%～30%、12%、15%，仅果蔬一类每年损失就达到1000亿元以上；同时，受到生鲜农产品集中上市后保鲜储运能力制约，农产品“卖难”和价格季节性波动的矛盾突出，农民增产不增收的情况时有发生。发展农产品冷链物流，既是减少农产品产后损失，间接节约耕地等农业资源，促进农业可持续发展的重要举措，也是带动农产品跨季节均衡销售，促进农民稳定增收的重要途径。

4. 加快冷链物流发展是提高我国农产品国际竞争力的重要举措。我国生鲜农产品生产具有较强的比较优势，但是由于冷链发展滞后，我国蔬菜、水果出口量仅占总产量的1%～2%，且其中80%是初级产品，在国际市场上缺乏竞争力。特别是随着近年来欧盟、日本、美国等发达国家不断提高进口农产品准入标准，相关质量、技术和绿色壁垒已经成为制约我国农产品出口的重要障碍。加快发展农产品冷链物流，已经成为提高出口农产品质量，突破贸易壁垒，增强国际竞争力的重要举措。

二、指导思想、基本原则和发展目标

（一）指导思想

按照全面贯彻落实科学发展观、推进社会主义新农村建设和构建和谐社会的要求，紧紧围绕构建农业增产增效和农民持续增收的长效机制，适应城乡居民生活水平提高和保障居民食品安全的需要，以市场为导向，以企业为主体，加快冷链物流技术、规范、标准体系建设，完善冷链物流基础设施，培育冷链物流企业，建设一体化的冷链物流服务体系，以降低农产品产后损失和流通成本，促进农民增收，确保农产品品质和消费安全。

（二）基本原则

1. 科学规划，合理布局。根据农产品生产规模与布局状况，分析产品流量、流向及其储运的技术要求，综合考虑居民消费水平、消费习惯以及交通区位等条件，制定农产品冷链物流发展规划，优化冷链物流发展布局。

2. 因地制宜，分类指导。针对我国东中西部地区、大中城市和广大农村、产地与销地之间，在经济社会发展、居民收入水平、消费习惯方面的差异，结合果蔬、肉类、水产品等生鲜农产品的不同特点，因地制宜发展特色农产品冷链物流。

3. 市场运作，政府扶持。充分发挥企业的主体作用，坚持投资主体多元化、经营管理企业化、运作方式市场化。政府要加强发展规划、法律法规体系、标准体系和检验检测体系建设，对重点冷链物流项目给予扶持，为冷链物流发展营造良好环境。

4. 重点突破，扶优扶强。借鉴发达国家冷链物流发展经验，选择对消费安全影响大以及价值量高、生产规模相对集中的农产品优先发展冷链物流。当前要优先发展猪肉等肉类产品和水产品冷链物流，鼓励果蔬产品根据国内市场消费变化和出口产品品质要求逐步发展。要集中资金重点支持经营规模大、带动作用强的大型冷链物流企业，鼓励冷链物流企业做强做大。

（三）发展目标

到 2015 年，建成一批效率高、规模大、技术新的跨区域冷链物流配送中心，冷链物流核心技术得到广泛推广，形成一批具有较强资源整合能力和国际竞争力的核心冷链物流企业，初步建成布局合理、设施先进、上下游衔接、功能完善、管理规范、标准健全的农产品冷链物流服务体系。肉类和水产品冷链物流水平显著提高，食品安全保障能力显著增强；果蔬冷链物流进一步加快发展。果蔬、肉类、水产品冷链流通率分别提高到 20%、30%、36% 以上，冷藏运输率分别提高到 30%、50%、65% 左右，流通环节产品腐损率分别降至 15%、8%、10% 以下。

三、主要任务

（一）推广现代冷链物流理念与技术

进一步加大对全程冷链重要性的宣传力度，提高公众对生鲜农产品冷链的认知度，营造促进品牌生鲜农产品销售的商业氛围，促进优质优价，扩大销售规模。鼓励农产品生产企业利用冷链物流理念与技术，在产后商品化处理、屠宰加工环节实现低温控制，促进生鲜农产品质量等级化、包装规格化，加强与下游企业的冷链对接，稳妥推进冷链物流服务外包。鼓励流通和冷链物流服务企业运用供应链管理技术与方法，实现生鲜农产品从产地到销地的一体化冷链物流运作。加强各相关企业温度监控和追溯体系建设，实现农产品在生产流通各环节的品质可控性和安全性。

（二）完善冷链物流标准体系

重点制定和推广一批农产品冷链物流操作规范和技术标准，建立以 HACCP 为基础的全程质量控制体系，积极推行质量安全认证和市场准入制度。一是制订各类生鲜农产品原料处理、分选加工与包装、冷却冷冻、冷库储藏、包装标识、冷藏运输、批发配送、分销零售等环节的保鲜技术和制冷保温技术标准。制定冷链各环节有关设施设备、工程设计安装标准。二是围绕生鲜农产品质量全程监控和质量追溯制度的建立和发展，制定数据采集、数据交换、信息管理等信息类标准。三是建立符合国际规范的HACCP、GMP、GAP（良好农业规范）、ISO（国际标准化组织）等质量安全认证制度和市场准入制度。四是对于肉类、水产品等密切关系居民消费安全的产品，执行国家强制性标准。

（三）建立主要品种和重点地区农产品冷链物流体系

鼓励肉类农产品冷链物流发展。积极发展覆盖生产、储存、运输及销售整个环节的冷链，建立全程“无断链”的肉类冷链物流体系。重点发展猪肉冷链物流，减少生猪活体的跨区域运输，积极发展从中部、华南地区到珠三角、长三角、港澳等沿海地区，从东北地区到京津地区的冷链物流体系。围绕肉类屠宰加工企业，加快大中城市猪肉冷链配送发展，推广品牌冷鲜肉消费。积极发展牛羊肉冷链物流，逐步完善从中部地区到京津、环渤海和长三角地区，西北地区到中亚和中东市场，西南地区到华南地区的牛羊肉冷链物流体系。

加快推广水产品冷链物流体系建设。积极培育长三角、珠三角和环渤海地区为重点的水产品产销集中区，进一步完善水产品超低温储藏、运输、包装和加工体系，促进远洋等高端水产品消费。积极推动黄淮海、东南沿海、长江流域等水产品优势产区到中西部大中城市的水产品冷链物流体系，提高内陆居民水产品消费量。

逐步推进果蔬冷链物流发展。适应市场需要，选择部分高价值的特色蔬菜、水果，推广产后预冷、初加工、储存保鲜和低温运输技术，发展一体化冷链物流，建立跨地区长途调运的冷链物流体系，促进反季节销售。积极推动苹果、柑橘、葡萄、香梨、热带水果等特色水果产区到大中城市的水果冷链物流体系，以及蒜苔、芦笋等反季节蔬菜和特色蔬菜的南菜北运、东菜西输冷链物流体系建设。积极推进乳制品、冰淇淋、速冻产品等其他产品的冷链物流发展。

（四）加快培育第三方冷链物流企业

培育一批经济实力雄厚、经营理念和管理方式先进、核心竞争力强的大型冷链物流企业。鼓励大型生鲜农产品生产企业从生产源头实现低温控制，积极发展冷链运输和低温销售，建立以生产企业为核心的冷链物流体系。鼓励企业在产地、销地建设低温保鲜设施，实现产地市场和销地市场冷链物流的高效对接。鼓励大型零售企业加快生鲜食品配送中心建设，在做好企业内部配送的基础上逐步发展为社会提供公共服务的第三方冷链物流中心。

（五）加强冷链物流基础设施建设

鼓励冷链物流企业加快各类保鲜、冷藏、冷冻、预冷、运输、查验等冷链物流基础设施建设。从关键环节入手，重点加强批发市场等重要农产品物流节点的冷藏设施建设，在大中城市周边加快规划布局一批生鲜农产品低温配送和处理中心；大力改善农产品加工环节的温控设施，建设经济适用的农产品预冷设施；配备节能、环保的长短途冷链运输车辆，推广全程温度监控设备；完善与冷链物流相配套的查验与检测基础设施建设，推广应用快速准确的检测设备和试剂。

（六）加快冷链物流装备与技术升级

加快节能环保的各种新型冷链物流技术的自主研发、引进消化和吸收，重点加强各种高性能冷却、冷冻设备，自动化分拣、清洗和加工包装设备，冷链物流监控追溯系统、温控设施以及经济适用的农产品预冷设施、移动式冷却装置、节能环保的冷链运输工具、先进的陈列销售设备等冷链物流装备的研发与推广，完善科技成果转化的有效机制，不断提高冷链物流产业的自主创新能力和技术水平。

（七）推动冷链物流信息化

依托各类生鲜农产品优势产区、重要集散地区和大中城市等集中消费地区，建立区域性各类生鲜农产品冷链物流公共信息平台，实现数据交换和信息共享，优化配置冷链物流资源，为建立冷链物流产品监控和追溯系统奠定基础。鼓励市场信息、客户服务、库存控制和仓储管理、运输管理和交易管理等应用系统软件开发，健全冷链物流作业的信息收集、处理和发布系统，全面提升冷链物流业务管理的信息化水平。推广应用条型码、RFID（无线射频识别）、GNSS（全球定位系统）、传感器技术、移动物流信息技术、电子标签等技术，建立全国性和区域性的生鲜农产品质量安全全程监控系统平台。明确冷链物流信息报送和信息交换的责任机制，提高政府监管部门的冷链信息采集和处理能力，提高行业监管和质量保证水平。

四、重点工程

（一）冷库建设工程

鼓励肉类和水产品生产企业、专业冷链物流企业、农业产业化龙头企业、农产品批发市场、大型零售企业等经营主体，在技术改造和充分利用现有低温储藏设施的基础上，加快建设一批设施先进、节能环保、高效适用的冷库，满足全社会对储藏设施的急需。到2015年，推动全社会通过改造、扩建和新建，增加冷库库容1000万吨。

（二）低温配送处理中心建设工程

鼓励冷链物流企业在大中城市周边规划建设一批具有低温条件下中转和分拨功能的配送中心，集中完成肉类和水产品分割、果蔬分拣以及包装、配载等处理流程，形成冷链长短途有效衔接、生产与流通环节紧密联系的物流体系，促进其与上游的屠宰加工企业、批发市场以及下游的超市等零售市场协同推进冷链发展。

（三）冷链运输车辆及制冷设备工程

鼓励大型冷链物流企业购置冷藏运输车辆，到2015年，争取全社会新增冷藏运输车4万辆，大幅度提升冷链物流企业的冷链运输能力，提高我国生鲜农产品的冷链运输率；鼓励肉类和水产品加工、流通和销售企业购置预冷保鲜、冷藏冷冻、低温分拣加工、冷藏运输工具等冷链设施设备，提高冷链处理能力，逐步减少“断链”现象的发生。

（四）冷链物流企业培育工程

根据我国生鲜农产品生产、流通、消费格局，重点培育一批发展潜力大、经营效益好、辐射带动能力强的农产品冷链物流企业。采用政策倾斜等方式，鼓励其创新物流服务模式，加强资源整合，拓展物流服务网络，强化资产重组与战略合作。

（五）冷链物流全程监控与追溯系统工程

按照规范化、标准化运作的要求，建设全程温控和可追溯系统，充分利用现有的企业管理和市场交易信息平台，建立便捷、高效、低成本的农产品冷链物流信息追溯系统。

（六）肉类和水产品冷链物流工程

加快肉类特别是猪肉，以及水产品的冷链物流体系建设。鼓励大型肉类和水产品企业改造生产流水线及温控设施，加强产品排酸、预冷等低温初加工设施建设，积极推广肉类和水产品冷藏运输和全程监控技术，推动零售环节超市、大卖场冷柜销售方式，形成“无缝化”连接的肉类冷链物流体系。加强中央直属猪肉储备冷库和地方猪肉储备冷库建设，依托企业冷库完善猪肉储备体系，提高政府对猪肉市场的调控能力。

（七）果蔬冷链物流工程

加强果蔬冷链物流体系建设，重点加强分级、包装、预冷等商品化处理和冷藏储存环节建设，推动主要产区果蔬产品冷链物流设施条件的改善；大力发展冷藏运输，逐步提高果蔬产品冷藏运输能力；完善主销区果蔬冷链配送设施建设，发展具有集中采购、跨区域配送能力的现代化果蔬配送中心。鼓励大型果蔬农产品批发市场、连锁超市、果蔬储运营销企业加快冷链物流设施建设，积极培育具有一定规模和竞争力的第三方果蔬冷链物流服务企业。

（八）冷链物流监管与查验体系工程

完善冷链物流生产、加工、储存、运输、中转、进出口等主要环节的监管和查验基础设施建设。在冷链建设重点工程中，同步建设监管和检测设施。依托现有监管和检测资源，进一步提高主要生产基地、加工基地、配送中心、中转中心、进出口口岸的查验和检测能力，提高监管水平，保障产品质量和安全。

五、保障措施

（一）加强协调

农产品冷链物流体系建设环节多、产业链长，是一个跨部门、跨行业、跨区域的系统工程，需要多方面的配合与支持。由国家发展改革委会同有关部门，加强协调配合，形成合力，统一组织规划实施，协调解决冷链物流发展中的突出矛盾和重大问题，确保规划目标的实现。

（二）完善政策

兼顾农产品第三方冷链物流企业的特点，完善企业营业税差额纳税试点办法，扩大政策享受范围。对冷库建设新增用地，要在提高土地集约利用的基础上，合理安排用地。简化冷链物流企业设立时的前置审批手续，放宽对冷链运输车辆的城市交通管制；充分考虑冷链运输车辆因增加保温车厢和制冷机组使自重增加的特殊情况，合理确定运输车辆的载重量；支持冷藏运输车辆跨区域加盟，在车辆审验、车辆管理等方面提供支持。对冷链物流企业的用水、用电、用气价格与工业企业基本实现同价。

（三）整合资源

通过企业兼并重组、参股控股、合资合作等方式，整合现有生鲜农产品生产加工企业、批发市场、冷链物流企业以及港口、码头、航空航运交通枢纽的冷链物流资源，加快升级改造步伐和配套协作，建立全国性和区域性的大型低温物流中心，并采用现代经营理念、管理手段和运作模式，提高冷链物流整体质量与效率。

（四）增加投入

冷链物流设施建设要充分发挥市场机制的作用，鼓励企业加大投入，多渠道筹集建设资金。中央和地方政府可对大型冷藏保鲜设施、冷藏运输工具、产品质量认证及追溯、企业信息化等重要项目给予必要的引导和扶持。要多方面拓宽农产品冷链物流企业的融资渠道。银行业金融机构对符合条件的农产品冷链物流企业要加大融资支持，并做好配套金融服务。

（五）鼓励创新

加强对冷却冷冻、冷藏和信息化管理等冷链物流技术和设备的创新与研发，对农产品冷链物流新工艺新技术、新型高效节能的大容量冷却冷冻机械、移动式冷却装置、大型冷藏运输设备、冷藏运输车辆专用保温厢和质量安全追溯装置等进行集中攻关与研制。

（六）培养人才

引导和推动高等学校设置冷链物流相关学科专业、开设相关课程，发展农产品冷链物流职业教育，并建立交叉研究机构鼓励扶持行业协会、企业及有关高校结合国内外实践开展冷链物流职业技术培训和继续教育，形成多层次的人才教育、培训体系。建立农产品冷链物流行业的人才激励与柔性机制，推动高素质人才队伍建设。将“农产品冷链物流”作为“农产品营销与储运”专业的专业（技能）方向增加至新修订的《中等职业学校专业目录》。

（七）完善法规与监督

完善冷链物流的法律法规体系，进一步加大强制性国家标准的制定力度；建立以 HACCP 为基础的全程质量控制体系，制定与国际接轨的冷链物流操作规范和技术标准，充分发挥现有部门和机构的作用，补充完善检测项目和内容，建立全程质量检查与监督机制。

商务部办公厅、财政部办公厅关于农产品现代流通综合试点指导意见的通知

（商建字〔2010〕278号　2010年9月15日）

为贯彻落实《中共中央　国务院关于加大统筹城乡发展力度进一步夯实农业农村发展基础的若干意见》（中发〔2010〕1号）精神，加快农产品现代流通体系建设，2010年中央财政支持部分地区开展农产品现代流通综合试点（见财办建〔2010〕65号），力争在3～5年内初步建成高效、畅通、安全的农产品现代流通体系。为指导地方做好农产品现代流通综合试点实施工作，现就有关事项通知如下：

一、主要任务和支持方向

（一）主要任务

1. 加强农产品流通基础设施建设。鼓励大型农产品批发市场建设和改造交易、仓储、加工配送等设施，不断完善商品集散、价格形成、信息发布等功能；推动农贸市场改造交易和配套等设施，提供良好的消费环境；支持农产品连锁超市建立鲜活农产品配送中心，提高农产品配送率；支持农产品冷链设施建设，鼓励企业建设和改造冷库，配置冷藏车等设施，延长农产品销售期。

2. 打造现代化农产品流通链条。开展“农超对接”，鼓励大型连锁超市与鲜活农产品生产基地进行产销对接；引导批发市场紧密联系农产品生产基地，开展团体、超市配送服务和网络交易，进而减少流通环节，降低流通费用和农产品损耗。

3. 推行农产品品牌化和包装化。创新农产品流通模式，鼓励农产品流通企业和批发市场大经销商开展订单农业，采用农产品购销标准，对鲜活农产品实行分级包装，培育自有品牌，为建立农产品追踪溯源体系打下基础。

（二）支持方向

1. 支持农产品批发市场改造升级，完善功能。加强冷链物流、加工配送中心建设，配置农产品预选、分级、包装、配送等设施设备，建设改造冷库等仓储设施；加强对交易厅、棚的改造，配置电动拖车或叉车等设备；开发和完善信息网络、电子结算系统，建设农产品电子商务交易平台，提高农产品网络交易水平；推行分级、包装等农产品流通标准，提升质量安全管理水平。

2. 支持农贸市场提档升级。按照市场建设标准（参照《商务部办公厅关于印发“双百市场工程”农贸市场建设标准和验收规范的通知》（商建字［2009］88号））对农贸市场进行建设改造。

3. 支持大型连锁超市与从事鲜活农产品生产的农民专业合作社或农业产业化龙头企业开

展农超对接。支持农超对接双方建设和改造冷藏保鲜设施、配置冷藏运输工具、检验检测设备等；支持农民专业合作社、农业产业化龙头企业开展产品质量认证，培育农产品品牌；支持大型连锁超市建设改造冷链物流配送中心。优先支持大型连锁超市与农民专业合作社对接。

4. 支持探索和创新农产品流通模式。对有利于减少流通环节、降低流通成本、提高流通效率；有利于产销衔接、提高农产品商品化率，促进农民增收；有利于稳定农产品价格、保障农产品流通安全，维护消费者权益的创新农产品流通模式给予支持。

二、项目承办单位条件

各地商务、财政主管部门要按照公开、公正、公平的原则，重点选择覆盖面广、带动效应明显、运营管理规范的项目承办单位。其中，骨干农产品批发市场、农贸市场、大型连锁超市、农民专业合作社和农业产业化龙头企业应满足以下资质条件。已取得中央财政性资金支持的项目不得重复支持。

（一）骨干农产品批发市场资质条件

1. 以蔬菜、水果、肉类、水产等鲜活农产品为交易对象；具有法人资格；符合当地城市建设和商业网点规划，中长期（10～20年）内不会拆迁；东部地区占地不少于200亩，中、西部地区占地不少于150亩，市场用地应取得土地使用证或者以租赁方式取得30年以上的土地使用权。

2. 交易额、交易量原则上居本省（市、区）前列，且东部地区市场交易额在30亿元以上，中部地区在15亿元以上，西部地区在8亿元以上。对照《农产品批发市场管理技术规范》（GB/T19575—2004）和实施细则进行综合测评，东部地区的市场综合评分应在160分以上，中西部地区的市场应在120分以上。

3. 主要交易区封闭或半封闭；交易区内买卖双方的车辆原则上应分区停放，买卖双方车流原则上不应交叉，有条件的市场应配置专门的场内电动配送拖车、叉车；批发区域和零售区域原则上应予分开，或设立专门的零售区域和零售交易时段；已建成规模适当的冷库或在建冷库将在1年内建成；已实行IC卡结算或在建IC卡结算系统将在1年内实行；已配置检验检测设备，且查证查票、检验检测等质量安全管理制度落实情况良好。

4. 承诺在发生重大自然灾害等突发事件时，积极配合各级政府开展相关工作，提供各项应急保障服务；承诺积极推行农产品流通标准化；设置农民自产产品固定交易区，面积不低于1000平方米，免费供农民使用；市场收取的摊位费必须符合价格主管部门的有关规定，市场摊位原则上不得转租。

5. 至少10家大型经销商与建立直接采购关系的农民专业合作社、农业产业化龙头企业签订有效期5年以上的长期采购合同，批发市场加工配送中心或至少5家大经销商与建立直接配送供货关系的超市、餐厅酒店、学校、企事业单位食堂等零售终端和消费团体签订有效期1年以上的供货合同。

（二）农贸市场资质条件

1. 经乡级以上人民政府或其授权部门批准设立，具有法人资格，符合当地城市建设及商业网点规划，组织机构、规章制度健全，建立了农产品流通质量安全管理等相关制度，对农民进入市场销售自产农产品提供便利条件，农产品交易额在本县位于前列，是供应所在县城或乡镇居民农产品消费的主要场所之一。

2. 以农产品零售交易为主，农产品交易额占市场总交易额60%以上。

3. 经营场所固定，营业面积在2000平方米以上。

（三）农超对接承办单位资质条件

项目承办主体应为大型连锁超市和从事鲜

活农产品生产的农民专业合作社、农业产业化龙头企业。对接项目一般应同时包括大型连锁超市承建的子项目和农民专业合作社、农业产业化龙头企业承建的子项目。试点省（市、区）行政区域内如无符合资质或进行农超对接的大型连锁超市，应在全国范围内选择进行农超对接的大型连锁超市。

1. 大型连锁超市应满足以下条件

（1）注册资本500万元以上。

（2）超市拥有不低于50个连锁门店或总营业面积不低于5万平方米。

（3）超市生鲜业务自营并设有专门的鲜活农产品销售柜台。

（4）与对接的农民专业合作社、农产品生产加工销售龙头企业签订有效期5年以上的长期采购合同，合同中注明每年最低采购数量或金额。最低采购数量或金额不低于试点地区省级商务主管部门制定的标准。实施优质优价，让利于农民。

（5）应向农民专业合作社、农业产业化龙头企业提供种植、养殖技术，施肥、农药指导，加强质量安全管理。

2. 农民专业合作社应满足以下条件

（1）具备《中华人民共和国农民专业合作社法》规定的设立和登记条件，并于2009年12月31日前依法注册。

（2）成员在80个以上，成员出资总额20万元以上。有规范的章程、完善的管理制度、健全的监督机制、独立的会计核算。

（3）有符合对接超市需求的基本生产能力和生产规模，有农产品注册商标，有无公害以上产品质量认证。

（4）与对接的大型连锁超市签订有效期5年以上的长期采购合同，合同中注明每年最低采购数量或金额。最低采购数量或金额不低于试点地区省级商务主管部门制定的标准。

3. 农业产业化龙头企业应满足以下条件

（1）必须是农业产业化国家级重点龙头企业或者农业产业化省级重点龙头企业。

（2）以鲜活农产品产销为主要业务。

（3）有符合对接超市需求的基本生产能力和生产规模，有农产品注册商标，有无公害以上产品质量认证。

（4）与对接的大型连锁超市签订有效期5年以上的长期采购合同，合同中注明每年最低采购数量或金额。最低采购数量或金额不低于省级商务主管部门制定的标准。

三、工作要求

（一）试点地区省级商务等有关部门，制定本省（市、区）农产品流通体系发展规划，省级财政、商务部门要依据规划制定符合试点区域特点的综合性试点实施方案，对本通知规定的条件和省（市、区）制订的其他条件在主管部门网站上公布，对于拟推荐的承办单位需提前公示，公示期不得少于7天，公示期内有异议并经查属实的承办单位，不得推荐。试点市县人民政府应制定本地区农产品流通体系发展规划和试点实施方案，并配套财政、土地等优惠政策。

（二）项目申报单位应如实提供有关材料，其中农产品批发市场和农贸市场项目材料应包括：市场符合各项条件的证明材料，项目建设和改造方案，市场营业执照副本复印件，税务部门出具的纳税证明，土地使用权证明，突发事件保障市场供给的预案等相关材料。农超对接项目材料应包括：农超对接双方的资质证明（其中农民专业合作社、农业产业化龙头企业的前3项资质证明应由当地农经部门出具），经公证部门确认有效的期限不少于5年的对接合同，超市对农民专业合作社、农业产业化龙头企业进行生产指导和质量安全管理的有关资料。

（三）试点地区省级商务、财政等会同有关部门对项目实施状况进行动态监管，制定详细的项目验收标准及操作办法，组织相关领域专家和专业审计人员组成验收组。项目验收中要重点检查直接对接合同执行情况，对合同执行不力的超市和农民专业合作社、农业产业化龙头企业，即使项目建设已完成并达到验收标准，也不予通过，同时取消其以后年度申请农产品现代流通综合试点的资格。商务部、财政部对项目建设、验收等情况进行不定期抽查。

（四）完善信息报送制度。列入农产品现代流通综合试点的农产品批发市场、农贸市场、大型连锁超市、农民专业合作社和农业产业化龙头企业应在每月 10 日之前分别通过双百市场工程和农超对接信息服务系统向商务部报送上月基本经营情况、农产品品种和产销数量及价格等数据。

（五）对按本通知规定建设和改造并验收合格的农产品现代流通综合试点项目，中央财政将予以支持。省级和市级财政根据本地财力情况安排资金支持。财政扶持资金总额不得超过项目总投资金额的50%。

（六）各地商务主管部门要加强组织领导，积极争取地方政府在规划、用地、用水、用电、税收、资金等方面出台优惠政策。协调有关部门落实农产品批发市场按工业用地等政策，引导金融机构加大信贷支持力度，采取措施吸引社会资金投入农产品流通基础设施建设。

政府采购代理机构资格认定办法

（财政部第61号令　2010年10月26日）

第一章　总则

第一条　为了规范政府采购代理机构资格认定工作，加强政府采购代理机构资格管理，根据《中华人民共和国政府采购法》和国务院有关规定，制定本办法。

第二条　政府采购代理机构资格的认定适用本办法。

本办法所称政府采购代理机构，是指取得财政部门认定资格的，依法接受采购人委托，从事政府采购货物、工程和服务采购代理业务的社会中介机构。

各级人民政府设立的集中采购机构不适用本办法。

第三条　政府采购代理机构资格认定，应当遵循公开、公平、公正原则。

第四条　政府采购代理机构资格认定由财政部和省、自治区、直辖市人民政府财政部门（以下简称省级人民政府财政部门）依据本办法的规定实施。

第五条　代理政府采购事宜的机构，应当依法取得财政部或者省级人民政府财政部门认定的政府采购代理机构资格。

第六条　政府采购代理机构资格分为甲级资格和乙级资格。

取得甲级资格的政府采购代理机构可以代理所有政府采购项目。取得乙级资格的政府采购代理机构只能代理单项政府采购项目预算金额在一千万元人民币以下的政府采购项目。

第七条　政府采购代理机构甲级资格的认定工作由财政部负责；乙级资格的认定工作由申请人工商注册所在地的省级人民政府财政部门负责。

第八条　财政部或者省级人民政府财政部门应当向取得认定资格的政府采购代理机构颁发《政府采购代理机构资格证书》（以下简称《资格证书》）。

《资格证书》应当载明政府采购代理机构名称、代理业务范围、资格有效期限起止日期等事项，并加盖颁发证书的财政部门印章。

《资格证书》分为正本和副本，有效期为三年，持有人不得出借、出租、转让或者涂改。

第九条　政府采购代理机构可以在全国范围内依法代理政府采购事宜。任何单位和个人不得采取任何方式，阻挠和限制政府采购代理机构依法进入本地区或者本行业的政府采购市场。

政府采购代理机构拟在其工商注册地以外的省、自治区、直辖市开展业务的，应当持有效的企业法人营业执照、税务登记证副本、

《资格证书》复印件向当地省级人民政府财政部门备案。

第十条 政府采购代理机构不得代理其本身或者与其有股权关系的自然人、法人或者其他组织作为直接或者间接供应商参加的政府采购项目。

第十一条 在政府采购代理业务中，政府采购代理机构应当向委托人提供合法、方便、优质、高效和价格合理的服务。

政府采购代理机构不得以不正当的手段承揽政府采购代理业务。

第十二条 政府采购代理机构代理政府采购事宜，按照国家有关规定收取代理服务费。

第十三条 财政部门在实施政府采购代理机构资格认定和对政府采购代理机构代理业务情况进行监督检查工作中，不得收取任何费用。

第二章 资格申请

第十四条 乙级政府采购代理机构应当具备下列条件：

（一）具有企业法人资格，且注册资本为人民币一百万元以上；

（二）与行政机关没有隶属关系或者其他利益关系；

（三）具有健全的组织机构和内部管理制度；

（四）有固定的营业场所和开展政府采购代理业务所需的开标场所，以及电子监控等办公设备、设施；

（五）申请政府采购代理机构资格之前三年内，在经营活动中没有因违反有关法律法规受到刑事处罚或者取消资格的行政处罚；

（六）有参加过规定的政府采购培训，熟悉政府采购法规和采购代理业务的法律、经济和技术方面的专职人员。母公司和子公司分别提出申请的，母公司与子公司从事政府采购代理业务的专职人员不得相同；

（七）专职人员总数不得少于十人，其中具有中级以上专业技术职务任职资格的不得少于专职人员总数的百分之四十；

（八）财政部规定的其他条件。

第十五条 甲级政府采购代理机构除应当具备本办法第十四条第二项至第六项条件外，还应当具备下列条件：

（一）具有企业法人资格，且注册资本为人民币五百万元以上；

（二）专职人员总数不得少于三十人，其中具有中级以上专业技术职务任职资格的不得少于专职人员总数的百分之六十；

（三）取得政府采购代理机构乙级资格一年以上，最近两年内代理政府采购项目中标、成交金额累计达到一亿元人民币以上；或者从事招标代理业务二年以上，最近两年中标金额累计达到十亿元人民币以上；

（四）财政部规定的其他条件。

第十六条 申请政府采购代理机构乙级资格的，申请人应当向其工商注册所在地的省级人民政府财政部门提交资格认定申请书，并提供下列材料：

（一）有效的企业法人营业执照、税务登记证副本和社会保险登记证书复印件；

（二）经工商管理部门备案的《企业章程》复印件；

（三）与行政机关没有隶属关系和其他利益关系的书面声明；

（四）机构内部各项管理制度；

（五）有固定的营业场所和开展政府采购代理业务所需的开标场所、电子监控等办公设备、设施的相关证明材料。营业场所、开标场所为自有场所的提供产权证复印件；营业场所、开标场所为租用场所的提供出租方产权证以及租用合同或者协议的复印件；

（六）申请政府采购代理机构资格之前三

年内，在经营活动中没有因违反有关法律法规受到刑事处罚或者取消资格的行政处罚的书面声明；

（七）专职人员的名单、中级以上专业技术职务证书、劳动合同、人事档案管理代理证明以及申请之前六个月或者企业成立以来缴纳社会保险费的证明（社会保险缴纳情况表或者银行缴款单据）复印件；

（八）母公司或者子公司已申请或者取得政府采购代理机构资格情况的说明；

（九）财政部规定的其他材料。

第十七条 申请政府采购代理机构甲级资格的，申请人应当向财政部提交资格认定申请书，并提供下列材料：

（一）本办法第十六条规定的材料；

（二）具备政府采购代理机构乙级资格的，提交乙级资格证书复印件；

（三）《政府采购代理有效业绩一览表》或者《招标代理有效业绩一览表》，以及与所列业绩相应的委托代理协议和采购人（招标人）确定中标、成交结果的书面通知复印件。

第十八条 申请人应当如实提交申请材料和反映真实情况，并对其申请材料实质内容的真实性负责。财政部或者省级人民政府财政部门不得要求申请人提供与政府采购代理机构资格认定无关的材料。

第十九条 申请人在递交申请材料复印件的同时，应当提交相应的原件，经财政部或者省级人民政府财政部门核对无误后予以退回。

申请人将申请材料中的复印件交由公证机构公证“与原件一致”后装订成册提交的，可以不提交复印件的原件。

第二十条 财政部或者省级人民政府财政部门对申请人提出的资格认定申请，应当根据下列情况分别作出处理：

（一）申请事项依法不属于本财政部门职权范围的，应当作出不予受理决定，并告知申请人向有关部门申请；

（二）申请材料存在可以当场更正的错误的，应当允许申请人当场更正；

（三）申请材料不齐全或者不符合本办法规定形式的，应当当场或者在五个工作日内一次告知申请人需要补正的全部内容，逾期不告知的，自收到申请材料之日起即为受理；

（四）申请事项属于本财政部门职权范围，申请材料齐全、符合本办法规定形式的，或者申请人已按要求提交全部补正申请材料的，应当受理资格认定申请。

第二十一条 财政部或者省级人民政府财政部门受理或者不予受理资格认定申请，应当出具加盖本财政部门专用印章和注明日期的书面凭证。

第二十二条 财政部或者省级人民政府财政部门应当对申请人提交的申请材料进行审查，并自受理资格认定申请之日起二十个工作日内，根据下列情况分别作出决定，二十个工作日内不能作出决定的，经本财政部门负责人批准，可以延长十个工作日，并应当将延长期限的理由告知申请人：

（一）申请人的申请符合本办法规定条件的，应当依法作出认定资格的书面决定，并向申请人颁发甲级或者乙级《资格证书》；

（二）申请人的申请不符合本办法规定条件的，应当依法作出不予认定资格的书面决定，并说明理由和告知申请人享有依法申请行政复议或者提起行政诉讼的权利。

财政部或者省级人民政府财政部门作出资格认定决定前，应当将拟认定资格的政府采购代理机构名单在指定的政府采购信息发布媒体上进行公示，公示期不得少于五个工作日。

第二十三条 乙级政府采购代理机构获得甲级政府采购代理机构资格后，其原有的乙级政府采购代理机构资格自动失效。

第二十四条　财政部或者省级人民政府财政部门应当将获得认定资格的政府采购代理机构名单在指定的政府采购信息发布媒体上予以公告。

第二十五条　省级人民政府财政部门应当自批准乙级政府采购代理机构资格之日起三十日内，将获得资格的乙级政府采购代理机构名单报财政部备案。

第三章　资格延续与变更

第二十六条　政府采购代理机构需要延续依法取得的政府采购代理机构资格有效期的，应当在《资格证书》载明的有效期届满六十日前，向作出资格审批决定的财政部门提出申请。

第二十七条　乙级政府采购代理机构申请资格延续的，应当满足本办法第十四条规定的条件。

第二十八条　甲级政府采购代理机构申请资格延续的，应当满足下列条件：

（一）本办法第十五条规定的条件，但第三项除外；

（二）《资格证书》有效期内代理完成政府采购项目中标、成交金额一亿五千万元人民币以上。

第二十九条　申请人提出资格延续申请的，应当提交资格延续申请书，并提供下列材料：

（一）有效的企业法人营业执照、税务登记证副本和社会保险登记证书复印件；

（二）原《资格证书》复印件；

（三）营业场所、开标场所发生变动的，自有场所应当提供产权证复印件；租用场所应当提供出租方产权证以及租用合同或者协议的复印件；

（四）最近三年内在经营活动中没有因违反有关法律法规受到刑事处罚或者取消资格以上的行政处罚的书面声明；

（五）专职人员的名单、中级以上专业技术职务证书、劳动合同、人事档案管理代理证明以及申请之前六个月缴纳社会保险费的证明（社会保险缴纳情况表或者银行缴款单据）复印件；

（六）甲级政府采购代理机构提交《政府采购代理有效业绩一览表》以及证明所列业绩所需的相应委托代理协议和采购人确定中标、成交结果的书面通知复印件；

（七）财政部规定的其他材料。

第三十条　财政部或者省级人民政府财政部门在收到资格延续申请后，经审核申请材料齐全，符合法定形式和要求的，应当受理申请，依照本办法第十九条至第二十一条的规定进行审查，并在申请人的政府采购代理机构资格有效期届满前，根据下列情况分别作出决定：

（一）申请人的申请符合本办法规定条件的，应当作出延续政府采购代理机构资格的书面决定，并重新颁发《资格证书》；

（二）申请人的申请不符合本办法规定条件的，应当作出不予延续政府采购代理机构资格的书面决定，并说明理由和告知申请人享有依法申请行政复议或者提起行政诉讼的权利。

第三十一条　政府采购代理机构逾期不申请资格延续的，其《资格证书》自证书载明的有效期届满后自动失效。需要继续代理政府采购事宜的，应当重新申请政府采购代理机构资格。

第三十二条　政府采购代理机构《资格证书》记载事项依法发生变更的，应当自变更之日起二十日内提供有关证明文件并办理变更或者换证手续。但是，机构名称变更的，应当重新申请政府采购代理机构资格。

第三十三条　政府采购代理机构解散、破产或者因其他原因终止政府采购代理业务的，应当自情况发生之日起十日内交回《资格证书》，办理注销手续。

第三十四条 政府采购代理机构分立或者合并的，应当自情况发生之日起十日内交回《资格证书》，办理注销手续；分立或者合并后的机构拟从事政府采购代理业务的，应当重新申请政府采购代理机构资格。

第三十五条 政府采购代理机构发生本办法第三十二条至第三十四条规定情形，逾期未办理相关手续的，其政府采购代理机构资格自动失效。

第四章 监督检查

第三十六条 财政部应当加强对省级人民政府财政部门实施政府采购代理机构资格认定工作的监督检查，及时纠正和依法处理资格认定工作中的违法违规行为。

第三十七条 县级以上人民政府财政部门应当按照政府采购管理权限，对政府采购代理机构执行政府采购法律、法规的情况，包括采购范围、采购方式、采购程序、代理业绩以及政府采购代理机构人员的职业素质和专业技能等方面进行监督检查，加强监管档案管理，建立不良行为公告制度。

第三十八条 县级以上人民政府财政部门应当依法处理处罚政府采购代理机构的违法违规行为，并予以公告。但涉及政府采购代理机构甲级资格的行政处罚，应当由财政部作出；涉及乙级资格的行政处罚，应当由认定资格的省级人民政府财政部门或者财政部作出。

第三十九条 县级以上地方人民政府财政部门应当将政府采购代理机构违法违规行为的处理处罚结果，书面告知作出资格认定决定的财政部门。

第四十条 个人和组织发现政府采购代理机构违法代理政府采购事宜的，有权向财政部门举报。收到举报的财政部门有权处理的，应当及时核实、处理；无权处理的，应当及时移送有权处理的财政部门处理。

第五章 法律责任

第四十一条 申请人隐瞒有关情况或者提供虚假材料的，财政部和省级人民政府财政部门应当不予受理或者不予资格认定、延续，并给予警告。

第四十二条 申请人以欺骗、贿赂等不正当手段取得政府采购代理机构资格的，由作出资格认定决定的财政部门予以撤销，并收回《资格证书》；涉嫌犯罪的，移送司法机关处理。

第四十三条 政府采购代理机构有下列情形之一的，责令限期改正，给予警告；情节严重的，暂停其政府采购代理机构资格三至六个月；情节特别严重或者逾期不改正的，取消其政府采购代理机构资格，并收回《资格证书》；涉嫌犯罪的，移送司法机关处理：

（一）出借、出租、转让或者涂改《资格证书》的；

（二）超出授予资格的业务范围承揽或者以不正当手段承揽政府采购代理业务的；

（三）违反本办法第十条规定的；

（四）违反委托代理协议泄露与采购代理业务有关的情况和资料的；

（五）擅自修改采购文件或者评标（审）结果的；

（六）在代理政府采购业务中有《中华人民共和国政府采购法》第七十一条、第七十二条、第七十六条规定的违法情形的；

（七）法律、法规、规章规定的其他违法行为。

受到警告或者暂停资格处罚的政府采购代理机构，在被处罚后三年内再次有本条第一款所列情形之一的，取消其政府采购代理机构资格，并收回《资格证书》；涉嫌犯罪的，移送司法机关处理。

第四十四条 政府采购代理机构对财政部门的行政处理、处罚决定不服的，可以依法申请行政复议或者向人民法院提起行政诉讼。

第六章 附则

第四十五条 本办法所称专职人员是指与申请人签订劳动合同，由申请人依法缴纳社会保险费的在职人员，不包括退休人员。

第四十六条 政府采购代理机构资格认定和资格延续申请书的格式文本由财政部负责制定。

第四十七条 本办法自 2010 年 12 月 1 日起施行。2005 年 12 月 28 日财政部发布的《政府采购代理机构资格认定办法》（财政部令第 31 号）同时废止。

财政部关于认真做好政府采购代理机构资格认定工作的通知

（财库〔2010〕133号 2010年11月25日）

各省、自治区、直辖市、计划单列市财政厅（局）：

为了进一步贯彻实施《政府采购代理机构资格认定办法》（财政部令第61号，以下简称《办法》），做好政府采购代理机构资格认定工作，现将有关事项通知如下：

一、严格按照《办法》及本通知要求做好相关工作

按照《办法》规定，甲级政府采购代理机构资格由财政部负责认定，乙级政府采购代理机构资格由申请机构工商注册所在地的省级财政部门负责认定。财政部和省级财政部门分别向获得甲级、乙级资格的政府采购代理机构颁发《中华人民共和国政府采购代理机构资格证书》。

省级财政部门要从依法行政的高度认识和重视《办法》的贯彻和落实，按照财政部统一要求制定具体的资格认定工作方法和程序，做好资质认定工作的布置和培训等工作，做到政策要求明确，认定程序清晰规范，组织工作高效。

二、资格认定工作的有关要求

（一）省级财政部门负责对京外申请甲级资格的机构是否具有固定营业场所进行确认审核，并向财政部出具审核意见。

（二）省级以上财政部门要定期向申请政府采购代理资格的机构人员进行培训，对通过培训的人员出具相关培训证明。

（三）甲级资格认定工作具体程序和要求按"甲级政府采购代理机构资格申报材料的具体要求"执行。乙级资格认定工作的具体程序和要求，由省级财政部门参照财政部"甲级政府采购代理机构资格申报材料的具体要求"确定。

（四）省级以上财政部门应当将审核通过拟认定资格的政府采购代理机构名单在其指定的政府采购信息发布媒体上公示，公示时间不得少于5个工作日。省级财政部门应当在资格认定工作完成后及时将乙级政府采购代理机构名单报财政部备案。

拟认定资格机构公示无异议的，省级以上财政部门将分别颁发甲、乙级资格等级证书，同时在其指定的政府采购信息媒体上公告。

三、需要明确的几个问题

（一）政府采购代理机构资格代理的业务范围，是指政府采购法规定的货物、工程和服务的政府采购项目代理业务及政府采购咨询服务业务。

（二）甲级机构资格申请方式。申请甲级资格的机构需要登录中国政府采购网（www.ccgp.gov.cn）“资格申请”专栏，按照网上提示和要求完成申请程序及资料的申报。同时，将相同的书面申报材料加盖公章报送财政部。申请有效时间以收到书面材料时间为准。

（三）《办法》实施之后，财政部将定期集中对甲级机构进行资格审查认定，申报材料递交时间为每年6月1日、11月1日开始5个工作日内。2010年12月1日至2011年6月1日期间甲级资格证书到期的，财政部将继续接受资格申请，按《办法》进行资格审查认定。对乙级机构进行资格审查认定的时间，由省级财政部门根据具体情况自行决定。

（四）《办法》实施之后，已按原《政府采购代理机构资格认定办法》取得政府采购审批或确认资格的甲级机构，其证书在有效期内仍然有效，有效期结束后，符合《办法》规定申请甲级资格条件的，可以直接向财政部提出申请，不需要重新申请乙级资格。

（五）申请政府采购代理机构资格的单位，需填写政府采购代理机构承诺函。

（六）本通知自2010年12月1日起施行，原《财政部关于认真做好政府采购代理机构资格认定工作的通知》（财库〔2006〕13号）同时废止。

附件：略

2010 年全球物流动态

2010 年，全球经济处于缓慢复苏之中。和 2009 年相比，全球物流业呈现出恢复性增长的特征。全球物流总成本有所上升，公路运输量和铁路运输量略有增长，而海运集装箱和航空运输则出现快速增长的态势。

一、2010 年全球物流业回顾

1. 物流总成本有所上升

2010 年，全球物流总成本有所上升。以美国为例，物流总成本在 2008 年和 2009 年两年的急剧下跌后，于 2010 年上升了 10.4%。由于货运量增加、燃油附加费和部分运输方式运价上涨，货物运输成本在 2010 年增加了 10%。利率持续下滑、库存水平缓缓回升、仓储费用的减少又被其他库存相关成本，诸如保险、折旧、税费和报废成本的增长所抵消，导致库存持有成本增长了 10.3%。物流占名义国民生产总值（GDP）的比重上升到 8.3%，仍低于过去十年（除 2009 年）的任何一年。如图 1 所示。

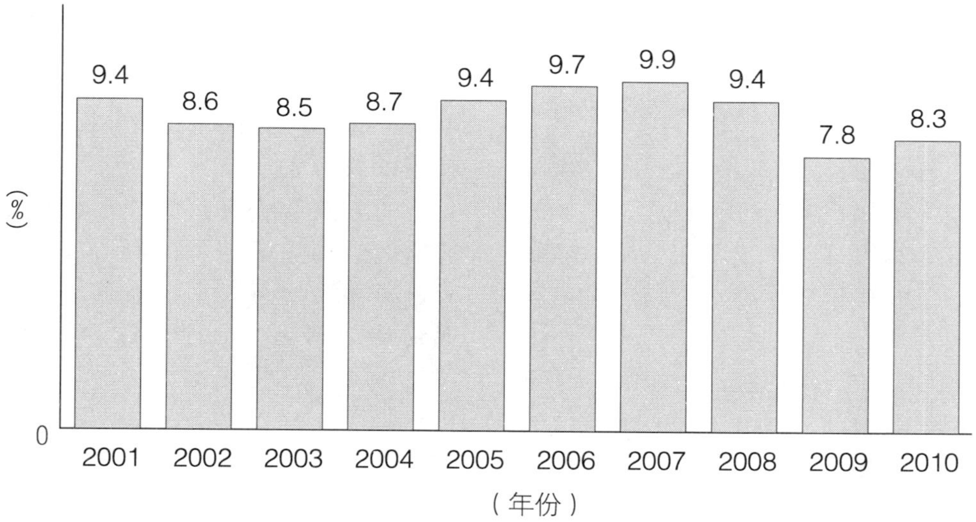

图 1 美国物流总成本占 GDP 的比重

资料来源：第 22 次美国物流年报

2010 年，美国商业库存除第二季度有所下滑外，全年都处于增长状态。到第三季度，库存水平就已回升到衰退初期时的水平，年末库存水平成为自 2008 年第三季度以来的最高值。所有商业库存（农业、采矿业、建筑业、服务业、制造业、批发业以及零售业）的平均投资额增长到约 2.1 万亿美元，同比增长 1990 亿美元（如图 2 所示）。第一季度，存货有所补给。不断增长的库存促使部分零售商在第二季度推迟订单，加快售出存货。节假日销售前景见好，订单增加，但是库存水平居高不下。2010 年下半年，全美库存攀升到 1700 亿美元。有报道称 2010 年节假日销售额情况好于 2009 年，但是最后的销售数据显示，民众购买力并没有像预期的那样理想，许多消费者仍选择耐心等待季末商品打折机会的到来。

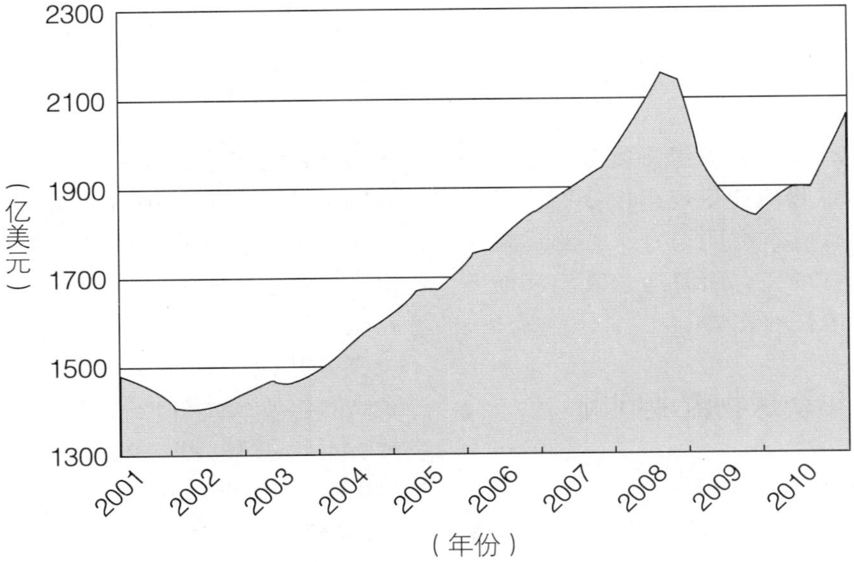

图 2 美国商业库存的平均投资额

资料来源：第 22 次美国物流年报

2. 公路运输量略有增长

2010 年，欧盟的公路运输量出现持续增长。根据欧盟公布的相关统计数据，与 2009 年 1 季度相比，2010 年 1 季度欧盟公路运输量环比增长 3%；2010 年 2 季度，公路运输量环比增长 4%。

根据德国联邦统计局的统计，2010 年，德国公路运输量达 31.3 亿吨，占总货运量的 77%（包括公路、航空、铁路、远洋和内河航运和管道运输），同比增长 1.2%。

2010 年，美国公路货运量增长了 5.7%，公路货运量的增长速度高于司机的招聘速度。CK 商用车调查机构（CK Commercial Vehicle Research）近期发布一项针对大中小型出租、私用以及政府运输车辆运营商的报告表明，42% 的运输车队目前面临司机空缺、运输车辆增加受到司机数量限制等方面的问题。有 32% 车辆运营商表示，虽然他们现在并没有遇到什么问题，但他们认为在不久的将来，司机短缺问题将对他们的车队产生影响。司机年龄层布局的情况也并不理想。大约 1/6 的公路货运司机年满 55 岁，只有不超过 1/4 的司机年龄在 35 岁以下，而且这一数量正在减少。很明显，自从货物运输由机动车辆代替马车后，如何吸引司机就职就成为货运业的一大难题。

3. 铁路运输量持续增长

进入2010年以来，全球铁路运输量出现持续增长，表明经济复苏的迹象明显。

根据联邦德国统计局统计，2010年德国铁路运输货物总计3.56亿吨，同比增长14%，增幅前所未有。但与历史最高年份2008年的3.71亿吨相比，仍低4.2%。其中，内陆运输2.42亿吨，同比增长14.9%；国际运输增长17.8%，同比有较大增长。

根据俄罗斯铁路股份公司的统计，2010年，俄罗斯铁路系统运输各种物资达12.06亿吨，高出上一年度8.8%。其中，运输原煤2.86亿吨，较上一年度增长3.9%，运输石油和石油产品2.53亿吨，同比增长10.8%；运输铁矿石和锰矿石1.02亿吨，同比增长6.8%；运输集装箱1820万吨，同比增长18.2%。

4. 全球集装箱海运量创历史新高

海运业是世界经济的风向标。2010年，受中国各大港口吞吐量猛增刺激，全球集装箱海运量创历史新高，达到5.6亿标准箱，同比增长了14.5%。

2010年，全球航运公司的集装箱船队总拥有4849艘船，额定运力为1427万标准箱，比2010年1月增长了9.1%。全球20大航运公司船队的总运力已经达到了1230万标准箱。

2010年全球干散货航运业在波动中调整，也在逐渐复苏。2010年全球干散货市场整体好于2009年。波罗的海航运交易所干散货综合运价指数（BDI）2010年的平均值为2758点，较2009年平均值2623高出5.1%。虽然干散货市场总体表现增长，但受全球经济复苏步伐趋缓、干散货船队运力过剩影响，全年运价却呈现震荡向下的趋势。

在全球原油需求的影响下，2010年国际油轮市场整体表现好于2009年。根据波交所公布的数据，2010年VLCC的等效期租运价为21875美元/天，同比增长32.1%；2010年MR型成品油轮等效期租运价为9492美元/天，同比增长18.8%。

5. 全球航空运输业全面复苏

根据国际航空运输协会（International Air Transport Association，IATA）统计，2010年随着全球经济形势转好，全球航空运输需求循序回升，需求比上年增长10.3%，但运力增长只有5.2%。由于运力增长远远滞后于需求增长，其结果是载运率普遍很高。

根据国际航空运输协会的统计，2010年全球运输业实现160亿美元的赢利。然而，净利润率仍低于正常水平，仅为2.9%，远远低于7%或8%的正常利润率。2010年，全球航空运输业总收入同比增值5520亿美元。

2010年，全球各地区航空运输增长、复苏速度差异趋势延续。其中，中东地区仍是航空业需求增长最快的地区，运输量同比增长达20%；亚太地区航空运输量同比增长12.6%，主要源于中国经济的强劲增长。2007—2010年世界各地区航空运输量和运力同比增长情况如下表所示。

2007—2010年世界各地区航空运输量和运力同比增长情况

地区＼年份	运输量（TKP）变化（%）				运力（ATK）变化（%）			
	2007	2008	2009	2010	2007	2008	2009	2010
全球	6.0	0.7	-4.3	10.3	5.8	1.1	-3.5	5.2
北美	3.5	-2.4	-6.3	9.9	3.2	-2.8	-5.6	3.9
欧洲	2.1	0.9	-7.7	5.0	3.5	2.9	-5.4	1.5

续 表

地区＼年份	运输量（TKP）变化（%）				运力（ATK）变化（%）			
	2007	2008	2009	2010	2007	2008	2009	2010
亚太	7.8	-0.2	-2.2	12.6	6.9	0.6	-4.8	5.8
中东	16.4	3.6	9.5	20.0	14.5	4.7	11.1	15.8
拉美	9.9	3.3	0.0	14.5	6.9	3.2	1.4	6.9
非洲	4.5	5.1	-5.4	15.0	5.8	7.2	-1.5	7.4

资料来源：国际航空运输协会网站

根据国际航空运输协会的排名，联邦快递2010年成为世界上最繁忙的货运航空公司，其货运业务量超出同行的50%，其国内和国际货运业务量合计达157亿货运吨公里。UPS排名第二，业务量达101亿货运吨公里。总部位于中国香港的国泰航空排名第三，其业务量达95亿吨公里。从地区来看，中东地区排名最高的是阿联酋航空公司，其业务量达79亿货运吨公里，全球综合排名第五位；欧洲地区排名最高的航空公司是汉莎航空公司，其业务量达到74亿货运吨公里，全球综合排名第六。

二、2010年全球物流与供应链的新发展

1. 城市物流为未来的城市提供了物流解决方案

城市物流是伴随着城市化进程、针对城市问题而形成的物流解决方案。城市物流的目标是通过建立多层次的城市物流体系，实现有效减少城市交通流量、解决城市拥堵和减少碳排放。

目前，世界部分城市和国家如波恩、迪拜、墨西哥，均已实施了城市物流项目，着手建立城市物流体系，打造物流都市。根据德国邮政DHL对城市物流试验项目测试的结果，在迪拜珍珠区设立的城市物流项目，使城市配送车辆数量降低了53%、物流配送空间节约了12%、二氧化碳排放量降低了29%。

从技术手段上，如波恩实施的智能卡车（Smart Truck）项目，通过RFID和GPS技术和智能线路规划软件，能够针对城市交通状况和车辆配载的目的地要求，实时更新城市配送线路，有效避免城市交通拥堵，降低车辆行驶的时间，减少了城市的碳排放量。

目前，西门子、德国邮政DHL等德国公司，已经初步建立了一整套城市物流技术系统和运营系统，将为未来城市提供智能化的物流解决方案。

2. 税收成为供应链网络布局的重要影响因素

工厂和配送中心的重新选址能够导致公司税的大幅增加。

Tompkins Associates咨询公司在最近的一项“提升供应链，增加股东价值”报告中告诫称，企业在重新设计他们的供应链之前，需要停下来思考一下，这些改变将会对公司税造成什么样的影响。在一些案例中，供应链组成的变化可能会导致公司有效税率（ETR）的增加，有效税率即是包括所得税，财产税，关税，销售税，能源税和环境税所有税的总和。有效税率因国家而异。

特别是当跨国公司设计他们的供应链时，他们需要确定税收要素，以避免一些没有预见的成本支出。供应链主管可以想象得到，当他正为优化全球供应链网络选择新的生产和配送

厂址时，却因为税率和税收鼓励而导致整个计划失效。Tompkins Associates 咨询公司副总裁 Gene Tyndall 说："对于在全球范围运作，面对更加庞大的税种的公司而言，他们的供应链设计能够大大增加或减少有效税率。"

3. 越来越多的企业开始建立供应链卓越中心

当供应链主管寻求途径，使供应链能够在现今动荡的全球经济环境下更加高效、更加以客户为导向、以及更具弹性时，许多供应链主管正在考虑建立供应链"卓越中心"。公司可以将一组能够执行整个供应链各项职能的专家集中起来，创立一个卓越中心，而不是为每一个工厂或本地市场的采购和物流等设立独立的部门。

将供应链专家集中在同一个地点，可以方便某一特定领域职员内部的思想交流，提高技能和专业知识。他们能够互相学习如何从最新的软件工具和技术的使用中获得最大的效益，并且集中出一整套的最佳实践，供全公司上下学习。

最佳实践一旦确立下来，中心就能够为全球各网点制定必要的准则，以确保流程的一致性和质量。它可以使用一个共同的标杆来衡量任一地域的客服，外包或运输等业务。这有助于公司建立起作为全球性名牌的声誉，因为不论是印度、中国、美国或其他地方的买方都将获得同等质量的产品和服务。

建立一个卓越中心同时也意味着公司将把专家们集中在同一个地点，随时准备应对突发状况。这对于处在供应链随时都可能遭遇意外中断风险的环境下的公司来说，极为有利。包括 IBM 在内的许多公司已经开始建立此类中心，以帮助他们为客户提供更大的价值。

三、全球物流业的未来展望

基于 2011 年第一季度的数据，全球航运业运力需求增加、运价上涨，这都是经济复苏的积极信号。或许到 2011 年年底，全球物流业将呈现出另一番截然不同的景象，但不可否认的是，这对于全球的发货人和承运人来说，都将是充满挑战和变数的一年。大浪淘沙，谁主沉浮？没有人能够预测，但是我们相信，不断探索经济复苏之路的物流行业的创新者们将会是未来最大的赢家。

（王国文　王文博　综合开发研究院物流与供应链管理研究所）

美国物流业

一、2010 年美国物流产业发展的总体趋势

2010 年，美国商业物流体系总成本增长了 10.4%，弥补了上一年度一半以上的跌幅损失。商业物流成本上升到 1.21 万亿美元，比 2009 年增长了 1140 亿美元，但仍旧大大低于经济衰退前的年份。如图 1 所示。2010 年，美国物流成本占 GDP 的比重为 8.3%，相比 2009 年增长了 0.5%。

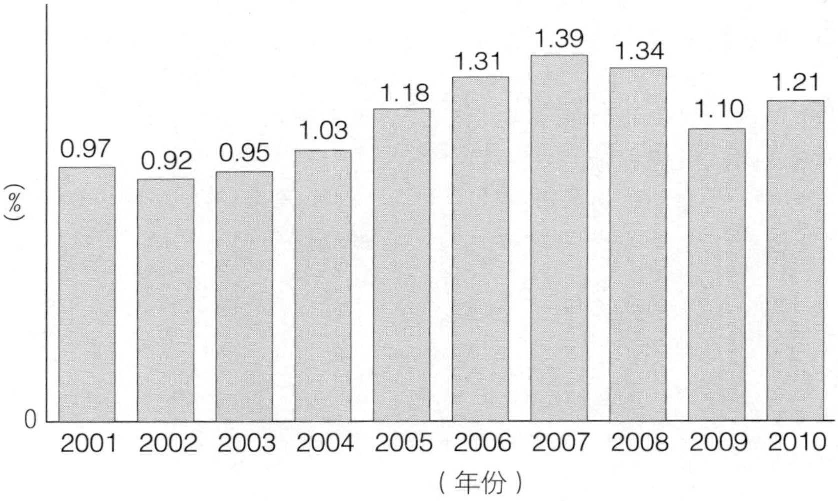

图 1 2001—2010 年美国商业物流成本

资料来源：第 22 次美国物流年报

2010 年，美国物流成本的主要构成要素（库存持有成本和运输成本）均有 10% 以上的增长。其中，库存持有成本增长了 10.3%。增长的原因主要是由于税收、废弃、折旧以及保险成本的大幅增加，而库存持有率和仓储成本的进一步下跌抵消了部分成本增长。与 2009 年相比，运输成本增长较快，为 10.3%；占运输总成本 78% 的公路货运成本仅增长了 9.3%，

明显滞后于其他运输方式，其他运输方式成本平均增长率为15.4%。

2010年，美国商业库存除第二季度有所下滑外，全年都处于增长状态。到第三季度，库存水平就已回升到衰退初期时的水平，年末库存水平成为自2008年第三季度以来的最高值。所有商业库存（农业、采矿业、建筑业、服务业、制造业、批发业以及零售业）的平均投资额增长到2.1万亿美元，同比增长1990亿美元。2010年上半年，存货有所供给，而2010年下半年，由于民众购买力未达到预期，多数消费者期待于季末商品打折机会，导致库存水平居高不下，库存成本攀升到1700亿美元。

经济衰退期间，全美的存销比迅速攀升，从2007年年末的1.26上升到2009年年初的1.48，这一趋势反映出库存呈急剧上升的趋势，而销售却在下降。2009年第一季度，全美库存得到了大规模清理，而后期销售的缓慢增长，使年末的存销比跌回到1.27。虽然销售有所回升，但由于原材料价格的上涨以及消费者购买欲的转变，2010年的存销比波动不大，年末存销比为1.25。如图2所示。

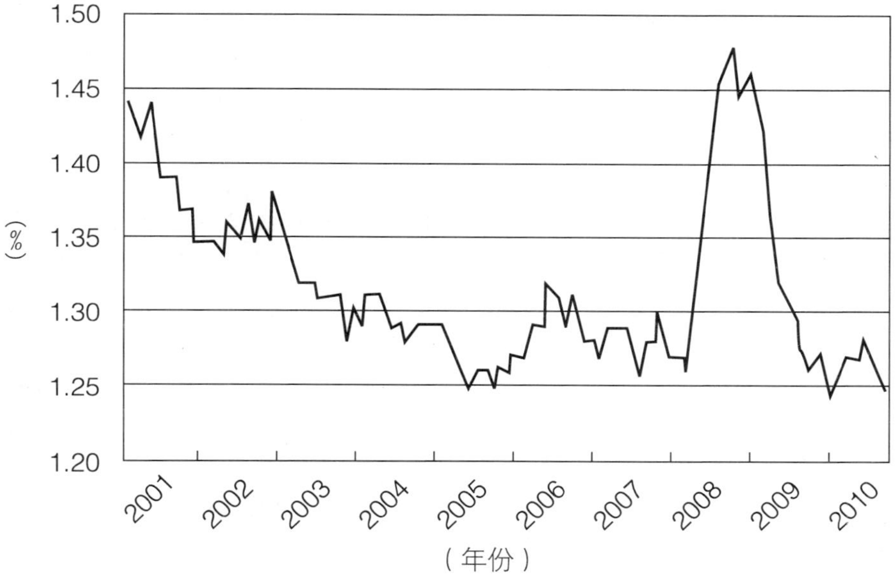

图2　2001—2010年美国存销比

资料来源：第22次美国物流年报

2010年，全美税收、报废、折旧以及保险成本增加了15.4%，而仓储成本下降了6%。当全年库存水平不断增加时，获得额外仓储空间的成本并没有相应地增加。这一趋势优化了运输配送模式，减少了仓库使用的数量。配送中心的平均面积较比于10年前扩大了两倍多。

二、2010年美国物流产业发展的趋势

2010年，美国物流运输成本上升了10.5%。对于承运人的收入来说，2010年管道运输增长了6.4%，铁路运输增长了21.8%，扭转了2009年收入下滑的局面。除海洋运输业外，大部分闲置运力重新投入使用。2010年

是全美新船集中交付年，在过去的一年半中，大量大型集装箱船投入航运市场，使海洋运力得到了一倍左右的增长。总体看，美国的货运业的发展情况是不均衡的，铁路货运业的情况远好于航空货运业。

1. 公路货运业增长缓慢

2010 年，全美公路货运业的情况并不令人乐观。

一是公路货运业运力过剩，公路货运公司发展缓慢。2010 年，全美公路运输成本增长了 9.3%，城际公路运输成本和本地配送成本分别上涨了 9.5% 和 8.8%。虽然大部分收入增长来源于燃油附加费，但也不能完全补贴实际增加的燃油费用。公路货运量增长缓慢，断续无常。2010 年全美公路货运量仅增加了 5.7%，远不足以扭转过去几年的损失。

二是公路货运行业整体运力在经济滑坡中损失惨重。自 2006 年，超过 16% 的公路运力永久性退出市场。货运量增长速度预期将快于行业能够实现的运力增长和扩张。牵引车的数量在过去的两年间减少了 9.8%。货运车辆订单在年底有所增加，这表示承运人对 2011 年前景充满希望，但货运车辆销售水平并没有达到正常的车辆更换水平。由于置换车辆的成本高（货运车辆价格在过去五年间上涨了 25%），车辆维护费用大，加之信贷市场紧缩使投资难度变大，货运公司延长现有车辆的使用时间，或报废车辆而不及时更换新的车辆。相关调查显示，在过去的三年间，有 3000 多家公路货运公司宣告破产，整个行业损失 13% 的运力。而这一调查只针对拥有至少 5 辆货车的公路货运公司，因而实际的运力损失数字应该会更高。

三是公路货运业遭受巨大的员工流失。在过去的四年间，员工流失率高达 13.4%。2010 年，全美公路货运业职工工资涨幅仅为 1.5%，但 2011 年将会有更高的增长。司机将成为公路运力的一个限制因素，司机的短缺将延缓运力重新投放市场的速度。

2. 铁路运输增速明显

2010 年，全美铁路货运业的情况还是让人为之一振的。

一是铁路运输回升较快。2010 年，全美铁路运输成本增加了 21.8%，追回了 2009 年 20% 的下跌。整车装运和多式联运运输量较比于 2009 年，分别有 7.3% 和 14.2% 的增长，这是 1988 年（拥有参照数据最早的一年）以来最高的一次年增长。虽然美国铁路运输再度兴旺，但并没有得到完全恢复。随着 2010 年铁路成功提价，运价保持稳定，铁路运输收入大幅提升。除此之外，每吨英里的铁路运输收入从 2.84 增加到 3.33 美分/吨英里。

二是铁路运输基础设施和设备以及人员配备的完善，使铁路运输整体保持良好的状态。经济衰退期间，一级铁路建设投资并未中止。经济复苏以来，大部分闲置运输设备重新投入使用，铁路运输相关人员也重新回到工作岗位。2010 年间，有 13.23 万辆轨道车重新投入使用，还有 31.63 万辆轨道车相当于 20.8% 的运输车队还处于闲置状态。美国铁路协会（Association of American Railroads）指出，正常情况下只有大约 2% 到 3% 的车队是处于闲置状态的。

3. 海洋航运业仍处困境

2010 年，全美海洋航运业仍在困境中煎熬。

一是运力过剩。2010 年，全美水路运输成本上升了 14.1%。导致港口货运量有所减少，尽管十大港口（除塔科马港）吞吐量都有不同程度的增加。特别是从 2009—2010 年，经济衰退前预订的一些大型集装箱船已经成功交付，使海洋运力将近翻了一番。但海洋货运业仍未摆脱经济衰退的阴影，运力过剩仍是最棘手的问题。

二是海洋运价波动明显。2010 年，全美海洋运价大大高于 2009 年的运价水平。与此同时，运力过剩以及需求减弱促使部分承运人试图通过降低跨洋运价提高市场占有率。因而从2010年最后一个季度到2011年的头几个月，海洋运价下降了40%～50%。

三是内河航道运输量有所增长。2010年1～3月以及5月和10月，全美内河航道运输量出现急剧上升的情况，但其他月份运输量却差强人意。2010年，全美海洋运输量超过了2009年的水平，但很少超过2009年的最高值。

四是五大湖区货运增长有限。2010年，美国五大湖区的货运总收入有33.4%的显著增长。其中大部分增长来自于铁矿石的运输。由于钢铁生产的强劲反弹，铁矿石的运输量增长到4200万吨，涨幅高达75%；煤和石灰石的运输量也有明显增长，但建筑行业的发展滞后抑制了水泥运输量的增长。2010年的严冬气候使全美盐的运输量也受到限制，而沙石的运输量较2009年也有所减少。2010年，全美海洋货运公司并未出现破产危机。尽管各种运输船只的主要干散货运输量总计达1.38亿吨，比2009年增长了23.3%，但还是大大低于五年运营的平均值。这表明美国海洋货运业也没有完全复苏。

4. 航空货运业发展平稳

2010年，全美航空货运业收入较2009年增加了11.2%。虽然上半年是航空货运业发展的绝佳时期。但是货运公司在下达订单和支付升级服务费用前，主要还是持观望态度。到年中，即便是专业的科技组件货运也都被从飞机上移除。由于经济滑坡期间许多承运人解除了部分机组的使用，因而减少了约12%的运力。

2010年上半年，全美的货运代理商顺风顺势，业绩表现突出；然而到下半年，也不得不在市场中挣扎生存。非资产性货运商在下滑期间境况更佳，货运代理商增加了15.4%、运输相关成本增加了2%、物流行政费用增加了10.4%。

三、总结

对美国物流行业而言，2010年经济的缓慢增长预示着2011年仍将是充满挑战的一年。2010年年初，美国货运量有所增加，但进入下半年，货运量又开始回落。大部分货运行业运力需求与运力投放保持一致，但是运价仍旧持紧。由于消费支出并没有预计的理想，库存总量再次攀升，零售商推迟订单计划。随着各种经济刺激方案的启动对复苏的拉动作用减退，2010年下半年，美国的经济复苏步伐开始停滞不前。虽然2010年美国经济环境整体上较2009年有所好转，但全球经济仍未走出衰退的困境，美国经济也将与全球经济复苏同步持续并缓慢进行。

（王国文　王文博　综合开发研究院物流与供应链管理研究所）

日本物流业①

——从物流成本的变化看日本物流业的发展

物流成本直接关系到企业利润水平的高低和竞争力的强弱，追求零库存是日本企业降低物流成本的目标。日本在大力发展物流现代化的同时，物流成本的降低成为了企业参与市场竞争、提高竞争力的重要因素。近年，日本有效地实施了物流成本监控和管理，物流成本整体呈下降的趋势。

一、日本物流微观成本分析

日本物流系统协会每年都要对日本的物流成本进行调查，通过分析确定日本物流成本管理的发展阶段及水平。2010 年，日本物流系统协会对 218 家企业的物流成本进行调查后整理出版了《日本物流成本调查报告书（2010 年）》。图 1 ~ 图 6 显示的数据都来自《日本物流成本调查报告书（2010 年）》，这些调查数据从不同的角度反映了日本物流成本的变化趋势。

1. 2010 年日本各行业物流成本占销售额的比率

如图 1 所示，2010 年日本全行业物流成本占销售额的比率为 4.79%。其中，制造业为 4.79%、非制造业为 4.79%、批发业为 5.11%、零售业为 4.19%。从各个行业的比率看，比率最高的是砖、土、石业，为 11.44%。这主要是因为这一行业属于典型的劳动密集型产业，企业规模小、产业集中度低、运输货物重量较大，必须通过特种车辆进

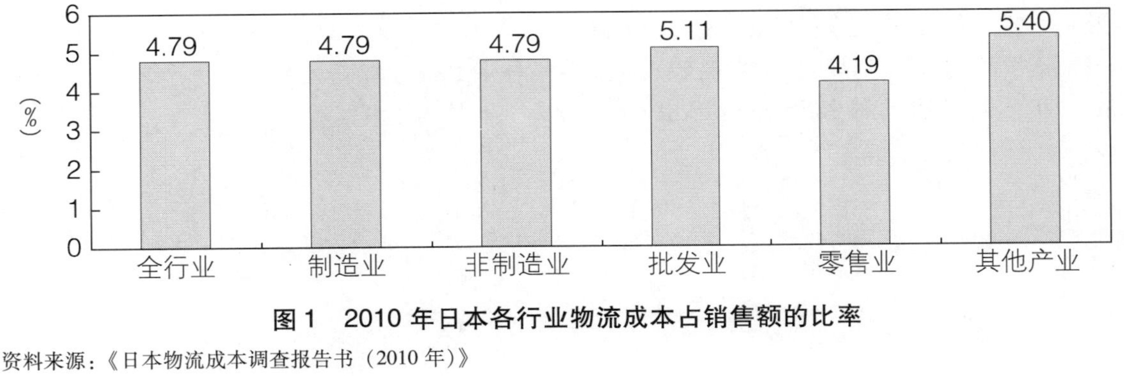

图 1 2010 年日本各行业物流成本占销售额的比率

资料来源：《日本物流成本调查报告书（2010 年）》

① 本文系北京物资学院日本物流研究中心的阶段性成果之一。作者姜旭是北京物资学院副教授、日本物流研究中心常务副主任。

行装卸搬运，因此其物流成本较高。比率最低的是医药业，只有 1.44%。这主要是因为医药业产品属于高附加值产品，产品重量轻价值高因而物流成本最低。另外，即使在同样的食品中，有些食品需要常温存放，有些食品则需要冷藏。冷藏食品的物流成本为 9.43%，常温食品物流成本为 6.04%。这主要是因为冷藏食品需要冷链物流的技术设备，因此成本较高。

2. 物流成本占销售额的比率

图 2 显示了 1995—2010 年日本全行业物流成本占销售额比率的变化情况。从图中可以看出，1996 年，日本全行业物流成本占全行业销售额的比率为 6.58%，之后开始呈下降走势。近几年，日本全行业物流成本占销售额的比率维持在 5% 以下，2009 年为 4.77%，为历史最低值。15 年来日本全行业物流成本占销售额的比率整体上处于下降趋势。日本物流成本占销售额的比率总体呈下降趋势的成因很多，其中，重要原因之一是货主企业通过共同运输及对物流节点的集成实现物流的效率化，最终降低了物流的费用。

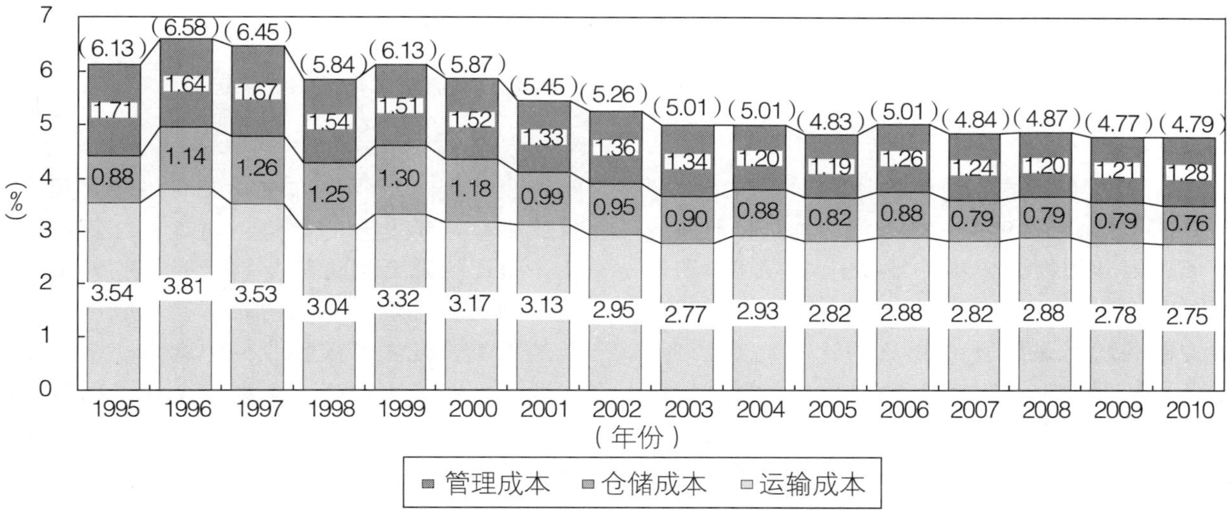

图 2　1995—2010 年日本全行业物流成本占销售额的比率变化走势

资料来源：《日本物流成本调查报告书（2010 年）》

3. 按物流功能划分的物流成本构成

按物流功能划分，日本的物流成本可以分为：运输成本（营业运送费和企业内部运送费）、仓储成本（由《国民经济计算年报》中的国民资产、负债余额中原材料库存余额、产品库存余额及流通库存余额的合计数乘上所得的库存费用比例而得）、管理成本（依据《国民经济计划年报》中的《国内各项经济活动生产要素所得分类统计》，将制造业和批发、零售业的产出总额乘上各行业物流管理费用比例 0.5% 计算得出）。图 3 显示了 1995—2010 年日本全行业按物流功能划分物流成本构成的变化情况。从图中可以看出从 2001—2010 年，日本的运输成本占物流总成本的比率基本在 57% ~ 59% 的范围内波动，整体平稳。如图 3 所示，2010 年日本的运输成本占物流总成本的 57.4%、仓储成本占物流总成本的 15.9%、管理成本占物流总成本的 26.7%。可以看出，随着日本智能交通系统（Intelligent Transport Systems，ITS）的不断完善，不但推进了日本合理化运输的实施，实现了减轻环境负荷，提高了运输便利性，而且降低了货物运输成本。运输成本已经不是日本物流成本管理重要环节，取而代之的是库存成本。因此，物流中心及仓储设施的有效利用，是日本降低物流成本的发展趋势。

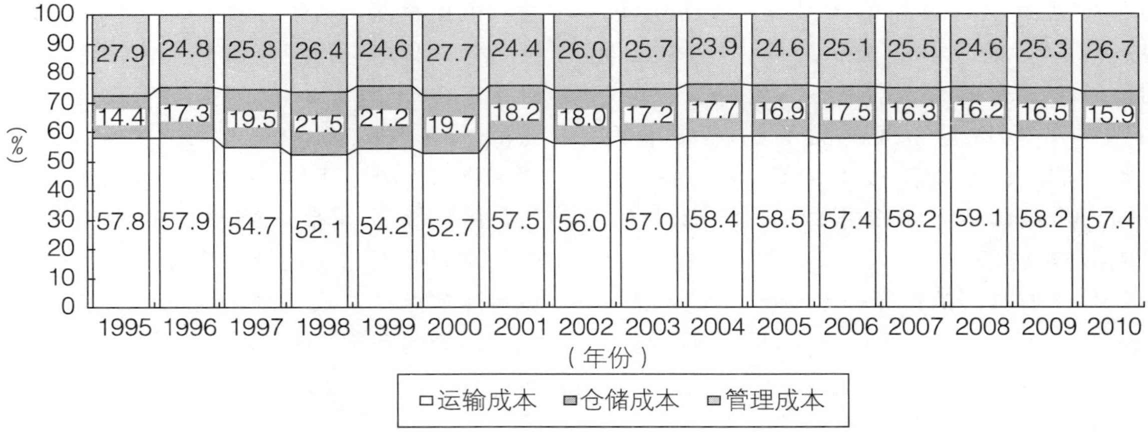

图 3　1995—2010 年日本全行业按物流功能划分物流成本构成的变化走势

资料来源：《日本物流成本调查报告书（2010 年）》

4. 按支付形式划分的物流成本构成

图 4 显示了 1995—2010 年日本全行业按支付形式划分的物流成本构成变化走势。从图中可以看出按支付形式划分，2010 年日本物流成本构成的情况是第三方物流的比率为 67. 5%、子公司从事物流的比率为 16. 5%、自营物流的比率为 16%。从图 4 的数据可以看出，日本在 1995—2004 年的 10 年间全行业按支付形式划分物流成本构成总体变化不大，在 2005—2010 年物流管理向专业化方向发展的趋势明显，而且比率呈逐年上升的走势，同时，自营物流的比率呈逐年降低的走势。制造型企业为了强化自身的物流管理、降低物流活动总成本，将企业的物流业务从其核心业务中剥离开来，成立专业子公司或通过第三方物流企业来提供专门的物流服务。由此一大批物流子公司和专业物流公司应运而生，也进一步推动了日本现代物流产业的发展。

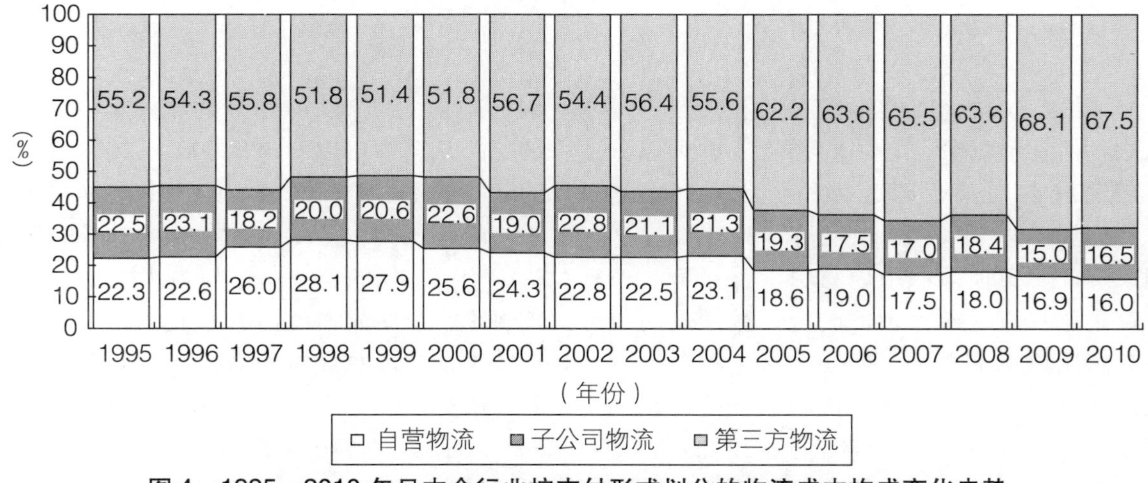

图 4　1995—2010 年日本全行业按支付形式划分的物流成本构成变化走势

资料来源：《日本物流成本调查报告书（2010 年）》

5. 按物流范围划分的物流成本构成

图5显示的是1995—2010年日本全行业按物流范围划分的物流成本构成变化走势。如图5所示，按物流范围划分，2010年日本的销售物流占物流总成本的72.9%、生产物流占物流总成本的20.1%、采购物流占物流总成本的7%。从图5可以看出，从2000—2010年，日本的销售物流成本一直在70.2%~74%区间波动，基本平稳；采购物流成本总体呈下降的趋势。从1995—2010年的日本物流成本中，采购成本和生产成本所占的比率一直较低，销售成本所占的比率一直很高并且居高不下。这是由于长期以来日本的生产制造业重生产轻销售，因而导致企业的物流成本偏高、利润减少。目前日本的一些企业开始以综合商社代理供应商，综合商社不但进行投资，还介入原材料的供应和产品的销售，从而降低了生产制造企业的生产与物流成本，实现了共赢。

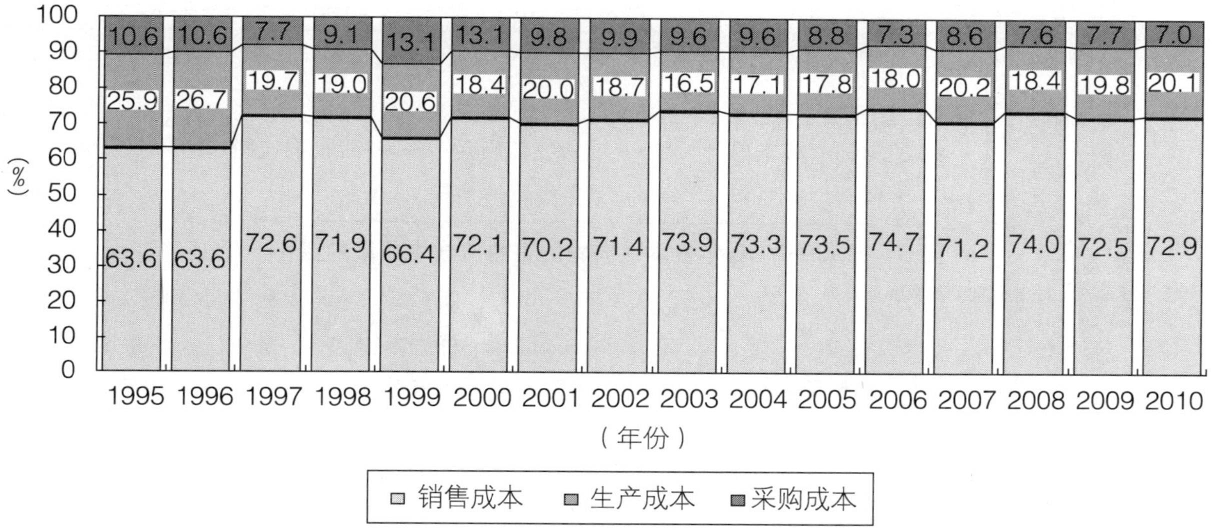

年份	1995	1996	1997	1998	1999	2000	2001	2002	2003	2004	2005	2006	2007	2008	2009	2010
采购成本	10.6	10.6	7.7	9.1	13.1	13.1	9.8	9.9	9.6	9.6	8.8	7.3	8.6	7.6	7.7	7.0
生产成本	25.9	26.7	19.7	19.0	20.6	18.4	20.0	18.7	16.5	17.1	17.8	18.0	20.2	18.4	19.8	20.1
销售成本	63.6	63.6	72.6	71.9	66.4	72.1	70.2	71.4	73.9	73.3	73.5	74.7	71.2	74.0	72.5	72.9

图5 1995—2010年日本全行业按物流范围划分的物流成本构成变化走势

资料来源：《日本物流成本调查报告书（2010年）》

6. 逆向物流

图6显示了日本在1999—2010年中逆向物流占物流成本比率的变化情况。从图6可以看出，2010年日本各行业产生的各种逆向物流成本占总物流成本的比重为3.55%。从逆向物流的构成上看，其中退货物流成本为2.2%、回收物流成本为1.02%、再循环利用物流成本为0.22%、废弃物流成本为0.1%。从近年日本逆向物流成本发展的趋势看，从1999—2010年日本逆向物流占物流总成本的比率基本保持在3.0%左右，并且总体处于下降的趋势。但是，从2005年开始日本逆向物流成本有所上升。这主要是因为退货物流成本急剧上升所导致。

从上述数据可以看出，日本在大力发展物流现代化的同时，除了提供更优质的物流服务，还通过物流成本的边际效用，不断降低物流费用的构成比。其中，减少库存成本是日本降低物流费用的主要来源。通过减少库存成本，可以加快资金周转、压缩库存、提高库存周转率。因此，日本把发展现代物流的目标设定在了加速资金周转、降低库存水平方面。另外，日本还通过法律手段促使制造业与物流企业节能，这还有助于加快发展第三方物流，也使得日本企业物流成本还有下降空间。

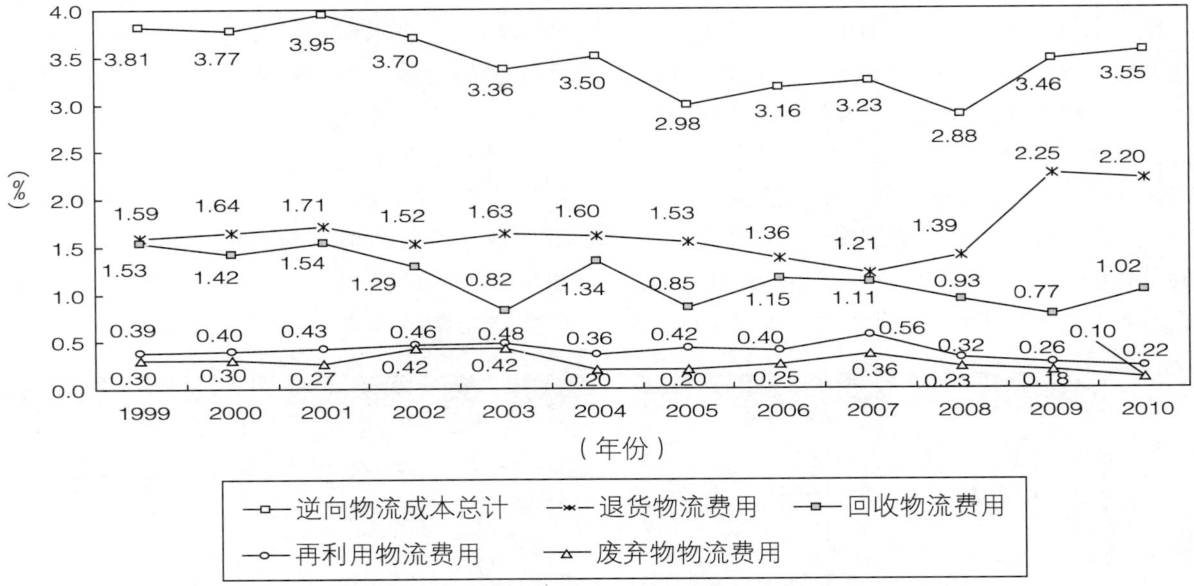

图6 1999—2010 年日本逆向物流占物流成本比率的变化

资料来源:《日本物流成本调查报告书(2010 年)》

二、日本物流宏观成本分析

日本属于全球物流管理较为发达的国家,比较重视从整体管理和系统的角度出发实施物流成本的合理控制。近些年来,日本围绕物流的品质管理,提出了 PPM (Parts Per Million) 的观点,即将物流质量问题控制在百万分之一的目标范围内,这个目标说明日本非常重视通过加强物流服务的合理有效组织来降低物流成本。

从全球物流成本控制的总体趋势看,日本等发达国家已经有效地将物流成本控制在了较小的范围内。从物流成本占国民经济比率来看,日本为8.9%、欧洲为9.1%、美国为9.4%。从这些数据中可以看出,日本在物流成本控制上已经获得了良好的绩效。这不仅在于日本形成了全面的物流管理体系和运作流程,而且还制度化地实施了物流成本监控和管理。

2008 年,日本物流业的市场规模为 26 兆日元(农林水产业为 14 兆日元、建筑业为 70 兆日元)。其中,卡车运输业占 55%、铁道运输业占 0.6%、内航海运业占 3.9%、外航海运业占 22.4%、港口运输业占 4.5%、航空运输业占 1.6%、铁道货运代理业占 1.2%、外航货运代理业占 1.5%、航空货运代理业占 3.1%、仓库业占 6.6%、卡车货运集散站业占 0.1%。物流企业数量为 7.6 万家,大部分是中小企业。物流业从业人员数量为 154 万人。图 7 和图 8 是根据《日本国民经济核算年报》的统计数据分别绘制的,图 7 是 1995—2008 年日本物流成本总额的变化情况,图 8 是 1991—2008 年日本物流成本占 GDP 比率的变化走势。两张图显示了日本近十几年物流成本占国民经济比率的变化,从宏观上反映了日本物流成本变化的动向。

2008 年,日本物流总成本为 44.2 兆日元,占 GDP 的比率为 8.9%。其中,运输成本为 26.8 兆日元(占总量 5.4%)、仓储成本为 15.6 兆日元(占总量 3.1%)、管理成本为 1.8 兆日元(占总量 0.4%)。从物流成本控制的总体趋向看,日本已经有效地将物流成本控制在了较小的范围内。日本的运输成本在 GDP 中的比例变化不大,而管理成本占物流总成本的比

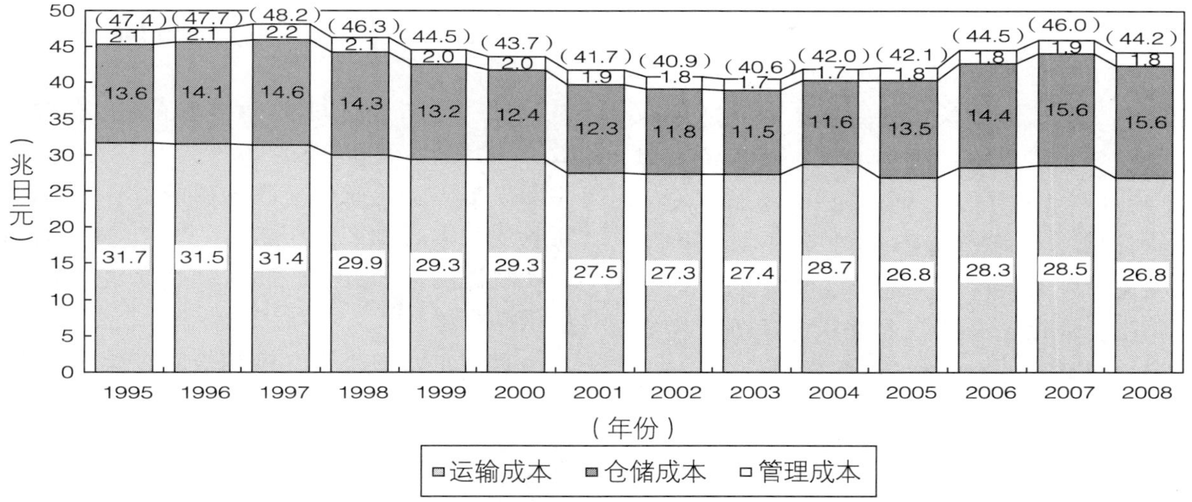

图 7　1995—2008 年日本物流成本总额的变化情况

资料来源：《日本物流成本调查报告书（2010 年）》

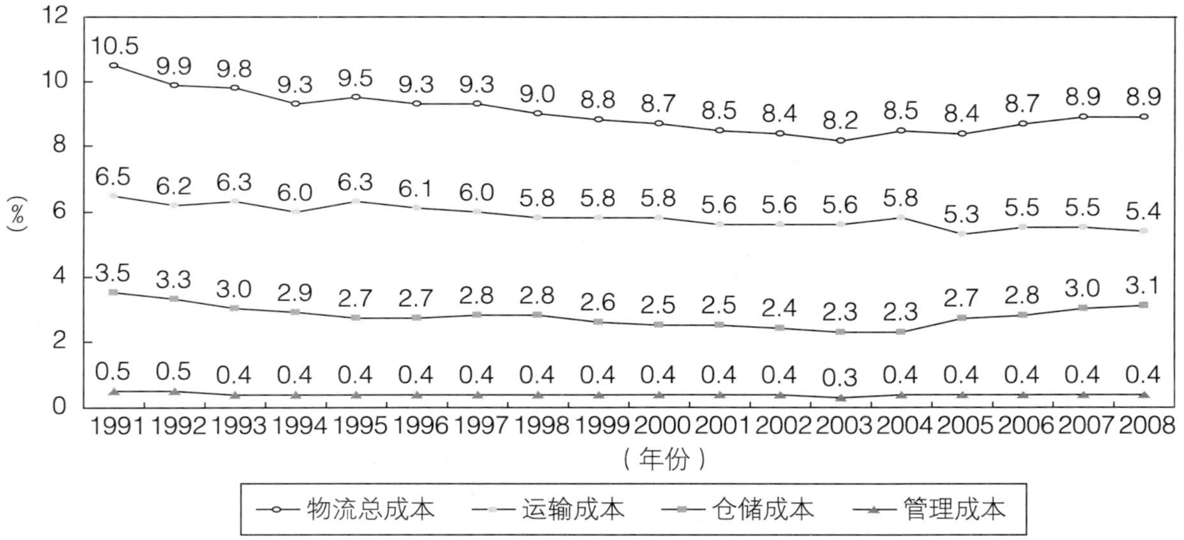

图 8　1991—2008 年日本物流成本占 GDP 比率的变化走势

资料来源：《日本物流成本调查报告书（2010 年）》

例又非常低，所以库存费用的降低是导致日本物流总成本占 GDP 比例下降的最主要原因。在日本这一比例已由 1991 年的 3.5% 下降到 2008 年的 3.1%。因此可以认为，降低库存成本、加快周转速度是日本现代物流良性发展的主要原因，也是提高物流效率和企业竞争力的主要原因。

三、日本物流成本控制的政府行为

日本物流成本的有效控制不仅体现在专门的物流企业，更体现在宏观管理上政府采取了一套行之有效的做法——通过颁布法规性政策规范，帮助企业开展物流成本核算、降低物流成本。日本运输省 1977 年制订颁布了适用于制造业的《物流成本核算统一规范》和适用商业企业的《批发、零售业物流成本核算统一规范》；通商产业省中小企业厅 1992 年制订发表了《物流成本计算指南》。这些政策对于推进企业物流管理有着深远的影响。这是因为当时日本物流合理化先进的企业都积极地进行物流成本控制研究，各企业先后制定了自己独特的成本控制体系，因而出现了成本概念不一致的情况，导致各企业所计算出的成本缺乏相互对比的基础。另外，在一般企业中，尽管物流成本的算定是以物流合理化为前提，但是由于缺乏统一明确的会计成本核算标准和整理方法，因此，对物流成本的计算是不完全的，进而影响了物流合理化的发展。正是在这种情况下，日本运输省制定了《物流成本计算统一标准》。由于企业和政府的共同努力，全社会的物流管理得到了飞跃性的发展，也使日本迅速成为物流管理的先进国家。

进入 20 世纪 80 年代中期，日本的物流管理和成本管理日益成熟，主要表现为日本积极倡导高附加价值物流、JIT 物流等方面。但是，随着物流服务竞争的日趋激烈，使物流成本有所上升。因此，如何克服物流成本上升、提高物流效率是 20 世纪 90 年代日本物流面临的一个最大问题。为了应付上述挑战解决物流业面临的这个最大问题，日本政府除了进一步完善《物流成本计算统一标准》外，在 1997 年 4 月 4 日还制定了一个具有重要影响力的《综合物流施策大纲》。自 1997 年开始由经济产业省和国土交通省每 4 年共同制定一次《综合物流施策大纲》。《综合物流施策大纲》作为日本物流业的纲领性政策文件，成为引导日本物流业发展的指导性法规，对于日本物流管理和有效的物流成本控制起到了很大的促进作用。

四、日本物流成本控制的企业行为

日本之所以能够取得良好的物流管理绩效，与其具有的有效的物流管理体制不无关系。日本各企业通过采取各种措施有效地降低了物流成本（如图 9 所示）。其中，减少库存、优化物流网络和节点、提高装载率是最为主要的措施。

日本企业物流成本核算是以作业成本法为基础，借助物流费用和成本的两层分解，最终确立对象的成本以及相应的绩效。物流成本按如下标准划分。即总物流成本、事业部别物流成本、部门别物流成本、营业网点别物流成本、交易对象别物流成本、机能别物流成本、车辆别物流成本、人员别物流成本、场所别物流成本、作业别物流成本、销售别物流成本、形态别物流成本、固定物流成本、变动物流成本等。

日本企业在衡量物流成本的过程中，按物流范围计算的成本（物流范围成本）、按支付形态计算的成本（支付形态成本）和按物流活动或作业计算的成本（物流功能成本）3 种成本核算体系来确立物流费用。按物流范围计算的成本是以物流特性和经营运作的范围进行成本分类的方法，可以将物流费用划分为供应物流费、生产物流费、企业内物流费、退货物流费和废弃物流费等，也可以分为不同产品别物流费、不同销售地域物流费、不同顾客群体物流费，等等。按支付形态计算的成本是按财务会计中的费用分类方法进行计算的，可分为支付运费、仓库保管库等向企业外部支付的费用和人工费，也包括材料费等企业内部物流活动的费用。按物流功能或作业计算的成本是按照物流运作流程的活动计算物流费用的方法，它把物流作业成本分为物资流通费、信息流通费、包装费、物流管理费、配送费、装卸费，等等。以上三种划分成本类别的方法，应该说

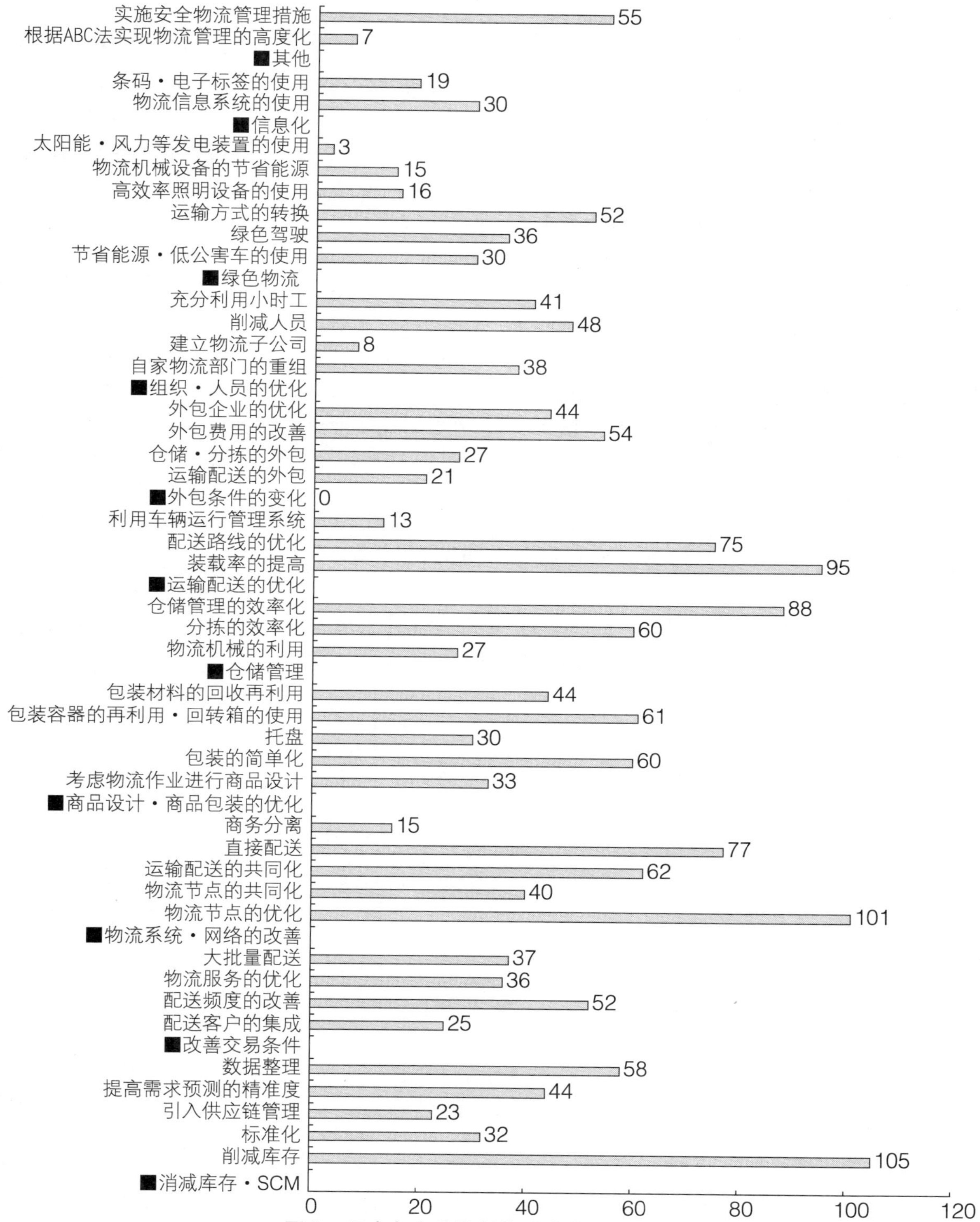

图9　日本各企业降低物流成本的各种措施

资料来源：《日本物流成本调查报告书（2010年）》

各有所长，它们共同构成了完整的成本管理的框架。

另外，日本企业不但提出物流成本的核算，还明确了物流成本核算和管理的基准，并且加以考核。这样每日、每周、每月现场管理人员就可以及时分析，采取相应的措施，决定企业的物流管理内容。在物流成本的计算上，物流成本核算按5个大项划分，即人事费、配送费、保管费、信息处理费和其他费用。这些费用可以根据实际的账务和单据计算，有些可以进行推算，原则上一个月计算一次，从而动态地把握企业物流的情况。首先，绘制企业的物流流程，了解企业的物流运行的基本情况；然后，再按照上述5个大项分别核算物流成本。计算出上述物流成本后，就可以根据企业管理的需要进行物流绩效诊断，发现和追查产生低效率的物流作业，并且相应采取措施加以改进。

日本的物流业之所以能够保持较低物流成本，这与其有效的物流管理体制有着很大的关系。首先，从物流成本的类别划分看。日本强调可以按照多种标准进行划分，这样可以从不同的角度或侧面反映相应的问题和物流组织程度，通过综合的成本测度全面核算物流成本。其次，从宏观上强化的物流系统和物流成本管理上看。日本政府不断制定了一系列具有重要影响力的政策法规，为物流产业的发展提供了保障。另外，日本的企业物流成本核算基本上是以作业成本法为基础，即借助物流费用和成本的两层分解，最终确立成本对象的成本以及相应的绩效，从而能够更为全面地反映物流作业成本，并且以此为基础，优化物流活动。此外，日本企业都对库存问题都有一个深入的认识，他们都知道今后企业的发展方向就是要解决库存问题，并把追求零库存作为企业物流管理的最高境界。可以说，零库存是日本企业发展成为世界一流企业的重要原因之一。

（姜　旭　北京物资学院）

第二部分

物流统计

2010 年全国物流运行情况通报

2010 年，我国物流运行形势总体良好，物流需求显著增加、运行效率有所提高，物流业增加值快速增长，为保证国民经济平稳较快发展发挥了重要的支撑保障作用。

一、社会物流总额实现较快增长

2010 年，全国社会物流总额 125.4 万亿元，按可比价格计算，同比增长 15%，增幅比上年提高 3.7 个百分点。受上年同期基数影响，增幅呈现前高后低态势，一季度增长 20.8%，上半年增长 18.4%，前三季度增长 16.8%。

从构成情况看，工业品物流总额 113.1 万亿元，按可比价格计算，同比增长 14.6%，增幅比上年提高 0.5 个百分点，占社会物流总额的比重为 90.2%，是带动社会物流总额增长的主要因素。进口货物物流总额 9.4 万亿元，按可比价格计算，同比增长 22.1%，增幅比上年提高 34.9 个百分点，表明我国进口货物物流重回快速增长通道。农产品物流总额、再生资源物流总额和单位与居民物流总额同比分别增长 4.3%、39.5% 和 14.7%。

二、社会物流总费用与 GDP 的比率稳中有降

2010 年，全国社会物流总费用 7.1 万亿元，同比增长 16.7%。其中，运输费用 3.8 万亿元，同比增长 14%，占社会物流总费用的比重为 54%，同比下降 1.3 个百分点；保管费用 2.4 万亿元，同比增长 20.5%，占社会物流总费用的比重为 33.9%，同比提高 1.1 个百分点；管理费用 0.9 万亿元，同比增长 19%，占社会物流总费用的比重为 12.1%，同比提高 0.2 个百分点。

2010 年，社会物流总费用与 GDP 的比率为 17.7%，同比下降 0.3 个百分点，物流运行效率有所提高。

三、物流业增加值稳步上升

2010 年，全国物流业增加值为 2.7 万亿元，按可比价格计算，同比增长 13.1%，增幅比上年提高 2.5 个百分点。物流业增加值占 GDP 的比重为 6.73%，占服务业增加值的比重为 16%，均与上年基本持平。

全国物流情况统计如下表所示。

2010 年全国物流统计数据

项　目	单位	本期	同比增长（%）
一、社会物流总费用	亿元	70984	16.7
运输费用	亿元	38321	14.0
保管费用	亿元	24044	20.5
管理费用	亿元	8619	19.0
二、物流业增加值	亿元	27310	13.1
其中：交通运输业	亿元	19746	12.5
仓储业	亿元	2084	13.7
贸易业	亿元	4897	15.1
邮政业	亿元	582	13.6
三、社会物流总额	亿元	1254130	15.0
其中：农产品物流总额	亿元	22355	4.3
工业品物流总额	亿元	1131031	14.6
进口货物物流总额	亿元	94305	22.1
再生资源物流总额	亿元	4464	39.5
单位与居民物品物流总额	亿元	1975	14.7
四、物流相关行业固定资产投资	亿元	30675	19.4
其中：交通运输业	亿元	23221	19.2
仓储、邮政业	亿元	2238	26.7
贸易业	亿元	5216	17.2

说明：2010 年物流总费用与 GDP 的比率为 17.8%。物流业增加值占 GDP 的比重为 6.9%，占服务业增加值的比重为 16%。

（国家发展改革委　国家统计局　中国物流与采购联合会）

2010 年我国物流统计工作稳步推进

2010 年，在国家发展改革委、国家统计局和中国物流与采购联合会的共同组织推动下，在各地物流工作牵头部门、统计局、行业协会和企业的积极努力下，物流统计工作继续向前推进，取得了新的进展。主要表现在以下几个方面：

一、加强了物流运行情况的监测分析

面对国际金融危机冲击下严峻复杂的国内外形势，物流统计工作在继续做好统计核算的基础上，加强了对运行情况的监测分析。以往是按季度进行统计核算，现在开展了月度试核算分析，着力提高统计监测的时效性和针对性。物流统计数据与分析报告，被报纸、电视、网络等媒体广泛报道转载，得到了政府有关部门等社会各界的广泛关注。许多已经开展了物流统计核算与调查的省市，在统计数据运用和开发上也取得了一些新的进展。与此同时，还开展了物流业运行指数研究，提出了编制与研究的初步框架。希望通过该指数，实现对我国物流发展与运行情况的动态监测、预测和预警。

二、企业调查得到重视，为加强行业监测提供统计依据

作为物流统计工作的重要内容，2010 年重点企业物流统计调查，从报送时间到报送数据质量上都有所提高，缺报、漏报、错报现象有所减少。据统计，截止目前，共收到 1177 家企业的资料，有效报表 1106 家，报表有效率达 94%，比 2009 年提高了 4.6 个百分点。与此同时，许多省市还积极开展企业调查工作。目前，北京、河北、沈阳、吉林、上海、江苏、浙江、宁波、福建、厦门、江西、山东、湖北、武汉、湖南、深圳、云南、陕西、西安、宁夏等省市已相继开展了企业调查工作，并及时提供企业调查表的有关内容和数据，有效地扩大了调查企业的样本数量，为提高调查的准确性和有效性奠定了良好的基础。另外，甘肃、长春、青岛、烟台、广州等省市也在积极着手推进重点企业物流统计调查工作。

三、深入分析第二次经济普查物流有关数据，准确把握行业发展情况

在做好物流统计核算分析的基础上，开展了对第二次全国经济普查有关数据的收集和分析。目前，数据处理工作正在紧张进行，重点是深入研究数据变化的关联性和规律性，分析物流相关行业的运行变化特点和发展趋势，撰写有关专题报告。为全面掌握、分析和判断经济运行发展的趋势，做好预测、预警、预判提

供基础数据。

四、全力做好物流统计制度的修订工作

加强和完善服务业统计制度是当前我国统计工作的一项重要任务。2010 年，按照国家统计局要求，为进一步提高物流业统计调查制度的科学性、规范性和可操作性，根据物流发展运行的新特点以及重点企业物流统计调查表填报情况，在广泛征求意见的基础上，对社会物流统计核算与报表制度进行了重新修订。目前，修订后的制度已报国家统计局，待批复后将继续以国家发展改革委的名义下发新的《社会物流统计核算与报表制度》。

五、全国物流统计工作网络更加健全

2009 年物流统计工作会议后，黑龙江、山东、沈阳、长春等省市先后着手开展了物流统计工作。目前，山东省已经完成了物流统计数据的核算。武汉市在开展物流统计核算的同时注意加强物流统计分析，有关文章被国家统计局网站刊载。陕西省今年获得了当地财政部门的经费支持，为开展物流工作提供了资金保障。

六、成功召开 2010 年全国物流统计工作会议

2010 年 7 月，国家发改委经济运行调节局、国家统计局贸易外经司、中国物流与采购联合会联合组织召开全国物流统计工作会议。全国各省市物流牵头单位、统计局和有关协会近 90 名代表参加了会议。会上，总结了近年来物流统计工作开展情况，交流了我国物流运行形势和发展特点，对如何进一步做好物流统计工作提出了要求。北京、黑龙江、江苏、湖北、河南等省市在会上介绍了开展物流统计工作的经验，福建、四川、江西、河北、武汉、青岛等省市代表交流了开展物流统计工作的情况和意见建议。

（中国物流信息中心）

2010 年我国物流业运行情况统计分析

2010 年，我国物流业深入贯彻落实国务院《物流业调整和振兴规划》，有效应对国际金融危机冲击，伴随国民经济的平稳较快发展，在 2009 年企稳回升的基础上，重回快速发展通道。物流需求显著增加，运行效率有所提高，物流业增加值快速增长，一方面为保证国民经济协调、平稳发展发挥了基础和支撑保障作用；另一方面也成为调整产业结构，转变经济发展方式，开拓新经济增长点的重要手段。但是，物流业发展不协调、运行效率和服务质量有待提升等问题依然突出，与此同时，价格攀升较快对物流企业运行产生较大影响。

一、2010 年我国物流运行情况

1. 社会物流总额实现较快增长，物流需求显著增加

2010 年，全国社会物流总额达 125.4 万亿元，按可比价格计算，同比增长 15%，增幅比上年提高 3.7 个百分点。受上年同期基数影响，增幅呈现前高后低态势，一季度增长 20.8%，上半年增长 18.4%，前三季度增长 16.8%。2010 年各月社会物流总额及增长变化情况如图 1 所示。

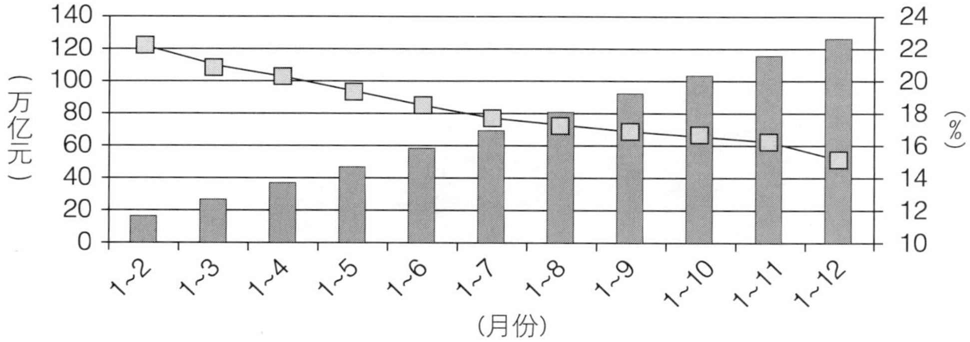

图 1 2010 年各月社会物流总额及增长变化情况

从构成情况看，工业品物流总额 113.1 万亿元，按可比价格计算，同比增长 14.6%，增幅比上年提高 0.5 个百分点，占社会物流总额的比重为 90.2%，是带动社会物流总额增长的主要因素。进口货物物流总额为 9.4 万亿元，按可比价格计算，同比增长 22.1%，增幅比上年提高

34.9 个百分点，表明我国进口货物物流重回快速增长通道。农产品物流总额、再生资源物流总额和单位与居民物流总额同比分别增长 4.3%、39.5%和 14.7%。具体情况如下表所示。

2010 年社会物流总额及增减变化情况

项　　目	绝对值（亿元）	可比增长（%）	在物流总额中所占比重（%）
社会物流总额	1254130	15.0	100.0
农产品物流总额	22355	4.3	1.8
工业品物流总额	1131031	14.6	90.2
进口货物物流总额	94305	22.1	7.5
再生资源物流总额	4464	39.5	0.4
单位与居民物品物流总额	1975	14.7	0.2

2010 年，社会物流总额与 GDP 相比的物流需求系数为 3.2，即表示目前我国每单位 GDP 产出需要 3.2 个单位的物流总额来支持，该系数同比提高 11%；社会物流总额增长与 GDP 增长的弹性系数为 1.46，表明在宏观经济整体向好的情况下，社会经济发展对物流的需求呈加速增长态势。

物流实务量快速增长。2010 年，我国国内货运量、货运周转量、港口货物吞吐量和集装箱吐量同比分别增长 13.4%、12.5%、15%和 18.8%；我国规模以上快递企业完成快递业务量 10.4 亿件，同比增长 24.5%，快递日业务量突破 1000 万件，进入世界前三位。完成快递业务收入 264.9 亿元，同比增长 24%。2010 年我国物流实物量增减变化情况如图 2 所示。

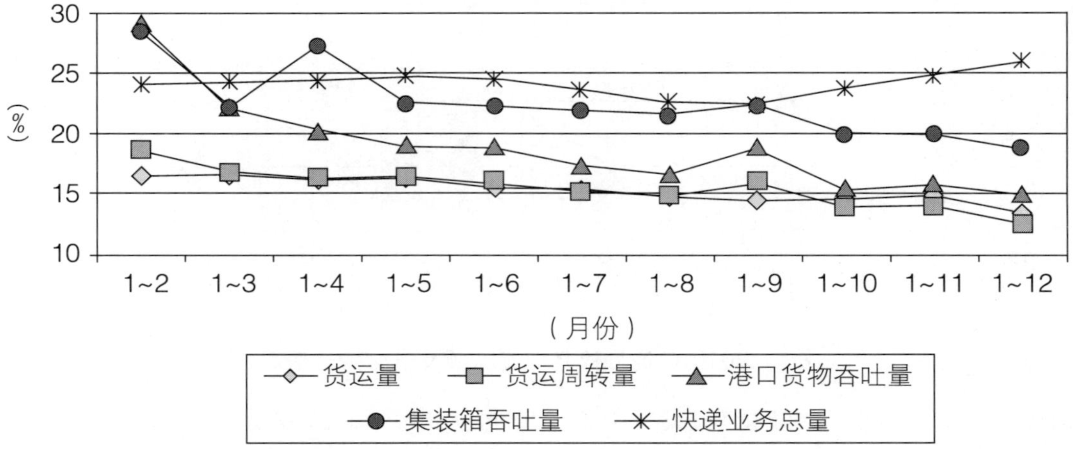

图 2　2010 年我国物流实物量增减变化情况

2. 社会物流总费用与GDP的比率稳中有降，物流运行效率有所提高

2010年，我国社会物流总费用为7.1万亿元，同比增长16.7%。其中，运输费用3.8万亿元，同比增长14%，占社会物流总费用的比重为54%，同比下降1.3个百分点；保管费用2.4万亿元，同比增长20.5%，占社会物流总费用的比重为33.9%，同比提高1.1个百分点；管理费用0.9万亿元，同比增长19%，占社会物流总费用的比重为12.1%，同比提高0.2个百分点。2010年我国社会物流总费用构成情况如图3所示。

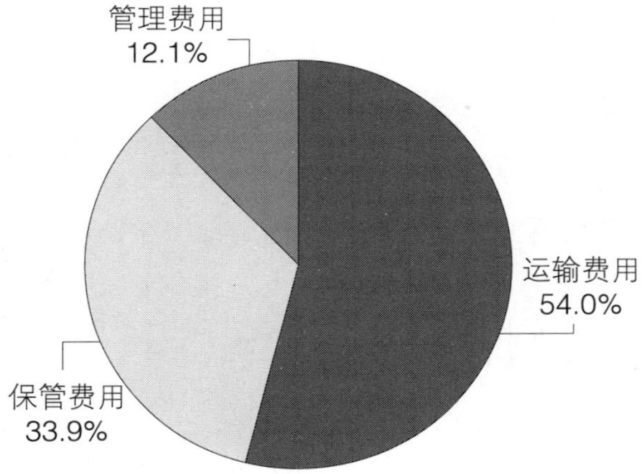

图3 2010年我国社会物流总费用构成情况

2010年，社会物流总费用与GDP的比率为17.8%，同比下降0.3个百分点，表明物流运行效率有所提高。

3. 物流业增加值稳步上升，对服务业贡献突出

2010年，我国物流业增加值为2.7万亿元，按可比价格计算，同比增长13.1%，增幅比上年提高2.5个百分点。其中，交通运输业增长12.5%，仓储业增长13.7%；贸易业增长15.1%，邮政业增长13.6%，增幅均比上年有较大提高。

2010年，我国物流业增加值占GDP的比重为6.9%，占服务业增加值的比重为16%，均与上年基本持平。2010年物流业对服务业的贡献率为18.4%，在服务业增加值增长的9.5个百分点中，物流业直接拉动了约1.8个百分点，表明物流业发展对服务业贡献突出，在社会经济发展中发挥着重要作用。

4. 物流业固定资产投资快速增长，基础设施建设成效显著

2010年，全国物流业固定资产投资3.07万亿元，同比增长19.4%。其中，交通运输业投资额为2.3万亿元，同比增长19.2%，占物流业固定资产投资的75.7%；仓储、邮政业投资额为2238亿元，同比增长26.7%；贸易业投资额为5216亿元，同比增长17.2%。

受上年同期基数影响，物流业固定资产投资增幅呈现前高后低态势，一季度增长33%，上半年增长25.5%，前三季度增长23.2%，增幅自2009年以来首次低于同期城镇固定资产投资完成额。一定程度上表明，在经历了2009年大规模交通基础设施投资之后，物流业固定资产投资增速逐步回归常态化增长通道。2010年我国固定资产投资增长情况如图4所示。

随着物流业固定资产投资的持续较快增长，物流基础设施条件明显改善。截止2010年，全国铁路营业里程达到9.1万公里，其中，高铁运营里程达到8300多公里，居世界第一位，铁路货运运力的“瓶颈”得到缓解。全国公路里程达到398万公里，其中，高速公路里程达到7.4万公里。全国内河通航里程达到12.4万公里，沿海港口深水泊位1774个，通过能力达到55.1亿吨。定期航班机场达到176个。铁路物流中心建设不断推进，2010年，规划中的18个物流中心已建成9个，多式联运枢纽的相继建立扩大了物流市场的规模和物流节点的覆盖范围，在运输方式上由“铁公鸡”逐渐转变为铁路、公路、航空、港口、海运有机结合，促进了区域之间人、财、物的流动，优化了物流运行效率，加之高铁建设在现有条件下节省出大量货运资源，开辟了物流国

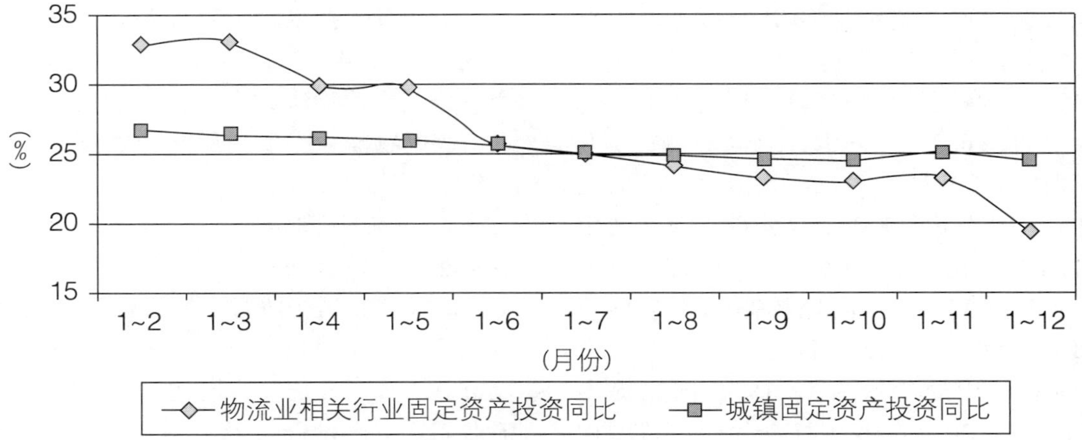

图 4 2010 年我国固定资产投资增长情况比较

际合作和交流的新领域。

物流园区（基地）等仓储类物流设施 2008 年约为 475 个。货运服务、生产服务、商贸服务和综合服务等多种类型的物流园区，通过功能集聚、资源整合，成为供需对接、集约化运作的物流平台。仓储、配送设施现代化水平不断提高，化工危险库、液体库、冷藏库等专业化库房，期货交割库和电子商务交割库快速发展，自动化立体仓库大量涌现。

5. 物流企业快速成长，物流市场更加开放

据 2010 年全国重点企业物流统计调查显示，2009 年前 50 家物流企业主营业务收入共达 4506 亿元，其中，中国远洋运输（集团）总公司主营业务收入超过千亿元；中国外运长航集团有限公司等 9 家企业主营业务收入超过百亿元；其余 40 家物流企业主营业务收入均超过十亿元；进入前 50 家物流企业的最低“门槛”，主营业务收入达到 12.2 亿元，比 2006 年的 3.5 亿元提高 2.5 倍。在 2009 年主营业务收入前 50 家物流企业中，有国有企业 18 家，占比为 36%；有私营企业 4 家，占比为 8%；有外资企业 6 家，占比为 12%。

6. 物流价格波动上扬

2010 年，我国中小型公路货运企业运价呈前高后低走势，上半年波动较大，振幅近 3 成，年内最高点和最低点均在上半年出现；下半年较为平稳，全年平均水平同比略有上涨。大中型公路货运企业运价走势比较平稳，三季度以后上涨较为明显，全年平均水平同比稳中有升。

沿海散货运价指数宽幅震荡，年内最低为 1128 点，最高为 1859.6 点，振幅超过 6 成。全年运价指数平均为 1457 点，同比上升 20%。详情如图 5 所示。

物流业 PMI 中间投入价格，上半年波动较大，一季度各月大体在 55% 左右，4 月陡升至 65.1%，5 ~ 7 月从高点迅速回落至 55% 的水平，三季度保持平稳，四季度快速攀升，从 10 月的 56.5% 上升到 12 月的 63.4%。

物流业 PMI 收费价格指数低位徘徊，4 季度上升较为明显，12 月达到年内最高的 52.6%。但是，与中间投入价格指数相比差距依然较大。在上游原材料和燃料价格持续上涨、人工成本高企、物流投入价格不断攀升的情况下，这无疑加大了物流企业的成本压力和经营难度。此外，从另一个角度也反映出物流产业集中度偏低，服务方式较为落后，缺乏核心竞争力，物流价格仍然是竞争的主要手段。2010 年，我国物流业 PMI 指数变化情况如图 6 所示。

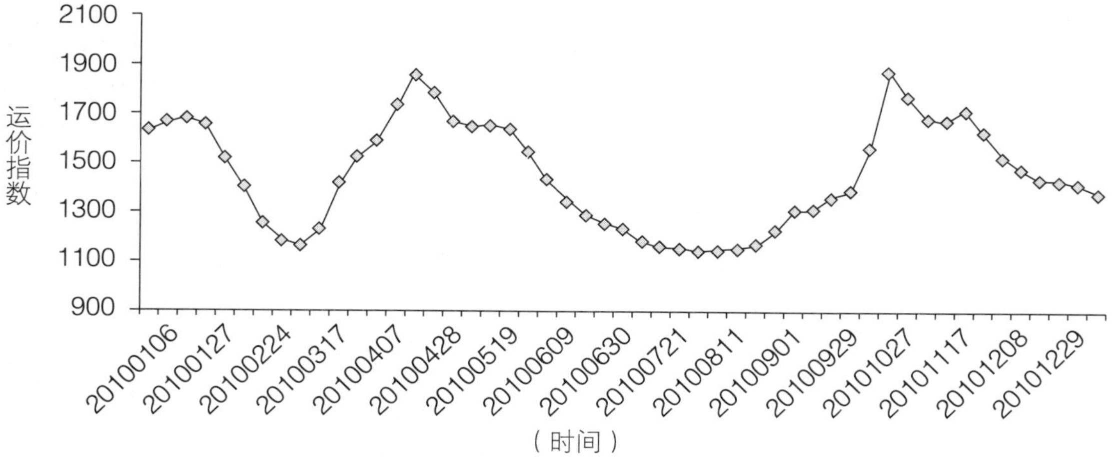

图5 2010年我国沿海（散货）综合运价指数CCBFI走势

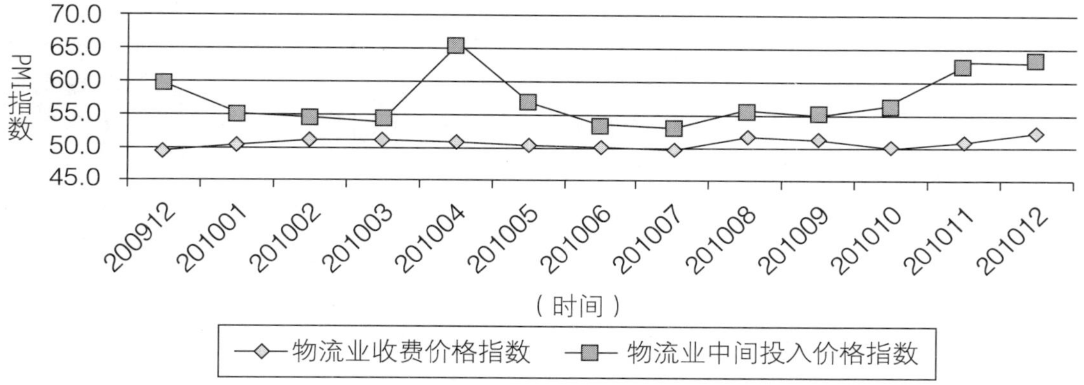

图6 2010年我国物流业PMI指数变化情况

7．物流相关政策法规进一步完善

2009年3月国务院颁布了《物流业调整和振兴规划》，这是我国第一部物流行政法规，对物流业发展意义重大。2010年9月，福建省人大通过了《福建省促进现代物流业发展条例》，率先对物流业发展立法，受到了社会的广泛关注。该《条例》以法律形式明确物流管理体制，强调物流业发展规划，设立省级物流业发展专项资金，保障物流业用地，确立物流统计制度，推动物流业与工商贸易企业联动发展。2011年2月国务院发布的《关于建立外国投资者并购境内企业安全审查制度的通知》，提出对重要基础设施、重要运输服务、关键技术、重大装备制造等行业建立外资并购安全审查制度。从物流产业安全角度看，不仅完善了利用外资政策法规体系，对外资并购具有指导作用，而且对提高外资并购质量，确保外资并购有序发展都具有重要意义。这一系列法规、条例和办法，使得物流立法进一步完善，物流业发展外部环境更加有序。不过，现有法律法规和政策还只是从框架上保证了外资并购的有法可依，实施操作层面的具体措施、具体细则还有待进一步细化。

8．自由贸易区建设推动物流服务贸易发展

为顺应全球区域经济一体化迅猛发展的形

势，我国积极稳妥推进自由贸易区建设进程。党的十七大报告明确提出要“实施自由贸易区战略”。《中央关于制定十二五规划的建议》中进一步明确要“引导和推动区域合作进程，加快自由贸易区战略”。目前，我国正与五大洲的27个国家和地区建设14个自由贸易区，已签署10个自由贸易协定，为更好地利用两个资源、两个市场创造出新的空间。2010年我国与自由贸易区伙伴的贸易大幅增长，2010年前三季度，除去CEPA我国与7个自由贸易区伙伴双边贸易额达2511亿美元，同比增长43.7%，高于同期外贸总额37.9%的增速。在已签署的贸易协定中，协议双方不仅在降低关税、加强货物原产地管理、促进投资等方面进行努力，还在促进服务贸易发展等方面加强合作，这为我国物流企业走出国门和开创新天地创造了契机。首先，作为区域内最大的经济体之一，我国积极开展自由贸易区建设，能够引领其他国家参与其中，可以不断深化由我国企业组成的生产网络和供应链，为物流企业输出提供条件；其次，我国物流业可以继续在拓展国内物流需求的同时，在区域贸易协定的框架下，开辟新的国外市场并构建全球性的物流网络，以高效率、高质量、定制化的物流服务能够满足各种物流需求。

二、我国物流运行面临的新情况和问题

2010年，我国物流运行形势总体良好，物流需求规模显著增加，运行效率有所提高，这既为“十一五”时期物流业发展画上圆满句号，也为“十二五”创造了良好开局。但从当前情况看，物流运行也面临一些新的值得关注的情况和问题。

1. 外资快递企业长期投资我国，对国内快递业的影响力进一步扩大

在物流业快递领域，外资快递企业实行长期投资中国的发展战略，持续布局我国市场，通过重组国内优质快递企业发力国内快递物流市场，并与其全球战略相衔接，他们试图打造国内行业标杆，加大对国内快递市场的影响力和控制力。与此同时，内资企业在航空快递市场准入方面仍然面临一些限制，各种运输方式之间、区域之间相互分割、相互制约现象仍然存在，缺乏有效衔接，给内资企业拓展国际市场带来困难。

2. 物流企业成本压力和经营难度加大，成长性受限

在土地、油料、人力成本等各项物流要素价格持续攀升的情况下，物流服务价格上升的空间却极其有限。这无疑加大了物流企业的成本压力和经营难度。多数企业在高成本、低价格、微利润状态下运行，成长性受限缺乏发展后劲和长远打算。

3. 物流业区域发展不平衡状况依然突出

近年来，针对区域经济发展差距扩大带来的突出矛盾和问题，国家先后实施“西部大开发”、“东北振兴”及“中部崛起”等区域发展总体战略，区域发展不平衡的情况有所改善，但是，区域之间物流发展不平衡问题依然存在。据第二次全国经济普查数据显示，从区域分布情况看，全国有近七成的物流法人单位、六成的法人单位资产和七成的主营业务收入分布在东部地区，并且东部地区物流从业人数分别是中部和西部地区的6倍和3.6倍。中西部地区物流业十分薄弱，严重制约了当地经济的发展。

总体看，随着国民经济总量的增长、经济结构的优化和人民生活水平的提高，特别是随着“十二五”规划的逐步展开和实施，物流业发展将得到更深层次的推动。

（中国物流与采购联合会　中国物流信息中心）

2010年全国重点企业物流统计调查报告

根据《社会物流统计核算与报表制度》要求，2010年4月至2010年12月，国家发展改革委、国家统计局和中国物流与采购联合会对2009年全国重点工业、批发和零售业企业物流状况和物流企业经营情况进行了统计调查。本次调查共收到1188家企业资料，有效报表1117家，报表有效率94%。其中工业、批发和零售业企业672家，占60%；物流企业445家，占40%。

调查企业按登记注册类型划分，国有企业144家，占12.9%；私营企业251家，占22.5%；有限责任公司332家，占29.7%；港澳台投资企业80家，占7.2%；外商投资企业136家，占12.2%。

一、工业、批发和零售业企业情况

1. 销售总额增幅回落，物流需求有所放缓

调查企业汇总数据显示，2009年工业、批发和零售业企业销售总额比上年增长8.9%，增幅同比回落6.5个百分点。其中，工业企业销售总额比上年增长4.0%，增幅同比回落7.8个百分点；批发和零售业企业销售总额比上年增长14.3%，增幅同比回落6.9个百分点。销售总额增幅回落，一定程度上反映出企业物流需求增速放缓。

2. 货运量平稳增长，委托代理货运量比重提高

调查企业汇总数据显示，2009年工业、批发和零售业企业货运量同比增长9.4%。其中，工业企业同比增长8.6%，批发和零售业企业同比增长15.1%。在货运总量中，委托代理货运量同比增长12.5%，占货运总量的比重为57.4%，同比提高7.6个百分点。其中，工业企业委托代理货运量同比增长12%，占货运总量的比重为57.2%，同比提高16.7个百分点；批发和零售业企业委托代理货运量同比增长15.5%，占货运总量的比重为58.5%，同比提高3.5个百分点。委托代理货运量比重的提高，一定程度上表明工业、批发和零售业企业出于节约物流成本和集中精力于主要业务的考虑，更多地选择将物流业务外包，以利于自身核心竞争力的进一步提升。

3. 物流成本增速明显减缓，企业物流效率有所提高

调查企业汇总数据显示，2009年工业、批发和零售业企业物流成本比上年增长8.2%，增幅低于销售总额增长0.7个百分点，同比回落20.1个百分点，一定程度上表明企业物流效率有所提高。其中，运输成本同比增长1.8%，增幅同比回落28.9个百分点。保管成本增长11.9%，增幅同比回落24个百分点。

在保管成本中，配送成本、仓储成本、货物损耗成本和利息成本同比增长 17.4%、7.2%、2.4%和 3.6%，增幅均有较大回落，分别为 15.4 个、35.8 个、4.6 个和 55.4 个百分点。此外，物流管理成本增长 10.7%，增幅同比提高 2.1 个百分点。

4. 物流成本费用率水平略有下降

调查企业汇总数据显示，受企业物流成本增幅减缓，物流效率有所提高等因素影响，2009 年工业、批发和零售业企业物流成本费用率为 9.0%，同比下降 0.3 个百分点。其中，工业企业物流成本费用率为 9.8%，下降 0.1 个百分点；批发和零售业企业物流成本费用率为 8.1%，下降 0.2 个百分点。

从不同行业看，2009 年工业行业物流成本费用率最高的橡胶制造业为 24.3%，工艺品及其他制造业、专用设备制造业等行业相对较低；批发零售行业中，物流成本费用率最高的纺织、服装及日用品专门零售行业为 23.3%，无店铺及其他零售、机械设备五金交电及电子产品批发等行业相对较低。

二、物流企业情况

调查企业汇总数据显示，2009 年物流企业业务量增速普遍放缓，主营业务收入、成本双双下降，企业利润率水平走低。

按类型划分，综合型物流企业 131 家，占 29%；运输型物流企业 244 家，占 55%；仓储型物流企业 70 家，占 16%。在运输型物流企业中，道路运输企业和水上运输企业所占比例较高，分别为 64%和 26%。

1. 主要业务量增幅回落，主营业务收入下降

调查企业汇总数据显示，2009 年物流企业货运量同比增长 6.0%，一体化物流业务量同比增长 26.1%，配送量同比增长 13.6%，增幅同比回落 1.2 个、0.3 个和 16.8 个百分点。与此同时，货运周转量同比下降 10.2%，货代业务量同比下降 11.9%。

2009 年物流企业主营业务收入同比下降 11.3%。其中，占主营业务收入三成的运输收入同比下降 25.3%，导致主营业务收入下降 9 个百分点。此外，一体化物流收入、配送收入增长 27.2% 和 21.7%，增幅同比分别回落 17.4 个和 9.2 个百分点。在全部调查企业中，主营业务收入同比下降的企业占 43.6%，同比上升 17.8 个百分点。

从不同类型看，2009 年运输型物流企业主营业务收入降幅最大，同比下降 13.2%；综合型物流企业主营业务收入由上年的增长 36.2%转为下降 12.9%；仓储型物流企业主营业务收入同比增长 12.3%，但增幅同比回落 19.9 个百分点。

从不同区域看，西部地区企业主营业务收入同比增长 11%，增幅同比回落 26.6 个百分点；中部地区企业主营业务收入同比增长 8.9%，增幅同比回落 26.4 个百分点；东部地区企业主营业务收入同比下降 12.6%。由于东部地区物流企业数量和规模普遍大于中西部，成为影响总体收入下降的主要原因。

从不同登记注册类型看，2009 年国有企业主营业务收入同比下降 16.8%，降幅最高；私营企业主营业务收入同比增长 9.8%，但增幅同比回落 30.7 个百分点；中国港、澳、台商投资企业和外商投资企业主营业务收入分别下降 3.7%和 9.6%。

2. 主营业务成本小幅下降，企业利润率水平走低

调查企业汇总数据显示，2009 年物流企业主营业务成本同比下降 3.6%。其中，运输成本下降 20.4%，货代成本下降 15.0%；一体化物流成本增长 33.3%，配送成本增长 23.0%，仓储成本增长 10.2%，但增幅同比分别回落 12.6、11.5 和 13.1 个百分点。

从不同类型看，运输型物流企业主营业务

成本同比下降3.1%；综合型物流企业主营业务成本同比下降15.6%；仓储型物流企业主营业务成本同比增长10.7%，增幅同比回落18.7个百分点。在运输型物流企业中，铁路运输企业主营业务成本同比增长44.9%。航空运输业和水上运输业企业，一方面受需求动力不足影响，另一方面企业积极采取措施，有效减少燃油消耗，主营业务成本同比分别下降18.9%和12.7%。道路运输业企业受成品油价格上涨和税费改革等因素影响，主营业务成本同比增长10.9%。

调查企业汇总数据显示，2009年物流企业收入利润率为5.5%，同比下降5.6个百分点；成本利润率为6.0%，同比下降7.1个百分点，物流企业赢利水平有所下降。

2009年物流企业收入利润率小于3%和大于10%的企业所占比例最高，为38.7%和31.0%，物流企业赢利水平呈现两极分化现象。

3. 资产规模较快增长

调查企业汇总数据显示，2009年物流企业资产规模同比增长17.2%。其中，资产大于10亿元的企业占14.2%，资产在1亿元到10亿元间的企业占28.5%，资产在5000万元到1亿元间的企业占12.6%，资产小于5000万元的企业占44.7%。不过与2008年相比，资产大于10亿元的企业比重同比提高了1.8个百分点，小于5000万元的企业所占比重同比下降了3.8个百分点。

4. 前50家物流企业主营业务收入均超过十亿元

调查企业汇总数据显示，2009年前50家物流企业主营业务收入共达4506亿元，同比下降5.3%，但降幅低于全部调查企业8个百分点。其中，中国远洋运输（集团）总公司主营业务收入超过千亿元，中国外运长航集团有限公司等9家企业主营业务收入超过百亿元，同比增加3家；前50家物流企业主营业务收入均超过十亿元，第50位物流企业主营业务收入达到12.2亿元，同比提高60.5%。

从不同类型看，在主营业务收入前50家物流企业中，运输型物流企业30家，占60%；综合型物流企业12家，占24%；仓储型物流企业8家，占16%。

从不同区域看，在主营业务收入前50家物流企业中，80%分布在经济较为发达的东部地区，西部和中部地区分别占8%和12%。

从不同登记注册类型看，在主营业务收入前50家物流企业中，国有企业18家，占36%；有限责任公司19家，占38%；私营企业4家，占8%；中国港、澳、台商投资企业4家，占8%；外商投资企业为2家，占4%。

（国家发展改革委经济运行调节局　国家统计局贸易外经司　中国物流与采购联合会）

为全面掌握我国物流发展水平和物流成本现状，2010 年 4 月至 2010 年 12 月，国家发展改革委、国家统计局和中国物流与采购联合会开展了全国重点企业物流统计调查。本次调查范围涵盖物流业、生产制造业、批发零售业，共调查 1185 家企业，有效报表 1114 家，有效率达到 94%。调查统计数据具有较强的代表性和说服力。以下是根据调查统计资料进行整理综合的 9 个行业物流成本分析的情况。其中未注明的资料来源均为 2010 年全国重点企业物流统计调查和《日本物流成本调查报告书（2009 年）》

钢铁行业物流成本

根据《社会物流统计核算与报表制度》要求，2010 年 4 月至 2010 年 12 月，国家发展改革委、国家统计局和中国物流与采购联合会开展了全国重点企业物流统计调查。本次调查的钢铁企业共 25 家，从调查企业的情况看，2009 年我国钢铁行业物流效率虽然有所提升，但物流成本依然偏高，与发达国家存在较大差距。

1. 钢铁物流规模巨大

2009 年，我国粗钢产量已达 5.7 亿吨，同比增长 13.7%。按照调查企业销售总额与货运量比值推算，钢铁企业产生的货运量近 30 亿吨，表明钢铁物流规模巨大。

2. 钢铁行业物流费用率偏高

调查企业汇总数据显示，2009 年钢铁行业物流成本费用率为 12.0%，仍然处于较高水平，比调查的全部工业企业高出 2.2 个百分点。若按调查的钢铁行业物流成本费用率水平推算，2009 年我国钢铁企业吨钢物流费用约为 924 元。

3. 运输环节是控制物流成本的关键

调查企业汇总数据显示，在物流成本构成中，运输成本占 58.9%，仓储成本占 2.9%，配送及物流加工成本分别占 12.6% 和 7.8%（如图 1 所示）。运输环节是控制物流成本的关键。受 2009 年运价下降等因素影响，运输成本所占比重同比下降 13 个百分点。与此同时，随着钢铁企业不断向产业链深层延伸，配送及

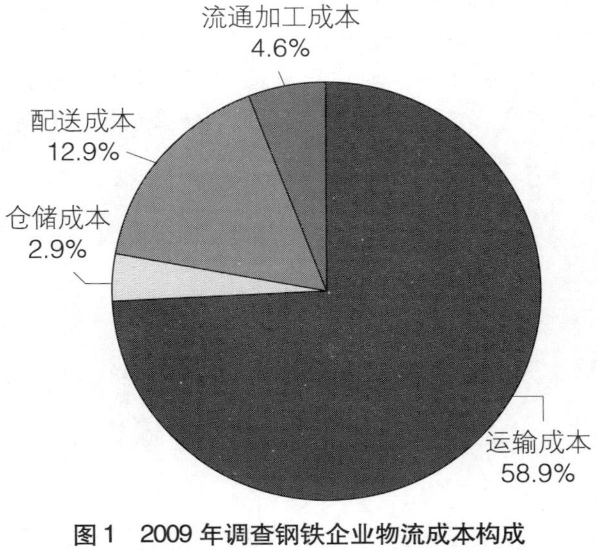

图 1　2009 年调查钢铁企业物流成本构成

流通加工业务不断增加，配送成本和流通加工成本所占比重同比分别提高 4.9 个和 3.8 个百分点。

4. 物流效率有所提高

调查企业汇总数据显示，2009 年钢铁行业物流成本费用率同比下降 0.3 个百分点，据此推算，2009 年我国规模以上钢铁企业物流成本比 2008 年节省 132 亿元，钢铁行业物流效率有所提高。

钢铁行业物流效率提升，得益于物流专业化水平的逐年提高。调查企业汇总数据显示，2009 年委托代理货运量占货运量的比例为 62.8%，同比提高 1.4 个百分点，外包率高于全部工业调查企业 5.4 个百分点。据了解，40% 的钢铁企业将物流运输全部交由专业物流公司承担。

5. 物流成本费用率与发达国家差距明显

以日本为例，2009 年日本钢铁企业物流费用率仅为 4.9%，比我国低 7.1 个百分点。2008—2009 年中日调查钢铁企业物流费用率比较如图 2 所示。如果达到日本的水平，2009 年我国规模以上钢铁企业可节约 3117 亿元物流成本。

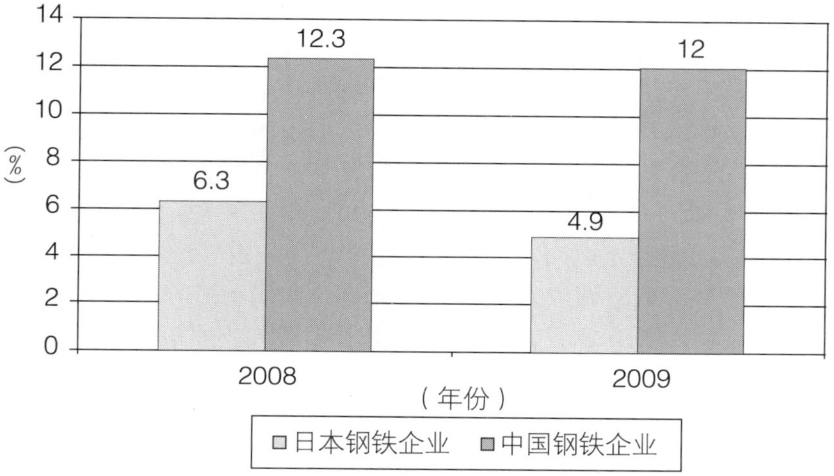

图 2　2008—2009 年中日调查钢铁企业物流费用率比较

2009 年日本钢铁企业物流业务外包的比例为 79.2%，高出我国 16.4 个百分点。2008—2009 年中日调查钢铁企业物流费用率比较如图 3 所示。

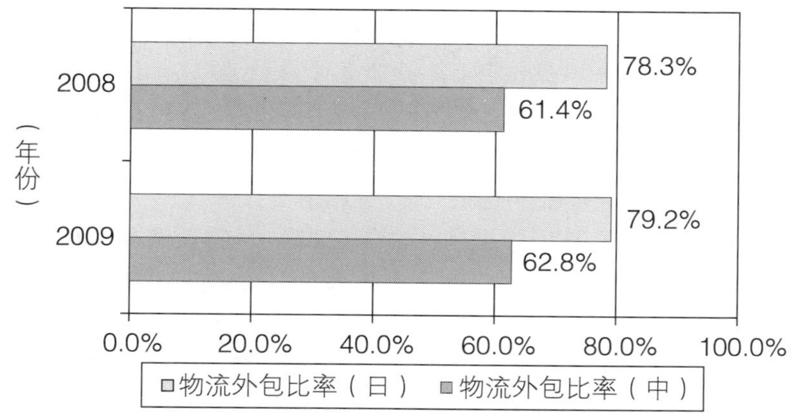

图 3　2008—2009 年中日调查钢铁企业物流费用率比较

化工行业物流成本

化工行业是国民经济的支柱产业，产品应用范围广、产业关联度高，经济总量大，对促进相关产业升级和拉动经济增长作用突出。目前，我国有化工企业10万多家，生产化工产品达5万多种，化肥、农药、成品油、乙烯、合成树脂等主要产品产量位居世界前列。在这次调查中，化工行业是一个重点，调查企业共有41家。从调查统计汇总的结果来看，近年来我国化工物流保持良好发展势头。

1. 化工行业及其物流规模情况

调查数据显示，2009年我国化工行业高增长态势没有改变。当年全行业增加值增长15.9%，增势突出。外贸发展迅速，仅有机化工产品进口量，同比增长就达50.3%，其中，乙烯和甲醇进口量同比分别增长35.1%和268.8%；合成树脂进口量同比增长25%，其中聚乙烯、聚丙烯、聚氯乙烯的进口量，同比分别增长64.8%、51.8%和73.5%。受能源供应紧张、价格上涨刺激，煤化工以及生物燃料产业快速发展，液体化工产品、液体燃料总产能高达数千万吨。化工行业高增长态势为化工物流拓展了更大的市场空间。据粗略估计，仅进口一项，就涉及海运、码头、铁路、仓储、管道输送、报关和货代等物流环节，由此产生的物流费用多达数千亿元。2009年3月和5月，国务院相继出台的物流业和石化产业调整和振兴规划，又为化工物流发展带来了重大历史机遇。

据中国物流信息中心统计核算，2009年我国化工行业物流总额达3.7亿元，与2008年同期相比增长8.9%，高出同期工业品物流总额0.6个百分点。统计数据显示，目前化工物流业作为我国化工行业的扩张和延伸，已成长为我国独具特色的最专业的物流行业之一，呈现出蓬勃发展的良好势头。

2. 化工行业物流费用率情况

（1）虽然我国化工行业物流需求一直保持快速增长，但总体看物流效率较低且成本偏高，与发达国家相比存在较大差距。全国重点企业物流统计调查数据显示，2009年，我国化工行业物流费用率为12.3%，在工业物流领域处于较高水平，高出工业行业整体平均水平2.5个百分点，高出制造业1.5个百分点。同发达国家相比差距更大。例如，当年日本制造业物流费用率仅为4.6%，我国化工行业物流费用率是其2.7倍。

（2）从物流费用结构来看，运输费用一项独大，占比达67.1%。其次为管理费用，占比为15.5%；其他各项费用支出均较小，多在5%以内。例如，利息支出占比为4.9%、仓储费用占比为3.5%、包装费用占比为2%、流通加工费用占比为0.2%、配送费用占比为5.5%。

（3）从发展趋势来看，近年来我国化工行业物流费用率不但没有下降，反而呈现稳中略升态势。2009年，我国化工行业物流费用率为12.3%，比2008年提高1个百分点。从结构上看，运输费用、包装费用微降，在总费用中的比重分别下降1.1个百分点和0.2个百分点；其余各项费用有所上升。例如，管理费用占比为15.5%，比2008年提高1.1个百分点；利息支出占比为4.9%，比2008年提高0.6个百分点；仓储费用占比为3.5%，比2008年提高0.4个百分点；配送费用占比为5.5%，比2008年提高0.1个百分点；流通加工费用占比为0.2%，比2008年提高0.1个百分点。

3. 化工物流成本推高的几个因素

（1）各项杂费多。化工产品多为危险品，经营门槛高，相关法律、法规监管措施严格，投资经营成本高。据企业反映，他们进行在化工产品尤其是危险品运输具体的运营中，不但要为办《通行证》（有的城市要办两个通行证）、年票、GPS系统等支付专业费用，每年还要缴纳城市建设费、保险费、附加费等费用。

（2）重复纳税多。物流本是完整的综合性服务链，但从税赋方面看，服务链却是被分割成段。企业反映，一单业务下来物流公司需要分别给客户开几张不同的发票，而且运输费执行一个税率、仓储费执行一个税率、货代费执行一个税率，几段累加使总税率偏高。

（3）运输成本高。化工产品不同于一般的物品，从形态上说，除了少数是气态外，大部分都是液态和固态。并且大多具有易燃、易爆、有毒和腐蚀性等特性。因此，化工产品对运输多有特别要求。比如针对一些危险易爆品的运输，需要对车辆进行GPS全程定位跟踪。从运输距离看，化工产品一般是从沿海生产地通过铁路、公路、水路运往华东、华南、华北等主要消费地，还有一些产品要按对外贸易的要求运达海外。由于运输距离较远并且在途运输具有较大不可控性，特别是影响运输安全的因素涉及司机、车辆、货物、制度、环境等众多方面，不可预期。化工物流这种专业性特点，使得化工产品的运输费用一直居高不下。数据显示，2008年化工产品的运输费用占物流总费用的比重为68.2%，2009年这一比重为67.1%。

4. 化工物流成本居高不下原因

客观地说，化工物流成本居高不下是多种因素形成的，既有体制方面的障碍，也有物流发展相对滞后的原因。

（1）从体制上说，物流多头管理、缺乏协同，不仅客观上制约了物流效率的提高，而且也增加了许多不合理的费用支出。以国内危险品安全管理为例，目前我国对危险品的安全管理是由安监、消防、公安、质检、环保、交通、卫生、工商等多个行政部门共同执行，管理层次繁多、程序复杂，有时不同部门之间的要求相互矛盾，令企业难以适从。例如，调查企业反映，在仓储建设和内部规划上，国土资源部门和规划部门往往要求专用危化品仓库要有较高的土地利用率和建筑容积率，而消防部门则要求危化品仓库只能建单层，建筑物之间必须有一定的间距；安监和消防部门要求存放毒品、易燃液体要经常通风，以预防气体浓度超标引起燃爆或中毒，而环保部门则要求存放毒品、易燃液体的仓库要密封，不得向大气排污等。

（2）从物流发展水平来看，现阶段我国全社会物流运行效率仍然偏低，社会物流总费用与GDP的比例高出发达国家1倍左右。从化工行业物流自身来看，大而全、小而全的化工企业自营物流模式还相当普遍，物流业务的剥离和社会化还存在许多困难，高资质的大型物流服务商凤毛麟角，导致向化工企业提供专业化的第三方物流服务能力有限；生产服务型综合化工物流园区建设尚在摸索之中，地方封锁和行业垄断对资源整合和一体化运作还有障碍。与发达国家相比，我国多式联运发展相当落后，存在瓶颈制约。

（3）从物流通道方面来看，企业反映，目前我国化学品运输方式较为单一，中间环节多，运输质量低，货损几率大，使得物流成本缺乏弹性。例如，许多化学品虽然不属危化品之列，但不能在内河运输，只能用罐箱车公路运输，而公路运输比水路运输的成本至少要增加1倍以上。另外，我国危化品的铁路运输至今没有开禁。目前，国内铁路系统按照《铁路危险货物品名》受理危险品运输委托，但没有和国际接轨。如我国铁路对危险品罐箱的运输相当严格，只接受普通液体货物的运输。

5. 降低化工物流成本的建议

化工产品大部分属于危险化学品，在形态、危害管理、包装管理、运输方式等方面均有特殊规定，因而物流成本较高。在成本竞争时代，化工产品过高的物流成本不仅制约着化工物流企业向纵深发展，而且也成为阻碍化工产品价格下调的一个重要因素，同时还增加政府管理通胀预期的难度。

为此，建议从下述三个方面着手，采取积极措施切实有效降低化工物流的成本：

一是国家管理制度应“全面看齐”，同时对薄弱区域加大扶持力度。国内各地区的物流管理制度应一致，避免区域制度不一而造成异地管理漏洞，扰乱物流市场。对一些化工物流成本较高的地区，国家应实施优惠政策倾斜，以平衡化工物流成本。例如，近几年出现的运输车辆异地办理各种运输手续，运输区域却相隔千里，此举对当地的一些化工物流企业造成了冲击，不仅扰乱了市场秩序，也形成了安全隐患。

二是地方政府管理应有“紧”有“松”，强调增效但不能放松安全。管理制度宜从紧，办理手续应从松，在降低安全隐患的基础上，简化危化品运输手续和降低有关税费，营造一个良性发展的化工物流环境。另外，国家要加大对证照齐全的物流企业的扶持力度，对证照不全的参与运营的企业，要予以清理整顿。

三是发展多式联运，降低运输费用。为降低运输费用，要在采取安全保障措施基础上，发展多式联运。对包括化学品（含危化品）的集装箱、罐箱运输，将海运、铁运、公路运输、航空运输和内河运输有机结合，实现无缝对接。

电气机械及器材制造行业物流成本

2010年全国重点企业物流统计调查数据显示，电气机械及器材制造业物流费用率在调查行业中水平较低，与2008年相比略有下降。在调查企业销售规模增长的情况下物流成本有所下降，从一定程度上反映出电气机械及器材制造业物流效率有所提高，但与日本等物流发达国家的同类行业相比，我国的物流费用率偏高、物流运行效率仍有一定差距。

1. 电气机械及器材制造业基本状况及物流规模情况

2009年，电气机械及器材制造业规模以上企业实现销售产值3.3万亿元，同比增长9.8%，占规模以上工业企业销售总产值的比重为6.1%，同比提高0.1个百分点。电气机械及器材制造业规模以上企业实现主营业务收入3.2万亿元，同比增长10.3%；主营业务成本2.7万亿元，同比下降7.3%。实现利润总额0.2万亿元，同比增长19.9%。

根据行业统计数据推算，2009年我国电气机械及器材制造业物流总额3.4万亿元，同比增长9.8%。

2. 电气机械及器材制造业物流费用率及物流成本情况

2009年，电气机械及器材制造业调查企业物流费用率为5.8%，同比下降了0.9个百分点。按这一物流费用率推算，2009年我国电气机械及器材制造业物流成本为1882.4亿元，物流费用率下降0.9个百分点，可节省物流成本288.5亿元。调查企业汇总数据显示，电气机械及器材制造业调查企业业务量有所增加，但物流费用率下降，在一定程度上反映出我国电气机械及器材制造业物流效率有所提高。

3. 电气机械及器材制造业物流成本构成

2010年调查企业汇总数据显示，电气机械及器材制造业调查企业运输成本占60.4%，同比上升0.3个百分点；管理成本、包装成本、仓储成本和流通加工成本分别占20.6%、10%、4.1%和0.2%，同比分别上升1.5个、3.6个、0.3个和0.1个百分点，利息成本和配送成本分别占2.7%和0.2%，同比分别下降0.4个和1个百分点。如图1所示。

4. 中日电气机械及器材制造业物流运行效率比较

我国电气机械及器材制造业企业2008年和2009年物流费用率分别为6.7%和5.8%，低于调查的全部工业企业4个百分点。2009年日本电气机器制造业企业的物流费用率仅为1.95%，低于全部行业4.8%的均值，是日本制造业物流效率较高的行业。如果我国电气机

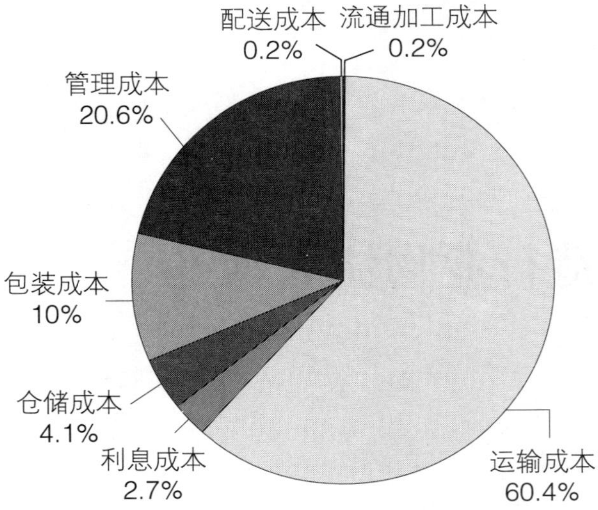

图 1　2009 年电气机械制造业调查企业物流成本构成情况

械及器材制造业企业物流费用率能够达到 1.95%，则物流成本仅为 631.5 亿元，是原有物流成本的 33.6%，可节约成本 1050.8 亿元。2008 年和 2009 年中日电器机械及器材制造业物流费用比较情况如图 2 所示。由上可知，虽然我国电气机械及器材制造业物流费用率在工业行业中处于较低水平，但与日本相比，仍然存在较大差距，我国物流运行效率有待进一步提高。

2009 年我国电气机械及器材制造业物流外包率为 37.3%，同比下降 10.6 个百分点。2009 年日本电气机器制造业物流外包率为 61.1%，同比提高 4.1 个百分点，中日电气机械及器材制造业物流外包率差距由 9.1 个百分点扩大到 23.7 个百分点。

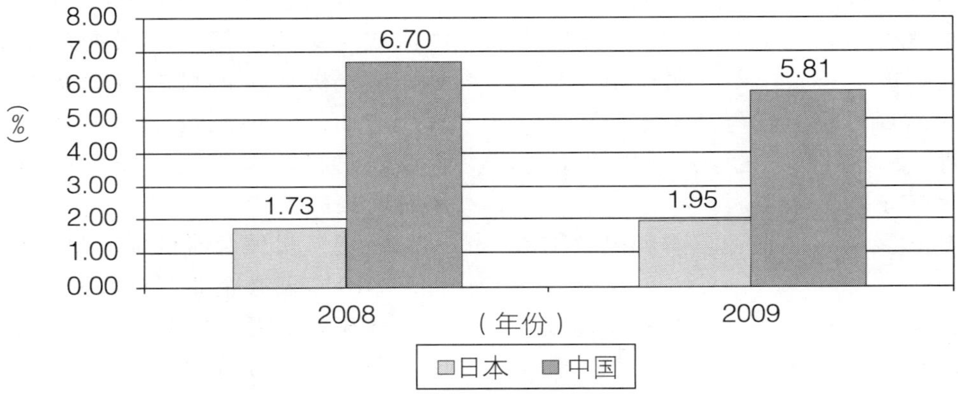

图 2　2008—2009 年中日电气机械及器材制造业物流费用率比较

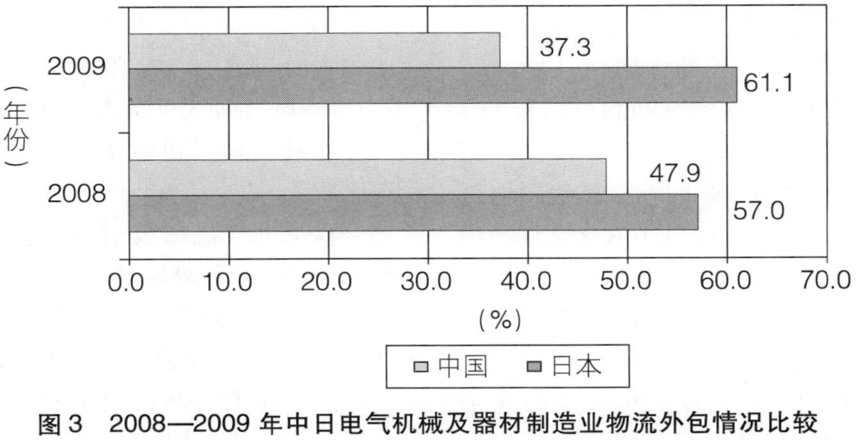

图 3　2008—2009 年中日电气机械及器材制造业物流外包情况比较

建材行业物流成本

建材行业作为我国重要的材料工业，对国民经济的发展具有十分重要的作用。伴随着建材行业规模的不断扩大，建材物流活动日益成为建材工业的主要动脉。建材物流活动具体包括采购、运输、保管、装卸搬运、流通加工、配送及有关的信息活动。建材物流成本在工程造价中占有很高的比重，建材物流效率的高低直接影响建筑工程占用资金的数量和施工的效率。

2010年，根据《社会物流统计核算与报表制度》要求，国家发展改革委、国家统计局和中国物流与采购联合会开展了全国重点企业物流统计调查。调查结果显示：在行业需求快速发展的带动下，我国建材物流规模有了显著提升。物流费用增速基本适度，但物流费用率偏高。此外，我国建材物流行业与日本建材物流行业的差距也较明显。

1. 投资带动物流规模的提升

2009年，在4万亿元经济刺激计划的带动下，我国全社会固定资产投资达到了30.1%的高增速。投资成为2009年拉动经济增长的主要动力，建材行业表现较为突出。据中国建材流通协会的数据显示，2009年规模以上建材企业的销售产值达到2.73万亿元，同比增长21.47%。在行业销售增长的刺激下，建材行业的物流规模也明显提升。以建材龙头产品水泥为例，按照调查企业销售总额与货运量比值推算，2009年水泥企业产生的货运量近28亿吨，同比增长22%。

2. 物流成本适度增长

据物流企业调查数据显示，2009年建材行业全国重点企业物流费用较2008年同期增长了7%。运输成本、包装成本和管理成本成为2009年推升物流成本增长的三大推动力。

其中，运输成本较2008年同期增长4%。虽然增速相对较低，但由于其在物流费用中所占比重较大达到了62.2%，因此，运输成本仍是拉动物流费用增长的第一推动力。物流企业调查汇总数据显示，2009年由于运输原因带来的新增成本占整体新增物流成本的41.6%。

2009年，重点建材物流企业的包装成本较2008年增长了27%，增速较为明显。同时，其占整体物流费用的比重也有所提升，达到6.2%，较2008年提升了2个百分点。调查汇总数据显示，在调查企业中，由于包装引发的新增成本占整体新增物流成本的34.7%。建材行业需求的增长是推升包装成本的主要原因。以水泥行业为例，2009年全国散装水泥供应率达到46.27%，仅比2008年提高0.45个百分点。在水泥需求旺盛的情况下，散装水泥应量增速低于全国水泥需求增速，导致袋装水泥使用量有所增加，从而增加了水泥生产企业的包装成本。因此，包装成本是拉动物流费用增长的第二推动力。

管理成本的增加是推动物流费用增长的第三推动力。2009 年，重点物流企业的管理成本较 2008 年增长了 15.0%，占整体物流费用的比重较 2008 年提升了 0.8 个百分点，达到 11.7%。调查汇总数据显示，在调查企业中，由于管理原因带来的新增成本占整体新增物流成本的 23.3%。

3. 物流费用率居高不下

据全国重点企业物流统计调查数据显示，2009 年建材行业的物流费用率达到 19.5%，较 2008 年同期回落了 0.2 个百分点。但其物流费用率在所有的调查行业中排在前列，高出调查的全部工业企业的物流费用率达 9.7 个点之多，说明建材行业的物流费用整体水平过高。

总体看建材行业物流费用率居高不下的主要原因有以下几点：

（1）运输方式推升物流费用率。建材行业主要物流费用来自于运输。而在诸多的运输方式中，汽车运输所占的比重较大。由于汽运的费用要普遍高于其他运输方式，因此在一定程度上推高了该行业的物流费用。相关数据显示，在 2009 年散装水泥物流装备中，散装水泥专用汽车的使用量和装载量均有所增加，而铁路运输专用罐车和专用运输船均有所减少。公路运输在建材运输中的比重仍在加大。

（2）大部分的建材行业由于产业集中度不高，产品竞争较为激烈，单位产品的价格水平都相对较低。因此，企业不能通过销售价格的提升来消化成本上升带来的压力。这样，不仅提高了物流费用率，而且会在一定程度上阻碍行业物流的健康发展。因此，需要提升产业集中度，提升企业议价能力。

（3）建材物流的中间环节过多以及交易渠道复杂也是导致物流费用率偏高的主要原因。要继续推进建材第三方物流的发展，同时注重提升建材物流业的电子化和信息化。

4. 与发达国家物流效率的差距仍较明显

以日本为例，2009 年日本建材行业的物流费用率仅为 11.27%，比我国低 8.43 个百分点。由此可见，我国建材企业的物流效率与日本相比差距较为明显。

汽车行业物流成本

近几年来，我国汽车产销量一直保持较快的增长态势，汽车行业已经成为推动国民经济发展的重要力量。汽车产业的快速发展要求高效的汽车物流提供强有力的支撑。

2010 年全国重点企业物流统计调查数据显示，我国汽车行业物流效率有所提高，但物流成本依然较高，与发达国家存在较大差距。

1. 汽车行业物流额规模大

2009 年，我国汽车产量为 1379.5 万辆，同比增长 48.2%，销量达 1364.5 万辆，同比增长 46.2%。据测算，2009 年我国汽车物流总额达 4.1 万亿元，同比增长 24.1%。

2. 汽车行业物流费用率低于整体工业水平

2010 年全国重点企业物流统计调查汇总数据显示，2009 年汽车行业物流成本费用率为 9.1%，比调查的全部工业企业低 0.7 个百分点。若按调查的汽车行业物流成本费用率水平推算，2009 年我国汽车行业物流费用约为 457 亿元，生产一辆汽车所花费的物流费用约为 3300 元。

3. 运输和管理成本占比超六成

2010 年全国重点企业物流统计调查汇总数据显示，在汽车行业物流成本构成中，运输成本仍然占比最高为 46.2%；仓储成本占比为 7.0%，受近年来汽车企业向“零库存”、“订单式”管理方向转变，仓储成本所占比重同比下降 1.3 个百分点。汽车行业由于产品单位价值较高，保险成本较大，所占比重为 5%，比全部工业调查企业高 4.7 个百分点；具有现代物流特点的流通加工、包装、配送成本分别占 3.0%，3.5% 和 5.0%；此外，管理费用占比达 18.7%，汽车企业信息化、管理水平仍待提高。2009 年我国汽车企业物流成本构成如图 1 所示。

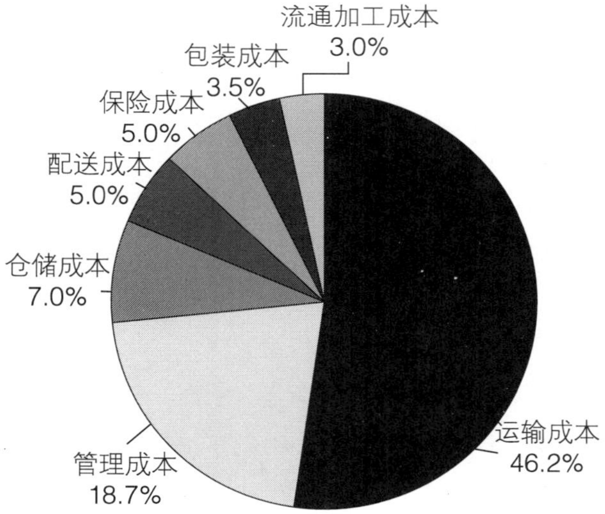

图 1　2009 年调查汽车企业物流成本构成

4. 物流效率有所提高

2010 年全国重点企业物流统计调查汇总数

据显示，2009 年汽车行业物流成本费用率同比下降 1.1 个百分点，据此推算，2009 年我国汽车企业物流成本比 2008 年节省 55 亿元。

随着行业竞争的不断加剧，越来越多的汽车企业通过物流外包将汽车零部件的采购、运输、整车的销售运输等环节外包给第三方物流企业，以保证核心竞争力并节约物流成本。调查企业汇总数据显示，2009 年汽车企业委托代理货运量占货运量的比例高达 91.3%，同比提高 6.8 个百分点，外包率高于全部工业调查企业 33 个百分点。

5. 物流成本费用率与发达国家差距明显

以日本为例，2009 年日本企业物流费用率仅为 2.97%，比我国低 6.1 个百分点。如果达到日本的水平，2009 年我国的汽车企业可节约 308 亿元的物流成本支出。2008—2009 年中日调查汽车企业物流费用率比较如图 2 所示。

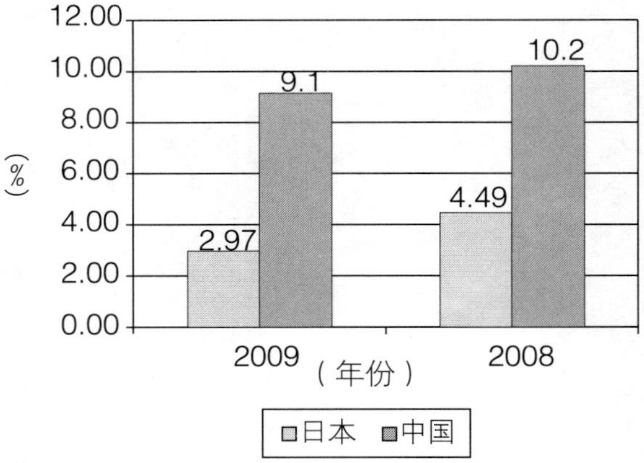

图 2　2008—2009 年中日调查汽车企业物流费用率比较

造纸及纸制品行业物流成本

纸制品是不可或缺的生产和生活资料，也是信息和知识传播的载体，在提高人民生活水平、推动社会进步中发挥着重要作用。

近年来，我国造纸及纸制品业在《造纸产业发展政策》、《轻工业调整和振兴规划》等政策文件的指导下，逐步淘汰落后产能，改善供需关系，取得了长足发展。与此同时，我国造纸及纸制品业物流也取得了快速发展。2010 年全国重点企业物流统计调查数据显示，2009 年我国造纸及纸制品业物流需求快速增长，但物流效率仍然偏低，与发达国家差距明显。当前和今后一个时期，逐步降低物流成本是造纸业企业提高利润水平的重要来源和途径。

1. 造纸及纸制品业物流需求快速增长

根据重点企业物流统计调查与行业统计数据推算，2009 年我国造纸及纸制品业物流总额达 8889 亿元，同比增长 16.2%，造纸及纸制品业产生机制纸及纸板货运量达 1.14 亿吨，纸制品货运量达 8159.5 万吨，同比分别增长 11.5% 和 23.1%，表明我国造纸及纸制品业物流需求呈快速增长势头。

2. 造纸及纸制品业物流费用率偏高

调查企业汇总数据显示，2009 年造纸及纸制品业物流费用率为 20.3%，尽管同比下降 0.5 个百分点，但仍处于较高水平，比调查的全部工业企业高出 10.5 个百分点。若按造纸及纸制品业物流费用率水平推算，2009 年我国造纸及纸制品业物流成本规模约为 1624 亿元，占主营业务成本的比重为 23.7%。

3. 运输成本是影响造纸及纸制品业物流成本的主要因素

造纸及纸制品业具有资源密集型特点，大量的原辅料和产成品需要运输。全国重点企业物流统计调查数据显示，2009 年我国造纸及纸制品业物流成本中，运输成本占 52.3%，是影响物流成本的主要因素。造纸及纸制品业属于典型的外向型经济产业，2009 年受国际金融危机影响明显，行业景气回调，加之运价下降，运输成本所占比重同比下降 6.1 个百分点。

造纸及纸制品业仓储成本占 7.7%，同比上升 0.8 个百分点。究其原因，主要是产成品在库时间延长所致。相关数据资料显示，2009 年包装纸最高库存天数达到 25 ~ 45 天，远高于 7 ~ 30 天的正常水平。

造纸及纸制品业还具有资金密集型特点，生产企业主要集中在中南及华东等资源、资金充足地区。2009 年我国造纸及纸制品业利息成本占 6.5%，高于制造业平均水平。

造纸及纸制品业管理成本占 17.8%，一定程度上反映出造纸及纸制品业物流在管理手段、管理流程上有待提高。

2009 年造纸及纸制品业调查企业物流成本构成如图 1 所示。

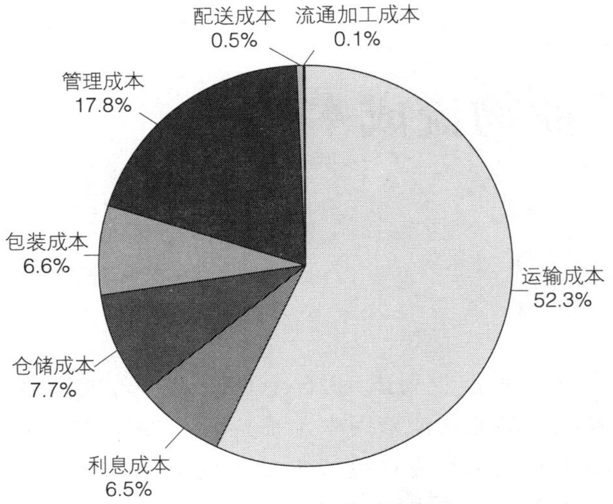

图 1 2009 年造纸及纸制品业调查企业物流成本构成

4. 造纸及纸制品业企业物流外包比例较高

2009 年，我国造纸企业物流业务外包率为 69. 8% ，比同期日本造纸企业 53. 2% 的物流外包率高 16. 6 个百分点。2008—2009 年中日调查造纸及纸制品业物流外包情况比较如图 2 所示。

5. 造纸及纸制品业物流效率与发达国家差距明显

以日本为例，2009 年日本造纸工业物流费用率仅为 6. 8% ，比我国低 13. 5 个百分点。如果我国造纸及纸制品业企业达到日本物流费用率的水平，可节约物流成本 1081 亿元。2008—2009 年中日调查造纸及纸制品业企业物流费用率比较如图 3 所示。

6. 发展逆向物流提升我国造纸及纸制品业整体水平

由于林木资源匮乏，废旧纸回收率低，原材料问题一直困扰我国造纸及纸制品行业的发展，造成以木浆、废旧纸为原材料的高档纸生产严重不足。《造纸产业发展政策》提出要提高废旧纸在纸浆中的比重，进一步使造纸原材料结构合理化。发展纸制品逆向物流，提高废旧纸利用率，并与产业链整合，是促进我国造纸及纸制品业发展提升的重要举措，既可以提升行业整体水平和竞争能力，降低对外依存度，又可以充分利用资源、能源并保护环境，利国利民、意义深远。

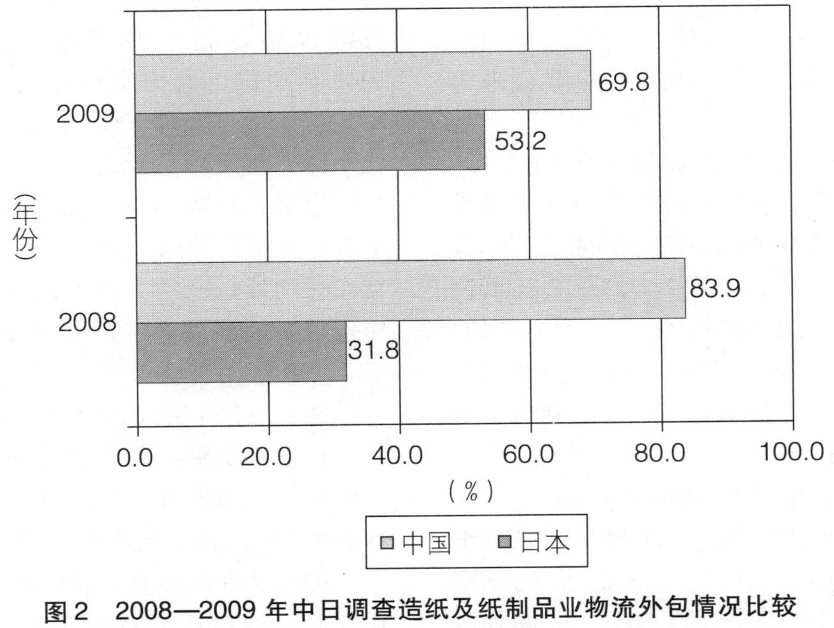

图 2 2008—2009 年中日调查造纸及纸制品业物流外包情况比较

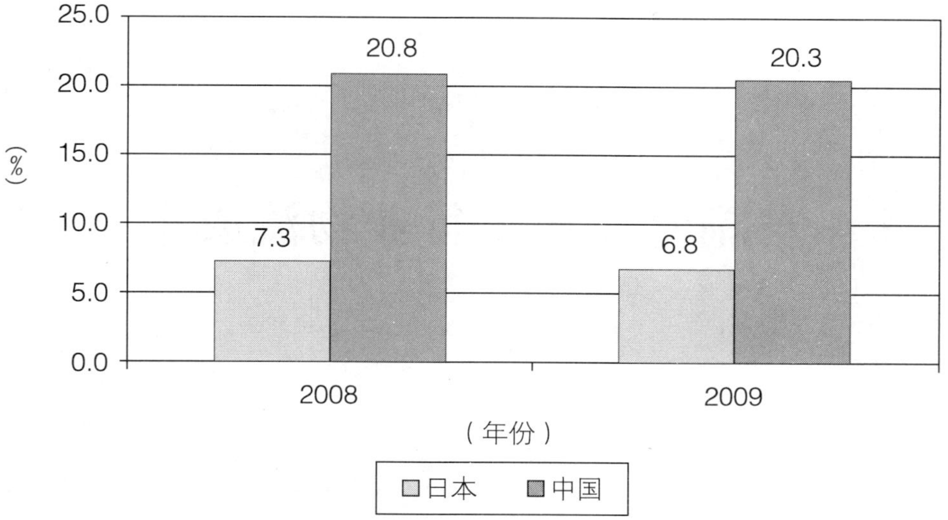

图 3　2008—2009 年中日调查造纸及纸制品业企业物流费用率比较

农副食品加工行业物流成本

农副食品加工业是指直接以农、林、牧、渔业产品为原料进行的谷物磨制、饲料加工、植物油和制糖加工、屠宰及肉类加工、水产品加工，以及蔬菜、水果和坚果等食品的加工活动。农副食品作为人们日常生活必需品，研究农副食品加工业物流成本对于探究农副食品价格形成机制，提高农副食品加工业物流效率有着重要意义。

农副食品加工业物流成本是指在农副食品原辅料购进和农副食品产成品销售过程中产生的费用，包括运输、储存、包装、流通加工等活动的费用。物流成本是农副食品成本的重要组成部分，甚至是主要的组成部分，因此，物流成本必然影响到农副食品的价格。要降低农副食品价格，除了降低农副食品本身的生产成本外，必须降低农副食品的物流成本。

2010年全国重点企业物流统计调查数据显示，2009年我国农副食品加工业物流成本依然偏高，同时物流效率有所下降，与发达国家存在一定的差距。

1. 农副食品加工业物流规模快速增长

根据行业统计和调查企业数据推算，2009年我国农副食品加工业物流总额为2.9万亿元，同比增长17%；农副食品加工业货运量10.6亿吨，同比增长27.5%。

2. 农副食品加工业物流费用率有所上升

调查企业汇总数据显示，2009年我国农副食品加工业物流成本费用率为12.9%，同比提高0.2个百分点，比调查的全部企业高3.1个百分点，仍然处于较高水平。按此物流费用率推算，2009年我国农副食品加工业物流成本约为3563.6亿元，比2008年增长55.2亿元。

3. 运输环节物流成本占一半以上

调查企业汇总数据显示，在物流成本构成中，运输成本占54.9%，同比下降5.8个百分点，由于2009年运价的低位运行，运输成本所占比重下调。

管理成本占14%，同比上升1.8个百分点。近年来城镇农副食品市场管理费用的不断增加，成为农副食品“最后一公里”价格高企的重要推手。

仓储成本占12.7%，同比提高2.6个百分点；包装成本占2.1%，同比提高0.5个百分点；配送成本占8.2%，同比提高3个百分点；流通加工成本占0.6%，同比提高0.5个百分点。如图1所示。农副食品加工业物流中仓储投入和包装投入增加农副食品保鲜程度、减少损耗，流通加工投入可将农副食品适当加工，增加产品的附加值。包装和流通加工成本所占比重较低，反映出目前我国农副食品加工业物流水平需进一步提高。

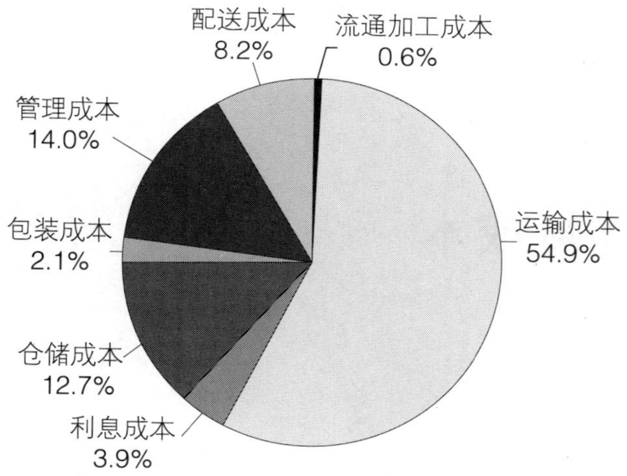

图1 2009年农副食品加工业调查企业物流成本构成

4. 农副食品加工业物流效率与发达国家差距拉大

2009年日本农副食品加工业物流费用率为9.12%，比我国低3.78个百分点，而2008年中日农副食品加工业物流费用率的差距为2.32个百分点，我国农副食品加工业物流效率与日本相比差距有所扩大。具体情况如图2所示。我国农副食品加工业物流如果达到日本的水平，2009年我国农副食品加工业物流可节约近30%的物流成本。

2009年，我国农副食品加工业物流外包率为69%，同比下降0.1个百分点，2009年日本农副食品加工业物流外包率为84.1%，同比提高8.4个百分点，中日农副食品加工业物流外包率差距由4.8个百分点扩大到15.1个百分点。如图3所示。

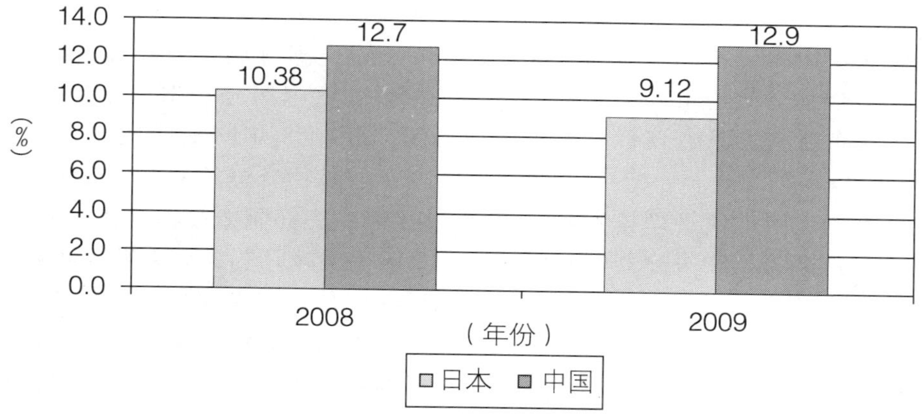

图2 2008—2009年中日农副食品加工业物流费用率比较

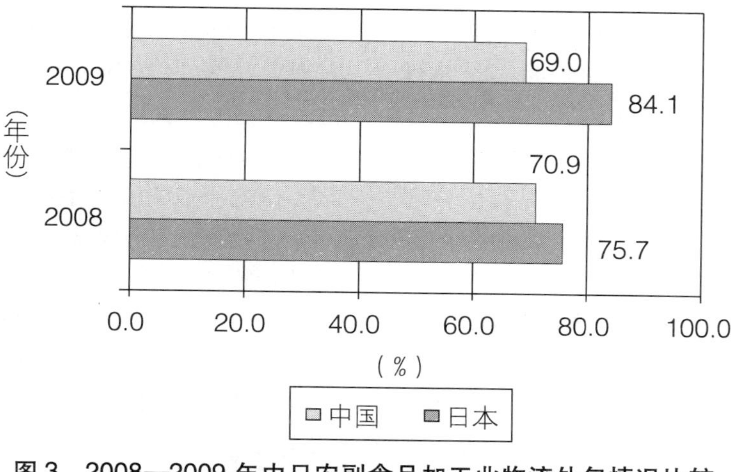

图3 2008—2009年中日农副食品加工业物流外包情况比较

医药行业物流成本

医药制造业是国家重要产业，其发展状况与广大人民群众享受的医疗水平直接相关。2009年国家出台了新医改方案，加强了对医药流通的监管，对医药企业采用现代化物流技术改进医药流通给予了政策支持。随着新医改方案的逐步落实，整个医药流通市场供应链将发生直接变化，医药企业将向具有现代物流能力的医药企业方向转型。

医药企业物流是运用现代管理技术和信息技术，对医药（主要指药品和医疗器械）的采购、运输、储存、包装、装卸搬运、流通加工、配送等诸环节进行有效集成和整合，实现医药流通的高效率和高效益，提升医药流通产业的持续发展能力。企业通过采用先进的物流技术，降低医药物流成本。

医药企业物流成本主要包括运输成本、包装成本、仓储成本、管理成本等。药品是特殊商品，其对运输的要求各不相同。这就决定了医药物流与其他行业的物流相比，成本结构要复杂很多。近年来，医药企业的物流费用在不断攀升。因此，降低物流成本已经成为我国医药行业的重要任务。

据全国重点企业物流统计调查数据显示，2009年我国医药制造业物流需求快速增长，但物流成本依然偏高，与发达国家相比仍存在较大差距。

1. 医药制造业物流业务需求快速增长

随着我国经济的快速发展和人民生活水平的提高，以及基本医疗保险制度的实行，人们对医药的需求不断增加，推动了医药物流业的快速发展。

据全国重点企业物流统计调查数据显示，2009年我国医药制造业物流总额达9191.7亿元，与2008年同期相比增长20.5%，高出同期工业品物流总额11.1个百分点。

2. 医药制造业物流费用偏高

有专家认为，现在药品价格高，其中一个原因就是物流成本高。据全国重点企业物流统计调查数据显示，2009年我国医药制造业物流成本费用率为11.3%，与上年同期相同相比上升0.2个百分点，高出调查的全部工业企业物流成本费用率1.5个百分点，处于较高水平。按此物流费用率推算，2009年我国医药企业物流成本大约为1029亿元。

3. 物流成本支出继续扩大

随着我国医药制造业物流业务需求的较快发展，医药企业物流费用规模继续扩大。据全国重点企业物流统计调查数据显示，2009年我国医药制造业物流费用支出比2008年增长18.1%。

在医药企业物流费用构成中，运输成本所占比重为45.8%，与2008年同期相比下降2.5个百分点。2009年受运价下调等因素影响，医药制造业运输成本在物流费用中所占比重有所下降，但在物流费用构成中，运输成本依然是牵制医药企业物流成本上升的主要因素，也是我国医药企业物流效率相对较低、物流成本依然偏大的重要原因。管理成本所占比重为12.0%，与2008年同期相比上升1.7个百分点。企业的信息化水平、管理水平还有待于提高。仓储成本所占比重为10.7%，与2008年同期相比上升2.4个百分点；包装成本所占比重为4.8%，与2008年同期相比上升2个百分点；配送成本所占比重为7.5%，与2008年同期相比下降0.4个百分点。如图1所示。

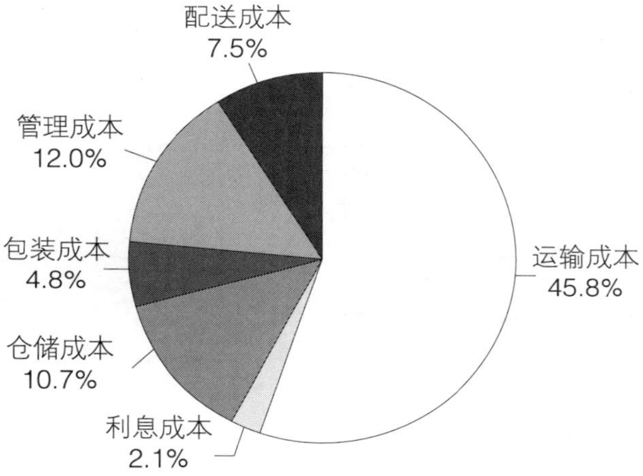

图1　2009年全国重点调查医药企业物流成本构成示意

在医药企业物流过程当中，既要求相应的配送条件，也要求必要的储藏措施，而且对储存配送场所的条件要求也比较高。尽管我国医药制造业这几年的发展很快，但是医药物流的仓储、配送条件还相对滞后且整体规模也较小，很难满足医药市场的需求。

4. 物流费用率小幅上升

随着我国现代物流的发展，制造业的社会物流效率整体上明显提高，但我国医药制造业物流费用率总体上仍然偏高。据全国重点企业物流统计调查数据显示，2009年我国医药制造业物流成本费用率为11.3%，与2008年同期相比上升0.2个百分点。据此推算，2009年我国医药制造业物流成本同比增加了20.2亿元。

据全国重点企业物流统计调查数据显示，2009年医药制造业委托代理货运量占货运量的比例为78.14%，同比提高近1个百分点，外包率高于调查的全部工业企业20.9个百分点。

据全国重点企业物流统计调查数据显示，有25%的医药企业已将物流业务全部交由专业物流公司承担，但绝大部分医药企业的物流业务还是以自营物流为主。

5. 物流效率与发达国家相比差距较为明显

以日本为例，2009年日本医药工业物流费用率仅为0.7%，比我国低10.62个百分点。2008—2009年中日医药企业物流费用率比较如图2所示。由此可见，我国医药企业的物流效

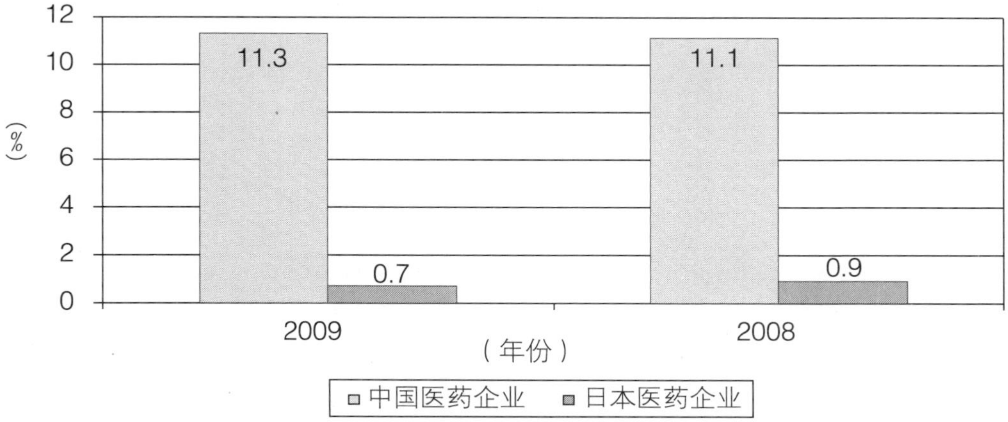

图2　2008—2009年中日医药企业物流费用率比较

率与日本医药企业相比差距较为明显。据此推算，我国医药企业物流费用率如果达到日本的水平，2009 年我国医药制造业可节约 965.2 亿元的物流成本。

2009 年，我国医药企业物流业务外包率为 78.1%，同比上升 0.9 个百分点。但同期，日本医药企业的物流外包率为 80.8%，同比上升了 30.8%。如图 3 所示。

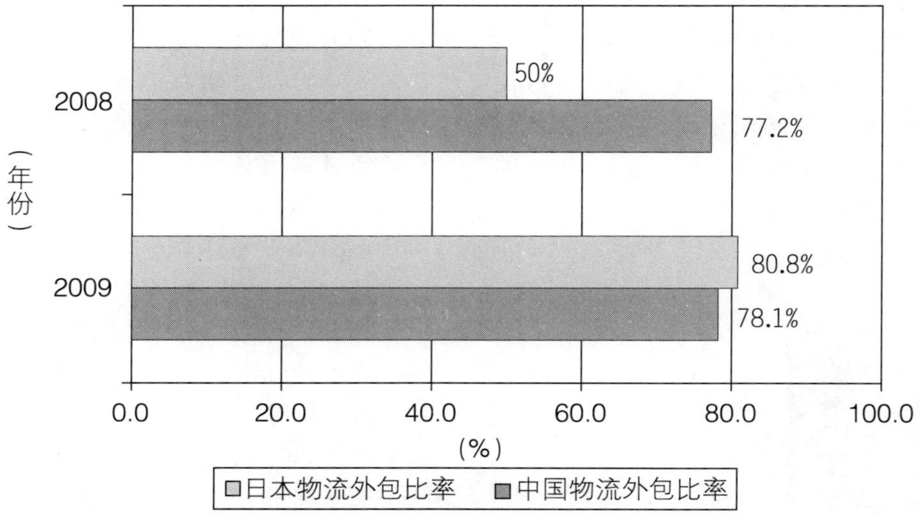

图 3　2008—2009 年中日医药企业物流外包情况比较

有色金属行业物流成本

进入21世纪以来，我国有色金属产业迅速发展，在技术进步、改善品种质量、淘汰落后产能、开发利用境外资源方面取得明显成效，生产和消费规模不断扩大，产量已经连续9年居世界第一，消费量连续8年居世界第一。在这样的形势和要求下，有色金属企业对物流业的依存度进一步提高，对物流服务的要求也越来越高。

2010年全国重点企业物流统计调查数据显示，2009年我国有色金属冶炼及延压加工业物流成本依然偏高，与发达国家差距明显。

1. 有色物流规模庞大

2009年，在贯彻落实国家采取一揽子扩内需、保增长等政策的作用下，我国有色金属生产从二季度开始逐步平稳回升，12月主要有色金属产品产量已超过金融危机前的正常水平。全年十种有色金属产量达2681万吨，同比增长5.8%。从有色物流的客观状况来看，因生产企业多为西部内陆企业，而消费主要集中在沿海经济发达地区，因此，无论原料还是产成品均需要通过大量的运输完成。按调查企业汇总数据推算，2009年我国有色企业产生的货运量超过5600万吨，显示出我国有色物流的规模非常庞大。

2. 购、销总额双双下降

2009年，我国有色金属工业企稳向好的态势不断明朗，但受全球经济走势低迷的拖累，回升向好的基础还不稳固。有色金属价格振荡回升，但年平均价明显低于2008年。此外，受冶炼产品进口大幅增加、固定资产投资增幅回落等因素影响，国内有色金属市场出现明显的供过于求的局面。据调查企业汇总数据显示，2009年全国有色金属冶炼及延压加工业购进总额较2008年下降15.2%；销售总额下降13.6%，年末库存额增长46.1%。

3. 运输环节仍是控制物流成本的重中之重

调查企业汇总数据显示，在2009年全国有色金属行业的物流成本中，运输成本占到60.6%，是控制物流成本的重要因素。与2008年同期相比，所占比重下降了1.3个百分点，这主要与国内需求和我国有色金属运输方式有关。

我国有色金属物流的货运方式以铁路为主，公路为辅。首先，我国铁路运价的制定和调整受国家管制，计划经济体制下公益性为主的指导思想使得我国铁路运价一直较低。虽然价格几经上调，但2009年我国铁路主要大宗货物运价在0.05元/吨公里~0.10元/吨公里，仅相当于公路运价的1/10；其次，有色金属行业具有其特殊性，有色金属价格普遍较高，长途运输存在的问题就是货物的安全性，比如铜价在7万元/吨左右，公路运输每车大约在50吨左右，货物价值极高。同时有色金属价格非常透明，透明到价格只能有0～100元/吨的差别，所以长途公路运输的费用较为不划算；另外，受金融危机影响，2009年我国公路货运价低位运行，同时养路费取消以及部分省市逐渐取消二级公路收费，也降低了公路运价价格总体水平。

另据调查企业汇总数据显示，2009年全国重点调查的有色企业的利息成本同比上升0.1%、包装成本同比上升0.9%、管理成本同比上升1.0%、配送成本同比上升2.0%、仓储成本同比上升0.2%。具体情况如下图所示。

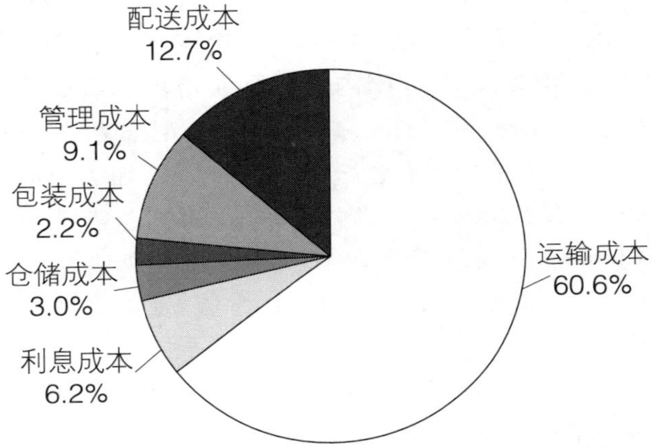

2009年重点调查的有色企业物流成本构成

值得注意的是，我国物流仓储成本管理还处于起步阶段，与发达国家相比差距较大，存在成本高、周转慢、库存大、效率低等诸多不足，这也恰恰是我国有色仓储业加强成本管理，提高效益的潜力空间。

4. 物流成本明显增加

2009年，我国5次上调油价对有色物流影响很大。据测算，油价对运输成本的影响接近30%。与此同时受铁路运输供求矛盾影响，很多企业跑车皮、买车皮，也加大了铁路运输的隐性成本。

调查企业汇总数据显示，2009年有色行业物流成本的费用率同比上升7.3%。据此推算，2009年我国有色行业物流成本比2008年增加210亿元。

5. 有色物流费用率低于全行业

调查企业汇总数据显示，2009年有色金属行业物流成本费用率为7.3%，同比上升1个百分点，但比调查的全部工业企业低2.5个百分点。

6. 物流成本费用率与发达国家差距拉大

2009年，日本有色金属冶炼及延压加工业物流费用率为2.63%，比我国低4.67个百分点，而2008年中日有色金属冶炼及延压加工业物流费用率差距为4.23个百分点，说明我国有色金属冶炼及延压加工业物流效率与日本差距有所扩大。

2010年1~12月中国制造业采购经理指数

1月份

2010年1月，中国制造业采购经理指数（PMI）为55.8%，比上月回落0.8个百分点。本月制造业采购经理指数中有11个分项指数同上月相比呈“五降六升”态势。即生产指数、新订单指数、积压订单指数、采购量指数、从业人员指数下降，其中积压订单指数下降较明显，降幅达到2.5个百分点；新出口订单指数、产成品库存指数、进口指数、购进价格指数、原材料库存指数、供应商配送时间指数有所上升，其中购进价格指数升幅较大，达到1.8个百分点。从指数水平来看，生产指数、新订单指数、采购量指数和购进价格指数较高，保持在60%左右，尤其以购进价格指数最高，逼近70%。

在20个行业中，只有化纤制造及橡胶塑料制品业、有色金属冶炼及压延加工业、非金属矿物制品业3个行业略低于50%，其余17个行业均高于50%，其中烟草制品业、饮料制造业、金属制品业达到60%以上。从产品类型看，原材料与能源、中间品、生活消费品和生产用制成品类企业均高于50%，尤以生活消费品类企业为最高，接近60%。

特约分析师张立群分析认为：“本月PMI指数继续保持较高水平，略有回落，预示工业生产持续走高态势可能将趋稳；新出口订单指数继续提高，预示出口形势可能继续好转；购进价格指数持续提高，则意味企业生产成本将继续增加。结合当前经济运行情况，我国经济回升态势预计将趋于稳定，出口对经济增长的积极作用将增强，成本提高和市场竞争加剧可能使企业面临更为严峻的发展环境。总体看，我国经济正处于由回升转向稳定的关键时期。”

新订单指数回落。本月新订单指数为59.9%，比上月回落1.1个百分点。分行业来看，20个行业中只有有色金属冶炼及压延加工业、非金属矿物制品业低于50%，其余行业均在50%以上，其中有9个行业达到60%以上，有3个行业超过70%。从产品类型来看，生活消费品类企业最高，达到60%以上；原材料与能源、中间品和生产用制成品类企业差别不大，均在54%~57%。

生产指数略有回落。本月生产指数为60.5%，比上月回落0.9个百分点。20个行业中只有有色金属冶炼及压延加工业低于50%，其余行业均高于50%，其中以烟草制品业、饮料制造业为首的12个行业达到60%以上，为首的2个行业超过70%。分产品类型来看，生活消费品类企业最高达到60%以上；原材料与能源类企业较低，不足53%。

进出口指数双双上升。本月进口指数为53.4%，比上月上升0.9个百分点。20个行业中，以金属制品业、石油加工及炼焦业、电气机械及器材制造业为首的13个行业高于50%，为首的3个行业超过60%。分产品类型来看，生产用制成品类企业低于50%；原材料与能源、中间品和生活消费品类企业均高于50%。

本月新出口订单指数为53.2%，比上月上升0.6个百分点。20个行业中，木材加工及家具制造业、电气机械及器材制造业、服装鞋帽制造及皮毛羽绒制品业等14个行业高于50%，其中有5个行业超过60%。从产品类型来看，原材料与能源类企业低于50%，中间品、生活消费品和生产用制成品类企业高于50%，尤以生活消费品类企业为最高接近58%。

从业人员指数下降。本月从业人员指数为50.6%，比上月回落1.6个百分点。20个行业中，金属制品业、农副食品加工及食品制造业、饮料制造业、电气机械及器材制造业等13个行业高于50%；通用设备制造业、服装鞋帽制造及皮毛羽绒制品业、化学原料及化学制品制造业等7个行业低于50%。

购进价格指数继续攀升。本月购进价格指数为68.5%，比上月上升1.8个百分点。分行业来看，20个行业全部高于50%，其中有15个行业高于60%，有6个行业高达80%以上。分区域来看，东、中、西部均保持高位，均在70%左右。分产品类型来看，原材料与能源和中间品类企业最高，超过70%；生活消费品和生产用制成品类型企业稍低，但也在60%以上。

2月份

2010年2月，中国制造业采购经理指数（PMI）为52.0%，比上月回落3.8个百分点。从11个分项指数来看，同上月相比，除产成品库存指数持平以外，其余各指数均有所回落。其中，生产指数、新订单指数、采购量指数、购进价格指数回落较明显，回落幅度超过6个百分点。从指数水平来看，积压订单指数、产成品库存指数、进口指数、原材料库存指数、供应商配送时间指数和从业人员指数略低于50%，其余各指数继续保持在50%以上。

在20个行业中，化纤制造及橡胶塑料制品业、造纸印刷及文教体育用品制造业、石油加工及炼焦业、木材加工及家具制造业、烟草制品业、纺织业6个行业低于50%，其余14个行业均高于50%。从产品类型看，原材料与能源、中间品和生产用制成品类企业均高于50%，生活消费品类企业略低于50%。

特约分析师张立群分析认为：“本月的PMI指数一定程度上反映了工业生产高位趋稳的变动趋势。在政府力量与市场力量相互转换，内需外需增幅相互变化的背景下，中国经济回升的趋势具有一定的不确定性。新出口订单指数的回落也需密切关注，对出口增长前景还需保持谨慎。综合来看，中国经济仍然处于由政府推动的增长转向自主的、稳定可持续增长的过程之中，不确定因素仍然较多。”

新订单指数回落。本月新订单指数为53.7%，比上月回落6.2个百分点。分行业来看，20个行业中，化纤制造及橡胶塑料制品业、石油加工及炼焦业、纺织业等6个行业低于50%，其余14个行业均高于50%，其中有色金属冶炼及压延加工业、通用设备制造业、专用设备制造业等7个行业高于60%。从产品类型来看，生活消费品类企业略低于50%；原材料与能源、中间品和生产用制成品高于50%，尤其以生产用制成品类企业为最高，达到70%以上。

生产指数回落。本月生产指数为54.3%，比上月回落6.2个百分点。20个行业中，化纤制造及橡胶塑料制品业、医药制造业、造纸印刷及文教体育用品制造业等8个行业低于50%；服装鞋帽制造及皮毛羽绒制品业位于50%；其余11个行业高于50%。其中，黑色金属冶炼及压延加工业、专用设备制造业、有色金属冶炼及压延加工业等6个行业达到60%以上。分产品类型来看，生活消费品类企业略低于50%，原材料与能源、中间品和生产用制成品类企业均高于50%，尤其以生产用制成品类企业为最高逼近70%。

进出口指数双双回落。本月进口指数为49.1%，比上月回落4.3个百分点。20个行业中，以医药制造业、非金属矿物制品业、专用设备制造业为首的8个行业高于50%，为首的3个行业达到60%以上。饮料制造业、农副食品加工及食品制造业、金属制品业等12个行业低于50%。分产品类型来看，生产用制成品类企业高于50%；原材料与能源、中间品和生活消费品类企业均低于50%。

本月新出口订单指数为50.3%，比上月回落2.9个百分点。20个行业中，以通用设备制造业、专用设备制造业为首的10个行业高于50%，为首的2个行业达到60%以上。服装鞋帽制造及皮毛羽绒制品业、石油加工及炼焦业、农副食品加工及食品制造业等10个行业低于50%。从产品类型来看，中间品和生活消费品类企业低于50%；原材料与能源和生产用制成品类企业高于50%。

从业人员指数下降。本月从业人员指数为49.9%，比上月回落0.7个百分点。20个行业中，交通运输设备制造业、有色金属冶炼及压延加工业、木材加工及家具制造业等11个行业高于50%；专用设备制造业、烟草制品业、化学原料及化学制品制造业等9个行业低于50%。分区域来看，东部低于50%，为48.8%；中、西部高于50%。从企业产品类型来看，原材料与能源和生产用制成品类企业高于50%；中间品和生活消费品类企业低于50%。

购进价格指数回落。本月购进价格指数为61.1%，比上月回落7.4个百分点。分行业来看，20个行业全部高于50%，其中以化纤制造及橡胶塑料制品业、化学原料及化学制品制造业、黑色金属冶炼及压延加工业为首的12个行业高于60%，为首的3个行业达到70%以上。分区域来看，东、中、西部普遍较高，均在60%上下。分产品类型来看，原材料与能源和中间品类企业最高，均高过60%；生活消费品和生产用制成品类型企业稍低，但也在55%以上。

3月份

2010年3月，中国制造业采购经理指数为55.1%，比上月上升3.1个百分点。从11个分项指数来看，同上月相比，所有指数均不同程度上升。其中，生产指数、新订单指数、新出口订单指数、积压订单指数、采购量指数、进口指数、购进价格指数上升明显，升幅超过4个百分点。从指数水平来看，生产指数、新订单指数、采购量指数、购进价格指数较高，均超过了55%，尤其以购进价格指数为最高，达到65.1%。

本月20个行业中，只有饮料制造业、有色金属冶炼及压延加工业、木材加工及家具制造业3个行业低于50%，其余17个行业均高于50%，其中交通运输设备制造业、电气机械及器材制造业、通用设备制造业、金属制品业4个行业超过60%。从产品类型看，原材料与能源类企业略高于50%；生产用制成品类企业最高，达到60%以上。

针对3月份制造业采购经理调查情况，特约分析师张立群分析认为："3月份PMI指数的提高尚需进一步观察。从需求角度看，出口强劲恢复的势头有一定的不可持续性，投资实际增幅回落，需求增长和企业订单增长前景还不明朗。PMI指数提高，反映了经济持续回升态势在当前企业生产采购活动中，正在产生越来越多的积极影响，但能否持续还需要观察。"

新订单指数上升。本月新订单指数为58.1%，比上月上升4.4个百分点。20个行业中，只有造纸印刷及文教体育用品制造业、饮料制造业、木材加工及家具制造业、有色金属冶炼及压延加工业 4 个行业低于 50%，其余 16 个行业均高于 50%，其中交通运输设备制造业、电气机械及器材制造业、纺织业等 6 个行业达到 60% 以上。

生产指数上升。本月生产指数为 58.4%，比上月上升 4.1 个百分点。20 个行业中，只有有色金属冶炼及压延加工业、饮料制造业、木材加工及家具制造业 3 个行业低于 50%，其余 17 个行业均高于 50%。其中交通运输设备制造业、电气机械及器材制造业、通用设备制造业等 6 个行业达到 60% 以上。分产品类型来看，生产用制成品类企业最高，接近 70%。

进出口指数双双上升。本月进口指数为 53.7%，比上月上升 4.6 个百分点。20 个行业中，石油加工及炼焦业、金属制品业、电气机械及器材制造业等 14 个行业高于 50%，其中有 5 个行业达到 60% 以上。分产品类型来看，原材料与能源类企业略低于 50%，中间品、生活消费品和生产用制成品类企业均高于 50%。

本月新出口订单指数为 54.5%，比上月上升 4.2 个百分点。20 个行业中，金属制品业、电气机械及器材制造业等 12 个行业高于 50%，其中有 5 个行业达到 60% 以上。从区域来看，西部略低于 50%；东、中部均达到 50% 以上。从产品类型来看，原材料与能源、中间品、生活消费品和生产用制成品类企业均高于 50%。

从业人员指数上升。本月从业人员指数为 52.9%，比上月上升 3.0 个百分点。20 个行业中，电气机械及器材制造业、金属制品业、交通运输设备制造业等 15 个行业高于 50%，有 2 个行业达到 60% 以上。

购进价格指数再现攀升。本月购进价格指数为 65.1%，比上月上升 4.0 个百分点。分行业来看，20 个行业中，只有烟草制品业略低于 50%，其余 19 个行业全部高于 50%，其中有 15 个行业高于 60%，有 4 个行业达到 70% 以上。分区域来看，东、中、西部普遍达到 60% 以上；分产品类型来看，原材料与能源、中间品、生活消费品和生产用制成品均高于 60%，尤其以生产用制成品类企业最高，达到 70%。

4 月份

2010 年 4 月，中国制造业采购经理指数为 55.7%，比上月上升 0.6 个百分点。

从 11 个分项指数来看，同上月相比，产成品库存指数和进口指数下降，降幅分别为 2.1 和 0.6 个百分点，其余各指数均不同程度上升。其中，新订单指数、积压订单指数、采购量指数、购进价格指数上升较为明显，升幅超过 1 个百分点，尤其以购进价格指数升幅最大，达到 7.5 个百分点。从指数水平来看，生产指数、新订单指数向 60% 逼近；购进价格指数超过 70%，达到 2008 年下半年以来最高点。

本月 20 个行业中，只有有色金属冶炼及压延加工业、烟草制品业、医药制造业、石油加工及炼焦业 4 个行业低于 50%，其余 16 个行业均高于 50%，其中金属制品业、电气机械及器材制造业、通用设备制造业 3 个行业超过 60%。从产品类型看，生产用制成品类企业最高，接近 60%；原材料与能源类企业最低，略高于 53%。

针对 4 月份制造业采购经理调查情况，特约分析师张立群分析认为：“4 月份 PMI 指数继续走高，主要是季节性变动特点。以往年份 PMI 指数在 3 月、4 月均呈现走高态势，原因还需要进一步分析。当前外贸出口及国内市场需求增长都还有一定的不稳定性，一定程度仍然依靠政府力量支撑，尚未进入新的可持续增长轨道。购进价格指数超过 70% 值得注意，企业生产成本压力预计将明显加大，各方面对企业发展面临的困难需高度重视。”

订单指数上升。本月新订单指数 59.3%，比上月上升 1.2 个百分点。20 个行业中，只有烟草制品业、医药制造业、有色金属冶炼及压延加工业、石油加工及炼焦业 4 个行业低于 50%，其余 16 个行业均高于 50%，其中金属制品业、电气机械及器材制造业、非金属矿物制品业、通用设备制造业、黑色金属冶炼及压延加工业等10个行业达到60%以上。

生产指数略有上升。本月生产指数59.1%，比上月上升0.7个百分点。20个行业中，只有烟草制品业、医药制造业、石油加工及炼焦业3个行业低于50%，其余17个行业均高于50%。其中以金属制品业、电气机械及器材制造业为首的9个行业达到60%以上，为首的2个行业超过70%。

进口指数略有回落，新出口订单指数持平。本月进口指数为53.1%，比上月回落0.6个百分点。20个行业中，以金属制品业、非金属矿物制品业、电气机械及器材制造业等为首的13个行业高于50%。

本月新出口订单指数为54.5%，同上月持平。20个行业中，以木材加工及家具制造业、金属制品业为首的15个行业高于50%，为首的2个行业达到60%以上。从区域来看，西部低于50%；东、中部高于50%。从产品类型来看，原材料与能源、中间品、生活消费品和生产用制成品类企业均高于50%，其中原材料与能源类企业最低，略高于50%；生产用制成品类企业最高，达到58%以上。

产成品库存指数下降。本月产成品库存指数为46.2%，比上月回落2.1个百分点。20个行业中，金属制品业、医药制造业、有色金属冶炼及压延加工业、饮料制造业、电气机械及器材制造业5个行业高于50%，农副食品加工及食品制造业、交通运输设备制造业位于50%；其余13个行业均低于50%。从产品类型来看，生活消费品类企业略高于50%，原材料与能源、中间品和生产用制成品类企业均低于50%，在39.8%～46.2%。

购进价格指数继续攀升。本月购进价格指数为72.6%，比上月上升7.5个百分点，升幅较上月扩大3.5个百分点。分行业来看，20个行业中，全部高于50%，其中以金属制品业、黑色金属冶炼及压延加工业、石油加工及炼焦业、电气机械及器材制造业、纺织业为首的13个行业高于70%，为首的5个行业达到80%以上。分产品类型来看，原材料与能源、中间品和生产用制成品类企业购进价格指数最高。

5月份

2010年5月，中国制造业采购经理指数为53.9%，比上月回落1.8个百分点。

从11个分项指数来看，同上月相比，只有产成品库存指数上升，升幅为3.6个百分点；其余各指数均不同程度回落。其中，购进价格指数回落幅度最大，达到13.7个百分点；新订单指数、积压订单指数、采购量指数、进口指数回落也较为明显，幅度达到2个百分点以上；其余指数回落不大，幅度多在1个百分点以内。

本月20个行业中，有15个行业达到50%以上，有3个行业高于60%；1个行业位于50%。从不同产品类型的企业来看，生产用制成品类企业最高，达到58%；原材料与能源、中间品和生活消费品类企业较为接近，均为略高于53%。

针对5月份制造业采购经理调查情况，特约分析师张立群分析认为："5月份PMI指数回落，与往年同期变化趋势相同，尚难确定是否为季节性变化的表现。从4月份主要经济指标变化看，中国经济增长开始由持续回升转为稳定，4月份工业增长水平有所降低。投资继续保持20%以上增长，消费稳中趋旺，出口强劲恢复。受需求因素拉动，预计未来经济将继续保持较快增长，但增长水平将略有下降。5月份PMI指数的变化也可能是经济由升转稳的预兆之一。购进价格指数较大幅度回落，预示企业成本压力将有所下降。"

新订单指数回落。本月新订单指数为54.8%，比上月回落4.5个百分点。20个行业中，以非金属矿物制品业、金属制品业、通用设备制造业、纺织业为首的13个行业高于

50%，为首的4个行业高于60%；有色金属冶炼及压延加工业、化纤制造及橡胶塑料制品业等7个行业低于50%。从产品类型来看，生产用制成品类企业最高，达到60%以上。

生产指数略有回落。本月生产指数为58.2%，比上月回落0.9个百分点。20个行业中，只有烟草制品业、医药制造业、石油加工及炼焦业3个行业低于50%，其余17个行业均高于50%。其中以非金属矿物制品业、通用设备制造业为首的6个行业达到60%以上，为首的2个行业超过70%。分产品类型来看，生产用制成品类企业最高，达到65%以上；生活消费品类企业最低，略高于55%。

进口指数和新出口订单指数均有所回落。本月进口指数为50.9%，比上月回落2.2个百分点。20个行业中，以金属制品业、通用设备制造业为首的9个行业高于50%，为首的2个行业达到60%以上。农副食品加工及食品制造业、饮料制造业、烟草制品业等11个行业低于50%。

本月新出口订单指数为53.8%，比上月回落0.7个百分点。20个行业中，以金属制品业、非金属矿物制品业为首的16个行业高于50%，为首的2个行业达到60%以上。从产品类型来看，原材料与能源类企业稍低于50%；生产用制成品类企业最高，将近60%。

产成品库存指数有所上升。本月产成品库存指数为49.8%，比上月上升3.6个百分点。分行业来看，20个行业中，黑色金属冶炼及压延加工业、化纤制造及橡胶塑料制品业等5个行业高于50%，尤其以黑色金属冶炼及压延加工业为最高，达到60%以上；另有4个行业位于50%；其余11个行业均低于50%。从产品类型来看，原材料与能源类企业高于50%；生产用制成品类企业位于50%；中间品和生活消费品类企业低于50%。

购进价格指数大幅回落。本月购进价格指数为58.9%，比上月回落13.7个百分点。分行业来看，20个行业中，化纤制造及橡胶塑料制品业、有色金属冶炼及压延加工业低于50%；烟草制品业位于50%；其余17个行业全部高于50%，其中有8个行业高于60%，1个行业高于70%。分产品类型来看，生产用制成品类企业最高，达到60%以上；原材料与能源、中间品和生活消费品类企业稍低。

6月份

2010年6月，中国制造业采购经理指数为52.1%，比上月回落1.8个百分点。

从11个分项指数来看，同上月相比，只有产成品库存指数上升，升幅为1.5个百分点；其余各指数均不同程度回落，回落幅度多在2个百分点左右。其中，购进价格指数回落幅度最大，达到7.6个百分点；进口指数和供应商配送时间指数回落幅度较小，均在1个百分点以内。

本月20个行业中，金属制品业、农副食品加工及食品制造业、纺织业等14个行业达到50%以上；化学原料及化学制品制造业、石油加工及炼焦业、有色金属冶炼及压延加工业等6个行业低于50%。从产品类型看，原材料与能源类企业低于50%；中间品、生活消费品和生产用制成品类企业高于50%。

针对6月份制造业采购经理调查情况，特约分析师张立群分析认为："PMI指数在5月份回落以后，6月份继续回落，可能预示中国经济增长率将出现平稳回调，这对提高经济增长的稳定可持续性将发挥积极作用。新出口订单指数的回落，可能预示外贸出口增长率将出现回调；购进价格指数下降，则可能预示企业成本压力减轻。综合看，中国经济增长正处于由升转稳的关键时期，经济新一轮可持续增长的基础正在形成之中，但还需大力巩固。"

新订单指数回落。本月新订单指数为52.1%，比上月回落2.7个百分点。20个行业中，以纺织业、烟草制品业、金属制品业为首的14个行业高于50%，为首的3个行业高于

60%；化学原料及化学制品制造业、石油加工及炼焦业、有色金属冶炼及压延加工业等6个行业低于50%。从产品类型来看，原材料与能源类企业低于50%，为42.2%；中间品、生活消费品和生产用制成品类企业均高于50%，在51.9%~57.3%。

生产指数回落。本月生产指数为55.8%，比上月回落2.4个百分点。20个行业中，石油加工及炼焦业、黑色金属冶炼及压延加工业、有色金属冶炼及压延加工业等5个行业低于50%，其余15个行业高于50%。其中农副食品加工及食品制造业、金属制品业、服装鞋帽制造及皮毛羽绒制品业等9个行业达到60%以上。分产品类型来看，原材料与能源类企业低于50%，为46.2%；其余三种产品类型企业均高于50%，其中生产用制成品类企业最高，达到60%以上。

新出口订单指数回落。本月新出口订单指数为51.7%，比上月回落2.1个百分点。20个行业中，以金属制品业、石油加工及炼焦业为首的15个行业高于50%，为首的2个行业达到60%以上。黑色金属冶炼及压延加工业、有色金属冶炼及压延加工业等5个行业低于50%。从区域来看，东部高于50%；中、西部均低于50%。从产品类型来看，原材料与能源类企业稍低于50%；中间品、生活消费品和生产用制成品类企业均高于50%。

进口指数回落幅度较小。本月进口指数为50.4%，比上月回落0.5个百分点。20个行业中，以金属制品业、通信设备计算机及其他电子设备制造业为首的11个行业高于50%，为首的2个行业达到60%以上。化学原料及化学制品制造业、服装鞋帽制造及皮毛羽绒制品业、专用设备制造业等9个行业低于50%。

产成品库存指数上升。本月产成品库存指数为51.3%，比上月上升1.5个百分点。分行业来看，20个行业中，以黑色金属冶炼及压延加工业、饮料制造业为首的10个行业高于50%，为首的两个行业达到60%以上。交通运输设备制造业、化学原料及化学制品制造业、化纤制造及橡胶塑料制品业等10个行业低于50%。从产品类型来看，原材料与能源、生活消费品类企业高于50%；中间品类企业低于50%；生产用制成品类企业位于50%。

购进价格指数继续回落。本月购进价格指数为51.3%，比上月回落7.6个百分点。分行业来看，20个行业中，交通运输设备制造业、有色金属冶炼及压延加工业、电气机械及器材制造业等8个行业低于50%；纺织业、木材加工及家具制造业、医药制造业等12个行业高于50%，尤其以纺织业为最高，达到76.6%。分产品类型来看，生活消费品和生产用制成品类企业高于50%，分别为54.7%和52.4%；原材料与能源、中间品类企业低于50%，分别为46.8%和48.5%。

7月份

2010年7月，中国制造业采购经理指数为51.2%，比上月回落0.9个百分点。从11个分项指数来看，仍然延续回落势头，但回落幅度有所缩小。同上月相比，只有从业人员指数上升，升幅为1.6个百分点；其余各指数均不同程度回落，但回落幅度不大，多在1个百分点左右。其中，生产指数回落幅度较大，达到3.1个百分点。

本月20个行业中，金属制品业、电气机械及器材制造业、通用设备制造业等行业达到50%以上；饮料制造业位于50%；有色金属冶炼及压延加工业、化纤制造及橡胶塑料制品业、黑色金属冶炼及压延加工业等行业低于50%。从产品类型看，原材料与能源类企业低于50%；中间品、生活消费品和生产用制成品类企业高于50%，在51.1%~54.4%。

针对7月份制造业采购经理调查情况，特约分析师张立群分析认为："7月份PMI指数继续回落，预示经济增长回调态势还在发展中；新出口订单指数继续回落，预示外贸出口增幅开始回调。从相关因素分析，当前投资与出口增长的基础都还不够稳固，增速存在较大下降可能。由于国内外市场环境已较上年同期有明显好转，政策的回旋余地明显加大，预计投资增幅不会出现大幅下降，出口不会再出现负增长。在这些因素支持下，未来经济增速将渐趋稳定，全年经济增长率可以保持在9.5%左右。”

新订单指数回落幅度缩小。本月新订单指数为50.9%，比上月回落1.2个百分点，降幅较上月缩小1.5个百分点。20个行业中，石油加工及炼焦业、农副食品加工及食品制造业、电气机械及器材制造业等行业高于50%；有色金属冶炼及压延加工业、化纤制造及橡胶塑料制品业、黑色金属冶炼及压延加工业等行业低于50%。

生产指数回落幅度扩大。本月生产指数为52.7%，比上月回落3.1个百分点，降幅比上月扩大0.7个百分点。20个行业中，以服装鞋帽制造及皮毛羽绒制品业、金属制品业等达到50%以上；化学原料及化学制品制造业、医药制造业、饮料制造业等行业低于50%。分产品类型来看，原材料与能源类企业低于50%，为49.0%；其余三种产品类型企业均高于50%，其中生产用制成品类企业最高，达到57.1%。

新出口订单指数略微回落。本月新出口订单指数为51.2%，比上月回落0.5个百分点。20个行业中，金属制品业、造纸印刷及文教体育用品制造业等行业高于50%，电气机械及器材制造业、黑色金属冶炼及压延加工业等行业低于50%。从产品类型来看，原材料与能源类企业低于50%，为46.7%；中间品、生活消费品和生产用制成品类企业均高于50%，在50.9%~52.7%，其中生产用制成品类企业最高为52.7%。

产成品库存指数有所下降。本月产成品库存指数为49.9%，比上月回落1.4个百分点。分行业来看，20个行业中，化纤制造及橡胶塑料制品业、通用设备制造业、黑色金属冶炼及压延加工业等行业高于50%。农副食品加工及食品制造业、有色金属冶炼及压延加工业、金属制品业位于50%。交通运输设备制造业、化学原料及化学制品制造业、饮料制造业等行业低于50%。从产品类型来看，中间品和生产用制成品类企业高于50%，分别为50.7%和53.4%；原材料与能源、生活消费品类企业低于50%，分别为49.7%和48.2%。

购进价格指数小幅回落。本月购进价格指数为50.4%，比上月回落0.9个百分点。分行业来看，20个行业中，纺织业、农副食品加工及食品制造业、医药制造业等行业高于50%；化学原料及化学制品制造业、烟草制品业、通用设备制造业等行业低于50%。分产品类型来看，中间品和生活消费品类企业高于50%，分别为52.6%和52.9%；原材料与能源和生产用制成品类企业低于50%，分别为42.9%和46.4%。

8月份

2010年8月，中国制造业采购经理指数为51.7%，比上月上升0.5个百分点。从11个分项指数来看，呈现平稳略升基本态势。同上月相比，生产指数、新订单指数、新出口订单指数、积压订单指数、购进价格指数、供应商配送时间指数有所上升，其中新订单指数、新出口订单指数、积压订单指数、购进价格指数升幅超过1个百分点，尤其以购进价格指数升幅最大，达到10.1个百分点。产成品库存指数、采购量指数、进口指数、原材料库存指数、从业人员指数回落，其中产成品库存指数回落幅度为3.0个百分点，其余指数回落幅度均在1个百分点以内。

本月20个行业中，金属制品业、石油加工及炼焦业、通信设备计算机及其他电子设备制造业等行业达到50%以上；非金属矿物制品业、交通运输设备制造业、化纤制造及橡胶塑料制品业、纺织业等行业低于50%。分区域来看，东、中、西部均高于50%，在50.3%~52.6%。从产品类型看，原材料与能源、生活消费品和生产用制成品类企业高于50%，中间品类企业略低于50%。

针对8月份制造业采购经理调查情况，特约分析师张立群分析认为："8月份PMI指数的小幅回升预示中国经济不会出现深度回调。二季度以来中国经济增长率出现回落，市场对中国经济未来走势产生了普遍担心。从支持经济增长的需求因素看，今年以来外贸出口强劲恢复，消费增长大体平稳，投资增速有所回落，但增长水平仍然在20%以上，受这些因素支持，中国经济增长未来不会大幅度回落。8月份PMI指数变化支持这一判断。需要关注购进价格指数的大幅提高，可能对企业成本形成较大压力。"

新订单指数回升。本月新订单指数为53.1%，比上月上升2.2个百分点。20个行业中，农副食品加工及食品制造业、石油加工及炼焦业、专用设备制造业、饮料制造业、烟草制品业等行业高于50%；交通运输设备制造业、医药制造业、木材加工及家具制造业、化纤制造及橡胶塑料制品业、纺织业低于50%。

生产指数平稳略升。本月生产指数为53.1%，比上月上升0.4个百分点。20个行业中，饮料制造业、金属制品业、石油加工及炼焦业等行业达到50%以上；非金属矿物制品业、通用设备制造业、化纤制造及橡胶塑料制品业等行业低于50%。

新出口订单指数回升。本月新出口订单指数为52.2%，比上月上升1.0个百分点。20个行业中，金属制品业、专用设备制造业、烟草制品业、木材加工及家具制造业等行业高于50%。化纤制造及橡胶塑料制品业、黑色金属冶炼及压延加工业、有色金属冶炼及压延加工业行业低于50%。

产成品库存指数继续下降，降幅扩大。本月产成品库存指数为46.9%，比上月回落3.0个百分点。分行业来看，20个行业中，石油加工及炼焦业、化纤制造及橡胶塑料制品业、有色金属冶炼及压延加工业等行业高于50%；烟草制品业、木材加工及家具制造业、通用设备制造业位于50%；通信设备计算机及其他电子设备制造业、金属制品业等行业均低于50%。

购进价格指数大幅反弹。本月购进价格指数为60.5%，比上月上升10.1个百分点。分行业来看，20个行业中，只有石油加工及炼焦业低于50%，其余行业均高于50%，其中有11个行业达到60%以上。分产品类型来看，中间品和生活消费品类企业均达到60%以上；原材料与能源和生产用制成品类企业稍低，分别为59.1%和57.2%。

9月份

2010年9月，中国制造业采购经理指数为53.8%，比上月上升2.1个百分点。

从11个分项指数来看，呈现普遍上升态势。同上月相比，只有产成品库存指数和供应商配送时间指数下降，降幅分别为1.9和0.3个百分点，其余各指数均不同程度上升。生产指数、新订单指数、采购量指数、进口指数、购进价格指数上升较为明显，升幅超过4个百分点，尤其以购进价格指数升幅最大，达到4.8个百分点。该指数经过最近两月连续上升，本月再次达到65%以上。

本月20个行业中，只有纺织业、金属制品业、石油加工及炼焦业、木材加工及家具制造业低于50%，其余行业均高于50%。从产品类型来看，原材料与能源类企业位于50%；中间品、生活消费品和生产用制成品类企业高于50%，在52.1%~55.8%。

针对9月份制造业采购经理调查情况，特约分析师张立群分析认为："在8月份小幅回升基础上，9月份PMI指数继续回升，预示经济增长高位回调过程已基本趋稳。基于PMI的变化趋势，考虑到目前消费、投资、出口继续保持较高增速，尽管有基数变化影响，但保持较快增长态势仍可基本确立，预计未来经济增长率回调幅度将不会很大。经济将由政策刺激的冲高转为市场力量支持的平稳增长。当然市场引导的出口、投资、消费增长的基础还需要进一步巩固。”

新订单指数继续上升。本月新订单指数为56.3%，比上月上升3.2个百分点。分行业来看，20个行业中，只有纺织业、金属制品业、石油加工及炼焦业、木材加工及家具制造业低于50%，其余行业均高于50%，其中农副食品加工及食品制造业、交通运输设备制造业、通用设备制造业、化纤制造及橡胶塑料制品业等行业达到60%以上。从产品类型来看，原材料与能源、中间品、生活消费品和生产用制成品类企业均高于50%，生活消费品类企业最高，接近60%。

生产指数继续上升。本月生产指数为56.4%，比上月上升3.3个百分点。20个行业中，造纸印刷及文教体育用品制造业、金属制品业、纺织业等行业低于50%；烟草制品业、专用设备制造业、农副食品加工及食品制造业等行业高于50%。分产品类型来看，原材料与能源类企业低于50%；中间品、生活消费品和生产用制成品类企业均高于50%，尤其以生产用制成品类企业为最高，达到60%以上。

进口指数上升，新出口订单指数基本平稳。本月进口指数为52.9%，比上月上升4.5个百分点。20个行业中，黑色金属冶炼及压延加工业、服装鞋帽制造及皮毛羽绒制品业、金属制品业、木材加工及家具制造业等行业低于50%，专用设备制造业、有色金属冶炼及压延加工业等行业高于50%。分产品类型来看，原材料与能源、中间品、生活消费品和生产用制成品类企业均高于50%。

本月新出口订单指数为52.8%，比上月略升0.6个百分点。20个行业中，饮料制造业、交通运输设备制造业、通信设备计算机及其他电子设备制造业等行业高于50%，尤其以饮料制造业为最高，达到60%以上。石油加工及炼焦业、非金属矿物制品业、金属制品业等行业低于50%。从产品类型来看，原材料与能源类企业低于50%；中间品、生活消费品和生产用制成品类企业均高于50%，其中生活消费品类企业最高，达到55%以上。

产成品库存指数继续下降。本月产成品库存指数为45.0%，比上月下降1.9个百分点。分行业来看，20个行业中，服装鞋帽制造及皮毛羽绒制品业、烟草制品业、木材加工及家具制造业、专用设备制造业高于50%；通用设备制造业位于50%；通信设备计算机及其他电子设备制造业、饮料制造业、有色金属冶炼及压延加工业等行业低于50%。

购进价格指数攀升。本月购进价格指数为65.3%，比上月上升4.8个百分点。分行业来看，20个行业全部高于50%，其中以纺织业、农副食品加工及食品制造业、通用设备制造业、化纤制造及橡胶塑料制品业等行业为最高，达到70%以上。分产品类型来看，原材料与能源、中间品、生活消费品和生产用制成品类企业均高于60%，其中中间品类企业最高，达到70%以上。

10月份

2010年10月，中国制造业采购经理指数为54.7%，比上月上升0.9个百分点。从各分项指数来看，总体呈现平稳增长态势。同上月相比，新订单指数、生产指数、采购量指数、原材料库存、产成品库存和购进价格呈现上升。其中以购进价格指数升幅最大，达到4.6个百分点。该指数已连续三个月呈现升势，并均超过60%。进口指数、新出口订单指数、积压订单指数、从业人员指数呈小幅回落。

本月20个行业中，烟草制造业、饮料制造业、造纸印刷及文教体育用品制造业等行业低于50%。石油加工及炼焦业、交通运输设备制造业和服装鞋帽制造及皮毛羽绒制品业等行业高于50%。从产品类型看，生产用制成品类企业最高，为 56.5%；原材料与能源类企业、中间品、生活消费品相差不大，在 54.3% ~54.5%。

针对 10 月份制造业采购经理调查情况，特约分析师张立群分析认为："10 月份 PMI 指数继续上升，表明经济高位回稳的态势可能进一步明显。同时应该注意到，三季度投资、出口增速均有所回落，可能导致未来经济增长率继续回落。购进价格指数较大攀升，则意味企业成本压力加大。对未来经济走势还需密切关注，不宜过于乐观。"

新订单指数升势良好。本月新订单指数为 58.2%，比上月上升 1.9 个百分点。20 个行业中，烟草制品业、饮料制造业、造纸印刷及文教体育用品制造业等行业低于 50%。医药制造业、化学原料及化学制品制造业、通用设备制造业等行业高于 50%，其中石油加工及炼焦业、医药制造业、服装鞋帽制造及皮毛羽绒制品业等行业达到 60% 以上。从产品类型来看，原材料与能源、中间品、生活消费品和生产用制成品类企业均高于 50%。其中，原材料与能源类企业最高，达到 59.4%。

生产指数继续上升。本月生产指数为 57.1%，比上月上升 0.7 个百分点。20 个行业中，烟草制品业、饮料制造业、造纸印刷及文教体育用品制造业、金属制品业和有色金属冶炼及压延加工业等行业低于 50%。通信设备计算机及其他电子设备制造业、专用设备制造业、农副食品加工及食品制造业等行业高于 50%，分产品类型来看，原材料与能源类企业、中间品、生活消费品和生产用制成品类企业均高于 50%。其中生产用制成品类企业最高，为 60.1%。

进口指数、新出口订单指数小幅回落。本月进口指数为 52.8%，比上月下降 0.1 个百分点。20 个行业中，通信设备计算机及其他电子设备制造业、电气机械及器材制造业和纺织业、金属制品业等行业低于 50%。交通运输设备制造业行业、均高于 50%，分产品类型来看，原材料与能源、中间品和生活消费品高于 50%；生产用制成品类企业低于 50%。

本月新出口订单指数为 52.6%，比上月下降 0.2 个百分点。20 个行业中，石油加工及炼焦业、交通运输设备制造业、有色金属冶炼及压延加工业、通用设备制造业等行业高于 50%。金属制品业、黑色金属冶炼及压延加工业、纺织业等行业低于 50%。从产品类型来看，原材料与能源类企业低于 50%；中间品、生活消费品和生产用制成品类企业在 52.4% ~53.7%。

产成品库存指数有所上升。本月产成品库存指数为 45.7%，比上月上升 0.7 个百分点。分行业来看，20 个行业中，饮料制造业、农副食品加工及食品制造业、电气机械及器材制造业等行业高于 50%；交通运输设备制造业、服装鞋帽制造及皮毛羽绒制品业、造纸印刷及文教体育用品制造业和专用设备制造业等行业低于 50%。从产品类型来看，生产用制成品类企业高于 50%；原材料与能源、中间品和生活消费品低于 50%。

购进价格指数攀升幅度最大。本月购进价格指数为 69.9%，比上月上升 4.6 个百分点。分行业来看，20 个行业全部高于 50%，其中化纤制造及橡胶塑料制品业、纺织业、化学原料及化学制品制造业、有色金属冶炼及压延加工业、非金属矿物制品业等 10 个行业达到 70% 以上。分产品类型来看，原材料与能源、中间品、生活消费品和生产用制成品类企业均高于 60%，其中原材料与能源和中间品类企业最高达到 70% 以上。

11 月份

2010 年 11 月，中国制造业采购经理指数为 55.2%，比上月上升 0.5 个百分点。各分项指数大多呈现稳中略升基本态势。同上月相比，只有采购量指数、进口指数、从业人员指数、供应商配送时间指数下降，其余各指数不同程度上升，其中生产指数、产成品库存指数、购进价格指数上升幅度较大，超过1个百分点，尤其以购进价格指数升幅最大，达到3.6个百分点。在下降的4个指数中，进口指数下降2.2个百分点，其余3个指数降幅较低，均在1个百分点以内。

本月20个行业中，只有造纸印刷及文教体育用品制造业、纺织业、石油加工及炼焦业、饮料制造业行业低于50%，其余行业均在50%以上，其中电气机械及器材制造业、服装鞋帽制造及皮毛羽绒制品业、交通运输设备制造业等行业高于60%。从产品类型看，原材料与能源类企业位于50%；中间品、生活消费品和生产用制成品类企业高于50%，在53.8%~58.3%。

针对11月份制造业采购经理调查情况，特约分析师张立群分析认为："11月份PMI指数继续提高，预示经济景气度提高。与今年以来投资、出口、消费较高增幅是一致的。同时需注意工业增长率、GDP增长率持续回调，这些指标变化与近几个月来的PMI指数走势则不同。未来出口和投资、消费增幅均有回调可能，受其影响，经济增速回调预计还将持续一段时间。综合来看，当前经济形势比较复杂，未来走势存在较大不确定性。"

新订单指数基本平稳。本月新订单指数为58.3%，比上月微升0.1个百分点。20个行业中，只有造纸印刷及文教体育用品制造业、石油加工及炼焦业、纺织业、饮料制造业低于50%，其余行业均高于50%，其中尤以烟草制品业、服装鞋帽制造及皮毛羽绒制品业为最高，达到70%以上。从产品类型来看，原材料与能源、中间品、生活消费品和生产用制成品类企业均高于50%。其中，生活消费品和生产用制成品类企业较高，达到60%以上；原材料与能源类企业较低，为51.7%。

生产指数继续上升。本月生产指数为58.5%，比上月上升1.4个百分点。20个行业中，造纸印刷及文教体育用品制造业、黑色金属冶炼及压延加工业、石油加工及炼焦业、饮料制造业低于50%；其余行业高于50%，其中尤以烟草制品业、电气机械及器材制造业、交通运输设备制造业、服装鞋帽制造及皮毛羽绒制品业为最高，达到70%以上。分产品类型来看，原材料与能源类企业低于50%；中间品、生活消费品和生产用制成品类企业均高于50%，其中生活消费品和生产用制成品类企业达到60%以上。

进口指数回落、新出口订单指数小幅上升。本月进口指数为50.6%，比上月回落2.2个百分点。20个行业中，服装鞋帽制造及皮毛羽绒制品业、电气机械及器材制造业、农副食品加工及食品制造业、交通运输设备制造业等行业高于50%；木材加工及家具制造业、化学原料及化学制品制造业、化纤制造及橡胶塑料制品业等行业低于50%。分产品类型来看，原材料与能源和中间品类企业低于50%，生活消费品和生产用制成品类企业高于50%。

本月新出口订单指数为53.2%，比上月略升0.6个百分点。20个行业中，以电气机械及器材制造业、烟草制品业、服装鞋帽制造及皮毛羽绒制品业、金属制品业、交通运输设备制造业为首的11个行业高于50%，为首的行业达到60%以上。纺织业、非金属矿物制品业、有色金属冶炼及压延加工业等行业低于50%。从产品类型来看，原材料与能源类企业低于50%；中间品、生活消费品和生产用制成品类企业均高于50%，其中生产用制成品类企业最高，达到58.6%。

产成品库存指数上升，但仍处在50%以下。本月产成品库存指数为47.7%，比上月上升2.0个百分点。分行业来看，20个行业中，电气机械及器材制造业、农副食品加工及食品制造业、通用设备制造业等行业高于50%；饮料制造业、石油加工及炼焦业位于50%；通信设备计算机及其他电子设备制造业、化学原料及化学制品制造业、木材加工及家具制造业等行业低于50%。从产品类型来看，生产用制成品类企业略高于50%；原材料与能源、中间品和生活消费品类企业均低于50%。

购进价格指数继续攀升。本月购进价格指数为73.5%，比上月上升3.6个百分点。分行业来看，20个行业全部高于50%，其中有15个行业高于70%，尤其以化纤制造及橡胶塑料制品业、木材加工及家具制造业、石油加工及炼焦业、化学原料及化学制品制造业、有色金属冶炼及压延加工业为最高，达到80%以上。分产品类型来看，原材料与能源、中间品、生活消费品和生产用制成品类企业普遍较高，只有生活消费品类企业略低于70%，其余三种产品类型企业均达到70%以上。

12月份

2010年12月，中国制造业采购经理指数为53.9%，比上月回落1.3个百分点。各分项指数走势大多数呈下降趋势。同上月相比，新出口订单指数、积压订单指数、产成品库存指数、原材料库存指数、供应商配送时间指数呈上升趋势，但升幅较小，多在1个百分点以内；其余各指数均有所下降。其中新订单指数、购进价格指数降幅较大，分别为2.9和6.8个百分点。

本月20个行业中，以交通运输设备制造业、电气机械及器材制造业、金属制品业、饮料制造业为首的14个行业高于50%，为首的4个行业达到60%以上；化纤制造及橡胶塑料制品业、纺织业、化学原料及化学制品制造业等行业低于50%。从产品类型看，原材料与能源类企业低于50%；中间品、生活消费品和生产用制成品类企业高于50%。

针对12月份制造业采购经理调查情况，特约分析师张立群分析认为：“12月份PMI指数较上月降低1.3个百分点，其中新订单指数下降比较明显，值得关注。11月份工业增加值增长率较上月略有提高，出口和投资增长率明显提高，从这些情况看，未来经济下行趋势不会很明显。”

新订单指数回落。本月新订单指数为55.4%，比上月回落2.9个百分点。20个行业中，有14个行业高于50%，其中金属制品业、饮料制造业、交通运输设备制造业等行业达到60%以上。化学原料及化学制品制造业、石油加工及炼焦业、化纤制造及橡胶塑料制品业、非金属矿物制品业等行业低于50%。从区域来看，中部较高，达到60%以上。从产品类型来看，原材料与能源类企业低于50%，为46.5%；中间品、生活消费品和生产用制成品类企业高于50%。

生产指数有所回落。本月生产指数为57.5%，比上月回落1.0个百分点。20个行业中，化学原料及化学制品制造业、化纤制造及橡胶塑料制品业、非金属矿物制品业、石油加工及炼焦业、烟草制品业低于50%；其余行业高于50%，其中以交通运输设备制造业为首的8个行业达到60%以上，为首的行业高过70%。分区域来看，中部最高，达到60%以上。分产品类型来看，原材料与能源类企业低于50%；中间品、生活消费品和生产用制成品类企业均高于50%，其中生活消费品和生产用制成品类企业达到60%以上。

进口订单指数基本平稳，新出口订单指数稳中略升。本月进口指数为50.4%，比上月回落0.2个百分点。20个行业中，服装鞋帽制造及皮毛羽绒制品业、电气机械及器材制造业、有色金属冶炼及压延加工业等行业高于50%；饮料制造业、纺织业、木材加工及家具制造业等行业低于50%。

本月新出口订单指数为53.5%，比上月略升0.3个百分点。20个行业中，电气机械及器材制造业、饮料制造业、服装鞋帽制造及皮毛羽绒制品业、金属制品业等行业高于50%。通信设备计算机及其他电子设备制造业、化纤制造及橡胶塑料制品业等行业低于50%。从产品类型来看，原材料与能源类企业低于50%；中间品、生活消费品和生产用制成品类企业均高于50%，其中生产用制成品类企业最高，达到60%以上。

从业人员指数有所回落。本月从业人员指数为51.5%，比上月回落0.5个百分点。20个行业中，交通运输设备制造业、电气机械及器材制造业、专用设备制造业、农副食品加工及食品制造业、化纤制造及橡胶塑料制品业等行业高于50%；饮料制造业、烟草制品业、石油加工及炼焦业等行业低于50%。

购进价格指数回落显著。本月购进价格指数为66.7%，比上月回落6.8个百分点。分行业来看，20个行业中，有19个行业高于50%，其中以黑色金属冶炼及压延加工业为首的6个行业达到70%以上，为首的行业高于80%。分产品类型来看，原材料与能源、中间品、生活消费品和生产用制成品类企业普遍较高，均高于60%，尤其以原材料与能源类企业为最高，达到70%以上。

2010年中国制造业PMI走势如下图所示。

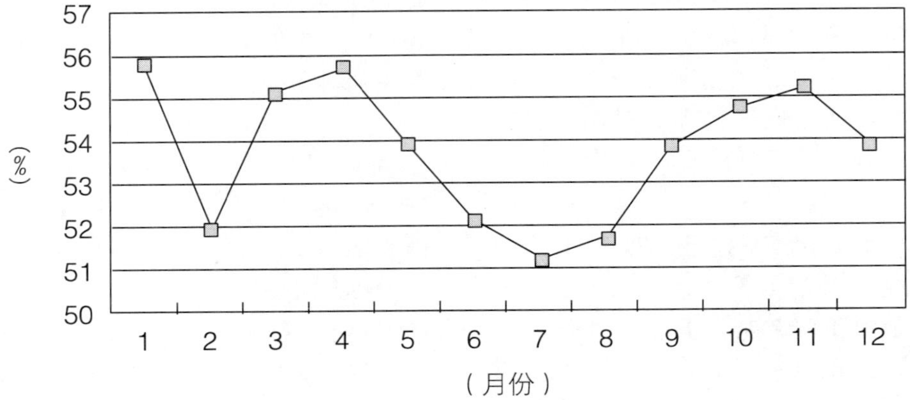

2010年制造业PMI走势

（中国物流与采购联合会）

2010年1~12月中国非制造业采购经理指数

1月份

2010年1月中国非制造业商务活动指数为55.1%，比上月回落2.4个百分点。在本月的各单项指数中，积压订单指数、存货指数和业务活动预期指数的环比有所回升，其余大部分指数均有不同程度的回落。

中国物流与采购联合会副会长蔡进认为：本月份非制造业PMI环比有所回落。其主因是由于节日因素以及前期房地产交易的过度透支，致使建筑业和房地产业增势减弱，拉动指数出现回调。本月零售、餐饮和运输等消费服务市场虽依然保持活跃，但对经济增长的贡献度仍显偏弱。随着春节来临，部分服务业将会出现较明显的回升趋势，从全年来看服务业的增长力度将会趋稳。

（1）新订单指数小幅回调。本月新订单指数为52.6%，比上月回落0.8个百分点。分行业来看，消费性服务业最高，为55.4%；生产性服务业次之，为52.9%；建筑业最低，为43.9%。20个行业中，零售业、铁路运输业、邮政业、航空运输业和道路运输业等行业高于50%；本月位于50%的行业为居民服务业；房地产业、计算机服务及软件业、建筑装饰业和房屋及土木工程建筑业等行业低于50%。

（2）新出口订单指数环比回落。本月新出口订单指数为48.3%，比上月回落1.1个百分点。分行业来看，建筑业最高，达到51.0%；其次是生产性服务业，为47.8%；消费性服务业最低，为47.1%。20个行业中，环境及公共设施管理业、铁路运输业和水上运输业等行业高于50%；建筑安装业、道路运输业、计算机服务及软件业和居民服务业和其他服务业位于50%；建筑装饰业、住宿业、邮政业和租赁及商务服务业等行业低于50%。

（3）收费价格指数有所下降。本月收费价格指数为51.1%，比上月回落1.1个百分点。分行业来看，消费性服务业的收费价格指数最高，为51.9%；建筑业次之，为51.2%；生产性服务业最低，为49.5%。20个行业中，批发业、零售业、房地产业、建筑装饰业和环境及公共设施管理业等行业的收费价格指数高于50%；建筑安装业、水上运输业、管道与其他运输及仓储业和邮政业等行业位于50%；电信及其他信息传输服务业、居民服务业、餐饮业和其他服务业低于50%。

（4）业务活动预期指数大幅度回升。本月业务活动预期指数为68.1%，比上月回升2.4个百分点，是本月回升幅度最大的指数。分行业来看，生产性服务业最高，为69.4%；消费性服务业次之，为67.9%；建筑业最低，为

67.6%。20个行业中，航空运输业、零售业、铁路运输业、电信及其他信息传输服务业、上运输业和道路运输业等行业高于50%；建筑安装业位于50%；其他服务业低于50%。

2月份

2010年2月中国非制造业商务活动指数为6.4%，比上月回落8.7个百分点。本月在中国非制造业PMI各单项指数中，只有收费价格指数环比有所回升，其余指数均出现不同程度的回落。

中国物流与采购联合会副会长蔡进认为：本月非制造业PMI环比呈现较大幅度回落，凸显季节因素对经济的影响。其中，航空运输、铁路运输、零售及餐饮等行业增势较强，但建筑业和生产性服务业受节日因素影响回调明显，房地产业也已连续两个月呈现下降态势。相关数据表明，服务业经济仍停留在原有的需求动力上，未来服务业的内部结构和空间布局有待进一步优化和提升。

（1）新订单指数回调明显。本月新订单指数为46.2%，比上月回落6.4个百分点。分行业来看，消费性服务业最高，为51.2%；生产性服务业次之，为44.7%；建筑业最低，为34.4%。20个行业中，环境及公共设施管理业、航空运输业、零售业和道路运输业等行业高于50%；电信及其他信息传输服务业位于50%；建筑安装业、批发业、计算机服务及软件业、房地产业和房屋及土木工程建筑业等行业低于50%。

（2）新出口订单指数小幅回落。本月新出口订单指数为46.2%，比上月小幅回落2.1个百分点。分行业来看，建筑业最高，达到46.7%；其次是消费性服务业，为46.6%；生产性服务业最低，为45.7%。20个行业中，环境及公共设施管理业、建筑安装业和航空运输业等行业高于50%；建筑装饰业、道路运输业、居民服务业和其他服务业4个行业位于50%；住宿业、批发业、餐饮业、计算机服务及软件业和管道与其他运输及仓储业等行业低于50%。

（3）收费价格指数小幅上升。本月收费价格指数为52.3%，比上月上升1.2个百分点。分行业来看，消费性服务业的收费价格指数最高，为53.6%；生产性服务业次之，为51.8%；建筑业最低，为49.5%。在20个行业中，航空运输业、租赁及商务服务业、道路运输业和环境及公共设施管理业等行业的收费价格指数高于50%；建筑安装业、建筑装饰业和铁路运输业等行业位于50%；居民服务业、电信及其他信息传输服务业和计算机服务及软件业等行业低于50%。

（4）业务活动预期指数仍维持高位运行。本月业务活动预期指数为68.0%，比上月回落0.1个百分点。分行业来看，建筑业和生产性服务业较为接近，分别为72.2%和72.1%；消费性服务业最低为63.9%；在20个行业中，计算机服务及软件业、批发业、航空运输业、房屋及土木工程建筑业、环境及公共设施管理业等全部20个行业的业务活动预期指数均高于50%，其中有17个行业高于60%。

3月份

2010年3月，中国非制造业商务活动指数为58.4%，比上月回升12个百分点。本月在中国非制造业PMI各单项指数中，只有存货指数和收费价格指数环比小幅回落，其余指数均出现不同程度的回升。

中国物流与采购联合会副会长蔡进认为：本月非制造业PMI呈现较大上升，凸显市场供应和需求较前期更活跃。新订单指数和出口订单指数回升较快，表明节后服务业市场增长具有很好的需求基础。投入价格和收费价格趋于稳定，对通胀预期会有一定的抑制作用。服务业经营趋于活跃预期向好，有利于启动民间资本，推动国民经济健康协调发展。

（1）新订单指数涨幅明显。本月新订单指数为54.6%，比上月回升8.4个百分点。分行业来看，建筑业最高，为64.4%；生产性服务业次之，为61.2%；消费性服务业最低，为47.0%。在20个行业中，房屋及土木工程建筑业、住宿业、电信及其他信息传输服务业、建筑装饰业和计算机服务及软件业等行业高于50%；环境及公共设施管理业位于50%；道路运输业、铁路运输业、餐饮业和零售业等行业低于50%。

（2）新出口订单指数初现回升。本月新出口订单指数为52.3%，比上月回升6.1个百分点。分行业来看，建筑业最高，达到61.3%；其次是生产性服务业，为51.2%；消费性服务业最低，为50.3%。在20个行业中，水上运输业、住宿业、建筑装饰业和房屋及土木工程建筑业等行业高于50%；建筑装饰业、管道与其他运输及仓储业和电信及其他信息传输服务业等行业位于50%；铁路运输业、环境及公共设施管理业、道路运输业、房地产业、计算机服务及软件业和邮政业等行业低于50%。

（3）收费价格指数小幅回调。本月收费价格指数为52.1%，比上月回落0.2个百分点。分行业来看，生产性服务业的收费价格指数最高，为53.2%；建筑业次之，为52.9%；消费性服务业最低，为51.1%。在20个行业中，水上运输业、批发业、住宿业、航空运输业和房屋及土木工程建筑业行业的收费价格指数高于50%；建筑装饰业、铁路运输业、管道与其他运输及仓储业和邮政业等行业位于50%；电信及其他信息传输服务业、道路运输业和其他服务业3个行业低于50%。

（4）业务活动预期指数仍维持高位。本月业务活动预期指数为70.4%，比上月回升2.4个百分点。分行业来看，建筑业最高为81.0%；生产性服务业次之，为73.4%；消费性服务业最低为64.9%。20个行业中，房屋及土木工程建筑业、建筑装饰业、管道与其他运输及仓储业、计算机服务及软件业、电信及其他信息传输服务业和建筑安装业等全部20个行业的业务活动预期指数均高于50%，其中有18个行业高于60%。

4月份

2010年4月，中国非制造业商务活动指数为63.0%，比上月上升4.6个百分点。在本月的中国非制造业PMI各单项指数中，除供应商配送时间指数出现小幅回落外，其余主要指数均出现不同程度的上升。

中国物流与采购联合会副会长蔡进认为：本月非制造业PMI回升明显，折射出整体经济的景气度在趋升。商务活动指数升至较高区间，表明当前市场经营活动趋于旺盛。特别是季节转暖后，房屋和土木工程建筑业以及建筑装饰业景气回升比较突出。房地产业仍保持55%以上的景气水平。本月非制造业投入价格指数升幅明显，企业成本压力继续增大，促使通胀预期继续向消费领域传导。

（1）新订单指数提升明显。本月新订单指数为58.7%，比上月上升4.1个百分点。分行业来看，建筑业最高，为69.8%；生产性服务业次之，为60.9%；消费性服务业最低，为53.5%。20个行业中，房屋及土木工程建筑业、建筑装饰业、航空运输业、住宿业、租赁及商务服务业和水上运输业等行业高于50%；本月低于50%的行业分别为居民服务业和道路运输业。

（2）新出口订单指数延续回升态势。本月新出口订单指数为57.9%，比上月上升5.6个百分点。分行业来看，建筑业最高，达到59.1%；其次是生产性服务业，为58.6%；消费性服务业最低，为56.7%。20个行业中，住宿业、房屋及土木工程建筑业、水上运输业、其他服务业、计算机服务及软件业、租赁及商务服务业和航空运输业等行业高于50%；零售业、房地产业和居民服务业3个行业位于50%；建筑装饰业、建筑安装业和道路运输业3个行业低于50%。

（3）中间投入价格指数涨幅最大。本月中

间投入价格指数为64.0%，环比上升个6.1百分点。分行业来看，建筑业最高，为72.9%；生产性服务业次之，为63.5%；消费性服务业最低，为61.3%。20个行业中，房屋及土木工程建筑业、建筑安装业、管道与其他运输及仓储业、道路运输业、建筑装饰业、航空运输业、水上运输业、计算机服务及软件业、餐饮业、邮政业、批发业和铁路运输业等20个行业全部高于50%。

（4）业务活动预期指数高位运行。本月业务活动预期指数为71.2%，比上月上升0.8个百分点。分行业来看，建筑业最高为78.1%；生产性服务业次之，为73.0%；消费性服务业最低为67.7%。20个行业中，航空运输业、房屋及土木工程建筑业、水上运输业、零售业、计算机服务及软件业等全部20个行业的业务活动预期指数均高于50%，其中有17个行业高于60%。

5月份

2010年5月，中国非制造业商务活动指数为62.7%，比上月下降0.3个百分点。由于非制造业没有综合指数，通常以商务活动状况指数来反映非制造业经济的总体变化。本月在中国非制造业PMI各单项指数中，除存货指数出现小幅上升外，其余主要指数均出现不同程度的回落。

中国物流与采购联合会副会长蔡进认为：本月份非制造业PMI继续保持在高位。特别是零售业和房屋及土木工程建筑业最为显著，指数达到74%以上。房地产行业新订单指数出现回落，反映目前市场处于观望期，对国务院出台的房地产新政反应较敏感。本月中间投入价格指数和收费价格指数呈现双回落，这是4个月以来首次回落，是否预示未来通胀预期的压力会有所减弱，还要看今后两个月的变化趋势。

（1）新订单指数小幅回落。本月新订单指数为57.0%，比上月回落1.7个百分点。分行业来看，建筑业最高，为66.1%；生产性服务业次之，为56.4%；消费性服务业最低，为54.3%。20个行业中，建筑装饰业、房屋及土木工程建筑业、环境及公共设施管理业、租赁及商务服务业、零售业和管道与其他运输及仓储业等行业高于50%；本月位于50%的行业是其他服务业；居民服务业、房地产业和批发业3个行业低于50%。

（2）新出口订单指数有所波动。本月新出口订单指数为53.8%，比上月回落4.1个百分点。分行业来看，建筑业最高，达到62.5%；生产性服务业和消费性服务业较为接近，分别为52.7%和52.2%。20个行业中，建筑装饰业、管道与其他运输及仓储业、建筑安装业、环境及公共设施管理业和其他服务业等行业高于50%；铁路运输业和居民服务业2个行业位于50%；住宿业、道路运输业和计算机服务及软件业等行业低于50%。

（3）中间投入价格指数降幅最大。本月中间投入价格指数为58.9%，环比下降5.1个百分点。分行业来看，建筑业最高，为60.7%；消费性服务业次之，为59.8%；生产性服务业最低，为56.6%。20个行业中，建筑装饰业、住宿业、餐饮业、铁路运输业、建筑安装业、道路运输业和租赁及商务服务业等20个行业全部高于50%，其中有11个行业高于60%。

（4）存货指数小幅攀升。本月存货指数为48.9%，比上月上升0.4个百分点。分行业来看，建筑业最高，为59.4%；生产性服务业次之，为47.9%；消费性服务业最低，为45.6%。20个行业中，房地产业、环境及公共设施管理业、居民服务业和其他服务业等行业低于50%；本月位于50%的是餐饮业；房屋及土木工程建筑业、管道与其他运输及仓储业和零售业等行业高于50%。

（5）业务活动预期指数高位趋稳。本月业务活动预期指数为70.3%，比上月回落0.9个百分点。分行业来看，建筑业最高，为

78.3%；生产性服务业次之，为73.2%；消费性服务业最低，为65.6%。20个行业中，计算机服务及软件业、航空运输业、房屋及土木工程建筑业、电信及其他信息传输服务业和邮政业等行业高于50%，其中有16个行业高于60%；其他服务业低于50%。

6月份

2010年6月，中国非制造业商务活动指数为57.4%，比上月回落5.3个百分点。本月在中国非制造业PMI各单项指数中，除存货指数和供应商配送时间指数出现小幅上升外，其余主要指数均出现不同程度的回落。

中国物流与采购联合会副会长蔡进认为：本月非制造业PMI呈现回稳走势，但仍保持较高水平。建筑业、计算机及电子信息服务业和批发业的指数水平较高，房地产业指数已回落到50%以下，意味着后期楼市调整或还将继续。本月中间投入价格指数继续以较大幅度回落，这对于缓解通胀压力预期较为有利。当前经济还需注意进一步巩固平稳较快发展的基础。

（1）新订单指数环比回落。本月新订单指数为52.9%，比上月回落4.1个百分点。分行业来看，建筑业最高，为64.9%；生产性服务业次之，为57.2%；消费性服务业最低，为46.1%。20个行业中，计算机服务及软件业、房屋及土木工程建筑业、电信及其他信息传输服务业、邮政业和建筑安装业等行业高于50%；本月位于50%的行业是管道与其他运输及仓储业和其他服务业；道路运输业、房地产业和居民服务业等行业低于50%。

（2）新出口订单指数小幅回调。本月新出口订单指数为52.9%，比上月回落0.9个百分点。分行业来看，建筑业最高，达到64.8%；生产性服务业次之，为51.9%；消费性服务业最低，为50.6%。20个行业中，建筑装饰业、房屋及土木工程建筑业、管道与其他运输及仓储业和环境及公共设施管理业等行业高于50%；建筑安装业、电信及其他信息传输服务业和餐饮业等行业位于50%；住宿业、铁路运输业、邮政业和房地产业等行业低于50%。

（3）中间投入价格指数继续回落。本月中间投入价格指数为53.6%，环比下降5.3个百分点。分行业来看，消费性服务业最高，为55.4%；建筑业次之，为53.4%；生产性服务业最低，为50.9%。20个行业中，邮政业、建筑装饰业、餐饮业、租赁及商务服务业、环境及公共设施管理业和居民服务业等行业高于50%；批发业和水上运输业低于50%。

（4）存货指数小幅回升。本月存货指数为49.2%，比上月上升0.3个百分点。分行业来看，建筑业最高，为55.5%；生产性服务业次之，为49.9%；消费性服务业最低，为46.5%。20个行业中，居民服务业、房地产业、道路运输业、住宿业、电信及其他信息传输服务业和其他服务业等行业低于50%；铁路运输业和租赁及商务服务业位于50%；房屋及土木工程建筑业、邮政业、批发业和环境及公共设施管理业等行业高于50%。

（5）业务活动预期指数高位回调。本月业务活动预期指数为68.3%，比上月下降2.0个百分点。分行业来看，建筑业最高，为73.2%；生产性服务业次之，为71.3%；消费性服务业最低，为64.6%。20个行业中，计算机服务及软件业、航空运输业、邮政业、租赁及商务服务业、零售业和房屋及土木工程建筑业等行业高于50%，其中有17个行业高于60%；其他服务业低于50%。

7月份

2010年7月，中国非制造业商务活动指数为60.1%，较上月上升2.7个百分点。本月在中国非制造业PMI各单项指数中，积压订单指数、存货指数和供应商配送时间指数出现小幅回落，其余主要指数的环比均有不同程度的上升。

中国物流与采购联合会副会长蔡进认为：

本月份非制造业 PMI 结束连续两个月回落趋势，回升至60%以上的水平，总体呈现良好增长态势。本月房地产业指数重新回到50%以上水平，后续市场变化有待观察。中间投入价格指数显示上扬，意味着企业经营成本在加大。今年以来，部分商品价格起伏较大，通胀与通缩仅有一步之遥，调控的难度加大。未来经济仍需把握好保增长、调结构和管理通胀预期之间的协调关系。

（1）新订单指数环比上升。本月新订单指数为55.8%，比上月上升2.9个百分点。分行业来看，建筑业最高，为62.2%；生产性服务业次之，为57.0%；消费性服务业最低，为52.8%。20个行业中，航空运输业、租赁及商务服务业、房屋及土木工程建筑业、电信及其他信息传输服务业和环境及公共设施管理业等行业高于50%；本月位于50%的行业是管道与其他运输及仓储业和建筑安装业；居民服务业、建筑装饰业和水上运输业等行业低于50%。

（2）收费价格指数小幅回升。本月收费价格指数为49.9%，比上月回升1.2个百分点。分行业来看，消费性服务业的收费价格指数高于50%，为51.2%；建筑业和生产性服务业的收费价格指数低于50%，分别为49.8%和48.1%。20个行业中，航空运输业、租赁及商务服务业和餐饮业3个行业的收费价格指数高于50%；房屋及土木工程建筑业、建筑安装业、道路运输业、水上运输业和邮政业等行业位于50%；居民服务业、电信及其他信息传输服务业、批发业和计算机服务及软件业等行业低于50%。

（3）存货指数小幅回调。本月存货指数为48.6%，比上月回落0.6个百分点。分行业来看，建筑业最高，为53.4%；生产性服务业次之，为48.9%；消费性服务业最低，为46.7%。20个行业中，居民服务业、房地产业、计算机服务及软件业和水上运输业等行业低于50%；本月位于50%的是建筑安装业和环境及公共设施管理业；航空运输业、餐饮业、房屋及土木工程建筑业和邮政业等行业高于50%。

（4）业务活动预期指数微幅上升。本月业务活动预期指数为68.4%，比上月上升0.1个百分点。分行业来看，建筑业最高，为74.9%；生产性服务业次之，为69.5%；消费性服务业最低，为65.5%。20个行业中，航空运输业、零售业、建筑安装业和房屋及土木工程建筑业等行业的业务活动预期指数均高于50%，其中有15个行业高于60%；其他服务业位于50%。

8月份

2010年8月中国非制造业商务活动指数为60.1%，与上月持平，各单项指数呈现涨跌互现的格局。

中国物流与采购联合会副会长蔡进认为：本月份非制造业 PMI 继续保持60.1%的较高水平，呈现出建筑业和服务业高位平稳运行的基本特点。本月除房地产业和居民服务业外，大部分行业指数都在50%以上，反映出行业之间发展的协调性。当前需关注服务业价格持续上行的现象，经济发展还需要不断在稳增长与平物价之间寻求平衡的基础。

（1）新订单指数环比小幅上升。本月新订单指数为56.2%，比上月上升0.4个百分点。分行业来看，建筑业最高，为62.7%；生产性服务业次之，为57.0%；消费性服务业最低，为53.4%。20个行业中，建筑装饰业、航空运输业、租赁及商务服务业、电信及其他信息传输服务业和房屋及土木工程建筑业等行业高于50%；水上运输业、居民服务业和房地产业等行业低于50%。

（2）新出口订单指数降幅最大。本月新出口订单指数为52.2%，比上月回落3.6个百分点。分行业来看，生产性服务业最高，达到53.0%；建筑业次之，为52.7%；消费性服务业最低，为51.2%。20个行业中，计算机服务及软件业、租赁及商务服务业、航空运输业和房屋及土木工程建筑业等行业高于50%；铁路运输业、道路运输业和电信及其他信息传输服务业等行业位于50%；建筑装饰业、其他服务业、居民服务业、水上运输业和房地产业等行业低于50%。

（3）中间投入价格继续攀升。本月中间投入价格指数为59.3%，环比上升2.9个百分点。分行业来看，建筑业最高，为65.9%；消费性服务业次之，为59.4%；生产性服务业最低，为55.5%。20个行业中，餐饮业、房屋及土木工程建筑业、建筑装饰业、其他服务业、住宿业、租赁及商务服务业和建筑安装业等全部20个行业的中间投入价格指数均高于50%。

（4）业务活动预期指数维持高位。本月业务活动预期指数为67.1%，比上月回落1.3个百分点。分行业来看，生产性服务业最高，为68.7%；建筑业次之，为68.3%；消费性服务业最低，为65.6%。20个行业中，计算机服务及软件业、零售业、环境及公共设施管理业、电信及其他信息传输服务业、邮政业和房屋及土木工程建筑业等19个行业的业务活动预期指数高于50%；其他服务业低于50%。

9月份

2010年9月，中国非制造业商务活动指数为61.7%，比上月上升1.6个百分点。本月中国非制造业PMI各单项指数中，除新出口订单指数、存货指数和从业人员指数小幅回落外，其余主要指数均保持上升。

中国物流与采购联合会副会长蔡进认为：本月非制造业PMI为61.7%，高于2009年同期水平。房屋和土木工程建筑业和零售业领涨，其他行业也均保持高位，反映非制造业总体运行良好。本月房地产业商务活动指数55.3%，出现较明显的反弹。非制造业中间价格已升至60%以上，需进一步关注。

（1）新订单指数环比上升。本月新订单指数为56.9%，比上月上升0.7个百分点。分行业来看，建筑业最高，为61.2%；生产性服务业次之，为57.1%；消费性服务业最低，为55.4%。20个行业中，计算机服务及软件业、零售业、电信及其他信息传输服务业、住宿业、建筑装饰业和建筑安装业等行业高于50%；居民服务业和其他服务业位于50%；环境及公共设施管理业、航空运输业和水上运输业等行业低于50%。

（2）新出口订单指数小幅回调。本月新出口订单指数为51.4%，环比回落0.8个百分点。分行业来看，建筑业最高，达到54.7%；生产性服务业次之，为52.9%；消费性服务业最低，为48.8%。20个行业中，计算机服务及软件业、房屋及土木工程建筑业、邮政业、住宿业和租赁及商务服务业等行业高于50%；铁路运输业和管道与其他运输及仓储业等行业位于50%；环境及公共设施管理业、居民服务业和建筑装饰业等行业低于50%。

（3）收费价格指数有所上涨。本月收费价格指数为53.2%，比上月上升1.4个百分点。分行业来看，建筑业的收费价格指数最高，为53.9%；消费性服务业次之，为53.4%；生产性服务业最低，为52.6%。20个行业中，零售业、批发业、住宿业和水上运输业等行业的收费价格指数高于50%；建筑装饰业和邮政业等行业位于50%；铁路运输业、电信及其他信息传输服务业和建筑安装业等行业低于50%。

（4）业务活动预期指数微幅攀升。本月业务活动预期指数为67.2%，比上月上升0.1个百分点。分行业来看，生产性服务业最高，为68.3%；消费性服务业次之，为66.9%；建筑业最低，为65.9%。20个行业中，零售业、计算机服务及软件业、邮政业和电信及其他信息传输服务业等19个行业的业务活动预期指数高于50%；其他服务业低于50%。

10月份

2010年10月中国非制造业商务活动指数

为60.5%，比上月回落1.2个百分点。本月中国非制造业PMI各单项指数中，新出口订单指数、存货指数和中间投入价格指数出现小幅回升，其余主要指数则呈现不同程度回落。

中国物流与采购联合会副会长蔡进认为：本月非制造业PMI为60.5%，虽比上月和2009年同期略有回落，但仍连续四个月保持60%以上。市场显示出平稳较快增长的态势。本月份零售业继续保持高位且大多数行业均在50%以上，说明市场运行较为协调有序。房地产业指数在上月出现反弹后本月呈回落态势，市场再度步入观望期。投入价格已连续5个月持续攀高，通胀压力在不断积蓄，价格变化不容乐观，调控政策需根据市场变化相机抉择。

（1）新订单指数小幅回落。本月新订单指数为56.3%，比上月回落0.6个百分点。分行业来看，生产性服务业最高，为57.1%；建筑业次之，为56.1%；消费性服务业最低，为55.9%。20个行业中，零售业、住宿业、电信及其他信息传输服务业和水上运输业等行业高于50%；房地产业和其他服务业低于50%。

（2）新出口订单指数小幅上升。本月新出口订单指数为52.2%，环比上升0.8个百分点。分行业来看，消费性服务业最高，达53.2%；建筑业次之，为52.1%；生产性服务业最低，为51.2%。20个行业中，建筑装饰业、住宿业、航空运输业、铁路运输业和租赁及商务服务业等行业高于50%；建筑安装业、电信及其他信息传输服务业和房地产业等行业位于50%；管道与其他运输及仓储业、环境及公共设施管理业和邮政业等行业低于50%。

（3）中间投入价格指数升势延续。本月中间投入价格指数为61.4%，环比上升0.9个百分点。分行业来看，建筑业最高，为64.4%；消费性服务业次之，为62.4%；生产性服务业最低，为58.4%。20个行业中，住宿业、餐饮业、建筑装饰业、建筑安装业、管道与其他运输及仓储业、房屋及土木工程建筑业和铁路运输业等全部20个行业的中间投入价格指数高于50%。

（4）业务活动预期指数高位回调。本月业务活动预期指数为63.7%，比上月回落3.5个百分点。分行业来看，生产性服务业最高，为66.5%；消费性服务业次之，为62.5%；建筑业最低，为61.7%。20个行业中，零售业、电信及其他信息传输服务业、计算机服务及软件业、批发业、建筑安装业和邮政业等19个行业高于50%；其他服务业低于50%。

11月份

2010年11月中国非制造业商务活动指数为53.2%，比上月回落7.3个百分点。本月中国非制造业PMI各单项指数中，中间投入价格指数、收费价格指数和业务活动预期指数出现回升，其余主要指数则呈现不同程度回落。

中国物流与采购联合会副会长蔡进认为：本月非制造业PMI为53.2%，环比回落7.3个百分点，属于节后消费的季节性回调。本月计算机服务业及软件业、电信及其他信息传输服务业和邮政业等行业增势良好，商务活动指数均超过60%以上，说明信息等高端领域服务业呈现快速运转态势。房地产新订单指数继续维持在低位，这种变化趋势或仍将延续。本月投入价格指数和收费价格指数双攀升，投入价格升幅高于收费价格升幅，服务业成本明显增大，利润空间缩小，通胀压力对服务业发展的负面影响开始显现。

（1）新订单指数回落明显。本月新订单指数为50.1%，比上月回落6.2个百分点。分行业来看，生产性服务业最高，为53.7%；建筑业次之，为52.2%；消费性服务业最低，为47.0%。20个行业中，计算机服务及软件业、建筑安装业、邮政业和电信及其他信息传输服务业等行业高于50%；环境及公共设施管理业、其他服务业、航空运输业、建筑装饰业和道路运输业等行业低于50%。

（2）中间投入价格指数涨幅最大。本月中

间投入价格指数为66.6%，环比上升5.2个百分点。分行业来看，建筑业最高，为74.2%；消费性服务业次之，为66.5%；生产性服务业最低，为62.8%。20个行业中，房屋及土木工程建筑业、道路运输业、餐饮业、管道与其他运输及仓储业、批发业、铁路运输业和建筑装饰业等全部20个行业的中间投入价格指数高于50%；其中有15个行业高于60%。

（3）收费价格指数小幅回升。本月收费价格指数为53.8%，比上月上升0.9个百分点。分行业来看，建筑业的收费价格指数最高，为55.9%；生产性服务业次之，为54.5%；消费性服务业最低，为52.6%。20个行业中，建筑装饰业、批发业、零售业、房屋及土木工程建筑业、水上运输业、餐饮业和建筑安装业等行业的收费价格指数高于50%；邮政业和计算机服务及软件业等行业位于50%；航空运输业、电信及其他信息传输服务业、其他服务业和管道与其他运输及仓储业等行业低于50%。

（4）业务活动预期指数维持高位。本月业务活动预期指数为63.9%，比上月上升0.2个百分点。分行业来看，生产性服务业最高，为65.5%；消费性服务业次之，为64.3%；建筑业最低，为60.0%。20个行业中，零售业、铁路运输业、电信及其他信息传输服务业、邮政业、计算机服务及软件业、批发业和道路运输业等19个行业高于50%；其他服务业低于50%。

12月份

2010年12月，中国非制造业商务活动指数为56.5%，比上月回升3.3个百分点。本月中国非制造业PMI各单项指数中，积压订单指数、中间投入价格指数和从业人员指数的环比有所回落，其余主要指数则呈现不同程度回升。

中国物流与采购联合会副会长蔡进认为：本月非制造业PMI为56.5%，整体呈现稳中有升的发展趋势。其中商务活动和新订单指数提升较为明显，为2011年服务业发展奠定了良好的市场基础。以信息服务业为代表的高端服务业领域继续保持较快发展，引领我国服务业发展水平逐渐升级。房地产新订单指数四季度以来持续回落，本月回落到45%表明市场供需关系在向着有利于抑制房价过快上涨的方向发展。非制造业中间投入价格指数略有回落，显示通胀压力有所控制，但后期走势仍须密切关注。

（1）新订单指数环比回升。本月新订单指数为52.3%，比上月回升2.2个百分点。分行业来看，生产性服务业最高，为54.6%；建筑业次之，为52.4%；消费性服务业最低，为50.8%。20个行业中，邮政业、零售业、电信及其他信息传输服务业、计算机服务及软件业和铁路运输业等行业高于50%；本月位于50%的是建筑装饰业；住宿业、环境及公共设施管理业、航空运输业和其他服务业等行业低于50%。

（2）新出口订单指数涨幅明显。本月新出口订单指数为50.6%，环比回升3.3个百分点。分行业来看，建筑业最高，达61.2%；生产性服务业次之，为51.8%；消费性服务业最低，为46.5%。20个行业中，房屋及土木工程建筑业、邮政业、计算机服务及软件业、铁路运输业和批发业等行业高于50%；建筑安装业和建筑装饰业等行业位于50%；居民服务业、住宿业和管道与其他运输及仓储业等行业低于50%。

（3）中间投入价格指数稍有回调。本月中间投入价格指数为65.9%，环比回落0.7个百分点。分行业来看，建筑业最高，为74.4%；消费性服务业次之，为64.6%；生产性服务业最低，为63.3%。20个行业中，建筑装饰业、建筑安装业和房屋及土木工程建筑业等全部20个行业的中间投入价格指数高于50%；其中有14个行业高于60%。

（4）业务活动预期指数高位回升。本月业务活动预期指数为66.7%，比上月上升2.8个百分点。分行业来看，生产性服务业最高，为67.1%；消费性服务业次之，为67.0%；建筑业最低，为64.6%。20个行业中，计算机服务及软件业、零售业、建筑装饰业、铁路运输业和电信及其他信息传输服务业等行业高于50%；建筑安装业和其他服务业低于50%。

2010年中国非制造业PMI走势如下图所示。

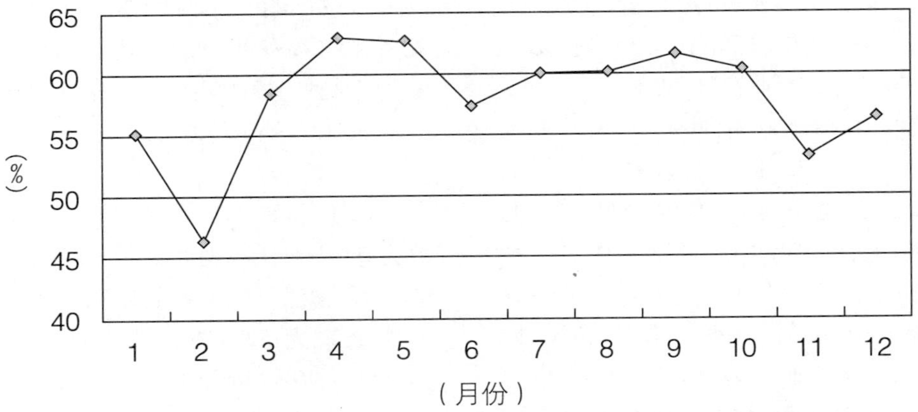

2010年非制造业PMI走势

（中国物流与采购联合会）

2010年重点生产资料流通企业经营情况统计调查

2010年，我国宏观经济整体发展态势良好，生产资料流通企业经营全年保持稳定、快速发展的态势。据对59家生产资料流通行业重点企业（以下简称59家企业）调查情况显示，2010年行业整体经营情况好于2009年，企业营业规模呈现快速增长势头，相关成本费用增速相对较低，效益持续好转。但随着企业营业规模的扩张，也呈现出利润增速偏低、销售利润率和成本费用利润率下降、企业各项周转效率指标多有下滑、行业平均营业周期延长、资产负债率有所增长、所有者权益比率下降等值得关注的问题。综合地看2010年重点生产资料流通企业经营主要呈现以下几个特点：

一、经营规模快速增长，生产资料流通行业集中度进一步提高

据对59家企业的统计调查资料显示，2010年企业经营规模呈现较快增长，累计实现营业收入2.62万亿元，比2009年同期增加7204亿元，同比增长38%；累计实现利润总额494亿元，同比增加64亿元，同比增长14.9%。其中，有16家企业的年营业收入超百亿元，16家企业的排序如表1所示。

表1　营业收入超百亿元的企业排序

排名	企业名称	营业收入（亿元）	同比增长（%）
1	中国石油化工集团公司	12382.03	37.3
2	中国五矿集团公司	2550.67	47.4
3	中国中钢集团公司	1860.17	19.9
4	中国铁路物资总公司	1541.10	46.6
5	天津市物资集团总公司	1495.80	38.3
6	浙江省物产集团公司	1352.73	40.8
7	中国海洋石油总公司销售分公司	701.40	71.5
8	百联集团生产资料事业部	598.38	26.4

续 表

排名	企业名称	营业收入（亿元）	同比增长（%）
9	庞大汽贸集团股份有限公司	537.74	52.8
10	广东物资集团公司	498.01	24.9
11	中国航空油料有限责任公司	492.94	38.9
12	中国诚通控股集团有限公司	464.61	39.0
13	中国兵工物资总公司	304.09	36.0
14	安徽省徽商集团有限公司	191.22	25.0
15	河北省物流产业集团有限公司	160.07	67.0
16	南通化工轻工股份有限公司	115.65	82.7
合计	16 家企业	25246.60	38.3
总计	59 家企业	26151.29	38.0

注：中国石油化工集团公司、中国海洋石油总公司销售分公司的数据为其销售环节全国范围所属企业的汇总数

（1）生产资料流通行业集中度进一步提高。如表1所示，年营业收入超百亿元的16家企业的总营业收入为2.52万亿元，占59家企业营业收入总额的96.5%，与16家企业2009年同期营业收入总额的占比提高了0.2个百分点；超百亿元企业营业收入增长率高出行业平均水平0.3个百分点。其中，超千亿元的企业有6家，其营业收入所占比重达81%。

（2）主要各类生产资料销售量均保持快速增长。其中，煤炭及制品类累计销售814亿元，同比增长61.7%，占59家企业总销售额的3.0%；石油及制品类累计销售1.3万亿元，同比增长33.5%，占59家企业总销售额的48.2%；黑色金属材料类累计销售5106亿元，同比增长36.8%，占59家企业总销售额的19.0%；有色金属材料类累计销售1563亿元，同比增长32.7%，占59家企业总销售额的5.8%；化工材料及制品类累计销售3676亿元，同比增长54%，占59家企业总销售额的13.7%。59家企业重点生产资料类产品销售情况如图1所示。

（3）大型国有企业仍是我国生产资料流通领域的中坚力量。调查统计资料显示的企业销售情况是，中国石油化工集团公司占据了石油及制品类销售额中89.8%的份额；中国五矿集团公司、天津市物资集团总公司、中国铁路物资总公司和浙江省物产集团四家企业占据了黑色金属材料类销售额中82.2%的份额，其中中国五矿集团公司独占32.2%；中国五矿集团公司、百联集团有限公司生产资料事业部和中国兵工物资总公司四家企业占据了有色金属材料类销售额中89.8%的份额，其中中国五矿集团公司独占36.9%；天津市物资集团总公司、中国铁路物资总公司、中国五矿集团公司和浙江省物产集团公司四家企业在煤炭及制品类销售额中共占78.1%的份额，其中天津市物资集团总公司独占24.7%；中国石油化工集团公司在化工材料及制品类销售额中独占75.5%的份额。

（4）民营企业稳定发展，发展势头不可小觑。统计调查资料显示，2010年庞大汽贸集团股份有限公司的营业收入达到538亿元，比

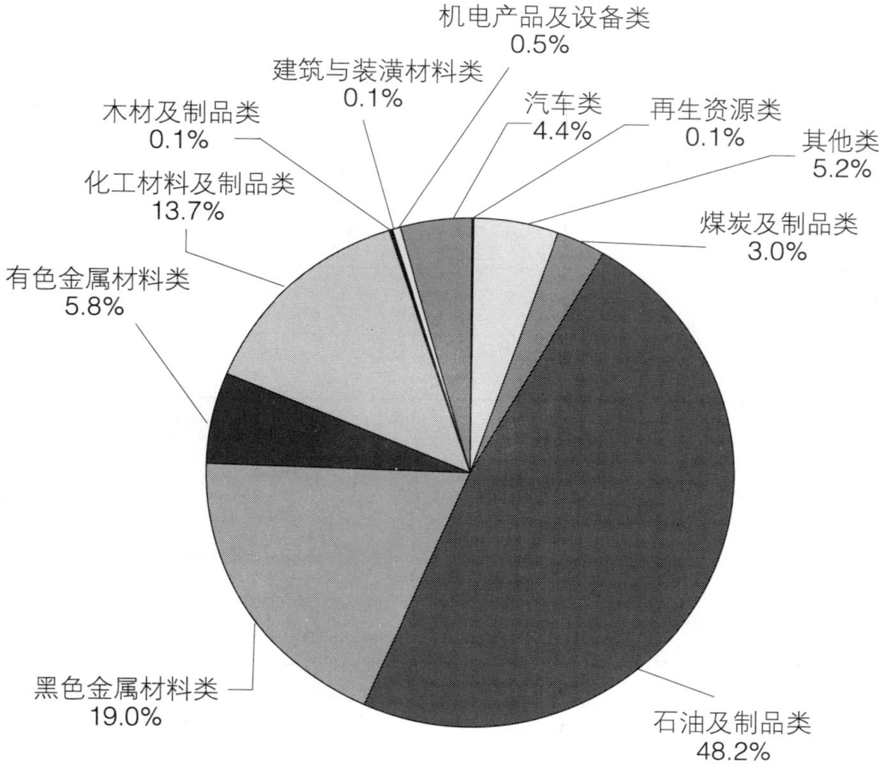

图1　重点生产资料流通企业各产品类别销售占比情况

2009 年同期增长高达 52.8%，利润总额达到 17 亿元，同比增长 23%，在汽车类销售排名中稳居第 1 位，销售额占汽车类销售总额的 45%。2010 年南通化工轻工股份有限公司实现营业收入 116 亿元，同比增长高达 82.7%，利润总额达到 1.35 亿元，同比增长 37.5%，在化工材料及制品类销售情况排序中仅次于中国石油化工集团公司和天津市物资集团总公司，排名第 3 位。

2010 年我国 PMI 分行业指数中，生产资料批零业商务活动状况指数在 1～2 月小有波动，在 3 月达到年内峰值，在下半年则持续维持在 50% 以上，12 月当月为 56.5%，这表明全年行业整体呈现出平稳较快发展的走势。同时，生产资料批零行业的业务活动预期指数全年保持在 65% 以上。说明随着我国经济的逐渐好转，工业生产的稳定增长，生产资料流通企业对本行业预期长期看好。2007—2010 年我国生产资料批零业商务活动指数走势如图 2 所示。

二、经营效益好转，但销售利润率下降

2010 年，59 家企业的经营情况普遍好转，利润总额稳步增长，全年利润总额达到了 494 亿元，比 2009 年的 430 亿元增加了 64 亿元，同比增长 14.9%。但是，与企业经营规模增速相比增速偏低。59 家企业平均劳动效率为 485.4 万元/人，比 2009 年同期增加 75.8 万元/人，提高了 18.5%。

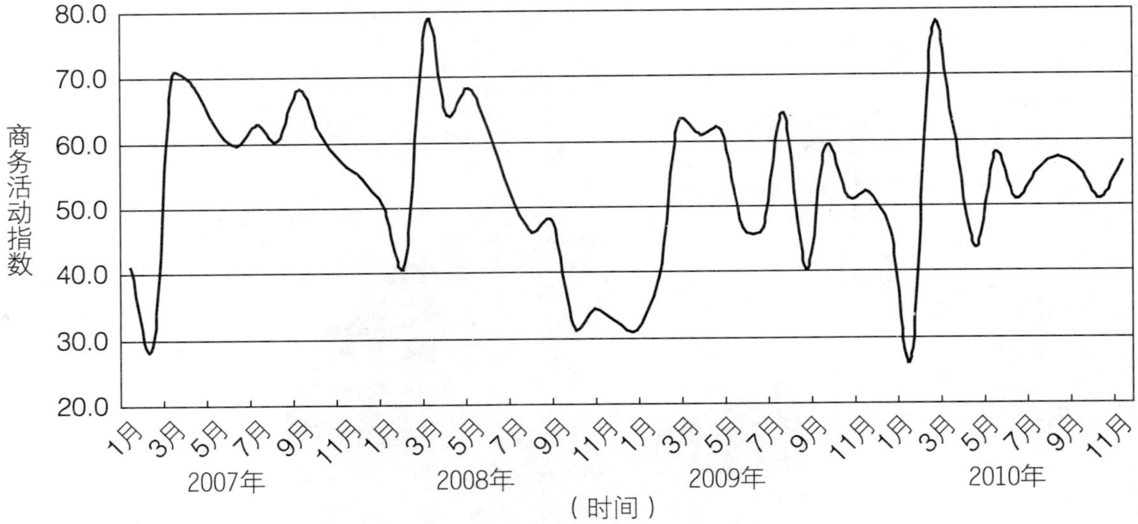

图 2　2007—2010 年我国生产资料批零业商务活动指数走势

在 59 家企业中，有 51 家企业赢利，赢利企业在 59 家企业中的占比为 86.5%，其赢利总额达 503 亿元。此外，在 51 家赢利企业中有 5 家企业是由 2009 年亏损的状态转为赢利的，有 37 家企业利润总额同比上升，有 8 家企业的利润总额同比下降。8 家亏损企业的亏损总额为 9000 万元，亏损企业在 59 家企业中所占比重为 13.5%，8 家亏损企业当中有 5 家企业亏损额同比有所减少，2 家企业亏损额同比有所增加，1 家企业由 2009 年的赢利转为亏损。

59 家企业整体三项费用合计 834 亿元，同比增加 169 亿元，同比增长 25.4%。成本方面，营业费用总计 429 亿元，同比增加 73 亿元，同比增长 20.6%；管理费用合计 304 亿元，同比增长 73 亿元，同比增加 31.9%；财务费用合计 101 亿元，同比增加 22 亿元，同比增长 28.1%。重点企业成本费用构成及营业收入和营业成本的对比情况如图 3、图 4 所示。

59 家企业中利润总额排在前十位的企业排序如表 2 所示。

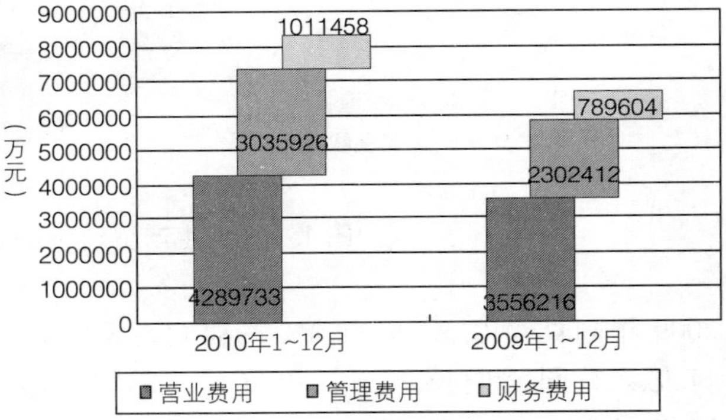

图 3　重点企业成本费用构成对比

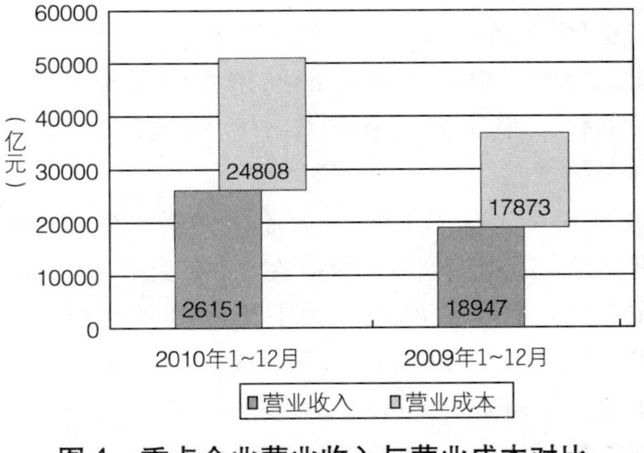

图 4　重点企业营业收入与营业成本对比

表 2　　利润总额位居前十名的企业排序

排名	企业名称	本期利润总额（万元）	同比增长（%）
1	中国石油化工集团公司	3187479	1.5
2	中国五矿集团公司	701572	122.5
3	浙江省物产集团公司	209233	27.1
4	庞大汽贸集团股份有限公司	173190	23.0
5	中国航空油料有限责任公司	147475	65.1
6	中国铁路物资总公司	112067	-0.2
7	中国中钢集团公司	85125	8.8
8	中国诚通控股集团有限公司	77909	42.8
9	天津市物资集团总公司	68859	39.3
10	中国海洋石油总公司销售分公司	54101	亏转盈

在经济效益持续向好的走势下，值得关注的是行业整体销售利润率和成本费用利润率同比出现下降。2010 年，重点企业整体销售利润率为 1.89%，比 2009 年同期下降 0.38 个百分点；企业整体成本费用利润率为 1.93%，比 2009 年下降 0.39 个百分点。这是由于我国生产资料市场存在着资源供给的相对充裕、资源方自建营销网络、资源方对流通企业大规模的资金占用、流通企业相对单一的购销模式、终端用户普遍“即用即买”的采购模式、市场价格的大幅波动等因素，不同程度地限制了流通企业的赢利空间。同时，不少企业仍以简单的买卖为主，依靠赚取批零差价、地区差价、时间差价生存，经营品种单一、业态单一、赢利方式单一，再加上生产资料流通行业本身竞争激烈，为了争夺市场企业低价竞争现象严重，导致生产资料流通行业赢利水平较低，销售利润率长期普遍偏低。

59 家企业销售利润率维持在较高水平的前十家企业排序如表 3 所示。

表 3　　销售利润率位居前十名的企业排序

排名	企业名称	本期比率（%）	2009 年同期比率（%）
1	山东黑马集团有限公司	10.42	2.96
2	四川万家福投资管理有限公司	5.95	0.59
3	贵州省物资集团有限责任公司	4.56	7.06
4	泰德煤网股份有限公司	4.31	4.29
5	沈阳物资集团有限责任公司	3.51	5.50
6	庞大汽贸集团股份有限公司	3.22	4.00

续 表

排名	企业名称	本期比率（%）	2009 年同期比率（%）
7	中国航空油料有限责任公司	2.99	2.52
8	中国五矿集团公司	2.75	1.82
9	中国石油化工集团公司	2.57	3.48
10	新疆双兴再生资源有限公司	2.24	0.94

59 家企业成本费用利润率维持在较高水平的前十家企业排序如表 4 所示。

表 4　成本费用利润率位居前十名的企业排序

排名	企业名称	本期比率（%）	2009 年同期比率（%）
1	山东黑马集团有限公司	11.55	3.11
2	四川万家福投资管理有限公司	6.52	0.62
3	贵州省物资集团有限责任公司	4.55	7.07
4	泰德煤网股份有限公司	4.52	4.49
5	沈阳物资集团有限责任公司	3.60	5.80
6	庞大汽贸集团股份有限公司	3.33	4.17
7	中国航空油料有限责任公司	3.09	2.59
8	中国五矿集团公司	2.82	1.84
9	中国石油化工集团公司	2.65	3.62
10	新疆双兴再生资源有限公司	2.16	0.90

企业在取得经济效益的同时其社会效益也在稳步增长，2010 年，59 家企业形成的营业税金及附加为 44 亿元，同比增长 38.5%。

三、平均偿债能力依然偏低

调查显示，2010 年 59 家企业整体的流动比率为 104.2%，基本维持在 2009 年同期水平且一直在合理水平的最低限，和国际公认的 200% 的理想水平还有一定的差距。59 家企业中流动比率位居前十名的企业排序如表 5 所示。

流动比率过低，表明企业可能难以按期偿还债务；相反流动比率过高，表明企业流动资产占用较多，会影响资金的使用效率和企业的筹资成本，进而影响获利能力。

59 家企业整体速动资产达 4099 亿元，比 2009 年增加了 1265 亿元，同比上升 44.7%；速动比率为 70.5%，同比上涨了 0.58 个百分点，远未达到通常情况下为 100% 的正常水平。速动比率小于 100%，表明企业面临很大的偿债风险；相反速动比率大于 100%，表明企业会因现金及应收账款占用过多而增加企业的机会成本。59 家企业中速动比率位居前十名的企业排序如表 6 所示。

表 5　　流动比率位居前十名的企业排序

排名	企业名称	本期比率（%）	2009 年同期比率（%）
1	黄冈市天绿贸易有限公司	174.57	127.78
2	贵州省物资集团有限责任公司	161.30	142.85
3	新疆辰星日用杂品再生资源有限责任公司	160.13	100.00
4	珠海市燃气集团有限公司	141.86	
5	中国航空油料有限责任公司	139.71	129.02
6	中国诚通控股集团有限公司	139.03	127.77
7	泰德煤网股份有限公司	136.37	122.87
8	泉州化建股份有限公司	136.31	135.45
9	中国五矿集团公司	124.76	126.32
10	新疆八钢国际贸易股份有限公司	122.62	120.93

表 6　　速动比率位居前十名的企业排序

排名	企业名称	本期比率（%）	2009 年同期比率（%）
1	贵州省物资集团有限责任公司	155.65	117.50
2	珠海市燃气集团有限公司	122.65	
3	新疆双兴再生资源有限公司	114.81	107.80
4	西安西电国际工程有限责任公司	108.50	98.90
5	中国诚通控股集团有限公司	108.13	102.37
6	黄冈市天绿贸易有限公司	106.84	51.13
7	安庆市吉宽再生资源有限公司	105.50	86.93
8	中国航空油料有限责任公司	99.24	97.94
9	重庆港务物流集团有限公司	98.04	75.56
10	中国林业物资总公司	96.59	87.43

一般来讲，资金流动性很好的企业流动比率应大于 200%，而速动比率大于 100%；资金流动性一般的企业流动比率波动范围在 100% ~ 200%，而速动比率波动范围在 50% ~ 100%；资金流动性比较差的企业流动比率一般小于 100%，而速动比率小于 50%。

调查显示从自有资金对偿债风险的承受能力方面看，59 家企业整体产权比率为 252.5%，比 2009 年同期提高 43.2 个百分点。

四、资产规模稳步扩大，周转效率小幅下滑

1. 行业整体资产总额稳定增长，资产规模继续扩大

调查显示，59 家企业的资产总计为 9713 亿元，同比增加 2719 亿元，同比增长 38.9%。其中，流动资产合计 6063 亿元，同比增加 1867 亿元，同比增长 44.5%；存货合计 1694 亿元，同比增加 602 亿元，同比增长 44.2%；应收账款合计 561 亿元，同比增加 126 亿元，同比增长 28.9%；负债合计为 6955 亿元，同比增加 2221 亿元，同比增长 46.9%，其中流动负债合计 5817 亿元，同比增加 1762 亿元，同比增长 43.5%。

（1）流动资产周转方面。全年应收账款周转率为 46.6 次，同比上涨 3.1 次，周转天数（一年按 365 天计算）由 2009 年的 8.39 天缩短为 2010 年的 7.84 天。应收账款周转次数比 2009 年小幅提高，说明企业整体资产流动性提高，短期偿债能力上升，收账速度有所加快、账龄缩短，在一定程度上减少了坏账损失的可能性。但总体看应收账款周转率仍处较低水平，一方面，说明生产资料流通行业的应收账款余额增长较快，应收账款中包含旧账及无价的账项较多；另一方面，说明企业应收账款的变现过于缓慢而且对于应收账款的管理缺乏效率。59 家企业中流动资产周转率位居前十名的企业排序如表 7 所示。

表 7　　流动资产周转率位居前十名的企业排序

排名	企业名称	本期比率（%）	2009 年同期比率（%）
1	茂名市实业发展集团公司	16.37	18.91
2	南通化工轻工股份有限公司	12.82	12.90
3	中国石油化工集团公司	11.64	23.94
4	泉州化建股份有限公司	10.19	9.79
5	湖州维农农资连锁经营有限公司	8.46	8.17
6	百联集团生产资料事业部	7.74	8.95
7	河北省物流产业集团有限公司	7.61	4.79
8	中山市物资集团有限公司	6.50	5.52
9	中国海洋石油总公司销售分公司	6.20	4.29
10	陕西东大石油化工有限公司	5.56	

存货周转率为 12.6 次，比 2009 年下降 0.49 次，表明企业存货的流动性及变现速度有所减慢，存货的管理效率及存货资金的利用效率下降，营运资金投资于存货上的比例上升。流动资产周转率为 4.31 次，比 2009 年下降 0.2 次。行业整体平均营业周期为 36.7 天，比 2009 年延长 0.5 天。

流动资产周转率不仅反映了流动资产运用效率，同时也影响着企业的赢利水平。企业流动资产周转率减慢、周转次数下降，表明企业以相同的流动资产占用实现的营业收入减少，企业流动资产的运用效率下降，进而降低了企

业的偿债能力和盈利能力。

(2) 总资产周转方面。行业整体资产周转率为2.69次，同比下降0.02次。表明行业整体包括负债和所有者权益在内的全部资产的总体获利能力有所下降。

2. 行业整体资产负债率小幅上升

当前我国生产资料流通企业资金需求量大，为适应经营发展的需要，企业主要以债务融资扩大资产规模和经营规模，资产负债率普遍处于较高水平。2010年，重点流通企业整体平均资产负债率（举债经营比率）为71.6%，与2009年同期相比提高了3.9个百分点，所有者权益比率为28.4%。

对企业而言，资产负债率过高会影响企业融资信誉，过低则会影响企业生产扩展。所以，企业只有把资产负债率控制在一个合理水平，才能在财务状况稳定的基础上尽可能多的利用外部资金。

（张　喆　中国物流信息中心综合处）

第三部分

物流产业

2010年中国交通运输业

2010年是“十一五”规划的收官之年，我国交通运输业抓住国家应对国际金融危机而施行“一揽子”经济刺激计划的历史机遇，在强有力的资金支持下，继续加快发展步伐，基础设施规模显著扩大，运输效率与服务水平有效提高，运输能力紧张状况总体缓解，对我国国民经济与社会发展的适应性进一步增强。交通运输业在“十一五”期间的发展画上了圆满句号，并为“十二五”规划奠定了良好基础。

一、2010年我国交通运输业的总体发展态势

1. 基础设施建设成绩显著

(1) 交通基础设施规模大幅增长。2010年，我国交通基础设施总投资达到1.86万亿元，占全社会固定资产投资总额的比重为6.69%，“十一五”累计完成投资7.8万亿元，是“九五”和“十五”时期投资总额的1.86倍，有力保障了交通建设的快速推进。大批交通基础设施相继开工建设和投入运营，线路设施里程大幅增加，枢纽设施规模迅速扩大，初步形成了以“五纵五横”综合运输大通道和综合交通枢纽为主骨架，由铁路、公路、水路、民航和管道共同组成的综合交通运输网络框架。截至2010年年底，我国综合交通网总里程（不含航空线路和海运航线）已达到430万公里，其中铁路9.1万公里、公路400.8万公里、内河航道12.4万公里、管道7.7万公里、城市轨道1452公里（如表1所示），分别比上年增长5.8%、3.8%、0.2%、11.6%和41.6%，“十一五”时期我国交通基础设施线路里程增长情况如表2所示。截止2010年年底，我国已拥有铁路客运站约2000个，铁路货运站约3400个；拥有各类公路客运站约17万个，公路货运站（场）3000多个，港口数量已超过400个；拥有生产用码头泊位3.16多万个；民用运输机场达到175个（不含香港和澳门，下同），定期航班通航城市172个。

表1　“十一五”时期我国交通基础设施线路里程增长情况　单位：万公里

年份	铁路	公路	内河航道	管道
2006	7.7	345.7	12.3	4.8
2007	7.8	358.4	12.4	5.4

续 表

年 份	铁 路	公 路	内河航道	管 道
2008	8.0	373.0	12.3	5.9
2009	8.6	386.1	12.4	6.9
2010	9.1	400.8	12.4	7.7

资料来源：中国统计年鉴2010、2010公路水路交通运输行业发展统计公报等

（2）设施等级提升，结构优化，覆盖面与通达度提高。快速铁路、高速公路、高等级内河航道、现代化综合交通枢纽等的加快建设，使我国交通基础设施总体技术等级得到提升，结构不断优化，服务范围与通达深度显著提高。2010年，郑西客运专线、沪宁与沪杭城际铁路等一批高速铁路相继投入运营，许多既有线加快升级改造，我国铁路的高速化进程全面铺开，取得了举世瞩目的成就，高速铁路总里程已达到8358公里，比上年增长27.6%，铁路复线率和电气化率分别达到41%和46%。2010年年底，我国高速公路总里程已达到7.4万公里（位居世界第二），同比增长13.8%；公路“村村通”目标基本实现，乡镇和建制村通沥青（水泥）路比例分别达到96.6%和81.7%。内河三级及以上航道里程达到9280公里，占航道总里程的7.5%。全国规模以上港口数量达到96个，万吨级及以上泊位1661个。枢纽和干、支线机场建设有序推进，服务范围覆盖了全国91%的经济总量、76%的人口和70%的县级行政单元，其中，首都机场客运和浦东机场货运分别位列世界第二和第三位。42个全国性综合交通枢纽城市的建设布局得到大力推进，上海虹桥枢纽作为全国第一个实体型综合交通枢纽已正式投入运营。

2. 运输服务水平整体提升

（1）客货运输总量快速攀升。交通基础设施的大规模建设和运营投产使我国运输能力紧张状况总体缓解，运输服务需求得到更好的满足，有力地支撑了国民经济与社会发展。与此同时，随着国际金融危机影响逐渐衰退，经济形势逐渐好转，国内运输需求开始加速释放，运输生产触底反弹，呈现高速增长。2010年，全社会客、货运输量均以两位数的增长速度向上攀升，全年完成客运量328.0亿人次，客运周转量2.78万亿人公里，完成货运量320.3亿吨，货运周转量13.73万亿吨公里，分别比上年增长10.2%、11.9%、13.4%和12.4%（如表2所示）。

表2　　2010年全社会完成交通运输量及增长情况

指 标	单 位	2009年	2010年	同比增长（%）
客运量	亿人	297.7	328.0	10.2
铁路	亿人	15.2	16.8	10.2
公路	亿人	277.9	306.3	10.2
水运	亿人	2.2	2.2	-1.4
民航	亿人	2.3	2.7	17.1

续 表

指 标	单 位	2009年	2010年	同比增长（%）
旅运周转量	亿人公里	24833.9	27779.2	11.9
铁路	亿人公里	7878.9	8762.2	11.2
公路	亿人公里	13511.0	14913.9	10.4
水运	亿人公里	69.1	71.5	3.5
民航	亿人公里	3374.9	4031.6	19.5
货运量	亿 吨	282.5	320.3	13.4
铁路	亿 吨	33.3	36.4	9.2
公路	亿 吨	212.8	242.5	14.0
水运	亿 吨	31.9	36.4	14.1
民航	亿 吨	0.04	0.06	25.7
管道	亿 吨	4.5	4.9	9.9
货运周转量	亿吨公里	122133.6	137329.0	12.4
铁路	亿吨公里	25239.0	27644.1	9.5
公路	亿吨公里	37189.0	43005.4	15.6
水运	亿吨公里	57557.0	64305.3	11.7
民航	亿吨公里	126.2	176.6	39.9
管道	亿吨公里	2022.4	2197.6	8.7
沿海港口货物吞吐量	亿 吨	33.8	65.1	14.0

资料来源：中国统计年鉴2010、2010年国民经济和社会发展统计公报等

（2）客运需求趋向多元化，货运需求仍显粗放单一。2010年，我国各种运输方式旅客运输呈现不均衡的发展态势，需求层次趋向多元化，民航与公路客运需求迅速提高，铁路客运需求与以往相比也呈现较快增长，水路客运需求延续下降趋势，虽然这其中存在一定的供给因素影响，但不可否认速度快、机动化程度较高的运输服务需求快速增长、比例提高是近年来客运需求结构调整的基本趋势和显著特点。从需求分布看，随着国家产业布局的优化调整和区域经济的快速发展，以产业集聚为导向，围绕全国与区域经济中心形成了主要的客源生成地，客流分布开始由分散走向集中，旅客出行向大通道内汇集，区域内城际客流也增长迅猛。2005年和2010年我国各种运输方式客运需求结构变动情况如图1所示。

需求总量大、增长快、货运强度高是2010年货物运输市场的基本特征。从需求结构看，货物品类仍以大宗货物为主，社会物流总额中工业品物流额占到90%以上，整体结构相对粗放单一，但随着经济结构的调整，货种多元化

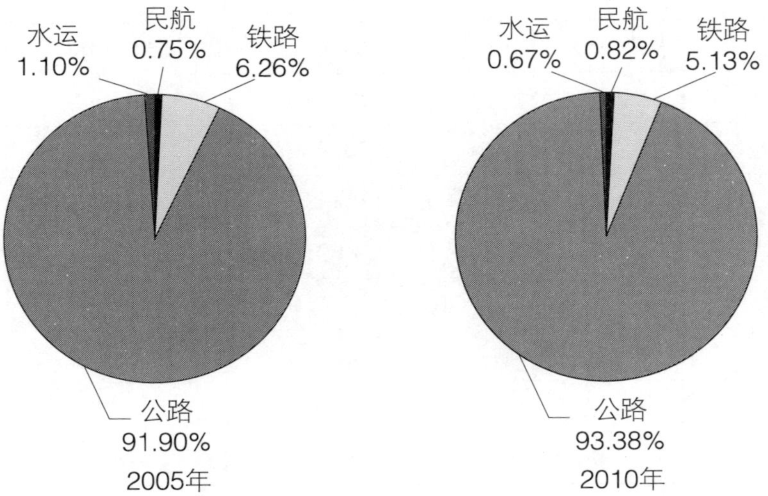

图 1 2005 年和 2010 年我国各种运输方式客运需求结构变动情况示意

趋势也已显现，消费品运输需求开始增加，对运输服务提出小批量、多批次、分散、灵活等要求。从需求分布看，点对点的中长距离调运与城市群内频繁的物资交流在近年来同时快速增长。2005 年和 2010 年我国各种运输方式货运需求结构变动情况如图 2 所示。

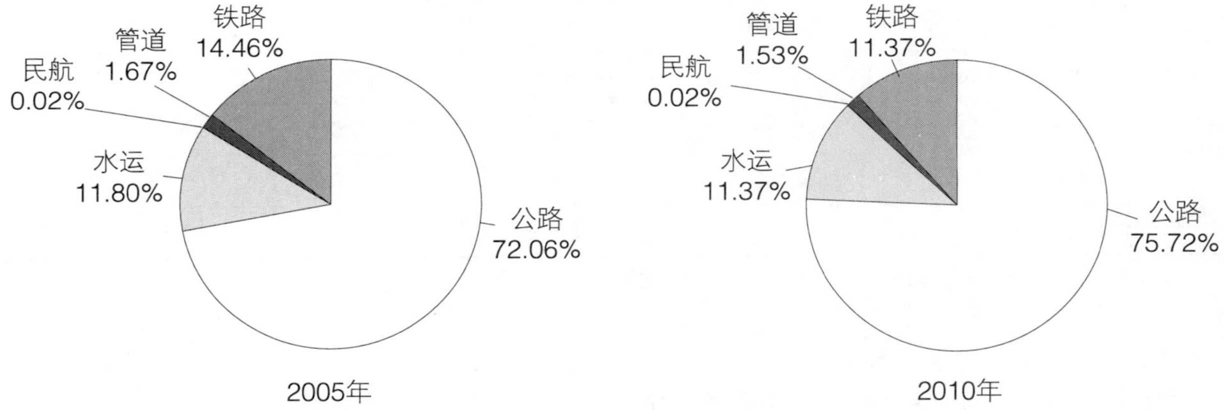

图 2 2005 年和 2010 年我国各种运输方式货运需求结构变动情况示意

3. 体制改革不断深化

2010 年，我国交通运输领域的管理体制改革进一步深化，市场化进程不断向前推进。以合资方式为主的铁路建设投融资模式继续得到积极推动，为铁路大规模建设提供了强大动力。成品油价格和税费改革逐步深入，截止 2010 年年底我国已在 17 个省市全部取消了政府还贷二级公路收费，城乡道路客运成品油价格补助专项资金管理制度正式实施。民航空管体制改革取得突破，低空空域开始实行分类管理。运输市场运行机制继续完善，国有大型交通运输企业法人治理结构得到改善。

4. 交通安全与应急保障取得进展

到 2010 年年底，我国已基本建立起跨行业的交通安全预防监控体系，有效控制了交通事故发生率，降低交通事故死亡率，减少经济损失，运输安全性不断提高。2010年，我国在陆续遭受多种重大自然灾害的情况下，一方面仍成功地举办了上海世博会；另一方面，迅速有效地积极救灾。其中，我国不断完善的交通应急保障体系作用凸显，特别是多种运输方式协调配合，在保障重大节日与活动、应对严重自然灾害和突发事件中发挥了极为重要的作用。尤其是民航在应对玉树地震、舟曲特大泥石流等自然灾害以及海外侨民接返等突发事件方面发挥了独特作用。

二、我国交通运输业存在的主要问题

1. 交通基础设施网络仍有待完善

经过改革开放30多年来，特别是“十一五”时期的大规模建设，我国交通基础设施已取得辉煌成就，但运输网络总体规模依然偏小，技术等级偏低，网络覆盖广度与通达深度有待提高。目前，我国运输网络密度还远低于发达国家，铁路网密度仅为美国的38%、日本的8%、德国的17%，铁路复线率和电气化率不到50%。公路网密度和高速公路网密度分别只有美国的58%和72%、日本的13%和40%、德国的22%和21%，构成我国综合交通网骨干网络的国省干线公路结构不合理，等级偏低，二级以上公路仅占11.2%，仍有3.4%和18.3%的乡镇和建制村未通沥青（水泥）路。全国港口适应度为0.84，低于1.2～1.3国际公认的合理标准，内河高等级航道比重较低。北京、上海、广州、深圳等繁忙机场已经满负荷运行，杭州、昆明等20多个机场以及京沪、京广、沪广等航路的保障容量已全部饱和。

2. 交通运输结构性矛盾突出，区域间、方式间、方式内、要素间发展不协调

我国交通运输业结构性矛盾突出主要反映为：区域层面，区域间、城际间、城乡间发展不平衡，东部地区交通运输基础设施相对完善，而中西部地区各类设施仍相对缺乏；部分跨区域通道能力短缺问题十分突出，煤炭等大宗物资运输在局部区域存在制约，“一票难求”问题依然棘手；城市交通拥堵日趋严重，公共交通发展滞后；农村运输较为薄弱和落后，城乡运输服务一体化推进存在障碍。方式层面，各种运输方式发展不平衡，铁路、内河、民航等与公路相比发展较为落后，尤其是铁路发展滞后，公路成为主导运输方式，承担了大量大宗物资的跨区域长途运输，不仅提高了运输成本，降低了运输效率，增加了能耗与排放，还导致了如“京藏高速大堵车”等重大事件，对经济运行与社会生活造成不利影响。在方式内部，铁路客运发达而货运滞后、高速公路发展迅速而国省干线公路能力不足、沿海港口发达而内河航道滞后等发展不协调问题同样十分突出。系统要素层面，综合运输通道建设成绩显著，而综合交通枢纽发展滞后，各种运输方式难以顺畅衔接。

3. 运输装备和技术水平不高，自主创新及其产业化发展能力相对不足

我国交通运输业运输装备和技术水平不高的主要表现是：一方面，运输装备和技术整体水平仍然偏低，发展参差不齐，先进的装备技术在一些领域已得到应用，而落后的装备技术也未被淘汰，二者差距十分明显，信息化与智能化对交通运输发展的贡献较为有限；另一方面，运输装备和技术的研发创新水平不高，特别是高端与前沿领域核心技术的自主化率较低，对安全、可靠、节能、环保等新趋势的把握引领能力有限，技术成果转化及其产业化发展能力不足，与发达国家存在明显差距。

4. 运输服务总体水平不高，各种运输方式衔接不畅，“一体化”服务能力相对有限

目前，我国的交通运输服务尚难有效满足随经济社会快速发展而日益提升的多样性运输需求。运输服务在时效性、便捷性、安全性、舒适性与经济性、普遍性之间的合理均衡点难

以准确把握。低端“同质性”运输服务供给能力过剩，真正符合旅客“零距离换乘”和货物“无缝化衔接”理念要求的运输服务供给能力相对不足，运输整体效率偏低，运输成本偏高。缺乏真正意义的“一体化”运输服务企业，运输企业的国际竞争力与话语权有待提升。

5. 管理体制与协调机制不完善，运输市场体系有待健全

从我国交通运输业的总体发展情况看，深化体制改革的任务仍很艰巨。一方面，管理体制改革有待深入，特别是交通运输综合管理体制改革稍显滞后，适应综合运输发展要求的管理体制和协调机制尚未建立；另一方面，运输市场体系与环境尚不完善，法律法规、规范标准、行业统计等有待健全。

6. 交通运输可持续发展能力仍然不足

相对我国经济发展的要求，交通运输业的发展仍显不足。一方面，交通运输与资源、环境之间的矛盾日益突出，土地资源十分紧缺，节能减排压力巨大；另一方面，交通运输自身的财务可持续也面临着严峻挑战，建设、养护、维修、运营中的资金瓶颈问题日益凸显，基础设施存量债务偿还与增量再融资之间的矛盾逐步加深，交通运输发展中的财政、金融风险不断增加。

三、我国交通运输业“十二五”发展的趋势与展望

2011年是“十二五”规划的开局之年，也是后危机时代我国调整经济结构、转变发展方式的关键年份。从整个“十二五”来看，国际方面，金融危机后，世界经济格局正经历深度调整，经济增长速度减缓，全球需求结构出现明显变化，对我国现有经济结构和庞大生产能力构成严峻挑战，同时，围绕市场、资源、人才、技术、标准等的竞争更加激烈，气候变化等全球性问题更加突出，我国发展的外部环境日趋复杂。国内方面，工业化、信息化、城镇化、市场化、国际化深入发展，城乡居民收入稳步增加，经济结构转型加快，市场需求潜力巨大，科技水平整体提升，经济社会发展和综合国力将再上新台阶。

面对更加复杂多变的国际、国内形势，交通运输业既要为拓展外部发展空间提供支撑，又要为扩大内需提供保障，既要继续加快自身建设，又要为发展寻求资源环境支撑，任务十分艰巨。因此，“十二五”时期我国交通运输业的发展将经历一个重要的转型期，进入有效整合交通资源，实现各种运输方式从分散、独立发展转向一体化发展的历史新阶段。经过多年的发展，我国已初步具备了构建综合运输体系的基础条件，“十二五”时期，既是综合运输体系的构建关键期，更是交通运输综合发展的战略机遇期。未来五年，我国交通运输业应按照适度超前的原则，继续保持适当的发展速度，转变发展方式，加快构建综合运输体系，完善网络布局，调整运输结构，提升运输服务能力与水平，为国民经济与社会发展提供更加有力的支撑。

（谢雨蓉　樊一江　国家发改委综合运输研究所）

运输航空[①]

2010年，在党中央、国务院的正确领导下，民航局党组带领全国民航干部职工深入贯彻落实科学发展观，以建设民航强国战略为指引，运输生产迈上新台阶，基础设施建设取得新进展，经济效益创历史最高水平，公共职能稳步推进，圆满完成各项重大航空运输保障任务和紧急航空运输任务，各项工作取得了显著成绩。

一、运输航空[②]

2010年，民航运输生产实现新突破，标志着中国民航在建设民航强国道路上迈出了新的坚实步伐，中国成为全球增长最快、最重要的民航市场之一。

1. 运输总周转量[③]

2010年，全行业完成运输总周转量538.45亿吨公里，比上年增加111.38亿吨公里，增长26.1%，其中旅客周转量359.55亿吨公里，比上年增加58.71亿吨公里，增长19.5%；货邮周转量178.90亿吨公里，比上年增加52.67亿吨公里，增长41.7%。

2010年，国内航线完成运输周转量345.48亿吨公里，比上年增加48.36亿吨公里，增长16.3%，其中，港澳台航线完成11.59亿吨公里，比上年增加2.66亿吨公里，增长29.8%；国际航线完成运输周转量192.97亿吨公里，比上年增加63.02亿吨公里，增长48.5%。

“十一五”期间我国运输总周转量年平均增速为15.6%。如图1所示。

2. 旅客运输量

2010年，全行业完成旅客运输量2.68亿人次，比上年增加0.37亿人次，增长16.1%。国内航线完成旅客运输量2.48亿人次，比上年增加0.33亿人次，增长15.1%，其中港澳台航线完成0.07亿人次，比上年增加0.02亿人次，增长29.9%；国际航线完成旅客运输量0.19亿人次，比上年增加0.05亿人次，增长31.1%。

“十一五”期间我国旅客运输量年平均增速为14.1%。如图2所示。

---

① 本文选自《2010年民航行业发展统计公报》有删节。本公报未包括中国香港、中国澳门特别行政区及中国台湾省统计数据。公报中部分数据因四舍五入的原因，存在着与分项合计不等的情况。

② 运输航空各项数据为正式年报数据，部分统计数据与此前公布的初步统计数据如有出入，以本次分布数据为准。

③ 运输周转量、旅客运输量、货邮运输量涉及的数据均为国内航空公司承运的数据。

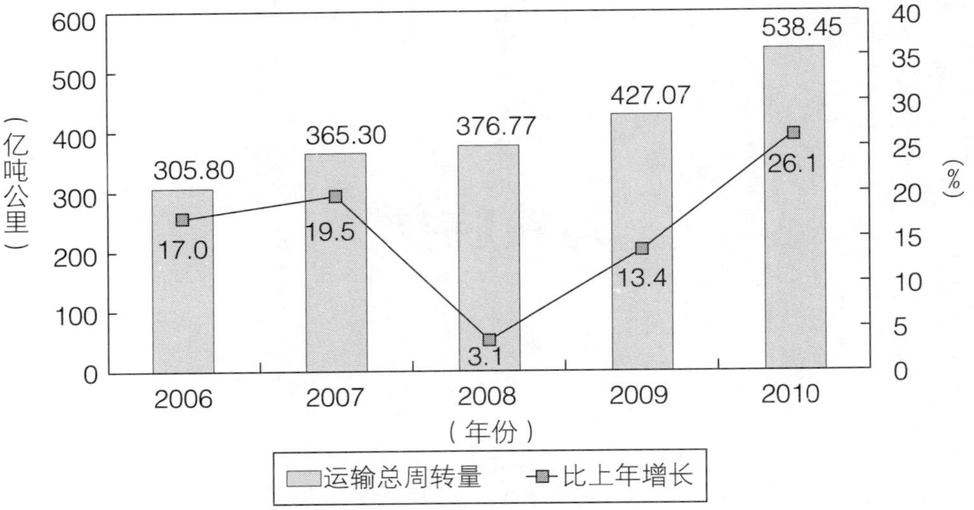

图 1 2006—2010 年我国航空运输总周转量走势

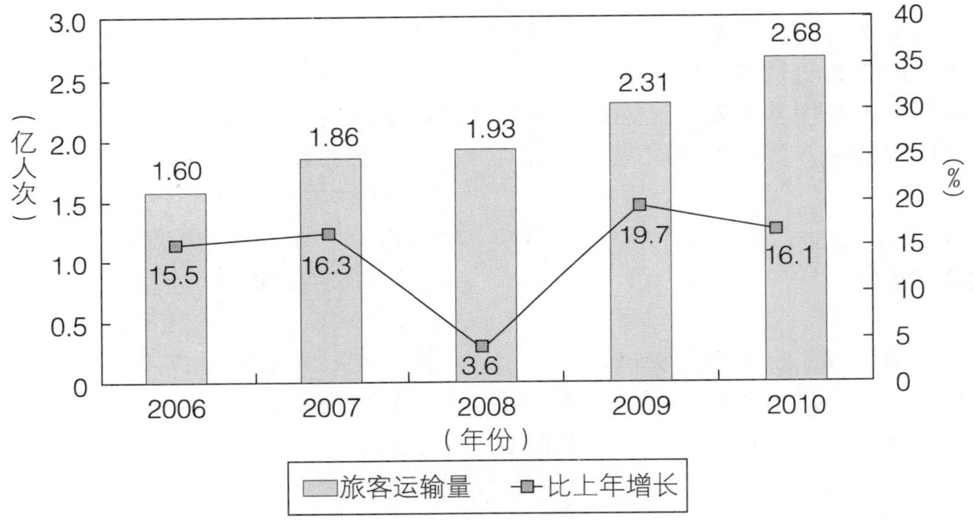

图 2 2006—2010 年我国航空旅客运输量走势

3. 货邮运输量

2010 年，全行业完成货邮运输量 563. 0 万吨，比上年增加 117. 5 万吨，增长 26. 4%。国内航线完成货邮运输量 370. 4 万吨，比上年增加 51. 0 万吨，增长 16. 0%，其中，港澳台航线完成 21. 7 万吨，比上年增加 5. 8 万吨，增长 36. 2%；国际航线完成货邮运输量 192. 6 万吨，比上年增加 66. 5 万吨，增长 52. 8%。

“十一五”期间我国货邮运输量年平均增速为 12. 9%。

4. 机场业务量

2010 年，全国民航运输机场完成旅客吞吐量① 5. 64 亿人次，比上年增长 16. 1%。“十一

① 旅客吞吐量：指报告期内进港（机场）和出港的旅客人数。

五”期间全国运输机场旅客吞吐量年平均增长率为 14.7%。如图 3 所示。

2010 年我国运输机场旅客吞吐量按地区分布情况为：东部地区①完成旅客吞吐量 3.39 亿人次，东北地区完成旅客吞吐量 0.34 亿人次，中部地区完成旅客吞吐量 0.53 亿人次，西部地区完成旅客吞吐量 1.39 亿人次。各地区机场旅客吞吐量占全国机场旅客吞吐总量的比重如图 4 所示。

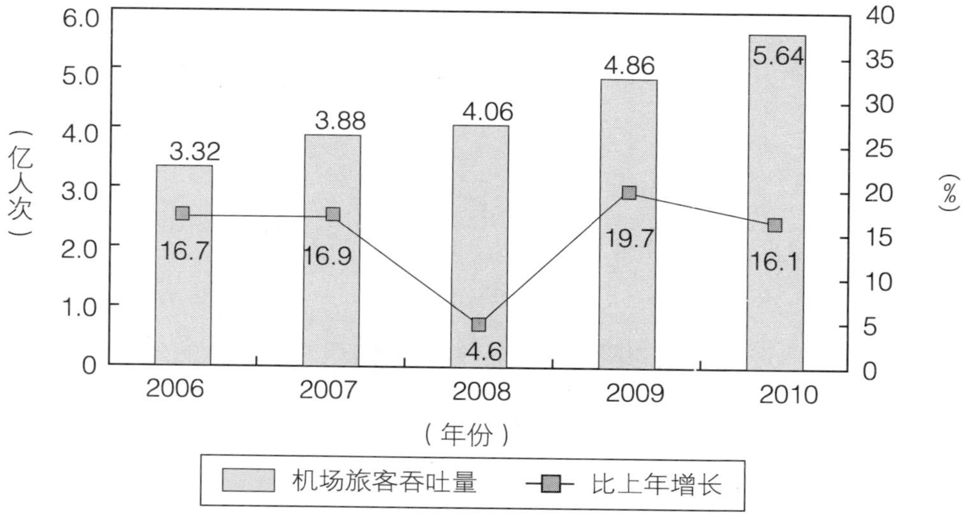

图 3　2006—2010 年我国运输机场旅客吞吐量走势

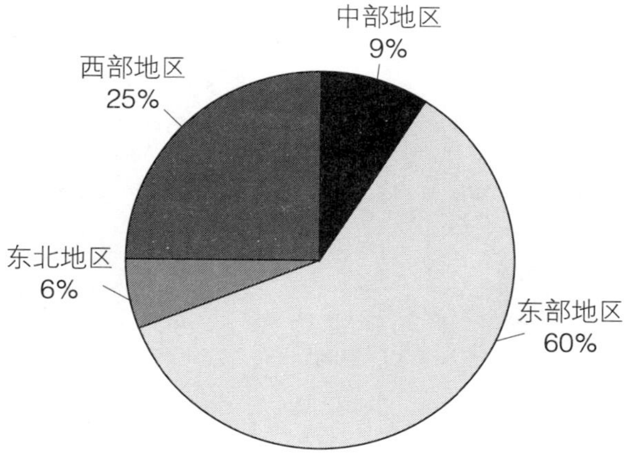

图 4　2010 年全国各地区机场旅客吞吐量占全国机场旅客吞吐总量的比重

2010 年，全国运输机场完成货邮吞吐量② 1129.0 万吨，比上年增长 19.4%。“十一五”期间全国运输机场货邮吞吐量年平均增长率为 12.3%。如图 5 所示。

2010 年，我国机场完成货邮吞吐量按地区统计的情况是：东部地区完成货邮吞吐量 898.6 万吨，东北地区完成货邮吞吐量 40.8 万吨，中部地区完成货邮吞吐量 42.7 万吨，西部地区完成货邮吞吐量 147.0 万吨。各地区机场完成货邮吞吐量占全国完成货邮吞吐总量的比重如图 6 所示。

① 东部地区是指山东、江苏、天津、浙江、海南、河北、福建、上海、北京和广东 10 省市；东北地区是指黑龙江、辽宁和吉林 3 省；中部地区是指江西、湖北、湖南、河南、安徽和山西 6 省；西部地区是指宁夏、陕西、云南、内蒙古、广西、甘肃、贵州、西藏、新疆、重庆、青海和四川 12 省（区、市）。

② 货邮吞吐量：指报告期内货物和邮件的进出港数量。

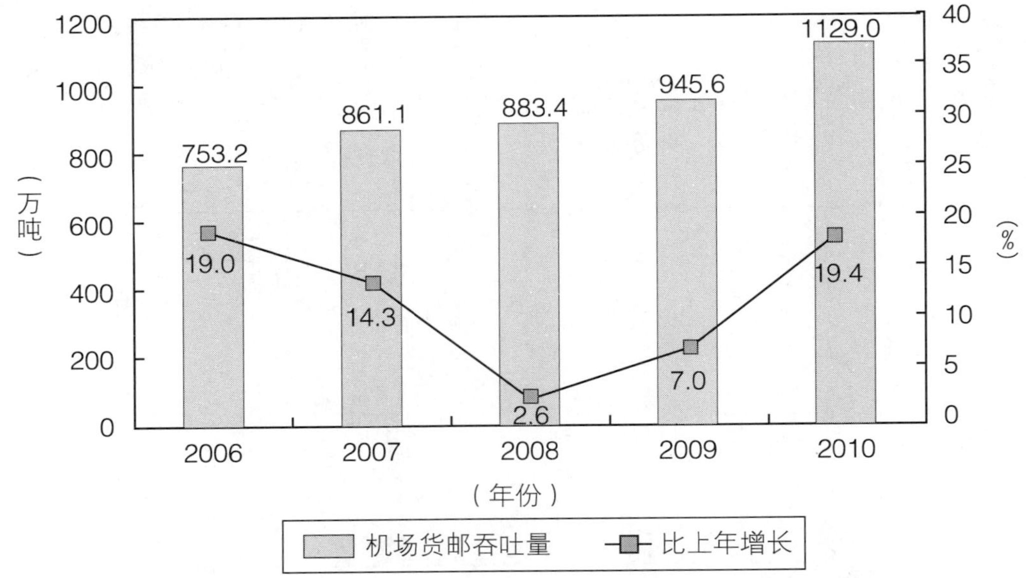

图 5　2006—2010 年全国运输机场货邮吞吐量年平均增长率走势

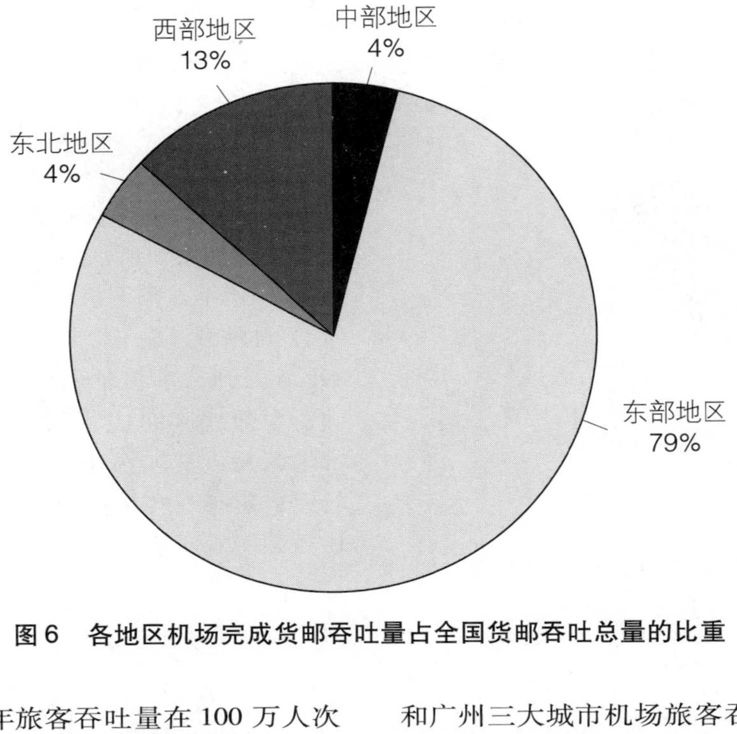

图 6　各地区机场完成货邮吞吐量占全国货邮吞吐总量的比重

2010 年，全国年旅客吞吐量在 100 万人次以上的运输机场有 51 个，其中，北京、上海和广州三大城市机场旅客吞吐量占全部机场旅客吞吐量的 33.1%。如表 1 所示。

表 1　2010 年全国旅客吞吐量在 100 万人次以上的机场数量

年旅客吞吐量	机场数量（个）	比上年增加（个）	吞吐量占全国比例
1000 万人次以上	16	2	67.7%
100 万～1000 万人次	35	-2	27.5%

2010 年，全国年货邮吞吐量在 1 万吨以上的运输机场有 47 个，其中北京、上海和广州三大城市机场货邮吞吐量占全部机场货邮吞吐量的 56.7%。如表 2 所示。

表 2　2010 年全国货邮吞吐量万吨以上的机场数量

年货邮吞吐量	机场数量（个）	比上年增加（个）	吞吐量占全国比例
10000 吨以上	47	2	98.8%

2010 年，北京首都机场完成旅客吞吐量 0.74 亿人次，位列世界第二；上海浦东机场完成货邮吞吐量 322.8 万吨，位列世界第三。①

5. 机场服务能力

截止 2010 年年底，我国共有颁证运输机场 175 个，比上年增加 9 个，并全部开通定期航班。2010 年新增机场有：内蒙古二连浩特、辽宁鞍山、宁夏固原、河北唐山、新疆博乐、新疆吐鲁番、江苏淮安、西藏阿里和重庆黔江。如表 3 所示。

表 3　2010 年全国各地区运输机场数量

地　区	运输机场数量（个）	占全国比例（%）
全国	175	100
其中：东北地区	19	11
东部地区	46	26
西部地区	85	49
中部地区	25	14

6. 航线网络

截止 2010 年年底，我国共有定期航班航线 1880 条，按重复距离计算的航线里程为 398.1 万公里，按不重复距离计算的航线里程为 276.5 万公里。“十一五”期间定期航班航线增加 623 条，年均增长 8.4%，按重复距离计算的航线里程增加 125.6 万公里，年均增长 7.9%，按不重复距离计算的航线里程增加 76.7 万公里，年均增长 6.7%。

截止 2010 年年底，定期航班国内通航城市 172 个（不含香港、澳门、台湾），定期航班通航香港的内地城市 43 个，通航澳门的内地城市 5 个，通航台湾地区的内地城市 32 个。

截止 2010 年年底，国内航空公司的国际定期航班通航国家达 54 个，通航城市达 110 个。如表 4 所示。

① 通航生产最终数据以 2011 年通用航空信息普查结果为准。

表 4　　“十一五”期间我国定期航班通航点的变化情况

指　　标	2010 年（个）	2005 年（个）	年均约增加（个）	年均增幅（%）
国内通航城市（不含港澳台）	172	133	8	5. 3
国际航班通航国家	54	33	4	10. 4
国际航班通航的国外城市	110	75	7	8. 0

7. 运输航空（集团）公司生产

截止 2010 年年底，我国共有运输航空公司 43 家，按类别划分即有：国有控股公司 35 家、民营和民营控股公司 8 家、全货运航空公司 11 家、中外合资航空公司 16 家、上市公司 5 家。

中航集团完成飞行小时 146. 7 万小时，完成运输总周转量 175. 3 亿吨公里，比上年增加 23. 2%；完成旅客运输量 0. 72 亿人次，比上年增加 15. 2%；完成货邮运输量 180. 1 万吨，比上年增加 28. 0%。

东航集团完成飞行小时 121. 4 万小时，完成运输总周转量 136. 0 亿吨公里，比上年增加 24. 0%；完成旅客运输量 0. 65 亿人次，比上年增加 15. 5%；完成货邮运输量 164. 8 万吨，比上年增加 20. 6%。

南航集团完成飞行小时 139. 2 万小时，完成运输总周转量 131. 0 亿吨公里，比上年增加 30. 2%；完成旅客运输量 0. 76 亿人次，比上年增加 15. 3%；完成货邮运输量 111. 7 万吨，比上年增加 29. 6%。

海航集团完成飞行小时 60. 2 万小时，完成运输总周转量 57. 1 亿吨公里，比上年增加 26. 8%；完成旅客运输量 0. 31 亿人次，比上年增加 15. 4%；完成货邮运输量 52. 2 万吨，比上年增加 29. 1%。

其他航空公司共完成飞行小时 43. 4 万小时，完成运输总周转量 39. 0 亿吨公里，比上年增加 32. 6%；完成旅客运输量 0. 23 亿人次，比上年增加 24. 8%；完成货邮运输量 54. 2 万吨，比上年增加 30. 6%。

2010 年各航空（集团）公司运输周转量占全国航空运输总周转量的比重如图 7 所示。

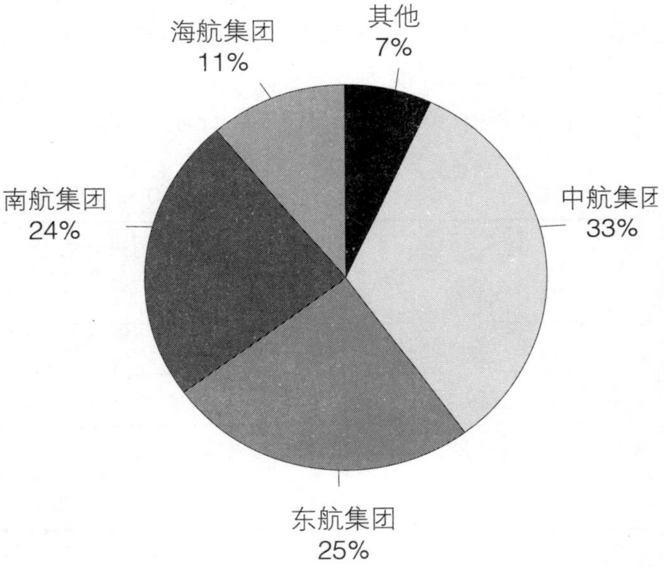

图 7　2010 年各航空（集团）公司运输周转量占全国航空运输总周转量的比重

二、运输效率、经济效益与运输收入水平

1. 运输效率

2010 年，全行业在册运输飞机平均日利用率为 9. 35 小时，比上年提高 0. 11 小时。其中，

大中型飞机①平均日利用率为9.76小时，比上年提高0.18小时，小型飞机平均日利用率为5.15小时，比上年降低0.32小时。2010年，正班客座率平均为80.2%，比上年提高3.9个百分点。2010年，正班载运率平均为71.6%，比上年提高4.4个百分点。如表5所示。

表5　2010年我国正班客座率和正班载运率

指　　标	指标值（%）	比上年增长数（百分点）
正班客座率	80.2	3.9
国内航线	81.0	3.5
其中：港澳台航线	74.9	6.6
国际航线	77.1	6.0
正班载运率	71.6	4.4
国内航线	72.4	3.5
其中：港澳台航线	63.7	6.2
国际航线	70.3	6.8

2. 经济效益②

2010年，全行业累计实现营业收入4115亿元，比上年增长37%，利润总额434亿元，比上年增加324亿元。其中，航空公司实现营业收入2999亿元，比上年增长40%，利润总额351亿元，比上年增加294亿元；机场实现营业收入417亿元，比上年增长22%，利润总额51亿元，比上年增加18亿元；保障企业实现营业收入699亿元，比上年增长37%，利润总额32亿元，比上年增加12亿元。

3. 运输收入水平③

2010年，全行业运输收入水平为5.30元/吨公里，比上年增加0.53元/吨公里。其中国内航线（不含港澳台航线）6.28元/吨公里，比上年增加0.89元/吨公里；国际航线3.45元/吨公里，比上年增加0.16元/吨公里。

全行业客公里收入水平0.63元/客公里，比上年增加0.08元/客公里。其中，国内航线（不含港澳台航线）收入水平0.63元/客公里，比上年增加0.09元/客公里；国际航线收入水平0.59元/客公里，比上年增加0.07元/客公里。

全行业货邮运收入水平1.88元/吨公里，比上年增加0.15元/吨公里。其中，国内航线（不含港澳台航线）收入水平为2.02元/吨公里，比上年增加0.34元/吨公里；国际航线收入水平为1.77元/吨公里，比上年增加0.07元/吨公里。

三、固定资产投资④

2010年，民航基本建设和技术改造投资646.5亿元，比上年增长8.7%。

2006—2010年我国民航基本建设和技术改造投资额走势如图8所示。

① 大中型飞机是指座级在100座以上的运输飞机，小型飞机是指座级在100座以下的运输飞机。

② 经济效益涉及数据为财务快报数据，最终数据以财务年报数据为准。

③ 运输收入水平为民航财务快报数据，最终数据以财务年报数据为准。

④ 未含飞机和特种车辆购租等投资。

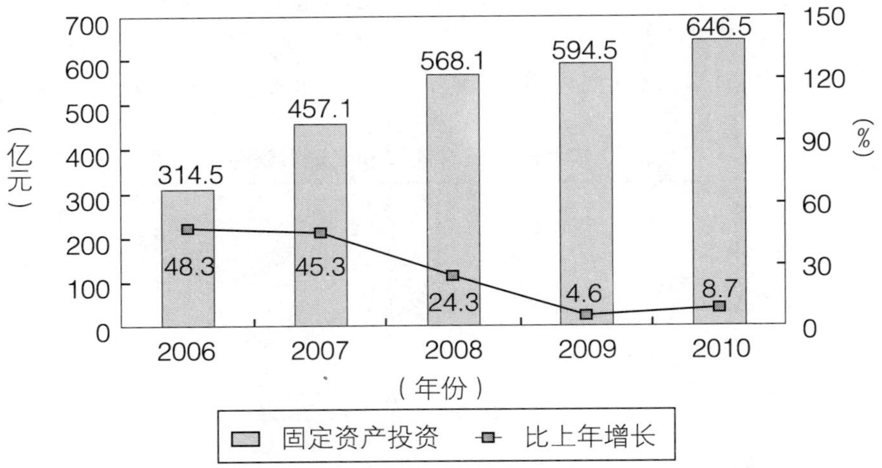

图8 2006—2010年我国民航基本建设和技术改造投资额走势

基本建设和技术改造投资按系统划分如下:

1. 机场建设

2010年，机场系统完成固定资产投资总额441.5亿元，比上年增长3.4%。重点建设项目19个，其中：上海虹桥机场扩建工程、阿里新机场、重庆江北机场飞行区扩建工程竣工；昆明新机场、合肥新机场、杭州萧山机场扩建工程、深圳宝安机场扩建工程、长沙黄花机场扩建工程、成都双流机场扩建工程、西安咸阳机场扩建工程等续建项目进展顺利；南京禄口机场、贵阳龙洞堡机场、拉萨贡嘎机场及西宁曹家堡机场的扩建工程开工建设。

2. 空管建设

2010年，空管系统完成固定资产投资19亿元，比上年减少37.9%。重点建设项目6个，其中：东部地区和西部航路雷达管制工程、成都区域管制中心、西安区域管制中心等多个续建项目进展顺利；沈阳区域管制中心、乌鲁木齐区域管制中心开工建设。

3. 其他方面

2010年，民航其他系统完成固定资产投资总额186亿元，比上年增加36.0%。其中：民航信息系统建设投资28亿元，民航科研、教育系统投资18.9亿元，民航安全保卫系统投资1.3亿元，民航油料系统投资5.5亿元，民航机务维修系统投资0.5亿元，运输服务系统投资64.3亿元，公共设施系统投资13.3亿元，其他系统投资54.2亿元。

2010 年中国包装业

2010 年，我国包装工业预计完成工业总产值 1.2 万亿元，其中，规模以上企业实现工业总产值首次突破 1 万亿元。包装业已成为我国国民经济 40 个主要工业门类排行第 14 位的支柱产业。

2010 年，我国包装工业各门类生产继续增长，较好地完成了社会消费品配套及出口商品的包装需求。统计数据显示，就贡献率而言纸包装业目前是我国包装工业的“老大”，其后依次是塑料包装业、包装印刷业、金属包装业、机械制造业、玻璃包装业、竹木包装业和其他包装业。在全国各省区市中，包装工业产值位居前六位的省市依次是广东、浙江、山东、江苏、上海和福建。整体看珠三角、长三角和环渤海地区目前是我国包装产业集群分布的重点区域，其产值已接近行业总产值的 90%。中国包装联合会副会长张耀权说，三大区域鼎立的产业格局在相当长一个时期内不会改变，但随着西部大开发和东北老工业基地振兴，加之沿海产业向中西部梯度转移步伐加快，全国包装工业发展整体不平衡的状况将会明显改变。从近几年我国包装业的发展情况看，东北、西南和西北三大区域的包装工业增幅在全国包装业中是最快的，已经出现了产业向中西部梯度转移加快的态势。

近年来，在我国经济快速发展的带动下我国的包装业已经发展成为门类齐全、体系完整、产业关联度高的行业之一，我国包装企业的组成结构也发生了很大的变化，大中型企业的比重不断提高，包装行业中新涌现出了一些年销售额超亿元甚至几十亿元的龙头骨干企业，同时包装制造业的现代化水平明显提高，一些生产技术跻身于世界先进行列。目前，我国包装企业的生产能力完全可以满足国内商品生产和外贸出口包装的需要，我国塑料包装机械的年加工能力和塑料编织袋、复合软包装、金属桶、瓦楞纸板的年产量均居世界前列，我国包装行业的市场规模在全球市场中仅次于美国而位居世界第二，我国已成为全球发展最快、规模最大、最具潜力的包装市场，并将逐步成为世界包装业的发展和市场开发中心。

一、2010 年我国包装行业主要大事回顾

1. 2010 世界包装大会在北京召开

2010 年 6 月 1 日，2010 世界包装大会在北京召开。来自 25 个国家和地区的包装和其他相关行业组织代表以及专家、学者等共近千人参加了会议，共商包装工业的发展大计，盛况

空前。全国人民代表大会常务委员会副委员长陈昌智亲自出席会议并在大会致辞，世界包装组织主席基斯·皮尔森，世界包装组织秘书长卡尔·奥斯迈茨，世界包装组织副主席、亚洲包装联合会主席、中国包装联合会会长石万鹏，世界包装组织理事、中国包装联合会副会长、世界包装组织亚洲包装中心总裁金祥佐、美国希悦尔公司高级顾问威廉·阿姆斯特朗先生等人分别在大会上发表演讲。同时还举办了"2010 中国国际包装论坛"和"2010 北京国际包装博览会"。此次大会对我国的包装业从理念到产品的不同角度进行了全面展示，凸显了我国包装业具有十分广阔的发展前景，表明低碳环保已经成为我国包装行业发展的主流方向。

2. 世界包装中心落户我国

2010 年 9 月 14 日，世界包装组织在土耳其伊斯坦布尔召开的世界包装组织理事会上正式批准在中国建立世界包装中心，同时批准该中心成为世界包装组织的正式成员。世界包装组织副主席、亚洲包装联合会主席、中国包装联合会会长石万鹏出任世界包装组织世界包装中心主席。世界包装中心建设领导小组组长由石万鹏担任，成员有王山川（中国包装联合会副会长）和张耀权（浙江省包装技术协会会长）。这标志着我国包装工业在全球包装业中的地位与声望进一步提升，我国包装业在世界包装业中已占有非常重要的地位。

20 多年来，我国包装工业从无到有、从小到大走过了曲折的发展道路，取得了令人瞩目的成就，已经成为继美国之后的第二包装大国。我国包装工业突飞猛进的发展态势预示着我国的包装工业已经进入高速发展时期，我国包装业接轨世界包装业的步伐在逐步加快，我国已经走上"包装大国"向"包装强国"转变的道路。尽管如此，我国的包装业仍然存在很多问题，如我国的包装企业分布不均匀、包装产业集群实力亟待增强、包装产业结构调整与产业转型升级非常迫切，而且与国外包装企业相比，我国的企业在信息、人才、资源、物流、研发、创新等方面存在发展制约，亟须建立一个国际性包装平台来缩短我国包装企业和国外包装企业的差距，以促进全国包装产业有效整合资源、全面增强包装产业集群实力、快速实现包装产业转型升级。因此，世界包装中心落户我国对推动我国由"包装大国"向"包装强国"迈进具有重要意义。

3. 一批产业集聚型包装产业基地建成

经过几年的结构调整，我国包装业的整体结构更趋完善，已经建立了以纸、塑料、金属、玻璃、复合材料为主，竹、木为辅的包装材料体系，而且包装机械、包装印刷以及包装原辅材料生产也取得了很大成就，形成了包装产品生产与上下游产业更加紧密衔接的产业基地。目前，这类与上下游产业更加紧密衔接的产业基地很多是由政府部门或大型企业集团投资兴建的包装企业的生产聚集地，如由中山火炬开发区管委会和中山市张家边企业集团有限公司投资建设的"中国包装印刷生产基地"、由沈阳胡台新城管理委员会主办的"中国包装印刷产业基地（东北）"、由河北东光县人民政府主办的"中国包装印刷产业基地（东光）"、由安徽桐城市人民政府主办的"中国包装印刷产业基地（桐城）"，这些产业基地为产业的稳定发展提供了重要的保证。

4. 绿色包装产业发展迅猛

建设绿色包装产业，不仅是建设资源节约型、环境友好型社会的需要，也是包装工业可持续发展的根本出路。近几年，我国包装领域绿色包装产业发展迅猛，行业坚持把减量化、资源回收和综合利用作为技术改造和科技创新的重中之重，淘汰了一批能耗高、产能低、污染严重的落后技术和工艺设备，开发推广了一批有利于资源节约和环境保护的新设备、新材料和新产品；节材代木工作取得明显成效，以纸代木、以竹代木、层积材等代木包装新材料、新产品、新技术逐步得到应用，包装废弃物资源再生产业的开拓发展方面也取得了重大突破。如金属包装三片罐从原来的壁厚0.20毫米~0.23毫米减薄到0.14毫米~0.15毫米，钢桶的壁厚从原来的1.2毫米减薄到0.8毫米，这些改进每年可节约相当数量的钢材；纸箱包装业开展技术创新，使单瓦楞纸箱在强度和质量上有了很大提升，目前传统的双瓦楞纸箱已被单瓦楞纸箱逐渐替代，此项技术改进每年可节约大量原纸。又如盈创再生资源公司，从欧洲引进核心设备通过自主集成创新，建成我国第一家也是亚洲迄今唯一的再生食品级聚酯切片新技术企业，每年可回收处理废弃聚酯瓶5万吨，相当于在北京开采了30万吨原油，其生产工艺实现了“全资源回收，同质化再生”，是“真正意义上的循环经济”，公司被国家发改委认定为包装行业第一家国家循环经济试点企业和“城市矿产”示范基地。随着关键技术的突破，资源再生企业将以更加蓬勃之势成为包装行业中一支充满活力和潜力的重要力量，在我国循环经济发展和建设资源节约型、环境友好型社会的进程中发挥重要的作用。

5.《限制商品过度包装要求——食品和化妆品》国标正式实施

2010年4月1日，由国家质检总局和国家标准委发布的GB 23350—2009《限制商品过度包装要求——食品和化妆品》国标正式实施。该标准对饮料酒、原料粮食、糕点、保健食品、化妆品、其他食品等商品的包装空隙率和包装层数都做了强制性规定。例如，饮料酒的包装空隙率不得超过55%、糕点的包装空隙率不得超过50%、保健食品和化妆品的包装空隙率不得超过50%；饮料酒、糕点、保健食品和化妆品的包装层数均不得超过3层。新国标对包装成本也作了规定，应充分考虑包装的经济性和实用性，避免为了追求其他功能而增加包装成本，除初始包装之外的所有包装成本总和不得超过商品销售价格的20%。

《限制商品过度包装要求——食品和化妆品》国标的实施有利于政府相关部门加强对厂商的监管，引导消费者购买适度包装商品，鼓励消费者践行低碳消费观念，为国家节能减排作出了贡献。

6. 食品包装标识QS标志中的“质量安全”字样改为“生产许可”

根据国家质量监督检验检疫总局《关于使用企业食品生产许可证标志有关事项的公告》的要求，从2010年6月1日起，所有获证企业生产的食品包装上标识的QS标志的含义将发生变化，即其中的“质量安全”字样将改为“生产许可”（详见下图）。

此次调整变化是按照《食品安全法》的要求，强调食品生产实施许可证制度，提高食品安全保障水平。此次调整是按照《食品安全法》的要求，强调食品生产实施许可证制度，提高食品安全保障水平。按照要求，食品包装上仍要标识QS标志，但表达意思不同了：企业食品生产许可证标志以“企业食品生产许可”的拼音“Qiyeshipin Shengchanxuke”的缩写“QS”表示，并标注“生产许可”中文字样；原有的QS标志为英文Quality Safety的缩写即质量安全。《关于使用企业食品生产许可证标志有关事项的公告》明确指出，从2010年6月1日起，新获得食品生产许可的企业应使用企业食品生产许可证标志。之前取得食品生产许可的企业从2010年6月1日起18个月内可以继续使用原已印制的带有旧版生产许可证标志包装物。这标志着我国食品质量安全市场准入制度进一步规范。

对检验合格的食品要在包装物上加贴或加印QS标志，方便于群众和执法部门识别和监督。

旧版样式　　新版样式

7. 印刷业被列九部门大气污染防控范围

2010 年 5 月 13 日，国办发〔2010〕33 号《国务院办公厅转发环境保护部等部门关于推进大气污染联防联控工作改善区域空气质量指导意见的通知》（以下简称《指导意见》）正式发布，明确将“印刷”行业列入“开展挥发性有机物污染防治”范围。《指导意见》在第四部分“加大重点污染物防治力度”中明确提及印刷业要“开展挥发性有机物污染防治”，并要求“从事喷漆、石化、制鞋、印刷、电子、服装干洗等排放挥发性有机污染物（VOC）的生产作业，应当按照有关技术规范进行污染治理”。《指导意见》要求各地在 2010 年 6 月底前，将本地区落实本意见的实施方案，报送环境保护部备案。此举预示印刷行业将在大气污染的防治方面有大动作。

印刷业要减少大气污染，必须从物料源头进行控制，如使用环保油墨实现绿色印刷，即可减少挥发性有机物污染。因为，印刷过程的 VOC 污染主要来自各种物料，如油墨、黏合剂、上光油等。例如，用于包装印刷的凹印一般采用传统油墨即有挥发性的溶剂型油墨，这种油墨会产生 VOC 造成空气污染。在《食品安全法》颁布后，食品包装和药品包装越来越多地采用柔印的方式或称为绿色环保印刷，这是由于柔印技术采用水性油墨，这种油墨的溶剂是水而不是有机溶剂，可明显减少 VOC 排放量和大气污染，不影响人体健康，而且不易燃烧、墨性稳定、色彩鲜艳、不腐蚀版材、价格便宜、印后附着力好、抗水性强、干燥迅速，故特别适用于食品、饮料、药品等包装印刷品，是世界公认的环保型印刷材料。

目前而言，大型印刷较小企业在 VOC 减排方面做得要好，因为环保项目改造需要大量资金投入，大企业有一定的资金能力。印刷企业控制 VOC 的做法一般有三种：一是采用环保物料进行源头控制；二是采用各种空气净化设备进行过程控制；三是印刷成品检测及产品控制。

8. 化妆品产品包装必须标注全部成分的中英文标准名称

按照中华人民共和国国家质量监督检验检疫总局、中国国家标准化管理委员会颁布的强制性国家标准 GB 5296. 3—2008《消费品使用说明化妆品通用标签》规定，自 2010 年 6 月 17 日起，所有在中华人民共和国境内生产或进口报检并在境内销售的国产和进口的化妆品，都需要在产品包装上真实地标注产品配方中加入的全部成分的中文标准名称。含量在 1% 以上的成分按照加入量降序排列，成分名称则按照相关国家规定标注。实施全成分标识的化妆品，包括属于化妆品定义的护肤、彩妆、洗护发、头发定型、染发、烫发、香氛类、沐浴及洗手液等产品。化妆品外包装增加多标注的化学成分标准名称，可以有效保障消费者的知情权。

二、我国包装业发展的问题及对策

从 2001—2010 年我国的包装业取得了长足发展，特别是 2006—2010 年，我国包装工业总产值每年平均以 20% 的速度递增，5 年的持续增速反映出我国包装业实现了快速发展。然而，伴随着快速发展行业中存在的诸多问题一一显露出来。一是多数企业规模小，低水平重复建设，产业集中度低，产业发展缺乏一批世界级、高水平的龙头企业引领和大项目带动。如国内最大的包装类上市公司紫江企业 2010 年营业收入为人民币 64 亿元人民币，仅为利乐的7%。二是代表包装科技前沿的集光、电、材料制造、机械制造于一体的包装业前沿技术仍然为国外先进包装企业集团掌控，是我国包装业的短板。比如在液体无菌包装产品和设备领域，基本上由利乐和SIG康美包两大巨头垄断。三是我国包装产品竞争力不够强，产品品种少，普通低水平产品占据大部分份额，导致现有包装材料质量不能完全满足产品需求、包装机械产品技术含量相对较低，产品结构不合理，设计水平较低，主要包装设备和原辅材料不足严重依赖进口。如塑料薄膜双向拉伸设备生产企业，前三位的是德国布鲁克纳、法国DMT、多尼尔，我国的高档双向拉伸设备基本依赖进口。2010年，我国进口印刷设备、器材总额为32.55亿美元，较2009年增长33.18%，创历年来新高，较2009年的37.16亿美元增长33.14%。约折合208.32亿人民币，相当于60家骨干印刷机械企业2008年销售收入的2倍。四是企业研发资金普遍投入不足，包装科学技术研发经费及技术人才力量薄弱，技术创新和新产品研发能力明显不足。五是包装资源回收利用率低，包装废弃物污染严重。目前，我国纸、金属、玻璃等包装废弃物的回收率分别比发达国家低10～30个百分点，大量的包装物资源仅使用一次即成垃圾。我国每年仅包装废弃物总量就达150万吨，而且每年以近10%的速度递增。在大中城市，包装废弃物要占商品重量的15%、体积的25%，但整个包装产品的回收率不到总产量的30%。这些废弃物不能得到科学地处理和很好地回收利用，因而严重污染了环境。

《中国包装产业“十二五”发展规划》制定领导小组组长杨伟民认为，虽然我国包装业产业产值总量大，但总体而言科技水平不高，尤其是自我研发能力不强，产业结构与经营理念比较传统，企业核心竞争能力还有待提高。有业内人士认为，随着国际国内发展环境变化和整个经济素质性、结构性矛盾叠加的影响，我国包装工业经过近十年的快速增长后增速会适当放缓，结构调整步伐会加快。因此，我国包装工业长期存在的产能过剩、过度依赖能源资源消耗、自主创新能力弱、企业竞争能力不强、产业规模与经济效益不相称等结构性和素质性缺陷将逐步凸显出来。

总体看在今后20～30年甚至更长的时间里，制造业仍然是推动我国经济发展的最重要的产业。按照“十二五”规划明确的以转变发展方式和调整经济结构为主线，部署我国经济社会从外需向内需、从高碳向低碳、从强国向富民的三大转型方针，作为制造业重要组成部分之一的包装业必将有一个广阔美好的前景。

我国包装产品的应用市场极其广阔，包装产品需求量巨大，仅以全国家电产品包装市场的数字为例即可窥见一斑。美的集团制冷研究院包装专家陈希荣在“2010印刷与包装新技术投资论坛”上指出，目前我国家电和电子信息产品已进入淘汰和更新换代的高峰期，从现在起我国每年将有500万台电视机、300余万台电脑、近1000万部手机、300万台左右厨房家电等要报废或更新换代，这些更新换代产品所需的各类包装材料再加上每年上千亿美元电子信息产品出口所需的包装箱、缓冲衬垫、托盘等包装材料的总需求量是惊人的。

然而包装行业的进入门槛低，又属高度竞争领域，面对巨大的需求市场能否在“十二五”期间续保持平稳健康发展，使自主创新能力明显增强、产业结构进一步优化、可持续发展能力显著提高、工业化信息化整合水平不断提高，关键要看全行业能否把深化创新与合作作为自身发展的动力源泉。

1. 深化创新

深化创新就是要把实现绿色包装、创新包装和创意包装作为发展的战略重点。

（1）绿色包装。即在生产、流通、消费和废弃物资源再生的全流程，坚持资源节约、环境友好、循环利用、可持续发展的理念，走发展低碳经济和循环经济的路子。其中，如何有效处理城市垃圾，尤其是占城市垃圾一半以上的包装废弃物，使之实现减量化、再利用，特别是资源化，是我们包装行业不可推卸的责任和使命。一种理想的循环经济的模式——包装废弃物的资源化，正孕育着一个战略性的新兴产业。

（2）创新包装。即充分利用人类的知识、智慧和现代高科技的威力与潜力，按照减量化、低排放、再利用、资源化的原则，加强自主创新和集成创新，大力开发利用新能源、新材料、新工艺、新设备，减少材料用量、减少污染，改造和提升包装工业的生产和管理的现代化水平。可降解包装材料的研发也已取得了重要突破，将更广泛地得到应用；信息技术在包装印刷领域的应用，进一步发展了数字化、个性化、可控化、绿色化等重要功能，把包装印刷技术提高到一个新水平。

（3）创意包装。即大力培养和壮大优秀的包装设计队伍，充分发挥包装设计人员的想象力和创造力，以人为本，把文化创意与技术创新有机结合，同创新包装和绿色包装紧密融合，与国内外市场的需求变化紧密结合，不断提升实用新型和外观设计的知识产权实力。要特别着力于为消费品行业的品牌战略服务，创新名牌产品包装、原产地产品包装、特色产品包装，为产品结构的调整和改善民生作贡献。

2. 深化合作

深化合作是包装行业实现新阶段持续发展的又一动力。中国包装联合会会长石万鹏指出：中国包装行业要“调结构、上水平、增活力、求发展”，必须通过与世界包装组织和亚洲包装联合会以及各国、各地区的合作实现创新思路、创新政策、创新模式。当前要着力加强四项合作。

一是加强产业发展战略研究的合作。面对世界实体经济受到的严重冲击，包装行业应当在产业发展战略层面加强研究，特别是顺应全球发展绿色经济和低碳经济的趋势和潮流，发挥包装行业在发展循环经济中的特色和优势，积极开展绿色包装的研究、交流与合作。要深入研究绿色包装的理念，扩展绿色包装的内涵，创新绿色包装的技术，倡导发展绿色包装的政策，推动绿色包装的国际合作。

二是加强信息交流合作。要充分利用现代信息通信技术的基础支撑，发挥行业协会的组织服务功能，发展和完善行业和专业的重要信息的采集、分析和传播，为企业的创新和投资决策服务，提高创新与投资的效率和效益。

三是加强新技术推广合作。技术创新与产业化是包装行业改造升级、持续发展的核心，要加强对新技术成果的评价、遴选与推荐，特别是符合低能耗、低污染、低排放要求的新型绿色包装材料与制品技术；符合减排要求的包装工艺和包装废弃物综合利用的创新技术；具有高效率、多功能、智能化、高精度的包装机械及装备技术。同时要在技术进步的基础上，推动制定行业标准的合作。

四是加强产业融资合作。我国政府已确定了实施消费、投资和出口协调发展，特别是提高国内消费对经济增长的拉动力度的战略方针。我国巨大的国内消费潜力和政府致力于提高居民消费力的政策，为消费品产业及相关的包装产业的发展创造了机遇。中国包装联合会将在政府的支持下，为扩大对包装产业的投资提供积极的协调与帮助，推动产业融资合作扎实开展。

（韩永生　天津科技大学）

2010年中国仓储业与物流地产①

2010年，来自国家权威机构的统计数据和相关行业组织的调查数据一致表明，我国仓储业固定资产投资与增加值、仓储企业的业务规模与主营收入都有较快增长。各类仓库设施继续大幅增加，其中，“物流园区”、仓储地产企业与流通型企业表现突出，仓储服务企业受到条件与实力限制、表现相对逊色。仓储业的经营业态与经营方式、增值服务与管理方式的发展呈多样化态势，一些领域或一些企业取得重大突破。然而，仓储业存在的深层次问题仍然没有解决，有些问题甚至越来越突出。因此，仓储企业深化改革创新发展的任务还很艰巨。

一、全国仓储业总体发展状况

1. 据中国仓储协会的调查数据显示：2010年全国骨干仓储企业经营状况已经基本摆脱金融危机的影响，主营收入与仓储设施增长较快

本次调查共收到216家企业关于仓储设施的调查表，有效报表208张，有效率96.3%；收到177家仓储服务企业关于运营情况的调查表，有效报表168张，有效率94.9%。根据调查表中的分类数据进行分析可对骨干仓储企业的情况有一个大体的判断。

（1）综合152家提供其主营收入的企业资料看，2010年仓储服务企业的主营收入较2009年增长了68.5%，从2009年的225.16亿元增长到379.49亿元。各分项收入的增长情况如图1所示。

其中，提供仓储收入的企业有138家，提供装卸收入的企业90家。提供配送收入的企业有40家，提供加工包装收入的企业有30家，提供质押监管收入的企业有26家。

质押监管收入和配送收入增幅最大，是因为监管贷款额与配送量大幅增长。根据26家提供质押监管服务企业提供的数据显示，2010年质押监管贷款授信额度由2009年的196亿元增长到2010年的342亿元，增长了74.5%（不含中外运公司的数据）；66家企业提供的配送量数据显示，配送量由2009年的6285万吨增长到2010年的9051万吨，同比增长44%。

（2）综合134家提供了其各项业务成本的企业数据看，2010年各项成本均有不同程度增长，其变化情况如图2所示。

① 文中数据来源：国家统计局2010年统计资料，中国仓储协会对协会会员与其他仓储物流企业的调查统计数据，其他相关行业组织的统计资料，相关报刊和网站的检索资料。

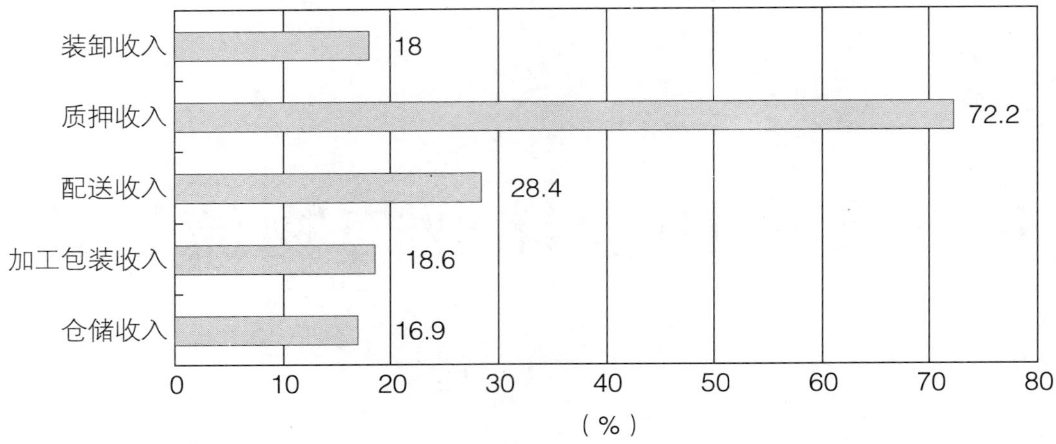

图 1　2010 年仓储服务企业各分项收入增长率

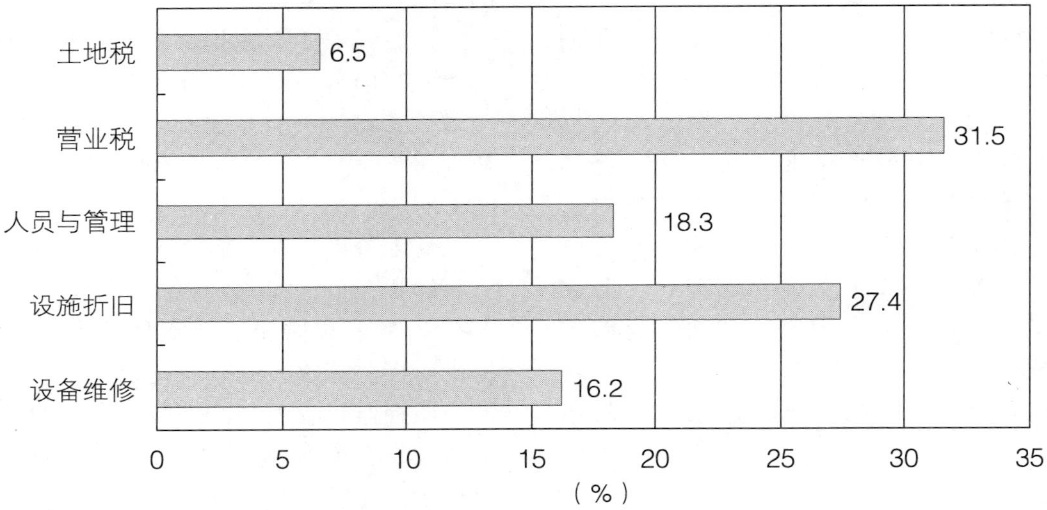

图 2　2010 年仓储服务企业各项成本增长率

根据调查数据可以归纳下述结论：一是土地税增长较低，表明仓储服务企业 2009 年新增的仓储用地不多，但相对于几年前，土地税还是翻了几番；二是人员与管理费用、营业税增长较大，表明 2010 年企业的主营收入有一个较高的增长；三是设备折旧与维修费增长较大，表明仓储企业的库内设施及配套设施增加，机械化程度提高。

（3）综合 165 家提供了自有通用仓库面积的企业情况看，2010 年 165 家企业的仓库总面积为 2045.79 万平方米，比 2009 年增长了 11.8%。其中，155 家企业细分了其自有通用仓库中平房库、楼房库和立体库的面积，得到结果如下：平房库总面积 773.53 万平方米，比 2009 年增长了 16.1%；楼房库总面积 287.32 万平方米，比 2009 年增长了 13.4%；立体库总面积 409.65 万平方米，比 2009 年增长了 21.5%，如图 3 所示。

如上所述，2010 年仓储企业自有通用仓库一半以上是平房库，但立体库的面积增幅最

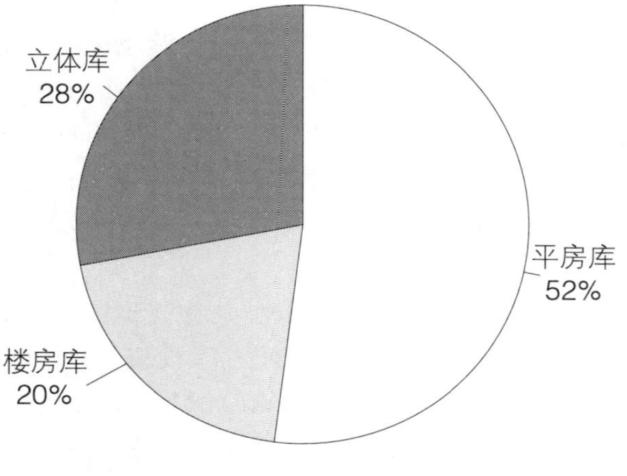

图3　2010年全国各类通用仓储设施比例

大，这说明在仓储设施的建设方面，越来越多的企业倾向于建造立体库。

另外，由于业务增长、自有仓储设施不够，许多企业选择了外租仓库。64家提供了外租仓库的情况表明，2010年64家企业外租仓库面积增长了25.1%，远大于企业自建仓库面积的增长率。

（4）随着冷库市场需求增大，食品流通企业及部分公共仓储企业加大了冷库的建设力度。综合37家提供有效数据的企业情况看，2010年仓储企业自有冷藏库容积从2009年的177.5万立方米增加到2010年的256.4万立方米，同比增长了44.5%；21家提供有效数据的企业2010年自有冷冻库容积比2009年增加了26.1%，从87.2万立方米增长到110万立方米。7家企业外租冷藏库的容积从2009年的3.552万立方米增加到2010年的8.336万立方米，增长率为134.7%。

2. 中国保税区出口加工区协会的统计数据表明：2010年保税仓储业得到恢复性发展，为我国保税物流与进出口贸易的发展作出了贡献

（1）入驻保税区与出口加工区的保税物流企业数量增加较快，业务得到恢复。2010年全国出口加工区共吸引物流企业55个，累计批准254个，实际运作199个，已经运营的物流企业全年实现营业收入18.4亿元，比上年增长66.6%。2010年，全国保税物流园区新批企业数也略有增长，新批准企业291家，比2009年增长了5.8%；共实现营业收入67.81亿元，比2009年增长了15.6%。2010年全国保税区内物流企业实现营业收入3731.61亿元，比2009年增长了22.2%，已恢复到了金融危机前水平。

（2）保税仓储在各类保税区域内的地位与作用越来越显现，对各类保税区域发展的贡献率明显提高。2009年受金融危机影响下降较为严重的仓储转口贸易进出口回升迅速，2010年实现进出口额1024.45亿美元，比2009年增长41.3%，占保税区进出口贸易总额的65.7%，比重较2009年提升2.3个百分点。2010年出口加工区保税仓储进口额达到134.94亿美元，占进口总额比重达到20%。出口加工区内物流企业为加工业服务的业务扩大，保税仓储转口货物进出口额达到176.65亿美元，成为进料加工贸易方式后的第二大进出口贸易方式。

二、2010年仓储业发展的主要特点

（一）仓储建设方面的新进展

由于我国仓库设施总量不足，特别是立体仓库与冷库、危险品仓库不足，全国仓储业的固定资产投资额已经连续多年大幅增长，其中，物流园区、仓储地产商、仓储物流企业与各类流通企业依次是仓库设施的投资建设主体。自全球金融危机爆发以来，仓储物流企业建设仓库的速度明显趋缓，一些老的仓储企业为了服从地区城市建设被迫放弃城区内的库区设施外迁新址，使得自主产权的仓库面积大幅缩减。进入2010年，仓储设施建设出现了新的趋势。

（1）各类物流园区成为仓储设施的主要集中地。中仓协秘书处从网上检索到2010年规划、开工与竣工的物流“园区”（基地）项目

有55个（不含占地面积较小、自建自营的配送中心），经分析总体呈现三大特点：一是园区布局正在向二三线城市甚至县城发展，二是园区规模越来越大，三是园区的功能越来越综合。

——按园区的分布地区分析，在55个规划、开工与竣工的物流“园区”（基地）项目中，一线城市（京沪广深）有4个、二线城市有（天津、重庆、南京、沈阳、武汉、成都、西安、杭州）8个，其他城市及县城有43个。其中，有32个为2009年规划与开工的园区项目，90%以上的项目集中在二三线城市。

2010年8月，位于宜昌市伍家岗区伍家乡的宜昌三峡物流园项目开工建设，规划用地面积1153.8亩，总建筑面积42万平方米，总投资约15亿元。该项目主要建设内容分农副产品集散中心、冷链物流中心、工业品展销中心、第三方物流配送中心、物流信息交易中心。

2010年11月，河北省衡水市安平县国际丝网供应链物流基地项目正式启动建设，该项目总投资20亿元，占地3000亩。其中，一期工程投资11亿元，占地面积500亩。建设包括商务办公区、信息中心区、配送作业区、集装箱运输区、出口保税加工区、仓储加工区和配套设备区7大功能分区，将容纳安平县及周边20多个市县所有货物流通，成为集仓储、加工、包装、装卸、配送、信息服务、报关、结算、电子商务、金融服务及配套服务等功能齐全的集成体。

——按园区的类型分析，在55个规划、开工与竣工的物流“园区”（基地）项目中，综合类的有14个、专业园区有41个（包括商贸物流园区13个、粮食仓储物流基地共7个、冷链物流园区6个、钢材物流园区5个、保税项目有11个）。其中，综合类园区主要分布在三线城市（有12个，占综合类园区的85.7%），一二线城市主要是专业性园区（一二线城市的12个园区中10个为专业性园区）。

2010年4月，云南新长征国际物流中心正式开工，由云南新长征实业集团投资约16亿元人民币建设，将建成60万平方米的现代物流基地。该项目立足于西南市场，面向全国，辐射东南亚国家，将打造成为云南面向东盟的国际物流平台。

2010年年底，南充市小龙物流园区已规划出台，即将动工兴建。园区总投资50亿元，规划占地7平方公里，建筑面积167万平方米，将建设成为川东北的重要交通枢纽和商品集散地、辐射中西部的现代物流园区。

——按园区的规模分析，55个园区项目占地总面积为1.08亿平方米，平均每个园区占地面积为197万平方米。其中，最大的占地面积达2380万平方米，最小的占地面积为11.5万平方米。其中，一线城市园区平均占地面积为40.6万平方米，二线城市园区平均占地面积275.4万平方米，三线城市园区平均占地面积为193.3万平方米。

2010年9月，重庆公路物流基地项目在巴南区南彭（绕城高速巴南出口附近）开工，总体规划占地面积为16平方公里，核心产业用地为7平方公里，计划2018年全部建成，需投入资金62亿元。

2010年6月10日，唐山市北方现代物流首个重点项目——唐新·华顺建材家居城开工建设，该项目计划占地面积107.58亩，总投资3.36亿元。此举标志着唐山市北方现代物流城建设全面启动。7月18日，唐山市北方现代物流城项目的核心项目——河北天明钢铁物流城项目开工建设，该项目总投资4.5亿元，占地325亩，一期工程将于2011年年底完工并投入使用。唐山市北方现代物流城项目规划建设用地23.8平方公里，项目计划到2020年总投资310亿元。其中，计划到2013年完成投资100亿元，截止2010年年底，共有总投资81.28亿元的20个项目确定或意向入驻物流城。

2010年10月，山东德州华北商贸物流城开工建设。该项目位于德州市德城区和市经济开发区，规划建设用地面积约700万平方米，将建设成为一个集现代工业物流、农业物流、仓储配送、商品贸易、专业会展、电子商贸、商业配套服务、生活配套服务以及信息交流、金融结算等功能为一体的大型综合商贸物流平台。

——按区内仓储设施的规模分析，有12个园区披露了仓库面积，平均11万平方米，最多的32万平方米，最少的2万平方米。

2010年年底，内蒙古包头综合物流园区开工建设，总投资15.3亿元，占地2395亩，其中大型仓储中心建筑面积32万平方米、冷储存能力30万立方米。可实现800公里范围内的物资流通和供应，并辐射到蒙古、俄罗斯等周边国家。

2010年11月，广西防城港中外运东湾仓储物流基地暨铁路专用线项目开工。该项目以铁路专线为核心，重点发展海铁联运业务、海关保税和监管业务、集装箱港口场站和拆装箱业务、港口冷链物流业务，建设内容包括库房3.35万平方米、货场9.5万平方米、配套铁路专用线3302米以及大型装卸设备12台/套。

2010年12月，徐州安得综合物流园项目开工建设，总投资10亿元，规划建设2幢普通仓库共4.6万平方米、2幢立体库共4.2万平方米以及1.4万平方米的配套设施。项目建成后，将成为徐州市最大的仓储基地及徐州城市配送中心，也是美的集团管理苏、鲁、豫、皖北等地的区域总部、区域结算和运营中心、华东地区最大的物流中心。

（2）仓储地产业，以“普洛斯”成功上市为标志，我国仓储地产业的竞争渐趋激烈，开始重组并购，规模化与网络化的趋势已经明显。

至2010年年底，普洛斯在我国北京、上海、广州、成都、大连、杭州、宁波、沈阳、天津、无锡和珠海等19个主要沿海城市以及内陆交通枢纽中心建有物流园区，运营与在建的仓库有680万平方米，其中，运营的仓库面积400万平方米。不仅延续我国仓储地产“老大”地位，而且仓库总面积首次超过“中外运”、成为我国仓库面积最多的公司。

普洛斯（中国）公司2010年10月18日在新加坡成功上市，融资30多亿美元。通过上市，普洛斯成为全球市值最大的工业及物流基础设施提供商和服务商。

与此同时，AMB的美国总部已经与美国普洛斯（ProLogis）合并。上海宇培——一家内资民营仓储地产企业，自2008年引入外资后，近两年也在稳步发展，仓库面积由2009年的56万平方米增加到2010年的65万平方米。

（3）阿里巴巴高调进入仓储地产业，增加了全国仓储地产业发展的热度，强化了电子商务公司等流通企业自建仓库或自营物流的趋势。阿里巴巴2010年先后投资星辰急便和百世物流两家物流企业，并开始筹划“大物流”计划，2011年1月正式公布其物流战略：自筹100亿元并与其金融合作伙伴共同筹资近1000亿元，逐渐在全国建立仓储网络体系，以解决制约中国电子商务目前的物流瓶颈。阿里巴巴将主要针对东北、华北、华东、华南等七大区域选择中心位置进行仓储设施投资，其中京津地区、长三角地区和深广珠地区，每个区域获得100万平方米左右的仓储用地进行开发。但阿里巴巴强调：本身只建仓库、原则上不介入物流服务业务。

较早自建物流设施的京东商城，2009年4月就投资2000万元成立“海圆迈快递公司”，2010年在北京亦庄经济开发区购置了200亩土地，建设北京电子商务物流中心，中心将建15万平方米的单体库。此外，上海京东商城与上海嘉定工业区正式签署投资协议，在嘉定工业区建设占地260亩的京东商城华东大区总部，将建一座面积达26万平方米的5层单体仓库"亚洲一号"仓储中心。2010年3月，"京东商城"成都西部物流中心正式开始运营，加上原有的广州物流中心，"京东商城"将总共在全国拥有4个一级库，并建设15～20个二级库，形成网络化的布局。

"当当网"与无锡高新区当地政府签署了投资协议，将在无锡空港产业园区投资设立华东区总部，计划用地160亩，建设8万平方米的仓储物流中心，并配置先进的仓储管理系统及物联网新技术。

"卓越网"也按照亚马逊总公司的要求，设计建成了4万平方米的新库房，并配备有现代化的设备和管理系统。

（4）冷库建设，随着国家冷链物流发展规划的出台与低温仓储设施的市场需求不断增加，冷库建设掀起高潮。2010年全国有超过15家以上存储量过万吨的冷库建成投产，主要是民营及私人控股的投资。目前，已有4家外企在我国投资建低温冷藏设施，这4家企业是：美国最大的低温仓储物流服务商Americold、美国普菲斯、澳洲太古和日本三井物流株式会社。

2010年我国建设完成的大型冷库设施有：

重庆万吨冷储物流有限公司斥资5亿元建设的低温物流中心，主要建设储能为6万吨的冻库，总建筑面积约为20万平方米。

2010年年底玉洞冷库项目已经基本完工。该项目在建和运营部分占地350亩，包括6栋现代化、多温区冷库。建筑面积达6万平方米，总存储能力13万吨。

此外，部分新建设的综合物流园区中也有冷冻、冷藏库。例如，内蒙古包头综合物流园区建造冷藏冷冻库容积达30万立方米。正在建设的江苏苏浙皖物流中心，二期规划建设项目也有冷链物流中心。

（5）近年来危险品仓储设施的建设步伐持续加快，但是仍然满足不了市场对危险品仓库的需求。据中仓协危险品仓储分会的调查，近年来全国新建的各类化工园区都有配套的仓储设施。入驻化工园区的危险品仓储物流企业占到入驻企业总数的10%～15%。其中，若按投资来源分，第三方物流企业占50%以上，其他为生产制造与贸易企业投资的仓库；若按主营业务分，仓储型物流企业占入驻物流企业总数的60%。

2010年全国上马的危险品仓储设施项目主要有：

2010年5月，亿港物流有限公司在大连保税区投资兴建的具有保税功能的临港危化品仓储物流项目，该项目占地总面积4.4万平方米，一期建设库房5000平方米、堆场2万平方米，可存放并管理各类危险化学品。

2010年6月，合肥市最大的化学危险品仓库通过安监等部门的验收，正式投入使用。库区占地约25亩，新仓库总建筑面积4000余平方米。

2010年9月，百联集团旗下上海物资贸易股份有限公司投资的上海零星危险品物流基地在上海化工区金山分区正式启动建设。该基地占地49643平方米，总投资1.34多亿元，拥有恒温库、立体库、中转库、分拣理货区等，有各类储罐42个，年吞吐各类液体化工品18万吨；各类自动分装线12条，年分装能力14万吨。

（6）医药、钢材、烟草以及救灾物资等专用仓库设施，在2010年也有较大发展。医药仓库设施的建设主体仍然是各类医药流通企业。"国药集团"已在全国7个城市布局建设了物流中心；"九州通集团"已在全国14个省市拥有自己的大型现代医药物流中心，而且物流中心又分别下设3～6家地区配送中心。此外，医药商贸物流园区的建设也为药品储存提供了资源。2010年7月，华南最大医药商贸物流基地项目——广州国际医药港开工建设。该项目总投资额41.65亿元，占地面积73万平方米。项目整体规划分为商贸展销区、仓储物流区、总部经济区、技术研发区和商务配套区等五个部分，项目建成后将成为在“广州国际医药港”统一品牌下集中采购、集中仓储、统一配送、统一质量检验控制的医药大物流基地和“国际医药采购中心”。2010年5月，国药集团太原物流中心项目一期建成，使用面积6500平方米，由立体库、平面库、冷库、特殊药品库组成。库内配备现代化的物流设备。2010年9月，“北药牡丹江医药有限公司”现代医药物流中心在黑龙江省牡丹江市对俄经济贸易开发区（北区）开工建设。该医药物流中心占地面积1.8万平方米，一期总建筑面积6900平方米，将承担牡丹江市以及周边地区的药品配送业务。该中心建成后，将是黑龙江省首家现代医药物流中心。

钢材仓储设施的主要进展有：2010年日照（华东）国际钢材物流园建成并投入使用，该物流园由山东日照中瑞国际物流公司投资13.8亿元建设，总规划用地1186亩，其中一期规划用地481亩。园区是一个集大型仓储、现货交易、电子交易、信息服务、剪切加工、运输配送、金融服务、公共保税等功能于一体的现代化综合性钢铁物流基地。2010年11月，“四川省钢材流通协会”发起并由其骨干会员筹资建立的“汇津现代钢材城”项目在成都新津普兴镇开工。该项目总投资超过30亿元，规划建设用地1500亩，分三期建设。三期项目全部建成后加工区年加工量可达280万吨，现货市场交易达900万吨，电子商务交易量达1000万吨，可基本满足成都地区的钢材交易需求。还有前面提到的于2010年7月开工的唐山市天明钢铁物流项目等。

烟草仓储设施的主要进展有：2010年8月，长沙县暮云镇长株潭烟草物流园项目正式动工。项目占地1500亩，一期建筑面积约为40万平方米，预计总投资40亿元左右。该项目作为烟草行业第一个跨地区综合性大型物流建设的试点，建成后每年将承担长沙、株洲、湘潭三市近5万个零售户、60万箱卷烟的分拣配送业务。2010年4月，占地面积140多亩的石家庄烟草卷烟物流中心开建。

救灾物资储备库的主要进展有：“云南省救灾物资储备中心”建设完成，这是目前我国已建成规模最大救灾物资储备库。该项目占地达108.8亩，总建筑面积达2.6万平方米，由5个库房及配套功能设施组成。其中，库房面积达2万平方米，可存储包括单帐篷、棉帐篷、活动板房、衣服、棉被、救生衣、应急包、睡袋、折叠床和移动厕所等物资，可满足紧急转移安置70万人的物资需求。2010年4月，“成都中央级救灾物资储备库”正式开工建设。储备库占地约158亩，总投资达2.4亿元，主要功能为储备救灾应急物资，包括食品、棉被衣物、纯净水和净水设备、医疗物资、帐篷等，其中储备帐篷5万多顶。

（二）在仓储经营管理方面的新进展

1. 以国家物资储备系统剥离事业单位的经营活动、组建社会化仓储物流公司为标志，仓储行业的资源整合与业务合作取得新进展

国家物资储备系统拥有大量的仓库，许多仓库在完成储备任务的同时一直在开展社会化经营。2010年，国家储备局全面部署了剥离事业单位的经营活动、全国各地组建社会化仓储物流公司的工作，已经相继组建了上海国储物流股份公司、陕西国储物流股份有限公司，这标志着国储系统社会化经营拉开序幕。其组建方式基本上是由地区储备局牵头、由所属各个仓库共同投资，凭借仓储网络资源优势，为社会提供仓储、租赁、运输配送、包装加工等全方位第三方物流服务。

组建“钢材仓储联盟”，出现钢材仓储的连锁化经营。为顺应钢材电子商务快速发展，“钢之盟”提出了“创造新型仓储企业联盟体”的构想，即以钢材网上交易为驱动、以信息技术与输出管理为手段探索发展全国范围内

的钢材仓储加盟连锁经营模式。杭州“钢之盟”的现货交易网2010年4月上线，2010年产生了几亿元的交易额。“钢之盟”仓储公司2010年成立，并已经在各地设立参股或控股的4家子公司，实行了连锁化经营方式（统一品牌、统一招商与招租、统一系统），逐渐成为现货交易网的仓储支持平台。

2. 仓储增值服务有新进展

昆山“飞力达仓储”、河南“华丰钢铁物流”的流通加工的规模与水平，成为行业经典案例，值得推广。

江苏飞力达国际物流公司的前身是1993年成立的国际货代公司，近年来为近10家计算机品牌或代加工企业提供零配件的VMI服务，管理1200家供应商2万种计算机零配件，先后投资昆山、上海与成都3家“飞力达仓储服务有限公司”，立足仓储完善加工与配送等增值服务，2010年创造了单位仓库面积收入的行业新高，万平方米仓库年收入达2000万元，超过目前国内万平方米500万元左右的平均水平和万平方米1000万元的先进水平。

由郑州市华丰钢铁有限公司联合太原钢铁集团、邯郸钢铁集团共同开发建设的“华丰钢铁物流园”，占地400亩、总投资10亿元，可实现年钢铁吞吐能力300万吨、加工改制能力100万吨。其钢材加工设备的先进性与规模以及仓库地面处理及其卫生水平在国内少见。物流园内拥有5吨~40吨各类桥式起重机33台、先进的热轧加工设备6台、冷轧及不锈钢卷板开平设备2台，并配有等离子切割机、8K镜面机、油发丝等不锈钢表面处理机。其钢材加工收入成为公司收入的主体，仓储等物流服务收入成为附属收入，仓储中心真正成为了加工中心。

3. 肉食品交易市场配套的公共型冷库管理方式出现重大变革

2005年之前，“无锡天鹏”沿用全国普遍采用的经营模式，对肉食品交易市场的配套冷库实行“分格式分散管理”。2005年以后实现了由“分格式”分散管理模式到“货架+信息系统”的集中管理模式的过渡，到2010年为止该模式运行已基本成熟。在新的管理模式下，解决了原来的承租商货品进出库速度慢、差错率高和食品质量安全无保障的三大问题，实现了天鹏与商家客户双赢的局面：天鹏在仓库面积扩大8倍不增加人员的情况下，大幅提高了经济效益；商家客户节省了费用、减少了麻烦、提高了效益。

4. 私人仓储与金融仓储等新的仓储经营业态被业内复制

私人仓储（Self Storage）在美国等发达国家已盛行了40年，近几年在北京、上海两大国际化城市悄然兴起。2009年美国人卡森布莱特投资了仓宝阁仓储（上海）有限公司。据中仓协在网上检索的情况，近年来上海这类企业已有多家。2010年，从美国回来的陈先生创办了国内首家24小时自助式私人仓库——“悠悠空间”（是美国国际自助式仓储协会的中国会员）。他把租来的3000平方米的仓库改造成从0.7~23立方米的20多种规格的独立仓储格间，按月、季度、年出租。储存的物品小到照片大到家具应有尽有。目前，仓储格间的出租率在70%左右，主要的客户是外籍人士、白领阶层、淘宝卖家和转租或是搬家的人。由于是24小时经营，所以仓库内的安保特别严格，无论是租户还是访客从进大门、开电梯到进入仓库所在地都需要刷仓储配给的专属IC电子智能卡。整个设施每个通道和角落还配备有大量的红外线摄像头（无盲区）24小时不间断地运行监控，确保租户私人存储物品的安全。

金融仓储的企业主要还是集中在浙江，分支机构在辐射其他地区。浙江涌金仓储股份有限公司，2010年授信额度已达到30亿元，在全国已经设立5家分公司和3家子公司，客户数量与2009年相比增加了50%，客户主要涉及的行业有：五金建材业，大米、火腿、蜂蜜等加工业，冷冻食品、汽车轮胎生产等。浙江和金仓储有限公司，2010年的授信额度10亿元，客户已达到50家涉及20多个行业，包括纺织业、水产（冷冻食品）、五金建材等。浙江银桥仓储有限公司，2010年授信额度2亿元，客户与去年相比数目基本没有变化，维持在10个左右，主要都是当地的五金企业。

随着专业性的金融仓储企业的发展与复制，业内对金融仓储的产业属性及其可持续性也存在不同的看法。一部分专家认为，"仓单质押"与"动产融资"、"定向采购"是市场经济条件下国际通行的商业模式，但以动产监管为主业的"金融仓储"只是中国当前市场信用体系不健全环境下的产物，如果作为仓储业的一种业态没有可持续性，也缺乏法律依据与保障。一部分专家认为，金融仓储已经形成成熟的商业模式，也可以复制，它既是金融业的衍生品，也是仓储业的新业态，在中国还有较大的发展潜力，相关部门应该关注与重视，并适时完善相关政策法规，予以指导与规范。

5. 仓储企业的铁路专用线"焕发青春"

在高速公路网络不断完善、物流要求快捷的情况下，铁路专用线仍然以其批量规模大与成本低的优势受到仓储物流企业与货主企业的重视。近年来，虽然许多仓储企业的铁路专用线被拆除或被闲置，但也有不少企业通过主观努力维持甚至提高了专用线的利用率。

沈阳储运集团公司，近年来充分享受到专用线挖潜的甜头，铁路到达的车皮连续几年增长20%左右，2010年达7000多个。

云南新储、贵州商储的铁路专用线，每年到发的车皮近万个。贵州商储的铁路专用线及其站台库甚至超负荷运转，在站台仓库内还加装了货架，提高了站台库的吞吐量。

业内许多老的仓储企业都希望学习沈阳等地的经验，同时，更希望铁路部门放宽对铁路专用线共用的限制，也希望中仓协组织协调各企业之间铁路专用线的对发业务。

6. 不断提高商品配送服务的规模与水平，成为众多仓储企业的追求

陕西省商业储运总公司辐射西北华北地区的多点配送业务，持续发展，规模逐年增加。南昌商储为苏宁电器提供的区域与城市配送，已经形成规模，并与苏宁建立了长期合作关系。广州商储汽车零部件分销配送的业务模式已经成熟，正在其他地区复制。

吉利汽车在全国设立了10个中心仓库，每个中心仓辐射一定的销售区域，由每个中心仓向4S店配送汽车零部件，全部10个中心仓的仓库管理和配送外包给物流供应商运作，且物流供应商要按货值先期买下入中心仓汽车零部件（入中心仓的货物已经是物流供应商的货物），按照吉利的订单向4S店配送零部件，配送时物流供应商按照订单货物价值向4S店收取货值费用。吉利按照配送到4S店的货值按比例提取综合服务费付给物流供应商，包含仓储+配送的所有成本和供应商利润。广州商储提供的服务包括：仓储管理+区域配送（包含广州市配）。广州中心仓：辐射广东省（含广州市）、广西、海南全省；福建、江西、湖南部分地区。2009年6月开始运作，每月营业额500万元（货值）。昆明中心仓：辐射云南省、贵州省；2010年5月开始运作，每月营业额200万元（货值）。

（三）仓储设备和技术方面的进步

1. 低温冷冻仓储设备，节能唱主旋律

目前，大型氨制冷冷库已经开始用直接供液加动力供液的新供液方法取代传统氨泵系统供液，使系统充氨总量减少40%～50%。此外，冷库地坪防冻也逐渐采用新的节能技术，利用压缩机油冷却的余热作为冷库地坪防冻的热源。

2. RFID技术应用于冷链系统

例如"北京医药股份有限公司"的RFID冷链全程温度监控系统项目即已启动。将

RFID 应用到冷链物流跟踪当中，增加了冷链管理的可追溯性。RFID 温度标签提供温度的监控，保证了冷链物流中货物的质量安全，同时能简化仓储作业流程。

3. 环保托盘的问世

2010 年 7 月，香港“金田古氏集团”推出其拥有全球唯一专利发明使用权的“环保太空托盘”。该托盘具有重量轻、环保等多项优点，最轻的产品重量仅达 5 公斤，载重达 6000 公斤。每使用 6 个太空托盘替代木质托盘就相当于拯救了一棵生长了十年以上的树木。

三、仓储行业目前存在的主要问题

（一）政策与管理层面的问题

1. 仓储税负重的问题，已经引起有关部门的重视，但仍然没有解决

一是仓储业营业税仍然是 5%，一些税收试点企业已经实行差额纳税，但税率仍然偏高。二是土地税很重，新法规实施以来，土地税额普遍增加了 2 倍以上，最多的增加了 10 倍左右，这对占地面积较大、主要靠劳务性收入生存的仓储企业来说，确实不堪重负。

2. 仓储用地的取得方式与价格偏高的问题，越来越突出，并且造成诸多不良后果

一方面，原来城内的仓库区不断地被规划拆迁；另一方面又不能置换到城外同样面积的仓储用地，政府提供的仓储用地主要集中在“物流园区”，而“园区”的土地价格偏高、用来建仓库很难生存，这就造成三个后果：一是我国的仓储面积基本处于供不应求的状况，特别是立体仓库、冷库与危险品仓库不足；二是各类“物流”园区被“市场化”、“商贸化”、“综合化”，搞得不伦不类；三是农民新建大批仓库，仓储企业要么租用农民仓库，要么租用农村集体土地建仓库，但这是“灰色地带”，与现行法规不符。近年来仓储用地价格偏高的问题直接抬高了社会物流总成本。

3. 仓储业的法规建设，已引起有关部门的关注

我国物流中的运输、快递、货代等都有专门的法律法规，唯独没有仓储业的专门法规。这是造成我国仓储业“门槛”低、市场不规范、仓储设施“家底不清”的主要原因，也使“金融仓储”、“私人仓储”等新兴仓储业态得不到管理与规范。

（二）行业与市场层面的问题

1. 仓储业的标准化建设稳步推进，但体系还不完善，相关企业对仓储标准化工作的响应程度还不够

自 2007 年国家标准委颁布《通用仓库等级》、《仓储服务质量要求》与《仓储从业人员职业资质》三项标准以来，中仓协自 2008 年组织开展了“中国星级仓库”的评定与“仓储服务质量达标”评鉴工作，自 2010 年开展仓储经理与仓储管理员的资质培训认证工作，已为一批三星级以上仓库授牌，为一批仓管员发证，目前正在制订仓库规划设计参数、仓单、低温仓储作业规范、仓储绩效等多项标准。但要使这批国家标准得到企业的普遍认知与认可、依据标准改善仓库条件、提高服务质量与作业绩效，还有大量工作要做。

2. 仓储业的统计制度有待加强与完善

长期以来，国家统计局的统计数据一直包括仓储业的“固定资产投资额”与“增加值”；中仓协自 2006 年以来每年都组织对会员企业与其他仓储企业的调查工作，但每年收回的有效调查表只有 100 份左右，并且每年的样本都不一样，缺乏可比性；目前最大的问题是全国各类仓库设施的统计数据很不准确、很不完整，全国 5.5 亿平方米的通用仓库面积（其中 1 亿平方米立体仓库）是中仓协根据部分调查数据估算出来的，很不准确；全国 1400 万吨（6000 多万立方米）的冷库储存能力也是不完全的统计数据；危险品仓库的数量，目前还出不来。由于仓库的“家底”不清，致使新

建仓库缺乏科学依据，造成有的地区仓库供不应求，有的地区供过于求。应该学习日、美等发达国家的经验，所有新建公共仓库都应在政府部门备案。

3．市场秩序与行业垄断问题

一方面，有的地区由于仓库供过于求，或由于中小型仓储企业扎堆，企业竞相压低仓库租金，出现价格方面的恶性竞争；另一方面，因为普洛斯等大型仓储地产企业的仓库规模越来越大，有业内人士担心出现行业垄断。根据中仓协的调研，总体上看，我国仓储业的当务之急应该是提高仓储企业的规模化与组织化程度，而不是防止行业垄断的问题，就算普洛斯保持每年120万平方米的增速，五年之后也就是1000万平方米左右仓库，也只占到全国仓库总面积的2%左右。当然，在个别地区个别城市是否会形成垄断，这要具体情况具体分析。中仓协认为，不论是恶性竞争或是垄断，都需要加强与完善行业统计工作，逐步建立仓储业的公共信息平台，及时发布仓库面积与仓租的实时信息，引导行业健康发展与有序竞争。

（三）仓储企业自身存在的问题与不足

1．仓储企业的定位问题

一是市场定位的同质化，二是发展目标的同质化。在市场定位方面，许多仓储企业服务的领域、存储的货物明显趋同，综合的通用的（主要是生活日用品）多，专业的专用的（冷库、危险品以及服装、医药、生鲜食品等）少；为生产企业提供产成品仓储服务的多，为生产企业提供零部件仓储、为零售企业提供仓储配送的少；为传统流通体系（生产与批发）服务的多，为电子商务服务的少。在企业形象与发展目标定位方面，以“物流”为荣、以“仓储”为耻，一些新企业大多以“综合”“现代”物流公司或供应链公司为形象与目标定位，一些老企业也脱离本企业的实际情况追求“综合”“现代”物流公司，不理解现代仓储的本质，不能充分认识配送中心的市场需求与效益潜力。

2．仓储增值服务问题

许多仓储企业仍然只能提供仓库出租或进出库管理及装卸等基本服务，只能为货主保管商品、不能控制商品库存；收费方式单一，多数仍是按面积计算仓租，按货位、按进出仓库的包装件、按货物价值等计费的很少；仓库内的流通加工形不成规模，服务不到位；商品配送的方式单一、规模较小、不能产生经济效益，为生产企业单一品种送货的多，为零售企业与末端客户提供多厂、多店的整体配送的少。

3．设备与技术应用问题

信息系统、货架与叉车是现代仓储作业的最基本设施。近年来，随着立体仓库的增加，货架与叉车的使用率正逐年提高，但平地堆码、人工搬运仍然较普遍，这是因为许多企业仍然没有建立信息系统，即使有系统也只是基本代替了纸质台账的作用，没有库存管理与控制的功能。这样的信息系统无法满足现代仓储作业的技术要求。

未来我国仓储业发展方向定是朝向信息化、自动化、智能化、集约化方向不断迈进。尽管物联网的概念和可操作性尚待进一步考察，但高度信息化的理念和实践运用也必将成为物流仓储业利用新兴的信息技术和智能技术做大做强的关键。

（沈绍基　关　丰　中国仓储协会）

2010 年中国仓储业的发展

2010 年我国仓储业延续了上年的回升势头，在全国经济增长的大背景下，仓储业的各项经济指标均取得较高的增长速度。根据中国物资储运协会对全国 60 家大型仓储企业的调查显示，其中，有 54 家企业赢利；有 6 家企业亏损，亏损面为 10%，亏损额比上年有所减少。60 家大型仓储企业实现主营业收入达 234.5 亿元，比上年的 192 亿元增长 22.1%；实现利润总额达 4.69 亿元，比上年的 3.83 亿元增长 22.5%，收入利润率为 2%，比上年略有增加；完成货物吞吐量 8430 万吨，比上年的 8582 万吨降低 1.5%；期末社会库存 438 万吨，比上年的 483 万吨减少 45 万吨；货物周转次数 9.6 次，比上年增加 0.35 次。

一、2010 年我国仓储业的发展特点

2010 年我国仓储业的发展有以下明显特点。

1. 仓储业与宏观经济增长关联度增强

一是宏观经济走势影响仓储业务量。随着制造业、流通业、农业经济的增长，货物流通量增长，仓储业的货物吞吐量也在增长。2008 年的金融危机，使样本企业 2009 年的业务收入下降了 11%。而 2010 年 GDP 的增长，使其业务收入增长了 22.1%，样本中平均每个企业主营业务收入 3.9 亿元。二是经济结构的调整和发展方式的转变，影响仓储业务结构。2010 年国家加大了节能减排和低碳经济的管理力度，钢材、有色金属的库存分别比上年初下降了 17% 和 10%。随着煤炭资源的西移和煤炭企业的调整，煤炭仓储物流的节点在发生了较大变化。最明显的是煤炭仓储的洗、选、配功能增强，另外，布局也在向港口、火车货运站集中。三是随着《物流业调整与振兴规划》的发布，金融系统普遍加强了与仓储企业的合作，主要体现在增加固定资产贷款和开展质押融资监管业务等方面。在样本企业中，65% 的企业开展了金融物流业务。

2. 仓储基地和物流园区的建设速度加快

2010 年，全国各地政府部门高度重视物流基地建设，其中主要是仓储基地建设。一是以港口码头为依托的仓储设施增长速度快。如环渤海地区建成、在建和规划的码头有 1500 多座，其后方均规划了相当数量的仓库区和货场区。二是以原有仓库群为基础，重新规划物流园区，提升改造原有的仓储设施。三是部分城市调整了物流园区的规划，将规模小、分布散的物流园重新规划为较大规模的物流园区。如厦门市将象屿、保税、空港、东渡等物流园合并为厦门现代物流园区，规划面积达 9 平方公里。福建省有关部门确定了全省的重点物流园

区，并给予规划、政策方面的支持。四是新规划的园区中，商贸型、综合型物流园区数量增加。有的地方政府甚至将物流园区改为现货市场。五是部分企业走出园门，在园外投资建设综合物流设施。如天津泰达在埃及投资建设集展示、仓储、报关报验、租船订舱、融资等多功能的商贸园。诚通集团在莫斯科建设集保税、销售、展示、仓储为一体的商贸城，投资达3.5亿美元。六是外资企业加大在中国的物流中心建设。如TNT公司宣布将对天地华宇投资15亿元，用于建设物流中心。值得一提的是，台湾桃园县、台中市规划了大型的综合物流园并已在招商。

3. 铁路物流中心建设速度加快，目前已有9个建成营业

铁路部门规划的18个铁路集装箱中心站（更名为铁路物流中心），以其占地面积大、联运能力强的巨大优势，成为新的物流枢纽，一大批仓储和物流企业，包括海关、检验检疫等部门聚集在其周边，形成新的物流基地。此外，铁路货运场站的布局调整也在进行之中。

4. 物流地产持续发展

2010年10月18日，新加坡国家投资公司（GIC）旗下的普洛斯公司在新加坡上市，发行11.7亿股，募集资金39亿新元（约199亿人民币），中国社保基金、阿里巴巴、中投公司都认购了股份。中资10家公司占总股份13.8%。普洛斯公司的此次募资，将主要用于投资我国的物流地产业。至此，该公司稳居我国物流地产第一的位置。普洛斯公司自2003年进入我国，短短七年发展成为最大的物流地产商，这说明物流地产在我国仍有较大的需求，同时，也可以看出金融资产的巨大力量。

5. 冷库建设快速增长

2010年6月，国家发改委发布了《农产品冷链物流发展规划》。规划使得全国兴起的冷库建设热潮持续升温。各省市相继规划和动工建设了一批冷库项目，主要涉及肉类加工、果品加工、蔬菜储运、医药、茶叶、食品等行业。在新批准的物流重点项目中，有66%是冷库项目。规划确立了未来五年新增冷库容量1000万吨的目标，届时，我国的冷藏库容将可达2500万吨。

6. 电子商务的发展要求物流中心具备新功能

据商务部预计，2010年全年我国电子商务交易额达到5万亿元，其中网络购物、网上支付、移动电子商户的数量急剧增加。电子商务的快速发展给仓储和配送企业提出新的要求：一是要求仓储公司能够适应小批量、多品种、多客户、快进快出的需要，其仓储设施、货架、装卸、拣选设备要与其相适应。二是仓储企业的IT系统和作业流程要随电子商务的发展而变化，能实现IT对接，订单跟踪、在线管理、查询、退货等功能，能具备快速拣选、盘点、越库操作的能力。三是电子商务有全球性交易的特点，要求仓储企业网络化，能实现一个商务网站下的统一操作和多个商务网站的同时操作。总之，电子商务的深入发展，将会给仓储业带来革命性的变化。

7. 金融物流业务增速依然放缓

2010年协会成员企业金融物流业务的增幅为29.6%，比上年增加9.6个百分点，但与以前年度100%的增长以上相比，这个增幅大大降低。主要原因是质押监管的风险加大，一些不法之徒瞄上了这项业务，以假充真，以次充好，强制提货，收买贿赂有关人员，侵害银行和监管人利益。同时，该项业务的收入比例逐年下降、竞争日益激烈，也是增速放缓的原因。

8. 物资储运行业变化巨大

物资储运行业原属物资部、内贸部单位。经过近五年发展，这个行业发生了巨大变化。一是改变了传统仓储的形象，使其向现代物流

发展。综合物流业务取得进展。从2005—2010年，行业主营业务收入增长181%，利润总额增长380%，货物吞吐量增长35%。收入结构中，创新业务的比例占58%。二是信息化机械化水平有所提高。主要业务实现计算机管理，约有40%的企业主营业务信息化覆盖面达100%，有94%的企业配置了专业信息技术人员，部分企业使用了物联网技术。三是部分企业退出仓储行业，转变为商贸企业或商业地产企业，这主要是由于城市扩张，迫使仓储企业转型。

二、第二次全国经济普查仓储业基本情况

2009年，我国进行了第二次经济普查，普查的结果表明，我国共有仓储企业1.74万家，比2004年增长71.9%；仓储业从业人员51.1万人，比2004年增长28%；资产总计5694.5亿元，比2004年增长121%；营业收入3021亿元，比2004年增长了237%；营业利润240.3亿元，比2004年增长了918%。仓储企业平均每单位就业人数为29人，比2004年减少了10人；平均每单位资产为3269.6万元，比2004年增长了29%；平均营业收入为1734.7万元，比2004年增长了97%；平均每单位营业利润为138万元，比2004年增长了495%。

全国有30个省、自治区、直辖市发布了仓储企业普查数据，仓储企业数量最多的是山东省，有2883家；其次是上海市有1612家，广东省有1163家，江苏省有1200家，河南省有1025家。长三角地区的仓储企业有3367家、环渤海地区有2301家、珠三角地区有1163家，三个地区仓储企业的总数占全国仓储企业总数的40%，这一比例比2004年降低了10个百分点。说明中西部地区仓储企业的数量在增加。

但是，普查数据有一些异常情况。一是仓储企业利润增长过快，四年间增长9倍多。而仓储企业资产只增长了121%，人员增长28%。利润来源是什么不清楚。二是仓储业每万元资产业务收入5305元，但河南省的仓储企业每万元资产营业收入为2.41万元、山东省为4.69万元、河北省为3.86万元，均与其资产数量不匹配。三是仓储业资产利润率平均为4.2%，而山东省的这一指标为66.8%，极不正常。四是吉林省仓储业资产、营业收入都比2004年减少，但利润都由亏损2.8亿元转变为赢利5.26亿元，情况较为异常。

三、仓储业存在的问题

1. 面对高速增长的物流需求，仓储业的能力相对不足

主要表现在对高档消费品、工业制成品、大型连锁企业的服务能力不足。一是仓储业的投资能力有限，面对急剧增长的仓储需求，新型库房数量短缺，配送车辆、集装技术、拣选技术、信息技术等急需提升和改造。二是业务流程和服务标准不能和制造业、连锁商业实现对接。仓储业与上述行业的融合速度太慢。三是企业综合素质不能很快与国际接轨。现代仓储的理念与国际水平还有一定差距。

2. 国家对仓储业的管理不足

一直以来国家缺乏仓储业的全面资料因而缺乏对行业的管理和指导。一是缺少仓储行业的统计指标体系和统计制度，使目前的仓储业数据失真、零散和不完整。例如，占地面积、库房面积、作业设备水平均无精确的统计数据。二是缺乏对仓储业发展和管理的指导意见，使这样一个与银行业同等重要的行业长期游离。

3. 仓储业税负过重的情况没有改变

4. 城市和道路规划，迫使仓储企业迁置

我国城市化的进程加快，迫使仓储企业让

地给城市建设选择迁移。然而严格的土地管理政策确使仓储企业取得土地的难度加大，土地取得成本和使用成本较高。在仓储企业被迫迁移的同时，原有铁路专用线的消失速度在加快。

2011 年是国家“十二五”规划的开端之年，我们要以积极的心态迎接新的发展时期，正确面对我国处在工业化、信息化、城镇化、市场化、国际化的阶段可能存在着不平衡、不协调、不可持续的突出问题，探索寻找仓储业持续发展的新机遇。

（姜超峰　中国物资储运协会会长）

2010 年中国国际货代业

2010 年，是我国“十一五”规划收官之年，也是应对国际金融危机、巩固经济回升势头的关键一年。这一年，我国对外贸易进出口总值达到 2.97 万亿美元，较上年同期增加 7655.43 亿美元，比上年增长 34.7%，全年对外贸易累计进口总值增长幅度超过了累计出口总值的增长幅度。我国对外贸易进口排名由世界第三位上升到第二位，出口由第三位上升到第一位。这一年，我国服务贸易进出口总额达 3624.2 亿美元，其中出口为 1702.5 亿美元，进口为 1921.7 亿美元，较上年同期增长 20% 以上。这一年，我国境内投资者共对 129 个国家和地区 3125 家境外企业进行了直接投资，累计实现非金融类对外直接投资 590 亿美元，同比增长 36.3%，创历史新高。我国对外承包工程稳步发展，全年完成营业额 922 亿美元，同比增长 18.7%。这一年，中国东盟自贸区正式建成，标志着由中国和东盟 10 国组成、接近 6 万亿美元国民生产总值、4.5 万亿美元贸易额的区域，开始步入零关税时代。种种数字表明，我国对外贸易进出口已经恢复到危机前水平并再创历史新高，结构进一步优化，贸易平衡状况继续改善，我国对外贸易已经从“恢复性增长”步入“实质性增长”阶段。

一、2010 年我国国际货代行业的发展情况

国际货代行业（以下简称货代业）是对外经贸事业的重要组成部分，是国际贸易不可或缺的重要环节。2010 年，我国国民经济平稳较快的发展和我国对外贸易持续稳定增长态势，带动了服务业和服务贸易的加速发展，为我国货代物流业的恢复发展提供了强有力的支持，特别是国内 BtoB、BtoC 等电子商务业的蓬勃发展，更为货代物流业带来难得的发展机遇。2010 年，我国货代业的发展呈现以下特点：

1. 物流基础设施建设加快发展

2010 年，受惠于《物流业调整和振兴规划》的不断实施落实，我国货代市场物流基础设施投资建设速度加快。首先是物流园区等物流设施发展较快。一方面，已经建成的北京空港、上海西北、浙江传化、山东盖家沟、上海外高桥、苏州综合物流园区等一批重点园区，仓储、配送设施现代化水平不断提高，显示了良好的社会经济效益；另一方面，在建的化工危险品库、液体库、冷藏库、期货交割库、电子商务交割库以及自动化立体仓库快速发展。其次是道路运输建设初具规模。到 2010 年年底，我国内河通航里程达 12.4 万公里，沿海

港口深水泊位1774个，公路网总里程达398.4万公里，高速公路发展到7.4万公里，全国铁路营业里程增加到9万公里以上，定期航班机场达176个。物流基础设施建设速度的加快，对货代物流企业的经营奠定了重要基础，同时，也促使货代企业向规范化、网络化、信息化、规模化方向发展。

然而在全国物流相关行业固定资产投资加大、基础设施建设加快的宏观背景下，外资物流企业也借助资金、技术和管理等优势加速投身物流基础设施建设，不断拓展综合物流业务，并开始从中心城市向全国进行物流网络布局。2010年9月，世界500强企业普柯集团投资5000万元占地4000平方米，在南京建亚太物流服务中心；同期，全球第二大物流地产运营商投资的广州开发区物流中心建成运营。

2. 货代企业经营能力有了很大的提升

近些年来，许多货代企业为解决自身经营模式落后、产品结构单一、缺乏核心竞争力等问题，坚持以专业化为基础，对分散单一的功能最大限度地进行系统化整合，逐步向物流服务商转型，经营能力有了很大的提升，服务的效率和利润率有所增长。

2010年，在我国的上海和广州两个城市分别举办了世博会和第16届亚运会。在两个世界性的重大活动中，货代物流企业凭借雄厚的技术实力和专业能力为会议提供了优质的综合物流服务。上海世博会的物流是一项非常复杂的工程，囊括海运、空运、陆运、仓储、分拨、冷链物流等，涵盖了几乎所有的物流运输方式，并且运输量巨大。在2010年上海世博会指定的三家物流服务商中就有中国外运长航集团和海程邦达公司两家货代物流企业。中国外运长航集团承担起了为上海世博会提供全面物流服务的重任，为全面保障世博物流工作的顺利进行，中国外运长航集团为世博项目量身定制了专业、优质、高效的全方位物流解决方案。海程邦达公司负责了世博会开幕式的整体物流，既要在很短的时间内把所有物资安全高效地运抵世博园区，又要在开幕式结束后的6小时之内将物资撤出文化中心和演出广场，整个项目操作起来难度比较大。在充分考虑了每一个物流环节的情况后，海程邦达制定出三套物流方案即正式运行方案、备用方案和应急方案，确保开幕式的物流工作不受影响。在亚运会开幕式上，参赛国家和地区的运动员盛装巡游珠江乘坐的45条彩船是由中国外运广东有限公司组织提供的，正是他们高质量地完成了巡游船舶的征集、遴选、租赁、基础改装以及船员的征集、政审、招募、培训等一系列工作，才保证了开幕式有序欢乐地进行。

2010年2月，为稳定春节期间南方粮食市场，中远货运有限公司紧急承接国务院下达给中储粮总公司一批稻谷紧急抢运任务。在时间紧、任务重的情况下，中远货运依靠自己的专业实力有条不紊地如期在春节期间圆满完成了装箱、陆运、集港、装船、卸港转运等抢运工作。

2010年9月，中国远洋物流有限公司成功承运山东海阳核电项目、世界首批三代核电AP1000机组中高度达23.47米、重952.1吨一号核岛CA01“T”形模块，再次创造了我国道路超高件运输新纪录。11月，中远物流又成功承运该项目直径达43.2米、重量818吨、高度11.7米的安全壳（CV第三环）。这是中远物流继4月在同一项目刷新全国道路运输最宽件纪录（直径40米）后，再次刷新该纪录。

2010年，江苏中外运保税物流业务需求势头强劲，其斥资1亿元在南京新生圩建成的1.1万平方米保税仓库供不应求，二期1.1万平方米仓库建设在加紧筹划。2010年，江苏中外运仅保税物流一项业务金额就达到6亿美元。

当前，是否能够承接大型会展项目、项目物流、工程物流、保税物流、冷链物流等高附加值的服务越来越成为检验货代企业实力的标准。

上述货代企业的出色表现就是自身实力的真实证明。

3. 企业重视战略合作

战略合作是深度合作。货代物流企业通过战略合作可以获取运力、设施、网络等核心经营要素，同时，还可实现优势互补、共担风险，促进经营规模和综合竞争力的提高。2010年，一些大型的国有货代物流企业如中外运长航、中远物流和中远货运等在这一方面加大探索实施力度，引人观注。

2010年4月，中远货运公司与招商物流签订战略合作协议，双方在国际国内集装箱运输、客户开发与服务、国内集装箱物流等领域建立全面的战略合作关系。中国外运长航集团与韩国STX集团签署战略合作协议，进一步深化两大航运集团的合作关系。中国远洋物流有限公司与陶氏化学公司签署战略合作备忘录，双方将共享资源和技术，并进一步加强在化工物流领域的合作，实现双方合作共赢的目标。

2010年6月，中国外运长航集团与中国南方航空公司签署战略合作协议，拟在客运、货运等领域全面开展合作。中国外运长航集团下属企业长航凤凰与湖北宜化集团签署战略合作协议，这是长航凤凰推进新长江战略，加大长江中游市场开发，进一步拓展长江运输市场发展空间的重要措施。

2010年9月，中国租船有限公司与中钢国际货运有限公司签署长期合作协议，将进一步扩展业务合作领域。

2010年10月，中国远洋物流有限公司与商务部下属的中国国际电子商务中心签署双方战略合作备忘录，双方将在全国范围内，整合优势资源，共同打造在线电子订舱服务，为广大进出口企业及中小型货代提供具有公信力、中立、可信赖的第三方在线电子订舱服务平台。

2010年11月，中国远洋物流有限公司与中国石化国际事业有限公司签署战略合作协议，双方将通过资源整合、管理创新和建立合作工作机制，在双方具有优势的业务领域开展战略合作。两者的合作必将全面提升行业水准，不仅服务于广大进出口企业，为减轻企业物流成本作出实际贡献，更为海运物流行业相关各方扫清了向国际市场拓展业务的障碍。

4. 货代物流行业经营更加规范

一直以来，我国货代行业经营整体规范性不高始终是制约行业快速发展难题。为适应国际货代行业健康有序发展的需求，全国国际货运代理标准化技术委员会（以下简称货代标委会）应运而生。货代标委会的成立是我国货代物流行业发展的必然需求，也是行业规范管理的客观要求。中国国际货运代理协会是货代标委会秘书处的承担单位。货代标委会主要负责国际货运代理行业术语、作业规范、岗位资质及国际货运代理企业资质与等级评定等领域的国家标准制修订工作。

2010年，经国家质量监督检验检疫总局、国家标准化管理委员会批准，货代物流行业又有四项国家标准问世，即《物流网络信息系统风险与防范》（GB/T 26318—2010）、《国际货运代理单证标识符编码规则》（GB/T 26319—2010）、《国际货运代理信息交换规范》（GB/T 26320—2010）和《国际货运代理业务数据元》（GB/T 26321—2010），四项国家标准将于2011年5月1日正式实施。从近几年的情况看，在进行货代业务的实际操作中越来越多的货代企业已经逐渐开始重视运用行业国家标准提升自身的效益。所以，四项国家标准的颁布实施对促进我国货代物流行业的信息标准化建设，满足货代物流业务信息共享和信息交换的迫切需求，提高企业的物流网络信息风险防范的能力将会产生积极的作用。

5. 行业协会的作用日益加大

据中国国际货代协会（以下简称货代协会）统计，目前我国已在商务部门备案从事国际货运代理业务的企业超过2.5万家，直接从业人员约有100万人。货代协会作为连接企业与政府的桥梁和纽带，认真履行“反映诉求、提供服务、规范行为”职责，为会员提供务实高效的服务，同时为推进行业规范发展发挥积极重要的作用。

（1）2010年4月，货代协会在福建召开第三届第二次理事会，会上审议并通过了《协会2011—2015年工作规划纲要》，这一纲要为货代协会今后五年的工作确定了方向。

（2）2010年10月、11月，货代协会分别举办了北京、山东地区性会员会议，分别就鹿特丹规则问题、《最高院关于审理货运委托合同纠纷案件若干问题的指导意见（讨论稿）》等进行宣讲和征询意见，就如何促进行业发展提出了决策建议。

（3）2010年9月，货代协会联合台北市电脑公会、国际商报社在天津主办“2010两岸物流产业合作及交流会议”，来自海峡两岸的物流企业代表与专家学者近300人共同出席了会议，借两岸经济合作框架协议即将实施的有利时机会议就两岸业者如何深化合作、解析贸易新路径达成诸多共识；会议同时隆重举办年度“中国国际货代物流百强企业排名揭榜大会”。中国国际货代物流百强企业排名活动是货代协会的一个常规活动，作为中国货代物流行业的年度盛事得到了业内的积极关注和评价，已经成为中国货代物流行业最具有权威性和影响力的品牌活动之一。

（4）2010年9月，货代协会和世界货运联盟（WCAF）在香港亚洲国际博览馆合作举办第七届中外货代物流企业洽谈会，来自世界100多个国家和地区的1300多名代表参加了此次洽谈会。为突出区域热点，货代协会和WCAF还分别于6月中旬、12月上旬在西班牙巴塞罗那、肯尼亚内罗毕成功举办了中欧、中非区域洽谈会议，为中外货代物流企业搭建合作交流的平台。

（5）2010年12月，货代协会主办的2010年度“国际货代协会联合会（FIATA）资质证书”和“货运代理岗位专业证书”（也称CIFA证书）考试在全国指定的百余考点顺利举行，参加考试人员近1.7万人，此举为提高行业从业人员素质，持续推进行业培训事业发展。

（6）2010年9月，货代协会首次组织编撰出版了《中国国际货运代理年鉴（2000—2009）》，这本以编年体形式编写的史料性专著，收集了大量珍贵资料，全面回顾行业十年来的发展的历史，详尽分析了行业业务发展历程和趋势，更好展示行业发展的成果和行业良好形象。

二、货代物流业发展面临的问题和挑战

1. 外方对进出口国际货代的选择权加大

经济全球化推动了跨国公司的迅猛发展，跨国公司的全球生产和采购的特点，决定了拥有全球网络和整合服务优势的外资背景的服务商成为首选，因此，行业发展的定价权基本由外资货代物流企业掌控的趋势越发明显。我国货物贸易进出口成交方式目前多为FOB方式，成交方式由境外货主或其委托代理人控制货代物流主导权，导致海上运输外资班轮占总量的70%以上，航空货运由境外承运人承揽的占80%以上。据统计，班轮公司每年向我国的货主违法收取的名目繁多的费用总额大约为1000亿元人民币，导致我国货主的出口成本上升，中国产品的市场竞争力大大削弱。

2. 政府为行业发展的政策支持还未到位

2010年是落实《物流业调整和振兴规划》的第二年，也是关键的一年。《物流业调整和振兴规划》实施近两年来，许多地方和部门局部性的政策都在推进，但整体情况不够理想，一直困扰货代物流业发展的许多政策问题亟待解决，如货代物流运作环节税率不统一、税负

偏高的问题；仓储类物流企业土地使用税不堪重负的问题；城市交通管理与物流业发展的矛盾问题；执法标准不一，物流企业罚款负担重的问题；物流基础设施建设的用地和融资问题；物流企业异地设点受阻，各类资质无法统一使用、税收不能统一核算的问题。

对照《物流业调整和振兴规划》要求，影响当前货代物流业发展的土地、税收、收费、融资、交通管理等方面的政策还没有出台，物流企业生存和发展环境没有根本性好转。

3. 中小货代企业发展面临许多问题

2010 年，CPI 指数攀升、燃油涨价，原材料、土地、人力成本等各项货代物流要素价格普遍上涨，导致货代企业经营成本持续攀升。在银行对企业的贷款审批趋严的情况下，中小货代企业融资困难。与此对照的是货代物流服务价格上升空间有限，发货人、货主可以随意压低服务价格。多数企业在高成本、低收益、微利润状态下运行，缺乏发展后劲。由于国内市场经营主体类型多，因而市场竞争杂乱无序，导致赢利极低。此点尤其以海运市场最具代表性，海运业务的利润率最低。

我国是世界贸易大国，在我国经济由回升向好向稳定增长良性循环转变的关键时期，我们要把握机遇，围绕行业发展大局，在加强行业自律、推广应用新技术、转变经营运作模式、培育有竞争力的企业群体上有所作为，帮助企业成长为一流的国际货代物流服务商。

（中国国际货运代理协会）

2010年中国快递业

一、2010年我国快递市场发展情况

2010年，我国快递市场发展良好，行业业务收入持续增长。无论是国家邮政局的统计数据还是快递咨询网的统计数据都一致性地证明了这一点。

1. 国家邮政局的统计数据

2010年，邮政企业和全国规模以上快递服务企业业务收入（不包括邮政储蓄银行直接营业收入）累计完成1276.8亿元，同比增长16.6%；业务总量累计完成1985.3亿元，同比增长21.6%。2009—2010年全国快递业务收入分月走势如图1所示。

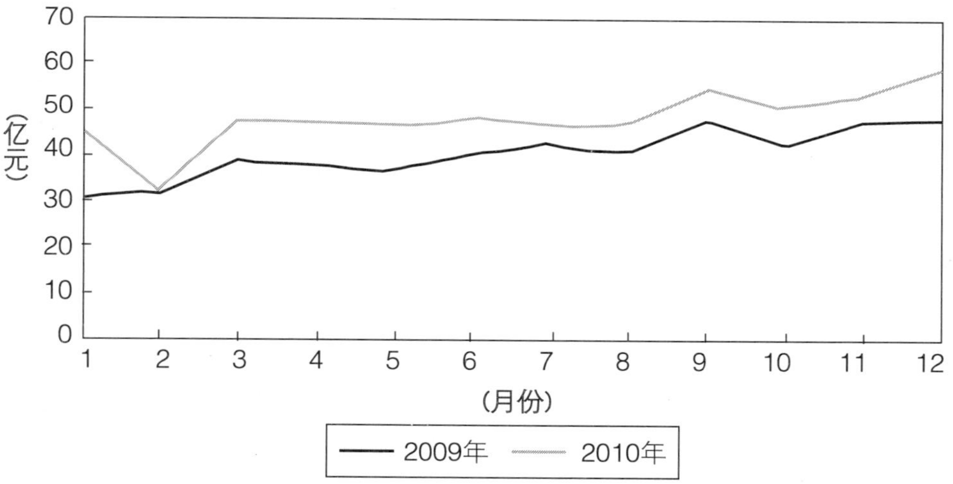

图1 2009—2010年全国快递业务收入分月走势

2010年，全国规模以上快递服务企业业务量累计完成23.4亿件，同比增长25.9%；业务收入累计完成574.6亿元，同比增长20.0%。

2010年，全国同城、异地、国际及港澳台快递业务收入分别占全部快递收入的7.2%、54.7%和31.1%（如图2所示）；业务量分别占全部快递业务量的22.9%、71.5%和5.6%（如图3所示）。

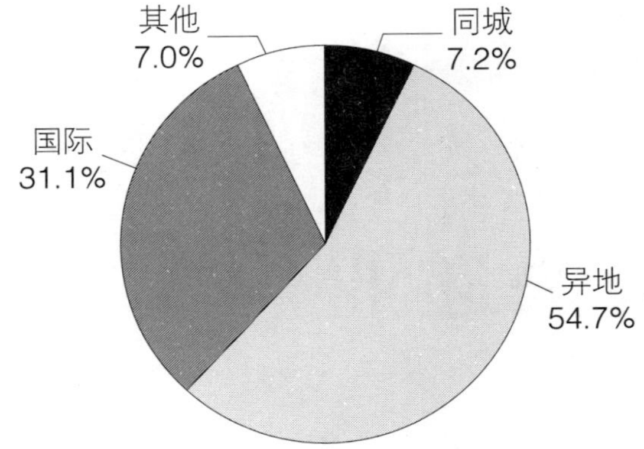

图 2　2010 年全国快递业务收入结构

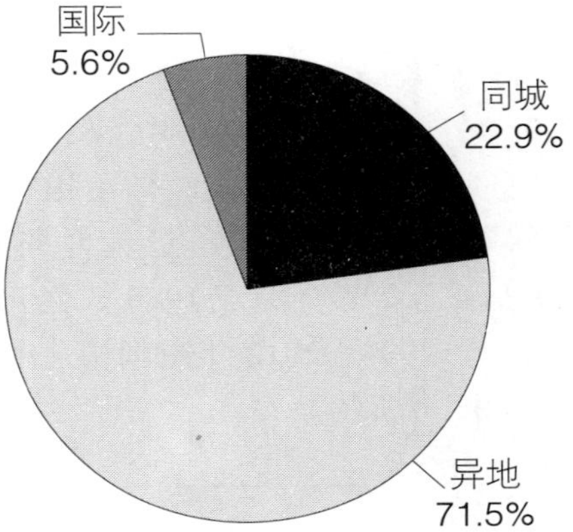

图 3　2010 年全国快递业务量结构

2010 年，全国东、中、西部地区快递业务收入的比重分别为 81.1%、9.9% 和 9.0%（如图 4 所示）；业务量比重分别为 79.3%、11.6% 和 9.1%（如图 5 所示）。

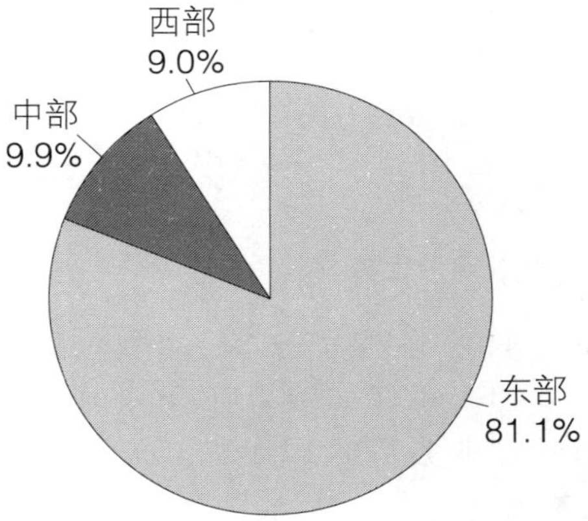

图 4　2010 年全国东、中、西部地区快递业务收入结构

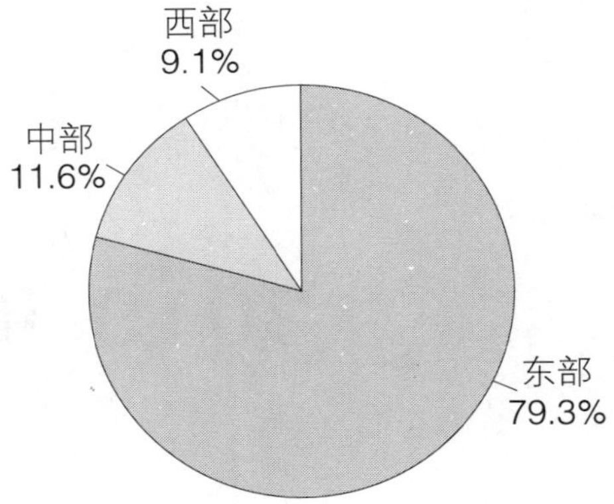

图 5　2010 年全国东、中、西部地区快递业务量结构

2. 快递咨询网的统计数据

（1）2010 年，全国快递业务量为 29 亿件，同比增长 25%；实现业务收入 700 亿元，同比增长 18%。

（2）2010 年，全国异地快递业务量为 21 亿件，同比增长 29%；实现业务收入 435 亿元，同比增长 18%。

（3）2010 年，全国同城快递业务量为 7 亿件，同比增长 23%；实现业务收入 56 亿元，同比增长 16%。

（4）2010 年，全国国际快递业务量为 1.71 亿件，同比增长 22%；实现业务收入 209 亿元，同比增长 20%。

具体如图 6 和图 7 所示。

（5）2010 年，全国快递业务在同城快递和异地快递中，网购快递的快件量占到 42% 左

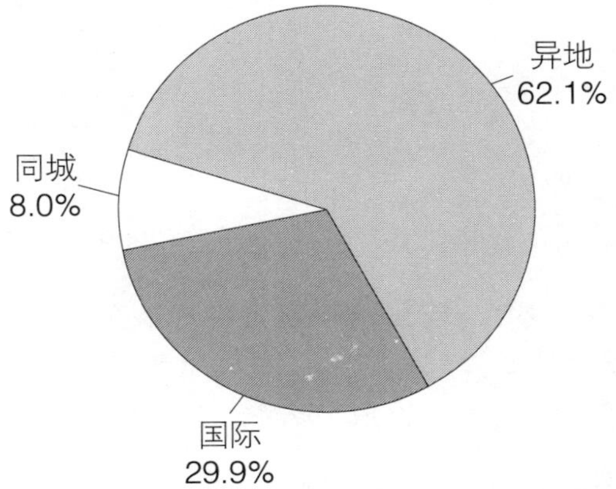

图 6　2010 年全国快递业务收入结构

右，网购业务收入占到35%左右；在异地快递业务量增长中，网购快递业务占到80%左右。如图8和图9所示。

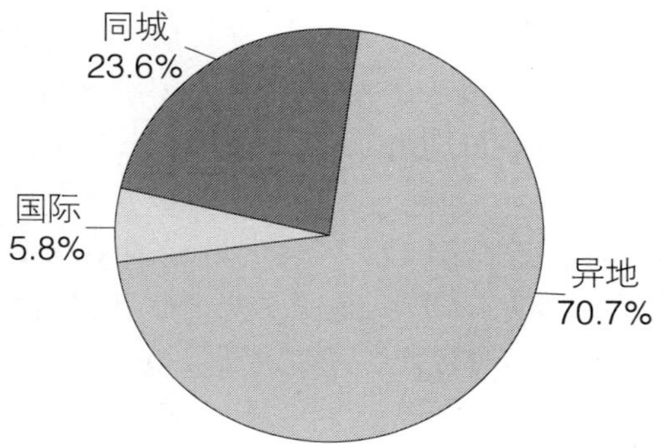

图7　2010年全国快递业务量结构

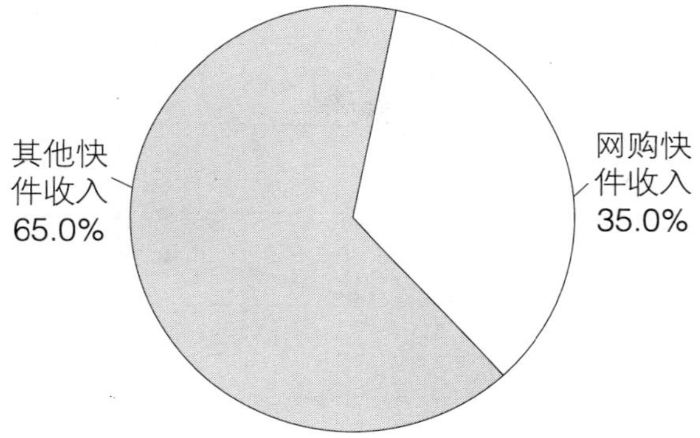

图8　2010年全国快递业务收入结构

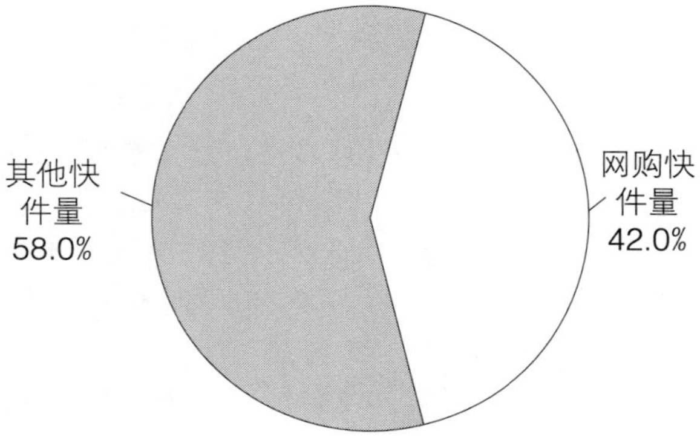

图9　2010年全国快递业务量结构

（6）2010年全国快递业务收入超过百亿元的省市有：广东省（快递业务收入为160亿元）、上海市（快递业务收入为142亿元），两者收入占到全部业务收入的43%。

（7）2010年全国快递市场集聚区是：广东省（快递业务收入为160亿元）、上海市（快递业务收入为142亿元）、江苏省（快递业务收入为75亿元）、浙江省（快递业务收入为70亿元），4个省市的快递业务收入占到全国快递业务总收入的63%。

二、2010年我国快递行业的运行情况

1. 快递服务满意度情况

根据国家邮政局公布的2010年快递服务满意度调查情况通告，2010年来自全国28个城市的上万名被调查者对11家快递公司的服务满意度给出了如下评定：

对快递服务总体满意度平均为68.7分，较2009年提升2.4分。其中，公众满意度平均为70.9分，较2009年提升1.7分；实地测试满意度平均为66.4分，较2009年提升3分。

对快递服务环节中的受理服务和揽收服务满意度高，满意度分别为74.8分和70.9分，较上年度分别提升3.3分和4.6分；对投递服务和售后服务满意度稍低，满意度分别为64.3分和65.7分，与上年度基本持平。

在受理服务方面，公众对电话接通速度给予较高评价，满意度较高的企业有顺丰速运、邮政EMS、宅急送等。公众对于电话受理人员语言不规范，不能主动预约上门时间不满意。

在揽收服务方面，公众对快递服务揽收人员态度热情、面单规范等方面给予了较高的评价，满意度较高的企业有顺丰速运、邮政EMS和韵达货运。公众对快递服务揽收人员不能在约定时间内上门，等待上门取件时间过长不满意。

在投递服务方面，公众对投递范围不断扩大

和外包装完好较满意，满意度较高的企业有顺丰速运、邮政 EMS 和民航快递。对快件不能在承诺时间内送达、投递后没有信息反馈的反映强烈。

在售后服务方面，公众对查询服务给予了较高的评价，满意度较高的企业有顺丰速运、邮政 EMS 和宅急送。对于投诉受理及问题件处理不满意。

连续四年的快递服务满意度调查结果显示，我国快递服务整体水平呈稳步提升态势。其中，受理和揽收服务满意度提升明显，投递和售后服务满意度提升幅度不大，快递服务“重前不重后”的现象没有得到有效改善，“快递不快”问题仍较突出。

快递企业业务品种与价格水平逐渐出现分层，企业形象和品牌因素逐渐成为公众选择的参考因素，表明公众对快递业务呈现多元化需求，品牌意识增强。

从参与调查的企业看，部分企业快递服务水平领先优势明显，并保持稳定。服务水平处于中端的企业增多。企业间满意度得分差距缩小，最高分与最低分相差 11.3 分，较 2009 年缩小 0.7 分。

快递服务在全国七大区域的发展还不均衡。东北地区的公众对于快递服务的满意度较高，西北地区表现相对较差，两者相差 7.5 分。

2. 消费者申诉情况

2010 年，消费者申诉快递企业的案件持续升温，各月有效申诉走势具体情况如图 10 所示。

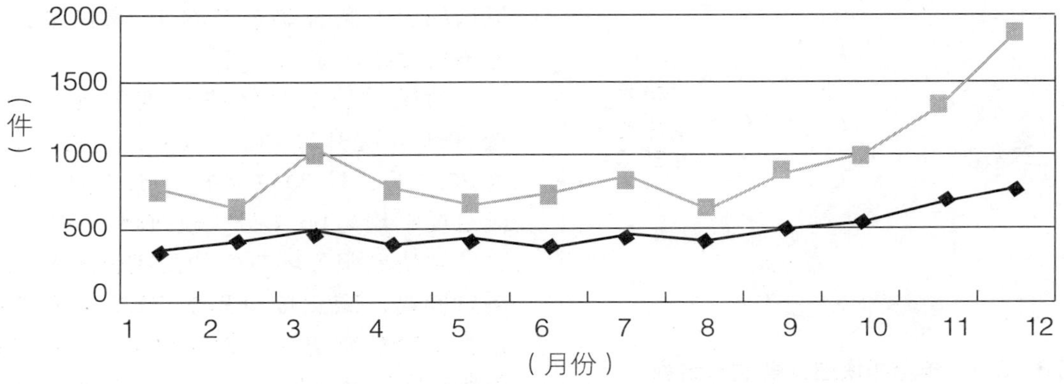

图 10　快递业务有效申诉分月图

对快递企业而言，无论是业务量抑或业务收入，均出现高速增长态势。但伴随着业务量增长的是消费者持续不断的投诉，并集中于“快件不快”、“丢失短少”等现象。2010 年的统计数字显示，全年受理的有关快递业务的有效申诉为 11151 件，与 2009 年同期相比增加 5500 件、增长 97.3%。其中，针对快件延误的投诉仍以 49.5% 的比例居首位，达 5515 件，与 2009 年同期相比增长 126.0%；针对快件丢失短少的投诉占比为 23.3%，达 2602 件，与 2009 年同期相比猛增 107.2%；针对损毁的投诉占比为 12.4%，达 1382 件，与 2009 年同期相比增长 59.8%；针对违规收费的投诉占比为 1.4%，达 157 件，与 2009 年同期相比下降 7.6%；针对服务态度问题的投诉占比为 9.7%，达 1086 件，与 2009 年同期相比增长 87.6%；针对代收货款问题的投诉占比 2.8%，达 314 件，与 2009 年同期相比上升 25.6%；对于其他问题的投诉占比为 0.9%，达 95 件，与 2009 年同期相比上升 4.4%。如表 1 所示。

表1　2010年和2009年消费者申诉快递服务的主要问题及所占比例统计

	延误	丢失短少	损毁	违规收费	服务态度	代收货款	其他	合计
2009年合计（件）	2440	1256	865	170	579	250	91	5651
2009年各类问题占比（%）	43.2	22.2	15.3	3.0	10.2	4.4	1.6	100.0
2010年合计（件）	5515	2602	1382	157	1086	314	95	11151
2010年各类问题占比（%）	49.5	23.3	12.4	1.4	9.7	2.8	0.9	100.0
2010年比上年增长（%）	126.0	107.2	59.8	-7.6	87.6	25.6	4.4	97.3

显然，快件延误不守时已成为最让消费者感到不满意的现象。中国快递协会相关工作人员向记者表示，造成快件延误的原因有多种，既有企业自身实力不足，如长期价格过低造成企业投入不足等，也需从企业体制、加盟商等环节寻找原因。

3．消费者申诉企业概况

2010年，消费者申诉快递企业的案件持续升温，其中申诉企业的具体情况如表2所示。

表2　2010年主要快递企业申诉率统计

企业名称	2010年1~11月申诉率平均值（‰）
海航天天快递	0.177
中通速递	0.135
韵达快运	0.123
圆通速递	0.098
汇通快运	0.116
宅急送快运	0.113
全一快递	0.023
申通快递	0.075
中国邮政EMS	0.027
优比速（UPS）	0.006
联邦快递（FedEx）	0.008
顺丰速运	0.008
中外运—敦豪（DHL）	0.004

续　表

企业名称	2010年1~11月申诉率平均值（‰）
希伊艾斯快递	0.071
天地快递（TNT）	0.014
民航快递	0.002

三、2010年全国快递10强企业综合实力排行榜（以下用简称）

依据快件量、业务收入、服务范围等综合指标对国内快递企业进行了排序，得出如表3所示：

表3　国内快递企业排序

排序	企业名称	备注
1	中国邮政速递物流	
2	顺丰速运	
3	申通快递	
4	圆通速递	
5	韵达快运	
6	中通速递	
7	汇通快递	
8	海航天天快递	
9	宅急送快运	
10	鑫飞鸿快递、希伊艾斯快递	

四、我国快递市场相关数据

1. 我国步入全球第三快件大国

2010 年以来，我国日均快件量已接近 1000 万件大关（以工作日计算），有很多天都已突破这个数字。这使得我国成为继美国、日本后的第三个快件大国。

2. 全国快递企业数量达到 4898 家

截止 2010 年 9 月 30 日，全国已经取得快递业务经营许可证的企业达 4898 家。其中，85% 以上为 25 家快递知名品牌企业，特许加盟模式民营快递企业数量占到 70% 左右。

3. 新生快递企业与倒闭快递企业名单

2010 年，我国快递行业新成立了一家快递企业——全丰速递；倒闭了两家快递企业——广东东道快递有限公司和广东长宇快递有限公司。

4. 快递行业人员结构

（1）2010 年，我国快递行业从业人员达 70 万人以上。其中，农村剩余劳动力占从业人员的 95% 以上，男性从业人员占从业人员的 85% 以上，30 岁以下人员占从业人员总人数的 90% 以上。

（2）以有限公司从事快递经营的企业在 1 万家以上。

五、2010 年我国快递产业发展的动向

2010 年，我国快递行业发生了一些重大事情，它们真实反映或影响着我国快递行业在本年内的发展动向。

动向一：我国快递业进入了一个新的发展阶段

我国快递业进入了一个新的发展阶段的重要标志是，2010 年以来我国日均快件量已接近 1000 万件大关（以工作日计算），成为继美国、日本后的全球第三个快件大国。1000 万件数量的背后是来自自方方面面的系统支持，因此，它是行业发展成熟的体现。此外，2010 年快递行业中的下述事件都在说明快递行业正在进入一个新的发展阶段。

一是部分省市破解了快递车辆通行难题。一直以来快递车辆“进城难”、“停靠难”、“事故处理难”等问题，始终困扰着快递业的发展并成为制约城际快递业发展的瓶颈。2010 年江苏、福建、安徽、湖北、黑龙江、山西、江西、重庆、湖南、内蒙古、陕西、河北等省区已经开始解决这些老大难问题，并且取得了实效。

二是“快递运输绿色通道”提升快递航空运输质量。大部分快递企业商务快递依旧使用客运航班腹舱进行运输，这就使得伴生的两个问题一直影响着快递业务的质量提升，令快递企业头痛不已：首先客运航班的舱位紧张，配舱存在困难；其次目的港提货过慢、始发港交件时间过早。2010 年广东、吉林、福建、河北、江西、宁夏、广西和江苏等省区的邮政管理局与民航部门协手出台了相关政策，建立了“快递运输绿色通道”，较为妥善地解决上述问题，

三是京津冀地区快递服务发展规划出台。由北京、天津、河北三省市邮政管理局共同组织编制的《（2010—2014 年）》（以下简称《规划》）2010 年 10 月 13 日正式出台。这将力促环渤海经济圈中北京、天津、河北三省市快递业务的协同发展。它是继《长江三角洲地区快递服务发展规划（2009—2013 年）》和《珠江三角洲地区快递服务发展规划（2010—2014 年）》之后，我国第三部获得通过的区域快递服务发展专项规划。

四是中国邮政速递物流股份有限公司揭牌。2010 年 6 月 29 日，中国邮政速递物流股份有限公司举行揭牌典礼。这是中国邮政按照国务院关于邮政体制改革的总体要求，深化邮

政主业改革的重要举措，是我国邮政体制改革取得的又一重大阶段性成果，向市场化迈出了关键的一步。

五是首家快递专业的月刊杂志《快递》举行首发仪式。2010 年 1 月 19 日，我国国内首家公开发行的快递类期刊——《快递》杂志在北京举行了创刊首发仪式。

六是北京邮电大学成教首设快递专业。2010 年，北京邮电大学新增物流工程专业，在高起专层次还开设了“快递方向”，这在国内成人高校中尚属首例。从 2010 年起在高起专、专升本两个层次均招生的物流工程专业，为该校新增专业。该校还针对快递行业的特点，在高起专层次的物流工程专业开设了“快递方向”，以适应快递业飞速发展的实际需要，着力培养从事快递业务的专业人才。

动向二：快递企业重组波澜迭起

2010 年我国快递业企业重组波澜迭起，喜忧参半。

一是 2010 年 1 月，由日本雅玛多控股和上海久事集团公司合资成立的雅玛多（中国）运输有限公司（下称“雅玛多中国”）正式宣布在中国拓展现代商业配送物流项目。“雅玛多中国”投资总额达 6 亿元人民币，日本雅玛多控股公司占 65% 的股份，上海久事公司和金刚投资分别持有 17.5% 的股份。“雅玛多中国”主要从事同城快递。

二是 3 月 29 日，阿里巴巴与民营快递企业星辰急便签署协议，注资 3800 万元首次入股快递企业。

三是 5 月 10 日，海航集团所属的北方总部控股天天快递总部成立海航天天快递有限公司。天天快递在国内民营快递企业中排行第七名，是特许加盟民营快递企业，海航北方总部按照 1.35 亿元总额的 60% 参股。

四是 6 月 11 日，中外运敦豪国际航空快件有限公司（中外运敦豪）旗下两家全资子公司北京中外运速递有限公司（中外运速递）和上海全一快递有限公司（全一快递）进行全面整合，成立中外运全毅快递。中外运敦豪是外运发展与德国 DHL 公司各持股 50% 的合资公司。

五是 6 月，海航旗下的北方物流（控股）有限公司与山东省的区域快递企业青岛元智捷诚快递正式签约，成立海航元智捷诚快递有限公司，其中海航控股 51%。这是海航签约重组上海天天快递后的又一次对快递企业的收购。

六是 7 月，百世物流以近 2 亿元的价格收购了汇通快递 80% 的股份，成功控股汇通快递，完成了在物流领域的扩张。汇通快递在国内民营快递企业中排行第六名。

七是中外运空运发展股份有限公司（简称“外运发展”）发布公告称，中外运—欧西爱斯国际快递有限公司（简称“中外运—欧西爱斯”）将在 2010 年 12 月 12 日合营期满后不再办理延期手续，解散合营公司，并在随后进行清算注销。通告宣布了“中外运—欧西爱斯”就此将退出历史舞台。而 OCS 将以日资独资的方式继续在中国从事国际快递业务。

在上述重组案例中，日本雅玛多基本延续在日本的经营策略，定位在中高端市场的宅配。运用的是差异化策略，他们是我国唯一一家兼有冷藏配送的快递企业。中国邮政集团所属的邮政物流速递重组后成为一体化的股份公司，它的短期目标是上市。他们可能成为内资快递企业第一家上市公司。其余的重组案例是对特许加盟民营快递企业进行重组。特许加盟民营快递企业转变发展方式需要外力助推。由于入股方缺乏对快递产业特点的了解、缺乏对特许加盟模式的了解，其重组将面临挑战，如果他们注入的资金非常有限就难以实现转变发展方式。

显然，重组案例大都发生在排在 5 名之后的快递公司，包括汇通快递、天天快递、鑫飞鸿快递和 CCES 等。这也可以说明我国的快递业已经进入成熟阶段，前期“攻城略地”中获得优势的大企业将继续扩大市场份额，可能出现“强者恒强，弱者恒弱”的局面，这也是排名靠后的快递公司热衷引资的原因。

动向三：网购快递增长迅猛

2010 年，国内异地快递业务增长势头强劲，始终保持较高增长水平。其中 80% 的因素来自网购快递。有资料显示，在网购快递中 85% 以上的市场份额主要集中在“四通一达”、海航天天快递和希伊艾斯快递。其中，网购快递在申通快递、圆通速递的业务比重已经超过了 65% 。

动向四：民营快递企业整体综合实力较弱

截止 2010 年 9 月 30 日，我国已经取得快递业务经营许可证的企业达 4898 家。其中，85% 以上为 25 家快递知名品牌企业，特许加盟模式民营快递企业数量占到 70% 左右。民营快递企业成为国内快递市场的主力军，他们占有国内快递行业（同城、异地）80% 左右的市场份额和 85% 以上的从业人员。

1. 在 25 家快递知名品牌企业中，民营快递顺风速运的发展在 2010 年分外抢眼

2010 年 1 月初，顺丰速运完成了由深圳飞往杭州首航。此次首航使用的是顺丰航空 757—200 型全货飞机。顺丰速运成为国内第一家拥有飞机和飞行许可的快递企业。4 月 1 日，顺丰速运全面开通新加坡与中国大陆、香港、澳门及韩国之间的互寄服务。这是民营快递企业首次以自主品牌、自营模式走出“国门”。数据显示，2010 年顺丰速运业务收入突破百亿元，成为民营快递第一家业务收入突破百亿元的企业。此外，2010 年 9 月 15 日，申通全网日收取快件量突破 181 万件；2010 年 12 月，申通快递和顺丰速运两家民营快递企业日均收取快件量均突破 200 万件。

总体看，目前我国已经取得快递业务经营许可证的民营快递企业中，除顺丰速运外，其余均有“大而不强、小而差”的特点，并且整体呈“两低”状态，即市场集中度较低，产业化程度较低。这从 2010 年我国快递市场的“爆仓”事件中不难得到印证。2010 年，国内网上商家借助圣诞节和春节提前大搞商品促销活动，很多网商还采取免快递费的促销手法吸引消费者购物，推动了网购快件量爆增。由于多数网购消费者对价格的敏感度高于对快递服务品质的敏感度，使得网购快递件集中流向“四通一达”等 6 家民营快递企业。因为，由于快递的价值和成本没有在快递价格中合理地体现，使部分民营快递企业资源配置难以与网购高速发展匹配，短时间爆增的快件量大大超出其服务承受能力，最终导致快递“爆仓”。此外，网商企业与快递企业没有建立联动机制，网商集中同一时间段进行促销没有与处在下游的快递企业进行互动配置相应的资源，也是引发爆仓的一个原因。据粗略统计，2010 年年底网购快件量是 2009 年的 2 倍左右，大大超出了民营快递企业的承受能力，最终导致快递“爆仓”频发，引发消费者的不满。2010 年 11 月，由于成本不断增加导致部分民营快递企业决定上调快件价格，涨幅大致为每票 1 至 2 元。

2. 递企业的软肋也导致快递企业问题丛生

（1）2010 年，国内快递企业普遍出现了“招工难”、“留人难”的问题，在特许加盟模式民营快递企业表现尤为突出。部分快递企业分拨中心员工的流失率已经超过 50% 以上。主要原因是待遇低、福利低和企业文化建设滞后，让员工缺乏认同感、价值感、归属感、方向感和目标感。其深层次原因是同质化竞争引发的“价格战”造成企业没有更多的能力提高员工待遇和进行企业文化建设。

（2）2010 年，因“代收货款”发生快递企业员工携款逃逸、贪污、挪用等案件呈现上升趋势。最典型的案例就是广东东道快递有限公司倒闭案。2010 年 1 月下旬，东道快递（深圳东道物流有限公司）彻底倒闭。这是 2010 年国内倒闭的第一家快递公司。深圳东道物流有限公司曾是一家拥有 6000 多名员工、500 多辆汽车的快递公司，营销网络遍布全国大中城

市，在广州、东莞、香港、上海、北京等地设有几十家分公司，800 多个自建服务网点，10 万多平方米的处理场地，公司所有部门实行了电脑办公，建立了网上查询跟踪服务系统。经过十多年的发展公司已经成为一个比较成熟的快递公司。然而盲目扩张使其资金链断裂、大量挪用“代收货款”无法偿还，引发债主群体上门围堵讨债，最终导致东道快递迅速倒闭。快递企业中类似的“代收货款”被员工或网点携款逃逸、贪污、挪用的事件近几年时有发生。在华南，快递企业不从事“代收货款”业务量不足，而从事这项业务又面临一定的经营风险。

（3）投诉持续攀升。2010 年公众对快递业投诉的焦点仍旧是延误、损毁、遗失，并且从各地消保委投诉统计和国家邮政局申诉的统计看，延误、损毁和遗失主要集中在特许加盟民营快递企业。除去交通拥堵、航班晚点、恶劣天气、“柴油荒”、网购快件爆增、内盗、外盗、快件包装不合格、野蛮操作等因素。民营快递企业缺乏完善的企业标准、执行力差等自身的弱点应该是主要的因素。

（4）验货签收引发争议凸显服务规范和法律、法规滞后。验货签收引发争议主要发生在网购快递。对于快递企业来说这是增值服务，而这种服务没有在快递的价格中体现，这是验货签收争议的直接原因。其真正的原因是快递业缺乏“先验货再签字”的服务规范，包括“验货”的内容、退货的程序、提供“验货”服务的价格标准和违规处罚等规范。同时，许多商家也未与快递公司签订“先验货再签字”的合同，包括验货的内容、退货的包装、退货的程序、快递费、“验货”费和违约责任等，相关法律、法规滞后。

与发达国家相比，我国民族快递产业尚处在发展的初期，多数民营快递企业采取特许加盟模式，还处在家族治理结构状态，法人治理结构尚未建立；总体表现出市场集中度较低、同质化竞争突出、服务产品单一，缺乏品牌优、实力强和标准化快递服务产品体系完善的快递企业，不能适应快递业一体化、标准化、集约化和国际化的发展趋势。综观发达国家的快递企业，能够跻身于世界 500 强的快递企业还没有一家是特许加盟模式的企业。

动向五：“两增一减”趋势明显

“两增一减”即快递业务量增加、业务收入增加，利润呈现逐年减少态势。特别是 2010 年这种趋势非常明显。从 2000 年至今 10 年间，快递企业的价格，主要是民营快递企业的价格呈现下降趋势，成本呈现上涨趋势。2009 年和 2010 年民营快递企业的价格两次出现反弹，说明他们快递企业的价格已经“探底”。据快递咨询网的分析，10 年间民营快递企业的利润由 30% 下降到 5% 以下，部分快递企业出现盈亏平衡，即进入微利或无利时代。这与快递业高附加值的特点是相悖的。

（徐　勇　快递咨询网首席顾问）

第四部分

行业物流

2010年中国制造业物流

作为我国国民经济的支柱产业，制造业是我国经济增长的主导部门和经济转型的基础。作为经济社会发展的重要依托，制造业是我国城镇就业的主要渠道和国际竞争力的集中体现。依据国家统计局2010年2月25日发布的数据，2009年全国GDP为33.54万亿元。其中，第二产业增加值15.7万亿元，占GDP的比重为46.8%。制造业作为第二产业中最主要的行业，在我国经济发展中占有举足轻重的地位。根据2010年权威调研机构艾瑞的最新数据显示，按主营业务收入来看，我国制造业占据全国工业总产值的88.9%，该数据表明，制造业一直是我国国民经济发展的核心和重点。

一、2010年我国经济及制造业的发展概况

1. 国民经济发展的主要指标情况

2010年是我国"十一五"规划的最后一年，也是十大产业落实调整与振兴规划的关键之年。面对复杂多变的经济形势，党中央、国务院及时出台了一系列保增长、调结构、促改革、惠民生的政策措施，确保了我国经济在后金融危机时期仍然保持的平稳发展。从表1中可以看到，2010年我国国内生产总值达39.8万亿元，比2009年增长10.3%，显示出较强的回升向好势头。此外，中国物流与采购联合会2010年12

表1　2010年我国国民经济统计指标数据情况

指标	2010年1季度		2010年2季度		2010年3季度		2010年全年	
	绝对额（亿元）	同比增长（%）	绝对额（亿元）	同比增长（%）	绝对额（亿元）	同比增长（%）	绝对额（亿元）	同比增长（%）
国内生产总值	81622.3	11.9	172839.8	11.1	268660.2	10.6	397983	10.3
第一产业	5139.0	3.8	13367.0	3.6	25600.0	4	40497	4.3
第二产业	39243.5	14.5	85830.0	13.2	129324.6	12.6	186481	12.2
第三产业	37239.8	10.2	73642.8	9.6	1133736	9.5	171005	9.5

资料来源：国家统计局季度统计数据，http：//www.stats.gov.cn/

月发布的中国制造业采购经理人指数（简称PMI）为53.9%，比11月回落了1.3个百分点。这是自2009年3月以后该指数连续第22个月位于临界点——50%以上的扩张区间，这表明至2010年12月我国经济增长态势基本平稳。

2. 制造业的主要指标情况

2010年，在中央继续应对国际金融危机、保持经济平稳较快发展的一系列政策措施的持续作用下，我国制造业总体上延续了2009年下半年回升向好的运行态势，呈现出生产增长较快、效益状况改善、结构逐步优化、出口加快恢复、节能减排取得积极进展的良好格局，运行由回升向好向稳定增长转变的态势基本确立。

总体来看，2010年我国的制造业经济运行呈现三个特点：一是工业经济增速逐月回落。2010年以来我国规模以上工业增加值增速回落趋势明显，全年工业经济运行呈前高后低的态势。二是企业生产经营难度加大。上半年工业品出厂价格同比上涨6%，而原材料、燃料、动力购进价格同比上涨10.8%。三是节能减排任务艰巨。重工业加快增长导致工业综合能耗增长速度快于生产增长速度。2010年全年规模以上工业增加值同比增长15.7%。

国家统计局和工业与信息化部公布的有关数据（如图1所示）表明，2010年，我国工业经济总体上延续了2009年下半年回升向好的运行态势，由回升向好向稳定增长转变的态势基本确立。前11个月，全国规模以上工业增加值增长15.8%，同比加快5.5个百分点；其中，一季度增长19.6%，二季度增长15.9%，三季度增长13.5%，6月份以后连续6个月增速保持在13%～14%，表现出较为平稳的运行态势。其中，前三季度，轻工业增加值同比增长13.6%，与上半年持平；重工业增加值增长17.5%，比上半年回落1.9个百分点，具体数据见表2所示。此外，从图2中2006—2010年数据趋势来看，2010年我国工业增加值的增长速度已经开始呈现稳定回升势头。

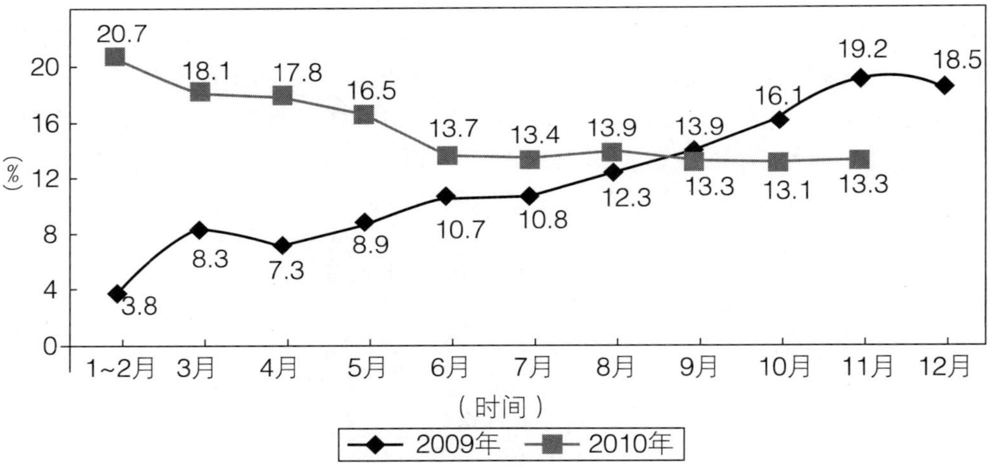

图1 2009年和2010年我国规模以上工业增加值分月同比增速

表2 2010年2～11月我国工业增加值增长数据

2010年	工业增加值同比增长（%）	轻工业	重工业
2月	12.8	7.5	15.2
3月	18.1	13.4	20.0

续 表

2010 年	工业增加值同比增长（%）	轻工业	重工业
4 月	17.8	14.1	19.4
5 月	16.5	13.6	17.8
6 月	13.7	12.0	14.5
7 月	13.4	13.5	13.3
8 月	13.9	13.1	14.2
9 月	13.3	13.0	13.4
10 月	13.1	12.9	13.2
11 月	13.3	12.7	13.6

资料来源：国家统计局月度统计数据，http：//www. stats. gov. cn/

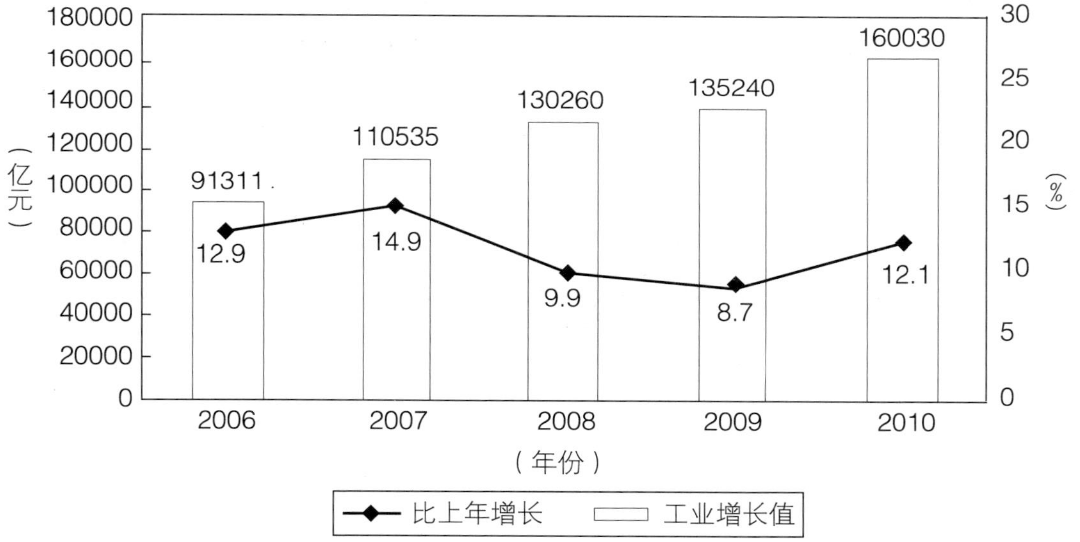

图 2　2006—2010 年我国工业增加值与增长速度情况

数据显示，2010 年全国各地区工业增长中，中部地区增速快于东、西部地区。前三季度东、中、西部地区工业增加值分别增长 15.6%、18.9% 和 15.6%，增速分别比上半年回落 1.1、1.8 和 2 个百分点。全国 16 个省市规模以上工业增长速度超过 20%。主要工业大省中，江苏、山东、广东、浙江、河南和辽宁省分别增长 16.3%、15.7%、16.8%、17.5%、20% 和 17.9%。

利润方面，2010 年前 11 个月，全国规模以上工业企业实现利润 3.88 万亿元，同比增长 49.4%。在 39 个工业大类行业中，38 个行业利润同比增长，1 个行业利润下降。图 3 显示了 2009 年以来我国工业企业利润变动的情况。

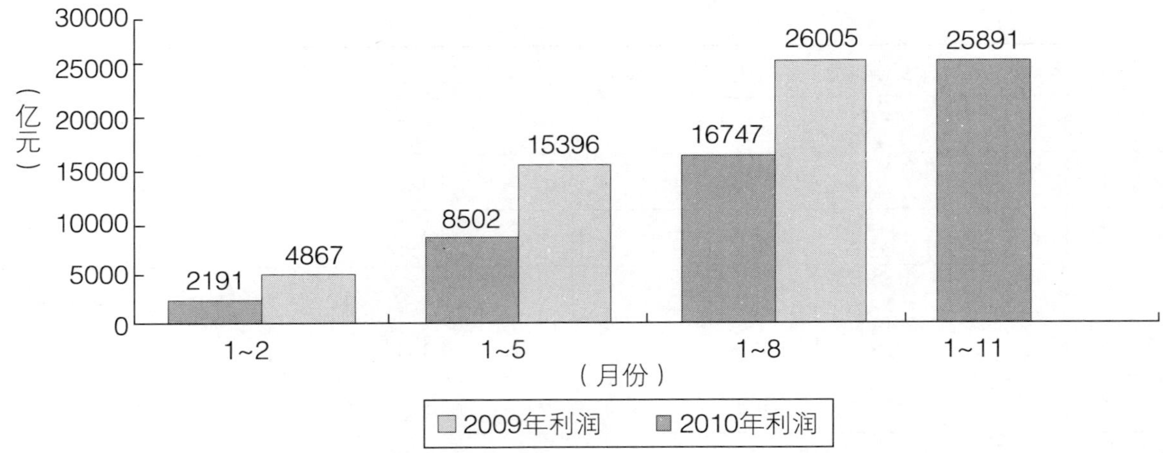

图3　2009 年以来我国工业企业利润变动情况

投资方面，2010 年前 11 个月，全国共完成工业投资 8.64 万亿元，同比增长 22.7%（11 月份增长 26.8%），比 2009 年同期回落 3 个百分点，比上半年和前三季度分别提高 0.7 和 0.8 个百分点。其中制造业投资增长 26.1%（11 月份增长 29.4%），比 2009 年同期回落 0.7 个百分点，比上半年和前三季度分别加快 1.2 和 0.7 个百分点。如图 4 所示。

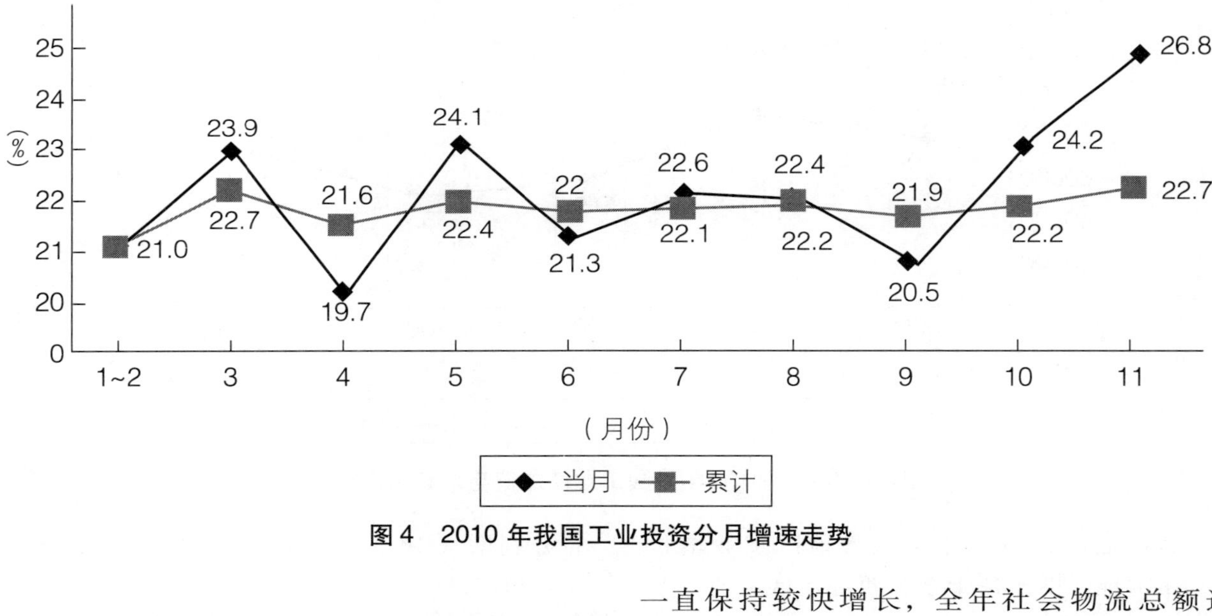

图4　2010 年我国工业投资分月增速走势

二、2010 年我国制造业物流发展现状

1. 制造业社会物流总额和所占比例仍呈上升趋势

2010 年我国经济总体形势良好，物流运行一直保持较快增长，全年社会物流总额达 125.4 万亿元，同比增长 15%，增幅比上年提高 3.7 个百分点。受上年同期基数影响，增幅呈现前高后低态势，一季度增长 20.8%，上半年增长 18.4%，前三季度增长 16.8%。表 3 给出了 2010 年我国社会物流总额的变化情况。

表3　2010年我国社会物流总额变化情况

		第一季度	前两季度	前三季度	全年
社会物流总额（万亿元）		25.93	57.98	91.52	125.40
社会物流总额增速（%）		20.8	18.4	16.8	15
总量（亿元）	农产品物流总额	2913	7182	17962	22535
	工业品物流总额	233939	524016	823175	1131000
	进口物流总额	20588	44322	68979	94565
	再生资源物流总额	1398	3381	3704	4200
	单位与居民物品物流总额	440	930	1430	1700

资料来源：中国物流与采购联合会，www.chinawuliu.com.cn

如表4所示，在2010年社会物流总额构成中，农产品物流总额占社会物流总额的比重为1.8%、工业品物流总额约占90.2%、进口物流总额约占7.53%、再生资源物流总额约占0.33%、单位与居民物品物流总额约占0.14%。工业品物流总额占社会物流总额的比重达到90%以上，与2009年的90.5%的比重基本持平，反映出在国际金融危机影响下，工业品物流仍然是拉动我国社会物流总额增长的重要力量。

表4　2010年社会物流总额构成及比重

类　别	占社会物流总额的比重（%）
农产品物流总额	1.80
工业品物流总额	90.2
进口物流总额	7.53
再生资源物流总额	0.33
单位与居民物品物流总额	0.14

资料来源：中国物流与采购联合会，www.chinawuliu.com.cn

如表5所示，从2006—2010年我国工业品物流总额的数据看，2006—2009年我国工业品物流总额从86.73%增长到90.53%，是持续上升的态势，而到2010年则小幅回落至90.2%。这反映出我国正处在工业中期阶段，制造业物流在国民经济发展中仍然占据主导地位，因此，必须高度地重视我国制造业社会化物流需求的释放工作。

表5　2006—2010年我国工业品物流总额构成

年份	绝对值（亿元）	占社会物流总额的比重（%）
2006	516864	86.73
2007	660878	87.85
2008	798622	88.84
2009	874100	90.53
2010	1131000	90.2

资料来源：中国物流信息中心

2. 制造业物流外包持续加速

随着市场竞争压力的加大和经济活动的全球化，制造企业不得不专心于自己的核心业务，专注于成本的降低和运行效率的提高，集中发展核心竞争力，而将非核心的部分业务外包。根据国家发改委和南开大学现代物流研究中心于2010年1～4月对我国工商企业物流业务外包的总体情况的调查，近年来我国开展物流外包业务的工商企业比例逐年上升，2009 年达到 61.2%，比 2008 年增加了 3.56 个百分点，比 2006 年增加了 24.2 个百分点，且自 2006 年以来年均增长率达到 12.8%，详细情况如图 5 所示。这表明我国工商企业已逐步认识到物流服务外包是企业降低物流成本、专注于核心竞争力的有效途径。

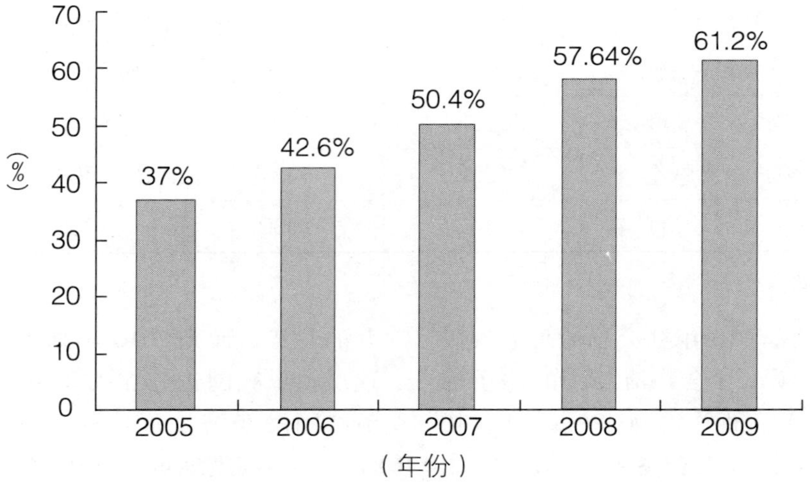

图 5 我国工商企业采用物流业务外包的比例

调查结果还显示，2009 年我国采用物流外包的工商企业中，外包物流业务量占企业物流业务总量的比例主要集中于 50% ~80% 和 80% 以上，并且前者占外包物流业务企业总数的 29.8%，后者占外包物流业务企业总数的 41.1%；外包物流业务量占企业物流业务总量的比例在 50% 以下的企业数量只占外包物流业务企业总数的 29.1%，而且还较 2008 年下降了 3.9 个百分点，详情如表 6 所示。

表 6 2006—2009 年我国企业外包物流业务量的变化情况

企业外包物流业务量占企业物流业务总量的比例	不同外包物流业务比例的企业占外包物流业务企业总数的比例（%）			
	2006 年	2007 年	2008 年	2009 年
10% 及以下	13.3	11	9.9	9.1
11% ~30%	15.8	17.1	12.3	10.8
31% ~50%	9.7	7.3	10.8	9.2
51% ~80%	19.7	20.5	21.7	29.8
80% 以上	41.5	44.1	45.3	41.1
均值	57.86	59.91	62.14	62.66

资料来源：南开大学现代物流研究中心，中国现代物流发展报告（2010）

3. 现代物流信息化认识明显提高

近几年，随着我国物流业的蓬勃发展，物流信息化受到了普遍重视，物流行业信息化投资规模不断扩大，物流信息技术装备水平有了较大提高。根据《中国现代物流发展报告（2010）》的调研数据（如表7所示），2009年我国工商企业使用的物流信息技术仍集中于条码技术和EDI系统，两者所占比例分别为67.4%和37.2%，其中条码技术的使用较2008年提高了5.22%，而EDI系统则下降了5.04%；企业对EOS（电子自动订货系统）和ASS（自动分拣系统）的使用与2008年基本保持一致。选择其他物流信息技术的比例由1.76%增加到14%，这些技术主要包括ERP、金蝶K3和IRS补货系统等。与2006年的数据相比可以发现，2006年以后我国工商企业的物流信息化认识与应用程度明显提高。

表7　　2006—2009年我国工商企业采用的物流信息技术（有多选）的情况

物流信息技术的类别	比例（%）			
	2006年	2007年	2008年	2009年
条码技术	48.4	58.7	62.18	67.4
GPS与GIS	41.8	43.8	42.24	37.2
EDI系统	15.4	23.3	25.38	32.6
EOS	13.2	18.5	19.69	18.6
ASS	26.4	18.5	18.52	17.2
RFID	7.3	8.3	10.32	14.3
其他	7.7	3.7	1.76	14

资料来源：南开大学现代物流研究中心，中国现代物流发展报告（2010）

4. 物联网成为制造业物流发展的新的推动力

继2009年物联网被确定为国家战略型新兴产业之一后，2010年物联网在我国受到了前所未有的重视，物联网成功落地制造业即成为制造业物流发展的强劲推动力。

温家宝总理在2010年3月第十一届人大会第三次会议上所作的《政府工作报告》中指出，要“加快物联网的研发应用”，抢占经济科技制高点。物联网正式进入国家战略层面。

在家电行业，众多品牌推出了自己的物联网方案。海尔物联网家庭方案中的物联网冰箱不仅可以储存食物，而且通过与网络连接，实现冰箱与冰箱里的食物、与超市里的食物、与人类之间自由沟通。美的集团推出了包括冰箱、洗衣机、空调、微波炉、吸尘器在内的4种家电物联网技术。在工程机械行业，各大品牌工程机械公司将安装GPS作为标准配置，用户只需要按规程操作机械，后续的如保养、维修、修理、更新、再制造等所有问题均由生产厂家通过物联网技术追踪管理，真正实现了生产厂家对自己生产售出的工程机械产品进行终生管理和终生服务。徐工、三一重工、中联重工等知名机械行业的龙头企业均开始大范围地应用物联网技术。在汽车行业，物联网技术的应用已涉及各个环节，如电子追踪零件信息、依托3G网络及物联网技术实现车辆远程控制等。

5. 制造业物流受到各级政府的高度重视

当前，我国正处于工业化中期，处于从工业大国向工业强国发展的战略机遇期。随着产业结构调整与转型升级的不断升温，生产性服务业特别是物流业受到各级政府的广泛关注。发展制造业物流，以服务创新支撑产业升级发展，有助于企业挖掘“第三利润源”、降低物流总成本、提供附加增值服务和提高工业增加值率；有助于产业加快向服务型制造转型，促进发展方式转变；有助于供应链实现一体化整合优化，推动新型工业化道路发展。2010 年，从中央到地方，从行业到企业都形成了对制造业物流的高度重视。

从中央层面看，工业与信息化部、国家发改委等高度重视制造业物流的工作。2010 年 1 月，工业和信息化部信息化推进司发出了《关于开展物流信息化典型发现和试点示范工作的通知》（以下简称《通知》）。该《通知》就物流信息化典型发现和试点示范工程的程序、项目材料的申报、报送材料的时间要求做了详细说明，并提出了物流信息化典型发现和试点示范工程的具体支持方向：一是主制造商供应链信息化提升工程；二是物流信息平台建设工程；三是重点领域物流信息化提升工程；四是电子商务与物流服务集成建设工程；五是军民结合物流信息化体系建设工程；六是集装箱多式联运信息化工程；七是重点物流信息化标准研制宣贯工程；八是物流信息技术创新应用工程。2010 年，工信部组织力量研究起草了《运用信息技术提升改造物流业的政策措施》，为物流信息化发展规划出台做好准备，目前已经编制了《物流信息化发展规划（2010—2015)》，明确提出了物流信息化发展的目标和主要任务。2010 年开始编写的《工信部关于加快我国工业领域现代物流发展的指导意见》已经进入讨论环节，《指导意见》强调了推进制造业物流的社会化发展、改造提升专业化的物流服务能力、促进制造业物流集聚式发展、重视工业行业重点领域、薄弱环节物流发展、提高制造业物流的科技和信息化水平等几个方面的任务，预计最终《意见》文件将于 2011 年出台。

此外，国家发改委牵头的全国现代物流工作部际联席会议办公室于 2010 年 4 月发布了《关于促进制造业与物流业联动发展的意见》，强调积极推动制造业物流的稳步健康发展，并于 2010 年 9 月发布了《制造业与物流业联动发展示范工作的通知》，意在通过开展两业联动示范工作，选出一批涵盖主要制造业行业的典型示范项目，对联动双方的战略合作伙伴关系、制造企业物流业务整合分离外包模式、物流企业的定制化解决方案、服务流程和规范，信息系统对接等创新技术和模式在全国范围内进行宣传推广示范。

2010 年 6 月，国家标准委、国家发改委等 11 个部门联合印发《全国物流标准专项规划》。此专项规划确定了近期内物流标准化工作的指导思想、主要目标、重点领域、主要措施，建立了由通用基础、公共类物流、专业类物流构成的新的物流标准体系框架，提出了物流技术、物流信息、物流服务、道路运输、铁路运输、国际货运代理、仓储、粮食物流、冷链物流、医药物流、汽车和零部（配）件物流、邮政（含快递）物流、应急物流等 13 个重点物流领域国家标准和行业标准计划项目规划。其中，由工业与信息化部提出的标准有 4 项，由工业与信息化部主管的标准有 14 项。2010 年 9 月，全国物流标准化技术委员会仓储技术与管理分技术委员会审查通过了《工业货架规格尺寸与额定荷载》和《工业货架设计计算》两项国家标准（送审稿），这两项标准对于推进我国货架产品规范化、系统化，提高货架产品的安全性、可靠性，具有重要指导意义。此外，由中国物流与采购联合会牵头承担的、钢铁物流、化工产品逆向物流、托盘共用系统四个领域物流标准化研究课题已经获得国家立项。

黑龙江省委省政府高度重视物流业发展，将制造业物流列为现代服务业发展的重点领域，作为新的经济增长点来培育和发展。提出大力发展装备制造、石油石化、煤炭、食品、森工、医药六大支柱工业产业物流体系。

2010 年 12 月，山西省经济工作会议提出，把现代物流业作为生产性服务业的重中之重，强调要重点推进现代物流业发展，以煤炭、焦炭、钢铁等大宗商品为依托，规划建设一批涵盖保税、仓储、集运、商贸、金融服务在内的现代物流枢纽和大型物流园区。

三、2010 年制造业与物流业联动发展的现状

2010 年是国务院发布《物流业调整和振兴规划》的第二年，期间制造业和物流业联动作为规划的九大工程之一不断得以落实，并取得了可喜的成绩。

1. 中央各部委继续积极推动两业联动发展工程

2010 年 4 月，全国现代物流工作部际联席会议办公室印发了《关于促进制造业与物流业联动发展的意见》（以下简称《意见》）。《意见》指出要推动制造业物流需求社会化、整合制造业集聚区的物流功能、支持物流企业增强一体化服务能力、促进制造业与物流业信息共享标准对接、组织实施示范和试点工作、鼓励联动发展的政策措施。

继《意见》之后，2010 年 9 月全国现代物流工作部际联席会议办公室又发布了《制造业与物流业联动发展示范工作的通知》，明确了示范原则、示范内容和任务、示范企业（项目）的标准、申报要求和流程，要求各地物流牵头部门、中央和部属企业于 2010 年 11 月 30 日前报送申报材料，各地物流工作牵头部门遴选后向全国现代物流工作部际联席会议办公室书面推荐示范企业（每个省市不超过 10 家（组））。

由工业与信息化部委托的《促进制造业与物流业联动发展政策研究》课题也于 2010 年开始了前期准备工作，计划 2011 年完成课题内容，并形成政策文件予以出台。

2. 各级地方政府积极落实两业联动发展工程，并取得一定成绩

近年来，各级地方政府将制造业与物流业联动发展作为推动制造业物流的重要工程。根据国家发改委和南开大学现代物流研究中心于 2010 年 1～4 月对我国地方政府物流工作的总体情况的调查，2010 年有 70.6% 的地方政府部门已开始着手推动两业联动发展，其中大部分地区选择的行业主要集中于机械制造、电子及通信设备和制药/医疗行业；而选择橡胶/塑料、木材/家具、造纸和金属制品等行业较少，具体情况如表 8 所示。

表 8　2010 年我国地方政府推进两业联动的行业排序情况

行　业	排　序
机械制造	1
电子及通信设备	2
制药/医疗	3
食品/饮料/烟/酒	4
电气机械/仪器仪表	5
石油/化学制品	6
交通运输设备	7
建材	8
纺织/服装/皮革	9
印刷/出版	10
其他制造业	11
橡胶/塑料	12
木材/家具	13
造纸	14
金属制品	15

资料来源：南开大学现代物流研究中心，中国现代物流发展报告（2010）

2010年，山东省推动制造业与物流业联动发展取得积极进展。2010年8月，山东省经济和信息化委员会下发的《关于加快推动制造业与物流业联动发展的实施意见》明确指出了推动制造业与物流业联动发展的总体目标，还提出了推进两业联动发展的八项主要措施。2010年10月，山东省经信委授予烟台港集团、玲珑集团、华泰集团、威海北洋电气集团等40家制造、物流企业“山东省制造业与物流业联动发展示范企业”称号。

广东省推动两业联动发展也不遗余力。2010年10月，在2010中国（深圳）国际物流与运输博览会举办期间，由广东省经济和信息化委员会和深圳市人民政府联合主办的“2010广东省制造业与物流业联动发展论坛”举行，广东省各地经济和信息化主管部门负责人，制造业与物流业联动发展方面的专家学者、企业高管等约400人参加了论坛。

陕西西安把两业联动作为物流规划的重点。在《关中—天水经济区发展规划》中，西安被列为全国内陆型经济开放、开发战略“一高地四基地”，西安将选择在制造业与物流业融合联动方面进行试点。其中，以制造业为依托，建设专业的物流集群，进一步完善功能布局与网络，提高产业集中度，扩大物流外包范围是两业联动的主要工作之一。

3. 制造企业与物流企业战略合作频现亮点

2010年2月，青钢集团与青岛港集团签署长期战略合作协议。根据合作协议规定，双方将在矿石、钢铁等物资的装卸、仓储、运输业务上进行全方位合作。这样青钢集团将在青岛港享受到更加优质、便捷的港口物流服务，大大降低企业物流营运成本。同时，青钢矿石全部安排在青岛港接卸，进一步增加了港口吞吐量和收入。

2010年4月，重庆长安汽车股份有限公司与重庆特锐物流公司签订物流服务合同。此次长安汽车与长久物流集团旗下的重庆特锐公司的战略合作，将极大地提升长安汽车物流保障和市场供应能力，对于长安汽车和长久物流集团的发展具有重要意义。

2010年5月，中国远洋运输集团与中国第二重型机械集团在京签署了战略合作协议，双方将共享资源和技术，加强综合运输和物流等领域的合作。

2010年8月，广西玉柴机器集团有限公司与广西北部湾国际港务集团有限公司签署战略合作签约。玉柴集团力图以自身物流需求为起点，与北部湾国际港务集团建立陆海联运模式以优化物流体系，并运作多种运营方式带动和引导区域多式联运一体化物流服务。

2010年9月，长航集团与广东省粤电集团签署战略合作协议。双方将在航运物流、修造船业务、燃油供应、船员培训服务和船舶管理等方面加强合作。

2010年10月，中远集团与中国铁建签署了战略合作协议。将进一步加强中远集团控股公司中远航运与中国铁建旗下各家公司在海外高铁路项目的合作。未来中远航运将进一步加强与国内各高铁设备制造商和工程承包商的合作关系，为中国高铁“走出去”提供运输解决方案。

2010年12月，东风日产—中铁特货战略合作协议签字仪式暨广州东铁汽车物流有限公司成立揭牌仪式举行。东风日产乘用车公司和中铁特货运输公司战略协议的签署，是我国汽车生产企业和物流企业共同推动汽车物流领域不同运输方式的优化配置的重要举措，对发挥铁路运输批量大、能耗小、安全性高、远距离运输成本低的优势，实现汽车物流多式联运将产生积极影响。

2010年12月，中国石化与招商局集团、中远集团、中海集团、中外运长航集团四大航运集团在京签署润滑油合作协议，在原有的战略合作框架下细分合作内容、提升合作水平。这是中国石化与四大航运集团深化“国油国运、国油国用”的能源战略，携手打造航海大动脉，提升中国能源安全的重要举措。

2010 年 12 月，中国北车股份有限公司与中国外运股份有限公司签署了物流战略合作框架协议。根据双方达成的协议，中国北车与中国外运将开展国内外全方位的综合物流业务战略合作，旨在使双方共享优势资源，全面提高服务品质和经营效率，增强双方的市场地位和综合竞争力，最终实现双赢的目的。

（刘伟华　葛美莹　刘春玲　天津大学管理与经济学部）

2010 年中国钢铁物流

2010 年，我国钢铁行业继续保持快速发展的势头，粗钢产量达到 6.27 亿吨，同比增长 9.3%；生铁产量 5.90 亿吨，同比增长 7.4%；钢材产量 7.96 亿吨，同比增长 14.7%。根据钢铁行业物流经验数据，国内钢铁产量与钢铁物流量之比为 1∶5，即每生产 1 吨钢铁需要 5 吨物流量。据此推算，2010 年我国钢铁生产行业产生了超过 30 亿吨的物流量，钢铁行业的物流量巨大。

近些年，在我国经济的高速发展和钢铁产量快速增长的带动下，我国的钢铁物流得到了较快发展。2010 年，我国钢铁物流业不仅总体规模有了明显扩大，还在传统的钢铁现货交易基础上还发展了许多具有现代服务功能的新领域，特别是在服务模式创新方面取得了长足进步，在利用现代科技信息交易平台方面已经奠定了广泛的应用基础，如今我国的钢铁产品除了传统的交易方式外，还可以进行网上现货交易、中远期电子交易和期货交易。钢铁电子商务的不断完善、创新和推广，对于全面提升我国现代钢铁物流、加工配送服务功能以及改善我国钢铁流通格局有极大的促进作用。

一、2010 年我国钢铁物流发展的概况

2010 年是我国钢铁行业各项政策和法规密集出台的一年，从钢铁行业调整的《加大节能减排力度　加快钢铁工业结构调整》、《现有钢铁企业生产经营准入管理办法》、《钢铁工业生产经营规范条件》等政策性文件到限制“两高一资”产品出口而取消包括热轧、型钢等 48 个钢材产品出口退税政策的陆续出台，反映出国家对钢铁行业的发展将以转变行业发展方式、调整产品结构为主导方向。因此，钢铁行业的转型也加快了钢铁物流业发展和变革的速度。

发展钢铁物流是钢铁产业，特别是钢铁流通业转变经营发展方式的重大战略举措。近几年来，我国钢铁流通企业改变过去简单的“一买一卖”的方式，向贸易链和供应链两端延伸，扩展了采购物流、物流配送、流通加工、物流金融等功能，推动了我国钢铁物流的快速发展。

1. 钢铁电子商务发展迅速并不断尝试新的发展模式

钢铁电子商务已成为我国钢铁物流产业的重要组成部分。钢铁电子商务打破区域界限，集信息流、资金流和物流于一体，使信息更加公开化、价格更加透明化、地区差价缩小化；使从生产、流通到终端用户的供应链变短，成本降低、流通效率提高。在钢铁电子商务快速发展的今天，第三方物流已成为电子商务的强

有力支撑。钢材期货、网上电子交易、网上现货交易与钢材现货交易等多种钢材贸易形态并存，现货网上电子交易与现货传统交易相结合，进一步加快了我国钢铁流通由传统流通业向现代流通业转型的步伐。

（1）钢铁信息服务网站向集钢铁信息、中远期钢铁电子交易和钢铁现货电子交易为一体的电子商务平台发展。2010 年 8 月 5 日，我国国内最大的钢铁现货电子交易平台——上海中金钢铁电子交易中心有限公司（以下简称中金交易公司）股东大会在上海公司总部召开，经全体股东表决，一致同意由兰格集团通过授让股权和增资的方式实现对中金交易公司 51% 的控股。兰格集团的发展目标是打造全球最大的钢铁信息平台、钢铁中远期电子交易平台、钢铁现货电子交易平台，其中，兰格钢铁信息平台和兰格钢铁中远期电子交易平台已经得到国内，特别是中国北方地区的广大钢铁生产、贸易和采购企业的充分认同，具有较高的知名度和客户基础。对中金交易公司钢铁现货电子交易平台的整合，必将大大加速兰格集团进军钢铁现货电子交易市场的步伐，为钢铁营销企业带来新的充满活力的发展理念。

（2）传统钢材贸易与钢铁电子交易平台的战略重组。2010 年 9 月 6 日，中国铁路物资总公司与西本新干线股份有限公司在北京举行战略重组签约仪式。根据战略重组协议，双方共同出资成立合资公司。中铁物资将借助西本新干线钢铁现货电子交易平台，使钢铁贸易与信息化、电子化紧密结合，对传统钢材贸易模式推进电子化创新，不断推进钢铁物流仓储服务水平的提高，推进钢铁产业链延伸，全面提升钢铁贸易水平。重组后的新公司将会实现钢铁领域生产与消费的有效对接，进一步促进钢材贸易市场的繁荣与发展，使得钢铁产业信息沟通更迅捷、市场交易更便捷、物流运输更快捷，并对钢铁物流行业起到规范作用。

（3）钢铁电子交易逐步向中西部地区发展。2010 年 10 月 23 日，中国西部金属电子交易中心在宝鸡天润物流园区顺利开业，这是我国西部首家金属电子交易网站，由陕西天润金属物流有限公司投资建设。该项目由时力科技完成整体系统建设，提供包括定制开发、实施、安装、调试、培训和维护等服务的全程技术支持。中国西部金属电子交易中心将为广大商户提供一个网上交易服务的电子商务平台，有利于推进西部金属交易与物流的信息化进程。

2. 第一个钢铁物流行业组织——中国物流与采购联合会钢铁物流专业委员会正式成立

2010 年 1 月，经国务院国有资产监督管理委员会、中华人民共和国民政部批准，由我国境内从事钢铁生产、钢铁流通、钢材深加工、钢铁消费、金融服务以及相关业务的法人、非法人机构组成的全国性的行业组织——中国物流与采购联合会钢铁物流专业委员会在上海正式成立。

中国物流与采购联合会钢铁物流专业委员会的建立，旨在为行业提供三大服务和两个平台，即服务企业、服务行业、服务政府，通过规范行业、整合资源引领钢铁物流产业发展。并能在此基础上，逐步推进钢铁物流行业标准的建设，加强行业的统一认知度，提升钢铁物流服务的专业化水平，推动中国钢铁物流业协调、健康、稳定发展。

3. 钢铁物流项目在各地不断兴建

2010 年，我国钢铁物流量超过 30 亿吨，已居国民经济行业物流量之最。多年来，我国钢铁物流量的增长速度持续位居世界前茅，“十二五”期间仍将以 10% 以上的速度增长。随着我国钢铁物流业的快速发展，钢铁物流园区作为现代钢铁物流产业发展的一个新趋势越来越受到我国各级政府和相关企业的重视和支持，而且建设速度日益加快。2010 年，我国华北、华东、西南及华中等区域的钢铁物流节点城市都陆续兴建了大型钢铁物流项目。

（1）天津北方世纪钢城起航。2010 年 10 月 23 日，天津北方世纪钢城开业。北方世纪钢城位于天津市武清区京津路北侧，毗邻我国北方最大的建材采购和工业品交易中心“华北城”。园区依托京津高速、京津公路、103 国道以及市场特有的铁路专线构成的交通网络，交通十分便利。北方世纪钢城占地 400 余亩，总规划建筑面积 30 余万平方米，可以容纳商户 1000 余家，年吞吐量达到 300 万吨，拥有冷热卷板开平机械流水生产线 6 条。

（2）西南最大的现代钢铁物流中心开建。2010 年 11 月 19 日，成都市汇津现代钢材总部基地项目在新津开建。项目投资 20.81 亿元，建成后将成为集钢材仓储、加工、运输、交易、电子商务为一体的西南地区最大的现代钢铁物流中心。该项目规划建设占地 1100 亩，有长约 3 公里的两条铁路专用线直达库区，可同时容纳 100 个车皮停放。项目分三期建设，预计 2011 年 5 月一期可投入使用。项目建成后将拥有现货市场 20 万平方米、仓储区 22 万平方米、加工配送中心 10 万平方米，年交易量将达到 1200 万吨，仓储物流配送中心通过铁路运输到达物资 1000 万吨，可基本满足成都地区的钢材交易需求。

（3）宝钢滨海钢材加工基地落户泰达。2010 年 11 月 24 日，泰达开发区管委会与上海宝钢国际经济贸易有限公司签署投资合作协议。宝钢拟投资 1.6 亿元，在开发区西区建设宝钢滨海钢材加工基地，该项目于 2011 年 5 月动工建设，计划 2012 年 4 月建成投产。宝钢滨海钢材加工基地占地约 5 万平方米，主要为长城汽车提供钢材剪切、配送、仓储等服务并辐射周边地区汽车、家电等其他钢铁产品用户。伴随长城汽车等主要用户的发展规划，该项目将不断增加生产设备，丰富服务手段。预计该项目建成投产后 3～5 年，钢材加工（销售）量可达 15 万吨，销售收入约 10 亿元。

（4）温州金属现代物流中心项目启动。2010 年 12 月 7 日，温州鑫港物流有限公司成立暨温州金属现代物流中心项目启动仪式在温州市龙湾区举行。温州金属现代物流中心是集金属材料货物集散、货物仓储、货物展示、加工配送、电子商务、配套服务等六大功能为一体的现代物流中心，总投资超 12 亿元，占地面积 500 亩。项目建成后预计年销售额超 450 亿元，未来有望成为浙闽地区金属业内最大的多功能现代物流“航母”。温州鑫港物流有限公司由温州市金属投资股份有限公司和温州港集团共同出资成立，前者是当地 73 家钢贸商抱团组建的温州金属业最大民企，后者为当地知名的物流国企巨头，双方持股比例分别为 66% 和 34%。

（5）绍兴港现代物流园项目开工建设。2010 年 12 月 26 日，绍兴港现代物流园项目正式开工建设，绍兴港现代物流园是浙江省的重点项目。该物流园项目一期工程包括“两基地两区块一中心”，即钢铁物流基地、石化物流基地、集装箱物流区、综合物流区和商住配套中心，涵盖码头作业、多式联运、仓储加工、中转配送、展示交易、物流金融、电子商务、商住配套、物流信息、分拨分销十大方面。园区总体规划用地 1400 亩，其中一期项目占地面积为 475 亩，投资约 5 亿元，计划 2011 年年底建成并投入运营。二期项目占地 900 亩，投资 15 亿元，计划 2015 年建设完工。项目建成以后，物流园区年货物吞吐量将超过 500 万吨，钢材产品吞吐量超过 300 万吨，园区总产值达 200 亿元以上。到 2020 年，物流园区年货物吞吐量将突破 1000 万吨，其中钢材产品吞吐量超过 500 万吨。届时园区总产值将实现 300 亿元以上。绍兴港现代物流园将成为绍兴地区乃至浙东南地区大宗物资，尤其是钢铁物流的发展新高地。

（6）华丰钢铁物流园正式开业。2010 年 12 月 29 日，华丰钢铁物流园经过三年的筹备正式开业。华丰钢铁物流园位于郑州市郑东新区博学路与商都路交会处，总占地面积17万平方米，总建筑面积38万平方米，计划总投资10亿元。开业后的物流园预计可实现钢铁存储能力300万吨/年、加工改制能力100万吨/年、钢铁贸易量300万吨/年，是中原地区最大的钢铁物流园区之一，也是中原地区唯一一家拥有现代化剪切中心、智能化运营平台和多功能物流体系的钢铁流通运营中心。

二、我国钢铁物流业发展尚有很大的空间

我国钢铁物流业起步较晚发展迅速，尽管还存在不少问题，但从整体上看在规模、效益、物流技术和管理水平等方面都还有很大的提升空间，从长远看钢铁物流业必将迎来持续健康发展的新时期。

1. 我国钢铁物流业的发展仍面临着许多问题

目前，我国钢铁物流业受各种因素的影响仍存在许多问题，主要有以下几点：

（1）钢铁物流成本偏高，运输成本比重较大。据中国物流与采购联合会和中国物流信息中心调查，2009年我国钢铁企业物流成本费用率为12.0%，即每百元产值的物流成本为12元，比全部工业企业平均物流费用率高出2.2个百分点，按调查的钢铁行业物流成本费用率水平推算，2009年我国钢铁企业吨钢物流费用约为924元。钢铁物流成本仍然处于较高水平，与发达国家相比差距明显。以日本为例，2009年日本钢铁企业物流费用率仅为4.9%，比我国低7.1个百分点，如图1所示。如果达到日本的水平，2009年我国规模以上钢铁企业可节约3117亿元物流成本。

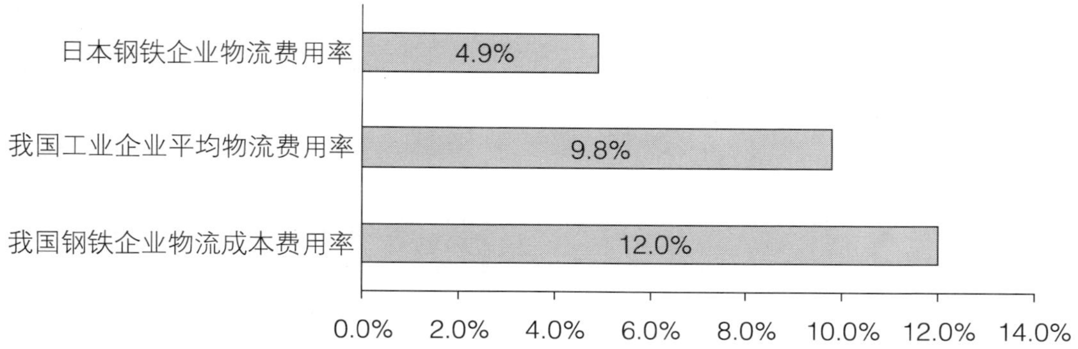

图1　2009年我国钢铁企业物流费用率比较

调查数据显示，在物流成本构成中，运输成本占58.9%，仓储成本占2.9%，配送及流通加工成本分别占12.6%和7.8%，其他成本占17.8%，如图2所示。我国钢铁物流成本主要集中在流通环节。因此，从流通环节入手发展钢铁物流，是降低钢铁物流成本的关键。

（2）钢铁物流园区建立盲目，缺少科学规划。从2000年开始，一些地方开始建设钢铁物流园区，近几年全国钢铁物流园区的规划建设达到了高潮，而同时钢铁物流园区盲目建设的危害已经开始显现。由于物流园区建设带有基础性、公共性特点，前期投资规模大，资金占用时间长，投资回收慢，国内已经和正在建设的钢铁物流园区投入，至少需要几个亿、数十亿乃至上百亿的投资，规划征集大片土地。但是目前部分园区在建设前，对钢材市场调研和考察不充分；缺乏整体长远的规划；缺乏与现有钢铁物流市场的衔接，大型钢贸商集结程度低；甚至一些园区成为当地政府的“面子工程”。

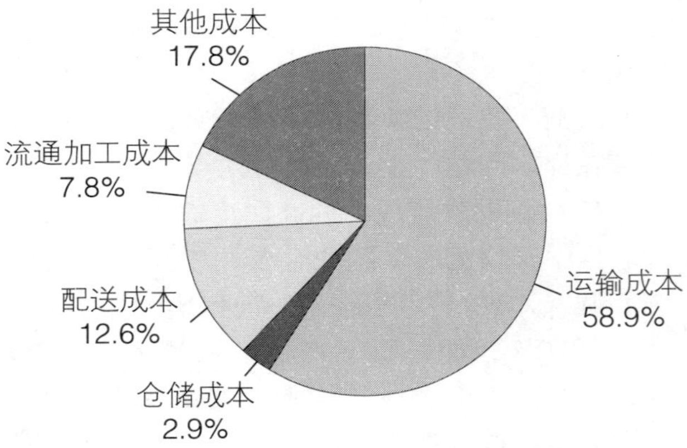

图 2　2009 年我国钢铁物流费用构成

此外，钢铁物流园区还存在着重视硬件设施建设，轻视软件建设的问题。龙门吊车、汽车吊、道路、水电等硬件设施对于钢铁物流园区来说非常重要，是建设和启动物流园区的基础条件。对一些从硬件来说是相对先进的钢铁物流园区，其在管理机制、运作模式和物流信息系统的软件建设方面显得相对滞后，在“先建场后立制”、“先硬件后软件”思想引导下的钢铁物流园区建设已经导致一些园区资源的闲置和运营商的经营困难。

（3）钢铁流通加工不具规模。在转变经济发展方式的过程中，发展钢铁物流是转变钢铁流通方式的关键。而在这个过程中，着力发展流通加工将会对钢铁物流发展有极大促进作用，这是由钢铁产业和产品性质决定的：钢铁产业面对的下游产业和客户十分广泛，决定钢铁生产不可能实现个性化；而钢铁品种规格多样化，客户需求多元化，决定钢铁加工只能放在流通环节来实现。因此，流通加工是发展钢铁物流的关键。

目前，我国钢铁流通加工还处在起步阶段。数据显示我国钢铁流通加工比例仅占产量的 10% 左右，而美国每年约有 5000 万吨、占其总消费量 60% 以上的钢材是通过钢材服务中心储存、加工和销售的，其中经加工后配送销售的钢材占 30% ~40%。总体看来，我国钢铁流通加工仍不具规模，加工水平处在简单、低端的阶段，与国外先进水平还有很大差距。

此外，钢铁物流专业人才短缺、信息化程度低也是制约我国钢铁物流发展的问题。

2. 我国钢铁物流的发展将进入新时期

“十二五”规划明确指出，我国将加快“转变经济发展方式”。毋庸置疑，经济政策环境的变化必然引发钢铁行业和钢铁物流产业的深度调整。要转变经济发展方式，就要将固定资产投资占 GDP 的比重降下来。而我国的钢铁消费增量中有 60% 是依靠投资拉动的，因此，我国经济发展方式转型对钢铁消费的影响将是巨大的。因为，“转变经济发展方式”不仅包括产业结构、需求结构和要素投入结构的调整，而且也包括市场发展格局、流通格局、企业经营模式的调整与转型。对此我国钢铁物流业必须适应变化，顺势而行。可以肯定，经济发展方式的转变，将使钢铁物流发展出现新的方式。

（1）钢铁贸易企业必须转变发展方式，延伸产业链。今后几年，兼并重组和结构调整将成为钢铁工业发展的重点目标，随着钢铁生产企业大规模重组并购的推进，国内的钢铁流通行业也必将被波及而发生深刻变化，其受到的冲击甚至远大于生产企业。这是因为我国钢铁流通行业的集中度，还远远低于钢铁生产甚至消费领域。目前全国各类钢材贸易企业 20 多万家，但年销售能力达到 1000 万吨的企业微乎其微。由于企业规模小、分布过于分散，已经无法与上下游之间协同发展，既难以与日趋向集团化发展的钢铁生产企业相匹配，也难达到下游用户所要求的服务水准。此外，国外钢贸巨头对中国市场虎视眈眈，国内生产企业在营销上也不断加大直供比例，都极大地挤压了钢贸企业的发展空间。2010 年我国钢铁物流业的利润率只有 1.8%，低于大中型钢铁企业 2.91% 的利润率，更低于 2009 年钢铁物流业企业平均利润率 6.7% 的水平，钢贸企业的利润空间正在逐渐缩小。

“十二五”期间，我国钢铁产业将进入后扩张期，扩张速度放缓，钢铁流通企业压力增加，预计在“十二五”末期，钢铁消费达到7～8亿吨，接近饱和。为适应市场发展变化，钢铁贸易企业要转变发展方式，创新经营模式，不断调整企业的发展战略，在转变中求发展，要朝着企业大型化、经营多元化、竞争力提升的方向发展。

从长远来看，钢铁贸易企业的发展目标就是要嵌入供应链，在钢铁业的上下游延伸服务，谋求发展，争取在整个供应链中形成相当大的影响力和稳定地位。现阶段，主要是积极发展物流配送、连锁经营、电子商务等，加快实现钢铁流通由传统流通业向现代流通业的转型。“构建供应链，延伸产业链”，钢铁流通业要提高服务制造业的能力，必须改变传统经营模式。要主动与钢铁生产企业建立战略联盟，构建供应链，将市场交易关系转化为风险共担、合作双赢关系。要围绕主业延伸产业链，提升价值链，切实提高流通企业的赢利能力、发展能力。

同时，钢铁贸易企业更需要不断创新，形成多元化发展模式，如贸易与物流结合模式、物流与金融结合模式、贸易与流通加工结合模式、新兴钢铁物流园模式、电子商务与物流相结合模式等，进一步增加企业利润空间，提升市场竞争力。

（2）钢铁回收物流将加快发展。我国拥有全球最大的废钢铁需求市场。2010 年我国废钢消耗量 9202 万吨左右，比 2009 年增加 892 万吨，增幅 10.7%，废钢消耗量约占粗钢总量 14.84%，较 2009 年上升了 0.24 个百分点。我国近年来应用废钢的比例维持在 14% ～23% 的极低水平，与国外相比，我国的废钢消耗明显偏低，美国、英国、德国、俄罗斯等国家的废钢消耗已经高于40%，有的甚至达到50%，这说明我国废钢需求的空间很大。

废钢是钢铁生产中唯一可以替代铁矿石的原料，废钢属于再生资源，“少吃矿石、多吃废钢”是钢铁业发展循环经济的趋势之一。相关研究表明，回收 1 吨废钢，可炼钢约 0.8 吨，节约铁矿石 2～3 吨，节约焦炭 1 吨，废气、废水、废渣的排放可分别减少 86%、76% 和 97%，自然损耗低，且有利于清洁生产和排废减量化。加快废钢回收物流的发展，提高废钢利用水平，将是我国缓解铁矿石资源危机的有效途径之一。

“发展循环经济”、“建设资源节约型、环境友好型社会”及“节能减排”是中国转变经济发展方式的重要内容。“十二五”期间，钢铁发展的绿色制造和低碳趋势不可逆转，钢铁产品的优化升级，节能减排和“精料入炉”的加快；废钢产业化发展、技术进步和产量的增加；铁矿石受制于人的资源环境约束的加剧，将共同推动我国废钢回收产业的快速发展。

（3）钢铁物流行业步入标准化。伴随钢铁物流业的繁荣发展，在各级政府部门和行业组织的关注下，钢铁流通统计体系、市场监测体系与市场预警机制进一步建立健全，钢铁流通秩序正逐步得到规范。

2008 年 3 月，《金属材料交易市场管理技术规范》开始实施；2010 年商务部国内贸易行业标准项目计划中列入了三个有关钢铁流通的行业标准：即《钢材流通企业经营规范及分级评定》、《金属材料电子商务平台建设规范》、《钢材物流加工配送中心建设管理规范》。这些标准将对行业准入、信息平台建设和经营秩序等起到重要规范作用。

发达国家现代物流业的发展模式和经验告诉我们，物流标准化工作是现代物业流发展的基础，直接影响并决定着物流行业的规范化和高效化发展进程。我们的现实情况也确实如此。我国钢铁物流业在近几年得到了快速发展，但物流标准化的严重滞后却成了制约我国钢铁物流业突飞猛进发展的瓶颈。政府及业内专家都清醒认识到这一点，并积极行动起来。2010年6月，由全国物流标准化技术委员会发起的“重点物流领域关键技术标准研究”项目已正式启动。该项目涵盖了钢铁物流、家电物流等重点项目，其中钢铁物流项目由中国物流与采购联合会钢铁物流专业委员会牵头组织。2010年1月8日，在第四届中国钢铁物流合作论坛上，国内首部钢铁物流行业标准正式宣布开启制定。钢铁物流项目由钢铁物流专业委员会协同国家建筑钢材质量监督检验中心、上海期货交易所、冶金工业规划研究院、国家建筑工程材料监督检验中心、鞍钢股份有限公司、五矿发展股份有限公司、中国铁路物资总公司、西本新干线股份有限公司、惠龙港国际钢铁物流有限公司、上海宝钢工业检测公司检化验中心、上海物流学院和现代物流报社等单位共同完成。“钢铁物流行业标准制定”项目预计实施周期为2年，至2012年9月30日结束。项目具体包含钢铁产品包装标识、钢铁物流验货操作规范、钢铁产品现货电子交易平台建设、钢铁产品与互联网信息交互技术等多个方面内容，旨在建立完善钢铁物流行业标准，促进国内钢铁物流产业高效协同运行。

展望未来，我国钢铁物流业一定会在“十二五”规划相关政策和钢铁物流标准化、体制化进一步健全的指引下，进入新的发展时期。钢铁贸易企业通过转型实现发展方式和经营模式的改变，不断提升服务质量和服务水平，提升企业在新的发展时期的核心竞争力；行业协会和信息服务机构不断提升对钢铁贸易企业的服务水平，促进我国的钢铁物流业在“十二五”时期得到持续、较快、健康的发展。

（刘长庆　中国金属流通协会副会长、兰格集团董事长）

2010年中国农产品物流

2010年，在遭遇了干旱、洪涝、冰冻雨雪等自然灾害后，我国农业生产依旧保持良好的增长态势，全年粮食总产量达到5.46亿吨，连续7年实现增产并再创历史新高。此外，除了棉花、糖料、烤烟产量略有减少之外，油料、肉类、禽蛋、牛奶和水产品等农产品总产量均比2009年有所提高。据国家统计局公布的数据显示，2010年我国农产品价格普遍上涨，8月份CPI同比上涨3.5%，创22个月新高，其中食品价格上涨7.5%，成为CPI涨幅扩大的主要动力。

一、2010年我国农产品产量的基本情况

2010年，我国国内生产总值（GDP）达到39.8万亿元，比2009年增长10.3%。其中，第一产业增加值4.05万亿元，比2009年增长4.3%。2010年，我国农产品总产量达到17.47亿吨（不包括木材7284万立方米），具体情况如表1所示。

表1　2010年我国农产品产量统计情况

产品类别	产量（万吨）	产品类别	产量（万吨）
粮食	54641	水果	20400
肉类	7925	棉花	597
水产品	5366	油料	3239
禽蛋	2765	糖料	12045
牛奶	3570	烤烟	271
蔬菜	63700	茶叶	145
合计	174663		

资料来源：根据国家统计局相关资料整理

1. 粮食

据农业部统计，2010 年我国粮食产量达到 5.46 亿吨，比 2009 年增加了 1559 万吨，增产 2.9%。其中，夏粮产量 1.23 亿吨，比 2009 年减产 0.3%；早稻产量 3132 万吨，比 2009 年减产 6.1%；秋粮产量 3.92 亿吨，比 2009 年增产 4.8%。自 2004 年以来，我国粮食产量已连续 7 年实现增产。2006—2010 年我国粮食产量走势如图 1 所示。

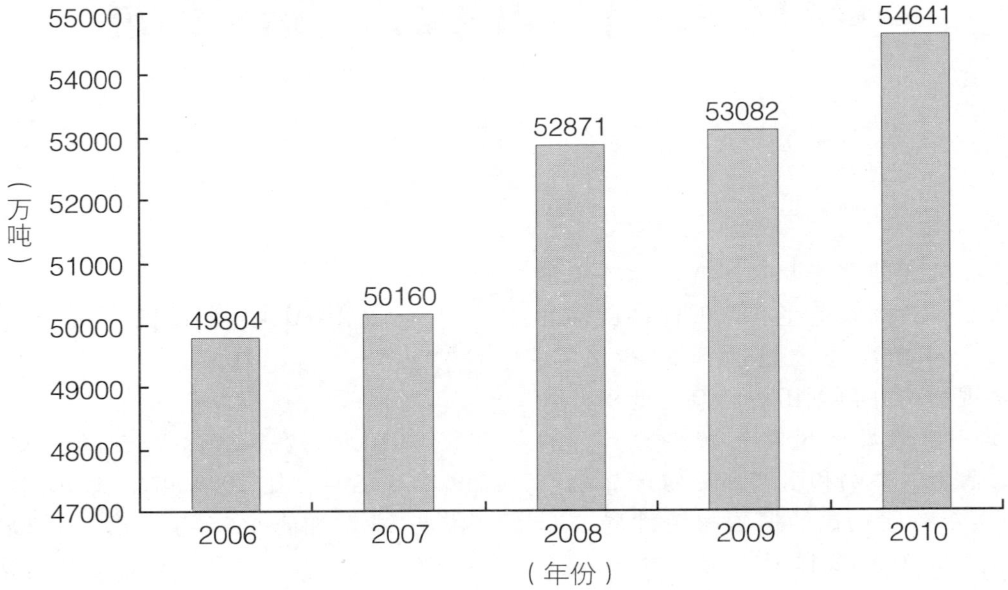

图 1　2006—2010 年我国粮食产量统计

2. 肉、禽、蛋、奶以及水产品

2010 年，我国肉类总产量达到 7925 万吨，比 2009 年增长 3.6%。其中，猪肉产量 5070 万吨，比 2009 年增长 3.7%；牛肉产量 653 万吨，比 2009 年增长 2.7%；羊肉产量 398 万吨，比 2009 年增长 2.2%。生猪年末存栏 4.64 亿头，比 2009 年下降 1.2%；生猪出栏 6.67 亿头，比 2009 年增长 3.3%。

2010 年，我国禽蛋产量达到 2765 万吨，比 2009 年增长 0.8%；牛奶产量 3570 万吨，比 2009 年增长 1.5%。

2010 年，我国水产品产量为 5366 万吨，比 2009 年增长 4.9%。其中，养殖水产品产量 3850 万吨，比 2009 年增长 6.3%；捕捞水产品产量 1516 万吨，比 2009 年增长 1.4%。2008—2010 年我国肉、禽蛋、牛奶和水产品的产量情况如图 2 所示。

3. 蔬菜水果

2010 年，我国的蔬菜播种面积达 2.8 亿亩，比 2009 年增加 3%，总产量达 6.37 亿吨，比 2009 年增长 3.1%。在农业部直接指导和服务下，全国 2000 家蔬菜合作社与超市进行对接试点，有效减少了蔬菜的流通环节，保证了蔬菜流通的质量安全。2011 年，农超对接的蔬菜合作社已从 2000 家扩展至 1 万家。

2010 年，我国部分地区水果产量创历史新高，全年水果产量达到 2.04 亿吨（含果用瓜）。陕西省作为我国水果生产第二大省（仅次于山东省），2010 年全省果园面积达到 1625 万亩，产量实现 1238.5 万吨，分别比 2009 年增长 7.1% 和 7.7%。其中，苹果面积达 902 万亩，产量 856 万吨，分别比 2009 年增长 6.4%

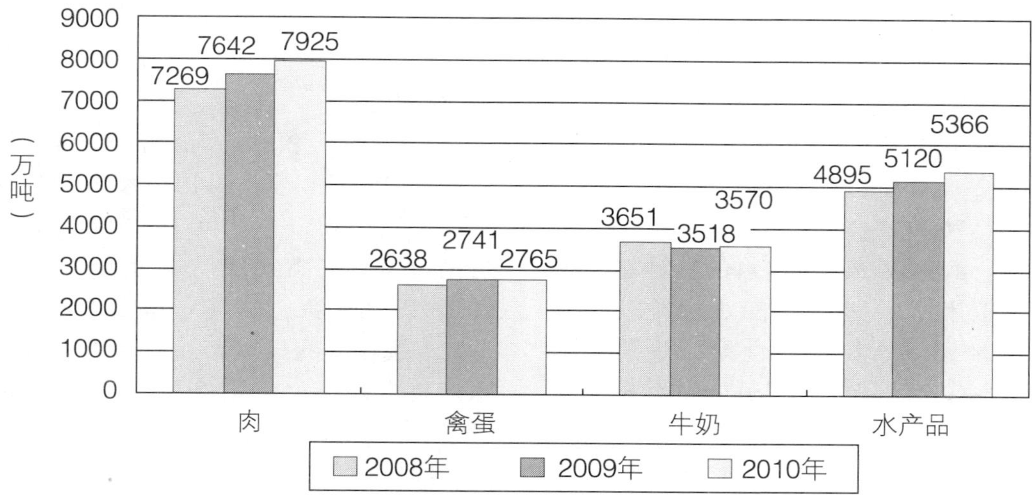

图2　2008—2010年我国肉、禽蛋、奶及水产品产量对比

和6.3%；猕猴桃面积70.9万亩，产量62.9万吨，分别比2009年增长23.3%和25.8%。苹果和猕猴桃产量均创历史新高，陕西继续保持了苹果、猕猴桃生产第一大省的地位。

4. 其他农产品

2010年，我国棉花产量达597万吨，比2009年减产6.3%；油料产量达3239万吨，比2009年增产2.7%；糖料产量达1.21亿吨，比2009年减产1.9%；烤烟产量达271万吨，比2009年减产3.9%；茶叶产量145万吨，比2009年增产6.4%；木材产量达7284万立方米，比2009年增长3.1%。

二、2010年我国农产品物流情况

1. 我国农产品物流总额

2010年，我国农产品物流总额为2.24万亿元，比2009年增长4.3%再创新高。然而尽管我国农产品物流总额已连续7年呈现增长态势，我国农产品物流总额占社会物流总额的比重却一直呈现下降趋势。具体情况如表2所示。

表2　2004—2009年我国农产品物流发展一览

年份	农产品物流总额（亿元）	社会物流总额（亿元）	农产品物流占社会物流总额的比重（%）	农产品物流同比增长率（以上年为基准）（%）
2004	11970	383829	3.12	6.3
2005	12748	481983	2.64	6.5
2006	13546	595976	2.27	6.3
2007	15849	752283	2.11	17.0
2008	18638	898978	2.07	17.6
2009	19439	966500	2.01	4.3
2010	22355	1254130	1.78	4.3

资料来源：根据国家发展改革委2011年资料整理

2. 农产品进出口物流

2010 年，我国农产品进出口总额为 1219.6 亿美元，同比增长 32.2%。其中，出口 494.1 亿美元，同比增长 24.8%；进口 725.5 亿美元，同比增长 37.7%。贸易逆差为 231.4 亿美元，同比扩大 76.5%。

2010 年，我国农产品进出口的品种有：谷物（稻米、玉米、小麦、大麦）、棉花、食用油子、食用植物油、饼粕、食糖、蔬菜、水果、水产品、畜产品。在物类出口中稻米出口 62.2 万吨，同比下降 20.8%；进口 38.8 万吨，同比增长 8.8%。玉米出口 12.7 万吨，进口 157.3 万吨，进口量比 2009 年激增 17.8 倍，是我国 15 年来第一次大规模进口玉米。进入 10 月份后，玉米进口量开始持续回落，10～12 月玉米进口量环比分别下降 50.9%、68.8% 和 80.6%。小麦进口 123.1 万吨，同比增长 36.1%；大麦进口 236.7 万吨，同比增长 36.2%。

2010 年，我国水产品出口继续位居大宗农产品出口首位，水产品出口额占农产品出口总额的比重达到 28%。11 月和 12 月的出口额先后刷新单月最高纪录，分别达到 15.6 亿美元和 16.2 亿美元。山东、福建、广东、辽宁、浙江、海南是我国水产品主要出口省份，六省水产品出口额之和占全国水产品出口总额的 91%。其中山东省水产品出口额为 39.88 亿美元，同比增长 18.18%，继续位居第一大出口省份；福建凭借对台贸易的快速增长，水产品出口额同比增长 66.03%，达到 25.38 亿美元，跻身第二大出口省份。2010 年我国农产品进出口物流的详细情况如表 3 所示。

表 3　　2010 年我国农产品进出口物流情况一览

	进口量（万吨）	同比增长（%）	出口量（万吨）	同比增长（%）	进口额（亿美元）	同比增长（%）	出口额（亿美元）	同比增长（%）
谷物	570.8	81.2	124.3	-9.3	15.3	70.1	6.9	-6.2
棉花	312.8	77.8	—	—	58.5	172.1	—	—
食糖	176.6	65.9	9.4	47.7	9.1	139.5	0.6	89.8
食用油籽	5704.6	23.1	87.7	-19.9	265.3	28.3	11.8	4.1
食用植物油	826.2	-13.1	9.6	-17.2	71.6	7.4	1.3	-17.4
饼粕	209.5	160	124.5	-25.5	5.2	250	4.8	-22.8
蔬菜	15.0	54.4	844.6	5.0	2.8	54.6	99.8	45.2
水果	275.4	12.8	507.5	-3.4	20.3	23.0	43.6	13.6
水产品	382.2	2.2	333.88	12.6	65.4	24.2	138.3	28.1
畜产品	—	—	—	—	96.6	46.3	47.5	21.4

资料来源：根据中华人民共和国农业部资料整理

3. 粮食物流

2010 年是“十一五”规划的最后一年，“十一五”期间我国在粮食现代物流设施、仓储烘干设施、储备油罐建设以及仓房维修改造、农户科学储粮装具配置等方面有了明显突破，为稳定粮食生产、保护种粮农民利益、促进粮食流通产业发展、确保国家粮食安全发挥了重要作用。“十一五”期间，我国粮食流通基础设施建设和维修改造共投入资金约800亿元，其中中央补助投资约100亿元。2010年吉林、江西等13个省区遭受严重洪涝灾害后，中央财政专门安排补助资金4亿元用于对汛灾损失粮食仓房的维修改造。到2010年年底，全国有效仓容达3.5亿吨，油罐罐容1560万吨。全国粮库有效仓容、油罐罐容总规模以及烘干能力基本满足粮油储备需要。

根据《国务院关于当前稳定农业发展促进农民增收的意见》（国发〔2009〕25号）要求，从2009年7月1日起，国家安排中央补助投资建设资金，实施农户科学储粮专项，为主产区农户改善储粮条件，减少粮食产后损失。截至2010年年底，国家共安排中央补助投资7.06亿元，为全国25个省（自治区、直辖市）建设农户新型小粮仓约200万套。专项实施已经配置的200万套储粮设备可存储粮食约79亿斤，按平均减损6.5%测算，每年减少储粮损失5.1亿斤，可为农户增收4.8亿元。新型粮仓改变了传统储粮方式，推广了科学储粮技术，减少了农户储粮损失。

2010年，我国粮食购销市场化改革继续深化，多元化粮食市场主体迅速发展。总体来看，以国有粮食企业为主渠道市场主体多元化的粮食流通新格局进一步发展，粮食价格形成机制逐步完善，粮食行政管理职能积极转变，适应社会主义市场经济发展要求和符合我国国情的粮食流通体制改革基本框架进一步巩固。截至2010年年底，我国取得收购资格的多元主体达到7万多家。

4. 果蔬物流

长期以来，我国果蔬收购和流通设施落后，致使果蔬产后腐损严重。有资料显示，由于冷链体系缺乏全国每年果品腐烂损失约达1200万吨，蔬菜腐烂损失约达1.3亿吨，按平均1元/千克计算，经济损失超过千亿元。目前我国每年果蔬流通腐损率达到20%～30%，经济损失巨大。另外，尽管我国生鲜农产品生产具有较强的比较优势，但是由于冷链物流发展滞后，蔬菜、水果的出口量仅占总产量的1%～2%，且其中80%是初级产品，在国际市场上缺乏竞争力。

2010年，国家发展改革委编制了《农产品冷链物流发展规划》（以下简称《规划》）。《规划》中明确提出，到2015年，全国将建成一批效率高、规模大、技术新的跨区域冷链物流配送中心，冷链物流核心技术得到广泛推广，形成一批具有较强资源整合能力和国际竞争力的核心冷链物流企业，初步建成布局合理、设施先进、上下游衔接、功能完善、管理规范、标准健全的农产品冷链物流服务体系。果蔬冷链物流进一步加快发展，到2015年，果蔬冷链流通率提高到20%以上，冷藏运输率提高到30%左右，流通环节产品腐损率降至15%以下。

近些年，海口市不断加强果蔬冷藏保鲜库的建设力度。截止2010年年底，全市已投入资金2亿多元，建设果蔬冷藏保鲜库20个，总面积3.6万平方米，体积20.2万立方米，库容量3.1万吨。该市还将在2011年新建13个冷库，以满足岛内外市场对海南冬季瓜菜日益增长的保鲜需求。

三、2010年我国农产品流通的基本情况

在我国农产品价格的大幅上涨和食品安全问题日益突出的背景下，2010年我国农产品流通领域备受关注。

1. 收购环节

2010年，我国各类粮食企业总计收购粮食6022亿斤，首次突破6000亿斤，比2009年增加269亿斤。其中，国有粮食企业收购2686亿斤，比2009年减少578亿斤；托市收购粮食

（含油料）613亿斤。

2005年以来，国家不断加大三农工作力度并连续三年上调了粮食最低收购价格，有效促进了粮食增产、农民增收并稳定了国内粮食市场。2010年全国稻谷和小麦平均收购价格较2005年提高了25%～40%，临时收储价格也相应提高。资料显示，2005—2010年的全国各类企业共收购粮食2.63万亿斤，其中国有粮食企业收购1.42万亿斤，比“十五”时期增加23%，继续发挥主渠道作用；多元市场主体共收购粮食1.21万亿斤，占总收购量的46%，搞活了粮食流通。五年间，按最低收购价、临时收储和补贴收购政策共收购粮油5348亿斤，有力地促进了粮食稳定增产和农民持续增收。

2. 物流环节

2010年，我国农产品物流总额达到2.24万亿元，比2009年增长4.3%。

3. 销售环节

为解决我国粮食日益凸显的区域供求不平衡矛盾，“十一五”期间，我国共落实政策性粮食跨省移库计划628亿斤，充实了薄弱地区的粮食库存。不断健全产销衔接机制，深化产销合作，黑龙江金秋粮食交易合作洽谈会、福建七省市粮食产销协作洽谈会、中国国际粮油产品及设备技术展览会等产销合作机制不断发展，五年内累计签订粮食购销协议约1500亿斤，促进了产区粮食的销路稳定，销区粮源的保障可靠。

4. 加工环节

2010年，山东、河南、吉林、内蒙古、河北、湖北、湖南、陕西等地继续依托农业资源，大力发展农产品加工业，在推动本地经济发展中发挥了重要作用。其中，山东省通过大力发展果蔬、水产品和肉类等加工业，已经成为我国第一农产品加工大省，产品行销国内外；吉林省农产品加工业产值超过了汽车和石化工业产值，位居各行业之首；河南省、河北省大力发展小麦加工，培育了一大批骨干企业；内蒙古大力发展乳品加工，努力打造“中国乳品之都”。

四、2010年我国农产品交易市场体系

2010年，我国农产品交易市场继续发展，交易额逐步上升，表现出良好的发展态势。我国农产品交易市场在经历了十几年高速增长和规模扩张后，正逐步从数量扩张向质量提升方面发展，农产品流通规模不断扩大，硬件设施明显改善，市场运行体系日趋完善。

1. 农产品批发市场

农产品批发市场是我国农产品流通的主要流通渠道，我国每年约有70%的农产品是通过这一渠道进行分销流通的。批发市场在农产品供应链中承担了核心企业角色，发挥了重要作用。2010年度全国农产品批发市场综合百强前十位的企业是：北京新发地农产品批发市场、济南维尔康肉类水产综合批发市场、大连双兴商品城有限公司、山东省青岛市城阳蔬菜水产品批发市场有限公司、广东省广州江南果菜批发市场有限责任公司、河南省郑州粮食批发市场有限公司、重庆观音桥市场有限公司、深圳布吉农产品中心批发市场、红星实业集团有限公司红星农副产品大市场和上海东方国际水产中心市场经营管理有限公司。

（1）北京新发地农产品批发市场。北京新发地农产品批发市场是我国最大的单体农产品批发市场，供应北京市日常消费70%的蔬菜和80%的水果，2010年销售农产品约100亿公斤，交易额达到360亿元。2010年10月29日，北京新发地农产品股份公司与新希望集团签署了战略合作协议，新希望集团投资1.06亿元，获得新发地公司15%的股权，成为其第三大股东，这将是2012年新发地公司上市之路的重要一步。2010年12月30日，北京新发地农产品电子交易中心正式启动，作为国内首个“农超对接”第三方服务平台，该平台将与

北京市各大超市、餐饮企业、社区菜市场、机关团体食堂等团体采购用户合作，减少农产品流通环节，降低流通费用。该交易平台为农产品流通提供信息服务、电子交易、资金结算、物流配送、政府监管、质量安全追溯六大解决方案，形成全国性农产品生产、大流通格局。

（2）上海农产品中心批发市场。上海农产品中心批发市场是上海市最大的综合型农副产品批发市场。2010 年市场总交易额达到 90 亿元，交易量 240 万吨，其中肉类批发年成交量达 14 万吨，交易额达 22.9 亿元。截止 2010 年 12 月底，“上农批”品牌肉专卖店（柜）已进入上海 11 个区的 199 个标准化菜市场（含超市 4 家），共计 956 个专卖店（柜），成为上海拥有最多连锁店（柜）的肉类品牌，猪肉批发成交量占据上海市场 1/3。

（3）浙江温州粮食中心市场。2010 年 9 月 28 日，温州粮食中心市场正式营业。温州粮食中心市场目前是浙江省乃至华东地区规模最大的专业粮油批发市场和粮食集散地，将成为“北粮南运”等粮食流通通道的全国重要粮食物流节点。温州粮食中心市场占地面积 482 亩，建筑总面积 12 万平方米，项目总投资 3.6 亿元，分为“交易、仓储、商务、装卸、加工”五大功能区域，预计年粮食交易量可达 100 万吨。资料显示，温州年粮食消费可达 48 亿斤，2/3 的粮食需要外地调入，温州粮食中心市场将为粮食产销合作搭建公共服务平台，为粮食购销市场化提供交易载体。

2010 年 12 月，安徽省《2011—2015 年农产品批发市场体系建设规划》出台，安徽省将结合农业生产特点和全省农产品批发市场建设的总体情况，建立和完善 200 个产地批发市场；重点规划建设和完善 30 个左右大中型产地批发市场，10 个左右规模大、设施水平高、交易方式先进、管理规范的销地批发市场。在加强农产品批发市场建设过程中，重视农产品信息服务网络体系建设，严格管理商品和客户，对供货商实行统一编码，对商品实现“可追溯”；增强农产品批发市场以保鲜、冷藏为主的仓储服务功能，通过冷藏保鲜调节上市销售时间，促进错季供应，减少损耗，缓解农产品难卖问题。

2. 农产品集贸市场

目前，我国农产品集贸市场的发展呈现出广大农村以集贸市场为主，城市则以菜市场和生鲜超市为主的特点。

2010 年，国家有关部门进一步规范农产品集贸市场，并把降低集贸市场摊位费作为工作重点。2010 年 11 月，《国务院关于稳定消费价格总水平保障群众基本生活的通知》发布（以下简称《通知》）。《通知》要求各地和有关部门及时采取 16 项措施，进一步保障群众基本生活。其中一项措施要求进一步规范和降低集贸市场摊位费和超市进场费，加快农产品现代流通体系建设，减少流通环节，降低流通成本。《通知》的出台对我国农产品集贸市场的健康发展具有极为重要的作用。

3. 农产品期货市场

截至 2010 年年末，我国农产品期货品种由 2007 年的 5 个发展为目前的 13 个。其中，大豆、玉米、豆粕、豆油和棕榈油在大连商品交易所上市；小麦、棉花、白糖、菜子油和早籼稻在郑州商品交易所上市；天然橡胶在上海期货交易所上市。

2010 年，我国期货市场累计成交量为 31.33 亿手，累计成交金额为 308.67 万亿元，同比分别增长 45.22% 和 136.51%。其中，我国农产品期货市场成交量达到 15.33 亿手，累计成交金额达到 90.78 万亿元，如按照成交量计算，我国已成为全球最大的农产品期货市场。

4. 农产品电子交易市场

2010 年下半年，工信部、农业部等联合发布了《农业农村信息化行动计划（2010—2012）》，该计划除了提出加快农村信息基础设施建设外，还专门制定了农业电子商务拓展计划，国家对农业信息化的扶持力度前所未有。

经过长期探索与实践，农业电子商务领域涌现了一批成功的案例。在 BtoB 领域，有农业部建设的《中国农业信息网商务版》和商务部建设的《新农村商网》。《“菜篮子”信息网》已联网 310 多家产销地批发市场，每天采集肉、蛋、鱼、果、蔬菜等 348 个品种的批发价格，为社会公众服务。这些网站集成农产品信息发布、咨询互动、购销对接等板块，同时发布 TV 版本与数字电视整合，农民坐在家里就可以查询农产品供求信息，足不出户销售农产品。一些地区也借助淘宝网 CtoC 平台打响了当地农特产品牌。

五、2010 年我国农产品物流基础设施建设

1. 农产品物流园区

（1）中国合肥农产品国际物流园。2010 年 5 月 20 日，中国合肥农产品国际物流园（百大 · 周谷堆大兴项目）举行奠基开工仪式。中国合肥农产品国际物流园是安徽省“861”重点项目。项目建成后，将形成国内一流的农产品集散中心，有力带动合肥及周边农业结构调整，促进农村经济社会发展和农民增收。

中国合肥农产品国际物流园项目总规划建设规模 2109 亩，总建筑面积约 150 万平方米，计划总投资 25 亿元，共分为农产品交易集散中心、农产品展示中心、拍卖中心、加工配送中心、交易配套服务中心等五大功能区域。项目一次规划、三期实施、四年建成，项目建成后将成为立足安徽、流通华东、面向全国的区域性农产品物流中心，可实现年成交额 500 亿元，年创税收 2 亿元，带动专业化生产基地 2 万个、农户 100 万户，满足 2000 万城镇人口农产品需求，带动 20 万人就业。

（2）北京新发地高碑店农产品物流园。2010 年 4 月 7 日，高碑店市政府与北京新发地农产品批发市场签订合作协议，建立北京新发地高碑店农产品物流园区。这是高碑店市对接京津，打造京津“菜篮子”的重大举措，计划投资 8 亿元。该物流园充分发挥高碑店市的区位优势和新发地市场的品牌、资本、管理优势，建成以农产品批发为主，集农产品深加工、物流产业、观光旅游、餐饮休闲于一体的大型综合农业产业经济园区。建成后该物流园将为高碑店市对接京津、服务京津提供更大更好的合作平台。

近年来，高碑店市已拥有生猪和胡萝卜两个国家级农业标准化示范区，并建立了农产品检测中心。另外，该市还拥有一批市场认可的农产品品牌，如“兴达”冷鲜肉、“金蔬旺”无公害蔬菜、“豆豆”豆腐丝、“福满多”方便面、“亚威”面粉等。

（3）雨润赤峰农副产品物流配送交易中心。2010 年 8 月 20 日上午，内蒙古自治区最大的农副产品物流配送交易中心——雨润赤峰农副产品物流配送交易中心在赤峰市松山区物流园区开工奠基。

雨润赤峰农副产品物流配送中心项目规划占地 1100 亩，建筑面积 80 万平方米，概算投资 25 亿元，建设周期 3 年。项目全部建成后，年可实现销售收入 100 亿元以上，年实现利税 5 亿元。该项目集蔬菜、果品、水产、肉食、粮油等农副产品交易、配送、储运、信息、检测及综合服务于一体，有利于整合赤峰市及周边地区农副产品资源，促进商贸流通经济发展。

（4）山西太行山农产品物流园区。2010 年 9 月 25 日，山西省太行山农产品物流园区举行揭牌仪式，该物流园占地面积 2700 亩，分三期建设，总投资 25 亿元，计划建设“华北大菜篮，北方大厨房”。该物流园区规划有蔬菜水果、粮油、禽蛋肉奶三大物流板块，以及 13 大类农产品交易、理货、仓储、加工、配

送、信息、综合服务功能区。

太行山农产品物流园区一期工程计划于2011年年底建设完工，届时该园区将以优质农产品经营为特色，以电子化交易为手段，以加工配送服务为支撑，服务于长治、晋城两地，实现年交易量18万吨，交易额5亿元。二期工程计划于2013年完工，届时该园区将成为集现货交易、加工配送、信息服务、检测检验、储藏保鲜于一体的蔬菜、粮油和禽肉蛋奶并重的综合型农产品物流园区，服务于省内主要城市和周边省市，实现年交易量36万吨，交易额10亿元。三期工程计划于2015年完工，届时该园区将成为集农产品加工配送、电子交易、期货交易、信息服务、检疫检测、储藏保鲜功能于一体的高端型农产品物流园区，年交易量将达到60万吨，交易额将达到16亿元。

太行山农产品物流园区的建设，将结束山西省没有综合性农产品物流园区的历史，实现“买全国的菜，卖全国的市场；买全国的农产品，配送全国的餐桌”的构想，长治县将成为“华北大菜篮、北方大厨房”。

（5）黄兴农产品物流园。2010年12月17日，长沙黄兴镇政府与马王堆农产品股份有限公司签订共建黄兴农产品物流园协议。黄兴农产品物流园计划占地1000亩，总投资15亿元，预计2012年建成投入运营。届时，它将取代马王堆农产品批发市场，承担起长沙市85%以上的城市蔬菜供应量，成为我国中部地区最大的“菜篮子。”

黄兴农产品物流园将建设蔬菜、水果、海鲜、干货等品种综合农产品交易区。建成后将成为服务长沙、面向全省、辐射全国的农产品现代物流枢纽中心、价格指导中心和信息发布中心。此外，黄兴农产品物流园将建设容量为5万吨低温冷库、常温储库，改变传统批发市场经营户分散储藏的模式，减少食品损耗。新市场还将就近建立农产品基地，发展订单农业，形成大规模生产链。通过规模化生产、加工、配送，降低农副产品流通成本，提高农副产品的安全性。

（6）浙江新农都现代农产品物流中心。2010年12月19日，浙江新农都现代农产品物流中心在杭州市萧山区奠基。新农都现代农产品物流中心是省、市、区三级重点项目，占地1500亩，总投资50亿元，实行分期开发，滚动建设。当日开工的项目一期规划用地497.55亩，建筑面积50万平方米，投资15亿元，预计于2011年年底完工。届时将实现年交易量300万吨，年交易额超过130亿元。农都现代农产品物流中心将发展集农产品收购、加工储藏、物流配送、连锁经营、展示展销、电子商务“六位一体”的新型农产品流通业态，使老百姓采购农产品更加方便、快捷。

（7）贵阳石板农产品物流园。2010年12月29日，贵州最大、西南一流的大型农产品集散地——贵阳石板农产品物流园正式开工建设。一期项目将于2011年6月前建成并投入运营。贵阳石板农产品物流园计划用地900亩，总投资10亿元，分两期建设。一期工程占地287亩，将建设大型果菜交易库、储藏库、配货区、办公区、各类交易区、地方名优特产展示区，配套建设公寓楼、汽车旅馆、商务服务区等，建立电子交易系统、检验检疫系统等各类现代化经营管理系统。二期工程计划2012年年底完工，届时将整合全市粮油及农副产品集中入园经营，为物流企业和经营业户搭建发展平台。

（8）深圳市供港农产品加工配送中心。2007年，经国家质检总局批准成立的深圳南山供港农产品加工配送中心投入运营，作为全国唯一的供港农产品加工配送中心日供港蔬菜60多车近600吨，约占整个香港市场40%的份额。

截止到2010年12月，供港配送中心拥有国家供港蔬菜备案基地近100个，遍布全国近15个省份。其首创区域化基地备案模式，包括山东安丘、海南三亚等区域性备案基地面积约20万多亩，覆盖品种100多个，形成了庞大顺畅的优质蔬菜供货网络。

2. 农产品“绿色通道”

国家有关部门决定进一步完善鲜活农产品运输绿色通道政策，主要包括几个方面：一是扩大鲜活农产品运输“绿色通道”网络。从2010年12月起，全国所有收费公路（含收费的独立桥梁、隧道）全部纳入鲜活农产品运输“绿色通道”网络范围，整车合法装载运输鲜活农产品车辆免收车辆通行费。二是增加鲜活农产品品种。在2009年确定的24类133种鲜活农产品品种目录的基础上，将马铃薯、甘薯（红薯、白薯、山药、芋头）、鲜玉米、鲜花生列入到“绿色通道”产品范围，落实免收车辆通行费等相关政策。三是进一步细化“整车合法装载”的认定标准。对范围内不同鲜活农产品混装的车辆，按规定享受鲜活农产品运输“绿色通道”各项政策；对范围内和范围外的其他农产品混装，且混装的其他农产品不超过车辆核定载重量或车厢容积20%的车辆，比照整车装载鲜活农产品车辆执行。对超载幅度不超过5%的鲜活农产品运输车辆，比照合法装载车辆执行。

3. 农产品冷链物流

我国农产品流通大规模、长距离、反季节的特点，以及城乡居民消费水平不断提高，对农产品的多样化、新鲜度、营养性和安全性等方面要求的提高，都对农产品物流服务规模和效率提出了更高的标准。我国的冷链行业从2007年兴起至今，经过起步发展阶段现在初步形成“连点成链”、“结链成网”的趋势，其中冷藏运输与冷藏库是两个重要节点，也是农产品冷链物流的薄弱环节。

我国现有的冷藏储运能力为：冷库接近3万座，总容量接近1500万吨；冷藏企业超2万家，冷藏运输车辆接近5万辆。由于我国尚未形成完善独立的冷链体系，相当一部分的肉类、水产品、牛奶和豆制品还是在没有冷链保证的情况下用棉被车、空调车运输。目前我国的冷藏运输车辆大部分为改装的海运厢，冷冻机质量达不到冷链运输的要求。易腐物品装车大多在露天而非在冷库和保温场所操作，大部分的水果、蔬菜、禽肉和水产品都是用普通卡车运输。全国铁路冷藏总运行车辆约有33.8万辆，冷藏车仅有7000辆左右，只占2%，而且大多是陈旧的机械式速冻车皮，冷藏运量仅占易腐货物运量的25%。我国目前的冷库总容量不足900万立方米，很多冷库只限于肉类、鱼类的冷冻储藏，且功能不足，设备陈旧、规模较小。

国家发改委公布的信息表明，我国仅食品行业冷链物流的年需求量就在1亿吨左右，年增长率在8%以上。然而由于我国目前的冷链设施和冷链装备不足、原有设施陈旧、发展和分布不均衡，无法为农产品冷链物流系统提供低温保障，致使我国农产品每年的流通腐损达到上千亿元。统计资料显示，目前我国农产品产后损失严重，果蔬、肉类、水产品流通腐损率分别达到20%～30%、12%、15%。现阶段我国城镇居民食品消费支出中易腐食品消费已占51%，但目前大约有90%的肉类、80%的水产品、大量的牛奶和豆制品基本上是在没有冷链的保证下运销的，运输过程的损失巨大。2010年，我国因丢弃腐烂食品造成的浪费达到700亿元人民币，占食品生产总值的20%之多。这种浪费主要是由于缺少冷链运输体系，导致一些食品在运输过程中因无法长期保鲜被丢弃造成的。此外，我国只有不到5%的蔬菜是经过冷处理才上市的。

2010年11月底，江苏凌家塘农副产品批发市场的1.1万吨大型冷库正式投入使用。冷库总投资达3500万元，是目前全国一流、常武地区规模最大的为农副产品配套的单体冷库。冷库一期总面积1.54万平方米，可储藏肉类、海产、水产、速冻食品等20多个大类上千种品种。随着物联网技术的广泛应用，该市场还出资百万元，将 RFID 无线射频技术应用到市场中，提升冷库的管理水平。凌家塘市场将形成一个完整、高效的农副产品物流产业链，成为华东地区一流的农副产品物流“航母”。

4. 农产品流通追溯体系

2010 年 9 月 26 日，为增强食品安全质量水平，建立流通领域相关责任机制，商务部、财政部联合下发通知，确定上海、重庆、大连、南京、杭州等 10 个城市作为首批试点，开展肉类蔬菜流通追溯体系建设。农产品食品的安全是国家在经济发展、经济质量提高过程中面临的一个突出问题，建立农产品流通追溯体系是解决农产品食品安全问题的有效方法。肉类蔬菜流通追溯体系是农产品流通追溯体系的组成部分。建立肉类蔬菜流通追溯体系是“菜篮子”和“放心肉”建设的一项民生工程，是食品安全的保障工程，是从肉菜入手推动农产品流通发展的一项重要举措。

肉类蔬菜是“菜篮子”中的大品种，消费量大，但流通的组织化程度低、技术水平相对落后，容易在食品安全上出现问题，而且不易查找源头。时至今日，我国的批发市场、集贸市场等传统渠道仍承载着 80% 以上的生鲜农产品流通量，冷鲜肉、分割包装肉占市场比重不到 10%，包装蔬菜份额不足 13%，98% 以上的批发市场仍以现货现金、一对一交易为主。由于监管难度大、安全隐患多，近年来肉菜食品安全事件时有发生，严重影响了人民群众的生命安全。因此，借鉴发达国家的成功经验，运用现代信息技术，建立“来源明白、去向明确、责任清晰”的肉类蔬菜流通体系，形成完整的肉类蔬菜流通信息链条和责任追究链条，是杜绝最终消除肉类蔬菜流通安全隐患的有效方法。此外，建立肉类蔬菜追溯体系，可以改善流通基础设施，提高流通现代化水平，带动农业生产的标准化、规范化。如果肉类蔬菜流通追溯体系做好了，还可以带动其他农产品追溯体系的建设，改善经营环境，促进农民农业增收。

在此次大规模试点之前，一些地方已经就食品安全追溯进行了初步的探索。上海曾出台《食用农产品安全监管暂行办法》，提出在农产品流通环节建立“市场档案可溯源制度”，这是我国在政府层面上对农产品可追溯机制最早的描述。另外，北京、广州等大城市也曾推广食品安全可追溯系统，其中北京推出的“奥运食品可追溯系统”在奥运会期间广受好评。

六、2010 年惠农工程及相关政策

1. 惠民工程进展

（1）“万村千乡市场工程”。2010 年 10 月 25 日，商务部在京召开全国万村千乡市场工程工作会议，会议总结了“十一五”期间“万村千乡市场工程”取得的成效，并对“十二五”规划做出了部署。会议指出，“万村千乡市场工程”实施五年来中央财政支持“万村千乡市场工程”的力度逐年加大，从开始每年 2 亿元增加到 2010 年的 16 亿元，增长了 8 倍。中央财政累计投入资金达 43 亿元，地方财政累计配套资金 19.3 亿元。在中央和地方的配合下，“万村千乡市场工程”取得明显成效。截止 2010 年年底，连锁化农家店约达 52 万家，覆盖全国 80% 乡镇和 65% 行政村，农村现代流通体系框架得到建立，为扩大农村消费、统筹城乡发展、建设社会主义新农村发挥重要作用。

商务部规划，“十二五”期间，“万村千乡市场工程”工作的重点是加强配送中心建设。“十一五”末，农村共建设 2667 个物流配送中心，每个县平均拥有 0.9 个，配送中心面积达 1700 万平方米。商务部表示，将下大力度提高“万村千乡市场工程”的运行质量，通过加强农村配送中心建设逐年提高农家点的统一配送率，不断丰富配送品种，降低物流成本。

（2）“农超对接”。2010年12月29日，商务部和农业部在北京联合召开全国“农超对接”现场会，进一步贯彻落实党中央、国务院关于稳定消费价格总水平、保障群众基本生活的决策部署，总结交流“农超对接”试点经验，大力推进“农超对接”工作。

自2009年农业部把开展“农超对接”试点作为重点工作至今，农业部已连续两年把引导农民专业合作社开展“农超对接”作为为农民办实事的重要内容。各地积极帮助农民专业合作社与大型连锁超市搭建对接平台，举办多种形式的农产品展示展销会、洽谈会5000余场次；开展农民技术培训累计100万人次，增强合作社食品安全和品牌意识，提高种养技术水平和产品档次。截止2010年年底，全国已有28个省（区、市）开展了“农超对接”工作，涉及10多类农产品。直接帮扶2000多家农民专业合作社与超市实现“农超对接”，带动1.1万家农民专业合作社与超市建立了产销关系。

2. 2010年国家及有关部门对农产品物流的政策支持

（1）国家发展和改革委员会公布《农产品冷链物流发展规划》。2010年6月，为落实《物流业调整和振兴规划》，促进农产品冷链物流快速健康发展，国家发展改革委专门制订了《农产品冷链物流发展规划》（以下简称《规划》）。计划到2015年将全国冷库总容量在现有880万吨的基础上增加1000万吨，建成一批效率高、规模大、技术新的跨区域冷链物流配送中心，冷链物流核心技术得到广泛推广，形成一批具有较强资源整合能力和国际竞争力的核心冷链物流企业。

《规划》明确提出，到2015年，我国的果蔬、肉类、水产品冷链流通率分别提高到20%、30%、36%以上，冷藏运输率分别提高到30%、50%、65%左右，流通环节产品腐损率分别降至15%、8%、10%以下。同时还提出，建立主要品种和重点地区农产品冷链物流体系。鼓励企业在产地、销地建设低温保鲜设施，从源头实现低温控制，建立以生产企业为核心的冷链物流体系，实现产地市场和销地市场冷链物流的高效对接。《规划》指出国家对农产品冷链物流的重点投资领域包括几个方面：一是冷库建设工程；二是低温配送处理中心建设工程；三是冷链运输车辆及制冷设备工程；四是冷链物流企业培育工程；五是冷链物流全程监控与追溯系统工程；六是肉类和水产品冷链物流工程；七是果蔬冷链物流工程；八是冷链物流监管与查验体系工程。

（2）国务院出台《关于促进农业机械化和农机工业又好又快发展的意见》。2010年7月，国务院下发了《关于促进农业机械化和农机工业又好又快发展的意见》（以下简称《意见》）。农机是重要的农业生产资料，实现农业机械化是我国农业现代化的重要标志。建立完善的农机流通体系，对实现农业机械化、促进农业生产效率的提高具有重要意义。

《意见》提出到2015年，农机总动力达到10亿千瓦，其中灌排机械动力达到1亿千瓦，主要农作物耕种收综合机械化水平达到55%以上。到2020年，农机总动力稳定在12亿千瓦左右，其中灌排机械动力达到1.1亿千瓦，主要农作物耕种收综合机械化水平达到65%。其中，小麦耕种收机械化水平达到90%以上，水稻种植、收获环节机械化水平分别达到60%和85%，玉米机收水平达到50%左右，油菜机播、机收水平分别达到15%和20%以上，基本解决甘蔗种植、收获机械化关键技术问题。基本建成现代化农机流通体系和完善的农机售后服务网络，形成对我国农业机械化和农机工业发展强有力的支撑和保障。

（3）商务部、财政部下发《关于农产品现代流通综合试点指导意见的通知》。2010年10月，商务部、财政部下发《关于农产品现代流通综合试点指导意见的通知》（以下简称《通知》)，将由中央财政支持，在河北、辽宁、浙江、山东、河南、湖北、重庆、新疆等地开展农产品现代流通综合试点工作，力争 3～5 年内初步建成高效、畅通、安全的农产品现代流通体系。

农产品现代流通综合试点是商务部双百市场工程和农超对接工作的深化、发展和创新，是商务部支持完善农产品流通体系各项政策的延续。综合试点主要内容是加强农产品流通基础设施建设，推行农产品流通标准化、品牌化和包装化，打造现代化农产品流通链条。重点支持试点地区农产品批发市场改造升级，完善功能；支持农贸市场提档升级，改善交易环境；支持大型连锁超市与从事鲜活农产品生产的农民专业合作社或农业产业化企业开展农超对接，发展订单农业，培育优势农产品；鼓励探索具有地方特色的农产品流通模式。

《通知》指出，综合试点工作应体现当前农产品流通体系建设工作中的四个重要转变，即由流通单点建设向流通链条和流通网络建设转变；由改造提升流通设施向推进现代经营模式转变；由分布设计、分步实施向总体设计、分步实施转变；由纯市场化运作向政府引导、公益性和市场化相结合转变。

（4）商务部与农业部签署《合作框架协议》。2010 年 10 月 21 日，商务部与农业部在北京举行《合作框架协议》（以下简称《协议》）签字仪式。《协议》明确，两部门合作的目的是发挥双方在各自领域的优势，增强互补性，形成发展合力，进一步做好“三农”工作，促进城乡协调发展。合作的主要内容包括：加强农产品流通布局和生产布局的衔接，重点支持在主产区和关键物流节点建设若干大型专业性农产品批发市场；加强大型连锁企业与农业生产基地的对接，帮助生产和市场主体打造稳定的产销关系；加强商品生产和市场消费需求的衔接，建立解决“买难”、“卖难”问题的协调机制；加强农产品流通标准化建设，提高农产品质量，完善蔬菜瓜果质量追溯体系；加强肉品安全监管协作，实现肉品质量安全信息可追溯系统与动物标识及疫病可追溯系统对接；推动农产品品牌建设，提升农产品市场竞争力和产品附加值；互通农产品市场信息，共同维护农产品市场平稳有序运行；加强农业贸易工作，提高我国农业贸易管理水平，推进实施农业“走出去”战略。

（5）《国务院关于稳定消费价格总水平保障群众基本生活的通知》。2010 年 11 月 19 日，面对以农产品为主的生活必需品价格上涨较快的情况，国务院出台《国务院关于稳定消费价格总水平保障群众基本生活的通知》（以下简称《通知》)，要求各地和有关部门及时采取 16 项措施，进一步做好价格调控监管工作，稳定市场价格，切实保障群众基本生活。

《通知》中的 16 项措施具体包括：大力发展农业生产、稳定农副产品供应、降低农副产品流通成本、保障化肥生产供应、做好煤电油气运协调工作、发放价格临时补贴、建立社会救助和保障标准与物价上涨挂钩的联动机制、继续落实规范收费的各项规定、积极稳妥推进价格改革、规范农产品经营和深加工秩序、加强农产品期货和电子交易市场监管、健全价格监管法规、加强价格监督检查和反价格垄断执法、完善价格信息发布制度、切实落实“米袋子”省长负责制和“菜篮子”市长负责制、建立市场价格调控部际联席会议制度。

（洪　涛　北京工商大学　教授）

2010 年中国粮食物流

2010 年，我国粮食实现了连续第七年丰收，产量达到 1.09 万亿斤。全年粮食消费继续稳步增长，产需总量基本平衡。分品种看，小麦、籼稻产大于需；粳稻供求偏紧；玉米产大于需的格局随着养殖业和加工业的发展有所变化，但总体上依然可以满足需求；大豆和植物油的供需缺口较大，进口大豆 5480 万吨。由于国家实施了一系列有力、有效的粮食宏观调控措施，粮食市场经受住了国际金融危机、粮食危机、粮价大幅波动，以及国内粮食价格上涨压力加大、自然灾害多发重发的严峻考验，保证了粮食供求总量、品种结构的基本平衡和市场价格的基本稳定。在此背景和过程中，2010 年我国粮食物流呈现北粮南运、产区流量大、灾区流速快、政策性粮食物流与商业性粮食物流并存的特点。

1. 各类粮食市场主体入市踊跃，非国有市场主体收购量增加较多

截止 2010 年年底，我国具有粮食收购资格的经营主题共约 8.75 万家，其中，国有及国有控股企业 1.75 万家，其他多元市场主体 7 万家。同时，有营业执照无收购许可证的个体收购者大量入市收购粮食，毗邻地区跨区收购较多。各类粮食企业共收购粮食 6022 亿斤，比上年增加收购量 269 亿斤。其中，国有粮食企业收购 2686 亿斤，占收购总量的 44.6%，同比下降 12.1%；非国有粮食企业收购 3336 亿斤，占收购总量的 55.4%，同比提高 12.1%。

2. 粮食最低收购价格水平提高，托市收购量大幅减少

为保护与调动农民种粮积极性，进一步促进粮食生产稳定发展，考虑粮食生产成本增加等因素，2010 年我国政府提高了小麦和稻谷的最低收购价格，每市斤白小麦、红小麦和混合麦的最低收购价格分别提高到 0.90 元、0.86 元和 0.86 元，同比提价幅度均为 3 分/斤；每市斤早籼稻、中晚籼稻、粳稻的最低收购价格分别提高到 0.93 元、0.97 元和 1.05 元，比上年提价幅度分别为 3 分/斤、5 分/斤和 10 分/斤。由于种粮农民对粮食市场价格预期看涨心理等因素，我国政府托市收购粮食（含油料）613 亿斤，比上年减少 1226 亿斤。

3. 大幅增加政策性粮食投放市场量，保证群众基本生活所需粮油的供应

2010 年，为保证粮食市场供应、维护粮食价格基本稳定，国家采取竞价拍卖、定向销售等方式向市场投放政府粮食。安排政策性粮食在批发市场公开竞价销售，累计成交粮食 1626.6 亿斤、食用植物油 50.2 万吨。适时增加玉米投放数量，满足饲料和养殖企业对玉米的需要。定向销售最低收购价小麦 55.6 亿斤，

由指定大型骨干面粉加工企业按国家要求加工小麦粉投放市场。北京、天津、上海、浙江等粮食主销区加大地方储备粳稻投放力度，有些省增加了大豆和食用植物油的投放。

4. 启动粮食应急机制，保障受灾地区粮食应急供应

2010 年，由于遭受多年不遇的雨雪冰冻、干旱、洪涝、地震、泥石流等严重自然灾害，我国加快了粮食应急储备、加工和供应网络的建设，有效提升增强了粮食应急保障能力。截至 2010 年 12 月，我国各地已确定的粮油应急加工定点企业有 3521 家，应急供应定点企业有 1.11 万家。全年国家专项安排向西南、西北旱灾地区调运粮食达 28.4 亿斤，指定企业限时加工中央储备粳稻 5000 万斤投放云南市场，及时向灾民发放救灾用粮 7352 万斤，保障了受灾地区的粮油供应。

5. 农户科学储粮规模增加，粮食产后损失降低

2010 年，国家继续安排补助资金实施农户科学储粮专项，截止 2010 年年底国家累计为农户建设新型小粮仓约 200 万个，可存储粮食约 79 亿斤，每年可减少农户存粮损失约 5.1 亿斤。

6. 粮食仓储设施条件得到改善，粮食物流能力得到增强

2010 年，因部分省区遭受严重洪涝灾害，使得该地区部分陈旧、简陋的粮油仓房、仓储设施遭到损毁。国家专门安排补助资金对汛灾破坏的粮食仓房进行维修改造，不少省市安排专项补助资金对粮食收储库进行仓房维修改造，进一步改善粮油仓储设施条件。此外，在各地粮食物流现代设施建设全面展开的大背景下，我国东北地区流出、黄淮海地区流出、长江中下游地区流出、京津地区流入、华东地区流入、华南地区流入六大粮食物流通道得到加强，粮食物流效率、机械化程度均有明显提高。到 2010 年年底，全国粮食仓储企业有效仓容达到 3.2 亿吨，罐容达 1178.4 万吨，粮食烘干能力为 7.1 万吨/小时，散粮中转设施接收能力达 47.7 万吨/小时。

7. 粮食仓储管理法制化

2010 年，国家有关部门制订出台了《粮油仓储管理办法》，对粮油仓储单位备案管理、粮油出入库管理、粮油储存管理、法律责任等粮油仓储活动行为进行了明确规范，使得我国粮食仓储管理进入法制化轨道。

（韩兆轩　中国粮食行业协会）

2010 年中国汽车物流

2010 年，我国汽车物流行业伴随着汽车销售的不断创新稳步发展，具体表现出以下特点。

一、汽车销售“超美”，汽车物流规模继续扩大

在经历了 2009 年汽车市场销售达到 1360 万辆、年增 50% 的辉煌成绩后，2010 年国内所有汽车企业纷纷调高产销目标，年终收官市场表现正如外界年初所预期的突破了美国汽车市场创造的单一汽车市场 1700 万辆的年销售纪录。现实把原来预计 2015 年才能达到的目标，提前 5 年达到了。2010 年，我国汽车工业延续了上年发展态势，在购置税优惠、以旧换新、汽车下乡、节能惠民产品补贴等多种鼓励消费政策叠加效应的作用下，汽车产销双双超过 1800 万辆，分别为 1826.47 万辆和 1806.19 万辆，刷新全球汽车产销纪录，较上年增长 37%。作为汽车产业支撑的汽车物流行业 2010 年的市场规模伴随着汽车销售量的攀升取得了大幅增长。

二、“平”成为汽车物流行业的总体表现

1. 平平的利润

2010 年，作为汽车产业链重要组成的汽车物流，并未像汽车生产企业和汽车销售企业那样在车市的繁荣中获取丰厚的利润，而是丰产不丰收，收获与付出的比例总体来看并不协调。造成这一局面的原因主要是：年内三次上调汽柴油价格、不断攀升的劳动力价格、无法摆脱的超载超限罚款、生产企业不断压缩的物流成本支出等。

2. 平静的竞争

2010 年，对汽车物流行业来说是近年来难得平静的一年。由于市场规模的扩大，汽车物流企业兼并重组的步伐继续放缓，市场格局未出现新的变化。在市场中唯一掀起一丝涟漪的是中远物流宣布退出汽车市场。或许市场秩序的不规范，或许汽车产业中无根基，也或许还有很多原因。无论外界怎样分析评判，对业内来说是大家不愿看见的结果，是 2010 年行业发展中的一幕悲剧。

3. 平和的心态

过去几年国内部分汽车企业集团和品牌主机企业发展物流业务，一来是为自身提供配套服务，二来是为发展服务贸易，三来是以物流为贯穿追求产业价值链竞争，组建物流企业拓展物流业务。尤其当我国铁路和水运大规模进入汽车物流领域后，国内汽车物流市场便进入了调整期。进入 2010 年，汽车物流市场格局没有新的调整，各企业在发挥所

长、追求共赢方面形成一致，在市场划分、分工合作方面趋于稳定，而且企业面对超限罚款等行业恶疾也已没有了曾经的恐慌，变得习以为常，整个行业企业都表现出难得的平和心态。

三、汽车生产企业作为汽车产业链的龙头，更加重视物流和供应链管理

2010年在国内举办的汽车物流领域相关交流活动中，汽车生产企业参会代表的数量明显增加，说明物流和供应链管理在整个产业链竞争中的作用越来越多地得到他们的关注。他们也更多地参与了国家汽车物流行业研究、行业标准建设，其中一汽集团、东风公司、上汽集团三大集团和一汽轿车、一汽大众、一汽丰田、一汽解放、东风有限、东风日产、长安汽车、奇瑞汽车、中国重汽等一批品牌汽车生产企业在加强供应链管理、推行物流业务外包，引导行业发展中起着表率作用。2010年国家汽车物流行业组织中物联汽车物流分会组织的各项活动中，就有39家乘用车整车物流、25家商用车整车物流、54家零部件入厂物流、35家售后服务备件物流、41家进出口物流等共计近200家汽车制造企业的不同管理部门参与了行业活动。

四、行业发展外延继续拓宽，成熟领域注重向内涵转变

在整车物流和零部件物流继续齐头并进发展的同时，汽车物流行业售后服务备件物流和商用车物流两个细分市场进入快速整合阶段。部分行业龙头企业已经着手探索国内二手车物流市场和走出国门发展的路子，汽车物流行业外延发展的道路继续拓宽。在发展已经比较成熟的整车物流领域，企业更多关注加强内部管理、企业间合作、推动公铁水多式联运、加强自律协调竞争；在快速发展的零部件物流领域，主流汽车品牌企业与第三方物流企业都建立了比较稳固的合作关系，更加注重优化内部管理、提高服务品质，通过内部挖潜提高效率、降低成本。

五、行业标准制定工作继续稳步推进

按照《汽车物流标准发展规划》的要求，结合行业的实际需要，2009年行业申报的《汽车物流术语》、《公路运输乘用车捆绑加固技术要求》、《零部件物流塑料周转箱尺寸系列及技术参数》和《汽车物流服务评价指标》等四项国家标准在2010年已进入向社会征求意见阶段。2010年，行业还启动了《汽车整车物流过程质量监控要求》、《汽车物流信息系统功能及基本要求》两项国家标准。在今后的三年内，行业还将依据规划和自身的需求制定10～15项国家标准，这些标准的范围将涉及汽车整车物流、汽车零部件入厂物流以及汽车服务备件物流三个领域的服务、技术、管理和信息化等方面，将进一步改善行业标准缺失的现状。

六、通过信息化提升企业现代化管理依旧是行业热点

汽车物流作为高端物流，由于其高难度、复杂性、专业化，有物流领域“金字塔”之称，是现代信息技术率先应用的领域之一。在2010年汽车物流行业的所有交流活动中，信息化依旧是热门话题，作为满足流程需要、提升流程水平的关键技术，信息化始终得到行业企业的高度关注。通过信息化，行业整体服务水平明显提高，对保障汽车产业快速增长的物流需求，起到了积极作用。唯智、斯铂格、恩富、SAP等是活跃在汽车物流信息化领域的知名IT企业。

七、汽车整车物流发展的几个热点

1. 制约行业发展的车辆运输车问题有了新进展

多年来车辆运输的问题一直是困扰整车物流发展的老大难问题。2010 年在中国物流与采购联合会领导关心下、在汽车物流分会努力下、在行业龙头企业的积极配合下，制约我国汽车物流发展的车辆运输车问题终于取得了重大进展。两会期间物流行业人大代表刘武总裁，将车辆运输车问题作为专门提案上报有关部委。国家发改委经济运行调节局针对国际汽车物流通用装备中置轴挂车不能上牌及上高速行驶的问题，长期以来一直与相关部委积极协调。车辆运输车生产企业——天津安达集团及其法国合作伙伴 LOHR 公司，以及国内汽车物流龙头企业安吉、长久、一汽物流等一直不懈地积极探索解决方案。车辆登记主管部门公安部交管局对此事予以积极重视，通过深入调研后与工信部协调形成了一致意见：新修订的 7258 文件将中置轴挂车区别于全挂车和半挂车，作为独立序列进行管理；公安部门将根据公告，将取得公告的中置轴挂车按半挂车办理注册登记；由中置轴挂车组成的列车长度将达到 20 米，可以在高速公路行驶。目前，国内轿运车生产企业正关于中置轴挂车公告事宜积极与工信部协调。

2. 乘用车物流市场集中度继续提高

目前，国内乘用车物流 80% 以上的市场已经集中在安吉物流、长久物流、一汽物流、安达物流、中铁特货、深圳长航、风神物流、中信信通、东风车城、长安民生、同方环球、重庆中集等十余家大型企业，这些物流企业与国内主流汽车品牌制造企业形成了稳定的合作关系。

3. 铁路和水运承运量持续增长，但市场份额没有明显提高，追求发展质量成为两大运输主体的主旋律

我国幅员辽阔，汽车工业又相对集中在长春、京津、上海、武汉、重庆、广州等少数发达地区，汽车产品对全国的辐射和国民消费的多样性，决定了汽车整车物流具有分散和纵横交织的特点。随着能源价格的持续上涨，物流装备的经济性选择是大势所趋。铁路在远距离运输的优势已经凸显，我国丰富的水路资源开始得到汽车物流行业的青睐，但整个市场的融合尚在起步和磨合阶段，目前主导的公路运输模式更多地是引入水路和铁路资源，走多式联运的道路将是我国未来汽车整车物流的必然选择。

中铁特货运输公司是国内铁路系统唯一获得授权经营汽车整车物流业务的企业，几年来已经打下了很好的市场基础。2010 年公司业务又取得了两大突破性进展，一是内部加大管理力度，强化质量基础，全力推进铁路商品汽车物流服务能力的快速提升，铁路商品汽车物流时效性（OTD）提升，配送服务网络建设、服务质量取得明显提升，装备安全、备品管理以及信息系统建设也取得明显改善；二是采用合资方式与国内主流第三方物流企业建立战略合作，分别与安吉汽车物流公司成立上海安北公司、与风神物流成立广州东铁公司。铁路汽车物流业务向行业纵深发展，形成的坚实基础为今后铁路货运资源释放后市场的大发展做好了准备。

以深圳长航为代表的我国滚装物流公司是沿海沿江商品车物流的主力，2010 年又有两大举措，一是 4 月在克罗地亚购置 5000 车位汽车滚装船“长泰鸿”轮，是目前国内船东拥有的最大车位滚装船。标志着深圳长航在中国汽车滚装物流国际化进程中迈出了实质性的一步。二是 7 月公司又进行了新一轮滚装运输业务整合。以深圳长航作为集团滚装船运输业务整合的主体单位，对集团所属深圳中外运航运公司、中外运商船——三井公司等全部滚装船运

输业务资源进行整合。公司不仅成为国内滚装运输最大企业，而且也将成为未来中国汽车出口滚装运输的坚强保障。与水运相关的汽车专用码头建设基本完成，使用率不断提高，天津港、上海海通、大连港和广州成为行业最大的四家汽车码头企业。

4. 价格混乱促使企业间更注重如何协调竞争，保持与主机企业良好合作，共求发展

由于轿运车标准问题，造成整车物流行业价格混乱，已经成为影响物流企业和制造企业合作、物流企业良性竞争以及行业健康发展的大问题，2010 年针对这种情况，中物联汽车物流分会与行业龙头企业安吉汽车物流公司联合启动了“汽车整车物流成本与价格动态模型”研究，旨在为行业企业良性竞争提供指导，为物流企业与汽车生产企业洽谈服务价格提供参考，为汽车生产企业物流业务外包相关费用提供参考，有助于推动汽车物流企业管理和经营的优化，进一步节约成本开支。

5. 行业信息平台建设向前迈进了一步

随着企业市场定位的稳固，以及现代信息技术的普遍应用。在全国范围内行业共享信息平台将为企业间资源整合提供保障。这一问题已经得到国家的高度关注，政府搭台、协会组织、企业参与共建全国汽车物流一体化信息网络的时代即将到来。2010 年，中物联汽车物流分会与长久物流已经着手开始建设全国汽车整车物流信息平台，这对整车物流领域降低运输成本，提高运输效率，节能减排都将有积极意义。

6. 商用车物流市场得到关注，并且将会与工程农机形成资源互补

商用车作为我国汽车产业的主要组成部分，承担着国民经济各个领域运输主体的重任，而商用车具有体积大、种类多的特点，其面临的仓储、运输、信息等物流问题与乘用车有很大不同；而我国工程机械、农用拖拉机等轮式机械的物流问题与商用车相似，其产品销售物流与商用车相似，两种产品可以实现物流资源和网络的共享。2010 年 7 月，国内首次举办了以商用车物流为主题的交流活动，并且首次将汽车物流服务拓展到工程机械等相关领域，具有里程碑意义。同时，会议提出行业需要在四个方面不断改善：一是改善商用车物流市场经营环境，主要改变主机厂外包单纯以报价低为标准；随季节不同建议各厂商建立弹性运价机制，运价随着燃油价格的浮动同步调整；大力推广背车、“拖曳运输方式”，以及高端重卡采用“零公里运输”。二是根据商用车物流特点制定和完善行业规范和作业标准。三是建立整个行业物流资源共享机制，从而降低物流成本。四是加强信息化建设，提升服务质量。

八、汽车零部件物流行业发展的两大看点

1. 零部件物流行业逐渐成熟

总体看，目前我国的零部件物流行业已逐渐成熟，它们与制造企业形成战略关系的第三方物流企业质和量均有增长，练好内功是进一步发展的关键。安吉物流、风神物流、一汽物流、一汽国际物流中心、深圳新合程、福田物流、同方环球、长安民生、东本储运等企业已经成为行业的主体。为统一规范汽车零部件物流服务质量的评价体系，为客观公正评价汽车供应链的整体绩效提供依据和指导，2010 年中物联汽车物流分会与风神物流公司共同牵头开展了“汽车零部件物流 KPI 构成研究”。将有助于汽车供应链上的主机厂、供应商、物流商等各个节点企业识别出影响最终服务的关键指标，进而有针对性地为汽车生产企业提供满意的物流服务。课题研究将制定出统一的 KPI 量化数学模型，有利于行业企业对照比较，发现差距。此举也将为行业今后以此为依据树立标杆打下基础。

2. 包装问题是行业的重点

2010 年，零部件物流中的可周转塑料箱共

用系统得到了良好的推进。近几年零部件物流管理中的包装问题一直是业内交流绕不开的焦点话题，而且重点关注的是包装容器的管理和全国包装容器共享平台的建立。显然，解决好这个问题是业内的一致追求。作为全球最大的托盘和包装容器管理公司——集保物流设备公司一直是全球托盘和塑料周转箱共享租赁服务的提供商和行业领袖，拥有着成熟的管理经验，汽车物流行业是该公司重点发展的领域。其与企业合作主要有两种模式：一种是租赁。汽车或汽车物流企业无须购置包装容器，而是依照需求量向集保公司随时起租，随时退租。这样一来解决了淡季托盘闲置的问题，二来满足了其使用旺期的大量需求，三来降低了企业成本，月结账支付情势也缓解了企业现金流问题。还有一种就是集保公司作为可周转包装容器运营公司，在一定地域或者一定范围内建立容器回收网点，并负责容器的统一维护。企业使用包装容器直至到达最终目的地后，将空容器返还或者由集保回收至就近的网点，这样企业不必采购大量容器，也免去了存放、管理以及维修的麻烦。2010 年集保公司可周转包装箱业务在奇瑞和长安福特马自达都有良好推进，在行业的示范效应已经显现。

九、汽车售后服务备件物流成为行业新的热点领域

汽车物流行业在整车物流趋于成熟、零部件物流长足发展的情况下，2010 年汽车售后服务备件物流成为新的行业热点。汽车售后服务备件物流是汽车使用过程中正常的保养、维修、大修，以及交通事故的维修所需要的备件供应过程，是汽车物流行业的重要组成部分，在汽车物流大市场中占有很大的份额。由于售后服务备件与汽车市场保有量密切相关，因此这个市场具有面向全国市场、网点数量多、终端需求量小、备件品种多等特点，在汽车物流运作中具有特殊难度。目前，全国汽车保有量估计已经达到 8000 多万辆，十年后将会超过 2 亿辆。根据有关机构统计，2009 年汽配市场额已达到 1 万亿元，2010 年将达到 1. 4 万亿元，市场规模巨大。一直以来一汽物流、风神物流、安吉天地在售后服务备件物流领域已经进行过深入探索并积累了丰富经验，成为了行业中的领军企业。2010 年 8 月召开的“首届汽车售后服务备件物流研讨会”，拉开了行业大规模拓展售后服务备件物流业务的序幕。目前，汽车售后服务备件具有网点数量众多、终端需求量小、品种繁多、包装复杂等特点，因此备件物流存在相当大的难度。行业存在的突出问题主要有以下几点：一是部分主机厂未将备件物流业务完全外包，增加管理费用，降低了公司的核心竞争力；二是由于主机厂壁垒，使得难于共享仓库、共享运输；三是各主机厂对物流器具的要求各具特色，如网箱、托盘、运输纸箱的规格都不一致，标准化问题亟待解决；四是物流商之间缺少合作，导致网点、线路重复，资源浪费；五是物流公司的物流信息系统难于用上，许多系统使用主机厂提供的物流信息系统，而这些系统重点在于财务、生产等方面，不是很适合现代物流运作管理，并且对于一些物流领域的先进思想反映较慢；六是各企业物流水平的参差不齐，直接造成了备件物流的发展滞后，同时没有完整的行业规范，客户需求得不到满足，阻碍了行业的快速发展。

十、汽车出口物流备受中外汽车物流企业关注

汽车出口是我国汽车生产企业国际化的关键一步，汽车物流业务如何为汽车出口保驾护航一直是行业发展的重点。2010 年我国汽车出口呈现逐步恢复态势。据中汽协统计，全年汽车出口 54. 49 万辆，同比增长 63. 94%。其中，乘用车出口 28. 29 万辆，同比增长 89. 18%，

商用车出口 26.19 万辆，同比增长 43.28%。2010 年，国内大型汽车物流企业在中国汽车高速成长中，获得了稳固的业务和良好的收入，伴随汽车出口在实现自身业务规模扩大的同时也打开了走入国际市场的通道。2010 年安吉汽车物流公司积极探索开拓海外业务，向实现全球经营方向迈进；长久物流公司积极寻求在开发的汽车出口物流平台业务上有所突破；深圳长航购置了 5000 位的滚装船，为未来汽车出口大发展做好了准备。美国 UP、德国 BLG 和 MOSOLF、澳大利亚 TOLLS、日本住友等国际汽车物流知名企业纷纷看好未来我国汽车制造生产的发展，已经开始进入我国汽车物流领域寻求发展空间。

“十二五”时期我国经济发展的关键是加快转变经济发展方式，汽车产业作为制造业代表一直是我国的支柱产业，理应成为转变发展方式的领跑者，汽车物流作为汽车产业发展的支撑条件之一，不仅是应做好产业的基础保障，也应成为汽车产业转变经济发展方式的重要引擎，通过组织创新、市场创新、技术创新、服务创新，提高物流服务的附加值，增强与主机企业的战略合作关系，继续向汽车产业供应链全过程渗透和融合，为优化汽车产业结构、节约汽车产业成本、提高产业运行效率和效益，作出应有贡献。

（马增荣　中国物流与采购联合会汽车物流分会）

2010年中国书业物流

近几年，我国各地新华发行集团普遍重视物流基地的投资建设工作。在2009年掀起了加大马力开工建设项目的热潮后，2010年我国书业物流继续保持加速基础设施建设的态势，当年有新建物流中心相继竣工投入使用，如湖北省新华书店物流中心、山西新华物流中心等。总体看历经几年的大规模建设，目前全国20余家新华发行集团均建成了技术设备先进、仓储规模较大的物流中心。随着一批新型物流中心陆续投入使用，江西、山东、山西、重庆、湖北等省的图书销售网点形成了真正意义上的统一连锁经营，进一步提升了我国书业物流装备的实力，增强了书业物流的竞争力，预示着我国图书出版业将迎来新一轮的发展和繁荣。

2010年，我国书业物流发展具有三个显著特点。

一、面积增加、设施更先进

2010年投入运营的省级新建书业物流中心普遍的特性是仓储面积加大、软硬件设施大都按照“商流、物流、信息流、资金流”四流合一的高度集成标准来配置，并且运营的首要目标是“准确、高效、低成本、流畅”。由于这些书业物流中心都是要解决图书在本省商流、物流、资金流在时间和空间上的制约问题，使本省销售门店形成真正意义上的连锁经营，对促进图书发行连锁经营具有重要作用。

2010年正式运营的湖北省新华书店物流中心占地120亩，一次规划、分三期建设。一期主要建设图书分拣中心，占地80亩，建筑面积为4.83万平方米，使用面积为7.15万平方米；二期主要建设标准仓库、出版物展示（样本）楼及配套设施等，占地40亩，建筑面积为2.86万平方米；第三期主要建设第三方物流中心。目前第一期图书分拣中心的日处理收货能力达6000个品次，日分拣能力达1.2万种，日加工能力达4.2万件，日配送能力为4万件，日处理退货能力8000件，日处理存配品种达22.4万种（图书现货），年处理图书流转码洋数为49.24亿元，完全满足湖北长江出版传媒集团有限责任公司所属出版社和相关企业未来5~10年的物流需求。此物流中心的最大特点是，图书分拣中心是结合现代化物流理念并根据长江出版集团的图书物流实际需要设计的，拥有比较专业的管理和营运功能。专业化的分工保证了图书分拣中心的专业管理能力。此外，湖北省新华书店凭借丰富的图书物流工作经验，早在图书分拣中心筹建的过程中，就已招聘了多名物流设备、物流信息开发和物流管理的专门人才，并委托台湾耀欣公司进行了针对性培训，专业人才可保证这一现代化图书物流中心高效运行。

2010 年开业运营的山西出版传媒产业园新华物流中心，建筑面积达 5.2 万平方米，仓储面积达 4.3 万平方米。计划年吞吐量教材、图书、音像、电子出版物年流转品种为 30 万吨，年流转包件为 370 万件，年流转金额达 30 亿元，第三方非出版物物流流转金额 4 亿元。物流中心采用的高速存取系统具有“高度信息化、适度自动化、使用低成本、注重性价比高”的特点。其主要作业归纳为收、存、拣、发四个环节，使原有分割的作业流程完整集合起来，形成一套高效、流畅的作业体系，技术成熟，理念创新，设备的安装和使用完全实现模块化，空间利用率高，具有很强的可操作性、可扩展性和严整的可靠性。

2010 年投入使用的山东出版发行中心物流中心建筑面积为 11.2 万平方米，仓储面积为 8.7 万平方米。计划年吞吐量包括一般书、音像年收发货 36 亿，教材教辅年收发货 50 亿，第三方出版物年收发货 16 亿，计划年流转金额 100 亿元，计划第三方非出版物物流流转金额 30 亿元。中心的建设本着高起点、功能完善、有发展空间的原则，按照管理现代化、物流信息化、服务规范化的目标进行建设。计划建设成为高度信息化、适度机械化、自动化的大型出版物物流配送基地。以完善的信息化系统和现代化的物流配置，提高出版物的处理效率，达到连锁经营集中采购、统一配送、快速流转、信息畅通的基本要求。中心物流系统主要分为两部分：箱式输送分拣系统（输送线、周转箱垂直提升机、电子标签的直配分拣线、自动称重复核等）和交叉带分拣机系统。

2010 年投入使用的重庆新华书店集团畅快物流配送中心，建筑面积达 3.7 万平方米，仓储面积为 3 万平方米，计划年吞吐量 15 亿元，计划年流转金额 20 亿元。重庆畅快物流项目在设计中抓住物流中心的本质，以流程设计为中心，弥补了传统物流中心的不足，对不同业务适应性更强、效率更高，无论是面向第三方业务还是作为专业出版物物流商，都能实现轻松应对。

2010 年正在建设的江西新华物流中心建筑面积为 7 万平方米，仓储面积为 6 万平方米，计划年吞吐量 30 万吨（其中图书 50 万件计 10 万吨，第三方非出版物 20 万吨），计划年流转金额为图书与音像制品 50 亿元，非出版物 50 亿元，计划第三方非出版物物流流转金额 50 亿元。其设施设备突出商流物流智能管理，是“商流、物流、信息流、资金流”四流合一的高度集成业务管理系统。该系统可在强有力的网络信息平台支持下，合理配置相关作业设备和输送设备，疏理和再造整个商流、物流的作业流程。同时，也可全面满足第三方业务的各类需求，可以在所有作业节点采集相关数据，为不同业务类型的客户提供基于信息化管理的作业及决策支持。此外，中心还配置了基于智能化储位管理策略的立体货架管理系统，全库区物联管理系统，基于一个系统内的入库上架、自动分拣出货、退货作业设备及管理系统和图书自动化打包流水线等，明显提高了作业效率。

二、“物联网”从概念走向行动

物联网是提供图书供求信息的平台，系统内的出版社和零售商都可以登录了解整个市场当前的供求状况，实现了图书供需信息的透明化，避免多余无效的物流，从源头减少了逆向物流；物联网能够提供图书业务的整合能力，第四方物流整合了第三方物流、出版社以及零售商，甚至可以整合终端消费者，并通过协调第三方物流，进行统一存储、统一分拣、统一配送，最终完成图书实体的低成本流通；物联网能够进行供应链的优化，测算成本最低、效率最高的物流路径，利用物流的规模化效应，降低整个图书流通系统的成本。2010 年，“物联网”不再是陌生的概念，书业物流也开始尝试应用。江西新华发行集团新华物流中心在探索物流物联网建设等方面走在了行业前列。

从书业物流到第三方物流再到供应链管理，江西新华物流中心“物联网”羽翼渐丰。其突出表现就是在2010 年2 月江西新华发行集团成功搭建的江西省物流公共信息平台，能够有效整合专业社会物流市场资源，从而实现了从出版物物流提供商向供应链管理公司的完美晋级。江西新华发行集团全方位进军专业物流领域，在业内尚属首家。其旗下蓝海物流科技有限公司凭借先进的信息技术和优秀的团队，成功获得江西省物流公共信息平台建设承办权。

江西省物流公共信息平台包括门户网站、电子商务交易系统、物流信息服务系统、物流业务管理系统、数据交换系统、辅助服务系统等6 大模块，主要是为政府主管方、物流供需方以及社会公众 3 个层面服务。首先是对于政府层面的服务，主要是通过门户网站和物流手机报的形式，及时发布有关物流资讯，将政府主管部门对物流行业的行业政策、动态、作业标准快速传达到物流从业人员手中。同时，对政府应急物流还可提供有效运力信息服务。如遇突发事件需征调社会运力时，平台可通过对驾驶员的手机定位，使用运力资源管理系统，可以迅速、准确地将政府需要征调的运力需求发送至指定区域货运车辆，帮助政府部门快速征调社会运力。其次是对物流供需方提供的服务，主要包括7 项内容：一是智能配货。平台提供多种途径实现空车配货及车、货配载网上交易，有效解决找货难、找车难的矛盾，降低车辆空载率、提高道路使用效率，促进节能减排，实现政府、社会公众及物流供、需双方的多赢局面。此外，还可实现多式联运的线上配对和一体化作业。对于目前铁路、航空、水运的空箱信息，平台采集并及时发布多式联运静态数据，在一定程度上解决多式联运的问题。二是降低交易风险。平台为物流供需双方提供运力整合管理系统进行运力快速调用，该系统中构建的信誉评价体系可有效帮助双方降低交易风险。目前，该系统注册车辆已达 80 余万辆。同时，平台还可通过对驾驶员身份证查验来降低交易风险。三是车辆及货物跟踪。平台与中国移动“车务通”、中国电信“天翼定位”合作，通过车辆管理跟踪系统，实现对车辆的有效管理和资源的最优配置。对危险品等特殊商品的运输，平台可以提供可视化跟踪监控，确保货物安全。四是在途保险。平台为物流供需方提供网上、呼叫中心等多种途径货运保险申报服务，并自动受理核保，以方便其日常管理与运营，降低保费，提高作业效率。五是在线运费代结算。平台利用信誉评价体系为后盾，对优质客户提供运费代结算及融资、担保等服务。条件成熟后，将逐步拓展第三方支付平台，为物流供需双方提供更快捷、安全、便利的服务。六是发布物流招投标信息，定期组织物流供、需双方沙龙活动。七是企业信息化。为中小企业提供如“仓储管理系统”、“运输管理系统”等多款共性物流业务管理软件，实现与外部之间数据互联互通。最后是为社会公众提供的服务，主要包括逐步构建物流行业价格发布体系，适时推出江西省道路货物运输价格指数，为社会公众及物流行业用户提供透明的行业价格信息，同时为社会公众提供咨询服务。目前，已与三大通信运营商合作短信服务平台，为业务系统提供短信提醒、短信查询等服务。该项目的建设还将不断完善物流公共信息基础设施和建立高效的物流营运信息化支撑体系，实现物流需求资源、物流载体资源和物流服务资源的全面整合，技术含量高，功能强大，堪称现代物流业的“证券交易所”。

江西新华物流中心将物联网在物流方面的成功运用，表明物联网尽管还在起步阶段，但它的巨大应用潜力足以引起广泛重视，其也在一定程度上为发展现代物流提出了破题之策。物联网将在提升物流信息化和自动化水平，推动物流功能整合，提高物流市场流通效率和强化物流信息获取等方面形成积极影响。随着物联网的推广和应用，不仅能在物流服务各环节上带来革命性的功能提升，更会对物流企业的整体运作模式升级带来变革。

当前，发展物联网技术已经上升到关系国家未来竞争力的战略高度，物联网将发展成为一个上万亿元规模的超大市场。国家新闻出版总署已将书业发展物联网列入了“十二五”规划。物联网在书业物流的全面应用需要三个步骤：第一，在全行业建立图书唯一编码身份，如当年图书普及条码一样；第二，软件中间件实现图书唯一代码在不同应用领域的适用与信息数据交换；第三，构建云计算服务平台，为书业物流全流程服务。目前的难点还是在第一方面，需要管理部门引导和要求。

三、规避风险，尽早赢利

若将各地新华发行集团的实体书店比喻成冲锋陷阵的前沿阵地，那么新华物流中心就是为一线部队做足储备、配送物资的后方基地，其能否高效有序地运转很大程度上影响着前沿书店队伍的战斗力。由于书业物流投资规模一般较大，书业又是薄利产业，成功运营现代化的图书物流中心存在较大的风险。当书业物流建设项目纷纷尘埃落定之后，如何规避风险、尽早赢利成为2010年图书物流企业颇为关注的问题。比较一致的声音是：借助物流基地将省内分散的出版物流整合起来，实现集约化管理，也可提高整个出版物的流通效率，实现出版社和书店双赢。加强各省物流基地间的横向合作也可有效拓展物流基地的利用率，创造利润。呼吁成立书业物流协会，跨省、跨地区的较大物流项目，可由物流协会出面谈判，从而保证各会员企业的权益和利益最大化。

当数字出版的大潮越来越猛烈地拍打着传统书业的堤岸，也给物流基地敲响了警钟。在确保书业区域物流配供最大化的基础上，物流中心也在寻找新的生存之道。第三方物流成为大多数的选择。

第三方物流为发行集团带来了一定的利润和品牌影响力。江西新华发行集团努力调整产业结构，走出了一条坚实的第三方物流发展之路，先后与沃尔玛、麦德龙、江中药业、国美电器、东风药业、苏州华光玻璃、深圳亦禾等知名企业建立了业务关系。山东新华书店集团确立了“一总四分十三辅”的物流体系战略架构，构建贯穿全省、辐射周边的物流体系，第三方物流业务的拓展将促使山东新华更快树立起新华物流品牌。此外，湖南省新华书店集团、吉林新华发行集团、安徽新华发行集团、江苏凤凰新华书业股份有限公司、河北省新华书店集团等物流公司的成功经验也可圈可点。如2010年年初，江苏新华与江苏顺源集团实施战略合作，重点开拓图书、食品、电器等综合性物流业务以及各种增值服务，建立全面的物流信息交换平台。此外，浙江、福建、湖北、重庆、甘肃新华等也都准备尝试和涉足第三方物流。

客观地看，经过近几年的建设，书业物流的基础设施已经初具规模，面对竞争激烈的物流市场，新华发行集团要有大作为，仍然受限于自身的短板，尤其是专业物流人才缺乏和仓储能力不足两个缺陷。因此，不断提升团队的认知水平和管理能力，继续整合仓储能力，引进培养专业物流人员是刻不容缓的重要工作。总之，发展实体物流与电子商务相结合的运作模式，运用信息技术实现对传统物流企业的改造和整合，才会使书业物流联得更大、更紧、更有成效。

（穆宏宇　张家口教育学院）

2010年中国冷链物流

2010年，是我国冷链物流发展具有里程碑意义的一年。这一年国家发展改革委正式发布了《农产品冷链物流发展规划》，标志着我国冷链产业和冷链物流作为一个新的专业领域和一个国家新兴战略性产业的地位得到认可。

一、2010年与我国冷链产业和冷链物流相关的重大事件

（1）2010年2月，国务院发布了中央"一号文件"，文件中明确提出，要统筹制定全国农产品批发市场布局规划，支持重点农产品批发市场建设和升级改造，落实农产品批发市场用地等扶持政策，发展农产品大市场大流通，冷链物流被提升到国家高度。

（2）商务部扩大"农超对接"试点工程。2009年商务部进行"农超对接"试点工程在17省市试点企业建设了205个农产品物流配送中心和冷库，新增库容30万吨。在此基础上，2010年中央财政安排6.8亿元支持农产品现代流通综合试点，在8省市31个市县继续推进"农超对接"等农产品市场体系建设。据商务部统计，截止到2010年3月，全国已建设42万家农家店和1467个配送中心，覆盖65%乡镇和50%行政村。据专家调查，通过推进农超对接等工作，我国农产品经超市销售的比重由"十一五"初期的15%提高到20%，大中型超市生鲜农产品直供直销比重达30%。

（3）2010年3～4月，国家工业与信息化部冷链物流信息化规划开始制订。

（4）2010年6月，最新版的中华人民共和国食品安全法生效。食品生产和销售记录保存、食品安全信用档案的建立、食品安全事故及时上报等规定，为我国食品安全信息追溯体系建立奠定了基础。

（5）2010年7月底，国家发改委正式发布了我国第一部专业物流领域的发展规划《农产品冷链物流发展规划》，标志着冷链物流作为一个新的专业领域得到国家层面的认可，政府推动将成为未来一段时间的特征。

（6）2010年9月，国家标准化管理委员会公布了我国服务业标准工作规划，有5项冷链物流国家标准项目（含药品冷链物流）列入其中。至此连同2009年公布的有关冷链物流国家标准项目，全国物流标准化技术委员会冷链物流分技术委员会归口管理的标准项目达到了12项。

（7）2010年9～10月，国家科技部农村司提出关于"十二五"农村领域科技规划预备项目，冷链物流科技平台和农业物联网成为亮点之一。

（8）2010年9月底，国家民政部批准了中

物联冷链物流专业委员会的成立批复。该组织的成立标志着一个服务政府、服务企业的平台正式开放，我国冷链物流行业将走向全面合作和逐步规范的道路。冷链委的成立，也使2009年国家标准化管理委员会批准成立的冷链物流（标准）分技术委员会的工作得到加强。这样，中国物流技术协会、冷标委、冷链委三位一体的工作模式被固化，行业工作和行业标准工作共同形成了行业工作的合力，为今后我国冷链物流行业的发展奠定了基础。

（9）2010年行业收购和重组进入高潮，“融资并购”成为2010年冷链行业的关键词。

2010年4月7日，全球最大的冷链企业美冷公司与招商局国际合资成立了招商局美冷物流（香港）有限公司，并随即收购了康新（天津）物流有限公司。

2010年5月24日，日本三井物产株式会社以入股增资方式参股上海锦江国际低温物流发展有限公司。双方以现有上海地区业务为发展平台，通过优势互补欲将锦江国际低温物流打造成中国冷链配送产业的龙头企业，最终构筑亚洲地区冷链网络。

2010年10月29日，海航集团旗下大新华物流同北京华日飞天物流有限公司签署协议，通过增资扩股大新华物流将持有华日飞天60%的股权。

二、我国冷链物流发展有坚实的基础

1. 农业生产稳定增长，冷链产业的基础稳定发展

2010年，我国粮食实现了连续第七年丰收，产量达到54641万吨，同比增长2.9%；全年猪、牛、羊、禽肉产量为7780万吨，同比增长3.6%；全年猪肉产量为5070万吨，同比增长3.7%，占肉类总产量的65%；全年水产类的产量达到5366万吨，同比增幅近5%。资料显示我国各类食品的年产量达10亿吨，占世界食品总量的16%。其中，肉类、水果、水产类的产量均占世界第一位。

我国肉类、速冻食品、冷饮业和乳品业消费的不断增长必然带来冷链物流的增长。目前，我国有肉类食品厂3000多家，年产肉类7000万吨，产量以每年6%左右的速度递增；速冻食品厂2100多家，年产量超过1200万吨，以每年15%的幅度递增；冷饮业6000多家，年产量200多万吨，产量以每年9%左右的速度递增；乳品业1500多家，年产量800万吨，每年以25%的速度递增；水产品产量5000万吨，每年以7%的速度递增。

我国农业生产稳定增长的局面，为冷链产业的发展奠定了稳定的基础。

从我国现有冷链设施装备情况与其他国家相比的结果看，我国冷链产业发展的任务相当艰巨。

（1）汽车冷藏车辆：目前我国保温车辆约有3万辆，只是美国的1/7、日本的1/4。冷藏保温汽车占货运汽车的比例仅为0.3%左右。

（2）铁路冷藏车辆：在我国总运行的铁路车辆中，冷藏车只有6900多辆，占比2%，而且大多是陈旧的机械式速冻车辆，规范的、保温式的保鲜冷藏车辆更少。

（3）冷库容量：目前我国冷库总容量还很低，很多冷库只限于肉类、鱼类的冷冻储藏，而且利用率不高。大多数相关的冷库企业规模小、水平低、加工产品质量不稳定、成本高、效益差。

（4）我国的食品冷藏运输率只有10%左右，与美国、日本及西欧国家80%～90%的食品冷藏运输率相比，差距甚远。

2. 城市化进程的加快和生活方式的改变，使冷链产业发展的空间令人期待

经济的快速发展，城市化进程的不断加快，使得肉类、果品蔬菜、水产品等鲜活食品越来越受到民众的青睐，以水饺、汤圆等为代

表的速冻食品正逐渐成为都市市民不可或缺的必需品。普通民众的生活习惯的改变和质量的提高促使着食品生产与加工业的快速发展，同时，对冷链产业发展提出了要求。

国家统计局数据显示，2005—2007 年我国速冻食品工业总产值每年以 33% 的速度增长，达到 197 亿元，成为食品工业发展最快的子行业；而根据冷饮行业协会的统计，2007 年我国冷饮生产总量达到 200 万吨，但是与发达国家的人均消费量相比，我国速冻食品和冷饮行业未来提升空间还很大。2007 年我国冷饮人均消费量为 2.3 公斤，而澳大利亚为 17 公斤、瑞典为 16 公斤、日本为 11 公斤、荷兰为 18 公斤；2007 年我国速冻食品人均消费量为 9 公斤，而美国和日本分别为 60 公斤和 20 公斤。

据商务部发布数据显示，2010 年全国家电下乡产品累计销售 7718 万台，实现销售额 1732.3 亿元，同比增长 1.3 和 1.7 倍。其中，冰箱拔得头筹销售 1500 万台，实现销售额 567.4 亿元。根据有关调查机构的分析，在未来的 5 年中我国的公共冷冻仓储设施将以每年约 24% 的速度增长，从而满足消费市场以及食品出口领域不断增长的需求。

3. 新农民自身价值意识的加强、农业机械化水平的提高和农业生产集约化、产业化趋势的强化，使我国冷链物流的产业基础更加稳固

在推动我国的城市化、工业化进程中，新生代农民工学历较高、思想新锐、数量庞大。他们不能满足低廉的工资待遇和落后的劳动方式，迫使我国农业生产的形态产生巨大改变。

国家有关部门的农机具购置补贴、良种补贴、农资综合补贴等扶持政策，为我国农业物质技术装备条件的改善提供了动力。到 2010 年年底，我国农作物耕种收综合机械化率达到 52%，比 2005 年提高 16 个百分点；农业科技进步贡献率超过 52%，比“十五”末期提高近 5 个百分点。两个 52%，标志着我国农业生产方式开始进入机械作业为主的历史新阶段。农业机械化水平的提高和农业生产集约化、产业化趋势的强化，使我国冷链物流的产业基础更加稳固。而农业的机械化在解放我国农村劳动力的同时，也为我国农业生产的组织化和新型的商业模式的产生提供了条件。

4. 农业组织化促进了现代农业流通体系的产生

我国有 23 亿亩耕地，却靠 8 亿农民耕种。产能分散造成了流通的第一级权属分散，农业产品进入流通渠道时，前期组织的难度非常大，不容易形成规模，品牌的作用则相对被弱化，而这也不利于冷链物流的发展。我国在提高农业组织化方面的努力在“十一五”期间的成效相对明显。

根据农业部的数据，到 2010 年年底全国合作社数量超过 35 万家，较 2009 年年底增长超过 40%，大体平均每月新增 1 万家；实有入社农户 2800 万户左右，约占全国农户总数的 10%。农民专业合作社涉及种植、养殖、农机、林业、植保、技术信息、手工编织、农家乐等农村各个产业，业务活动内容涉及农资供应、农技推广、土肥植保、加工、储藏和销售等各个环节。通过合同、合作、股份合作三种较为紧密的利益联结方式带动农户的产业化组织数占总数的 97.8%，农户参与产业化经营年户均增收 2100 多元，分别比“十五”末增长 84%、23% 和 59%。目前，农业产业化发展逐步由数量扩张向质量提升转变，由松散型利益联结向紧密型利益联结转变，由单个龙头企业带动向龙头企业集群带动转变。

产业化经营理念广泛引入，农业生产方式深刻转变。农户从事农业生产由自发分散向有计划、有组织的订单生产转变，龙头企业生产经营由注重加工流通向拓展产业链上下游多环节转变，政府指导农业发展由直接抓农业生产向政府调控市场、市场引导生产转变。合作社与城市超市、高校食堂、农资生产企业、农业产业化龙头企业、农副产品批发市场实现产销

衔接，提升了合作社产品质量安全水平，增强了合作社市场竞争能力。

5. 我国交通运输体系的不断完善，为冷链物流发展创造了条件

到2010年年底，我国公路网总里程达398.4万公里，高速公路发展到7.4万公里，“五纵七横”12条国道主干线提前13年全部建成。全国铁路营业里程增加到9万公里以上，高速铁路运营里程已达8358公里。内河通航里程12.4万公里，沿海港口深水泊位1774个，定期航班机场达176个。同时，国家铁道部积极推进战略装车点建设和路企直通运输，交通运输部也开展物流信息化和甩挂运输试点工作。到2010年11月，我国等级高速公路已经对全部鲜活农产品免收相关费用。

三、我国现有的比较成功的冷链物流业态

从我国冷链物流的各种业态看，相对成功的商业模式有以下几种。

一是产地（冷库）储备型。在山东烟台，六成果农把苹果送入冷库，以赌来年卖高价。据初步估算，栖霞市东半部乡镇约有1/3的苹果被果农存进了冷库；西半部更多，数量能达到70%左右。冷库的意义就是实现商品价值提升的工具。从经营企业的基本情况看，大多都能达到40%以上的高额回报。所以，苹果产地储备冷库建设热情高涨。

二是产地生产配套型。这种冷链物流可以说是典型的企业物流。它伴随着大型食品生产加工企业的发展而发展，具有相对稳定的产业依托。其中，成功的典型是河南众品、河南双汇等企业。他们的赢利相对稳定，一般在30%的水平。

三是港口（冷库和冷链物流中心）周转型。广东深圳和上海是相对突出的两个区域。由于具有时间的紧迫性和相对较高的价格空间，以及增值服务的多样性，这类冷链物流服务具有超过30%的赢利水平。但是，随着大量重复建设和恶性竞争的出现，前景并不看好。

四是销地市场配套型（冷库和配送）。为市场服务是最直接的，具有资金周转快的特点。在北京、浙江等市场经营好的一些案例中，30%的赢利水平是很常见的。

五是区域中转型（包括批发市场配套）。如北京的大红门批发市场的商户有大约25%的利润空间。

六是销地配送型（冷链快递）。在北京、上海、深圳等超级大城市，从事此类配送业务的毛利润不到20%。

七是干线运输型（整车运输和返程配货两类）。这种类型的运输利润率都不高，因为跨地区运输不但路途长，还要和各类管理机构和非管理机构打交道，其中的费用支出无法控制。由于经营风险最大、管理难度最高、进入门槛最低，竞争也最激烈。

虽然上述七种模式互不相同但却有一个共同的规律，那就是专业物流具有强烈的从属性。

四、加快发展我国农产品冷链物流

我国是农业大国和人口大国，发展农产品冷链物流对于促进农民持续增收和保障消费安全意义重大。2010年7月底，国家发改委正式发布了《农产品冷链物流发展规划》。标志着冷链物流作为一个新的专业领域得到国家层面的认可，我国冷链物流将迎来新的发展时期。

1. 我国农产品冷链物流发展的情况

进入21世纪以来，我国农产品储藏保鲜技术迅速发展，农产品冷链物流发展环境和条件不断改善，农产品冷链物流得到较快发展。目前，我国每年约有4亿吨生鲜农产品进入流通领域，冷链物流比例逐步提高，果蔬、肉类、水产品冷链流通率分别达到5%、15%、

23%，冷藏运输率分别达到 15%、30%、40%。在农产品冷链物流基础设施方面，全国现有冷藏库近 2 万座，冷库总容量 880 万吨，其中，冷却物冷藏量 140 万吨，冻结物冷藏量 740 万吨；机械冷藏列车 1910 辆，机械冷藏汽车 2 万辆，冷藏船吨位 10 万吨，年集装箱生产能力 100 万标准箱。尤其是在适应我国国情的低能耗、低成本的冷链处理技术的广泛推广下，全国水产品和反季节果蔬等高价值量农产品营销迅速兴起，带动了冷链物流企业不断涌现，并呈现出网络化、标准化、规模化、集团化发展态势。

2. 我国农产品物流存在的主要问题

从总体上看，我国农产品冷链物流发展仍处于起步阶段，规模化、系统化的冷链物流体系尚未形成，与发展现代农业、居民消费和扩大农产品出口的需求和发达国家相比仍有差距，存在的突出问题有以下几点。

一是鲜活农产品通过冷链流通的比例偏低。欧、美、加、日等发达国家肉禽冷链流通率已经达到 100%，蔬菜、水果冷链流通率也达 95% 以上，而我国大部分生鲜农产品仍在常温下流通。

二是冷链物流基础设施能力严重不足。我国人均冷库容量仅 7 公斤，冷藏保温车占货运汽车的比例仅 0.3%，现有冷冻冷藏设施普遍陈旧老化，且区域分布不平衡，大型农产品批发市场、区域性农产品配送中心等关键物流节点缺少冷冻冷藏设施。

三是冷链物流技术推广滞后。生鲜农产品产后预冷技术和低温环境下的分等分级、包装加工等商品化处理手段尚未普及，运输环节温度控制手段原始粗放，发达国家广泛运用的全程温度自动控制没有得到广泛应用。

四是第三方冷链物流企业发展滞后。在农产品冷链物流发展过程中，优质优价的机制仍没有形成，冷链物流的服务体系尚未完全建立。现有冷链物流企业以中小企业为主，实力弱，经销规模小，服务标准不统一，具备资源整合和行业推动能力的大型冷链物流企业刚刚起步。

五是冷链物流法律法规体系和标准体系不健全。规范冷链物流各环节市场主体行为的法律法规体系尚未建立，冷链物流各环节的设施、设备、温度控制和操作规范等方面缺少统一标准，信息资源难以实现有效衔接，发达国家普遍推行的相关管理办法和操作规范在我国尚处于推广的起步阶段。

3. 加快农产品冷链物流发展的主要任务

《农产品冷链物流发展规划》中明确提出，到 2015 年要建成一批效率高、规模大、技术新的跨区域冷链物流配送中心，冷链物流核心技术得到广泛推广，形成一批具有较强资源整合能力和国际竞争力的核心冷链物流企业，初步建成布局合理、设施先进、上下游衔接、功能完善、管理规范、标准健全的农产品冷链物流服务体系。肉类和水产品冷链物流水平显著提高，食品安全保障能力显著增强；果蔬冷链物流进一步加快发展。果蔬、肉类、水产品冷链流通率分别提高到 20%、30%、36% 以上，冷藏运输率分别提高到 30%、50%、65% 左右，流通环节产品腐损率分别降至 15%、8%、10% 以下。

要实现上述目标必须加快农产品冷链体系的建设，特别要做好以下工作：

（1）推广现代冷链物流理念与技术。加大对全程冷链重要性的宣传力度，鼓励企业利用冷链物流理念与技术，在相关环节进行低温控制，实现生鲜农产品从产地到销地的一体化冷链物流运作。加强各相关企业温度监控和追溯体系建设，实现农产品在生产流通各环节的品质可控性和安全性。

（2）完善冷链物流标准体系。重点制订和推广一批农产品冷链物流操作规范和技术标准，建立以 HACCP 为基础的全程质量控制体系，积极推行质量安全认证和市场准入制度。

（3）建立主要品种和重点地区农产品冷链物流体系。鼓励肉类农产品冷链物流发展，加快推广水产品冷链物流体系建设，逐步推进果蔬冷链物流发展。积极发展从中部、华南地区到珠三角、长三角、港澳等沿海地区，从东北地区到京津地区的猪肉冷链物流体系；黄淮海、东南沿海、长江流域等水产品优势产区到中西部大中城市的水产品冷链物流体系；苹果、柑橘、热带水果等特色水果产区，到大中城市的水果冷链物流体系，以及反季节蔬菜和特色蔬菜的南菜北运、东菜西输冷链物流体系。

（4）加快培育第三方冷链物流企业。培育一批经济实力雄厚、经营理念和管理方式先进、核心竞争力强的大型冷链物流企业。鼓励企业在产地、销地建设低温保鲜设施，从源头实现低温控制，建立以生产企业为核心的冷链物流体系，实现产地市场和销地市场冷链物流的高效对接。鼓励大型零售企业开展生鲜食品配送中心建设，提供第三方冷链物流服务。

（5）加强冷链物流基础设施建设。重点加强批发市场等重要农产品物流节点的冷藏设施建设，在大中城市周边加快规划布局一批生鲜农产品低温配送和处理中心，改善农产品加工环节的温控设施，完善与冷链物流相配套的各类设施建设。

（6）加快冷链物流装备与技术升级。加快节能环保的各种新型冷链物流技术的自主研发、引进消化和吸收，重点加强各种高性能冷却、冷冻设备，自动化分拣、清洗和加工包装设备等冷链物流装备的研发与推广，完善科技成果转化的有效机制，不断提高冷链物流产业的自主创新能力和技术水平。

（7）推动冷链物流信息化。通过建立区域性各类生鲜农产品冷链物流公共信息平台，实现数据交换和信息共享，优化配置冷链物流资源。鼓励企业进行信息化建设，提升冷链物流业务管理的信息化管理水平。推广应用条码、RFID等技术，建立生鲜农产品质量安全全程监控系统平台。明确冷链物流信息报送和信息交换的责任机制，提高政府监管部门的冷链信息采集和处理能力，提高行业监管和质量保证水平。

4. 农产品冷链物流重点建设的工程

一是冷库建设工程。鼓励企业在技术改造和充分利用现有低温储藏设施的基础上，加快建设一批设施先进、节能环保、高效适用的冷库，满足全社会对储藏设施的急需。到2015年，推动全社会通过改造、扩建和新建，增加冷库库容1000万吨。

二是低温配送处理中心建设工程。鼓励企业在大中城市周边规划建设一批具有低温条件下中转和分拨功能的配送中心，集中完成肉类和水产品分割、果蔬分拣以及包装、配载等处理流程，形成一体化的冷链物流体系。

三是冷链运输车辆及制冷设备工程。鼓励大型冷链物流企业购置冷藏运输车辆，提高我国生鲜农产品的冷链运输率；鼓励肉类和水产品加工、流通和销售企业购置冷链设施设备，提高冷链处理能力，逐步减少“断链”现象的发生。

四是冷链物流企业培育工程。重点培育一批发展潜力大、经营效益好、辐射带动能力强的农产品冷链物流企业。采用政策倾斜等方式，鼓励其创新物流服务模式，加强资源整合，拓展物流服务网络，强化资产重组与战略合作。

五是冷链物流全程监控与追溯系统工程。选择50个果蔬、肉类、水产品等部分大型农产品生产及物流企业，率先建设全程温控和可追溯系统，利用现有的企业管理和市场交易信息平台，建立便捷、高效、低成本的农产品冷链物流信息追溯系统。

六是肉类和水产品冷链物流工程。鼓励大型肉类和水产品企业开展低温初加工设施建设，推广肉类和水产品冷藏运输和运输全程监控技术，推动零售环节超市、大卖场冷柜销售方式，形成“无缝化”连接的肉类冷链物流体系。加强中央直属猪肉储备冷库和地方猪肉储备冷库建设，依托企业冷库完善猪肉储备体系，提高政府对猪肉市场的调控能力。

七是果蔬冷链物流工程。重点加强分级、包装、预冷等商品化处理和冷藏储存环节建设，推动主要产区果蔬产品冷链物流设施条件的改善。大力发展冷藏运输，完善主销区果蔬冷链配送设施建设，发展具有集中采购、跨区域配送能力的现代化果蔬配送中心。鼓励企业加快冷链物流设施建设，积极培育具有一定规模和竞争力的第三方果蔬冷链物流服务企业。

八是冷链物流监管与查验体系工程。完善冷链物流生产、加工、储存、运输、中转、进出口等主要环节的监管和查验基础设施建设。在冷链建设重点工程中，同步建设监管和检测设施。依托现有监管和检测资源，进一步提高主要生产基地、加工基地、配送中心、中转中心、进出口口岸的查验和检测能力，提高监管水平，保障产品质量和安全。

（刘卫战 中国物流技术协会、物标委冷链物流分技术委员会）

2010年中国军事物流

2010年是中国军事物流现代化建设承前启后、继往开来的关键一年，也是中国军事物流蓬勃发展和改革深化的一年，军事物流各项建设都取得了巨大成绩，实现了在新的起点上稳步推进中国现代军事物流体系又好又快发展。

一、扎实做好了非战争军事物流保障的各项工作

2010年3月，面对60年一遇的特大旱灾，解放军总参谋部、总政治部联合发令，要求全军指战员在确保完成中心工作的前提下，全面投入抗旱救灾。截止3月25日，全军和武警部队共出动官兵1.5万余人，动员组织民兵预备役人员16万余人，出动飞机11架次、机械车辆1200多台次抗旱。为尽快战胜“旱魔”，兰州、广州、成都军区和武警部队等单位，均派出工作组深入重灾县乡，部署支援抗旱工作。成都军区空军驻川、滇、黔等地部队的上万名官兵，持续开展人工增雨、送水捐款、灭火抢险等救灾行动，努力把旱情造成的损失降到最低。在成都、安顺等地，成都航空兵某师出动2架运输机连续进行人工增雨作业。自3月起，广州军区先后向广西、湖南方向等灾区，出动部队官兵和民兵预备役4万余人次，各种运水装备和车辆1.5万台（件），医疗队3批，运送各种抗旱救灾物资2万多吨，在此次60年难遇的特大旱灾面前，军事物流发挥了巨大作用。

2010年4月14日7时49分，青海玉树发生7.1级大地震，武警青海总队出动3000多名官兵于第一时间前往玉树灾区救援，2010年4月14日晚上6点钟即到达现场救援，同时驻玉树600多名武警官兵已经先期投入救援。同时军队各部门紧急行动，综合运用航空、铁路、公路等多种运输方式在第一时间运送大批救援人员，帐篷、被服、药品等大量救灾物资和工程机械设备等关键救灾设备，圆满完成了抗震救灾任务。

二、深入推进了军民融合的军事物流体系建设

党的十七大站在国家安全和发展战略全局的高度，对推进我国国防和军队建设做出了全面部署，要求坚持科技强军，切实转变战斗力生成模式，建立和完善军民结合、寓军于民的军队保障体系，走出一条中国特色军民融合式发展路子。中央军委颁发的《全面建设现代后勤纲要》明确提出了“构建军民结合的军事物流体系”，“逐步建成集采购、仓储、运输、配送于一体的现代军事物流体系”的方针。因

此，积极探索新形势下军地物流融合发展的新途径新方法，努力构建中国特色的现代军事物流体系，已成为当前加快中国特色军事后勤变革的一项重大课题。推进军民融合的军事物流体系建设，实现军事物流体系与国家物流体系的相互促进、协调发展，是促进国民经济和国防建设协调发展客观需要，是优化配置军地物流资源、提高军事物流保障效益的有效途径，也是全面建设现代后勤的必然要求，是当前军事物流领域的研究热点和难点问题。

2010 年，军事物流各相关部门坚持以现代军事物流体系建设为牵引，完善物资配送手段，改进供应商管理，初步探索出了一条三军一体、军民融合、面向市场、依法保障的现代军事物流保障发展路子。下一步应顺应新军事变革大势，立足我军物流建设实际，分阶段、有步骤地积极推进军事物流体系建设，并就现代军事物流体系架构、基本模式、运行机制、重点任务和实施步骤等重大问题，提出具体构想和目标，坚定不移地推进我军物流体系建设科学有序发展。必须坚持军民融合的发展方向，把现代军事物流体系建设纳入国家和军队发展改革规划，着眼军地物流建设协调发展，分阶段、有步骤地完成建设任务。全面建设现代军事物流体系是一项复杂的系统工程，必须按照国家和军队统一部署和建设要求，科学搞好顶层设计，坚定实施统一领导。

三、大力加强了军事物流社会化保障

未来信息化战争，需要一个精干高效的军事物流保障体系与之相适应，要求军事物流必须积极寻求可利用的社会物流保障资源，实现从自我保障向社会化保障的转变。军事物流保障方式社会化是军队充分利用社会资源、实现减员增效的必由之路。军事物流保障方式社会化是军事物流保障职能的外延式拓展，是“固强补弱”之举，科学协调军队自我保障与社会化保障的关系，是推行军事物流保障方式社会化的根本保证。骨干在军、主体在民，是军队自我保障与社会化保障的划分标准，是推行军事物流保障方式社会化的宏观思路。当地方物流力量或资源完全能够满足替代军地通用性需求时，可主要依靠社会物流力量组织实施通用性军事物流保障，以降低军事物流成本，提高军事物流保障效益。这就是军事物流社会化保障“主体在民”的集中体现。

2010 年 10 月，在代号为“使命行动－2010”集团军跨区机动演习中，军事物流社会化保障工作表现出色。地方民航、铁路、公路、电力、石油等与部队后勤部门共同搭建起了炸不断、打不垮、速度快、精度高的军民融合式军事物流体系，为演习成功奠定了坚实基础。参加“使命行动－2010”集团军跨区机动演习的成都军区参演部队，广泛动员地方民航、铁路、公路等部门和部队有关单位，同时采取空中、铁路输送和摩托化开进相结合的方式，向演习地域展开远程立体投送，标志着我军由区域作战向全域作战转变取得实质性进展。

今后应进一步积极研究、稳步推进军事物流保障社会化，努力用好经济杠杆和法律手段，寻求和建立地方平时为部队提供军事物流保障、战时提供军事物流支援的法律基础和运作机制，实现地方军事物流和物流向军事物流的适度延伸。

四、切实强化了军事物流科学管理

管理是军事物流保障工作的永恒命题。军事物流管理科学化，贯穿于军事物流保障体制一体化、军事物流保障方式社会化和军事物流保障手段信息化等领域，贯穿于军事物流活动的全过程。它对促进规范和保障全面建设现代军事物流顺利进行，对提高军事物流效益，增强军事物流保障能力，具有非常重要的作用。

2010年，全军各级军事物流相关部门始终把军事物流管理放在突出地位，全领域、多层次推进军事物流管理工作，向管理要效益，向管理要战斗力，积极促进军事物流建设协调可持续发展，提高了全军物流整体保障能力，取得了新成效。

2010年，部分军事物流单位强化了“管理虽然是软件，软件才是真硬件”的意识，建立了基于全时空、全员额的封闭环式管理链。紧紧抓住了军事物流标准化这一基础环节，牢固树立了标准是法、坚持标准就是严守法制的基本观念，努力做到执行国家标准、军队标准不走样、不擦边。同时，加强了对部队军事物流需求的调查论证，为总部制定相关军事物流标准体系提供了科学、翔实的数据资料。紧紧抓住了决策方法科学化这一关键环节，积极运用军事物流系统工程的思想和方法，针对不同的决策内容，广泛采取群体式、分布式等决策形式，多一些调查研究、专家参与和科学推断，少一些凭空想象、外行掺和及盲目武断，切实增强决策的科学性。紧紧抓住军事物流监控制度化这一重要环节，着力克服监而不管、督而不力、控而不止、制而不严甚至不敢、不愿监督的现象，广泛推行质量回访、民主评议、群众举报等制度，扩大监督范围，畅通监督渠道，保护监督权利，在监督的制度化、多元化、全域化下工夫，确保监督有力、有效、有益。

2010年，军事物流有关部门和单位置身于军队整体转型的大局中，综合运用最新管理理论、管理方法、管理手段以及现代科技成果，初步实现了由“传统经验型”向“现代科学型”管理转变，由“行政主导型”向“法制主导型”转变，由“模糊粗放型”向“清晰精确型”转变，由“单一分散型”向“系统集约型”转变，由“垂直型管理”向“矩阵式管理”转变，由“财物”为核心向“信息”为核心转变。但军事物流科学管理任重而道远，下一步应主要把稳计划决策总开关，唱好宏观调控重头戏，抓住“以人为本”关键点，强化依法施管意识，进一步创新军事物流管理方法和手段，创建富有时代特色的军事物流管理机制。

五、积极提升了军事物流信息化建设水平

建设信息化军队，打赢信息化战争，是我军现代化建设的现实目标。与此相适应，建设信息化军事物流，保障打赢信息化战争，是新时期我军军事物流建设的中心任务。建设信息化军事物流，核心是实现军事物流保障手段信息化。通过实现军事物流的高度信息化，实现保障需求实时可知、保障资源实时可视、保障方式立体机动、保障活动实时可控。

2010年，军事物流相关部门严格按照统一规划、分层实施、逐步集成的基本思路，狠抓军事物流信息系统的顶层设计、一体化研发和综合集成，加快了军事物流相关管理信息系统的拓展升级，并积极推动卫星导航定位技术、现代传感技术、宽带通信技术、自动识别技术、安全监控系统、温湿度控制技术等物联网相关技术的实际运用。有关军事物流相关部门积极研究和实施军事物流装备的信息化改造，采用嵌入、移植等方式，提高军事物流装备的信息化程度。2010年，进一步加强了军事物流官兵的信息化素质，加快了军事物流信息化人才的培养速度，充分发挥了他们在军事物流信息化建设中的技术骨干作用。在此基础上，有关部门进一步研究了信息化条件下军事物流保障机制，以保障信息流引导保障资源流，变被动接受需求报告为主动感知需求表征，变保障态势盲视为实时可视，变计划调控为动态调

控，为实现军事物流保障的适时、适地、适量、适用提供可靠的信息化手段，真正实现军事物资保障的实时可知、可视、可控奠定了坚实基础。

六、大力推动了军事物流装备建设

2010年，随着现代军事物流体系建设的深入推进，后方仓库也逐步向军事物流基地转型，有效整合采购、运输、仓储、维修保养、包装、装卸搬运、配送、信息处理、部队用户服务等功能。而军事物流装备建设也是军事物流基地建设的重要内容之一。应用配套成龙、技术先进的军事物流装备是提升军事物流保障能力的重要途径。我军物流装备坚持自研与引进相结合，加大自主创新力度，积极借鉴国外先进技术，充分利用国内已有成果，缩短研发周期，经过近几十年的持续发展，已经具备相当规模，目前全军后方仓库已基本实现了机械化、半机械化作业。今后几年我军物流装备将逐步向集装化、模块化、智能化、可视化、多功能化方向发展。自动化立体仓库技术集成融合了多项军事仓库装备技术，它将仓库机械化和自动化进行有机结合，具有节约用地、减轻劳动强度、扩增吞吐规模、消减收发差错率、提高军事物流自动化水平及管理水平、降低物流损耗等诸多优点，目前正越来越广泛地受到军队有关部门的高度重视和强烈关注。2010年，昆船、中集、安徽合力等较早进入军事物流市场的企业已取得了丰硕成果。截至2010年年底，全军先后已有数个仓库建成了自动化立体库房，绝大部分自动化立体仓库运行正常。昆船、太原刚玉等物流装备集成商与军队有关部门建立了长期战略合作伙伴关系，在军队自动化立体仓库建设方面获取了较大的市场份额。可见，我国军事物流步入快车道的同时，地方相关军事物流装备企业也必将获得更好的经济效益。

七、系统开展了军事物流理论研究

理论是实践的先导。一场以现代信息技术为核心的新军事变革正在全球兴起，引发了作战形态的重大转变。传统军事后勤保障方式方法已经不能适应信息化战争一体化联合作战的要求，多样化军事任务军事物流保障，也对传统的以应战为核心的军事物流保障模式提出创新要求。这就需要我们从理论上提出新思路，突出创新难点，为新时期军事物流实践提供强有力的理论支撑。要强化前瞻性研究和原创性研究，为军事物流转型与发展提供必要的理论准备。要完善成果转化机制，对取得的研究成果，要及时推广应用，使理论成果转化为现实保障力，形成创新、推广、总结、再创新的良性循环机制。2010年，军事物流理论研究主要在现代军事物流体系建设、应急物流体系建设、多样化军事任务军事物流保障、军事供应链管理研究和等方面取得了一些突破。

2010年4月28日，军事物流学术论坛主办了“2010军事物流信息技术论坛”，论坛吸引了包括航天信息、金蝶等优势企业参展，用友、中软、大唐电信等企业以及中国物品编码中心、国家无线电检测中心等机构和单位参会，达到了“宣传、交流、合作”军地共赢的预期目标。

2010年11月20日，以“建设现代军事物流体系、推进军队采购制度改革”为主题的第四届军事物流学术论坛成功举行。来自国家部委、总部机关、各大单位和部队院校与科研机构的150多名专家学者，围绕现代军事物流体系建设、应急物流与应急采购、现代物流与采购理论、物流与采购人才培养等研究热点和前沿领域话题，对制约当前军队物资采购与现代军事物流体系建设的体制性障碍、结构性矛盾和政策性问题，从理论与实践层面进行深层次研讨交流，取得了一批理论性、创新性、实践性较强的研究成果。军事物流学术论坛自2006年创办以来，已经连续举办了四届，逐步发展成为军队内部、军队与地方之间相互交流与学习的重要平台，在增进政府部门、军队单位、物流企业以及行业协会相互了解方面发挥了积极作用。

八、多层次培养了复合型军事物流人才

随着我军军事物流现代化水平的大幅跃升，对军事物流人员的思想观念、军事素质、知识结构、专业技术等方面的要求越来越高。军事物流系统专业分工细、行业门类多，需要一支懂业务、善管理的高素质人员队伍。加强军事物流教育是时代发展的必然要求，尤其在我军物流系统尚处于改革调整的关键阶段，更应加快军事物流人才的复合式培养。我军物流和军事物流人才培养坚持院校教育与职业培训相结合，坚持军事物流专业的学员必须具有通军事、懂经济、善管理、强物流、精信息的复合式人才培养模式，毕业分配到部队的军事物流人才深受部队欢迎。根据2010年的情况统计，目前主要由解放军后勤指挥学院军事物流仓储教研室承担全军仓库主任班及军事物流指挥人员中短期轮训任务，重庆后勤工程学院、徐州空军学院、军械工程学院、镇江船艇学院承担军事物流生长干部培训任务，解放军后勤指挥学院、重庆后勤工程学院、军械工程学院、军事交通学院专设军事物流硕士专业，后勤指挥学院招收军事物流专业博士研究生并设有军事物流博士后流动站。

除了军事物流正规教育计划内培训任务以外，军队系统物流师及采购师培训考试工作蓬勃发展。自2003年始，中国物流与采购联合会与全国物流标准化技术委员会授权后勤指挥学院军事物流工程实验室组织军队系统物流师职业资格认证工作，国家物流师职业资格认证军队分中心设在后勤指挥学院军事物流工程实验室，2007年下半年开始，军事物流工程实验室承担了军队采购师职业资格认证军队分中心的职责。按照国家物流师与采购师资格认证工作考培分离的总要求，现由后勤指挥学院军事物流工程实验室全面负责全军物流师与采购师的考试工作，截止2010年年底，后勤指挥学院、后勤工程学院、军事经济学院、装甲兵工程学院、空军后勤学院、军事交通学院、车辆管理学院、军械工程学院、镇江舰艇学院9所院校负责军队物流师的培训工作，后勤指挥学院、后勤工程学院、军事经济学院负责军队采购师的培训工作，形成独特的军队物流师与采购师培训考试体系，现一直保持较大的军队物流师与采购师培训规模（2010年参加物流师考试1000多人）和较高的物流师和采购师考试合格率（60%～70%）。

（龚卫锋　路　胜　孙　敏　解放军后勤指挥学院）

2010 年中国应急物流

2010 年，既是“十一五”计划的收官之年，也是贯彻落实《物流业调整和振兴规划》关键的一年。应急物流专项规划和应急物流标准在全社会的热切期盼下，经过一年紧张的研究攻关，两个重大课题都已取得了重大进展，形成了初步成果，将按照既定计划完成。综观 2010 年，我国应急物流建设在反思探索中不断加快建设步伐，在理论和实践上都取得了丰硕的成果。

一、2010 年我国应急物流发展回顾

1. 应急物流逐步成为各级政府工作重点

在 2009 年国务院颁布的《物流业调整和振兴规划》明确提出“应急物流工程”后，各级政府贯彻落实科学发展观，以对广大人民群众生命财产负责的态度积极行动起来，出台规划细则、进行专业人员培训、着手组织开展建设。西安市明确计划用 3 年时间建成西安粮食应急物流基地。该基地位于西安国际港务区应急物流功能区内，占地约 2000 亩，建筑面积约 20 万平方米，以国家粮食储备为支撑，集粮食收购、储备、加工、销售、物流及进出口贸易为一体，不仅要成为西安粮食应急调控中心，而且要成为国家的主要粮食调控中心。

国家民政部年初组织了“中央级救灾物资储备库建设规划”的研究制订工作。该规划在分析面临形势和建设现状的基础上，全面落实科学发展观，坚持以人为本、预防为主，以有效应对各类自然灾害为目标，按照统筹规划、科学布局，政府主导、分级管理，夯实基础、整体推进的思路，立足现有条件，着眼长远发展，优化整合现有资源，扩建改建原有库房，适度增加新建库房，论证建设“规模适度、功能齐全、便于指挥、反应迅捷、运作高效”的救灾物资储备体系，为构建社会主义和谐社会提供坚强的物资保障。提出建立国家救灾物资储备仓库网络体系、建立高效的救灾物资储备管理体系、建立民政救灾部门与相关职能部门的联动合作机制、建立多样化的应急物资储备方式、加强救灾物资储备综合信息平台建设等主要建设任务。

政府部门还注重加强应急管理部门领导的应急物流培训。继 2009 年 12 月“第 58 期中国高级公务员经济研讨班（应急物流管理）”之后，香港培华教育基金会资助、生产力促进局承办的“第 62 期中国高级公务员经济管理研讨班（应急物流）”，于 10 月 18 ~ 30 日在香港举行。基金会主席霍震寰在欢迎辞中指出：“近年我国经历多起重大自然灾害事故后，‘应急物流’的课题开始受到重视；我国已具备了

较高的应急物资保障能力，只是应急物流体系建设未臻完善。加快应急物流体系建设，首先要妥善处理‘时效性’与‘经济性’的关系，强调时效的同时，也要克服应急物流体系不计运作成本和代价高昂的缺陷。”青海储备物资管理局副局长王纯禄、青海省人民政府办公厅副调研员朱应龙、日照市人民政府副秘书长兼应急管理办公室主任石保卫、济宁市人民政府应急管理办公室主任尚茂忠、国家外国专家局机关服务中心主任彭启明等政府应急管理系统有关负责同志29人参加了培训。

2. 军队在应急物流中的骨干作用更加凸显

军队是处置突发公共事件的骨干和突击力量，在指挥体制机制、响应时间速度等方面具有显著的优势。特别是经过2008年抗击汶川特大地震等重大任务的实践检验，军队在应急物流中的骨干作用更加凸显。2010年4月玉树地震发生后，军队启动应急机制，迅速成立抗震救灾指挥机构，与国家有关部委协商安排、同地方政府相关机构建立实时沟通联络机制，及时跟踪指导确保各个系统高速运转，应急物流保障有条不紊地快速展开。总后青藏兵站部抽调300台运输车，火速从格尔木驰援灾区；驻郑州铁路局军代处更是在地震发生20分钟，就果断停装原计划用于商运的26辆平车，卸载了已装好商用货物的3辆平车供救灾备用。短短数日，先后开行军运专列6个，运送救灾装备物资近2万吨；航空运输飞行104架次，空运救灾物资839吨；出动军车1475台次，运送救灾物资1万吨。抗击西南旱灾中，军队也积极行动，派出大量运输车为受灾群众送水解困，发挥了重要作用。但是，尽管军队在应急物流中发挥着重要的骨干作用，但不能取代政府在应急物流中的主体作用。在这一点，我国各级政府的应急物流无论是指挥协调能力还是快速响应能力，都亟须进一步增强。如玉树地震发生后，第一批中央救灾物资在震后60小时才运抵结古镇灾区，一定程度上影响了救灾工作的顺利进行。

3. 社会各界密集关注应急物流建设

随着近几年在应急物流理论研究和宣传普及上的不断深入发展，应急物流越来越受到社会各界的关注，行业协会、新闻媒体、科研院所等持续开展学术交流、宣传报道、商务展会等活动。

2010年10月18～19日，中国物流生产力促进中心在湖北省襄樊市举办了“2010军地应急物流论坛暨应急物流设备与物资产品交流会”。该论坛以“军地携手　共建中国高效应急物流体系”为主题，围绕“军地应急物流模式”、“应急物资保障”、“应急物流信息平台”等热点问题进行了深入的交流。2010年10月24～25日，中国物流与采购联合会应急物流专业委员会在上海召开了“2010年中国应急物流高峰会暨军地物流一体化合作交流会”。国家发改委经济运行局交通与物流处负责人等军地应急物流相关领导、专家和企业代表100余人，就军民结合的应急物流建设、应急物流信息平台建设、应急物流标准化建设、应急物流中心规划建设等议题进行了交流探讨。2010年11月18日，在第九次中国物流学术年会上，中国物流与采购联合会应急物流专业委员会设置了“应急物流”分论坛，研讨了应急物流标准、应急物流信息平台等热点问题。2010年11月20日，在湖北省武汉市举办的第四届军事物流学术论坛上，专门开设了“应急物流与采购保障”分论坛，与会代表研究探讨“军民融合式物资应急保障研究”、“非战争军事行动的应急物流”、“军民融合式应急保障”等应急物流相关问题。

2010年6月19日，“应急物流标准体系及重点标准项目研究”课题组召开了应急物流标准专家研讨会，邀请政府、企业代表和专家学者对应急物流选择参与企业标准、应急设施设备标准及应急物资包装标识标准等

3 个应急物流重点标准项目进行研讨交流。200 余家网站和媒体报道、转载了这条标志着应急物流标准化建设正式起步的重要新闻。据媒体报道，“应急物流国家标准……最快将于今年年底形成初稿，明年有望正式出台”。

2010 年 7 月，化学工业出版社出版发行了韩松、谢慧编著的《应急物流理论与实务》。该书全面论述了应急物流的理论体系和操作方法，归纳和总结了近年来国内外对应急物流的研究和应用情况。该书主要内容包括应急物流的战略规划和体系构建、组织协同与动态调控、监测预警与预案编制、基础设施与装备技术、网络布局与标准制定、资源配置与绩效评测、典型实践与经验借鉴。该书是 2007 年中国物资出版社出版发行《应急物流》之后的第二本应急物流理论专著，在理论的成熟性、系统性等方面更胜一筹，对于应急物流建设具有积极的推动作用。

4. 应急物流在国际救灾行动中经受考验

海地大地震后，全球启动了应急物流系统。但由于当地基础设施遭到破坏，食品等救灾物资的运输、配送面临诸多困难，应急物流保障能力成为最急切的需求。地震导致海地首都太子港机场受损严重，经抢修建立了 24 小时空中交通管理系统和气象系统，启用了机场照明系统，但卸货机械设备损坏致使卸货速度缓慢。在机场停机位和油料不足的情况下，美国甚至派出核动力航母成为应急机场补充。各国求援组织充分利用海地邻国机场与道路，或采取空中投递等多种手段设法给当地居民分发救灾物资。国际救援组织的工作人员称，物资抵达海地后，由于缺乏高效的应急物流系统国际救援工作一度处于混乱状态，以至于各国政府承诺的近 10 亿美元的援助，如数千吨食品和医疗用品已经装船运出，但还有许多物资仍然滞留在仓库中或者转送至海地邻国多米尼加，无法及时投送分发到灾民手中。海地总统普雷瓦尔表示，最大问题是如何将外国援助物资送到最需要的地方。为此，有媒体指出，海地地震救援急需高效率的应急物流系统。应及物流在海地救援中成了短板，灾害事件对应急物流提出了挑战。

二、应急物流建设存在的问题

2010 年我国的应急虽然物流取得了突破性的建设成就，但是由于建设时间较短，尚属于新生事物，很多理论领域还存在空白，理论与实践的结合上也存在诸多问题。

1. 应急物资区分界定成为应急物流建设的瓶颈问题

通常，应急物资是指用于应急物流保障、发挥应急保障功能的物品、器材等的统称。应急物资是应对突发公共事件的重要物质基础和基本保障条件，是实现有“物”可流的必备条件。手电筒、蜡烛等很多日常用品在某些特定的应急情境中都可以称之为应急物资，因此，应急物资筹措渠道、储备形式和品种范围涵盖非常广泛，各品种在规格、包装等方面存在较大差别，应急物资产运销企业涉及行业很广。正是因为这种广泛性，使得应急物资的区分界定难度很大，导致民政、地震、卫生、商务、交通运输等职能部门各自从专业特点和需要出发，开列应急物资种类目录。在这种情况下，要想实现应急物流的集中统一指挥管理，无疑面临认知、体制机制等方面的巨大障碍，成为应急物流建设的瓶颈问题。

2. 应急物流建设中的政府主导作用亟须加强

应急物流作为一种带有公益性质的活动，政府在应急物流建设中必须发挥主导作用，其公共服务职能主要体现在对社会资源的统筹、整合，从宏观层面计划调控和优化配置社会应急物流资源。对于应急物流建设中全局性、关键性和导向性的问题或环节，突出政府的主导作用，加强政策引导和行政干预，确保应急物流建设始终沿着正确的建设方向进展。2009年《物流业调整和振兴规划》颁布后，贵州省、广西壮族自治区、江苏省、湖北省和潍坊市、抚州市等地方政府先后结合本地区特点出台了地方性的“物流业调整和振兴规划”或“物流业调整与振兴实施方案”。但是，从已出台的配套方案中可以看出，大多数地方政府应急物流建设还缺少具体的项目支撑，可操作性不强，原则性的目标要求过多，缺乏科学合理的配套措施。虽然个别地方政府启动了应急物流建设项目，但在全局上还缺乏统一规划和优化整合。

3. 应急物流市场化运营缺乏有效机制

现代公共管理理论强调充分利用市场手段解决公共物品的提供问题。应急物流规划建设，应当发挥市场法则对社会资源优化配置的作用，引导具有确认资格的应急物流企业积极参与、主动作为。但目前由于缺乏有效的机制，如资质认证、征用补偿等，难以有效调动物流企业投入应急物流建设的积极性，无法发挥管理运营、资源整合和服务运营网络等方面所具有明显的优势。中国物流与采购联合会应急物流专业委员会主办的“中国应急物流网”，于2010年6月正式改版上线。该平台设置了区域应急物流公共信息和行业应急物流公共信息两个模块，下设政府应急物流决策体系、物流信息服务体系、物流园区企业服务体系、综合配套服务体系等内容。应当说，这个网站的建立，为应急物流市场化运营迈出坚实的一步。

三、应急物流展望

无论从我国应急物流目前的发展状况还是政府给予的推动支持，都可以使我们对我国应急物流的发展充满信心，我国的应急物流会在未来几年朝着以下三个方面发展。

一是应急物流信息平台建设进入快车道。应急物流信息平台是应急物流信息化建设的重要内容和关键环节，对增强应急物流保障能力具有积极的现实意义。目前，我国应对突发事件时，一般都是以部门为单位逐级汇报，缺乏快捷、有效的沟通渠道。虽然不能说信息量不够大、传递不够及时可靠，但由于信息分散和部门垄断，无法在紧急时刻迅速汇总，统一呈现。在这种情况下，应急物流信息平台建设将进入快速发展的轨道。第一是系统整合应急物流资源信息，实现资源信息的统一呈现、互通互联和实时共享。第二是建立统一的应急物流指挥调度平台，实现应急物流的快速响应、及时统一调度。第三是开发建立“应急生产、流通、运输和物流企业信息系统”，依托网络对应急物流企业进行资质认证、目录管理和考核评估。

二是应急物流将逐步实现产业化发展。国家发展和改革委员会、财政部等相关部委2006年曾预测，应急产业市场年容量在500亿~1000亿元，如果包括所带动的相关产业链，年容量接近4000亿元。国家工业和信息化部也一直致力于推动应急管理的产业化进程。目前，我国应急物流产业发展滞后，远未达到规模化和产业化。有学者指出，应急物流在应急物流技术装备发展、应急物流保障中心建设、应急物流信息平台建设、应急物流企业队伍建设、应急物流标准规范制订、应急物资储备体系建设等方面，具有丰富的商机。因此，政府将着眼有效利用社会应急物流资源，大力开展应急物流服务项目外包，积极培育应急物流服务产业化，鼓励应急物流社会化。

三是物联网技术将为应急物流插上腾飞的翅膀。物联网是一种新兴的技术，将对人类的生产、生活带来革命性的改变。由于物联网在应急物资信息的实时感知、快速传递等方面具有无可比拟的优势，能够全面满足应急物流的实时可视可控、精确投送需求，将全面应用应急物流建设中，特别是应急物流能够有效突破体制机制障碍、打破利益格局局限，为物联网技术的推广应用提供了更加有利的基础条件。可以预见，基于物联网技术的应急物流建设方案将出台并应用于实践，在更大程度上提升应急物流运作的时间速度和应急物流建设的质量效益。

（王宗喜　中国物流与采购联合会应急物流专业委员会主任

徐　东　中国物流与采购联合会应急物流专业委员会秘书长

黄定政　解放军后勤指挥学院博士研究生）

2010 年中国生产资料流通

2010 年，面对极为复杂的国内外经济环境，党中央、国务院加强和改善宏观调控，发挥市场机制作用，加快转变经济发展方式，有效巩固和扩大了应对国际金融危机冲击取得的成果，国民经济实现了稳步较快增长和总体良好的运行态势。国内生产总值一季度增长 11.9%，二季度增长 10.3%，三季度增长 9.6%，四季度增长 9.8%。在这种宏观经济环境背景下，我国生产资料市场发展的稳定性和协调性明显增强，市场需求增长已经由政策刺激冲高转为市场力量的支撑，市场发展的内生动力进一步增强，走势基本呈现三个阶段：1～4 月，市场交易活跃，需求较为旺盛，价格节节攀升；5～7 月，市场供需增势回稳，价格出现回落；8 月后，市场再度出现需求加快增长和价格进一步上扬的态势。总体说，2010 年我国生产资料市场发展有以下五个特点。

一、常态发展态势基本形成

2010 年，我国经济持续稳步向好，消费需求得到有效释放，对市场的拉动作用明显增强，市场进入常态发展和稳步较快增长阶段。

从采购经理指数（PMI）来看，上半年 PMI 持续回升，平均值达到 54.1%，高于 2009 年同期 3 个百分点，说明自 2009 年以来我国政府实施的保增长刺激政策继续发挥作用，经济持续回升；下半年 PMI 平均值为 53.4%，虽低于 2009 年同期 1.4 个百分点，但走势上更为稳健，其中 9～12 月平均值达到 54.4%，高于全年平均值 0.6 个百分点，显示出国内市场需求已经由政策刺激的冲高转向市场力量的支持，市场发展的内生动力明显增强。2009—2010 年各月中国制造业 PMI 走势如图 1 所示。

市场发展的内生动力明显增强具体可以从以下三方面体现出来：

1. 生产资料销售总额稳步较快增长

2010 年，全社会实现生产资料销售额 36.1 万亿元，按可比价计算（下同），比 2009 年增长 19.6%。从增速上看，呈现“前高后低”；从实现的销售总额看，表现为在回稳中维持较高的发展水平。分季度看，一季度同比增速达到 25.8%，上半年为 22.5%，前三季度平稳回落到 21.1%，全年继续回落至 19.6%。2009—2010 年的 24 个月中我国生产资料销售总额及同比变化情况如图 2 所示。

2. 市场需求稳步上升

据对 30 种主要生产资料按可比口径统计计算（下同），2010 年，市场总需求（包括国内市场需求加出口）同比增长 17.0%，比 2009

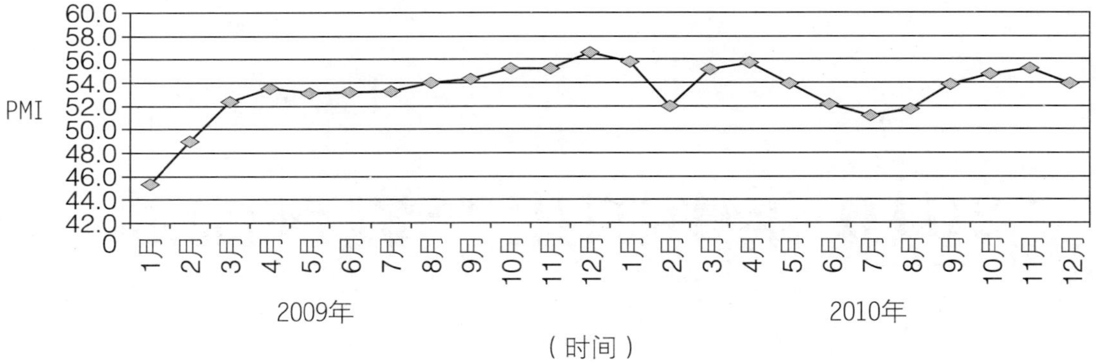

图 1　2009—2010 年各月中国制造业 PMI 走势

资料来源：中国物流与采购联合会

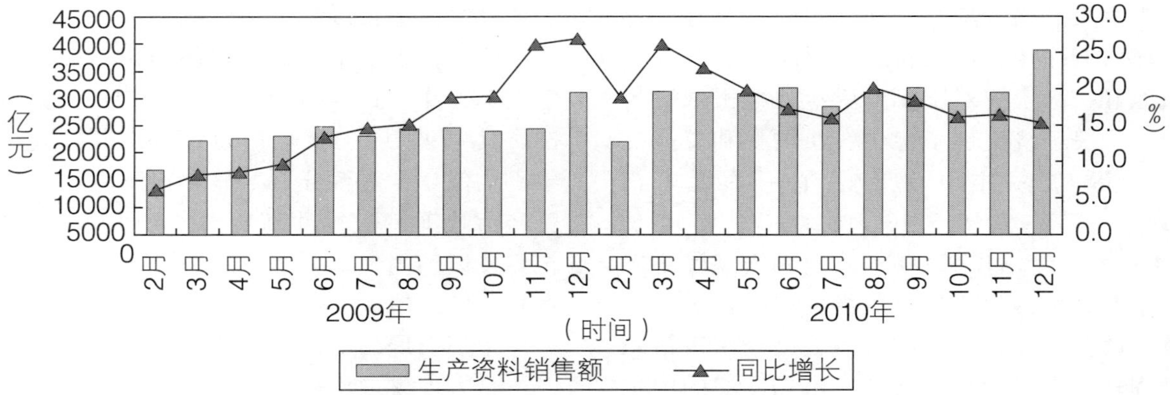

图 2　2009—2010 年各月生产资料销售总额及同比变化情况

资料来源：中国物流信息中心

年增速提高了 1 个百分点，其中国内市场消费需求增长 16.4%，出口需求由 2009 年下降 27.5%转为增长 32.7%。从分季度需求增长情况看，1～4 季度各季同比分别增长 25.8%、16.5%、13.6%和 20.6%；从需求量发展情况看，呈现稳步加快增长的趋势。2008—2010 年各季度 30 种主要生产资料市场总需求情况走势如图 3 所示。

3. 物流需求及物流实物量快速增长

2010 年，我国社会物流总额达到 125.4 万亿元，扣除价格因素比 2009 年增长 15%。其中占 90.2%的工业品物流增长 14.6%；进口货物物流增长 22.1%。

物流实物量快速增长。2010 年，国内货运量、货运周转量、港口货物吞吐量和集装箱吐量同比分别增长 13.4%、12.5%、15%和 18.8%（如表 1 和图 4 所示）。

根据国家工信部提供的交通运输部门运行监测数据，2010 年全国铁路货物发送量和全路日均装车数基本呈现稳步增长态势，全年铁路货物发送量达到 33.3 亿吨，比 2009 年增长超过一成（如图 5 所示）。

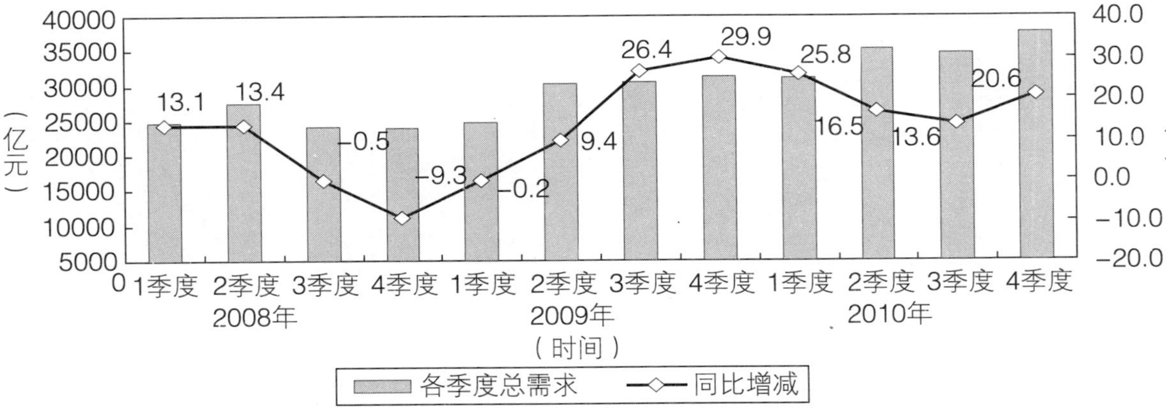

图3 2008—2010年各季度30种主要生产资料市场总需求情况走势

注：总需求包括国内市场需求加出口。国内市场需求是依据国家统计局提供的相关统计数据对30种产品分别进行测算而得；出口数据是依据国家海关总署提供的统计月报得出。总需求是按2000年不变价格加权平均计算的30种生产资料总价值量，同比及环比均具有可比性

表1　　2010年社会物流总额及增减变化情况

项　　目	绝对值（亿元）	可比增长（%）	在物流总额中所占比重（%）
社会物流总额	1254130	15.0	100.0
农产品物流总额	22355	4.3	1.8
工业品物流总额	1131031	14.6	90.2
进口货物物流总额	94305	22.1	7.5
再生资源物流总额	4464	39.5	0.4
单位与居民物品物流总额	1975	14.7	0.2

资料来源：中国物流信息中心

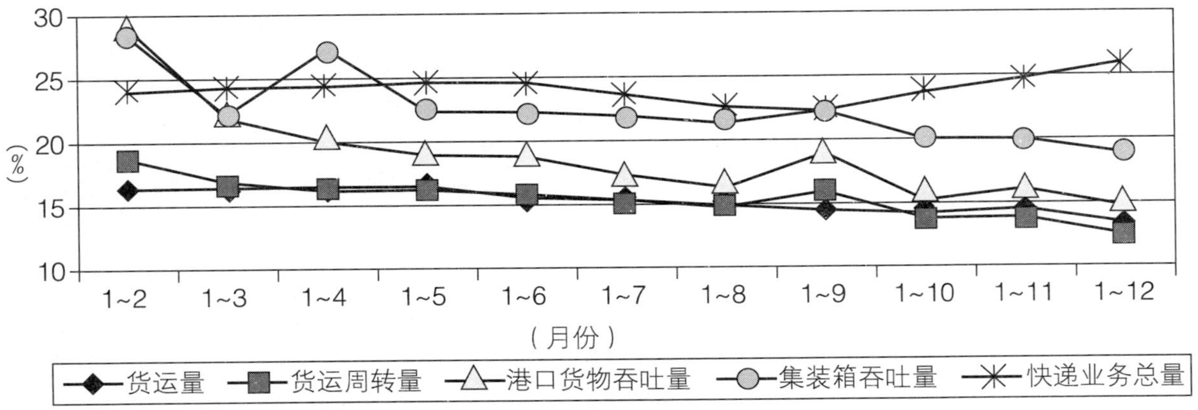

图4 2010年各月累计物流实物量增减变化情况

资料来源：中国物流信息中心

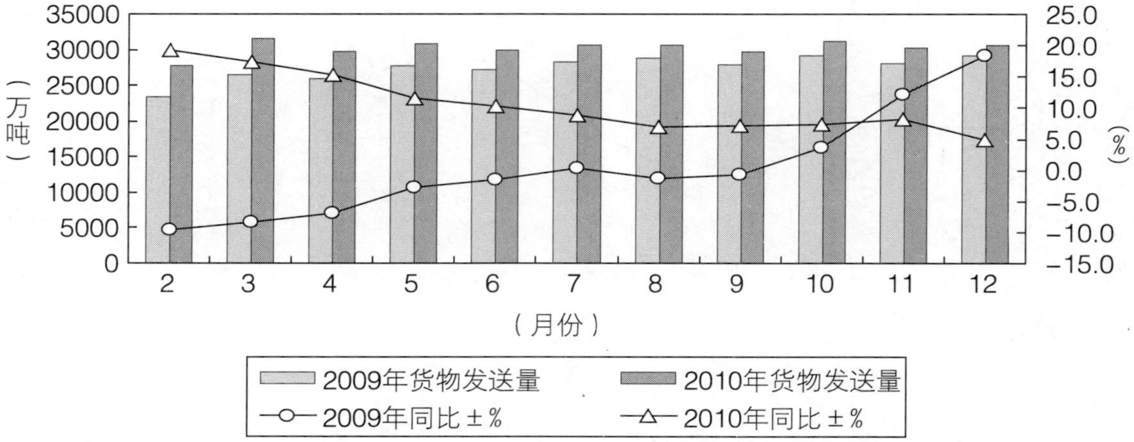

图5 2009和2010年2～12月铁路货物发送量及同比变化情况

资料来源：工业和信息化部运行监测协调局

二、供需结构得到改善

2010年，我国继续加大结构调整力度，限制“三高”行业及部分产能过剩行业的过快增长，取得了一定成效。如冶金行业工业增加值增长13.4%、有色行业工业增加值增长12.7%，分别低于全国规模以上工业增加值增速2.3和3个百分点。其中，钢材产量增速分别由上半年的27.5%回落至全年的14.7%；铜及铜材产量分别由15.7%、19.6%回落到12.2%和10.8%；铝及铝材产量分别由49.3%、29.5%回落到19.9%和26.5%。

从反映有关资源情况的PMI走势看，2010年全国原材料库存指数和产成品库存指数上半年的平均值分别为50.8%和48.4%，下半年则分别为49.4%和47.3%；生产指数和产品订货指数上半年分别为57.7%和56.3%，下半年则分别为55.9%和55.4%（如图6所示）。数据的变化反映出下半年后全国原材料产品资源增势在快速收缩，产需衔接得到改善并趋于合理。

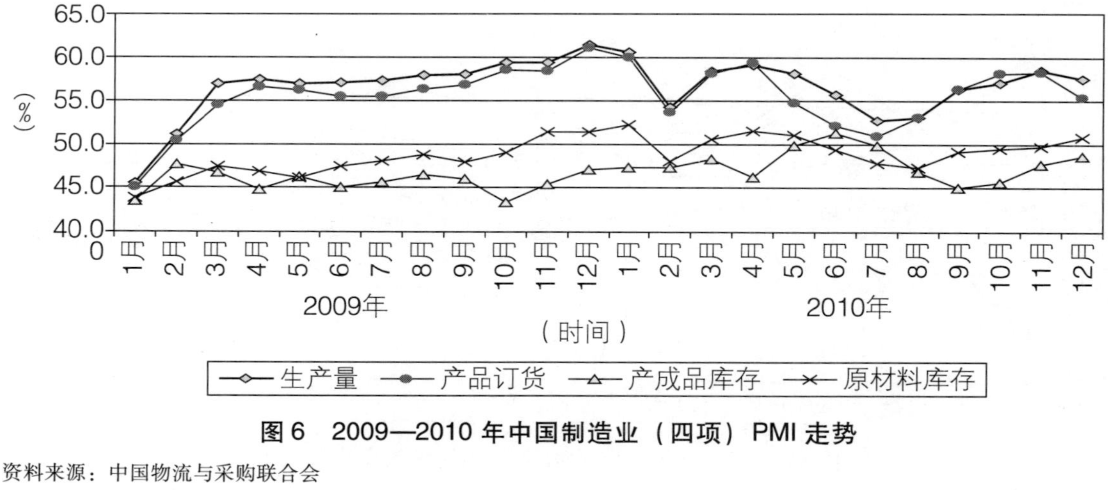

图6 2009—2010年中国制造业（四项）PMI走势

资料来源：中国物流与采购联合会

据对30种主要生产资料的生产与进口统计表明，2010年，30种主要生产资料市场总资源（包括国内生产+进口）比2009年增长了14.0%，增速比2009年回落了3.1个百分点，特别是下半年的增速与上半年相比回落幅度高达8.3个百分点。这一变化表明，2010年下半年持续大幅增长的资源供应状况逐步得到控制，市场供大于求压力明显缓解，市场供需结构得到改善，尤其到三、四季度，总资源供应同比增速已回落到个位数以内。而从走势上看，资源供给量表现出的是更为稳健的发展特征。近几年30种主要生产资料市场总资源的变化情况如图7所示。

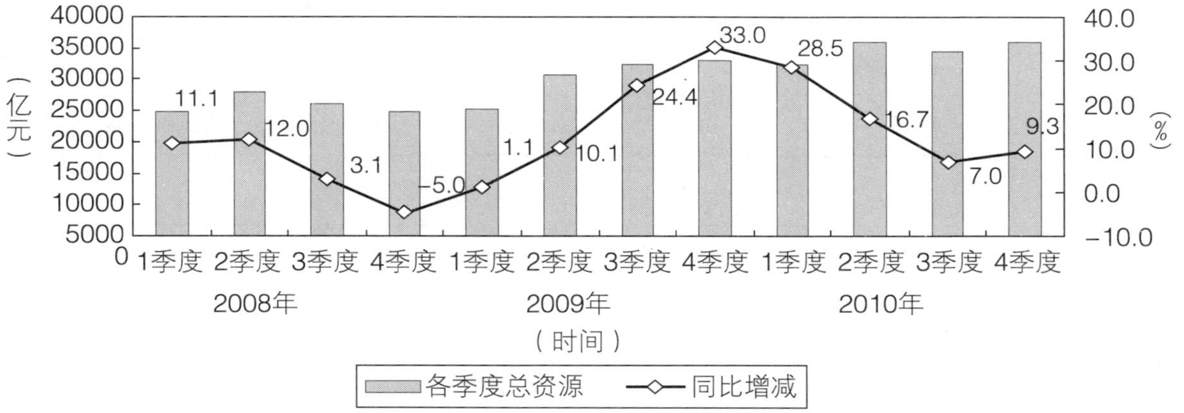

图7　2008—2010年各季度30种主要生产资料市场总资源变化情况

注：总资源包括国内生产加进口。生产数据依据国家统计局提供的工业统计月报；进口依据国家海关总署提供的统计月报。30种生产资料总价值量是按2000年不变价格加权平均计算的，同比及环比均具有可比性

三、市场价格波动攀升

2010年，我国经济形势稳步上行，固定资产及房地产投资等相关产业发展态势持续向好，促进了生产资料市场需求加速增长。同时，成本推动因素增加，国家加强对高耗能产业宏观调控，输入性通胀压力增大，以及资本市场流动性过剩等多种因素，共同推动生产资料市场价格呈现出波动上行，特别是9月后价格涨幅明显扩大。

数据显示2010年全国生产资料市场平均价格比2009年上升了12.7%，累计平均价格比年初上升了5.7%。由此可以看出，我国在抑制物价过快上涨方面所采取的一系列调控措施已见成效，全年新涨价因素只有5.7个百分点，翘尾因素影响价格总水平上涨达到7.0个百分点。2010年我国生产资料价格总指数变化情况和生产资料市场综合价格升降变化趋势如表2和图8所示。

表2　　2008—2010年各月生产资料价格总指数变化情况表　　单位:%

指标	年 份	1月	2月	3月	4月	5月	6月	7月	8月	9月	10月	11月	12月
环比	2008	1.4	1.8	3.1	1.3	3.2	2.5	1.5	−2.2	−2.4	−9.2	−9.8	−3.7
	2009	0.2	−0.2	−1.7	2.8	1.4	1.7	2.03	3.3	−1.7	−0.8	1.8	2.5
	2010	2.8	−0.3	1.5	3.2	−0.7	−2.6	−1.3	1.8	1.3	1.7	2.4	1.4

续 表

指标	年 份	1月	2月	3月	4月	5月	6月	7月	8月	9月	10月	11月	12月
同比	2008	11.9	13.9	17.3	18.1	21.4	25.3	26.9	22.5	17.5	5.4	-6.4	-11.7
	2009	-12.5	-14.8	-19.0	-18.2	-19.3	-20.5	-20.3	-16.5	-16.0	-8.2	4.9	12.9
	2010	17.0	16.5	20.0	19.3	16.7	11.4	7.7	6.1	9.5	12.3	12.9	11.6
累计同比	2008	11.9	12.9	14.4	15.3	16.7	18.1	19.4	19.7	19.5	18.0	15.6	13.0
	2009	-12.5	-13.7	-15.5	-16.3	-17.4	-18.1	-18.5	-18.3	-18.1	-17.5	-16.1	-14.5
	2010	17.0	16.8	17.7	17.8	17.5	16.3	14.9	13.6	13.1	12.9	12.9	12.7

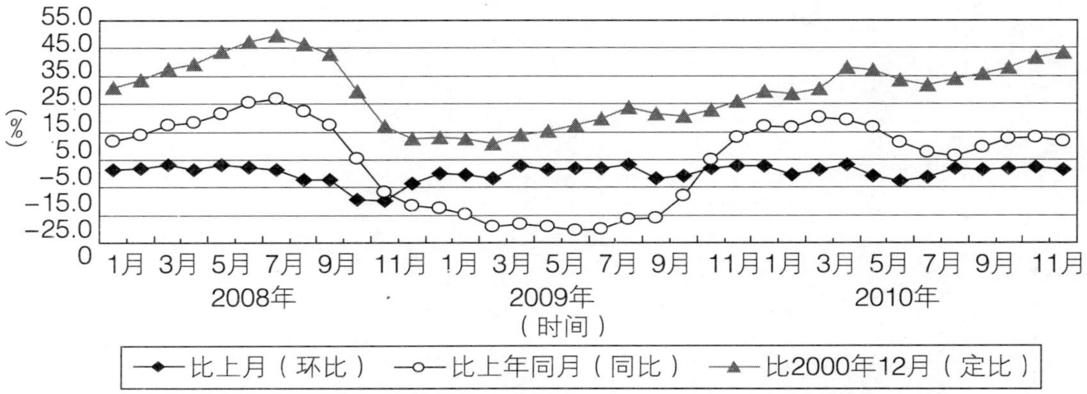

图 8 2008—2010 年各月生产资料市场综合价格升降变化趋势

注：表 2 和图 8 数据均来源于中国物流信息中心

从商品类别看，监测的九大类重点品种均呈现不同程度上涨。按照升幅高低顺序排列分别是：原煤、有色金属、成品油、化工产品、黑色金属、建材、木材、机电和汽车，累计平均价格分别比 2009 年上涨 27.8%、25.4%、19.2%、14.6%、14.2%、5.9%、5.2%、1.7%和 1.2%。其中涨势最明显的商品主要有：铜、镍、天然橡胶、苯酚、异丁醇、正丁醇、纯苯、烟煤、燃料油、柴油等，分别上涨 40.3%、43.6%、62.6%、84.9%、67.6%、53.8%、41.8%、27.9%、26.6%和 20.7%。

2010 年的制造业 PMI 的走势很明显地反映出全年生产资料价格上涨的趋势，其中购进价格指数从 8 月后逐月攀升，到 11 月达到 73.5%，为 2008 年下半年以来的最高水平。从被调查企业反映的信息看，最突出的问题也是价格上涨。很多企业反映，部分农作物和农副产品价格上涨较快；棉花棉纱等原料市场供应紧缺，市场价格暴涨；天然橡胶等部分化工材料价格持续上涨，涨势强劲；煤炭、柴油、燃料油、铁、铜铝等有色金属价格上涨势头明显。生产资料价格的持续攀升，意味着企业成本及通胀压力在不断加大。2009—2010 年各月中国制造业购进价格指数走势如图 9 所示。

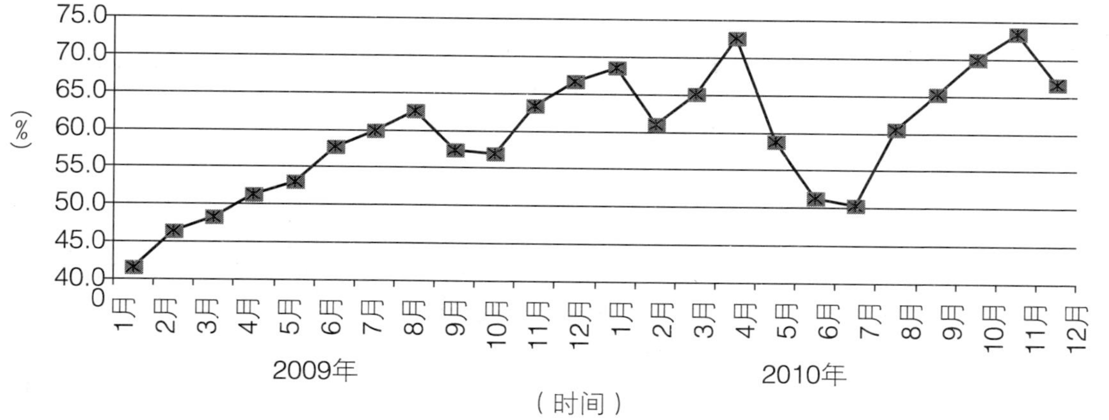

图 9　2009—2010 年各月中国制造业购进价格指数走势

资料来源：中国物流与采购联合会

四、基础能源及原材料产品对外依存度持续提高

2010 年，我国基础能源及原材料产品进口继续保持稳定增长的局面。30 种主要生产资料平均进口量比 2009 年增长 6.3%，比 2008 年增长 31.9%。从图 10 展示的 2008—2010 年各季度 30 种主要生产资料平均进口量及变化情况可以看出，自 2009 年二季度后我国 30 种主要生产资料商品进口基本保持了稳定增长态势，尤其是进入 2010 年进口的均衡性进一步增强。这表明在我国经济从恢复到稳步加快增长的进程中，对进口产品的需求明显增长。可以说我国为世界经济恢复发展作出了巨大贡献。2008—2010 年我国 30 种主要生产资料平均进口量及变化情况如图 10 所示。

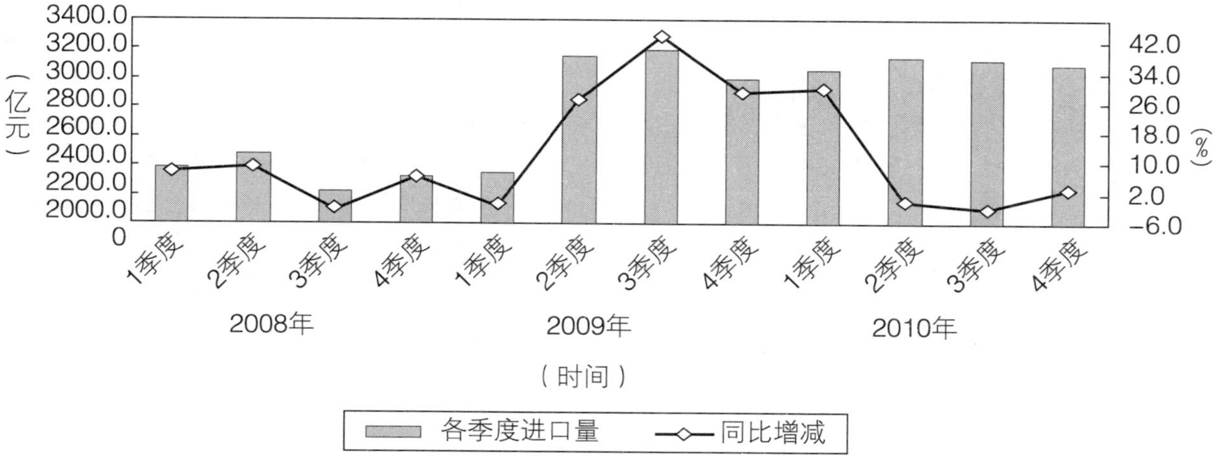

图 10　2008—2010 年各季度 30 种主要生产资料平均进口量及变化情况

注：资料来源海关总署统计月报。30 种生产资料平均进口总价值量是按 2000 年不变价格加权平均计算的，同比及环比均具有可比性

2010 年，我国 30 种主要生产资料的进口情况在 PMI 调查资料中也清楚地反映出来。2010 年中国制造业进口指数平均值为 51.3%，比 2009 年和 2008 年分别提高了 2.3 和 4.7 个百分点。在走势上表现出了较为稳定的发展格局。2009—2010 年各月中国制造业进口指数走势如图 11 所示。

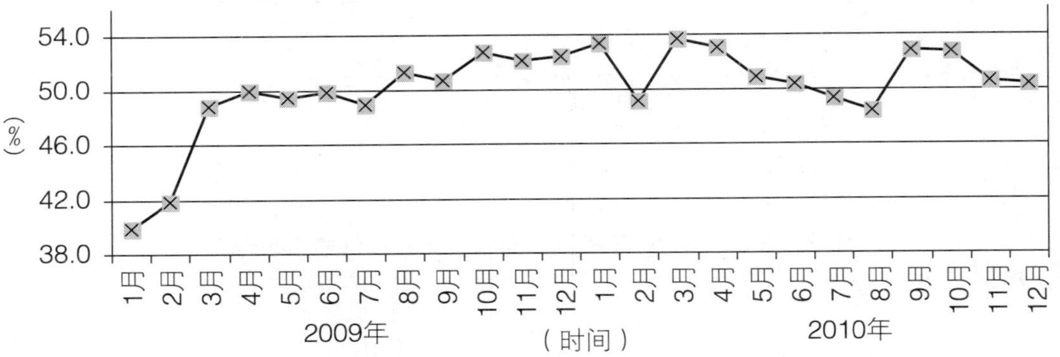

图 11　2009—2010 年各月中国制造业进口指数走势

资料来源：中国物流与采购联合会

从产品结构上看，一是原油、煤炭等能源产品进口进一步增加，对外依存度呈现持续上升趋势。2010 年，我国原油进口量达到 2.39 亿吨，比 2009 年增长 17.5%；煤炭进口 1.65 亿吨，同比增长 31%。原油及煤炭的对外依存度分别达到 54.1% 和 4.7%，比 2009 年分别提高了 2.3 和 0.6 个百分点、比 2005 年分别提高了 12.9 和 3.3 个百分点。二是铜及天然橡胶等资源类产品进口稳步增长，对外依存度总体也在上升。2010 年，我国天然橡胶进口 186.1 万吨，同比增长 8.8%；铜进口 338.2 万吨，同比下降 2.5%，而对外依存度天然橡胶由 2005 年的 72.9% 升至 75.9%，铜由 35.8% 升至 41.4%。三是钢材、铜材、铝材等金属加工产品进口趋降，对外依存度回落明显。2010 年，我国钢材、铜材、铝材分别进口 1643 万吨、91.1 万吨和 59.1 万吨，对外依存度分别为 2.0%、7.9% 和 2.6%；与 2009 年进口量相比，钢材下降了 6.8%，铜材、铝材分别增长了 10.9% 和 1.6%；与 2005 年的对外依存度相比，分别下降 3.3、10.8 和 7.3 个百分点。

五、内需仍是市场发展的主要动因

2010 年，我国生产资料产品出口呈现恢复性上升。30 种主要生产资料平均出口量比 2009 年增长了 32.7%，但仍比 2008 年下降了 3.2%。由于金融危机使全球经济遭受重创，国际市场基础原材料等大宗商品需求全面萎缩，导致我国生产资料出口量下滑，从图 12 可以看出，2009 年我国 30 种主要生产资料平均出口量比 2008 年下降了 27.5%。进入 2010 年，在世界经济整体逐渐恢复、需求缓慢上升，以及国家加大出口政策扶持力度和出口贸易企业共同努力下，我国出口形势开始好转，出口量出现恢复性上升。2010 年的制造业 PMI 走势也印证了这一趋势。

从制造业新出口订单指数看，2010 年平均为 52.8%，分别比 2009 年和 2008 年提高 3.3 和 5.6 个百分点。从图 13 可以看出，到 2009 年 6 月后该指数一直处在 50% 临界点上方，尤其是进入 2010 年下半年以来，更是呈现出平稳上升的特征。

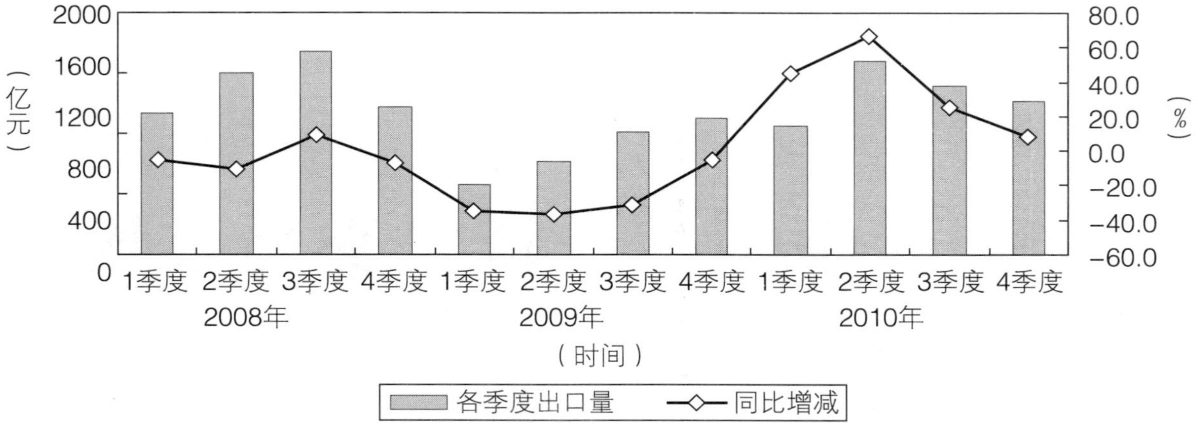

图 12　2008—2010 年各季度 30 种主要生产资料平均出口量及变化情况

注：资料来源海关总署统计月报。30 种生产资料平均出口总价值量是按 2000 年不变价格加权平均计算的，同比及环比均具有可比性

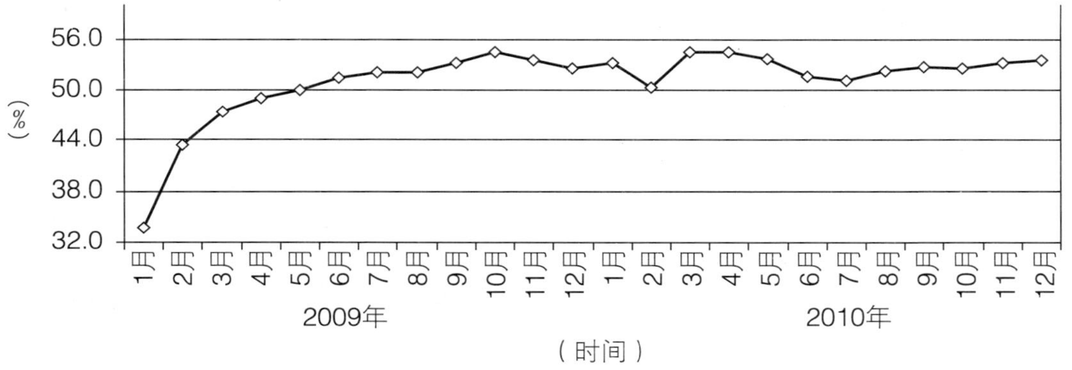

图 13　2009—2010 年各月中国制造业新出口订单指数变化走势

资料来源：中国物流与采购联合会

从产品结构上看，一是原油、煤炭等能源产品出口持续下降。2010 年，我国原油出口 303.3 万吨，比 2009 年下降 40.2%；煤炭出口 1903 万吨，比 2009 年下降 15%。我国自 2009 年成为煤炭净进口国后，2010 年净进口量达到 1.46 亿吨，比 2009 年又增加了 4232 万吨。二是铜、氧化铝、烧碱、纯碱等资源类产品出口明显下降，显示内需对市场需求的拉动作用明显增强。2010 年，我国出口铜 3.95 万吨，比 2009 年下降 45.9%，出口对市场需求的拉动作用由 2005 年的 3.7% 回落到 0.5%；纯碱出口 158.2 万吨，比 2009 年下降 31.9%，对市场需求的拉动作用由 2005 年的 12.6% 回落到 7.7%。

（陈秀芝　中国物流信息中心综合处处长、高级经济师）

2010 年中国生产资料交易市场

2010 年我国生产资料销售额实现 36.1 万亿元，比 2009 年增长 19.6%，呈稳步较快增长的态势。据对 30 种主要生产资料按可比口径统计，全年我国生产资料市场总需求（包括国内市场需求 + 出口）同比增长 17.0%，比 2009 年增速提高了 1 个百分点。其中，国内市场消费需求增长 16.4%，出口需求由 2009 年的下降 27.5% 转为增长 32.7%。生产资料市场需求的增长带动了生产资料商品交易市场的较快发展。

据国家统计局资料，2010 年，全国亿元以上金属材料市场有 287 个、成交额 1.58 万亿元；煤炭市场有 16 个、成交额 894 亿元；木材市场 56 个、成交额 545 亿元；建材市场 212 个、成交额 1755 亿元，均比 2009 年有较大增长。

目前，我国的钢材、汽车、煤炭、木材等生产资料主要是通过批发市场进行交易，其中 80% 的木材供应要靠批发市场实现。

1. 钢铁市场

2010 年，我国经济处于由回升向好向稳定发展转变的关键时期，上半年钢铁市场保持了上年以来的回升态势，产量保持增长、出口增幅较大、企业效益好转。下半年，由于国内外经济复苏和增长的不确定、不稳定性，市场运行水平逐步回落。总体看，钢铁市场全年运行呈前高后低态势。

上海大宗钢铁电子交易中心 2010 年共实现网上交易 1.1 亿吨，实物交割近 94.25 万吨。目前中心日成交量稳定在 50 万吨左右，交易品种规格超过百种，全国指定交收仓库达 37 个。2010 年 2 月 14 日，民生银行上海分行与上海大宗钢铁电子交易中心有限公司签署了战略合作协议，民生银行将为上海大宗钢铁电子交易中心提供包括资金监管、业务结算等一系列更具针对性的金融服务，为上海市特别是宝山区参与钢材电子交易的企业提供个性化的金融服务。双方通过这种基于银行资金监管为主体的银企深化合作，将为参与钢铁电子交易的企业提供安全、高效的服务保障，解决更具选择性和个性化的需求。

2010 年 8 月，兰格钢铁集团通过受让股权和增资的方式拥有了国内最大的钢铁现货电子交易平台——上海中金钢铁电子交易中心有限公司 51% 的股权。兰格集团已经制定了向全国布局的新扩展战略，收购中金钢铁是兰格集团走向全国的第一步。

上海市物贸中心有色金属交易市场是我国最大的商品交易市场，2010 年营业收入达 2397 亿元。

2010 年我国钢铁行业企业兼并重组接连不断，鞍钢与攀钢实现联合重组、本钢兼并了北台钢铁、首钢兼并了通钢、天津四家钢铁企业联合成立了天津渤海钢铁有限公司、河北钢铁集团对省内12家民营钢铁企业进行重组等。通过联合重组，产业集中度有较大提高，粗钢产量排名前十位的钢铁企业产量占全国比重48.6%，比2009年提高了5.1个百分点。

2. 石油交易所

2010年，我国原油净进口量为2.36亿吨，我国的原油对外依存度为53.7%。尽管我国的原油对外依存度不断加大，但在国际油价定价权方面却缺乏影响力，稍有话语权，这给我国能源安全带来了较大的不确定因素。因此，提升现有的交易模式，打造符合我国国情的综合交易平台，已是石油石化行业发展的共识。

2010年，按照建设世界一流交易平台的目标，北京石油交易所完成了股权重组，并在2010年7月30日正式宣布投入运营。这是继上海和大连石油交易所之后，国内成立的第3家石油交易所。至此，我国已经形成了北京、上海、大连三家石油交易所三足鼎立格局。

北京石油交易所主要致力于石油化工产品的现货即期交易，有成品油、燃料油、航煤、润滑油、石脑油、液化气及甲醇等石化产品交易。北京石油交易所将依托北京的金融资源优势和众多央企的产业资源优势，有效推动资金、信息、物流和石油商品等各类要素集聚，降低交易成本，优化资源配置，整合仓储物流资源，为石油和金融等相关产业的互动发展提供有效支撑，提高首都石油石化行业的安全运营水平，建设“价格发现中心”。北京石油交易所的成立，将在一定程度上改变我国在东北亚地区石油交易中的被动局面。同时，有利于整合相关企业的要素资源优势互补，促进华北地区石化产业发展。

3. 木材市场

2010年，我国木材市场价格一路上升，在原木板材方面，不管是名贵的红木还是常见的木材品种，都出现了不同程度的上涨；在人造板方面，胶合板、中纤板、刨花板、指接板的价格轮番出现涨势，之后人造板的价格节节攀升，少数品种价格还创出历史新高；在地板方面，受地板坯料价格上涨影响，产品价格反而变相下调。

广东鱼珠国际木材市场始建于2001年，前身是1952年成立的广东省鱼珠木材厂。市场自2001年开办以来，形成了集露天原木中转储存交易区、货仓式板枋材交易区、人造板加工配送区、木地板城、门面直销广场等为一体的大型木材及制品批发加工配送集散中心。市场由实力雄厚的广东物资集团投资建设，陆地面积36万平方米，拥有3000吨级货运码头，两条铁路专线连接全国铁路网。市场布局合理，道路宽敞，主干道宽30多米、支干道宽20米左右，设有大规模大定位高上网型停车场。根据产品种类分原木中转及储存区（水仓面积20万平方米，陆面堆场占地10万平方米）、实木板材销售区和人造板销售区（商铺净空高6~8米，有效使用率高）；另有制材及木材干燥配套加工区。有专业性强中国最大的网上木材贸易市场——“鱼珠国际木材市场”网站，发布木材供求信息及价格，信息实用、迅捷，具有权威性，是广州木材价格的晴雨表。

张家港木材交易市场是全国最大的木材交易基地之一，随着港口码头的迅猛发展，张家港港口码头已成为全国最大的进口木材集散地、交易地，年交易量达200多万立方米，约占全国1/4，是全国最大的进口木材交易市场。

4. 橡胶市场

我国是世界第一大天然橡胶消费国和进口国，自身橡胶业的发展使橡胶自给率达32%。目前我国的几个大的橡胶商品交易市场如中橡电子交易市场、海南橡胶交易所、青岛国际橡胶交易市场，在橡胶交易方面发挥着积极的作用。

中橡电子交易市场有限公司是在原海南农垦电子商务交易中心的基础上改制，以海南天然橡胶产业集团股份有限公司、中国农垦经贸流通协会、华垦（北京）投资有限公司共同出资成立的公司制交易市场。2010 年中橡电子交易市场天然橡胶及各种成品胶累计成交 28.59 万吨（折干产量为 24.95 万吨），较上年减少 9982 吨，跌幅达 3.37%。其中，全乳胶累计成交 13.75 万吨，较上年增加 2 万吨，增幅为 18.09%；浓缩乳胶全年累计成交 9.07 万吨，较上年增加 1.16 万吨，增幅为 14.71%。虽然现货累计成交量较上年有小幅萎缩，但其主要品种全乳胶和浓缩乳胶价格出现了明显上涨。

海南橡胶交易所 2010 年全年实现营业收入 63.26 亿元，同比增长 69.01%；实现净利润 5.77 亿元，同比增长 103.99%。全年完成干胶总产量 15.95 万吨，完成年初计划的 111%；完成橡胶加工 21.14 万吨，完成年初计划的 100.7%，实现销售量 25.20 万吨。

青岛国际橡胶交易市场是国内第一家国际橡胶交易市场，也是目前国内唯一与国际市场价格同步、以美元结算为主导的交易市场。是目前我国进口天然橡胶最大集散地，进口天然橡胶数量占全国总量 1/4。该市场以"采用电子商务方式，即期现货交易模式和中远期交易模式相结合，打造起全新的第三方交易平台。成为连接国际、国内交易市场的重要平台，与新加坡商品交易所、日本东京工业品交易所及橡胶协会共同成为世界天然橡胶交易市场三巨头。青岛橡胶市场自 2006 年 3 月正式运营以来发展势头强劲，完成即期现货交易额 5 亿元人民币，远期现货交易额 30 亿美元，市场总交易额突破 35 亿美元，交易额居青岛十大交易市场之首。除了拥有目前国内第一家国际橡胶交易市场的身份外，青岛橡胶市场也是世界上第一家交易己内酰胺的国际市场，填补了国内一直没有专业化进口天然橡胶交易场所的空白。

5. 汽车市场

2010 年，我国汽车产销双超 1800 万辆，实现历史性突破，超越日本、美国位居世界第一。全年节能与新能源汽车示范推广全面推进，技术法规进一步完善，公共服务领域节能与新能源汽车示范推广城市从 2009 年的 13 个城市扩大到 25 个城市，6 个城市启动私人购买新能源汽车补贴试点工作。截止 2010 年年底，共有 54 家汽车生产企业的 190 个车型列入《节能与新能源汽车示范推广应用工程推荐车型目录》，全年列入节能目录的车型年产量为 7181 辆车。《电动汽车传导充电用连接装置》、《电动汽车动力蓄电池结构型式及尺寸》等一批重要标准通过审查或发布，对电动汽车应用及充电基础设施建设具有重要促进作用。

自主品牌汽车保持良好发展态势，市场份额继续提高。2010 年，我国自主品牌乘用车销售 627.3 万辆，占乘用车销售市场的 45.6%，市场份额同比提高 1.5 个百分点。自主品牌轿车销售 293.3 万辆，占轿车市场总量的 30.9%，市场份额同比提高 1 个百分点，较排名第二的日系车高出 8 个百分点。

大企业集团产销规模整体提升，产业集中度进一步提高。2010 年我国有 4 家汽车生产企业（集团）产销规模超过 200 万辆。其中，上汽集团汽车销量突破 300 万辆，达到 355.84 万辆；东风、一汽和长安的销量分别达到 272.48 万辆 、255.82 万辆、237.88 万辆。4 家企业（集团）2010 年共销售汽车 1122.02 万辆，占汽车销售总量的 62.1%，汽车产业集中度同比略有上升。全国汽车销量前十名的企业集团共销售汽车 1559.61 万辆，占汽车销售总量的 86.3%。

据统计资料显示，2010 年全国二、三线城市成为汽车增长的主要市场。2010 年 1～9 月，二、三线城市汽车销售分别增长 48% 和 54%，一线城市销售增长了34%。从增长贡献度看，2010年1~9月，二、三线城市销售增长贡献度分别为40%和34%，一线城市销售增长贡献度为26%。自主品牌无论从品质、外观、维修等方面，都有了很大程度的提高，正在成为消费者购车的首选目标。

6. 化工商品交易市场

2010年，我国化工商品交易市场的总体发展态势良好。

天津危险化学品交易市场经过三年发展，在河北区、保税区、大港区建起三处交易市场，总营业面积达到1.2万平方米，交易席位528间，交易会员达到501个，市场交易额超过60亿元，国内外80余家知名化工企业进驻，具备了集中交易、链接产销、安全储存、规范配送、政策咨询、企业策划、媒体推介、法律支持、信息传动、融资服务等十大服务功能。天津危化市场下一个目标是用三年时间建成100亿元市场，努力创建北方化工商品交易的第一平台。

2010年5月28日，中国化工电子交易市场暨山东滨海化工电子商务有限公司在潍坊正式运营。该公司是由山东省政府批准成立的一家专业从事化工产品网上现货交易的电子商务公司。公司建立的中国化工电子交易市场，依托潍坊地区盐化工产业的资源优势和集群优势，通过先进的计算机电子交易平台和网络信息平台，组织盐化工生产企业、加工企业以及贸易企业进行交易，并提供交易结算、实物交收、代购代销、仓储物流、贸易融资、信息咨询和人才培训等服务，发挥市场发现价格、规避风险、传递信息和社会投资等功能。此外，潍坊的海盐产量占全国海盐产量的半壁江山，被誉为“中国海盐之都”，潍坊的盐化工也是全国最大的盐化工基地之一，具有集群规模优势。

张家港保税区化工品交易市场2010年的成交额达302.5亿元，同比增长30%；实现入库税收2.3亿元，同比增长22%，入驻客商超过1000家。张家港保税区化工品交易市场自2002年建立以来，成为保税区发展物流业的重要纽带和平台，在检验检疫、海关等部门的帮扶下，以突出的业绩在国内树立了良好的品牌形象，也不断创造着“楼宇经济”的奇迹。该市场年成交额已经连续6年超过200亿元，历年的累计成交额1739.7亿元。该市场依托庞大的现货交易市场大力发展电子商务，中国石油和化工交易网乘势而起。如今，它集聚了宁波都普特液体化工电子交易中心、张家港保税区华东电子交易市场等5家专业经营石化品种的电子交易市场，已形成国内最大的大宗石化电子交易市场集群，实现了“有形市场”与“无形市场”的有效结合。通过先进的信息处理系统与管理手段，市场、仓储和金融服务实现了互通互联，初步构建了一个人流、物流、信息流、资金流“四流合一”的市场物流体系。张家港保税区化工品市场的发展方向是最终形成全国权威的液体化工“交易中心”、“价格中心”、“信息中心”、“物流中心”，力争在3年内形成现货成交额500亿元、电子交易500亿元的规模。

7. 建材市场

2010年，受宏观形势的影响我国建材家居销售量急剧下滑，有的建材家居企业销售额比2009年下降30%~40%。2009年我国建材家居市场结构如下表所示。

2010年5月8日开业的红星美凯龙浦东店是红星美凯龙携手宜家共建的项目，是“同拓市场”的新典范。宜家可以给红星美凯龙带来终端客流拓展产品品类结构。而红星美凯龙依托自身已有的66家网点的渠道体系，助推宜家的产品销售覆盖一线城市，同时向二线城市渗透。红星美凯龙是我国家居行业最具实力的大品牌之一，在整体销售出现滑坡的2010年采取“同拓市场”的策略足见其做大做强的决心。

2009 年我国建材家居市场结构

项　目	数量（个）	摊位数（个）	经营面积（万平方米）	交易额（亿元）
合计	630	297252	4610.73	4658.68
建材市场	200	86860	1420.41	1549.41
家具五金及装饰材料市场	430	210392	3190.32	3109.27
1. 家具市场	130	59817	1467.54	746.52
2. 装饰材料市场	168	69794	879.57	1057.71
3. 灯具市场	11	5583	55.23	132.89
4. 厨具洗设备市场	4	1177	10.47	15.95
5. 五金材料市场	71	45359	377.59	674.83
6. 其他装修市场	46	28662	399.91	481.37

2010 年 7 月 22 日，元洲装饰公司发布“减碳”宣言：通过新工艺、新产品、新流程的运用，大力节水、节电、降耗，达到 2010 年减碳 28.90% 的目标。元洲装饰在家居行业第一个提出了低碳装修量化指标，引领着行业潮流。

2010 年 9 月 25 日，由全国工商联家具装饰业商会牵头，曲美、意风、非同等 27 家北京知名家具企业发起成立“京派家具品牌联盟”，旨在通过品牌联合体的形式，参与家居卖场在全国的扩张布局。联盟成立之初，提出了“品牌联动、民主结盟、广泛合作、和谐共赢”十六字行动方针。

2010 年 11 月 4 日，淘宝网宣布，淘宝垂直电子商务平台——家装馆正式上线，这意味着淘宝网正式向家居行业全面进军。到 2010 年年底，淘宝网上有 14 万个家居店、3700 万种产品，品种涵盖装潢五金、家装饰品和家具产品，月销售达数亿元。

2010 年 11 月 20 日，环渤海集美家居广场正式开业，作为继廊坊店之后集美在外埠正式开出的第二家店，其总面积达 30 万平方米的超大规模成为全国第一。在这个卖场里，入驻商家超过 1000 家，店面面积均在五六百平方米，而且都是各个领域的知名品牌。

8. 金属交易市场

金属材料交易市场是我国流通体系的重要组成部分。近年来，金属材料交易市场的快速发展加快了商品流转，促进了市场繁荣。

2010 年天津稀有金属交易市场作为全国唯一从事稀有金属交易的平台，已经发展成为中远期现货交易市场的领跑者。2010 年 9 月 18 日，天津稀有金属交易市场北海交易平台开业。北海交易平台最大的优势，在于交易市场运用电子商务信息技术，组织中国境内的稀有金属经营企业和机构，利用天津稀有金属交易市场有限公司的电子商务平台进行远程贸易，全体交易商成员依托天津稀有金属交易市场有限公司的官方网站，通过国际互联网直接上网报价、配对，以网上订货、电子购物的方式实现买卖双方面对面的稀有金属现货交易。同时，通过市场设在全国的 100 多家交易服务机构，对客户和会员做到直接有效的服务。天津稀有金属交易市场的电子结算系统可以通过国内各大银行24小时内完成所有稀有金属交易的应收应付，同时提供仓储配运方面服务，为交易商降低物流成本。天津稀有金属交易平台还利用公开的特定规则（配对模式、竞价模式、连续交易），让稀有金属的买卖双方都可以了解到更大的有效市场空间然后出价竞投。整个市场机制透明度的增强扩大了可能成交的买方市场，卖家也可以从中获得更合理的成交价。

9. 煤炭交易中心

陕西大宗煤炭交易市场是首家全国性煤炭电子化交易市场，主要以煤炭现货电子交易、市场信息咨询、煤炭中介、煤炭代购代销和储运配送业务为重点，是国内最专业、最安全、交易速度最快、交易服务最好的市场之一。2010年3月26日，中国民生银行西安分行与陕西大宗煤炭交易市场签署“第三方资金托管业务”合作协议，实现了市场交易资金的实时管理和划拨，使交易商资金安全得到保障，提升了市场资金安全的公信度。开展第三方资金托管业务，实现了行业优势互补，为各地广大交易商提供有效服务，使煤炭交易更加规范。同时为煤炭交易商搭建了融资、授信的平台，也为银行扩大业务提供了有力支持。根据本次签订的合作协议，双方同意就煤炭交易市场在交易结算、融资服务、现金管理等方面建立全面合作关系。中国民生银行将从满足交易市场个性化、特色化需求出发，积极参与交易市场的交易平台建设，并成为交易市场交易保证金业务的结算银行。

2010年6月，由秦皇岛港务集团有限公司、中国煤炭运销协会、太原铁路辅业国有资产管理中心、中能电力工业燃料公司、中国海运发展股份有限公司五家单位共同打造的秦皇岛海运煤炭交易市场正式营运。该煤炭交易市场从2010年年初模拟营运的5个多月里，每月的交易量都超过了200万吨。秦皇岛港腹地煤炭资源丰富、品种多、用户广，港口规模、设施、集疏运、配煤等条件无可比拟；它还拥有亚洲最大的煤炭堆场，堆存能力达1000万吨。2009年秦皇岛港完成煤炭吞吐量1.76亿吨，占北方港口煤炭发运总量的47%，随着煤五期码头的投产和扩容工程的建设，加之大秦铁路的进一步扩能增量，秦港运输能力将不断提高，发展前景将更为广阔，2010年秦皇岛港煤炭运量超过了2亿吨。

10. 大宗商品交易市场

大宗商品交易市场特指专业从事电子买卖交易套保的大宗类商品批发市场，又被称为现货市场，具备生产资料大宗货物的战略储备、调节物价、组织生产和套期保值四大基本功能。大宗商品电子交易市场是通过网络与电子商务搭建的平台，对相应商品的“仓单”进行即期现货或中远期订货交易的市场。与传统的期货交易所比较，大宗商品交易所主要的服务对象为现货商，强调套期保值，而大宗商品交易的发展和完善，有利于提升中国的全球“价格话语权”。

2009年12月16日，在“2009年大宗商品电子交易发展论坛”上，北京大宗商品交易所联合北京石油交易所、浙江余姚塑料城等大宗商品电子交易市场，共同发出行业自律倡议，提出“规范自身行为，探寻大宗商品市场管理标准，共同维护公平、公开、公正的交易，这是大宗商品电子交易市场的第一份行业自律和倡议。

2010年2月，商务部、公安部、工商总局、法制办、银监会和证监会等六部委联合下发的《中远期交易市场整顿规范工作指导意见》。其中，共有56家市场被明确列入“被整顿”的名单，除涉及实行保证金第三方托管和银行监管、规范保证金缴纳形式、限定每个交易品种和每个交易商的最大订货量等要求，还包括禁止自然人和无行业背景的企业入市交易、禁止代理业务等焦点内容，更有“禁止新设市场和新上品种”的极严厉规定。

成立于2009年的天津渤海商品交易所，是国内唯一由省级政府发起批准的商品交易所，并且是国内唯一设立监管委员会、受省级地方政府直接监管的商品交易所，到2010年已经发展为集现货交易、商品投资、价格发现三大经济功能于一体的大宗商品交易所。渤海商品交易所在充分研究分析了现货贸易商和商品投资者的商品交易需求的基础上，进行了现货交易方式创新，推出全球首创的现货连续交易方式，创造性的解决了100多年来世界商品交易中困扰现货贸易商和商品投资者之间的矛盾对立，能同时满足市场参与者的多种交易需求；同时，渤海商品交易所提供方便快捷的电子交易平台以及24小时覆盖全球主要金融市场的电子交易服务，使得交易所的成交和结算价格的产生更加真实、公平、科学、合理，从而保证了渤海商品交易所产生的商品价格更具权威性和影响力。

（洪　涛　王克臣　李晓晨　于诗语　北京工商大学）

2010 年中国水泥市场

2010 年是“十一五”规划的最后一年，我国经济实现回升向好后的平稳较快发展。全国水泥市场需求旺盛，水泥产量超出市场预期；散装水泥供应量稳步增长，西部地区散装水泥发展成效显著，区域发展差距进一步缩小，散装水泥产业继续保持平稳发展态势。

一、水泥行业生产情况

1. 产量平稳增长，中西部新型干法水泥生产能力明显提高

截止到 2010 年年底，全国水泥产量达到 18.6 亿吨，同比增长 15.5%。江苏、山东、四川、河北、广东、河南和浙江等省的水泥产量均超过 1 亿吨。其中，江苏省以 1.56 亿吨的产量位居全国水泥产量榜首；四川省以 49.51% 位列增速第一位。全国新增新型干法水泥生产线 211 条，新增新型干法水泥熟料生产能力 2.5 亿吨，新增生产线数量和能力都是历年之最。

2010 年，我国中部和西部地区水泥产量分别比上年增长 11.5% 和 27.3%，而且远远超过东部地区 7.8% 的增长率。在全年增加的 2.3 亿吨水泥产量中，中西部地区占 74%，其中西部地区占 50%；在新增的新型干法生产线中，中西部地区占了 175 条，生产能力占新增能力的 80.7%，其中西部地区占 56.2%。2010 年年末，全国水泥熟料生产能力为 16 亿吨，其中中西部地区的占比达 65%。中西部地区水泥特别是熟料生产能力的快速增长，预示着“十二五”时期水泥产量的增长动力将主要来自中西部地区。

2. 固定资产投资加大及相关因素影响拉动水泥市场需求增旺

2010 年，我国基础建设投资保持平稳增长。全年实现固定资产投资 27.81 万亿元，同比增长 23.8%，保持了较快的增长速度。由于投资的变化对水泥的需求的带动作用非常明显，因此，在固定资产投资加大的背景下，全国水泥市场呈增长态热。

2010 年，全国交通运输业固定资产投资额达 2.78 万亿元，实现同比增长 19.5%。其中，全国铁路实现固定资产投资 8235 亿元，计划新线铺轨 3690 公里，复线铺轨 3150 公里，新线投产 4613 公里，复线投产 3438 公里，电气化投产 6401 公里。

截止 2010 年 12 月，我国房地产开发投资达到 4.83 万亿元，同比增长 33.2%，远超年初国家发改委制定的全年 18% 的增长率。全年房屋新开工面积为 16.38 亿平方米，同比增长 40.7%，增速远远高于 2009 年同期水平；2010 年 1 ~ 12 月，全国房屋施工面积为 40.55 亿平方米，同比增长 26.6%。按照行业普遍认定的房屋施工面积每 1 平方米消耗 0.2 吨水泥的测

算标准计算，2010 年我国房地产市场消费水泥达 8.11 亿吨，占水泥产量的 43.6%，这一比例要高于 2009 年的 39.24%。房地产市场对水泥需求的拉动作用极为明显。

实际情况是，在投资和房地产双增长的大背景下，全国预拌混凝土产量出现了持续快速增长的情况。2010 年年末，全国有预拌混凝土生产企业 5123 个，同比增加 1009 个，同比增长 24.53%。全年生产预拌混凝土 11.29 亿立方米，同比增加 3.00 亿立方米，同比增长 36.17%。2010 年，全国生产预拌混凝土使用散装水泥 3.57 亿吨，同比增加 9226.69 万吨，同比增长 34.86%。

3. 水泥价格稳中走强

2010 年，全国水泥价格呈现了先抑后扬的走势。从区域价格表现看，后扬走势中扮演主角的是华东和中南两个地区，两个地区的价格环比和同比分别上涨 10% 和 20% 以上。1 ~ 7 月除西南地区价格大幅走低以外，其余地区基本走势平稳。进入 8 月以后，华东、中南地区受限电减产保价因素的影响价格率先启动，水泥价格创出新高，涨幅远远超过预期。到 10 月份，杭州、合肥、上海、南昌等地水泥价格累计上涨逾 100 元/吨，同比涨幅达 20% ~ 40%，超越了长期领先的西北地区。华东地区价格一路走高，攀升到了 500 元/吨，华北地区价格则小幅上涨。四季度末西南地区价格小幅回升，东北、西北地区受冬季因素影响价格出现不同程度回落，如图 1 所示。

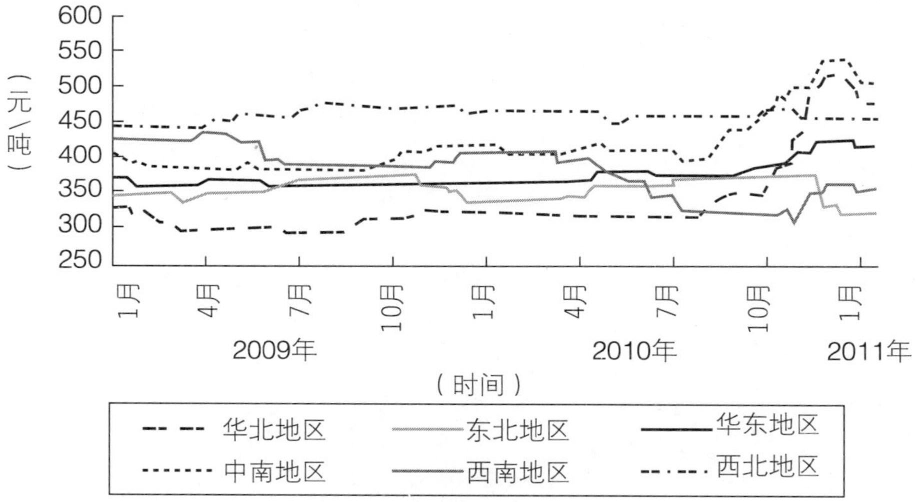

图 1 区域水泥价格走势

12 月全国均价达到 364.85 元/吨，较 11 月的价格上涨了 20.81 元/吨。总体看，2010 年全国水泥均价同比增长 4.07%。

4. 水泥行业经济效益提升

据工业和信息化部消息，2010 年我国水泥行业销售产值（现价）为 7475 亿元，同比增长 25.9%。2010 年 1 ~ 12 月，区域水泥价格（累计均价）同比提高的情况是：华北 2.91%、华东 16.26%、东北 1.09%、中南 5.28%、东南 14.61%、西北 0.44%。中国建材流通协会估测 2010 年我国水泥行业利润将达到 540 亿元，同比增长超过 35%。水泥行业销售收入和利润的增速均高于同期水泥产量增速，表明水泥产品的附加值在提高。

5. 水泥出口量有所下降

2010 年，全国水泥累计出口量为 742.32

万吨，同比减少 287.92 万吨，下降 27.95%，其中散装水泥出口量为 591.54 万吨，同比减少 266.66 万吨，下降 31.07%。

二、散装水泥市场回顾

1. 总体情况

2010 年全国散装水泥累计供应量为 8.98 亿吨，年增长量为 1.45 亿吨，增长率达 19.27%，其中大中型水泥生产企业散装水泥供应量为 7.43 亿吨，占供应总量的 82.73%，比 2009 年的 80.06% 提高了 2.67 个百分点；2010 年全国平均水泥散装率达到 48.10%，比上年年末 46.27% 提高了 1.83 个百分点；比“十五”末散装率 36.61% 提高了 11.49 个百分点，平均每年提高 2.3 个百分点。如图 2、图 3 和图 4 所示。

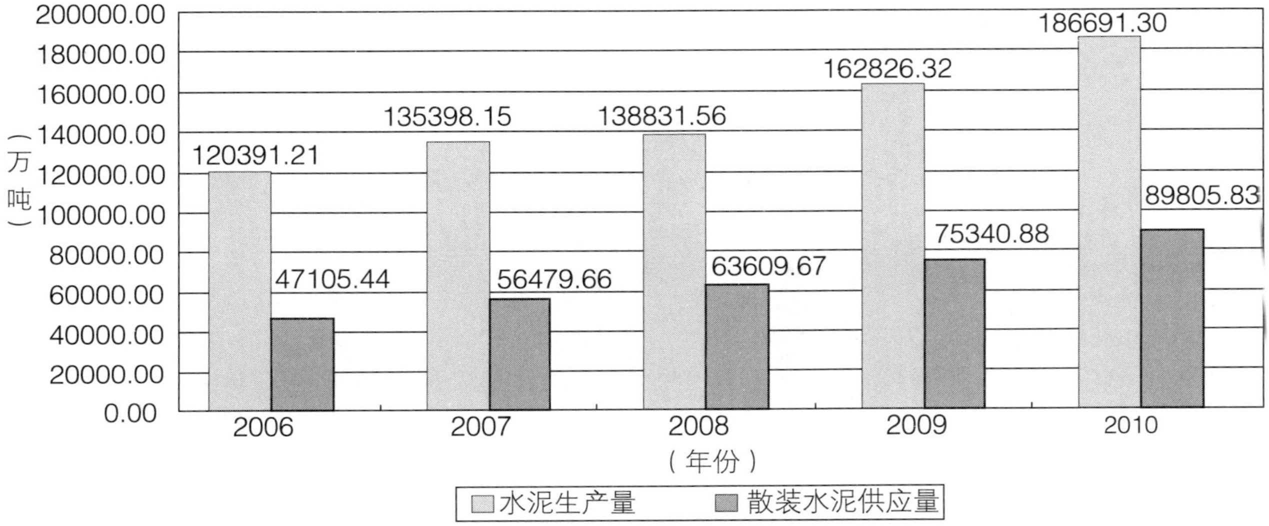

图 2 “十一五”期间我国水泥生产量和散装水泥供应量

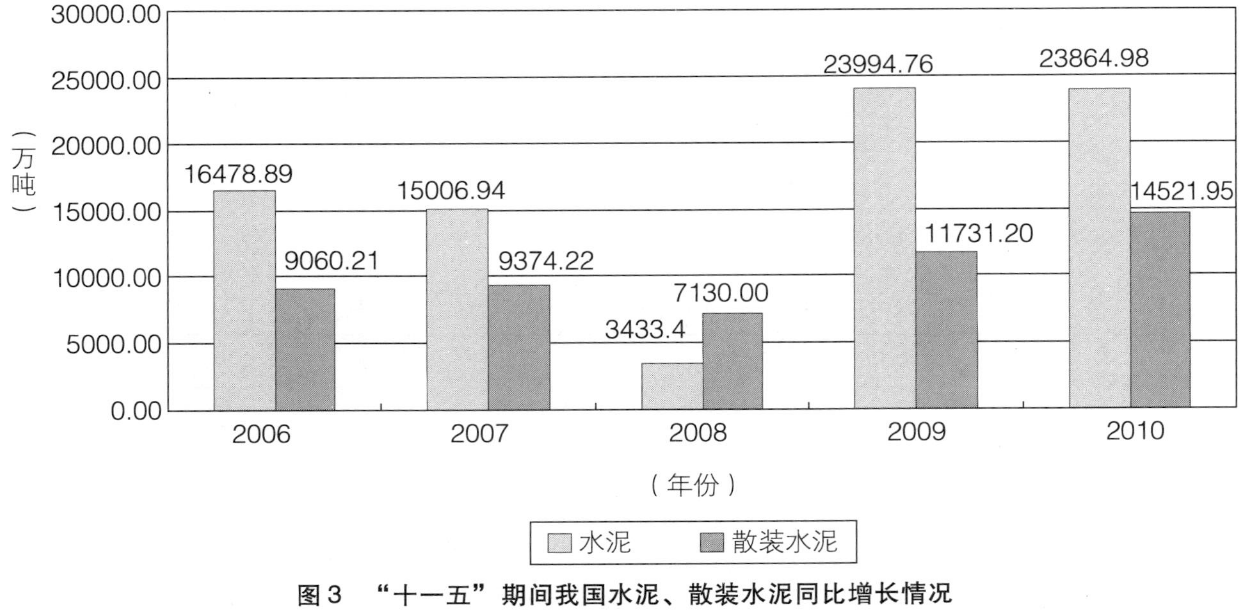

图 3 “十一五”期间我国水泥、散装水泥同比增长情况

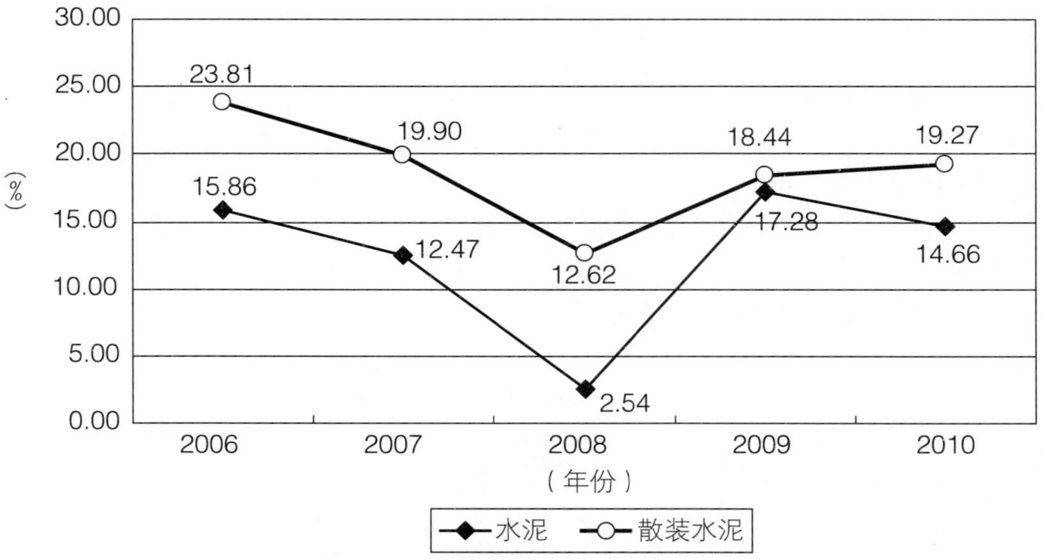

图 4 "十一五"期间我国水泥、散装水泥同比年增长走势

2. 市场发展特点

2010 年全国散装水泥市场可谓异彩纷呈，发展格局稳中有变。主要体现在以下几个方面。

（1）西部散装水泥市场异常活跃，东、中、西部区域发展差距日趋减小。2010 年，我国西部区域散装水泥供应量达 2 亿多吨，年增长量为 5854. 56 万吨，是东部地区年增长量的 1. 48 倍、中部地区年增长量的 1. 18 倍，分别多增加 1885. 42 万吨和 1156. 31 万吨，增长量占全国总增长量的 40. 32%，供应量占全国总量的比重也由上年的 18. 96% 提高为 22. 36%。东部地区（供应量为 42942 万吨）所占比重则打破了 16 年来长期占据全国散装水泥供应量半壁江山的局势，比重已由上年的 51. 73% 缩小到 47. 82%；西部地区（供应量为 20081. 21 万吨）和中部地区（供应量为 26782. 62 万吨）占全国的比重分别增加了 3. 4% 和 0. 51%。另外，散装水泥供应量同比增长率排在前七名的省份中有六个省属西部地区，如四川省的散装水泥供应同比增长量继续居全国增长量首位；青海、新疆的水泥散装率自比提高点也由 2009 年的负增长跃为 2010 年的全国第一名和第二名。此外，中、西部地区散装水泥供应量的增长量、增长率和散装率的提高点均高于东部地区，由此表明东、中、西部地区散装水泥市场发展差距日趋减小。如表 1 所示。

表 1　2010 年东、中、西部地区散装水泥市场发展情况

指　标	全国总计		东部地区		中部地区		西部地区	
	2009 年	2010 年	2009 年	2010 年	2009 年	2010 年	2009 年	2010 年
供应量（万吨）	75340. 88	89805. 83	38972. 86	42942. 00	22084. 37	26782. 62	14283. 65	20081. 21
增长量（万吨）	11731. 21	14521. 95	3378. 01	3969. 14	4662. 43	4698. 25	3690. 77	5854. 56

续 表

指 标	全国总计		东部地区		中部地区		西部地区	
	2009 年	2010 年	2009 年	2010 年	2009 年	2010 年	2009 年	2010 年
增长率（%）	18.44	19.27	9.49	10.18	26.76	21.27	34.84	40.99
所占比重（%）	100.00	100.00	51.73	47.82	29.31	29.82	18.96	22.36
散装率（%）	46.27	48.10	56.55	56.87	41.51	45.54	35.09	38.34

（2）散装水泥市场发展较为乐观，部分省份表现突出。2010 年，全国散装水泥累计供应量为 8.98 亿吨，比上年增长了 1.45 亿吨，增长率为 19.27%。其中，江苏省散装水泥供应量为 1.07 亿吨，在全国首次突破亿吨大关，稳居全国之首；平均水泥散装率达到了 68.46%，高出全国平均水平 20.3 个百分点，在省级中（除直辖市外）列全国第二位（浙江排首位，为 72.87%）。散装水泥供应量排在二、三、四名的仍为山东、浙江、河南三省。散装水泥增长量排在前三名的是四川、河北、湖南三省，增长量均超过了千万吨，分别为 1837.29 万吨、1113.53 万吨、1035.84 万吨，三省增长量之和 3986.66 万吨占全国增长总量的 27.45%。

2010 年，在全国各省、自治区、直辖市中，水泥散装率排在前七位的省份仍为上海、天津、北京、浙江、江苏、山东、安徽七省市。其中，浙江省的散装率已连续十年位居全国省（自治区）的首位。散装率自比提高点排行榜中的青海和新疆两省区由上年的负增长跃为本年的全国第一、第二名，分别提高 20.51 和 10.75 个百分点（青海省是有史以来自比提高点最快的一年）。另外，2010 年全国各省（区、市）的水泥散装率同比下降的省份已由上年的 12 个省市减至到湖北、山东、重庆 3 个省市，为分别下降了 2.46、2.41 和 0.98 个百分点。2010 年全国各省区市散装水泥指标发展情况如表 2 所示。

表 2　2010 年全国各省（区、市）散装水泥指标发展情况排序

散装水泥供应情况			散装水泥同比增长情况			散装水泥同比增幅			水泥散装率			散装率同期自比提高		
排序	省区市	供应数量（万吨）	排序	省区市	增长数量（万吨）	排序	省区市	同比增幅（%）	排序	省区市	散装率（%）	排序	省区市	自比提高（百分点）
1	江苏省	10712.51	1	四川省	1837.29	1	青海省	156.33	1	上海市	95.78	1	青海省	20.51
2	山东省	8462.16	2	河北省	1113.53	2	贵州省	110.71	2	天津市	95.02	2	新疆区	10.75
3	浙江省	8215.99	3	湖南省	1035.84	3	海南省	59.08	3	北京市	94.65	3	福建省	9.84
4	河南省	5379.06	4	江苏省	981.16	4	四川省	53.19	4	浙江省	72.87	4	贵州省	8.99
5	四川省	5291.75	5	安徽省	798.76	5	新疆区	49.26	5	江苏省	68.46	5	江西省	6.61
6	广东省	5064.00	6	湖北省	763.11	6	宁夏区	40.14	6	山东省	57.37	6	湖南省	6.52
7	河北省	4595.95	7	广西区	719.06	7	云南省	37.80	7	安徽省	55.32	7	吉林省	6.03
8	安徽省	4355.46	8	福建省	707.28	8	黑龙江	37.16	8	辽宁省	50.40	8	海南省	5.79

续 表

散装水泥供应情况			散装水泥同比增长情况			散装水泥同比增幅			水泥散装率			散装率同期自比提高		
排序	省区市	供应数量（万吨）	排序	省区市	增长数量（万吨）	排序	省区市	同比增幅（%）	排序	省区市	散装率（%）	排序	省区市	自比提高（百分点）
9	湖北省	4200. 15	9	陕西省	562. 67	9	甘肃省	34. 34	9	新疆区	49. 70	9	河南省	5. 69
10	湖南省	4077. 45	10	河南省	557. 89	10	湖南省	34. 06	10	福建省	49. 36	10	云南省	5. 27
11	广西区	3289. 73	11	贵州省	510. 20	11	陕西省	33. 41	11	湖南省	46. 86	11	安徽省	4. 91
12	福建省	2859. 76	12	云南省	493. 03	12	山西省	33. 12	12	河南省	46. 86	12	广西区	4. 03
13	江西省	2563. 41	13	内蒙区	489. 40	13	福建省	32. 86	13	湖北省	46. 76	13	河北省	3. 67
14	辽宁省	2407. 45	14	广东省	459. 10	14	河北省	31. 98	14	广东省	46. 04	14	陕西省	3. 40
15	陕西省	2246. 90	15	江西省	434. 40	15	内蒙区	30. 30	15	广西区	44. 12	15	辽宁省	3. 32
16	内蒙区	2104. 76	16	浙江省	423. 37	16	广西区	27. 97	16	青海省	42. 61	16	宁夏区	3. 21
17	云南省	1797. 33	17	新疆区	389. 40	17	吉林省	25. 00	17	江西省	41. 21	17	四川省	1. 13
18	重庆市	1624. 22	18	黑龙江	369. 42	18	重庆市	23. 91	18	陕西省	41. 12	18	江苏省	1. 04
19	黑龙江	1363. 59	19	重庆市	313. 38	19	安徽省	22. 46	19	海南省	40. 90	19	北京市	0. 97
20	山西省	1225. 14	20	山西省	304. 80	20	湖北省	22. 20	20	四川省	40. 01	20	浙江省	0. 69
21	吉林省	1210. 91	21	吉林省	236. 00	21	江西省	20. 40	21	内蒙区	39. 19	21	上海市	0. 69
22	新疆区	1179. 82	22	青海省	210. 78	22	天津市	17. 32	22	黑龙江	38. 88	22	黑龙江	0. 61
23	北京市	992. 87	23	辽宁省	198. 03	23	河南省	11. 57	23	山西省	37. 15	23	甘肃省	0. 32
24	贵州省	971. 06	24	海南省	192. 00	24	江苏省	10. 08	24	河北省	36. 49	24	广东省	0. 12
25	天津市	769. 38	25	甘肃省	190. 61	25	广东省	9. 97	25	宁夏区	35. 68	25	内蒙区	0. 08
26	上海市	752. 38	26	宁夏区	138. 74	26	辽宁省	8. 96	26	重庆市	35. 32	26	山西省	0. 08
27	甘肃省	745. 68	27	天津市	113. 59	27	浙江省	5. 43	27	云南省	32. 06	27	天津市	0. 01
28	海南省	517. 00	28	山东省	70. 77	28	山东省	0. 84	28	甘肃省	30. 89	28	重庆市	-0. 98
29	宁夏区	484. 35	29	北京市	-16. 37	29	北京市	-1. 62	29	吉林省	30. 47	29	山东省	-2. 41
30	青海省	345. 61	30	上海市	-75. 29	30	上海市	-9. 10	30	贵州省	26. 28	30	湖北省	-2. 46
全国合计：89805. 83 万吨			全国同比增长量合计：14521. 95 万吨			全国同比平均增长速度：19. 27 %			全国平均散装率为：48. 10 %			全国平均散装率同比提高：1. 83 个百分点		

（3）全国散装水泥市场需求状况有待进一步改善。2010 年，我国散装水泥行业继续实现了散装水泥供应量、水泥散装率双增长。但从近几年全国散装水泥市场发展的形势看，散装水泥供应量和散装率的增长幅度仍较平缓。全国平均水泥散装率刚达到 48. 10%，距“十一

五”散装水泥发展指导意见的规划目标尚有6.9个百分点的差距。全国30个省、自治区、直辖市中，仍有20个省份未达到全国水泥散装率的平均水平。其中，有10个省份水泥散装率高于40%；有9个省份水泥散装率在30%～40%；贵州省水泥散装率只有26.28%。另外，2010年北京、上海的散装水泥供应量也呈现出负增长。

3. 全国散装水泥消费基本情况

2010年，我国散装水泥消费仍呈现上升趋势，消费总量达到8.39亿吨，比上年同期增加1.62亿吨，增长率为23.95%。其中，预拌混凝土使用量为3.57亿吨，较上年增加9226.69万吨，增长率为34.86%；预拌砂浆使用量为219.12万吨，同比增加6.38万吨，增长率为3.00%；水泥制品使用量为1.35亿吨，同比增加4890.98万吨，增长率为56.88%；分散用户使用3.45亿吨，同比增加2088.87万吨，增长率为6.44%。2010年我国散装水泥使用量详情如图5所示。

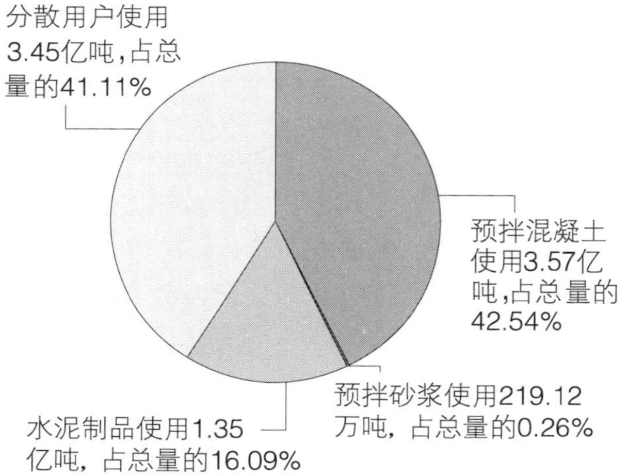

图5 2010年我国散装水泥使用量构成示意

4. 全国预拌混凝土消费散装水泥及物流装备情况

截止2010年年末，我国共有预拌混凝土生产企业5123个，同比增加1009个，同比增长24.53%；拥有产能29.9亿立方米，同比增加6.55亿立方米，同比增长28.05%；全年生产预拌混凝土11.29亿立方米，同比增加3.00亿立方米，同比增长36.17%；产能利用率为37.76%，比上年的35.51%提高了2.25个百分点。

2010年，我国生产预拌混凝土使用散装水泥3.57亿吨，同比增加9226.69万吨，同比增长34.86%，所占全国散装水泥使用量（83920.57万吨）的比重由上年的39.1%提高到42.54%。全年生产预拌混凝土利用固体废弃物2亿吨，同比增长30.39%。

2010年年末，我国拥有混凝土搅拌车8.78万辆，比上年末增加1.64万辆，同比增长22.96%，搅拌容量74.19万立方米，比上年增加14.28万立方米，增长23.83%；全国拥有混凝土泵车15444辆，比上年末增加2414辆，同比增长18.53%；泵送能力108.11万立方米，比上年末增加16.7万立方米，同比增长18.26%。

5. 全国预拌砂浆消费散装水泥及物流装备情况

2010年，我国21个省、自治区、直辖市共有预拌砂浆（指普通预拌干混砂浆，下同）生产企业323家，比上年末增加114家，同比增长54.55%；年设计生产能力6849.86万吨，比上年末增加2809.61万吨，同比增长69.54%；全年生产预拌砂浆838.25万吨，同比增加307.03万吨，同比增长57.8%；产能利用率为12.24%，低于上年的13.15%约0.91个百分点；全国21个省（区、市）生产的湿拌（普通）砂浆的产量为362.54万吨，同比减少34.91万吨，同比下降8.8%。

全年生产普通预拌砂浆（干、湿）共使用散装水泥量达219.12万吨，比上年增加6.38万吨；占全国散装水泥使用量（83920.57万吨）的0.26%，比上年所占比重0.31%减少0.05%。全国生产预拌砂浆综合利用固体废弃物211.71万吨，比上年增加55.86万吨，同比增长35.84%。

2010年，我国共有干混砂浆运输车491辆，同比增加297辆，同比增长153.1%，总容量为1.69万吨，同比增加7624吨；拥有干混砂浆移动筒仓5211个，同比增加3165个，同比增长154.69%，总容量为17.31万吨，同比增加10.85万吨，同比增长168.08%；拥有干混砂浆背罐车125辆，比上年增加51辆。

6. 全国农村水泥消费大幅增长，农村散装水泥消费继续增加

2010年，我国农村散装水泥销售点已发展到6166家，比上年末增加84家；有散装水泥罐2.84万个，比上年增加2841个，同比增长10%，增加容量8.7万吨；全年销售水泥1.2亿吨，同比增加2150.7万吨，同比增长21.94%。

2010年，我国农村水泥使用量为4.76亿吨，比上年增加8542.62万吨，同比增长21.85%；农村散装水泥使用量为1.74亿吨（其中：农村预拌混凝土使用5147.33万吨，水泥制品使用4688.09万吨），比上年增加5063.23万吨，同比增长41.1%，所占全国散装水泥使用量（83920.57万吨）的比例由上年的18.19%提高到20.71%。农村散装水泥使用率为36.49%，同比提高4.98个百分点。

7. 散装水泥物流装备发展情况

2010年，我国散装水泥物流装备得到长足发展，为满足散装水泥消费市场提供了物质保障。截止2010年年末，全国拥有散装水泥专用汽车3.8万辆，比上年增加2661辆，同比增长7.5%；装载量为116.16万吨，比上年增加16.13万吨，同比增长16.12%。拥有散装水泥储罐10.87万个，装载量为373.81万吨，同比增加34.97万吨，同比增长10.32%；拥有铁路运输专用罐车有5244节，比上年增加138节，同比增长2.7%，其中备车941节、路用车4303节；拥有散装水泥专用运输船1812艘，比上年增加92艘，同比增长5.35%，装载量为148.05万吨，比上年增加11.5万吨，同比增长8.42%；拥有散装水泥运输集装箱406个，实际运输量为135.5万吨；拥有全国有散装水泥发放库1.58万个，比上年增加了979个，同比增长6.58%，库容量达3537.64万吨，比上年增加了331.36万吨，同比增长10.33%；拥有散装水泥中转库1830个，比上年增加210个，同比增长12.96%，库容量为306.4万吨，同比增加56.75万吨，同比增长22.73%；拥有固定接收库2.14万个，比上年增加2573个，同比增长13.66%，库容量726.81万吨，比上年增加111.91万吨，同比增长18.2%。

8. “十一五”期间散装水泥市场发展概况与历史回顾

“十一五”期间我国水泥累计生产量为74.41亿吨，是“十五”期间水泥累计生产量41.16亿吨的1.81倍，共增长了33.25亿吨，年平均增长速度为12.43%。

“十一五”期间散装水泥累计供应量为33.23亿吨，是“十五”规划期间散装水泥累计供应量12.41亿吨的2.68倍，平均年增长速度为18.74%。

从1976—2010年我国水泥产业（“五五”—“十一五”规划）的发展看，30多年来我国水泥产业发展成果显著。2010年全国水泥产量是1976年的40倍、全国散装水泥供应量是1976年供应量的148倍；水泥散装率也由“五五”末的13.59%提高到“十一五”末的48.1%，以平均每年约一个百分点的增速递增，并连续16年实现了散装率的稳步提高。如图6、图7和图8所示。

从国家经济发展进程来看，水泥作为重要建筑材料将在未来5年的市场需求仍将与国家经济增长同步发展。据专家预测，未来5年我国对水泥的需求增速为3%～5%。到2015年，水泥年消费量将达到21亿吨左右。

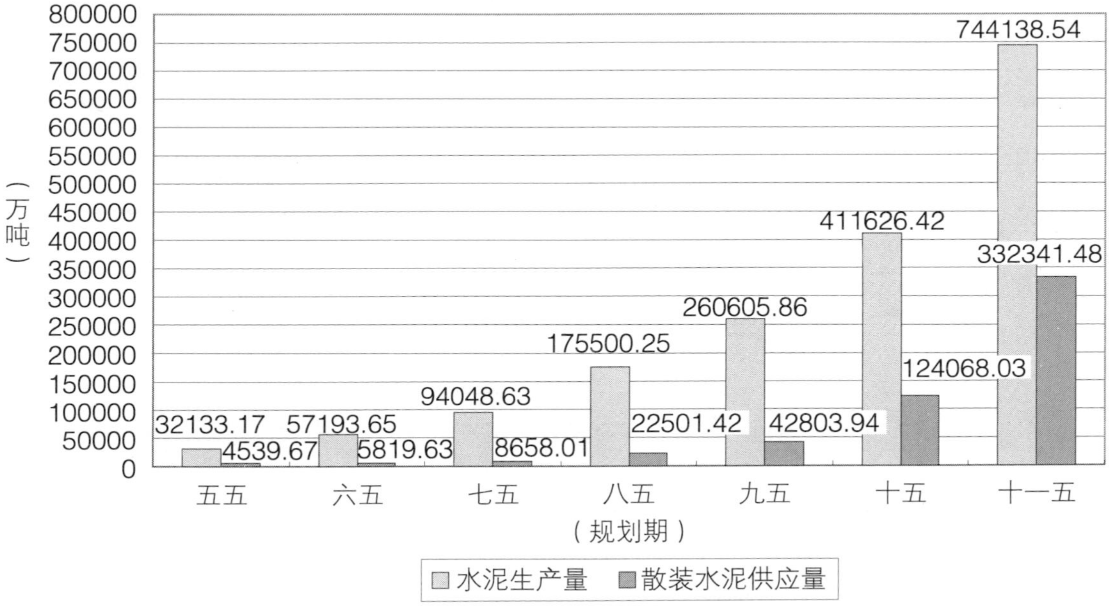

图 6　1976—2010 年历个五年规划我国水泥生产量、散装水泥供应量示意统计

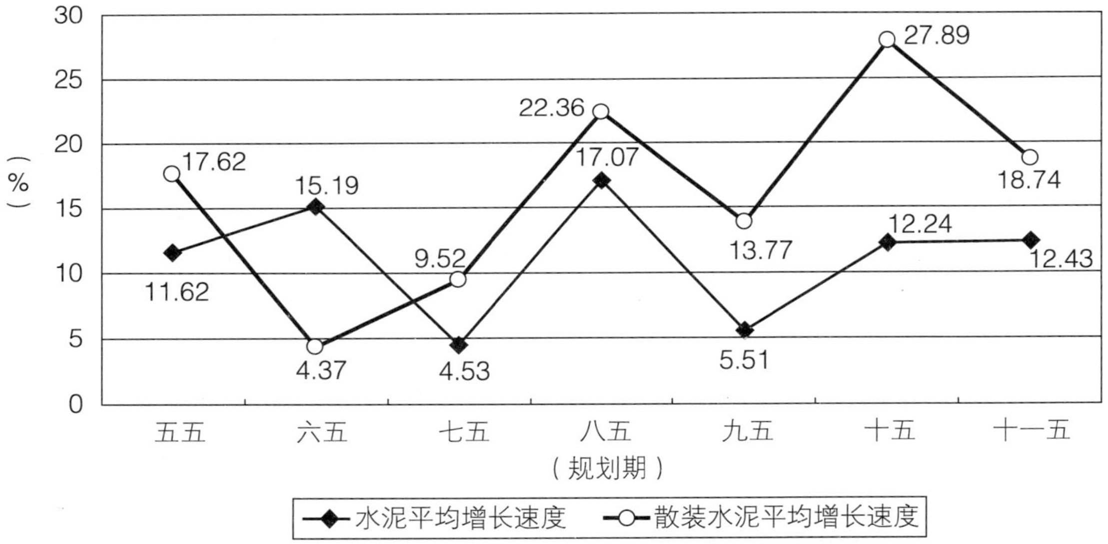

图 7　1976—2010 年历个五年规划期中水泥和散装水泥平均增长速度示意

根据“十二五”规划，在基础设施方面，“十二五”高铁将是优先发展的战略性新兴产业；同时水利建设和城市轨道交通也将迎来黄金发展期，预计农村建设水泥需求将保持较快增长。受到国家新农村建设、农村水利投资加大、建材下乡等多项惠农政策支持，农村基建和房屋建设对水泥需求会有较大增幅。未来十年政府将投资约 4 万亿元人民币用于水利建设，每年的投资将达到 4000 亿元人民币，水利建设对水泥的需求将在 2 ~ 3 年内进入高峰。

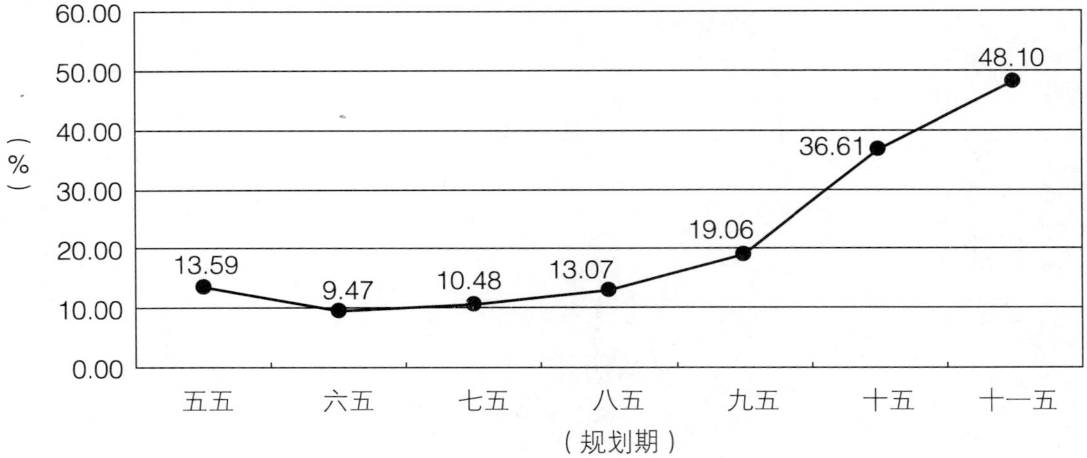

图 8 1976—2010 年历个五年规划末水泥平均散装率示意

根据铁道部规划，未来三年，铁路建设年均投资规模也将不低于 7000 亿元，陆续增加的公路新开工项目也将会增加对水泥的需求。加之国家“十二五”规划对保障房、高铁、水利、水电和农村基建重视程度加大，我国市场对水泥的需求将会迎来新一轮高峰。

（武美燕 中国散装水泥推广发展协会）

2010年中国木材市场

2010年，我国市场木材总资源约为4.28亿立方米，如表1所示，同比增长1.3%。其中，国产约占57%，进口约占43%。

表1　　2009—2010年我国木材资源构成及增长统计

	2009年（亿立方米）	2010年（亿立方米）	增减数量（亿立方米）	同比增长（%）
一、国产部分				
国产商品原木	7063.29	8089.62	1026.33	14.5
其中：工业原木	6476.27	7513.25	1036.98	16.0
薪材	592.02	576.41	-15.61	-2.6
农民自采自用	1560.38	823.37	-737.01	-47.2
农民烧柴	3043.79	2174.48	-869.31	-28.6
木质纤维板、刨花板	8255.42	9416	1160.58	14.1
超采伐限额及库存	3800	3800	0	0
合　计	23727.88	24303.51	575.63	2.4
二、进口木材				
进口原木	2805.9	3434.75	628.85	22.4
进口锯材	1400.6	2089.1	688.5	49.2
进口木片及木制品	844.5	1233	388.5	46.0
合　计	5051	6756.85	1705.85	33.8
三、进口纸、纸浆、废纸等	13492.8	11777.5	-1715.3	-12.7
木材资源总计	42271.68	42837.86	566.18	1.3

注：1. 全部折成原木材积

2. 纤维板、刨花板已扣除与薪材产量重复部分

2010 年，我国木材资源同比增长 1.3%，比 2009 年增幅下降了 8.8 个百分点，增幅大幅下降的主要原因是纸浆、废纸等的进口量减少了 1715 万吨（折原木约 5145 万立方米），同比下降了 12.7%；进口木材木制品仍大幅增加，同比增长 33.8%，国产木材中农民自采自用和烧柴均有大幅下降。

2010 年，我国木材消费资源与消费基本平衡，消费结构与 2009 年没有大的变化。

一、2010 年我国国内木材及木制品生产概况

1. 我国国内商品木材生产量

2010 年，我国商品木材产量为 8089.62 万立方米，比 2009 年增长 14.4%，其中原木产量 7513 万立方米，同比增长 16%；薪材产量 576.41 万立方米，同比下降 2.6%。

2. 我国国内锯材生产量

2010 年，我国锯材产量 3722.6 万立方米，同比增长 15.3%，锯材比重逐年增长。2000 年，我国锯材产量占原木产量的 13.4%，2010 年锯材产量占原木产量的比重上升到 46%，如图 1 所示，节省了木材物流运输成本。

3. 我国国内人造板生产量

2010 年，我国人造板产量达 1.54 亿立方米，同比增长 33%，产量和出口量均居世界第一位，各类人造板产量增幅均在两位数以上，如表 2 所示。

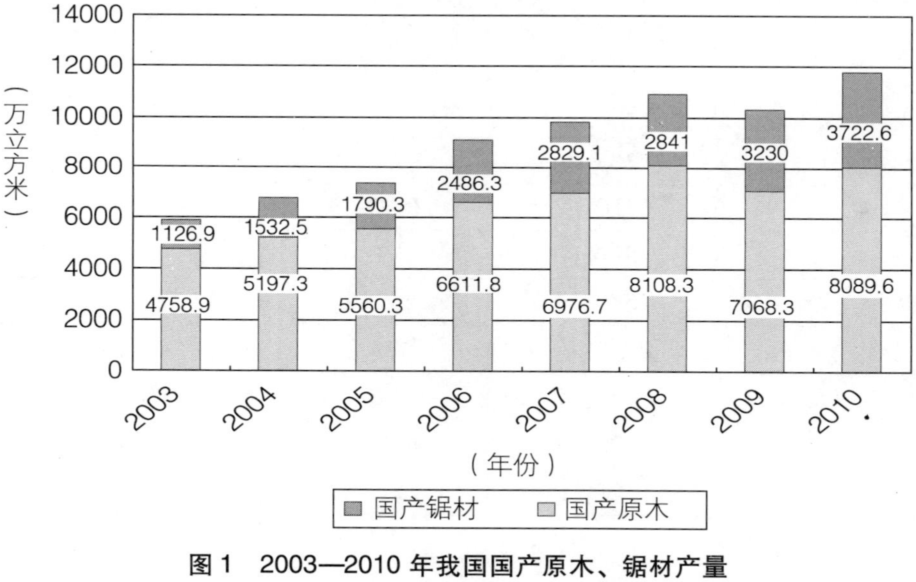

图 1　2003—2010 年我国国产原木、锯材产量

表 2　　2009—2010 年我国人造板产量

品　种	2009 年（万立方米）	2010 年（万立方米）	2010 年比 2009 年增长数量（万立方米）	同比增长（%）
人造板合计	11546.65	15360.83	3814.18	33.0
1. 胶合板	4451.24	7139.66	2688.42	60.4

续 表

品　种	2009 年（万立方米）	2010 年（万立方米）	2010 年比 2009 年增长数量（万立方米）	同比增长（%）
2. 纤维板	3488.56	4354.54	865.98	24.8
其中：中密度	3131.64	3894.24	762.6	24.4
3. 刨花板	1431	1264.2	-166.8	-11.7
4. 其他人造板	2175.85	2602.43	426.58	19.6

4. 我国木质家具、地板产量

2009 年受世界经济危机影响地板和木质家具出口减少，产量下降，地板产量呈负增长，木质家具虽然正增长，但增幅大幅回落。2010 年情况发生变化，产量产值均有较大增长，如表 3 所示。2001—2010 年我国家具产值及增幅如图 2 所示。

表 3　2009—2010 年我国木地板、木质家具产量

	单　位	2009 年	2010 年	同比增长（%）
实木木地板	万平方米	8139	11200	37.61
复合木地板	万平方米	24487	26800	9.45
木质家具	万　件	20500	26200	27.80

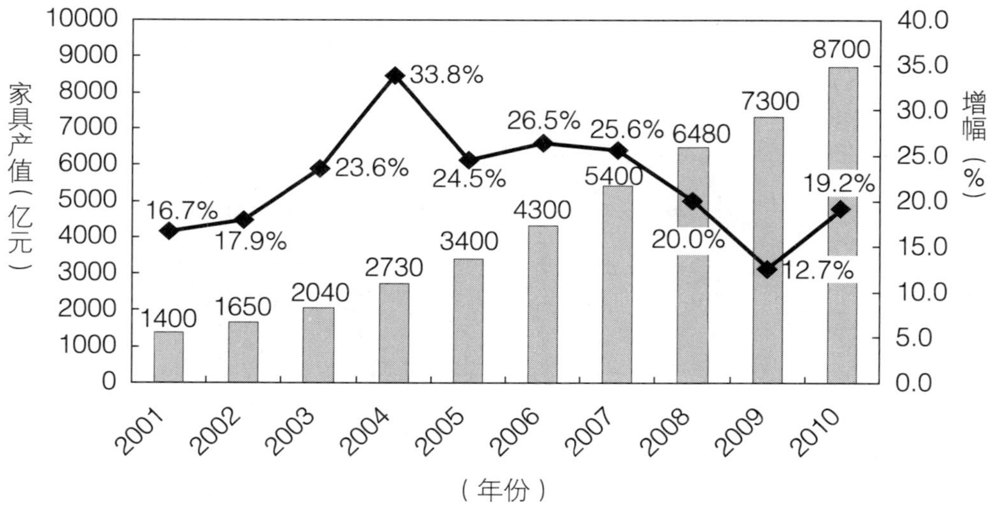

图 2　2001—2010 年我国家具产值及增幅

2010 年，我国规模以上家具企业产量 7.7 亿件，主要分布在长三角、广东、福建和山东等沿海地区，如图 3 所示，占总产量的 86%；其中木质家具占 1/3 左右，约为 2.62 亿件。东北、华北和西北地区的家具很大一部分是由沿海地区运输过去。

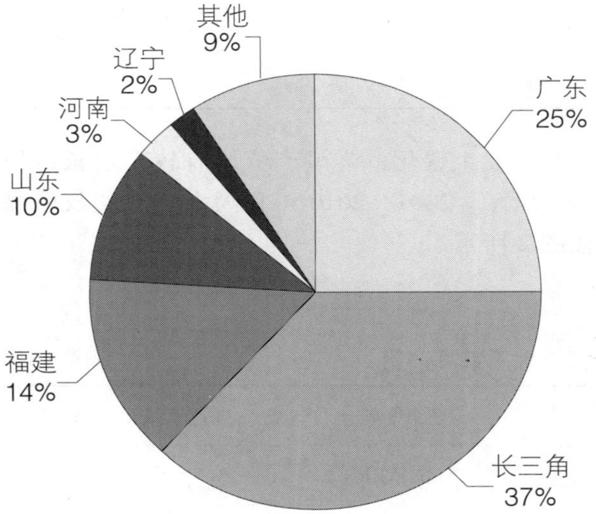

图 3　2010 年我国家具产量分布

5. 我国林业主要产品销售价格

2010 年，我国主要林业工业产品销售价格涨跌互现：木材综合平均价格为每立方米 699 元，比 2009 年提高 23.94%；锯材综合平均价格为每立方米 1100 元，比 2009 年提高 8.16%；木片综合平均价格为每实积立方米 624 元，比 2009 年下降 5.60%；木地板综合平均价格为每平方米 125 元，比 2009 年提高 3.31%；胶合板综合平均价格为每立方米 1650 元，比 2009 年下降 6.99%；中密度纤维板综合平均价格为每立方米 1496 元，比 2009 年提高 3.96%；刨花板综合平均价格为每立方米 1130 元，比 2009 年下降 1.82%。

二、2010 年我国木材及木制品进出口

2010 年，我国木材及木制品进出口贸易总额 377.4 亿美元（不含废纸、纸浆、纸及纸制品等），同比增长 36.7%。其中，进口 116.77 亿美元，同比增长 55.7%；出口 260.63 亿美元，同比增长 29.7%，如图 4 所示，均达到历史最高水平。

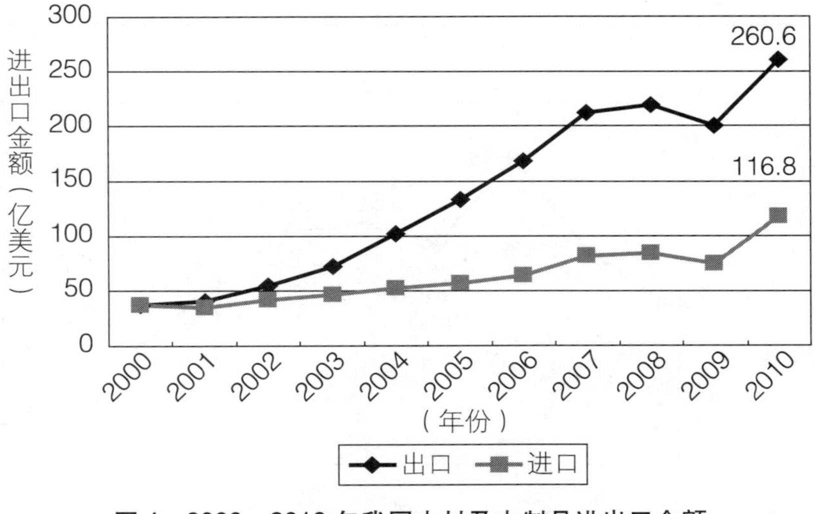

图 4　2000—2010 年我国木材及木制品进出口金额

1. 我国进口木材情况

2010 年我国进口木材比重约在 40%，但国产木材很大部分用于坑木、造纸和农用，在基建、工业、装修、家具和出口等市场流通方面，进口木材占主导地位。因此，进口木材的变化情况基本可以反映我国木材市场的走势。

（1）原木。2010 年我国进口原木 3434.75 万立方米，同比增加 628.8 万立方米，同比增长 22.4%。其中，针叶原木进口 2426.8 万立方米，同比增长 19.6%；阔叶原木进口 1007.9 万立方米，同比增长 29.9%。原木进口总量超过历史最高水平。

进口原木中，热带原木的比重在逐年下降。如图 5 所示，2001 年我国进口热带原木占原木进口总量的 38.6%，2004 年为 28%，2010 年进一步降至 23.8%。

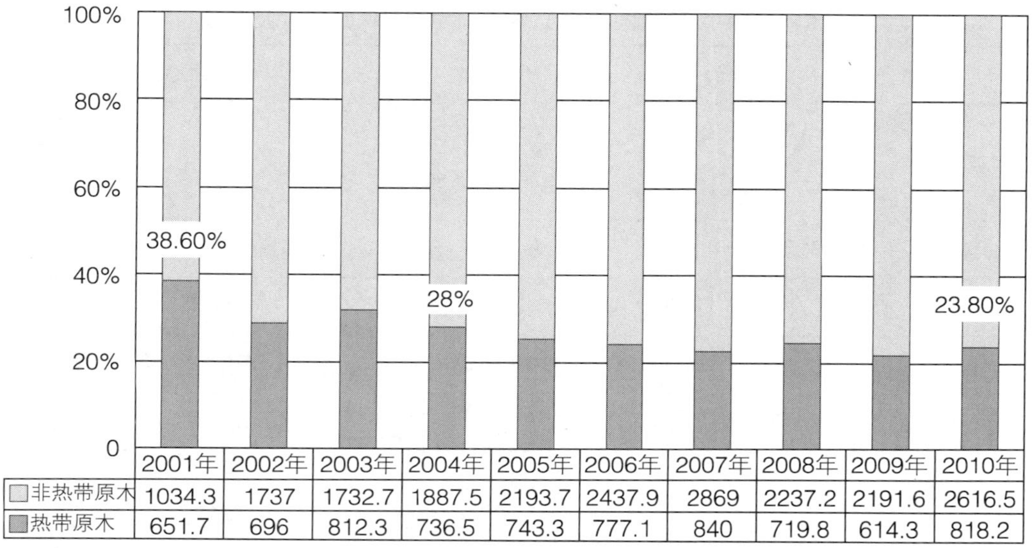

图 5　2001—2010 年我国进口热带原木比重

从进口的地区看，近年来大洋洲的原木的进口量迅速增加。2010 年从大洋洲进口的原木已居各洲（不含俄罗斯）首位，达到 1092.7 万立方米，平均每年递增超过 30%，占我国进口原木量的 31.8%。2010 年我国进口原木增幅最大的地区是北美洲，达到 249.1%。

2010 年我国从各洲进口原木数量和比重的情况如表 4 和图 6 所示。

表 4　　2010 年我国从各洲及俄罗斯进口原木的情况

地区	2009 年（万立方米）	2010 年（万立方米）	比上年增加（万立方米）	同比增长（%）	占进口原木总量的比例（%）
大洋洲	792.95	1092.7	299.75	37.8	31.8
亚洲	128.68	157.19	28.51	22.2	4.6
非洲	211.86	257.43	45.57	21.5	7.5
欧洲	72.04	113.37	41.33	57.4	3.3
北美洲	113.77	397.15	283.38	249.1	11.6
南美洲	5.48	13.6	8.12	148.2	0.4
俄罗斯	1481.15	1403.55	-77.6	-5.2	40.9
总计	2805.93	3434.75	628.82	22.4	

从进口原木国别看，2010 年我国从 10 个国家进口原木的总量占到我国进口原木总量的 90%，如表 5 所示。除进口俄罗斯和加蓬的原木量同比下降外，从其他国家进口原木的数量均有增长。其中，进口美国原木增长了 266.2%，比上年增加了 202 万立方米，增幅和增量均居各国之首，绝对数量居第三位。因加蓬政府已经严格执行原木出口配额制度，故我国进口加蓬原木的数量大减。

表 5　　2009—2010 年我国进口原木量排名前 10 的国家及数量

2010 年						2009 年同期			
排名	国家	数量（万立方米）	占总量（%）	比上年增加（万立方米）	同比增长（%）	排名	国家	数量（万立方米）	占总量（%）
1	俄罗斯	1403.55	40.9	−77.6	−5.2	1	俄罗斯	1481.15	52.79
2	新西兰	593.82	17.3	152.47	34.5	2	新西兰	441.35	15.73
3	美国	278.14	8.1	202.19	266.2	3	巴布亚新几内亚	165.95	5.91
4	巴布亚新几内亚	247.77	7.2	81.82	49.3	4	所罗门群岛	112.44	4.01
5	所罗门群岛	145.47	4.2	33.03	29.4	5	加蓬	110.3	3.93
6	加拿大	117.84	3.4	80.64	216.8	6	美国	75.95	2.71
7	澳大利亚	105.62	3.1	32.41	44.3	7	澳大利亚	73.21	2.61
8	马来西亚	95.54	2.8	23.37	32.4	8	马来西亚	72.17	2.57
9	加蓬	73.86	2.2	−36.44	−33.0	9	刚果	43.63	1.55
10	刚果	48.56	1.4	4.93	11.3	10	加拿大	37.2	1.33
进口总量		3434.7	100.0	628.8	22.4	进口总量		2805.9	100

（2）锯材。2010 年我国进口锯材 1471.2 万立方米，比上年增加 484.8 万立方米，同比增长 49.2%。其中，针叶锯材进口 937.1 万立方米，比上年增加 302.7 万立方米，同比增长 47.7%；阔叶锯材进口 534.1 万立方米，比上年增加 182.1 万立方米，同比增长 51.8%，如图 6 所示。

从进口地区看如表 6 所示，2010 年我国从北美进口锯材量超过亚洲，居第一位；从非洲进口的锯材数量虽然不大但增长幅度很大。此外，从俄罗斯进口锯材量增长也很快。

从锯材进口国别看，我国从俄罗斯、加拿大、美国、泰国、菲律宾、新西兰、印尼、智利、德国和马来西亚 10 国进口锯材的数量占进口锯材总量的 90%，如表 7 和图 7 所示。其中，俄罗斯（阔叶锯材约占 8.3%）、加拿大、新西兰主要是针叶锯材，美国（针叶锯材占 23.8%）、泰国、马来西亚、印尼等主要是阔叶锯材。

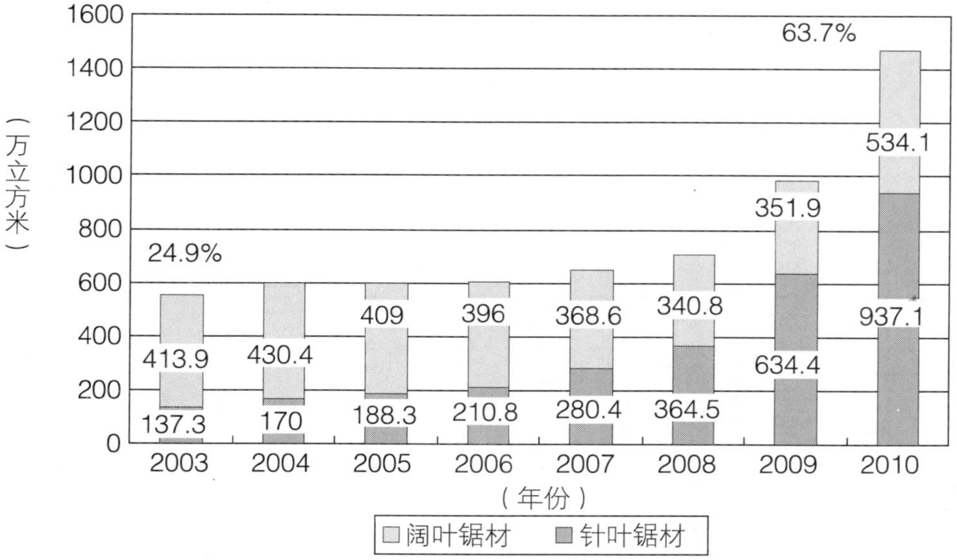

图 6　2003—2010 年我国进口锯材数量

表 6　　2010 年我国从各大洲及俄罗斯进口锯材数量

地 区	2009 年（万立方米）	2010 年（万立方米）	比上年增加数量（万立方米）	同比增长（%）	占总进口量的百分比（%）
亚洲	193. 12	287. 9	94. 78	49. 1	19. 6
北美洲	338. 53	550. 46	211. 93	62. 6	37. 4
南美洲	47. 17	61. 74	14. 57	30. 9	4. 2
欧洲	36. 25	64. 54	28. 29	78. 0	4. 4
大洋洲	50. 86	51. 45	0. 59	1. 2	3. 5
非洲	8. 33	18. 33	10	120. 0	1. 2
俄罗斯	312. 05	436. 69	124. 64	39. 9	29. 4
合 计	986. 31	1471. 11	484. 8	49. 2	100

表 7　　2009—2010 年我国进口锯材量排位前 10 的国家及相关数据统计

进口锯材									
2010 年						2009 年			
排名	国别	数量（万立方米）	占总量（%）	比上年增加（万立方米）	同比增长（%）	排名	国别	数量（万立方米）	占总量（%）
1	俄罗斯	436. 69	29. 7	124. 64	39. 9	1	俄罗斯	312. 05	31. 64
2	加拿大	402. 2	27. 3	158. 5	65. 0	2	加拿大	243. 7	24. 71

续　表

进口锯材									
2010 年						2009 年			
排名	国别	数量（万立方米）	占总量（%）	比上年增加（万立方米）	同比增长（%）	排名	国别	数量（万立方米）	占总量（%）
3	美国	143.23	9.7	50.33	54.2	3	泰国	102.44	10.39
4	泰国	140.99	9.6	38.55	37.6	4	美国	92.9	9.42
5	菲律宾	54.48	3.7	25.1	85.4	5	新西兰	41.78	4.24
6	新西兰	41.26	2.8	-0.52	-1.2	6	菲律宾	29.38	2.98
7	印度尼西亚	40.76	2.8	19.6	92.6	7	印度尼西亚	21.16	2.15
8	智利	25.02	1.7	5.12	25.7	8	马来西亚	20.47	2.08
9	德国	24.7	1.7	15.9	180.7	9	智利	19.9	2.02
10	马来西亚	24.23	1.6	3.76	18.4	10	缅甸	11.16	1.13
进口总量		1471.2	100.0	484.84	49.2	进口总量		986.34	

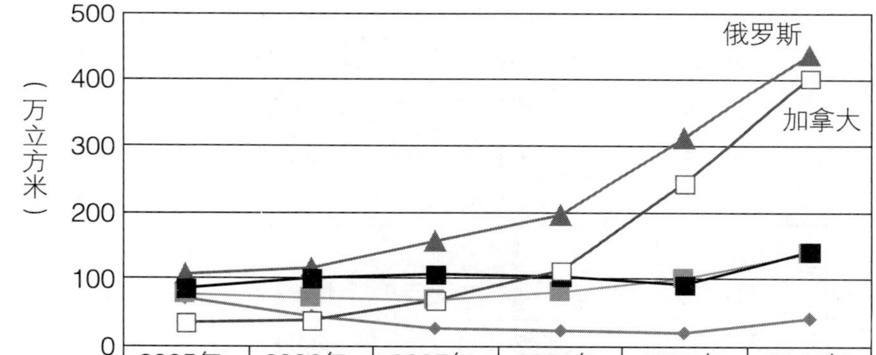

	2005年	2006年	2007年	2008年	2009年	2010年
印度尼西亚	72	45.01	25.75	22.46	21.16	40.76
泰国	76.22	70.65	69.42	79.07	102.44	140.99
俄罗斯	105.67	117.43	158.55	196.82	312.05	436.69
美国	85.26	102.19	107.33	104.25	92.9	143.23
加拿大	35.04	39.79	67.46	113.36	243.7	402.2

图 7　2006—2010 年我国进口锯材主要国别

（3）进口木材口岸价。2010 年我国进口原木价格（如图 8 所示）以海关美元价（相当出厂价，下同）计算，每立方米 176.8 美元，同比上涨 21.4%。进口原木价格上涨，一方面是受需求增加的影响；另一方面，原油价格上涨引发运费上涨也是导致原木价格上涨的重要原因。

2010 年，我国进口锯材海关口岸价格为每立方米 261 美元，同比增长 11.7%。如图 9 所示。

（4）进口原木和锯材的主要省市（口岸）。2010 年，我国进口原木和锯材的主要省市（口岸）的情况如表 8 和表 9 所示。

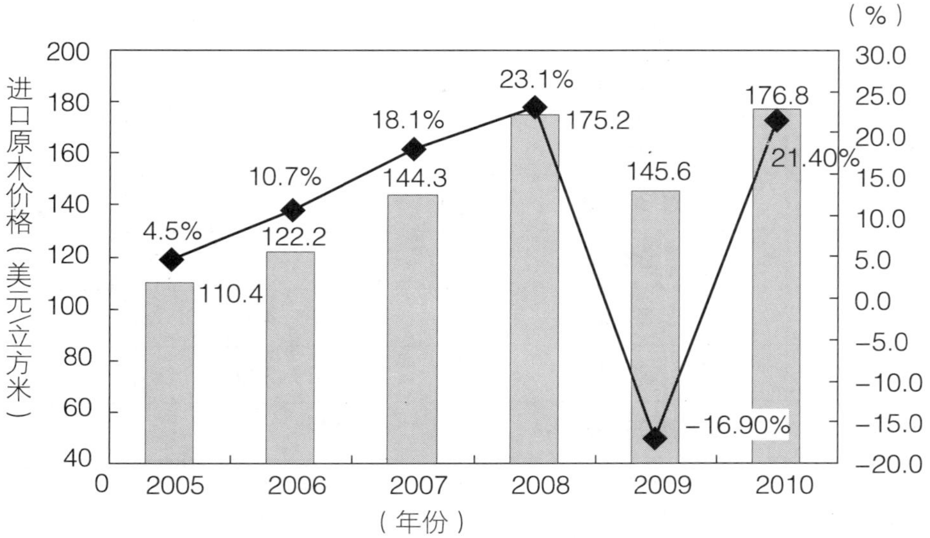

图 8　2005—2010 年我国进口原木价格及增幅

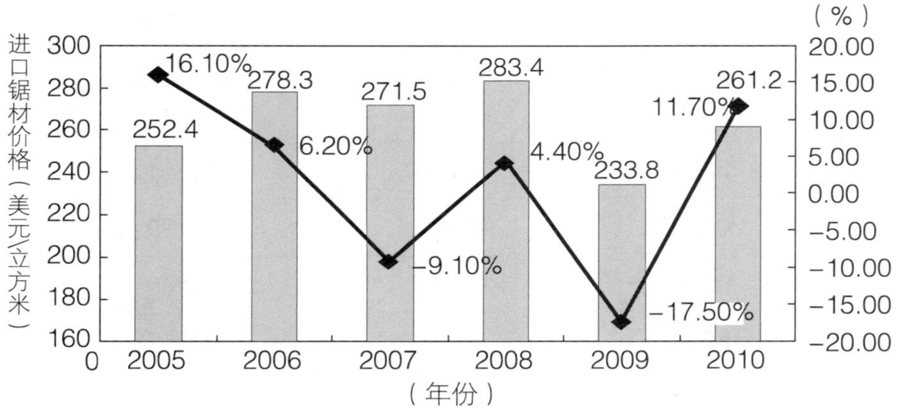

图 9　2005—2010 年我国进口锯材价格及增幅

表 8　2010 年我国进口原木主要省市数据统计

地　区	2009 年（万立方米）	2010 年（万立方米）	同比增长（%）
内蒙古自治区	775. 6	735. 12	-5. 2
黑龙江省	456. 72	412. 59	-9. 7
江苏省	720. 96	1003. 53	39. 2
广东省	110. 9	158. 27	42. 7

续 表

地 区	2009 年（万立方米）	2010 年（万立方米）	同比增长（%）
上海市	231. 78	302. 1	30. 3
云南省	34. 53	38. 87	12. 6
浙江省	52. 42	63. 59	21. 3
山东省	266. 02	436. 36	64. 0
福建省	93. 31	141. 32	51. 5
辽宁省	21. 55	21. 4	-0. 7
天津市	28. 15	89. 73	218. 8
合计	2805. 93	3434. 7	22. 4
长三角地区	1005. 16	1369. 22	36. 2

表 9　　2010 年我国进口锯材主要省市数据统计

地 区	2009 年（万立方米）	2010 年（万立方米）	比上年增加（万立方米）	同比增长（%）
上海市	240. 37	220. 27	-20. 1	-8. 4
内蒙古自治区	233. 43	288. 94	55. 51	23. 8
广东省	208. 72	281. 71	72. 99	35. 0
天津市	66. 2	109. 05	42. 85	64. 7
黑龙江省	59. 2	87. 75	28. 55	48. 2
山东省	50. 9	90. 67	39. 77	78. 1
江苏省	37. 15	84. 65	47. 5	127. 9
辽宁省	28. 28	47. 25	18. 97	67. 1
浙江省	25. 27	127. 58	102. 31	404. 9
福建省	13. 9	67. 68	53. 78	386. 9
其他	22. 92	65. 63	42. 71	186. 3
总计	986. 34	1471. 18	484. 84	49. 2

2. 木制品进出口都有大幅增长

我国是世界木制品出口大国，受世界经济危机影响2008—2009年出口数量下降，部分以出口为主的企业停产倒闭。2010年随着世界经济好转，企业订单增加，效益逐步好转，进出口贸易比2009年大幅增长，主要木制品出口金额完成260.6亿美元，同比增长30%（如图10所示）。

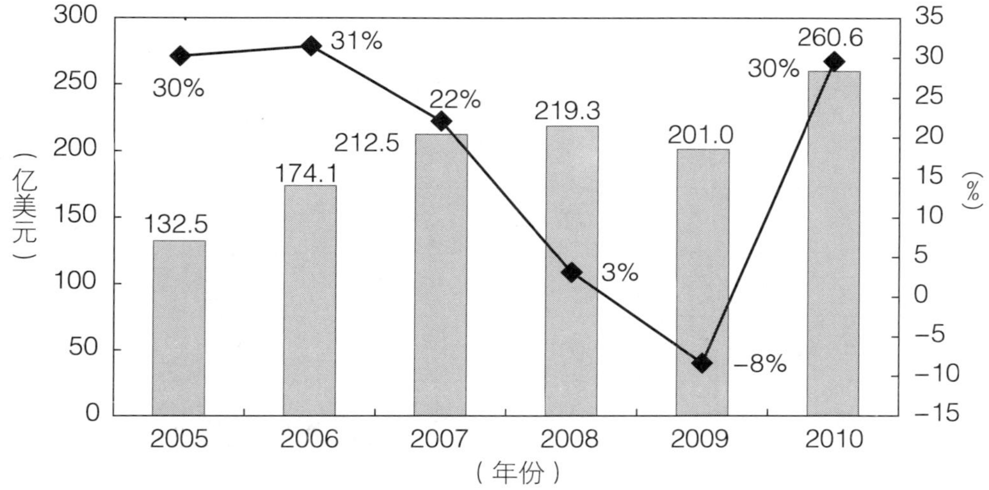

图10 2005—2010年我国主要木制品出口金额及增幅

2010年，我国出口人造板9653万立方米，占木制品出口总量的19%；出口竹木地板43.2吨，占木制品出口总量的3%；出口木门31万吨，占木制品出口总量的2%；出口木家具和木框架坐具2.98亿件，占木制品出口总量的61%；出口活动房占木制品出口总量的5%，出口其他木制品占木制品出口总量的10%。其中，占木制品出口金额一半以上的木家具、木框架坐具的出口已超过经济危机前2007年的水平（如图11所示）；人造板、竹木地板、木门等其他木制品出口虽比2009年有较大幅度增长，但仍未达到2007年的水平（如表10、图12和图13所示）。

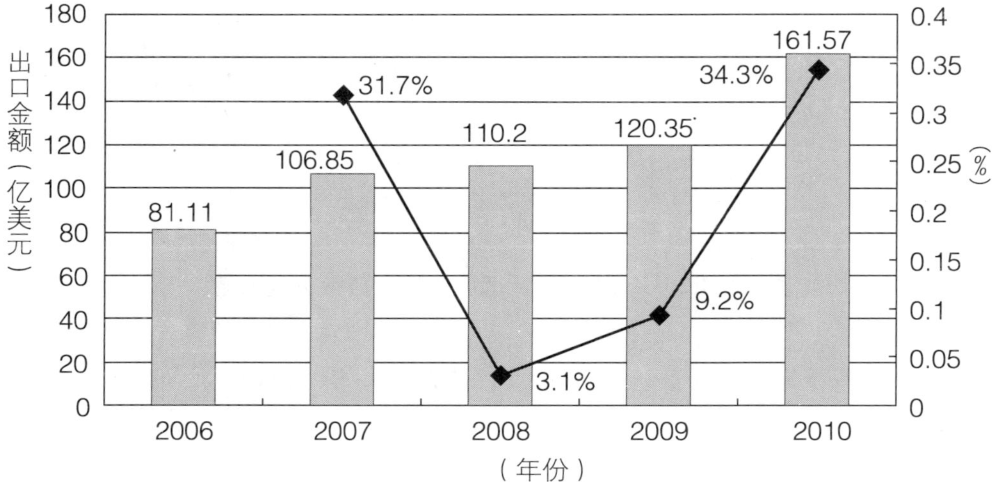

图11 2006—2010年我国出口木家具金额及增幅

表 10　　2010 年我国木制品出口数据统计

木制品名称	单位	2010 年	2009 年	2007 年	2010 年比 2009 年增长（%）	2010 年比 2007 年增长（%）
胶合板	万立方米	754. 7	563. 5	878. 2	33. 9	–14. 1
纤维板	万立方米	210. 6	173. 9	228. 3	21. 1	–7. 8
木竹地板	万吨	43. 2	38. 2	51. 7	13. 1	–16. 4
木门	万吨	31	25. 4	33. 8	22. 0	–8. 3
木家具	万件	20359. 8	16945. 2	19164. 9	20. 2	6. 2
木框架坐具	万件	9472. 9	7801. 8	9256. 1	21. 4	2. 3
出口金额	亿美元	260. 6	201	212. 5	29. 7	22. 6

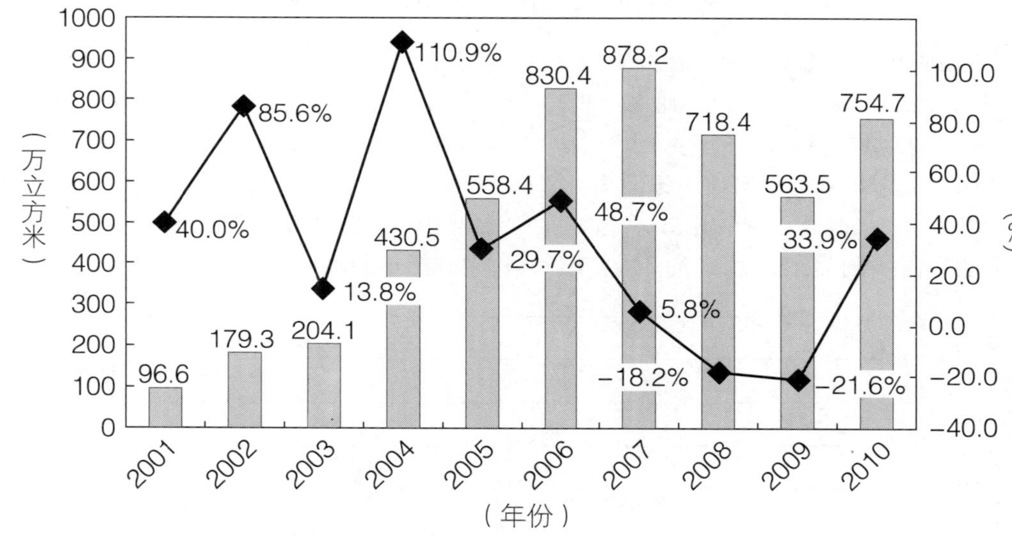

图 12　2001—2010 年我国胶合板出口数量及增幅

过去我国木制品进口量一直不多，现在随着经济的发展和人民生活水平的提高进口量也在快速增长，特别是木质家具和木框架坐具，最近 5 年进口量增加了 3.9 倍（如表 11 所示）。

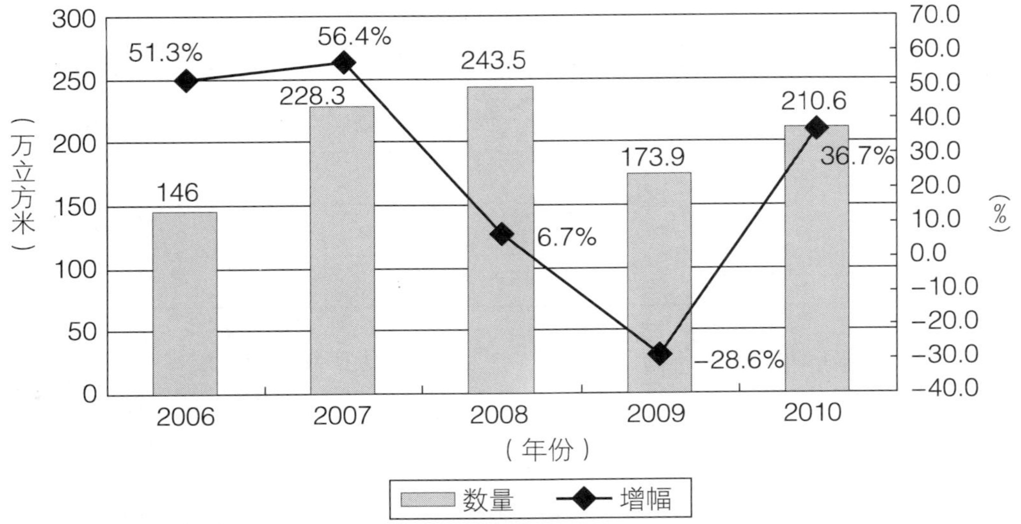

图 13　2006—2010 年我国纤维板出口数量及增幅

表 11　2010 年木制品进口数据统计

品　种	单　位	2009 年	2010 年	同比增长（%）
胶合板	万立方米	17.96	21.37	19.0
刨花板	万吨	29.02	35	20.6
其中：OSB	万吨	4.26	5.49	28.9
纤维板	万吨	10.32	10.26	−0.6
木家具	万件	273.92	358.51	30.9
木框架坐具	万件	56.64	77.62	37.0

三、2010 年我国木材市场变化趋势和特点

1. “十一五”期间长三角、环渤海和山东地区木材进口快速增长，是木材产业增长的亮点地区；黑龙江、内蒙古地区木材产业仍旧会快速发展

“十一五”期间长三角、环渤海和山东地区木材进口呈快速增长态势，这些地区主要省市木材进口的情况如表 12 所示。

表 12　2006 年和 2010 年长三角、珠三角、环渤海和山东地区几个主要省市原木进口情况

省　市	2006 年（万立方米）	2010 年（万立方米）	2010 年比 2006 年增长（%）
广东省	139.25	158.27	13.7
上海市	106.07	302.1	184.8
浙江省	75.66	63.59	−16.0

续 表

省 市	2006 年（万立方米）	2010 年（万立方米）	2010 年比 2006 年增长（%）
江苏省	674. 86	1003. 53	48. 7
山东省	66. 28	436. 36	558. 4
天津市	4. 2	89. 73	2036. 4
全国总计	3215. 29	3434. 7	6. 8

2010 年，长三角地区原木进口数量已达 1369 万立方米，比 2009 年增长 36. 2%，占全国原木进口总量的比重，由 2006 年的 26. 6% 上升到 2010 年的 39. 9%，而同期珠三角地区原木进口量占全国原木进口总量的比重始终在 4%左右。具体情况如表 13 所示。

表 13 2006—2010 年长三角、珠三角地区原木进口占全国原木进口量的比重

年 份	2006	2007	2008	2009	2010
全国总计（万立方米）	3215. 3	3709. 1	2957. 0	2805. 9	3434. 7
长三角地区占比（%）	26. 6	27. 2	31. 4	35. 8	39. 9
珠三角地区占比（%）	4. 3	4. 1	4. 2	4. 0	4. 6

山东省和天津市 2010 年原木进口量分别达到 436 万立方米和 90 万立方米，比 2009 年分别增长 64% 和 218. 8%，比 5 年前的 2006 年增长 558% 和 2036%。

2010 年，黑龙江省和内蒙古自治区受俄罗斯出口原木政策调整限制，原木进口量有所下降，特别是黑龙江省进口量比最高年份的 2007 年下降了 54%。具体情况如表 14 所示。

表 14 2006—2010 年内蒙古自治区和黑龙江省原木进口数据统计 单位：万立方米

省区名称	2006 年	2007 年	2008 年	2009 年	2010 年	2010 年比 2009 年增长（%）
内蒙古自治区	1074. 56	1316. 65	877. 53	775. 6	735. 12	−5. 2
黑龙江省	860. 58	897. 77	751. 52	456. 72	412. 59	−9. 7

2010 年，上述地区锯材进口量同样增长很快，如表 15、表 16 和表 17 所示。

表 15 2010 年长三角、珠三角、环渤海和山东地区锯材进口情况

省市名称	2006 年（万立方米）	2010 年（万立方米）	2010 年比 2006 年增长（%）
广东省	222. 54	287. 37	29. 1
上海市	102. 06	407. 41	299. 2
浙江省	44. 55	41. 11	−7. 7

续　表

省市名称	2006 年（万立方米）	2010 年（万立方米）	2010 年比 2006 年增长（%）
江苏省	18.27	49.09	168.7
山东省	20.54	79.48	287.0
天津市	21.84	115.26	427.7
全国总计	606.78	1471.18	142.5

表 16　　2006—2010 年长三角、珠三角地区进口锯材占全国锯材进口量的比重

	2006 年	2007 年	2008 年	2009 年	2010 年
全国总计（万立方米）	606.8	649.0	705.2	986.3	1471.2
长三角地区占比（%）	27.2	23.6	27.8	30.7	33.8
珠三角地区占比（%）	36.7	32.3	27.4	21.2	19.5

2010 年长三角地区进口锯材 498 万立方米，比 2009 年增长 64.3%，占全国进口锯材比重 33.8%，比 2006 年增加了 6.6 个百分点。

山东、天津 2010 年分别进口锯材 79 万立方米和 115 万立方米，比 2009 年分别增长 56.1% 和 74.1%，比 5 年前的 2006 年分别增长 287% 和 427%。

2010 年珠三角进口锯材 287 万立方米，比 2009 年增长 37.7%，占全国进口锯材比重 19.5%，比 2006 年下降了 17.2 个百分点。以上数据显示，长三角、环渤海和山东地区，近年来木材产业发展速度已大大超过珠三角地区，有很大的发展空间。珠三角地区（不是指大珠三角和泛珠三角）实施“产业和劳动力双转移”和推进“新型工业化”的新思路，木材产业可能逐步转移到粤北或省外。珠三角进口木材增长小的另一个原因是当地的港口和海关服务水平不如长三角地区。

黑龙江省、内蒙古地区进口俄罗斯原木虽然减少但进口锯材数量一直在增长，2010 年内蒙古进口锯材 306 万立方米，黑龙江进口锯材 97 万立方米，比 2009 年分别增长 31.3% 和 64.5%，比 2006 年分别增长 4.7 倍和 4 倍，进口锯材是今后发展趋势，这里的木材产业还是很好的发展前景。

表 17　　2006—2010 年内蒙古、黑龙江进口锯材变化数据统计　　单位：万立方米

省区名称	2006 年	2007 年	2008 年	2009 年	2010 年	2010 年比 2009 年增长（%）
内蒙古自治区	64.59	99.7	142.03	233.43	306.57	31.3
黑龙江省	24.38	25.79	33.7	59.2	97.39	64.5

2. 俄罗斯丢失中国 1100 多万立方米的原木市场

2007 年是我国进口俄罗斯原木最多的年份，达到 2539.5 万立方米；2010 年我国进口俄罗斯原木 1403.5 万立方米，比 2007 年减少了 1136 万立方米，降幅为 44.7%。如果以 2010 年进口俄罗斯原木均价 129.7 美元/立方米计算，俄罗斯 2010 年比 2007 年减少了 14.7 亿美元的销售收入。如考虑同期俄罗斯向我国出口的锯材增加了 278 万立方米，以 2010 年 205.4 美元/立方米计算，俄增加销售额为 5.7 亿美元，相抵后仍减少 9 亿美元收入。

俄罗斯空出的非热带原木市场，很快被美国、新西兰、澳大利亚及欧洲原木所弥补（如表 18 所示）。

表 18　　2007 年和 2010 年我国从俄、美、新、澳及欧洲进口原木数据统计

国家及地区	2010 年（万立方米）	2007 年（万立方米）	2010 年比 2007 年增加量（万立方米）
俄罗斯	1403.5	2539.5	-1136
美国	278.1	32	246.1
新西兰	539.8	127	412.8
澳大利亚	105.6	48.9	56.7
欧洲	113.4	91.6	21.8

3. 进口热带木材比重下降

2010 年，我国进口热带原木 818 万立方米，达到历史新高。但所占比重呈逐年下降趋势（如图 14 所示）。2010 年，我国进口热带锯材比重同样呈下降趋势（如图 15 所示）。

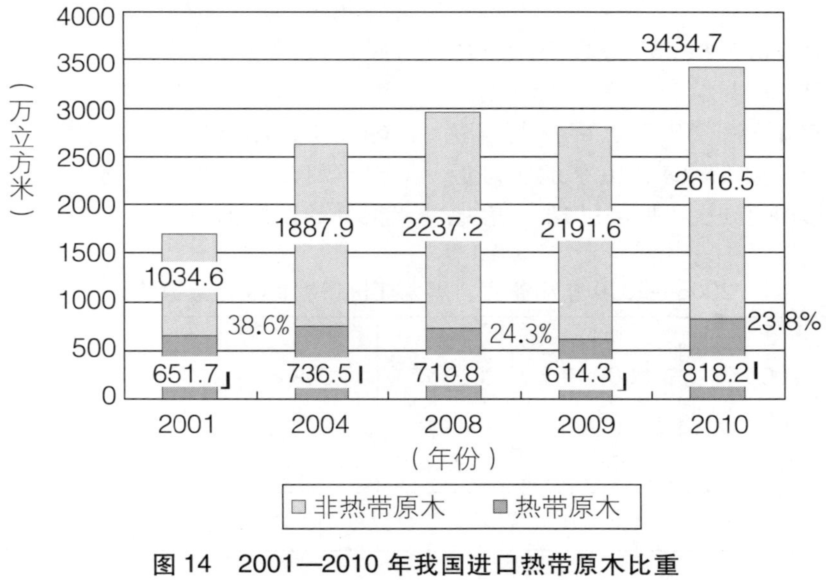

图 14　2001—2010 年我国进口热带原木比重

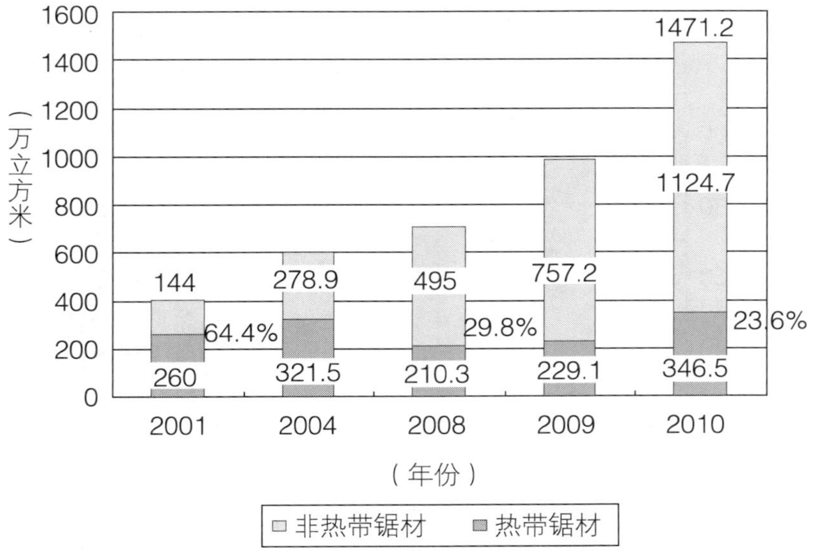

图 15　2001—2010 年我国进口热带锯材比重

2010 年，我国进口热带锯材 346.5 万立方米，增幅达到 51.2%。进口热带锯材主要来源于泰国、菲律宾和印尼，占进口热带锯材的 54%。

4. 进口锯材大幅增长，比重增加

进口锯材可以节省运输成本，特别是今后油价必然继续升高，运输成本占木材价格比重越来越高，增加锯材进口是世界趋势，另外，限制原木出口的国家越来越多，多进锯材是必然的。发达国家进口锯材比重都很高，美国、英国都在 90% 以上，意大利为 71%、法国为 68%、日本为 55%。我国 2007 年进口锯材占进口木材量的 19.9%，2009 年为 33.3%，2010 年为 37.8%（如图 16 所示）。

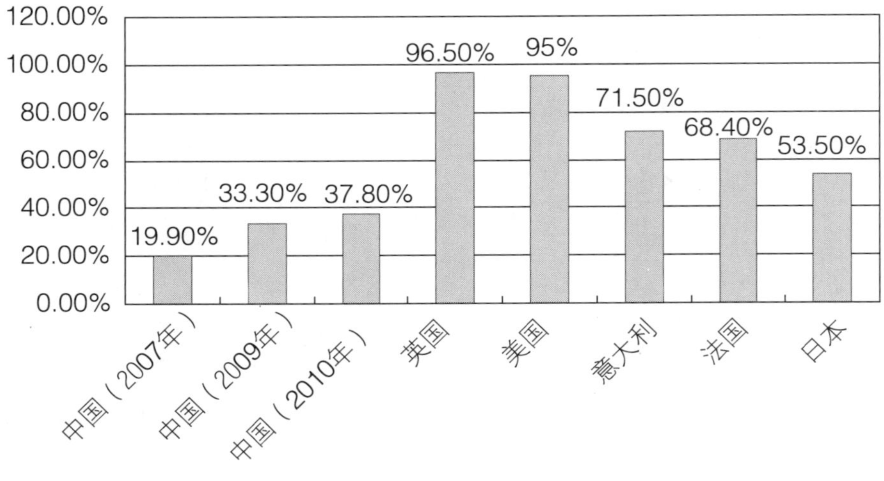

图 16　我国与英、美、意、法、日进口锯材比重情况

5. 进口原木海运比重逐年增加

2005 年我国进口原木陆运占 64%、海运占 36%。随着俄原木进口减少和我国港口的大力开发，沿海地区木材工业的兴起，海运进口量逐年增长，2010 年陆运仅占 32%、海运上升到 68%，比 5 年前翻了一番（如图 17 所示）。

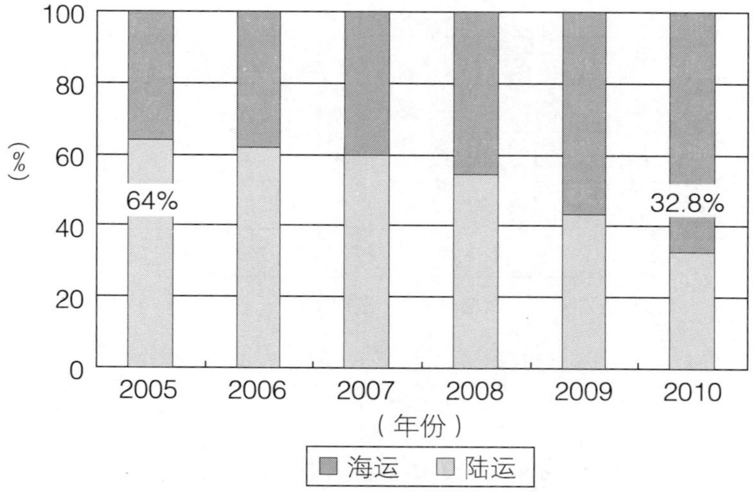

图 17　2005—2010 年我国进口原木海、陆运比重

6. 出口木制品产品单价升幅很小，进口木材单价升幅很大

2010 年我国木制品出口虽然增长很快，增幅都在两位数，但除木家具外的木制品出口单价都增长很少或负增长（如表 19 所示），同期进口木材价格却大幅上涨，国内劳动力价格升幅也在 10% ~20%，很多外销企业经济效益下滑。

表 19　2010 年我国出口木制品数量和单价增长情况

品　种	数量增长（%）	单价增长（%）	品　种	数量增长（%）	单价增长（%）
胶合板	33.9	0.6	木家具	20.2	15.8
纤维板	21.10	-0.7	木框架坐具	21.40	3.7
竹木地板	13.00	-2.8	进口原木	22.40	21.4
木门	22.30	0.4	进口锯材	49.20	11.7

四、我国的主要木材批发市场

我国木材、人造板的供应和物流运输主要靠木材市场完成，每个省市地区乃至县都有木材市场，较大型的木材市场都负责代办物流运输，表 20 是部分地区较大型的木材市场。

表 20　　部分地区较大型的木材批发市场

市场名称	经营面积（万平方米）	市场名称	经营面积（万平方米）
上海福人市场	16	山东德州木材市场	20
上海东华环球	18	甘肃西北物资市场	20
广东鱼珠市场	36	甘肃宇臻木材集散中心	9
广东东莞厚街人造板市场	40	陕西西北木材市场	26
广东东莞吉龙木材市场	25	江苏徐州木材市场	20
北京名贵木材市场	38	河北石家庄木材交易市场	12
福州上渡林产品市场	33	沈阳国际木材交易中心	64
杭州木材市场	8	河北正定恒山板材市场	30
温州木材市场	10		

（朱光前　中国木材流通协会）

中国物流年鉴

2011（下册）

CHINA LOGISTICS YEARBOOK 2011

CFLP

中国物流与采购联合会编

中国物资出版社
CHINA LOGISTICS PUBLISHING HOUSE

图书在版编目（CIP）数据

中国物流年鉴：全2册.2011／中国物流与采购联合会编.—北京：中国物资出版社，2011.10

ISBN 978－7－5047－4031－1

Ⅰ.①中…　Ⅱ.①中…　Ⅲ.①物流—中国—2011—年鉴　Ⅳ.①F259.22－54

中国版本图书馆CIP数据核字（2011）第212411号

策划编辑　朱　琳　　**责任印制**　何崇杭

责任编辑　朱　琳　　**责任校对**　孙会香　杨小静　梁　凡

出版发行	中国物资出版社		
社　　址	北京市丰台区南四环西路188号5区20楼	**邮政编码**	100070
电　　话	010－52227568（发行部）		010－52227588转307（总编室）
	010－68589540（读者服务部）		010－52227588转305（质检部）
网　　址	http：//www.clph.cn		
经　　销	新华书店		
印　　刷	北京华美扬铭印刷技术有限公司		
书　　号	ISBN 978－7－5047－4031－1/F·1595		
开　　本	880mm×1230mm　1/16	**版　　次**	2011年10月第1版
印　　张	43.75	**印　　次**	2011年10月第1次印刷
字　　数	735千字	**定　　价**	480.00元（全2册）

《中国物流年鉴》（2011）编委会

顾　问

王忠禹　中国企业联合会会长、中国物流与采购联合会名誉会长
陈邦柱　中国质量协会会长、中国物流与采购联合会名誉会长
石万鹏　中国包装协会会长、中国物流与采购联合会名誉会长

编委会名誉主任

陆　江　中国物流与采购联合会名誉会长

编委会主任

何黎明　中国物流与采购联合会会长

编委会副主任（按姓氏笔画排序）

丁俊发　中国物流与采购联合会首席顾问
马正武　中国诚通控股集团有限公司董事长
马军胜　国家邮政局局长
王　彪　中国邮政速递物流股份有限公司董事、总经理
王德荣　中国交通运输协会常务副会长
任豪祥　中国物流与采购联合会副会长
刘占芳　中国国际货运代理协会副会长
刘景福　中物华商国际物流股份有限公司总经理
沈绍基　中国仓储协会会长
李　扬　国家发展和改革委员会经济运行局局长
杨　阳　中国铁路物资股份有限公司总裁助理、中铁现代物流科技股份有限公司董事长
张建卫　中国外运股份有限公司总裁
邸建凯　商务部市场运行和消费促进司司长
周林燕　中国物流与采购联合会副会长
贺登才　中国物流与采购联合会副会长
郭戈平　中国连锁经营协会会长
徐寿波　北京交通大学经济管理学院教授、博士生导师、工程院院士
耿书海　国家发改委经济贸易司副司长
崔忠付　中国物流与采购联合会副会长兼秘书长

郑会友	香港物流协会会长
周汉知	中国西部现代物流港管理委员会党工委书记、管委会主任
周建亚	武汉商贸职业学院物流学院院长、现代物流研究所所长
钟荣钦	台湾物流协会秘书长
胡江潮	浙江物产集团董事长
姜超峰	中国物资储运协会会长
高艺林	广州百货企业集团公司副总经理、广州市商业储运公司总经理
高会恩	北京福田物流有限公司总经理
黄东风	江西省鹰潭市现代物流业发展办公室主任
黄必烈	中外运长航集团副总裁
黄有方	上海海事大学副校长、教育部高等学校物流类专业教学指导委员会主任
黄远成	远成集团有限公司董事长兼总裁
黄艳婷	广州嘉诚物流股份有限公司董事长
盖守岭	山东盖世国际物流集团有限公司总经理
谢　勤	成都亿博物流咨询有限公司总经理
谢如鹤	广州大学商学院教授
韩　松	西安市人民政府副市长、中共西安国际港务区工作委员会书记
韩继志	国家粮食局政策法规司副司长
靳　伟	中国物流与采购联合会托盘专业委员会常务副主任
赖展京	南光物流有限公司总经理
翟小平	长三角金属物流园集团有限公司董事长兼总裁
薄世久	吉林省长久实业集团有限公司董事长
魏振中	中国航空运输协会秘书长

特别支持单位

中国邮政速递物流股份有限公司
中国远洋物流有限公司
天津港（集团）有限公司
沃尔沃（中国）投资有限公司

《中国物流年鉴》（2011）

主　　　办　中国物流与采购联合会
承　　　办　《中国物流与采购》杂志社
主　　　编　丁俊发
副　主　编　蔡　进
编辑部主任　徐小青
编　　　辑　崔　冬　张　俭　吴海波　李鸿宝　王　林　宇　颖
　　　　　　杜　林　贾　丽
发　　　行　高　威
广告设计　阳光设计工作室

联系方式
编　辑　部　010－68391393　010－68392774
邮　　　箱　xxq6429@yahoo.com.cn
　　　　　　gwrshk@126.com　zgwlnj@126.com
发　　　行　010－68391021　010－68392774
传　　　真　010－68391021　010－63738995

《中国物流年鉴》（2011）供稿者

（按姓氏笔画排序）

丁　飞　于冰心　于诗语　马增荣　王　伟　王　杰　王　嘉　王广策　王文博　王克臣
王宗喜　王国文　文德华　方雅红　叶正富　吉爱平　朱光前　朱华斌　刘卫战　刘长庆
刘清利　刘宇航　刘伟华　刘昆林　刘春玲　池　倩　闫　宁　汤筠伟　关　丰　孙　敏
李　岩　李　昂　李晓晨　李素彩　李惠红　严文萃　吴文迪　沈绍基　张　洁　张　铎
张　喆　张小洁　张国会　张艳丽　张彩霞　陈秀芝　陈显宝　武美燕　罗晓颖　周　怡
周锦宇　洪　涛　姜　旭　姜超峰　顾珍璐　晏庆华　倪东生　徐　东　徐　勇　郭淑华
高　伟　黄久久　黄东风　黄定政　龚卫锋　崔淑筠　阎淑君　韩永生　韩兆轩　葛美莹
蒋长兵　蒋坤元　谢雨蓉　靳　伟　路　胜　窦永虎　蔡晚生　管晓薇　樊一江　穆宏宇

国家发展和改革委员会经济运行局、国家统计局贸易外经司、国家发展和改革委员会综合运输研究所、北京市统计局服务业处、江西省发展和改革委员会经济贸易处、山东省经济和信息化委员会交通与物流处、沈阳市发展和改革委员会经济贸易处、哈尔滨市统计局贸易处、南京市统计局综合处、武汉市统计局、成都市统计局服务业处、青岛市交通委员会物流业发展处、苏州市发展和改革委员会现代物流业发展领导小组办公室、宁波市发展和改革委员会服务业处、扬州市发展和改革委员会物流办、鹰潭市工业和信息化委员会现代物流业发展办公室、晋中市统计局、乌海市统计局、重庆市物流协会、吉林省物流与采购联合会、四川省现代物流协会全国物流标准化技术委员会、中国国际货运代理协会、中国仓储协会、中国散装水泥推广发展协会、中国工程机械工业协会工业车辆分会、中国木材流通协会、中国物流与采购联合会行业事务部、中国物流与采购联合会标准化工作部、中国物流与采购联合会科技信息部、中国物流与采购联合会物流企业综合评估委员会审核办、中国物流与采购联合会生产资料市场专业委员会、中国物流与采购联合会汽车物流分会、中国物流与采购联合会托盘专业委员会、中国物流与采购联合会冷链物流技术委员会、中国物流信息中心、北京工商大学、北京物资学院物流学院、天津大学管理学院、天津科技大学、解放军后勤指挥学院、《中国物流与采购》杂志社

《中国物流年鉴》（2011）

广告提供单位

中国邮政速递物流股份有限公司
沃尔沃（中国）投资有限公司
宜昌三峡物流园有限公司
深圳市越海全球物流有限公司
天地华宇
北京福田物流有限公司
北京长久物流股份有限公司
中铁现代物流科技股份有限公司
淮矿现代物流有限责任公司
河南煤业化工集团国龙物流有限公司
远成集团有限公司
深圳赤湾石油基地股份有限公司
上海华运通仓储配送有限公司
山东盖世国际物流集团
中铁特货运输有限公司
联邦快递（中国）有限公司
中物华商国际物流股份有限公司
广州市商业储运公司
内蒙古呼铁伊东储运股份有限公司
亳州市天运物流有限责任公司
上海现代物流投资发展有限公司
福建省三明现代物流产业开发建设有限公司
中国新兴交通物流总公司
上海中石化工物流股份有限公司
新疆天顺供应链股份有限公司
湖南星沙物流投资有限公司
中国物流有限公司
湖南中南物流有限公司（中南物流园）
中山市秦粤物流有限公司
武汉商贸职业学院物流学院
湖南现代物流职业技术学院
后勤工程学院现代物流研究所
上海惠尔物流有限公司
大冶有色物流有限公司
长兴综合物流园
广西玉柴物流集团有限公司
东风柳州汽车有限公司
中国西部现代物流港
上海江桥现代物流发展有限公司
江苏公铁物流有限公司
天津市物资集团总公司
四川长虹民生物流有限责任公司
上海山汉国际物流有限公司
广州大学物流管理专业
《中国物流与采购》杂志
中国物流与采购联合会网
锦程物流网
《现代物流报》
《物流》杂志
《大市场·西部物流》杂志
重庆巴南区公路物流基地建设管委会
我的法务网

编 辑 说 明

一、《中国物流年鉴》（以下简称《年鉴》）是中国物流与采购联合会主办、《中国物流与采购》杂志社承办的大型文献性工具书。自2002年出版发行至今，《年鉴》发行量和发行范围不断扩大，得到业界广泛好评。为使《年鉴》越办越好，我们不懈工作，努力提高《年鉴》的编辑质量，使其更具权威性、可读性和资料性，便于业界人士查询、引用、论证、存档，成为名副其实的“工具”。

二、2011年，中国物流与采购联合会更名十周年。同时，《年鉴》也迎来创刊十周年。对业内来说，这是值得庆贺的事情。翻开以往的《年鉴》我们能够清晰地看到，伴随着我国物流业的快速发展，中国物流与采购联合会为推进我国物流业的发展发挥的重要作用。我们能够感受到，近十年来我国物流业取得的令人瞩目的成绩，离不开党和政府的大力扶持，离不开行业协会的积极推动，更离不开众多优秀物流企业和杰出企业家的积极参与。为庆贺十周年，2011版《年鉴》将延续2010版《年鉴》的框架结构和主体内容，但在第九部分中增加特别内容——十年来为我国物流业发展作出较大贡献的50家企业和50位人物。我们希望通过记录这些积极投身参与我国物流业发展的实践者，宣传他们的精神，唤起更多业内企业和人士为我国的物流业发展贡献力量。我们力图通过不断调整扩充相关内容，使《年鉴》能够更真实、更全面地反映行业的发展变化，与行业共同成长。

三、2011版《年鉴》的组稿、编纂工作得到了国家发改委、商务部、交通部、国家统计局等中央部委和部分省、自治区、市地方政府部门，物流行业团体，相关行业专业协会，中国物流信息中心，全国物流标准化技术委员会等专门机构，以及中邮物流、中远、中铁现代、中铁特货等知名企业的大力支持，对此我们表示衷心的感谢。

四、对不符合《年鉴》编辑要求的来稿，编辑人员作了谨慎认真的删改，由于时间原因这部分稿件来不及返回作者核校，请作者给予谅解。

五、编辑部人员水平有限，如有不妥之处，恳请批评指正。欢迎大家继续对2012版《年鉴》的组稿和编辑工作给予支持！

《中国物流年鉴》编辑部

2011年8月10日

前　言

2011 年，中国物流与采购联合会已运作整整十周年，同时《中国物流年鉴》也迎来了创刊十周年。对于业界来说这些都是值得庆贺的大事。

2001—2011 年的十年是我国物流业快速发展的十年，也是我国物流产业作为一个战略产业确立产业地位的十年；是中国物流与采购联合会在物流行业中确定自身地位的十年，也是中国物流与采购联合会建立和形成核心业务的十年。十年来，正是在政府大力支持、行业协会不懈推动和企业积极参与的共同作用下，才有了我国物流业快速发展的大好局面。

党中央、国务院对促进我国物流业的健康发展一直给予高度重视，并将其作为吸纳就业、促进生产、拉动消费以及促进产业结构调整、加快经济发展方式转变和增强国民经济竞争力的重要举措，十年间先后制定出台了一系列相关的政策和措施。2001 年，国务院 6 部委联合出台了《关于加快我国物流发展的若干意见》；2004 年 8 月，国家发展和改革委员会会同商务部等 9 部门印发了《关于促进我国现代物流业发展的意见》；2006 年 3 月，十届全国人大四次会议通过的《中华人民共和国国民经济和社会发展第十一个五年规划纲要》中，单列一节突出强调“大力发展现代物流业”，物流业的产业地位首次在国家规划层面得以确立；2009 年 3 月，国务院发布的《物流业调整和振兴规划》把物流业列入应对全球金融危机的十大振兴产业之一，其中的六个“有利于”第一次完整地、科学地阐明了物流业在国民经济中的地位与作用；2011 年 3 月，全国人大十一届四次会议审议通过了《中华人民共和国国民经济和社会发展十二五规划纲要》，其中有 20 多处提及物流相关内容，并在第四篇第十五章“加快发展生产性服务业”中单列一节“大力发展现代物流业”；2011 年 6 月 8 日，温家宝总理主持国务院常委会议，讨论通过了《关于促进物流业健康发展政策措施的意见》，表明了党中央、国务院大力发展现代物流业的坚定决心。

十年来，中国物流与采购联合会坚持服务政府、服务行业、服务企业，真正发挥了桥梁和纽带作用。中国物流与采购联合会作为全国现代物流部际联席会议的成员单位，在配合国务院政府有关部门推进我国物流业发展方面做了很多开创性的工作，如建立物流统计核算制度、制定物流的国家和行业标准、进行物流人才培养等。中国物流与采购联合会每月定期发布的制造业和非制造业采购经理人指数 PMI 调查和分析报告，已成为各界进行宏观经济分析、研究决策的核心数据；

中国物流与采购联合会依据《物流企业分类与评估指标》国家标准开展的 A 级物流企业评估认证工作，使我国物流企业核心群体初步形成，促进了我国物流业发展的市场主体不断扩大。在《物流业调整和振兴规划》出台以后，中国物流与采购联合会积极开展调查研究，在深入调查的基础上，提出了关于税收、交通、投融资、物流企业、物流园区和制造业与物流业联动发展六个方面的“60 条”政策建议，为企业反映诉求、为政府建言献策。到目前，经中国物流与采购联合会汇总推荐、国家税务总局批准的税收试点物流企业接近 600 家；参与的专项资金项目评审已有 1000 多个；向国家开发银行推荐的重点企业和项目获得贷款超过 100 亿元；组织评审的 A 级物流企业总数超过了 1000 家。此外，“中国物流示范基地”、“中国物流实验基地”、“中国物流十大年度人物”、A 级信用等级和产学研基地等联合会自创品牌评选活动在业内影响力不断扩大，吸引了一大批企业积极参与行业的创新发展。十年来中国物流与采购联合会为业界搭建了一个很好的平台，让企业与政府、企业和企业、企业和学者之间进行不断的交流，其中还包括一些国际交流。中国物流与采购联合会用行动扩大了影响力，形成了行业的凝聚力。如今它的会员单位已经达到 7500 多家。中国物流与采购联合会为推动我国物流业的快速发展发挥了不可磨灭的作用。

中国物流与采购联合会大步向前的十年，也是我国物流业发生巨大变化的十年。这十年，依托我国经济的高速发展，不仅催生了巨增的社会物流需求，更是培养产生了一大批具有竞争力的物流企业、优秀的企业家和物流专家。他们关注行业发展、探索行业改革、参与行业创新，是行业发展创新的实践者，是推动我国物流业快速发展的不可忽视的力量。

2001—2011 年的十年是我国物流业实现跨越发展的十年。十年来物流业作为现代服务业的一个重要组成部分，在我国经济社会发展中发挥着越来越重要的作用。2010 年，我国物流业增加值达 2.7 万亿元，比 2001 年的 7429 亿元净增 2 万亿元，10 年间年均增长 14.8%；社会物流总费用与 GDP 的比率为 17.8%，比 2001 年的 18.8% 降低了 1 个百分点，相当于新增社会经济效益近 4000 亿元。我国生产资料市场流通规模则由 2001 年的 5.7 万亿元增长到 2010 年的 36.1 万亿元。物流业在促进国民经济发展和发展方式转变中的重要支撑作用日益显现。

十年来，我国物流业取得的令人瞩目的成绩，离不开党和政府的政策支持，离不开行业协会的积极推动，更离不开众多优秀物流企业和杰出企业家的积极参与。优秀的物流企业和杰出的企业家是我国物流业发展的实践者，是推动我国物流业发展的生力军，他们不应该被遗忘。为此，2011 版《中国物流年鉴》第九部分增加了特别内容——十年来为我国物流业发展作出较大贡献的 50 家企业和 50 位人物。这 50 家企业和 50 位人物只是千百万物流实践者的代表，《中国物流年鉴》希望借助这种方式唤起更多业内企业和人士为我国物流业的发展贡献力量。

《中国物流年鉴》是中国物流与采购联合会主办、《中国物流与采购》杂志社承办的大型文献性工具书。十年来，《中国物流年鉴》真实记录我国物流业发展经历的沧桑巨变，如实反映了中国物流与采购联合会从头起步、艰苦奋斗、顽强拼搏的创业历程。面对物流业的快速发展，《中国物流年鉴》将不辱历史责任，一如既往地求实记录物流行业的发展变化轨迹、客观反映物流行业成长的历程，同时，将不懈地改革创新，使其越做越精、越做越好。

在此十年庆贺之际，《中国物流年鉴》编辑部的全体同人向十年来支持、关心、帮助过我们的各界朋友和辛勤的作者表示由衷的感谢。

丁俊发

2011 年 8 月 25 日

目　录

上　册

第一部分　物流综合

第二部分　物流统计

第三部分　物流产业

第四部分　行业物流

下　册

第五部分　地区物流

第六部分　物流技术与装备

第七部分　采购

第八部分　物流科技、信息化、标准化

第九部分　部分优秀物流企业综观及经典案例

第十部分　附录

第五部分

地区物流

北京市

2010年，在宏观经济形势总体呈现回暖态势，物流服务需求有所增加的情况下，北京市物流业逐步摆脱金融危机的影响，实现平稳较快增长，在保障城市正常运转、保障生产良性运行、保障经济稳步发展等方面发挥着重要的支撑和服务作用。

一、2010年北京物流业总体运行情况

2010年，北京市物流业实现增加值493.7亿元，按现价计算（下同），比上年增长15.4%，增幅同比提高14.4个百分点；占全市地区生产总值的比重为3.5%，与上年持平。其中，交通运输、邮政、仓储业实现增加值382.9亿元，增长17.4%，占物流业增加值的77.6%；流通加工、配送、包装业实现增加值110.8亿元，增长9.1%，占物流业增加值的22.4%（如表1所示）。

2010年，北京市社会物流总费用为2181亿元，比上年增长20.9%，其中，运输费用、保管费用和管理费用分别增长22.7%、15.2%和23.3%。社会物流总费用与全市GDP的比率为15.5%，虽高于2009年的14.8%，但低于2008年的17.3%和2007年的17.7%（如下图所示）。社会物流总费用与全市GDP比率的降低表明近年来北京市物流运行效率呈现不断提高的趋势。

表1　　2010年北京市物流业增加值及增速情况

指　标	2010年（亿元）	增速（%）	占比（%）
增加值	493.7	15.4	100
其中：交通运输、邮政、仓储业	382.9	17.4	77.6
流通加工、配送、包装业	110.8	9.1	22.4

2010年，北京市物流从业人员达到48.6万人，比上年增长2.4%。其中，交通运输、邮政、仓储业物流从业人员为31.2万人，占物流从业人员的64.2%；采掘业、制造业、批发和零售业物流从业人员为17.4万人，占物流从业人员的35.8%。

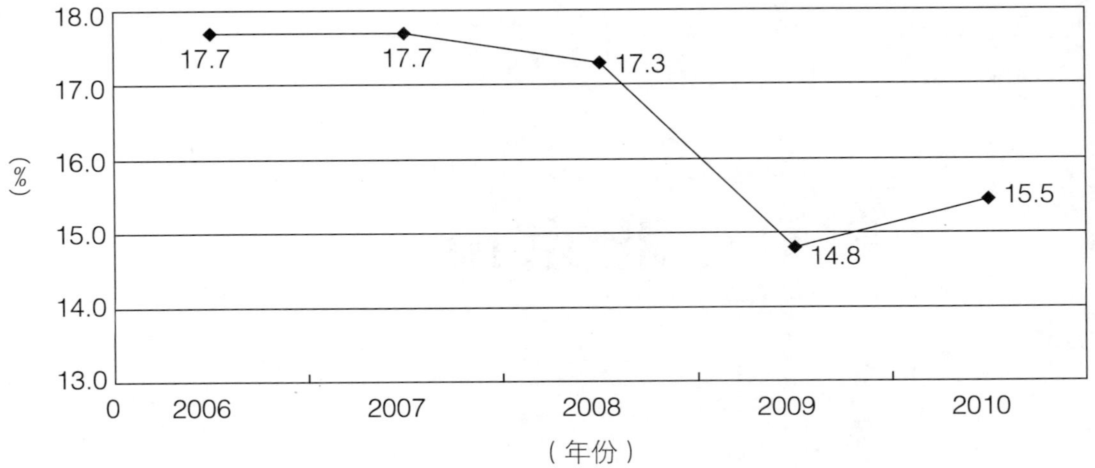

2006—2010 年北京市物流业增加值与 GDP 的比率情况

二、2010 年北京市物流业运行的主要特点

1. 物流服务需求迅速恢复

2010 年，北京市实现社会物流总额 5.04 万亿元，比上年增长 31.2%；铁路、公路、民航和管道业全年货物周转量为 513.7 亿吨公里，同比增长 16.4%，增幅同比提高 19.3 个百分点。社会物流总额、货物周转量均比上年实现大幅增长，这表明 2010 年北京市物流业基本摆脱国际金融危机的影响，物流服务需求得到迅速恢复（如表 2 所示）。

表 2　　2009—2010 年北京市社会物流总额及构成情况

指　标	2010 年（亿元）	2009 年（亿元）	同比增长（%）
社会物流总额	50424.7	38442.7	31.2
一、农产品	280.2	269.4	4.0
二、工业品	11390.9	9577.9	18.9
三、进口货物	16649.1	11366.8	46.5
四、再生资源	69.3	67.9	2.0
五、外省市流入物品	21909.6	17064.1	28.4
六、单位与居民物品	125.6	96.6	30.0

从全市社会物流总额构成来看，各类物品物流服务需求均有所增加。其中，外省市流入物品、进口货物物流额分别为 21909.6 亿元、16649.1 亿元，比上年分别增长 28.4% 和 46.5%，占全市社会物流总额的比重分别达到 43.5% 和 33.0%。由此可以看出，北京市社会

物流总额以外省市流入物品和进口货物为主体。

2. 物流业务收入、利润总额实现较快增长

2010年，在物流服务需求恢复性增长的带动下，北京市物流业务收入实现较大幅度的增长。全年物流业务收入合计1686.1亿元，比上年增长29.7%，增幅同比提高34.5个百分点。截止2010年年底，全市共有规模以上专业物流企业817家，实现物流业务收入1260.2亿元，同比增长27.8%；实现利润总额110.9亿元，同比增长42.4%。

分行业看，规模以上专业物流企业物流业务收入均实现较大幅度的增长。其中，规模以上铁路货物运输业、道路货物运输业和仓储业分别实现物流业务收入373.6亿元、152.1亿元和39.8亿元，分别增长11.0%、44.8%和32.7%（如表3所示）。

表3　　2009—2010年北京市规模以上专业物流企业物流业务收入情况

行　业	物流业务收入（亿元）		增速（%）
年　份	2010	2009	
合　计	1260.2	986.1	27.8
铁路货物运输业	373.6	336.7	11.0
道路货物运输业	152.1	105.0	44.8
水上货物运输业	2.1	1.1	89.3
航空货物运输业	101.4	69.1	46.9
管道运输业	70.6	60.7	16.2
装卸搬运和其他运输服务业	373.8	264.3	41.4
其中：货物运输代理服务	361.0	257.8	40.1
仓储业	39.8	30.0	32.7
邮政业	145.2	118.0	23.1
租赁和商务服务业	1.5	1.2	27.1

3. 物流相关行业固定资产投资保持增长，基础设施不断改善

2010年，北京市物流相关行业固定资产投资总体保持增长，但在不同行业间分布并不均衡，全年共完成固定资产投资276.8亿元，比上年增长21.1%。其中，航空运输业完成投资134.2亿元，同比增长5.2倍；铁路运输业、道路运输业和仓储业分别完成投资77.1亿元、54.8亿元和6.3亿元，同比分别下降24.4%、40.1%和33.2%（如表4所示）。

全市物流基础设施不断完善。截止2010年年底，全市公路总里程达到21114公里，比上年增长1.7%，其中，高速公路里程达到903公里，比上年增长2.1%；铁路运营里程达到956公里。全市规模以上专业物流企业、工业企业和商业企业自有仓储面积（含仓库和货场）达到3099.9万平方米，比上年末增长13.8%；拥有货运车辆4.2万辆，比上年增长0.6%；拥有起重机、叉车等装卸设备为3.5万台，比上年增长15.4%（如表5所示）。

表 4　　物流相关行业固定资产投资完成情况

行　业	2010 年（亿元）	2009 年（亿元）	增速（%）
合　计	276.8	228.5	21.1
铁路运输业	77.1	102.0	-24.4
道路运输业	54.8	91.6	-40.1
航空运输业	134.2	21.7	518.5
装卸搬运和其他运输服务业	0.8	0.3	157.4
仓储业	6.3	9.5	-33.2
邮政业	3.4	3.4	1.5

表 5　　规模以上单位物流基础设施情况

指　标	单位	2010 年	2009 年	增速（%）
自有仓库和货场面积	万平方米	3099.9	2724.7	13.8
货运车辆数	万辆	4.19	4.16	0.6
普通货车数	万辆	3.25	3.06	6.2
专业货车数	万辆	1.08	1.10	-1.8
装卸设备台数	万台	3.50	3.03	15.4

三、北京市物流业发展存在的主要问题

2010 年，在物流需求迅速恢复的带动下，北京市物流业较快走出金融危机的影响，主要经济指标实现快速增长。但是制约物流业发展的问题并未根本消除，在通胀压力居高不下的情况下更加凸显。

1. 多数企业赢利能力有所下降

2010 年，北京市 817 家规模以上专业物流企业实现利润总额 110.9 亿元，同比增长 42.4%，总成本费用利润率由 2009 年的 4.5% 提高到 2010 年的 5.5%，但是，大部分物流企业经济效益呈现下降态势。在全市 817 家规模以上专业物流企业中，有 572 家企业的成本费用利润率比上年有所降低，占规模以上专业物流企业数量的 70%。其中道路货物运输企业效益下降明显，全年实现利润总额 4.3 亿元，同比下降了 0.7%，成本费用利润率由 2009 年的 3.4% 下降为 2010 年的 2.7%，低于专业物流企业平均水平。

2. 道路货物运输企业呈现两极分化态势

2010 年，北京市规模以上道路货物运输企业共计 387 家，实现物流业务收入 152.1 亿元，同比增长 44.8%。规模以上道路货物运输企业中，物流业务收入超过 3000 万元的企业仅有 75 家，平均每家企业拥有营业车辆 69 辆，其物流业务收入和利润总额分别为 112.6 亿元和 3.8 亿元，占规模以上道路货物运输企业合计

数的比重分别达到74%和88.1%；而物流业务收入不足3000万元的312家企业，平均每家企业拥有营运车辆14辆，物流业务收入和利润总额占比分别仅为26%和11.9%，呈现明显的两极分化态势。

3. 物流企业专业化、集约化水平有待提高

北京市是以服务型经济为主导、人口众多的大都市，服务业增加值占GDP的比重已连续3年超过75%，而工业企业却逐年减少，工业增加值占GDP的比重已从“十一五”初期的22.4%下降到2010年的19.6%。服务对象的减少对物流业的发展形成明显影响，物流业增加值占GDP的比重已从“十一五”初期的4.5%下降到2010年的3.5%（如表6所示）。

表6　“十一五”时期北京市工业、物流业增加值占GDP的比重情况对比

年　份	2006	2007	2008	2009	2010
工业增加值占GDP的比重（%）	22.4	21.2	19.2	19.0	19.6
物流业增加值占GDP的比重（%）	4.5	3.9	3.8	3.5	3.5

尽管如此，“十一五”时期，北京市物流业企业数量却呈逐年增加趋势，规模以上专业物流业企业已由2006年的445家增加到2010年的817家。在2010年817家规模以上专业物流企业中，资产超过1亿元的企业有121家，仅占14.8%，其物流业务收入和利润总额占比则分别为83.9%和97.6%；而资产不足1000万元的企业达到400家，占到49%，其物流业务收入和利润总额占比分别仅为4.4%和0.3%。在物流需求增长受限的情况下，应加大中小企业的整合力度，促进企业集约化经营。只有克服资源分散、各自为战、管理落后等弊端，物流业才有望在保障首都正常的生产、生活秩序，促进首都全面建设方面发挥更加重要的作用。

（崔淑筠　张小洁　张国会　北京市统计局服务业处）

重庆市

2010年，重庆市物流业学习科学发展观，贯彻落实国家物流业调整和振兴规划，加紧构建国际物流大通道，加大全球物流一体化、城乡物流一体化的建设力度，有效推进了重庆市国民经济和社会保持持续发展的态势。重庆市2010年的GDP总值达到7844.22亿元，比上年增长17.1%。人均GDP总值迈上4000美元新台阶，赶上全国平均水平，为西部地区率先实现全面小康奠定了决定性基础。

2010年，在重庆市政府的大力支持下，在有关部门的积极推动下，在业内企业和人士的积极参与下，重庆市物流业出现了又快又好的发展局面。

1. 实施“一江两翼三洋”国际物流大通道战略，打造“三基地、四港区”，拓展渝深铁海联运、渝新欧铁路联运，重庆对外开放加速、进出口贸易大幅增长

2010年，重庆市“三基地、四港区”规划获得国家发改委批准后，其建设和运营同步加快。团结村铁路物流基地的集装箱中心站竣工运营，上桥东站铁路货运业务加速转移到团结村；江北国际机场总长3600米的第二跑道建成投用，波音747全货机能够满载飞欧美，航空物流基地日趋完善；巴南区南彭公路物流基地正在加快建设中。凭借长江水运资源优势，寸滩港、果园港、东港、黄谦港四港区的建设齐头并进，全市集装箱水路年通过能力增加到125万标准箱。围绕物流布局的调整，本土物流商抓紧退城进园、奔外环路，国外境外物流商抢滩重庆、入驻园区，仅重庆中集物流公司、重铁物流公司、重庆公路运输（集团）公司、民生物流公司、中外运重庆公司、重庆巨龙储运公司和普洛斯、招商局物流集团，在寸滩、团结村、南彭等地投资兴建的仓储物流设施，就多达84.2万平方米。为提升通“三洋”（太平洋、印度洋、大西洋）的物流效率，重庆物流业在“一江”（长江）畅通的基础上着力构建“两翼”（西南翼、西北翼）物流大通道，先后开通经深圳出海的铁海联运、经新疆至莫斯科的渝新欧铁路联运，均比经上海的江海联运节省了时间和费用。其中：渝新欧全程只需11天，较原来的39天节省2/3左右的时间。通过这些举措，重庆对外开放扩大，全球供应链贸易服务水平提升。2010年，重庆进出口货物总额达到124.26亿美元，比上年增长61.1%；外商投资实际到位63.44亿美元，增长58.0%。

2. 重庆两路寸滩保税港区、西永综合保税区封关运行，口岸大通关提速，推进外向型企业发展的“双引擎”功能开始显现

随着产业成产的转移，惠普、宏棋和华硕笔记本电脑三巨头相继落户重庆市，一个年产

上亿台的世界级电脑基地在重庆崛起。基于制造业、物流业联动的需要，重庆保税物流发展得又好又快。规划面积 8.37 平方公里，具有“水港 + 空港”双功能叠加优势的重庆两路寸滩保税港区，规划面积 10.30 平方公里，因 IT 产业而生的重庆西永综合保税区，相继通过国家验收，正式封关运行，开创了重庆保税物流“双核”时代。内地出口企业从此享受与沿海企业相同待遇，出口货物一进入保税区的海关卡口，就可办理退税，比以前缩短 40 天左右的时间。口岸配套建设相应提速，西永至机场高速物流通道全线贯通，惠普专用的机场仓库及时投产，重庆电子口岸和港口、铁路、航空电子口岸操作平台投入使用，重庆海关全面启动报关单分类通关作业，给重庆和周边省市企业带来强大的物流辐射作用和产业聚集职能。仅据重庆两路寸滩保税港区的统计，从 2009 年 8 月 23 日—2011 年 2 月 15 日的试运行阶段，就完成货运量 164.7 万吨，货值 34.0 亿美元，征收税款 18.6 亿元人民币。

3. 统筹城乡交通，加大农村公路和高速公路建设力度，水陆空运输协调发展，重庆货运物流量又创新高

在构建“畅通重庆”的进程中，重庆市交通委员会把城乡全覆盖的公路网作为重点建设，“十一五”期间农村公路累计投资 400 亿元，是“十五”期间的 15.6 倍。2010 年年末，重庆市农村公路里程达 10 万公里，路网密度为 123.2 公里/百平方公里，居我国西部第一，全市 855 个乡镇、8741 个行政村通车率均达 100%，实现了“双百”目标。2010 年年末，重庆市高速公路里程达 2000 公里，提前十年建成“二环八射”网，使全市 40 个区县中有 38 个贯通了高速公路。2010 年 10 月 26 日上午 9 时，三峡工程试验性蓄水成功到位 175 米，5000 吨级单船和万吨级船队可以直达重庆。2010 年年末，重庆市港口货物通过能力达到 1.3 亿吨，比 2005 年年末翻了一番；水路总运力从“十五”末的 240 万载重吨增加到“十一五”末的 400 万载重吨，标准化率达 35%，船舶平均吨位达 1700 吨；全市按重量 90% 以上的外贸物资通过水路运输完成，周边省市货物中转量占重庆港口吞吐总量的 35%。连同相关铁路提速和重庆市“一大二小”机场（江北国际机场、万州机场、黔江机场）的科学布局，重庆市的立体交通枢纽日趋完善，水、铁、公、航空货运总量和物流业增加值持续增长。2010 年，重庆市货物运输量达 8.13 亿吨，货运周转量达 2011.02 亿吨公里，分别比上年增长 18.7% 和 22.3%；全市交通运输、仓储和邮政业增加值达 389.55 亿元，比上年增长 13.8%。

4. 统筹城乡流通，加紧“三都”建设和“万村千乡”市场工程，完善城市配送体系，重庆扩大内需，拉动消费又创佳绩

2010 年，重庆市政府出台了《关于加快建设长江上游地区购物之都的意见》等文件，有效推进了“购物之都”、“美食之都”、“会展之都”的建设。2010 年年末，全市累计建成商圈 30 个、百亿级商圈 5 个，其中解放碑、观音桥两商圈的销售额均突破 200 亿元；亿元级市场 145 个；百亿级商贸企业 4 家。全市家电（汽摩）下乡两年拉动消费 101 亿元，累计建成县级配送中心 62 个、乡镇超市 1728 个、村级便民商店 1.83 万个，并建立农村电子支付网络和农村综合服务信息村级网络终端，初步形成了“万村千乡”市场工程综合服务信息平台。城市配送工程全面启动，服务大商圈的综合配送中心，服务连锁超市的专业配送中心，服务交易市场的区域配送中心和服务电子商务的网购配送中心日趋完善。应运而生的重庆商社物流有限公司抓紧重庆庆荣物流公司、重庆百货大楼配送中心等单位的资源整合，一个仓储配送设施上 20 万平方米、共同配送节点上 300 个的“配送航母”正在建成。在城乡流通统筹推动着城乡商贸持续发展的形势下，2010 年

重庆市社会商品零售总额达到2878.04亿元，比上年增长19.1%，扣除价格因素增长17.0%。

5. 国有、民营、外资物流企业“三足鼎立”，现代物流理念和运作普遍提升，重庆物流市场主体不断壮大

重庆对外开放的扩大和投资环境的改善，吸引着更多的跨国、跨境物流巨头。截止2010年年底，来渝投资经营的丹麦马士基、美国联合包裹、新加坡东方海皇集团等国外境外物流商多达121家。重庆作为我国东部中部产业西部转移的重要切入点，吸引着众多厂商来重庆投资物流业。仅海尔、格力电器、永辉超市、中百仓储超市、九州通医药等5家东中部厂商，就在重庆配套建设了仓储物流设施20多万平方米。本土国有物流企业的改制重组、本土民营物流企业的快速崛起，共同把重庆物流市场越办越大。据相关资料显示，截至2010年年底重庆市登记注册的物流企业已达近万家，其中年营业收入上亿元的企业有66家、上20亿元的企业有3家。这些物流企业以“系统化、集成化”，“专业化、社会化”，“信息化、网络化”为目标，锐意转型创新，在建设现代物流之路上取得了不同程度的进步。重庆长安民生物流股份有限公司就是迎头赶上供应链物流时代的佼佼者。该公司2001年一成立就确立以精益服务为目标的供应链物流一体化管理模式，以整合物流资源为手段，以现代信息技术为支撑，从汽车零部件实时采购到实时配送到车间工段，从商品车实时出厂到实时分拨到各地销售商，环环扣紧、无缝链接，使物流效率步步提高，物流产值节节攀升，2010年营业总收入达到28.27亿元，比2002年增长13倍多。

6. 重庆市物流企业的整体素质明显提升

2010年6月24日，重庆市政府以［2010］67号文，通报表彰2009年度商贸流通100强，其中物流企业由2007年度的10强增加到2009年度的12强，它们是：重庆交通运输控股（集团）有限公司、重庆长安民生物流股份有限公司、重庆港务物流集团有限公司、重庆扬子江物流发展有限公司、重庆市能源投资集团物资有限责任公司、重庆嘉川三捷运输有限公司、重庆太平物流有限公司、重庆中集物流有限公司、中国外运重庆有限公司、重庆市朝天门商贸有限责任公司、重庆林耀物流有限公司、重庆安吉天地红岩物流有限公司。2010年，按照国家《物流企业分类与评估指标》和《通用仓库等级标准》、《仓储服务质量要求》，重庆地区累计认证了国家5A级物流企业4家、4A级物流企业1家、3A级物流企业2家，还有国家四星级仓库4个、三星级仓库1个、服务质量达标仓库2个，重庆市物流企业的整体素质明显提升。

7. 校企合作深入发展、高职、中职技能赛配套，重庆物流人才工程取得新进展

2010年5月，重庆市物流协会协同重庆市职业教育协调会，召开首次中职学校物流企业校企合体会议，使校企合作院校发展到24个，覆盖了中职、高职和大学本科多个层次。重庆市中职学生技能大赛新增“现代物流”项目，进行“商品堆码搬运作业”和“物流拣选打包作业”的理论、实作比赛，从而与高职物流技能赛、大学本科物流设计赛配套成龙，全面推进了物流职业教育。重庆市劳动部门还加大参与力度，创建了“赛证融通”模式。2010年10月23～24日举办的全国物流技能赛重庆赛区选拔赛中，市劳动部门所属鉴定中心首次主办，参赛选手在总成绩60分以上者，经重庆市人力资源和社会保障局批准后，可直接获得相应的职业资格证书，有助于以赛促学，以学备赛。与此同时，物流职业资格认证不断线，通过多种渠道的培训考核，全市累计有3500多名院校学生和企业员工获得物流师、助理物流师等职业资格证书。

（严文萃　重庆市物流协会）

吉林省

2010 年，吉林省实现地区生产总值8577.06 亿元，比上年增长 13.7%，比全国增长 10.3%的平均水平快 3.4 个百分点；比上年 13.3%的增幅快 0.4 个百分点。分别以 577 亿元的增量和0.7 个百分点的增幅，超过2010 年的规划预期。

从产业看，2010 年吉林省第一产业增加值1050.15 亿元，比上年增长 3.5%，比全国平均增速慢 0.8 个百分点，但比上年增速快 0.7 个百分点；第二产业增加值 4417.39 亿元，比上年增长 18.9%，增速比全国平均水平快 6.7 个百分点，比上年快 1.8 个百分点；第三产业增加值3109.52 亿元，比上年增长 10.4%，增速比全国水平快 0.9 个百分点，比上年慢 2.6 个百分点。2010 年，吉林省第一、第二、第三产业增加值占 GDP 的比例分别为 12.2:51.5: 36.3,而 2009 年的比例为 13.5:48.6:37.9。从数据的对比中，清楚地证明吉林省振兴老工业基地成效显著，第二产业占 GDP 的比重上升了 2.9 个百分点，这是自 2004 年实施振兴战略以来首次突破 50%，第二产业已经占据了半壁江山。

2010 年，吉林省全部工业对 GDP 增长的贡献率达 59.6%，比上年提高了 8.9 个百分点。规模以上工业实现增加值 3755.11 亿元，按可比价格计算，比上年增长 19.9%，圆满完成了 2010 年年初确定的 3360 亿元的计划目标。全年交通运输、仓储、邮政业实现增加值对地区生产总值增长的贡献率为 2.8%，比上年提高了 0.2 个百分点，对经济增长的拉动作用有所增强，其中汽车产业的贡献较为明显。在 2010 年全国汽车市场尤其是乘用车市场需求旺盛的宏观环境下，吉林省以一汽大众为龙头的交通运输设备制造业产销两旺的强劲势头带动了全省工业经济持续高速增长。

近几年来，吉林省国民经济保持了持续快速发展的态势，其增长幅度一直跻身于全国前列，经济的快速发展也促进了吉林省物流业的良性发展，使得物流业成为全省经济又快又好发展的重要基础和支撑产业。2010 年，吉林省现代物流业又有了新的发展。

1. 社会物流总额增长较快，物流需求显著增加

2010 年，吉林省社会物流总额达 2.26 万亿元，按现行价格计算，同比增长 12.4%，增幅比上年提高 1 个百分点。

从构成上看，农产品物流总额达 741 亿元，按现行价格计算，同比增长 15.3%，增幅比上年提高 7.9 个百分点，占全省物流总额的比重为 3.3%；工业品物流总额 1.68 万亿元，按现行价格计算，同比增长 14.1%，增幅比上年提高 3.1 个百分点，占全省社会物流总额的

比重为74.2%；外部流入物流总额为5036亿元，按现行价格计算，同比增长6.4%，增幅比上年下降6.6个百分点，占全省物流总额的比重为22.3%（其中，进口货物物流总额837亿元，按现行价格计算，同比增长42.6%，占全省物流总额的比重为3.6%。外省市流入货物物流总额4199亿元，按现行价格计算，同比增长12.4%，增幅与上年持平，占全省物流总额的比重为18.6%）。再生资源物流总额、单位与居民物流物品物流总额同比分别增长28.5%和14.3%。2010年吉林省物流总额的情况如下表所示。

2010年吉林省物流总额变化情况

物流总额	绝对值（亿元）	同比增长（%）	在物流总额中所占比重（%）
社会物流总额	22632	12.4	100.0
工业品物流总额	16790	14.1	74.2
农产品物流总额	740	15.3	3.3
外省市流入货物物流总额	4199	1.3	18.6
进口货物总额	837	42.6	3.6
再生资源物流总额	42	28.5	0.2
单位与居民物流物品总额	24	14.3	0.1

对全省物流需求进行分析可以看出，物流需求增长的主要动力来自第二产业经济快速增长的拉动，以交通运输设备、石油加工、化工原料、医药、冶炼、农副产品加工等行业物流需求占到了全省物流总额的89.0%。其中，交通运输设备制造业中汽车产业对全省物流需求的贡献突出，交通运输业累计实现工业增加值1121.1亿元，比上年同期增长24.6%，对全省工业增长的贡献率为37.6%，比上年提高17.8个百分点。

2010年，吉林省社会物流总额与GDP相比的物流需求系数为2.64，这表明全省每单位GDP产出需要2.64个单位的物流总额来支持。

2. 社会物流总费用与GDP的比率稳中有降，物流运行效率有所提高

2010年，吉林省社会物流总费用为1536亿元，按现行价格计算，同比增长18.0%，增幅比上年提高6个百分点。其中，运输费用为883亿元，按现行价格计算，同比增长20.2%，增幅比上年提高5.8个百分点，占全省物流总费用的比重为57.5%，同比上升1个百分点；保管费用为469亿元，按现行价格计算，同比增长14.2%，增幅比上年提高6.2个百分点，占全省物流总费用的比重为30.6%，同比下降1个百分点；管理费用为183亿元，按现行价格计算，同比增长17.7%，增幅比上年提高6.3个百分点，占全省物流总费用的比重为11.9%，与上年同比持平。2010年吉林省社会物流总费用构成情况如下图所示。

对全省物流总费用结构进行分析可知，2010年全省运输和仓储费用共占物流总费用的65.3%，这主要是运输需求增长所致。由于吉林省水路运输匮乏，铁路运输运量有限，因此道路运输成为全省的主要运输方式。从运输情况看，2010年全省共完成货物运输量4.5亿

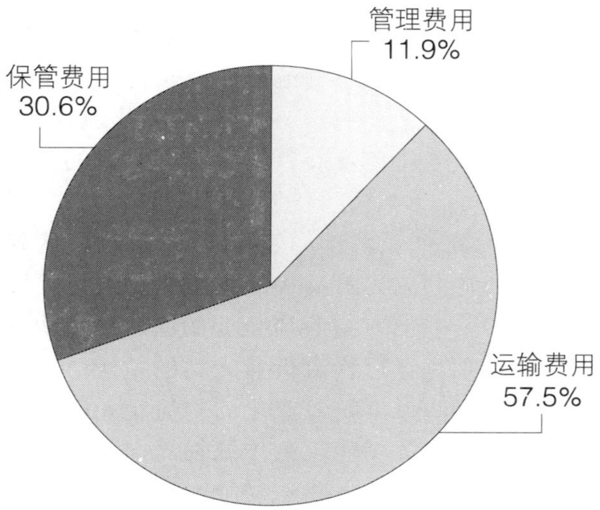

2010年吉林省社会物流总费用构成情况

吨，同比增长16.4%。全省全年共完成货运周转量1391.94亿吨公里，与上年同期相比增长6.7%。其中，铁路货运量达7674万吨，同比增长7.4%，货物周转量为565.9亿吨公里，同比增长4.9%；全省道路货运量达3.3亿吨，比上年同期增长22.1%，货物周转量为683.14亿吨公里，同比增长14.6%；民航货运量达2.30万吨，同比增长25.3%，货物周转量为4948.7万吨公里，同比提高18.8%。

因贸易方式的转变，生产、流通企业的经营理念和经营方式的改变，使得全省物流配送、包装、流通加工等费用均有不同程度的增长，同比增幅分别为19.1%、22.5%和14.9%，反映出全省经济发展对物流一体化服务的需求不断扩大。

2010年，吉林省社会物流总费用与GDP的比率为17.905%，同比下降0.167个百分点，表明全省物流效率有所提高。

3. 物流业增加值稳步上升，对服务业贡献突出

2010年，吉林省物流业增加值为535亿元，按现行价格计算，同比增长16.4%，增幅比上年提高0.2个百分点。其中，交通运输业增长16.0%、仓储业增长13.7%、贸易业增长19.2%、邮政业增长15.8%，增幅均比上年有所提高。

2010年，吉林省物流业增加值占地区GDP的比重为6.4%，与上年持平；占全省第三产业增加值的比重为17.1%，增幅比上年提高0.2个百分点。在物流业增加值增长的10.4个百分点中物流业直接拉动约为1.93个百分点，表明物流业发展对全省服务业贡献突出，在全省社会经济发展中发挥着重要的作用。

4. 物流业固定资产投资快速增长，基础设施不断完善

2010年，吉林省物流业固定资产投资额为867.7亿元，同比增长47.6%。其中，交通运输业投资额为514.0亿元，同比增长64.9%；仓储业投资额为72.9亿元，同比增长29.1%；贸易业投资额为276.9亿元，同比增长26.8%；邮政业投资额为3.9亿元，同比增长197.1%。

随着物流业固定资产投资的快速增长，全省物流业基础设施条件明显改善。截至2010年年末，全省铁路营业里程达到4036.6公里、公路总里程达到9.04万公里，其中，等级公路总里程为8.10万公里、高速公路总里程为1850公里（其中2010年建成通车的高速公路里程为815公里）、等外公路总里程为9432公里。

全省建成运营的具有货运服务、生产服务、商贸服务和综合性服务功能并初具规模的物流园区基础设施约为9个，其物流仓储、配送等设施的现代化水平不断提高。此外，全省的化工危险品库、冷藏库、自动化立体仓库等发展迅速。

截止2010年年底，吉林省共有三级以上货运站场55个，其中一级站21个（排位全国第三）、二级站16个、三级站18个。41个三级以上货运站完成了信息系统建设，初步形成了依托长春公路主枢纽和8个市（州）中心城

市、辐射经济发达县（市）的运输场站服务体系。吉林省物流信息网累计发展会员2200家，日发布信息量3万多条，日信息成交量约为1.8万条。

小件快货运输发展快速，截止2010年年底，吉林省小件快货运输网已覆盖了吉林、黑龙江、辽宁、山东、江苏、上海等12个省、218个市县，开通运输专线315条，2000多个班次。

2010年，吉林省快递业务量达1854.98万件，同比增长28.3%；快递业务收入达4.8亿元，同比增长13.47%。全省办理快递业务经营许可企业达93家，营业网点1200处，从业人员4000余人。15家网络型企业全部达到《快递服务标准》。

5. 物流企业快速成长，经营效益显著

据2010年吉林省重点物流企业统计调查，全省20家重点物流企业经营绩效明显提高。其中，货运量同比增长26.3%，货运周转量同比增长34.5%，装卸搬运量同比增长21.7%，主营业务收入同比增长42.4%，主营业务成本同比增长40.6%，主营业务利润同比增长46.5%。

2010年，吉林省物流运行良好，物流需求规模显著增加，运行效率有所提高，但总体看吉林省物流业正处于由传统物流向现代物流转型期，物流区域发展不均衡、物流结构不平衡、物流服务体系还不完善，物流服务水平还有待进一步提高。

6. 区域物流协同快速发展

2010年，吉林省区域经济一体化趋势、物流试点城市建设促进了地区之间的经济融合，推动了区域物流间的协同发展。省内地区之间充分利用各自的优势，加速发展，促进物流资源在更大的范围内进行优化配置，长春市利用去陈产业优势，积极加快发展和扩大整车生产及汽车零部件物流配送园区和产业带建设；吉林市围绕化工城市的优势，积极打造化工物流城；通化市利用长白的地理优势，正在建设全国最大的医药物流城；松原市在农产品加工方面力争建设绿色生态物流园区；长吉图开发开放先导区建设，将打开东北亚国际物流通道。全省已形成了特色发展、区域协同共进的良好格局。

7. 物流企业群体日益壮大，物流园区建设、专业化物流集团及A级物流企业快速成长

2010年，吉林省物流企业的注册数量快速增加，特别是经过物流行业之间的重组、合并和改建，一些大型的专业化的物流企业陆续涌现，其物流服务功能正由传统物流向物流一体化的第三方、第四方物流转变。可以看出，在国务院《物流业调整和振兴规划》出台后，许多物流企业对发展现代物流有了全新的深层次的认识，在观念上有了新的转变和突破，因而对现代物流发展充满了信心；还有一些第三方物流企业已经具备了专业的物流基础设施、现代物流技术装备及提供专业化、智能化、人性化、信息化、科学化的物流服务能力，如一汽国际物流中心、中床国际物流、福达国际物流、吉林邮政速递物流、长春中远快递、长久物流、一汽物流、长春春铁集团、吉林铁合金集团、长春内陆港等相对大型的物流企业。

近些年，吉林省国家A级物流企业数量年年递增，截至2010年年底吉林省已拥有A级物流企业数量15家，其中5A级2家、4A级8家、3A级5家。现在又有13家企业（其中4A级8家、3A级5家）通过了评审，将在2011年6月获得国家A级企业的授牌。全省初具规模的物流园区项目已逾40家，其中有11家被认定为省级重点物流基地，如长春国际物流园区、长江物流园区、辽源仙城物流园区、中东物流园区、东北亚物流园区、欧亚物流园区、蔬菜果品物流园区、通化医药物流园区、长春亚奇物流园区、吉林龙谷物流园区、珲春国际物流园区、长春、吉林内陆港等都在地方经济建设中发挥了巨大的示范作用。

长春物流节点城市以及长吉图开发开放先导区等建设，给全省物流业的发展和促进区域城市联动式发展带来勃勃生机。然而与先进发达的物流城市相比，吉林省物流业还存在着一些差距：物流业发展规划及扶持发展现代物流业的政策措施至今还没有正式出台，全省缺乏宽松的创业环境和发展的良好条件；全省物流业指导和调控的领导机构没有建立，宏观调控及行业指导力度欠缺；物流基础设施和仓储条件等亟待提升和改造。

（吉林省物流与采购联合会）

江西省

2010 年，江西省坚持以科学发展观为指导，以鄱阳湖生态经济区建设为龙头，紧紧围绕科学发展、进位赶超的奋斗目标，全省经济实现了较快增长。全省物流企业深入贯彻《物流业振兴和调整规划》，在 2009 年经济逐步企稳向好的基础上，物流需求显著增加，运行效率有所提高，为全省社会经济发展发挥了有力的支持保障作用。

一、物流业发展总体情况

1. 社会物流总额

2010 年，江西省物流需求显著增加，社会物流总额出现较快增长势头，达到 26541 亿元，较上年增长 31.8%。

从物流总额的构成来看，工业品物流总额所占比重大，达到 15475 亿元，同比增长 43.2%，占社会物流总额的 58.2%，所占比重较上年提高 4 个百分点；农产品物流总额 1367 亿元，同比增长 8.1%，占社会物流总额的 5.1%，所占比重较上年基本持平；区域外产品物流总额 7967 亿元，同比增长 21.4%，占社会物流总额的 30%；贸易批发购入物流总额 1194 亿元，同比增长 19%，占社会物流总额的 4.5%；再生资源物流总额 303 亿元，同比增长 4.5%，占社会物流总额的 1.1%，单位与居民物品物流总额 24 亿元，较上年下降 22.6%。

2. 社会物流总费用

社会物流总费用占 GDP 的比重稳中有降。2010 年，江西省社会物流总费用 1817 亿元，同比增长 23%。社会物流总费用与 GDP 的比率为 19.3%，比上年降低 0.2 个百分点。物流总费用的构成为：

运输费用 1105 亿元，比上年增长 17.9%，占社会物流总费用的 60.8%。其中：铁路运输费用 105 亿元，同比增长 5.2%，占运输费用的 9.5%；道路运输费用 871 亿元，增长 11.8%，占运输费用的 78.7%；水上运输费用 10 亿元，增长 40.31%，占运输费用的 0.98%。

保管费用 513 亿元，比上年增长 31.9%，占社会物流总费用的 28.2%。其中，利息费用 198 亿元，增长 31.4%，占保管费用的 38.7%；仓储费用 133 亿元，增长 31.4%，占保管费用的 25.9%；保险费用 6 亿元，占保管费用的 1.2%；物品损耗费用 26 亿元，占保管费用的 5%；配送费用 22 亿元，占保管费用的 4.4%；流通加工费用 105 亿元，占保管费用的 20.5%；包装费用 20 亿元，占保管费用的 3.9%；信息及相关服务费用 2 亿元，占保管费用的 0.4%。

管理费用 199 亿元，增长 9%，占社会物流总费用的10.9%。

3. 物流业增加值

2010年，江西省物流业增加值保持增长，达到612亿元，现价同比增长21.85%；物流业增加值占第三产业增加值的20.2%；物流业增加值占全省GDP的6.5%，与上年基本持平。

4. 物流业固定资产投资

2010年，江西省物流相关行业固定资产投资继续保持较大增幅，达到606亿元，同比增长18.8%。

二、物流业相关建设情况

近年来，江西省在海铁联运、公铁联运、水陆联运、口岸建设、保税物流、集装箱运输、打造精品通道等方面取得了卓有成效的进展。2010年，全省货运量10.6亿吨，周转量2982亿吨公里，比2006年分别增长186%、214%。铁路公路运量都有较快增长，尤其是港口吞吐量突破2.1亿吨，其中九江港吞吐量超过4000万吨；港口集装箱完成17.2万标准箱，其中九江港完成12万标准箱。

截止目前，全省海铁联运已开通了7条线路，货物出口属地报关口岸放行及集装箱拼箱作业大大方便了企业，提高了效率，降低了物流成本。一批物流基地、物流园区、物流中心先后开工建设，并投入营运。

据不完全统计，截止2010年年底，江西省经工商登记的物流企业达5188家，其中注册资本500万元以上的407家，注册资金1000万元以上的164家，比2007年有大幅增长。

总体看，目前全省各地均先后制定了当地物流发展规划，南昌、九江、新余、鹰潭、赣州等主要物流节点城市都出台了力度较大的扶持政策。毋庸置疑，随着省内制造业加快物流业务的分离外包，不断向社会化、专业化迈进，随着收费公路专项清理工作的深入推进，物流业发展环境将进一步得到改善，江西省的物流业将迎来更大的发展。

（江西省发展与改革委员会经济贸易处）

浙江省

2010年，是国际金融危机后经济运行中复杂性和不确定性非常突出的一年，也是我国应对国际金融危机以来宏观调控政策发生重大变化的一年。在国际经济动荡恢复和国内经济平衡回调过程中，浙江省深入实施“八八战略”和“两创”总战略，坚持调结构促转型谋发展、抓统筹惠民生保稳定，使全省经济保持良好发展态势，现代物流业发展形势喜人。

一、2010年浙江省经济及物流发展概况

1. 经济运行概况

（1）经济发展继续保持增长态势。2010年，浙江省生产总值为2.72万亿元，比上年增长11.8%，其中，第一产业增加值为1360.7亿元，比上年增长3.2%；第二产业增加值为1.41万亿元，比上年增长12.3%；第三产业增加值为1.17万亿元，比上年增长12.1%。三次产业产值所占比例依次为5:51.9:43.1，与上年相比，第一产业所占比重下降0.1个百分点、第二产业所占比重上升0.1个百分点、第三产业所占比重持平。人均生产总值为5.21万元（7690美元），比上年增长10.1%。

（2）出口规模创历史新高。随着世界经济缓慢复苏，国际市场需求回升，浙江省出口出现恢复性增长。2010年，浙江省进出口总额达2535亿美元，比上年增长35%，其中，出口1805亿美元，比上年增长35.7%，增速比上年提高49.5个百分点，两年平均增长8.2%；进口730亿美元，比上年增长33.4%。出口规模连续3个月创历史新高（5~7月出口值分别为157.9、166.8和180.4亿美元），月均出口150.4亿美元，超过国际金融危机前2008年128.6亿美元的水平。浙江省出口总额占全国的比重从上年的11.1%提高到11.4%，出口增幅高于全国（31.3%）4.4个百分点，在出口前六大省市中增幅靠前，高于上海（27.5%）、山东（31.1%）、广东（26.3%）和福建（34.1%），略低于江苏（35.8%）。对欧盟、美国、东盟、日本出口分别增长34%、32.1%、37%和18.5%。

（3）货运、邮电、商贸、金融、旅游等服务业增长较快。2010年，浙江省第三产业对GDP增长的贡献为5.2个百分点，贡献率为43.7%。除房地产业有所回落外，各行业都保持较快发展。全社会铁、公、水路货运量和货物周转量分别比上年增长12.7%和25.7%，增速分别比上年加快10.1和25个百分点。邮电业务总量1972亿元，增长18.3%，增速比上年加快10.5个百分点。批发零售贸易商品销售总额增长28.6%，住宿和餐饮业零售额分别

增长20.7%和16.5%。金融机构本外币存、贷款余额分别增长20.8%和19.7%。实现旅游总收入3312.6亿元，比上年增长25.3%，其中，接待国内旅游者2.95亿人次，同比增长20.8%，实现国内旅游收入3045.5亿元，同比增长25.7%；接待入境旅游者684.7万人次，同比增长20%，实现旅游外汇收入39.3亿美元，同比增长21.9%。数据显示随着全省经济的快速增长，人们越来越重视服务业。

（4）货物量稳步上升，增幅同比增加。2010年，浙江省铁路、公路、水路等各种运输方式共同完成货运量17.05亿吨，同比增长12.7%，增幅比上年提高10.1个百分点；货物周转量7111.78亿吨公里，同比增长25.7%，增幅比上年提高25个百分点。港口累计完成货物吞吐量11.2亿吨，同比增长8.3%，其中，沿海港口完成7.8亿吨、内河港口完成3.38亿吨，分别增长9.9%和4.8%。累计完成外贸货物吞吐量2.93亿吨，比上年同期增长13.1%。累计完成集装箱吞吐量1403.8万标准箱，比上年同期增长25.5%。

（5）消费品市场销售增长较快。2010年，浙江省社会消费品零售总额为1.02万亿元，比上年增长19%，扣除价格因素，实际增长14.5%。城镇和乡村市场零售额分别增长19.2%和17.9%。从限额以上贸易企业分类商品零售额看，金银珠宝类增长52.8%，增速居25个大类之首；服装鞋帽针纺织品、日用品、家用电器和音像器材、中西药、通信器材、石油及制品类分别增长25.3%、21.2%、22.2%、18.3%、42.7%、33.6%；汽车销售较旺，零售额达1808亿元，增长37.2%，拉动全社会消费品零售总额增长5.7个百分点，月均零售额为150.7亿元。数据显示，消费市场的扩大拉动了相应的物流配送业的发展。

2. 交通运输概况

（1）公路运输。截止2010年年底，浙江省建成高速公路总里程达到3383公里，位居全国第6位，覆盖全省的高速公路网全面形成。全年全省共完成道路旅客运输量21.57亿人和882.04亿人公里，同比增长2.4%和3.3%；完成道路货物运输量10.34亿吨和1298.71亿吨公里，同比增长7.9%和9.3%。

（2）水路运输。2010年，浙江省港口完成货物吞吐量达到11.2亿吨，同比增长8.3%。其中，宁波—舟山港集装箱吞吐量为1315万吨，同比增长25.2%，宁波港域集装箱吞吐量达1300.2万标准箱，同比增长24.7%，增幅居全球30大港口之首，年集装箱吞吐量排名跃升至国内第3位，有望跻身世界前6位。至2010年年底，浙江省水运航线总数达228条，较2009年净增12条，远洋干线比例提升至53.5%。2010年，浙江省海铁联运量达2.8万标准箱，为2009年的16倍。全年水路完成客运量3155万人，同比减少14.2%，其中，内河客运量达683万人、沿海客运量达2472万人，分别同比增长23.1%和同比减少20.9%。完成旅客周转量6.04亿人公里，同比减少19%，其中，内河旅客周转量达7702万人公里、沿海旅客周转量达5.27万人公里，分别同比增长15.9%和同比减少22.4%；完成货运量6.32亿吨，同比增长21.6%，其中，内河货运量达2.67亿吨、沿海货运量达3.49亿吨、远洋货运量达1581万吨，分别同比增长10.8%、19.2%和103.9%；完成货物周转量为5470.98亿吨公里，同比增长31.9%，其中，内河货物周转量为378.76亿吨公里、沿海货物周转量为4052.75亿吨公里、远洋货物周转量为1039.47亿吨公里，分别同比增长13.1%、25.9%和64.5%。

（3）铁路运输。2010年，浙江省铁路完成客运量达7634万人，旅客周转量达362.67亿人公里，分别比上年增长17.3%和24.5%；完成货运量达3888万吨，同比增长13.2%；完成货物周转量342.08亿吨公里，同比增长5.8%。到2012年，浙江省计划投入1300亿元增加800公里以上的高速铁路。届时，浙江省的高速铁路总长度将达到1200公里以上，占全国规划的1/10，有望成为全国第一的高速铁路交通大省。

（4）航空运输。2010年，浙江省杭州萧山、宁波、温州、舟山、台州黄岩、义乌和衢州7个机场共完成旅客吞吐量2871.48万人次，同比增长12.78%；共完成货邮吞吐量39.926万吨，同比增长22.61%。其中，萧山国际机场客、货运吞吐量继2009年首次进入世界前100强后排名再次上升，旅客吞吐量从2009年的全球第86位上升至第81位，货邮吞吐量从全球第73位上升至第68位。

3. 物流基地概况

按照浙江省“大物流”建设的蓝图，全省近几年将重点抓好物流园区建设，力争实现“降低物流成本、整合物流资源、强化园区功能、推广信息化技术以及打造物流基地品牌”的目标。

（1）建设目标。到2020年在全省范围内构建布局合理的物流园区、物流中心、配送中心和农村物流站点。

——到2020年，浙江省共规划形成22大物流园区，包含各种园区类型，且服务功能明确。

——到2020年，全省共规划形成80～100个物流中心。在地市级城市主城区以外，每县（市、区）布局规划1个综合性物流中心，少数经济欠发达、山区交通不便的除外。

——到2020年，浙江省将按三个原则建设配送中心。一是与区域内物流园区、物流中心布局规划的有效衔接；二是布局载体主要依托县级以上城市；三是紧紧依托区域内生产加工企业、商贸流通企业（如大型连锁超市等）的物流配送需求。

——基于普遍服务、推进新农村建设的原则建设农村物流站点（含农村邮政网点）。对于纳入全省“中心镇培育工程”的200个左右重点中心镇，每个乡镇各布设1个乡镇公路货运站（即总规模200个左右），鼓励建设客货运一体站和货运网络站。同时加快农村邮政网点与乡镇公路货运站的融合，构建客货邮一体化的农村物流站点。

（2）空间布局进一步优化。以全省未来总体物流需求格局为导向，依托全省各类综合交通枢纽，以沿海港口为主导，以空港、陆港（公路、铁路场站）、邮政网点为支撑，力争2020年在全省逐步形成“层次清晰、疏密有致、相互协调”的“一主三辅、四层次、多节点”的交通物流基地空间布局，服务于浙江省对接全球市场的国际物流，以及引领全国经济和长三角一体化的区域物流和区内物流的快速发展。

（3）园区通建设。“园区通”自2009年1月开始开发，7月完成测试，2010年已完成对相关试点园区的测试。目标是所有物流场站都能朝着网络化、标准化的方向建设，使浙江省物流业有一个良好的起步，成为全国的试点示范省份。

4. 港口物流概况

浙江省港口资源丰富，有6500千米的大陆海岸线和海岛岸线，其中333千米是宝贵的10米以上深水岸线，能建万吨级以上深水泊位的岸线占全国1/3，可建10万吨级深水泊位达100个，居全国第一。全省水网密布，内河通航里程达9695公里，居全国第5位，四级及以上高等级航道1275公里。丰富的深水港口、疏港的内河航道资源和地处长江经济带与东部沿海经济带的“T”型交汇点，是浙江省得天独厚的资源优势和区位优势，是浙江省实施港航强省战略发展港口物流的基础条件。

“十一五”期间浙江省交通投资5年均位列全中国首位，累计达到3035亿元，创历史新高，为“十五”的1.6倍。在此期间，浙江省在全国率先实施港航强省战略，经过不懈地强势推进取得显著成果。沿海港口新增万吨级以上深水泊位78个，使总量达到159个（不含洋山港区），内河新改建高等级航道350公里，使总里程达到1326公里。舟山港货物吞吐跃居世界首位。与此同时，浙江省积极发展港航服务业，到2010年年底全省海运船舶运力达到1447万净载重吨，比“十五”末增长近1倍，规模居于全国首位；船舶交易市场蓬勃发展，2010年交易量突破100亿元，占全国市场份额约达50%。此外，浙江省积极开展对台海空直航，除沿海四大港口和杭州、宁波两大机场开通对台航线外，浙江台州港与台湾基隆港结为友好港口。

二、2010年浙江省推进现代物流业发展的主要工作

2010年，浙江省确定交通大物流建设工作的六项要点工作是发展港口物流、抓好物流园区建设、扶持物流龙头企业、加快“交通物流公共信息平台”的建设和推广、推进城乡物流一体化和发展甩挂运输。交通大物流建设是浙江省推进现代物流业持续发展的重要举措。

1. 物流业规划和政策的深化细化

政策方面，2010年1月6日，在省际物流公共信息平台年度工作例会上审议通过了《省际交通物流公共信息平台建设方案》、《省际交通物流公共信息平台交换规范》。4月2日浙江省交通运输厅印发了《浙江省交通运输厅2010年大物流建设工作意见》，一年内，浙江省道路运输管理局分别与慈溪市、象山县、常山县等政府签订了城乡物流配送、综合物流园区共建项目协议，浙江大物流建设走向深入，在层面上不断拓宽。

规划方面，2010年1月5日，舟山市委五届九次全体（扩大）会议审议并原则通过了《中共舟山市委关于制定舟山市国民经济和社会发展第十二个五年规划的建议》，全面推进大宗商品国际物流基地建设被确立为舟山“十二五”战略重点。8月26日，《德清临杭物流园区控制性详细规划》和《浙江省现代服务业集聚示范区规划》评审会在德清县政府召开。嵊州市运管所出台了《城乡物流配送网络发展工作意见》，明确了嵊山市合理利用现有资源进一步建立和完善农村物流配送网络的发展方向。绍兴市政府出台了《关于推进绍兴市国际物流发展政策措施的意见》，制定了系列优惠奖励措施，为绍兴市物流企业减负增效、做大做强营造了良好的发展环境。

2. 全力推进物流公共信息平台的建设

2010年，浙江省物流公共信息平台被列为部省共建试点示范项目，已完成一期建设，此次建设共投入资金4000多万元，共有近3000家企业使用该系统进行业务处理，利用公共平台的日数据交换量10万条。此外，“东北亚物流信息网络联盟”即将成立。2010年1月1日，“交通运输物流公共信息平台”试点示范项目向全国整体推出L1000试用版，为物流企业提供免费、唯一的物流供应链上信息交换代码。7月23日，交通运输部正式批复浙江省交通运输厅交通运输物流公共信息共享平台试点示范项目实施方案，该平台被确定为部试点示范项目。8月18日，交通运输物流公共信息平台省际共建领导小组与中国远洋物流有限公司、中国外运股份有限公司、中远集装箱运输有限公司和招商局物流集团有限公司4家国内物流龙头企业签订共建战略协议，“平台”再添新成员。

浙江省发起并与上海、江苏、安徽等16省市交通运输管理部门和部属研究院签订了共建协议，成立了省际物流公共信息平台共建领导小组，以浙江物流电子枢纽为基础，开展标准体系的制定和数据信息的交换。目前，平台累计完成补助资金投入4000万元，已建成1个根服务器、5个交换服务器、在建10个交换服务器。“平台”用户数超过6万，数据交换的总量超过1600万条。相关免费通用软件在黑

龙江、福建、河南、内蒙古、四川、宁夏、吉林等省（区、市）进行前期推广，已有 35 家企业应用。黑龙江、内蒙古、福建省启动了区域平台的建设工作，为实现全国联网奠定了基础。

3. 加大物流业重大项目建设

2010 年 2 月 1 日，浙江省交通运输厅发文批准将瑞安市江南物流园区列为省交通重点扶持物流基地。至此，全省已有 11 个物流园区被列为省交通重点扶持物流基地。部省共建的五大重点物流基地（宁波梅山、义乌、传化、嘉兴、绍兴柯桥）部分建设项目规划总投资 24.89 亿元，到 2010 年年底完成投资 5.88 亿元，浙江省交通运输厅对五大基地已给予资金扶持累计达到 4930 万元。同时，五大物流基地已列入浙江省“十二五”期间重大项目建设及《浙江省公路水路交通运输“十二五”发展规划》。目前，浙江已在全省范围内规划建设物流园区 22 个、物流中心 60 个以上、一定数量的配送中心和 200 个农村物流站点。截止 2010 年 11 月 25 日，共完成物流园区投资 33.6 亿元，安排补助资金 4574 万元；全省已建成的物流园区、中心数量达到 51 个，占全国的 7.6%，位居全国第二。

4. 发展甩挂运输模式

按照“部省共建”的要求，浙江省积极配合部属相关部门在交通运输部的大力支持下，开展甩挂运输试点调研并全面启动此项工作，初步确定嘉兴宇石、宁波百富、宁波港铃与、金华广深 4 个试点项目，四个项目共涉及 11 条试点线路、14 个甩挂作业站场，合作企业共 11 家，并形成多种甩挂运输发展模式。

四个项目各具特色，非常有代表性。嘉兴宇石的制造业客户端甩挂模式，是一种以资产为纽带、实现制造业与运输物流业联动的典型；宁波百富的甩挂网络化运营是对区域甩挂的进一步优化。宁波港铃与的甩挂运输信息平台应用前景广阔，金华广深的干线甩挂在节约时间、节能减排方面的效果也十分明显，四个项目得到了的交通运输部领导和与会专家的一致好评。目前，交通运输部对甩挂运输试点的扶持政策已基本明确，对甩挂运输站场改造给予一定的资金补助。

5. 物流龙头企业培育

2010 年，继续加强对浙江省市物流龙头企业培育工作，对 10 家省级物流龙头企业和 22 家市级物流龙头企业给予大物流引导资金扶持，推动省市级物流龙头企业物流发展项目 41 个，其中省级 15 个、市级 26 个，完成省级物流龙头企业发展项目 10 个、市级物流龙头企业发展项目 15 个。全年省、市两级重点物流龙头企业累计完成投资 31.31 亿元：省级物流龙头企业累计完成投资 27.74 元（包括船舶制造的 25.8 亿元），为全年投资计划的 82.8%；省扶持市级龙头企业完成投资 3.57 亿元，为全年投资计划的 90.6%。

龙头企业中，浙江长运物流股份有限公司物流仓库功能技术改造及信息化项目已完成建设任务；绍兴市集亚物流基地有限公司购置先进运输装备与相关设备设施项目完成年度投资任务；浙江绍广物流有限公司进行运输结构技术改造（远程视频监控设施、GPS 定位系统和先进运输装备购置）项目已完成年度投资；浙江名捷物流有限公司先进运输装备和物流信息化项目已建设完成年度投资；宁波港国际集装箱有限公司宁波—舟山港梅山港区保税物流项目已基本完成。

6. 城乡物流配送体系建设

近几年，浙江省积极发展农村货运，推动城乡客货运一体化，加强以农村货运场站为主体的农村物流基础设施建设，特别是镇、乡、村的物流场站建设，完善农村末端网络配送，方便广大农民的生活。2010 年，全省继续推进农村货运站场的建设与发展，全年实际开工建设农村货运场站项目 104 个，累计完成投资 1.44 亿元。其中，75 个项目完成建设任务，杭州完成5个、湖州完成5个、嘉兴完成5个、金华完成9个、丽水完成18个、宁波完成4个、衢州完成16个、台州完成4个、温州完成8个、舟山完成1个。21个项目超过建设计划的50%，6个项目未启动。

三、浙江省推进大物流建设的目标任务

为认真贯彻国务院印发的《物流业调整和振兴规划》和《交通运输部、浙江省人民政府共同促进浙江省交通物流发展会谈纪要》精神，根据《2010年浙江省服务业工作要点》和《浙江省物流业发展三年行动计划（2010—2012)》，结合浙江省交通大物流建设实际，浙江省交通运输厅提出2010年大物流建设工作的主要任务。

1. 贯彻实施港航强省战略，加快发展港口现代物流

（1）充分依托浙江省优越的港口条件，大力推进宁波—舟山港一体化进程，加快建设适应国际中转、国际采购、国际配送、国际转口贸易业务需求的长三角国际物流港，共同打造世界级的宁波—舟山港口物流枢纽。紧紧围绕大宗散货和国际集装箱物流市场需求，全面强化宁波—舟山港域现代物流建设，重点突出梅山、六横、金塘、穿山、大榭、舟山本岛、衢山、洋山等区域港口物流发展，构建“世界一流、国内领先”的大宗散货和国际集装箱物流港口物流体系。

（2）在港口布局总体规划指导下，继续推进温州、台州、嘉兴港发展，突出核心港区，合理定位港口功能，发挥区域性优势。积极构建以宁波—舟山港为龙头，温台和浙北港口为两翼的全国重要的原油和成品油、煤炭、粮食、钢材等战略物资的储备基地。同时，按照港口大枢纽、航道大通道、运输大网络的要求，对浙江省港口物流所涉及的港口设施、物流园区、保税港区、集疏运通道和多式联运等港口物流要素进行统筹规划，构建大宗商品交易平台、海陆联动集疏运网络、金融和信息支撑系统“三位一体”的港口服务体系。

（3）加强港口设施的物流功能。按照港区联动、甩挂运输、多式联运等现代物流作业要求，对新建港站枢纽运输功能和物流功能进行统一规划，同步建设；对现有港站枢纽进行改造，积极拓展或植入物流服务功能，并加强沿海港站枢纽与内河港、后方物流园区的紧密衔接，积极拓展腹地市场。

（4）整合全省港航信息资源，完善港口物流信息系统。在交通物流公共信息平台规划和技术规范下，统筹考虑全省沿海与内河、港口设施和物流发展情况，建设水运港口物流信息系统，并逐步实现与海关、检验检疫、海事、保税区管理委员会等相关部门及道路、航空物流的系统联网和信息共享，为管理部门、行业、企业之间提供信息交流的平台。

（5）加强港口联盟建设，强化现代物流服务能力。进一步推动港口联盟合作机制的建立，增强浙江省港口综合实力和整体竞争力，拓展港口联盟合作范围，吸引国内外企业参与，开展多层次、多形式的业务合作。引导港口企业按现代物流服务协作要求深化合作层次，从简单的建设港口设施、合作经营港口业务层面，向生产、加工、仓储、贸易、装卸等完善的产业链及港口现代物流服务体系发展。

2. 加快物流园区建设，发展多式联运，推进港区联动

（1）加快发展以港口为枢纽，陆海联动、功能完善的物流集聚区建设。积极推进宁波梅山保税物流园区、舟山金塘物流园区、嘉兴乍浦港和独山港物流园区等一批港口物流园区项目建设，加快杭州京杭大运河（二通道）沿线港口物流园区、洞头国际物流园区等一批物流

园区的前期工作；加快推进杭宁温等中心城市和义乌、绍兴等地28个重点物流园区（中心）建设，依托全省大型专业市场，推进商贸业与物流业联动发展的物流中心建设，依托全省产业集聚区推进制造业与物流业联动发展的物流中心建设；推动建设一批集装箱多式联运中转设施和连接两种以上运输方式的转运设施，逐步构建水路与铁路、铁路与公路、航空与地面交通等不同运输方式间的“无缝衔接”，提高运输效率。

（2）加快物流园区“无水港”建设。在促进物流园区设施建设和功能完善的同时，推动地方政府与宁波港集团合作，在绍兴、萧山、义乌、金华等全省10个“无水港”基础上，拓展“无水港”的物流功能；加强与铁路部门的衔接，实现“无水港”与铁路场站的“无缝对接”，扩大港口腹地，推进区域性资源配置中心、集装箱、大宗散货集散中心建设；积极扩大宁波港集团集装箱RFID试点范围，并逐步推广到省级物流基地、大型货运场站，实现多种运输方式数据的有机衔接，提高多式联运水平。

（3）充分协调各种运输方式，促进战略物资运输通道建设。依托东南沿海和宁波—舟山港域临港石化仓储物流设施、京杭甬大运河沿线港口物流基地、舟山煤炭中转码头、宁波—舟山港中宅煤炭码头、嘉兴港富春码头等煤炭物流设施，与相关企业合作，促进原油、矿石、煤炭、粮食等战略物资运输通道建设。

3. 加快完善集疏运网络，构建物流快速通道

按浙江省交通运输工作会议确定的集疏运网络建设任务，加快实施年度建设计划，做好高速公路、国省道干线公路、内河航道建设规划、项目、资金、实施计划与物流园区规划、建设计划的对接。加快物流园区集疏运网络建设，构建物流快速通道，提高物流效率，降低物流成本。

4. 继续培育物流龙头企业，推进产业互动，提高综合运输的组织能力

（1）培育发展一批物流龙头企业。着力改变交通行业物流企业“低小散”现状，突出市场主体建设。在已公布的12家省交通物流龙头企业的基础上，继续培育一批竞争力强、示范作用显著的大型道路、水运物流企业，特别是要选取几家有发展潜力的港口、水运物流企业作为重点扶持对象，以带动港口物流的发展。继续扶持35个龙头企业的物流发展项目建设，争取完成投资4亿元。

（2）分离发展一批物流企业。支持生产制造和商贸企业按照分工协作的原则，推进其主副分离，利用现有的仓储能力和库房、运输车辆等资产，组建独立的物流配送公司，或将生产物料和产品配送等服务业务从企业内部剥离，交由专业物流公司经营。

（3）引进移植一批物流企业。充分利用浙江省优越的物流发展条件，特别是港口物流条件，以及发达国家和地区服务产业加快转移的有利时机，面向境外引进一批国际著名物流企业，与央企合作发展一批骨干物流企业。

（4）整合提升一批物流企业。鼓励和引导现有运输、仓储、货代、联运、快递企业的功能整合和服务延伸，加大资源整合力度。鼓励和引导物流企业通过参股、兼并、联合、合资、合作等多种形式进行资产重组，加快向现代物流企业转型提升。指导组建一批跨区域、跨行业、跨所有制，服务水平高的、具有较强竞争力的大型物流企业，积极参与国内外市场竞争。

（5）积极扶持发展先进运输组织方式。积极发展甩挂运输、滚装运输、江海直达运输、集装箱联运等先进运输组织方式，加强交通运输与物流服务的融合，为物流一体化运作与管理提供条件。大力发展专业物流公司，在全省选取典型的物流企业进行示范建设，各市要扶持1～2家企业，开展产业联动试点示范工作。

5. 加快交通物流公共信息平台建设和推广

（1）建成国家交通物流电子枢纽一期，管理交通物流数据交换代码、交换服务器、数据分类代码等基础数据。继续推进浙江省交通物流公共信息平台建设，升级 2 个通用软件，推出 10 个物流管理通用或推荐软件，推广通用软件1000 家，安装4 个交换服务器，物流公共信息平台建设完成投资 3000 万元。

（2）积极推进物流信息平台的省际共建，扩大平台的应用和影响范围。在 16 个省（市、区）已签订信息平台共建协议的基础上，向全国推广通用软件和交通物流数据交换服务器，提高数据交换质量。

（3）扩大物流公共信息系统互联互通范围，积极推进与浙江、宁波电子口岸、中远集装箱系统、上海外高桥物流平台等信息系统的联网；加快与中国电信集团合作，将 3G 技术引入物流信息平台；积极推进物流行业技术、标准、规范的研究制定和推广应用，制定交通物流数据交换标准，完成小件快运、普通运输业务信息交换规范以及物流公共信息系统交换规范等地方标准编制工作。

6. 加快推进城乡物流配送体系建设

（1）加快推进农村物流配送体系建设。按照统筹城乡交通发展，实现城乡基本公共服务均等化的要求，加快推动交通公共设施向农村延伸，公共服务向农村覆盖。加强交通运输与邮政快递物流的规划衔接、政策衔接、基础设施衔接和运营衔接。以交通、邮政的线网合作、站务整合、社会专业物流配送站点铺设为切入点，通过小快运件、特色配送、货运专线等农村物流组织形式，构建符合区域经济发展和农村居民消费需求的城乡物流配送体系。

（2）进一步扩大农村物流配送试点范围，继续巩固安吉、瑞安、长兴、海宁等 4 个省县共建点，新建 10 个省县共建点。各市要开展 1～2 个农村物流配送试点工作。

（3）加强以农村货运场站为主体的农村物流基础设施建设，特别是镇、乡、村的物流场站建设，全省重点建设 40 个农村货运站（网络站）。

（4）适应“千镇连锁超市、万村放心店”工程所带动的农村物流配送需要，加快推进小件快运网络向广大农村市场覆盖，在现有 96 家小件快运企业联盟的基础上，通过利用农村公交系统、引导具有一定规模的物流企业网点延伸等方式，进一步推动小件快运网络延伸到全省主要乡镇，基本覆盖全省 80% 以上的乡镇。

7. 积极发展甩挂运输，提高运输效能和运输转换效率

（1）落实发展甩挂运输政策。贯彻落实交通运输部等五部门《关于促进甩挂运输发展的通知》，减少挂车检验次数，不再要求对挂车进行二级维护强制保养和综合性能检测，配合保监会做好挂车交强险标准设定工作，为甩挂运输营造良好的发展环境。

（2）做好交通运输部在浙江省开展的甩挂运输试点工作。规划发展甩挂运输线路，在港口物流园区以及杭甬高速、甬金高速、甬台温高速、杭州湾通道等集装箱运量大的线路先期开展；全省组织 5 家具备一定资产规模、管理规范、社会信誉好、信息化水平较高，并有一定数量的牵引车和挂车、场站设施等基础条件的规模化运输企业，开展甩挂运输试点工作。每个市要组织1～2 家运输企业开展甩挂运输试点工作。

（3）重点培育和扶持一批干线甩挂运输企业、港区甩挂运输企业，培育和扶持甩挂运输联盟，鼓励联盟内企业共享甩挂运输场站、甩挂运输挂车，实现资源共享，降低运输成本。同时引导运输经营者购买使用节能、环保、标准化的车辆，达到节能降耗的目的。

（蒋长兵　方雅红　丁　飞　浙江工商大学）

山东省

近两年，山东省物流业发展环境和条件不断得到改善，物流需求快速增长，基础设施不断完善，服务水平显著提升，物流业发展取得明显成效。2010年，山东省物流运行形势总体良好，物流需求显著增加，运行效率有所提高，物流业增加值稳步上升，物流产业投资持续增加，为保证山东省经济平稳较快发展发挥了重要的支撑保障作用。

2010年，全省物流业发展特点明显，一是社会物流总额实现较快增长。全省社会物流总额达10.58万亿元，同比增长22.7%，增幅比上年提高9.7个百分点。从构成情况看，工业品物流总额88511.3亿元，同比增长22.5%，增幅比上年提高7.1个百分点，占社会物流总额的比重为83.6%，是带动社会物流总额增长的主要因素。进口货物物流总额5634.1亿元，同比增长39.7%，占物流总额的比重由4.7%提高到5.3%，表明山东省进口货物物流重回快速增长通道。省外货物过境出口总额1200.5亿元，同比增长47.6%，占物流总额的比重由0.9%提高到1.1%，表明山东省成为地区物流组织者的角色在逐步增强。农产品物流总额、省外货物入境总额、再生资源物流总额和单位与居民物流总额同比分别增长12.8%、15.9%、18.6%和25.1%。二是社会物流总费用与GDP的比率稳中有降。2010年，全省社会物流总费用7080.9亿元，同比增长12.8%。其中，运输费用4265.9亿元，同比增长11.5%，占社会物流总费用的比重为60.3%；保管费用1928.2亿元，同比增长14.3%，占社会物流总费用的比重为27.2%；管理费用886.8亿元，同比增长12.9%，占社会物流总费用的比重为12.5%。三是物流业增加值稳步上升。2010年，全省物流业增加值为2871.4亿元，同比增长19.5%，增幅比上年提高6个百分点。物流业增加值占GDP的比重为7.3%，占服务业增加值的比重为19.9%，分别比上年提高0.6和0.4个百分点。四是物流相关产业投资持续增加。2010年，全省物流相关产业投资2190亿元，同比增长25.7%。其中交通运输1010.4亿元，同比增长29.9%；仓储邮政业284.5亿元，同比增长24.3%；贸易业895.1亿元，同比增长21.6%。山东省物流业发展能够取得这样的成绩，是全省努力落实国务院《物流业调整和振兴规划》和《山东省现代物流业振兴发展规划》的结果。

总体看，近两年特别是2010年山东省物流业发展主要有以下几个特点：

1. 物流市场需求快速增长

近年来，随着经济发展方式转变和产业升级，物流运行模式不断出现新变化。制造企业加快资源整合、流程再造，不断释放物流资源。目前，山东省80%以上的规模企业，采取多种方式分离外包物流服务功能，建立了一大批以企业集团内部服务为主，逐步面向社会服务的物流企业。物流需求不断增加，形成了分离分设物流中心、合资合作物流公司和全面外包主辅剥离物流公司配套等不同形式的两业联动发展模式，供应链管理有新的发展；商贸物流加快发展，生产资料流通企业和传统批发市场升级改造，市场规模不断扩大，限额批零企业1.2万家、连锁总店116家、各类门店8960家；农产品进城、农资和日用工业品下乡带来较大的物流需求，推动了物流企业的快速增长，以邮政物流为骨干企业，建立涉农服务网点9万余家，商贸农业物流运营体系基本形成。

2. 物流企业加速成长

一是物流企业核心群体初步形成。各类企业深化兼并重组，行业资源得到有效整合，企业规模迅速壮大。截止2010年年底，山东省从事物流业务的企业达1.7万多家，其中骨干661家，先后进入全国100强企业23家，享受全国税收试点企业62家，被评为“山东服务名牌”企业69个。物流企业向规范经营和专化服务延伸，形成了由多种所有制、不同经营规模和多种服务模式构成的具有行业特色的物流企业群体。二是专业化物流供应链模式逐步形成。专业化物流服务水平不断提升，涌现出一批专业化物流企业，如以危险化学品物流为主的依厂物流、用国际集装罐运输化工产品的烟台德华物流、以图书物流为主的临沂新华印刷物流集团等。物流企业不断创新服务方式，供应商管理库存、供应链金融、卡车航班、保税物流等服务新模式得到推广运用。

3. 物流基础设施建设逐步完善

2010年，山东省物流相关产业投资达2190亿元，同比增长25.7%。全省铁路、公路、海港、内河水运、航空、管道交通四通八达，高等级公路网已经形成，公路通车里程22.98万千米，其中高速公路4285千米；沿海港口生产性泊位473个，年吞吐能力8.64亿吨；铁路里程3800千米，专用线450余条；民航机场8个，航线236条，其中国内航线218条、国际航线18条。全省四纵四横和城际铁路正在规划建设当中，形成了现代化的铁路运输体系。各地结合经济发展的需要，加大对物流园区（中心）建设的投入，已建成物流园区245个，在建园区94个，规划新建园区37个，物流中心407个，物流信息化技术得到充分应用。基础设施不断完善，拉动了社会就业，带动了区域经济的发展。

4. 制造业与物流业联动发展成效显著

近几年来，按照省委、省政府第二、第三产业剥离工作的部署，加快推进制造企业释放物流需求，剥离物流服务环节。2010年，山东省政府办公厅下发了《关于加快推动制造业与物流业联动发展的实施意见》，首批启动40个示范工程项目带动作用明显，85%以上的制造企业采用现代物流管理的理念和方法实施流程再造，并在仓储、运输和配送等多个环节实施了物流剥离、合作和服务外包，取得明显经济效益。2010年，山东省社会物流总费用与GDP的比率为17.9%，同比下降0.7个百分点，相当于新增社会效益276亿元，物流运行效率不断提高，潍柴动力、山东海化集团、首钢东星、冰轮集团、鲁南制药、济钢集团等制造企业实施主辅分离，开展供应链一体化管理，企业物流成本平均下降11%以上。张裕集团实施物流外包产成品吨公里运价比过去下降了45%；山钢集团推进水铁联运和供应链整合后，年降低物流成本3亿元。山东立晨物流与临工沃尔沃联动发展，提供供应链管理一体化服务，联动发展合作后2010年为临工沃尔沃节约物流费用30%。

5. 物流基础工作体系基本形成

一是物流行业协会工作得到加强。2009年成立了山东省物流与交通运输协会，举办了物流科技与装备展和物流供应链一体化高峰论坛等大型活动，部分地市也开始建立协会，物流协会工作网络逐步形成。二是统计工作不断创新和完善。山东省经信委会同省统计局建立了全省物流业统计指标体系和《山东省物流统计核算与报表制度》，筛选物流企业、工业企业、商贸企业1000户进行直报，引导各市逐级建立现代物流业信息的收集、统计、分析和上报制度，推进物流牵头部门、统计部门、行业协会多方联动工作模式的建立。三是物流教育和培训工作得到进一步加强。积极推动校企联合，职业教育、本科教育、研究生教育和在职技能培训等多层次的人才培养体系已经基本形成。

6. 物流业政策环境有所改善

自国务院《物流业调整和振兴规划》出台以来，山东省政府有关部门对物流业重视程度明显提高。2009年建立了由省经信委为牵头单位，省发改委、省财政厅、省公安厅、省交通运输厅、济南铁路局、山东民航局等20个部门和单位组成的现代物流工作联席会议制度和办公室。多次召开联席会议，落实调整振兴规划确定的10大任务、8项重点工程。省经信委组织编写了《山东省“十二五”现代物流业发展规划》和《山东省黄河三角洲高效生态经济区现代物流业发展规划》，明确“十二五”期间全省现代物流业发展的总体思路、发展目标、工作重点和政策措施，下发了《关于加快推动制造业与物流业联动发展的实施意见》（鲁政办发〔2010〕51号），会同交通运输厅、济南铁路局、民航山东安监局联合下发了《关于开展多式联运试点的工作意见》（鲁经信交字〔2010〕487号）。省质监局起草了《山东省物流标准化发展规划》，提出各阶段制定、修订的物流标准项目。下达涉及物流服务、物流管理、物流信息、物流技术和安全操作的地方标准47项，设定33家省级物流标准试点单位，组织40家企业进行物流标准化的培训，促进了全省物流标准化的推广和应用。济南铁路局制定了《铁路物流业发展规划》，明确提出建成40个物流经营基地，建立与地方区域经济相结合的30个战略装车点的目标。省邮政局联合10个部门出台了《关于推动农村邮政物流发展的实施意见》，进一步明确细化了政策措施，支持邮政企业发挥各自优势，完善连锁配送业务，做大做强农村邮政物流。省交通运输厅制定了《山东省交通现代化物流发展总体规划》，明确了陆路、水路、航空立体交叉的物流主通道网络结构。商务厅制定了物流配送网点建设网络和批发市场体系的相关政策。农业厅出台了《农村批发市场建设意见》，进一步完善农村市场体系建设。省经信委和人民银行济南分行联合下发《加大我省首批重点物流企业金融支持力度的通知》，公布了首批50户重点物流企业，进行重点扶持，推动企业做大做强。各市也在加大对物流业的支持力度，出台了物流业调整振兴规划和“十二五”物流发展规划，部分市建立了现代物流工作协调机制，出台具体的财税扶持政策。

（山东省经济和信息化委员会交通与物流处）

四川省

2010年，四川省坚持以邓小平理论和“三个代表”重要思想为指导，深入贯彻落实科学发展观，围绕“两个加快”，紧紧抓住扩大内需、灾后恢复重建和实施西部大开发的重大机遇，牢牢把握“巩固回升、加快发展”的工作基调，灾后恢复重建任务基本完成，全省经济发展加快，社会事业全面进步。2010年全省实现地区生产总值（GDP）1.69万亿元，比上年增长15.1%，增速比上年提高0.6个百分点。其中，第一产业增加值2483亿元，比上年增长4.4%；第二产业增加值8565.2亿元，比上年增长22%；第三产业增加值5850.4亿元，比上年增长10%。三次产业对经济增长的贡献率分别为4%、71%和25%。三次产业结构由上年的15.8∶47.4∶36.8调整为14.7∶50.7∶34.6。全年实现社会消费品零售总额6634.7亿元，比上年增长18.7%；完成全社会固定资产投资13582亿元，比上年增长13%；完成服务业固定资产投资4977.6亿元，比上年增长14.6%，占全社会投资的比重为58.3%，较上年提高0.8个百分点。其中，交通运输仓储和邮政业投资1805.6亿元，比上年增长31.1%。

2010年，四川省经济的快速发展，交通运输、仓储和邮政业投资的高速增长，推动了全省物流业的较快发展。

一、物流需求和交通流量加快

2010年，四川省交通运输周转量加快。全年公路、铁路、航空和水路等运输方式完成货物周转量1710.0亿吨公里，比上年增长12.3%，如表1所示。从表1中可以看出，

表1　2010年四川省公路、铁路、航空和水路运输方式完成运输量

指　标	绝对数	比上年增长（%）
货物运输周转量（亿吨公里）	1710.0	12.3
公路（亿吨公里）	985.1	15.7
铁路（亿吨公里）	642.2	5.5
民航（亿吨公里）	7.6	11.3
水路（亿吨公里）	75.1	32.8

2010 年四川省公路、铁路、航空和水路运输四种方式完成运输量均比上年有所增长，其中，水路运输的增长幅度在四种运输方式中位居第一，公路运输位居第二，民航运输位居第三，并且三种运输方式的增幅均超过 10%。

二、一批重大项目建设步入快车道

近些年来，国家发改委按照国务院《物流业调整和振兴规划》要求，加大了对物流业发展的资金支持力度。2006—2010 年的“十一五”期间，国家发改委共支持四川省 55 个物流项目建设中央预算内投资 1.585 亿元，带动项目总投资 44.2 亿元。其中，物流业调整和振兴项目 31 个，总投资 21.3 亿元，中央预算内投资 0.615 亿元；粮食现代物流项目 7 个，总投资 11.2 亿元，中央预算内投资 0.33 亿元；粮油仓储项目 17 个，总投资 11.7 亿元，中央预算内投资 0.64 亿元。一批重点物流项目陆续开工建设，矿产资源物流、烟草物流、医药物流等得到发展，具有四川特色的大件物流、白酒物流发展速度加快，应急物流引起了相关部门的重视。全省物流基础设施建设步入快车道。

从全省范围看，随着铁路、公路、航空等交通网络的逐步完善以及成都经济区城际交通的一体化，物流企业、物流设施等要素逐步向成都综合交通枢纽汇集。攀枝花、自贡—泸州—宜宾、绵阳—广元等八大次区域物流中心加快发展。从城市内部看，物流设施和物流企业出现向物流园区集中的趋势，“物流中心城市—节点物流城市”、“物流园区—专业物流中心”的互动、协调发展格局初步形成。成都的“航空物流园区”、“铁路集装箱物流园区”、“新津综合物流园区”、“新都物流中心”，遂宁的“工业物流港”等已初具规模，绵阳、南充、内江、达州、眉山等的物流园区已纳入规划，截止 2010 年年底，部分项目已进入实施阶段。其中，成都市规划的物流集中发展区（四园区四中心）总面积 2.5 万亩，建设标准化仓库超过 70 万平方米；新都、双流、青白江等园区相继形成项目承载能力，龙泉、新津等园区正加紧建设；宝湾物流、新地新华、中国物流、招商局物流等的标准化普通仓库相继建成投入使用；西南物流中心近 2 万平方米的高端冷藏冷冻仓库已建成投入使用。成都已成为西部地区仓库最密集、仓储设施最先进的地区。

三、A 级物流企业发展加快

截止 2010 年年底，四川省共有 32 家国家 A 级物流企业，占全国 A 级物流企业总数的 3.62%。其中，2A 级企业 8 家、3A 级企业 16 家、4A 级企业 8 家。目前，四川省还没有 5A 级物流企业。

从企业性质看，在 2A 级物流企业中，有运输型企业 4 家、有综合服务型企业 3 家、有仓储型企业 1 家；在 3A 级物流企业中，有运输型企业 6 家、有综合服务型企业 9 家、有仓储型企业 1 家；在 4A 级物流企业中，有综合服务型企业 7 家、有运输型企业 1 家。

从企业资产规模看，四川省 A 级物流企业的总体资产规模为 74.11 亿元，但资产规模上亿元的企业仅 9 家。其中，综合服务型 A 级物流企业的资产占 A 级物流企业总资产的 74.44%，运输型 A 级物流企业的资产占 A 级物流企业总资产的 18.11%，仓储型 A 级物流企业的资产占 A 级物流企业总资产的 7.45%。

2010 年，四川省物流统计办公室对全省的 32 家 A 级物流企业 1～7 月的经营状况进行了调查。调查结果显示，A 级物流企业主营收入同比增长显著，发展加快。

1. A 级物流企业收入情况

2010 年 1～7 月全省 A 级物流企业主营业

务收入合计为58.54亿元，比上年同期增长15.85%，增速比上半年全省GDP增速快0.8个百分点。平均每个物流企业主营收入为1.829亿元（如表2所示）。

表2　　2010年1~7月四川省A级物流企业主营收入统计

指标名称	2009年	2010年	同比增长（%）
主营业务收入（万元）	505360.94	585452.03	15.85

从构成来看，运输收入占主营业务收入的一半以上。1~7月，在主营业务收入中，配送收入为4.58亿元，同比下降20.22%，占同期主营业务收入的7.83%；仓储收入为1.12亿元，同比增长33.76%，占同期主营业务收入的1.91%；运输收入为30.32亿元，同比增长32.42%，占同期主营业务收入的51.79%；其他业务收入为22.52亿元，同比增长6.97%，占同期主营业务收入的38.46%。具体情况如下图所示。

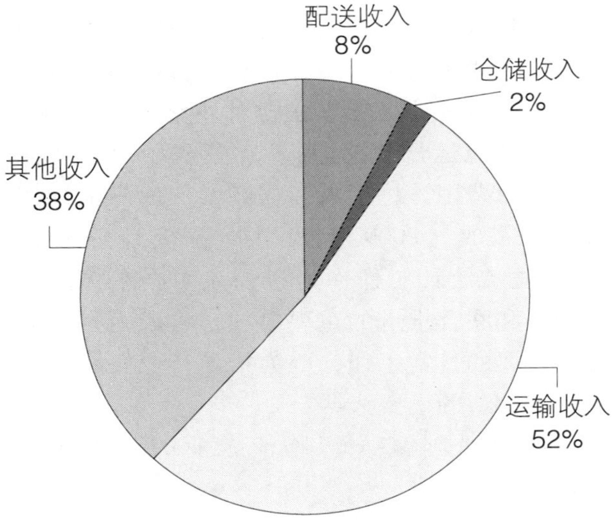

2010年1~7月四川省A级物流企业主营业务收入占比

从全年情况看，2010年四川省A级物流企业主营业务收入合计为67.87亿元，比上年同期增长11.26%。在主营业务收入中，配送收入为5.53亿元，同比增长19.20%，占同期主营业务收入的8.15%；仓储收入为1.34亿元，同比增长16.65%，占同期主营业务收入的1.96%；运输收入为46.31亿元，同比增长12.84%，占同期主营业务收入的68.23%，其他业务收入为14.69亿元，同比增长3.65%，占同期主营业务收入的21.64%。

2. A级物流企业的经营成本情况

2010年1~7月，四川省A级物流企业的经营成本增长较快，主营业务成本为37.65亿元，同比增长42.17%，大大快于主营业务收入的增长速度。

（1）运输费用增长较快。在主营业务成本构成中，运输费用为26.38亿元，同比上升了34.77%，占总成本的70.06%。运输费用大幅度增长主要由以下三点原因所致：

第一，成品油价格持续走高，对运输费用的增加起到了一定的推动作用。

第二，发货方本身的原因，如起运地点变了，或是单次发货重量、规格等方面发生了变化，造成运输方成本增加，运输过程中因政策变化造成运输成本增加等。

第三，各地区路桥的收费标准不一带来了车流量差异悬殊，另外，交通堵塞严重，运输成本过高等。

（2）仓储费用增加。在主营业务成本构成中，仓储费用为8005.82万元，同比上升了29.98%。这是由于仓库租金上涨、货物入库出库周转率降低，还有仓库的机械化作业率比例不高、大部分货物装卸作业还离不开原始的人力搬运等原因所致。仓库租金上涨造成企业支出增加，货物入库出库周转率降低造成企业流动资金占用，种种因素综合导致仓储费用大幅增加。

四、四川省物流协会完成的主要工作

1. 全力推动西部物流中心的建设

2010年，四川省物流协会的中心工作是贯彻落实省政府发布的《四川省西部物流中心建设规划》，开拓性地做好宣传、沟通、协调等工作，发挥纽带作用全力推动西部物流中心的建设和发展。一是按照省发改委的要求，积极帮助企业物流项目列入省重点项目的工作。截至2010年年底，有些会员单位的物流建设项目已被省政府列入四川省年度开工建设和储备重点项目，还有一些会员单位的物流建设项目已经建成并投入运营。二是在2010年年初组织召开了“四川省物流业促进甩挂运输发展座谈会”，学习讨论国家交通运输部、国家发改委、公安部、海关总署、保监会五部委发布的《关于促进甩挂运输发展的通知》。会议邀请了省委政研室、省发改委、省交通厅、西南交大、西华大学及部分物流企业负责人参加座谈，及时将国家的相关政策传达到物流企业。三是及时跟进宣传省政府出台的《关于加快第三方物流发展的意见》，并对第三方物流企业的发展情况作了调研，为进一步促进第三方物流企业发展做好基础工作。四是促进制造业与物流联动发展。按照国家发改委和省发改委制定的关于开展制造业与物流业联动发展示范工合作的要求，省物流协会积极参与推进工作，协助省发改委推荐了东方物流、通宇物流等10家（对）物流企业与制造业作为国家制造业与物流业联动的示范企业。

2. 广泛合作，推动物流信息化发展

为推动四川省物流业信息化建设，省物流协会与四川四凯软件公司建立了战略合作关系，成立四川省现代物流协会四川物流信息化推进领导小组，并成立了信息化推进部。在此基础上完成了对省物流协会的“四川物流信息网”的全面改造，引入了动态GPS、地理信息系统、360度全景视频等现代信息技术及软件包系统，增加了新的功能。省物流协会于2010年11月专门召开了有50多家企业代表参加的“四川物流行业信息化建设暨省物流综合信息平台建设会议”，全面介绍了四川物流信息化及信息平台的整体建设情况，详细介绍了以跟踪和车源管理为核心的“物流车运通”信息系统，帮助物流企业实际了解物流信息化的魅力，亲身感知物流信息化的神奇。

此外，2010年年初，四川省物流协会与来访的美国联邦快递公司高级网络主管进行了友好对话，并着重在物流企业信息化方面与国际跨国公司人员进行了深入交流。

3. 做好物流统计工作

《四川省社会物流统计核算与报表制度》于2009年正式实施。四川省物流协会是四川省物流统计工作的具体承办单位。2010年，在全省各物流企业的积极支持配合下，省物流协会圆满完成了既定的统计核算工作并与省发展改革委、省统计局三家联合对外发布了“2009年四川物流运行情况通报”，公告了全省物流总额、总费用、总收入和物流增加值等指标值数据，完成《2009年四川物流统计分析报告》。物流统计工作作为省物流协会承担的政府委托和联合推进的重要事项，将成为省物流协会重要的日常工作，成为指导行业发展和政府制定政策的重要依据。

4. 推进国家A级物流企业的评审认定工作

2009年的“5·12”地震，使得四川省A级物流企业的认定工作受到影响，导致新增A级企业较少。对此，省政府相关部门将此纳入灾后重建的重要工作，以推动全省物流业加快发展。2010年，在省政府相关部门和中物联的支持下，A级物流企业的认定工作得到企业的积极响应和支持，认定工作全面开展。省物流协会先后在成都、泸州、遂宁召开“国家A级物流企业标准宣贯培训班”，推进标准的贯彻实施，有近300多人参加培训。在泸州、遂宁等市物流协会的支持配合下，评审认定工作取得较好成绩。遂宁、眉山、凉山州实现了A级物流企业数量零的突破。截止2010年年底，全省A级物流企业由2009年年底的19家增加到34家，新增15家。从地域分布看，成都市的A级物流企业有13家，其次是泸州（有6家）、遂宁（有3家）、德阳（有2家）、绵阳（有2家）、攀枝花（有2家）。

（文德华　四川省现代物流协会副会长兼秘书长）

沈阳市

2010 年，沈阳市政府继续积极贯彻落实国务院《物流业调整和振兴规划》，制定并颁发了《沈阳市贯彻落实国务院物流业调整和振兴规划的实施意见》，营造有利于物流业发展的环境，大力推进全市各有关单位和企业进行重大物流项目和物流基础设施建设，推动制造业与物流业联动发展，建立现代物流服务体系，使全市物流业呈现出稳步的发展态势。

一、2010 年沈阳市物流业发展的概况

1. 稳步发展的五个明显特征

（1）物流业增加值平稳增长。2010 年，沈阳市物流业增加值实现 230. 8 亿元，同比增长 11. 8%，占地区生产总值的比重为 4. 6%，占服务业增加值的比重为 0. 3%，分别比上年同期提高 0. 3 和 0. 7 个百分点。物流业对地区生产总值增长的贡献率达到 4%，同比增长 2. 4%，比上年同期提高 6. 7 个百分点。

（2）货运总量增长较快，铁、公路货运量持续攀升。2010 年，沈阳市铁路、公路、航空货运总量达到 17347. 5 万吨，同比增长14. 4%。其中，铁路货物量实现 538 万吨，同比增长 24. 9%，比上年同期提高 32. 3 个百分点；公路货运量实现 16804 万吨，同比增长 14. 1%，比上年同期提高 5. 1 个百分点；民航货运量实现 5. 5 万吨，同比增长 9. 3%，比上年同期提高 14. 1 个百分点。

（3）工业物流加快发展，现代装备制造业呈向好态势。2010 年，沈阳市工业物流发展明显加快，工业与物流业加速融合，联动发展的趋势逐步增强。沈阳机床、北方重工等制造企业开始从战略高度重视物流功能整合，考虑实施流程再造，分离外包物流业务，与物流企业加强深度合作。同时，沈阳市的金杯、沈飞、新松等现代物流装备制造业企业发展势头良好。其中，沈飞集团在自动化立体仓库的核心设备——高速堆垛机、RGV 的研发上已达到国内领先水平，2010 年营业收入、销售合同、利润总额均有大幅度提升，分别比上年增长 31. 25%、47. 73%、294%。

（4）在建项目进展顺利，拟建项目扎实推进。2010 年，沈阳市物流业固定资产投资总额实现 173. 5 亿元，同比增长 23. 4%，在服务业的 14 个行业中位列第四。在建、新建、拟建项目建设进展顺利，陆续进入收获期，如美国都乐食品有限公司物流中心、国药控股沈阳物流中心、中国邮政集团东北物流中心等项目主体已竣工；沈阳雨润农副产品全球采购中心、海尔物流、沈阳铁路集装箱中心站、中远物流、培宇物流仓储基地等新建和拟建项目正在

紧张建设和筹备中。

(5) 区域物流合作稳步推进，聚集辐射能力显著提高。沈阳市与沈阳经济区及东北各地交通衔接便利的优势，促使物流活动日益频繁，助推区域间的物流合作明显增强。2010年，全市铁路货物周转量达到18.67亿吨公里，同比增长11.4%；公路货物周转量达21.94亿吨公里，同比增长13.2%；民航货物周转量达995.1万吨公里，同比增长18.4%。国内外著名商家和物流企业，如海尔、海吉星、九州通等企业纷纷在沈阳市建设专业物流中心。特别是中外运、中铁集装箱等四大物流央企与沈阳市签订战略合作协议，将其国内外战略合作伙伴及业已成熟的业务渠道等逐步引入或延伸到沈阳。通过区域物流合作，进一步增强了沈阳市综合服务和集聚辐射能力。

2. 稳步发展中存在的主要问题

(1) 物流业成本较高，资源缺乏有效整合。部分生产企业固守传统生产经营模式，容易造成交叉运输、空车返程、库存积压，形成物流企业经营不足、生产企业仓储运营包袱沉重的不对称局面，导致社会物流成本居高不下。

(2) 物流业结构有待完善，行业发展不平衡。农产品相对于汽车、电子等制造业企业，生产和流通的集中度较低，季节性和保鲜度要求较高，受自然条件影响大，物流发展相对滞后，无法实现供应链管理的现代物流管理模式，成为物流行业发展的一块“短板”。

(3) 城市物流规划有待提高，空间布局较分散。部分区、县虽然制定了规划方案，却对空间布局的功能定位、占地面积等环节缺乏具体规划方案，尤其是在物流基础设施布置上，空间布局仍较分散。重复招商、重复建设的现象突出，城市物流规划需要进一步提高。

(4) 物流人才严重缺乏，人才吸纳能力不足。部分生产和流通企业对物流业的作用认识不到位，使物流知识的学习和培训工作相对滞后，造成企业物流业专业人才匮乏，难以保证现代物流业高起点和高水平发展。此外，沈阳市多数物流企业发展水平相对较低，岗位以从事传统的运输、仓储等实际操作岗位为主，难以吸引和留用高素质物流人才。

二、沈阳市物流业发展的趋势

综合分析沈阳市2010年物流业发展的实际及物流业发展环境的变化，不难发现沈阳市物流业的发展具有一些新的特点，预示着强劲的发展后劲。

(1) 制造业与物流业联动发展加快推进。2010年，国家正式批复沈阳经济区为国家新型工业化综合配套改革试验区。在新的经济形势下，沈阳市制造企业不可能单纯地通过降低物流成本提升企业竞争力，迫使沈阳市制造企业与物流企业结成战略合作伙伴关系。将物流业务外包，从一般意义上的物流操作向提高供应链效率的物流、信息流、商流的一体化服务趋势发展。因此，先进装备制造业与物流业融合速度加快，供应链一体化增强将成为沈阳市物流行业发展的新趋势。“两业”联动将逐步延伸到采购、生产、销售等环节。

(2) 物流新兴技术加快研发和应用。当前，沈阳市的沈阳物流公共信息网、中国物流联合网、通通物流网等物流信息服务平台关键技术发展很快，并已逐步实现区域间物流平台信息互通、资源共享。物流企业通过广泛应用物流新兴技术的，极大地提升了自身的附加值，最大程度地降低企业物流成本，提高了物流效率，找到了效率与服务的最佳结合点。未来几年，物流新兴技术将会得到更快推广，能否掌握和运用这些技术，将会成为物流企业的重要竞争手段之一。

(3) 物流园区建设加快推进。物流园区作为物流产业发展的一个新趋势，有利于促进经济社会发展，完善区域物流系统和城市物流功能区，以及提高全市整体物流效率。沈阳市作为东北亚经济圈的重要枢纽城市，拥有东北老工业基地振兴带来的工业产业优势，同时，依托于沈阳市装备制造、汽车及零部件、医药化工、电子信息、农产品深加工等八大主导产业和产业集群优势，沈阳市现代物流园区的建设步伐加快必将成为沈阳市物流业发展的新趋势。

沈阳市物流业发展的新特点足以说明，随着沈阳市经济的快速增长和物流总量的扩张，必将为物流业的发展提供更加广阔的空间，2011 年沈阳市物流业的增加值预计实现 13% 左右，后劲十足。

三、沈阳市物流业发展的对策措施

落实实施《沈阳市贯彻落实国务院物流业调整和振兴规划的实施意见》，推进沈阳市物流业又快又好发展是未来几年沈阳市政府及物流业界人士的重要责任。沈阳市物流主管部门将尽己所能为物流业发展营造良好的环境。

（1）加大政策实施力度，营造良好的物流发展环境。建立“政府搭台、企业参与、协会推动、学校助力”的推进机制，促进现代物流业科学发展。上报一批争取国债支持的物流项目；储备一批沈阳市物流业引导资金支持的物流项目，优先支持跨区域物流联动发展项目；推荐一批落户重点物流园区、专业物流基地的项目进入绿色通道，加快项目建设进程。

（2）加强宣传力度。加强物流园区功能开发和基础设施建设，为吸引国内外知名物流企业入驻提供载体。同时，加大国内外招商力度，在继续加强制造业招商的同时，开展物流业的专题招商，也可以制造业和物流业联动招商，实行制造业与物流业的有效对接，鼓励和引导民营资本投资、参股物流企业。

（3）加大财政资金扶持力度。协调市财政设立物流专项资金，协调各金融部门加大对物流企业的资金扶持力度。积极引导和帮助物流企业争取上级资金补助，以资金直接补助和贷款贴息等方式，支持企业技术进步、自主创新、改进生产工艺，促进节能降耗减排等发展需求。

（4）支持物流行业协会的发展。支持现代物流协会培养和引进高端物流人才，为物流企业可持续发展储备人才。同时，进一步发挥在规划指导、人才培训、政策建议、规范市场行为、统计与信息、技术合作、咨询服务等方面的中介作用，积极履行行业服务、自律、协调的职能，成为政府与企业联系的桥梁和纽带。

（5）加快构筑人才培养体系。加速文化、教育和科技产业的集聚和整合，提高人才工作的开放度和透明度，为现代物流企业的发展提供优秀的人才；要以完善人力资源开发利用机制为重点，加大高层次、复合型、创新型应用人才的培养力度，加强物流企业与高等院校、科研院所的合作，促进产、学、研的联合与合作。

（汤筠伟　闫　宁　沈阳市发改委经贸处）

哈尔滨市

2010年，哈尔滨市物流运行形势总体良好，物流需求显著增加，运行效率有所提高，物流业增加值快速增长。具体呈现如下特点：

一、社会物流总额快速增长，工业物流总额比重超五成

2010年，哈尔滨市物流需求规模进一步扩大，社会物流总额快速增长，全年实现社会物流总额7713.40亿元，比上年增长21.2%。其中，工业物流总额比重最大，达到4114.85亿元，同比增长21.3%，占社会物流总额的53.3%；外埠流入货物总额为3012.85亿元，同比增长24.1%，占社会物流总额的39.1%，其中进口货物物流总额为161.56亿元，同比增长6.6%，占社会物流总额的2.1%；农产品物流总额为577.61亿元，同比增长8.4%，占社会物流总额的7.5%；再生资源物流总额为2.03亿元，同比下降11.5%，占社会物流总额的0.03%；单位与居民物品物流总额为6.06亿元，同比增长1.4%，占社会物流总额的0.08%。

二、社会物流需求系数呈增长态势

社会物流需求系数（GDP总量与物流总额相比）是反映生产总值对物流依赖度的指标，即每单位GDP产出需要多少单位的物流总额来支持。根据测算，2010年哈尔滨市社会物流需求的系数达到2.1，该系数比2007年增长了31.3%，表明社会经济发展对物流的需求呈加速增长态势。

三、社会物流总费用稳定增长

2010年，哈尔滨市社会物流总费用达487.87亿元，比上年增长14.3%。从社会物流总费用构成看，运输费用为257.63亿元，同比增长14.9%，占社会物流总费用52.8%。其中：铁路运输费用为117.01亿元，同比增长8.4%，占运输费用的24.0%；公路运输费用为125.11亿元，同比增长21.8%，占运输费用的25.6%；水上运输费用为1.39亿元，同比下降41.0%，占运输费用的0.28%；航空运输费用为2.70亿元，同比增长11.7%，占运输费用的0.55%；管道运输费用为5.01亿元，同比增长45.9%，占运输费用的1.0%；装卸搬运及其他运输费用为6.40亿元，同比增长21.2%，占运输费用的1.3%。

保管费用达136.53亿元，比上年增长13.0%，占社会物流总费用的27.9%。其中，利息费用为87.23亿元，同比增长22.2%，占

保管费用的 63.9%；仓储费用为 35.87 亿元，同比增长 17.9%，占保管费用的 26.3%；保险费用为 0.62 亿元，同比下降 3.0%，占保管费用的 0.45%；货物损耗费用为 0.77 亿元，同比增长 51.5%，占保管费用的 0.56%；信息及相关服务费用为 0.08 亿元，同比增长 21.2%，占保管费用的 0.06%；配送费用为 3.01 亿元，同比增长 47.8%，占保管费用的 2.20%；包装费用为 6.40 亿元，同比增长 4.8%，占保管费用的 4.7%。

管理费用达 93.72 亿元，同比增长 4.8%，占社会物流费用的 19.2%。

四、物流业增加值稳定增长

2010 年，哈尔滨市实现物流增加值达 243.47 亿元，比上年增长 14.1%，占全市 GDP 的比重为 6.6%。其中：交通运输业为 187.76 亿元，同比增长 11.9%；仓储邮政业为 15.10 亿元，同比增长 18.7%；其他行业为 40.58 亿元，同比增长 24.0%。

五、物流业相关行业固定资产投资增长较快

2010 年，哈尔滨市物流业相关行业固定资产投资额达 355.59 亿元，比上年增长 15.6%，占全社会固定资产投资额的 13.4%。其中：交通运输业物流实现投资额 228.26 亿元，同比增长 29.89%；仓储邮政及搬运业物流实现投资额 29.05 亿元，同比增长 32.76%；其他行业物流实现投资额 96.12 亿元，同比下降 12.7%。物流业固定资产投资快速增长，将进一步改善全市物流业基础设施建设，推动现代物流业发展，对提高全市物流业运行效率、降低物流费用具有积极和长远意义。

（王　伟　王广策　哈尔滨市统计局贸易处）

南京市[①]

根据物流直报系统统计和与物流发展相关的统计数据核算，2010年南京市物流业在经济较快增长的需求下，全年增长较上年有了明显的提升，为全市经济的发展提供了有力支撑。

1. 社会物流总额

2010年，南京市社会物流总额达到1.51万亿元，比上年增长23.9%。从物流总额构成上看，农副产品物流总额为97.9亿元，比上年增长9.4%，占社会物流总额的0.6%；工业物流总额为8728.89亿元，比上年增长25.4%，占社会物流总额的57.7%；进口货物物流总额为1402.47亿元，比上年增长34.3%，占社会物流总额的9.3%；再生资源物流总额为25.30亿元，比上年增长20.0%，占社会物流总额的0.2%；单位与居民物品物流总额为11.05亿元，比上年增长12.0%，占社会物流总额的0.1%；外市商品购进额为4853.49亿元，比上年增长19.0%，占社会物流总额的32.1%。

2. 社会物流总费用

2010年，南京市社会物流总费用为788.43亿元，比上年增长16.9%。社会物流总费用与GDP的比率为15.74%。社会物流总费用构成为：

（1）运输环节费用达428.13亿元，比上年增长17.4%，占社会物流总费用54.3%。其中，铁路运输费用为23.44亿元，同比增长4.0%，占运输费用的5.5%；道路运输费用为109.95亿元，同比增长11.5%，占运输费用的25.7%；水上运输费用为213.73亿元，同比增长22.6%，占运输费用的49.9%；航空运输费用为9.12亿元，同比增长23.4%，占运输费用的2.1%；管道运输费用为18.52亿元，同比增长16.6%，占运输费用的4.3%；装卸搬运及其他运输费用为53.37亿元，同比增长16.1%，占运输费用的12.5%。

（2）保管环节费用达263.43亿元，比上年增长17.6%，占社会物流总费用的33.4%。其中，利息费用为78.77亿元，比上年增长15.6%，占保管费用的29.9%；仓储费用为56.54亿元，比上年增长8.4%，占保管费用的21.5%；保险费用为3.66亿元，比上年增长16.9%，占保管费用的1.4%；货物损耗费用为8.18亿元，比上年增长11.3%，占保管费用的3.1%；信息及相关服务费用为0.92亿元，比上年增长21.6%，占保管费用的0.4%；

① 本文数据除物流增加值增长速度为可比价外，其他均按当年现行价格计算。

配送费用为 29. 87 亿元，比上年增长 28. 2%，占保管费用的 11. 3%；流通加工费用为 73. 89 亿元，比上年增长 23. 7%，占保管费用的 28. 1%；包装费用为 11. 59 亿元，比上年增长 22. 2%，占保管费用的 4. 4%。

（3）管理环节费用达 96. 87 亿元，比上年增长 12. 7%，占社会物流总费用的 12. 3%。

3. 物流业增加值

2010 年南京市物流业增加值为 353. 10 亿元，可比价比上年增长 13. 9%。

（南京市统计局综合处）

武汉市

2010年，武汉市物流业延续了2009年下半年以来回升向好的态势，货运量及货运周转量增速均大幅超过金融危机前的水平，全年实现社会物流总额1.49万亿元，按可比口径计算同比增长29%，高出全国物流总额增幅14个百分点创近年来的新高。这说明，在经济快速增长的带动下武汉市物流需求和物流总规模扩张速度加快。

一、武汉市物流业发展的特点

1. 物流基础设施建设进一步发展

2010年，武汉市物流基础设施建设进一步发展。铁路运输业全年完成投资110.5亿元，同比增长75.6%；营业里程达2700公里，比上年延长105公里。全年公路水路民航固定资产投资完成108亿元，新增公路通车里程800公里、新增民用航空航线里程5000公里；武汉新港投资过百亿元，货物吞吐量在2010年首次突破1亿吨，成为长江中游及上游首个亿吨大港。全年重点物流园区和物流中心建设步伐加快，一是投资13.1亿元对东西湖保税物流园区道路进行了升级改造，园区交通运输条件得到改善；二是加强武汉公路口岸基础和配套设施建设力度，口岸联检大楼主体工程完工；三是阳逻港二期项目中水工码头于7月投入运营；四是新港江北铁路规划走向确定，项目控制性工程开工；五是入驻阳逻地区的华中钢铁物流基地、华中钢铁物流大市场、专顺物流、招商物流武汉阳逻分拨中心等物流项目建设加速推进；六是天河机场三期工程开工建设；七是汉口北信和国际农产品展销配送中心开业运营，加快了华中物流大市场、汉口北货运站等物流项目建设。重点物流园区和物流中心建设的加快发展，使得园区的凝聚力不断增强，园区物流企业运营效率不断提高。

2. 物流总规模扩张速度创新高

“十一五”期间，武汉市物流业的发展呈现由高到低再到高的走势。2005—2008年武汉市物流总规模保持持续稳定的高速增长，增长幅度依次为28.7%、24.8%、25.9%和26.0%；2009年武汉市物流总额受金融危机的影响增长幅度回落至10.4%，达到最低点。2010年在经历了金融危机的影响后，武汉市物流业的总规模在经济转好并较快发展的带动下，呈现不断高速增长的态势且创五年来的新高，全年物流总额为1.49万亿元，同比增长29%。2010年武汉市物流业的总规模是2005年的2.93倍。

从构成情况看，工业品物流总额和市外购进分别为6464.5亿元、7453.9亿元，按可比价格计算，同比增长27.6%、28.2%，占社会物流总额的比重为93.7%，是带动社会物流总规模增长的主要因素。进口货物物流总额629.6亿元，按可比价格计算，同比增长78.5%，表明武汉市进口货物物流重回快速增长通道，也是社会物流总规模创新高的增长点。再生资源物流总额和单位与居民物流总额同比分别增长19.8%和60.1%，而农产品物流总额可比增幅下降了0.5个百分点。

2010年，武汉全社会物流总费用与GDP的比率为16.5%，比全国平均水平低1.72%，表明武汉市物流成本较高，配送效率较低。

3. 货物运输量及货物周转量增长逆转

2010年，在工业企业生产呈恢复性增长的背景下武汉市工业原材料等大宗货物运输需求急剧增长，全市全年完成货物周转量2263.6亿吨公里，同比增长19.1%，增幅比上年提高10.5个百分点。从全市四大交通运输枢纽的运行轨迹看，2010年铁、水、空货物运输量分别比上年增长3.1%、17.3%和28.7%，港口货物吞吐量同比增长22.4%，扭转了铁、水、空上年下降的态势；公路运量继续保持较高增长，完成货运量2.11亿吨、货物周转量307.6亿吨公里，分别比上年增长26.6%和9%。

4. 优质物流企业快速成长

A级物流企业是物流行业优质企业的代表，是物流企业的“金字招牌”，是政府招商引资和企业招投标在内的市场选择物流供应商的重要取向，也是各级政府扶优扶强的主要对象和政策的受益主体。至2010年年末，武汉市经中国物流与采购联合会物流企业综合评估委员会审定通过A级物流企业达到了40家，其中，5A企业3家、4A级企业14家、3A级企业15家、2A级企业8家；2010年通过评审的2A级以上企业16家，占我市A级企业的40%，其中3家企业通过5A企业评审，实现了我市在A物流最高等级的突破。

在A级物流企业的示范带动下，武汉市物流行业的经营规模、赢利能力明显增强。据对全市113家重点物流企业（以下简称重点企业）调查资料表明：2010年，重点企业资产总计达到262.7亿元，同比增长25%，其中，资产在10亿元以上的重点企业有4家；亿元以上的重点企业有40家，比上年增加5家。重点企业实现赢利共计10.12亿元，同比增长64%。其中，利润在千万元以上的重点企业有26家；亏损的重点企业有6家，亏损额共计2006万元，亏损企业比上年减少4家、同比减亏2.4亿元。数据表明，2010年武汉市重点物流企业的赢利能力增强。

二、武汉市物流业快速发展的主要因素

1. 制造业、流通业的加速发展是促进物流业发展的主要因素

2010年，武汉市规模以上工业销售产值达6297.3亿元，同比增长28.3%，增速比上年提高了17.9个百分点；限额以上批发零售业企业销售总额同比增长23.9%，扭转了上年增幅下降的趋势。制造业、流通业销售的大幅增长推动了物流业发展加速，2010年制造业和流通业的物流总额已占全市物流总额的93.7%。

2. 政府的各项政策扶持是物流企业发展的保障

2010年，为认真落实《武汉市加快现代物流产业发展实施方案》和《武汉市加快现代物流产业发展指导意见》，市政府印发了《2010年武汉市发展现代物流业工作责任分工》，明确了2010年全市发展现代物流业八个方面25项具体工作任务，确立了抓工作落实的责任单位、配合单位和完成时限。在政府相关政策扶持与支持下，全市物流业呈现稳步发展的态势。一是武汉市东西湖、阳逻、天河、汉口北等重点物流园区和物流中心建设快速发展，物流园区和物流中心的基础设施、发展环境得到改善，凝聚力明显增强，园区物流企业运营效率不断提高。二是继续落实国家《关于促进制

造业与物流业联动发展的意见》，为制造业与物流业供需对接创造条件，推动了制造业与物流业联动发展。三是保税物流、航空物流、港口物流和商贸物流等重点物流产业持续发展，东西湖保税物流中心积极拓展进出口保税业务，2010 年保税物流中心为湖北、广东、江西、山西等 10 多个省市 90 多家企业提供了通关服务；东海航空公司全货机营运稳定，友和道通国际货运航班即将开通运营，武汉航空货运中心和航空枢纽地位进一步显现；中铁集装箱武汉分公司与武汉阳逻港签订了战略合作协议，启动了武汉新港“铁水联运”，推进“江海直达”业务，启动了“汉台快运”，武汉至上海洋山“江海直达”集装箱装载率提升到 70%。

3. 物流信息化建设、物流人才队伍建设是促进物流业发展的技术保障

物流业快速发展离不开物流信息技术和物流人才的支持。所以，物流信息化建设、物流人才队伍建设是加快构建现代物流服务体系不能缺少的重要内容。为进一步推动武汉市物流行业信息化建设，相关部门积极开展了物流标准的推广应用工作，推动了物流企业现代化管理水平的提高。武商量贩、武汉工贸等配送中心推广应用标准化托盘、数字高架仓、自动分拣、无线射频和自动管理等物流标准技术；德邦、天地华宇等零担运输物流企业推行厢式货运和甩挂运输；一些轿运物流企业推行应用 GPS 卫星定位系统，开展了武汉市综合物流信息平台建设研究，向国家工信部申报了物流信息化典型发现和试点示范企业项目，物流企业信息化建设有了新的发展。武汉汇通银河货运网进一步扩大服务范围，发展客户 5000 多个，每天发布的货运信息量达 30 万条。三是采取多种方式加强物流人才培养，如聘请专家、学者为物流企业管理人员做现代物流发展专题辅导报告；开展校企联合办学，开辟物流人才培养的新模式。

三、武汉市物流业存在的问题

按照武汉市“十二五”规划确定的坚定不移地推进“工业强市”战略和“工业倍增计划”，未来五年武汉市经济建设将进入快速发展的时期，同时，全市的物流需求将长期保持旺盛态势。面对这样一个巨大的物流需求，武汉市物流业的现状让人担忧，首先，武汉市物流管理涉及多个环节和领域难以形成合力。其次，武汉市物流业增长方式粗放，目前尚未形成规模化、网络化、集约化、专业化的现代物流服务体系，致使武汉市物流业发展和武汉市物流企业的实力还不能满足经济社会发展的要求。最后，武汉市坐拥多个显赫的交通物流头衔，如长江中游航运中心、全国四大铁路枢纽之一、全国公路主枢纽之一、区域性航空枢纽、中部物流区域中心城市、全国 21 个物流节点城市之一，是我国唯一物流枢纽富集区。然而，现实的物流业却与此形成强烈反差：全球排名前 50 位的国际物流企业中，没有一家将其中国区域总部设在武汉；全市现有的物流企业中，50% 的资产不足 100 万元，资产在 5000 万元以上的仅 83 家，缺乏龙头企业；在全国 1000 多家 A 级以上的物流企业中，武汉仅有 40 家，5A 级企业更是凤毛麟角。因此，加快管理体制改革、创新经营方式、优化整合物流企业、建立高效的现代物流服务体系是武汉市物流业界必须尽快做好的重要工作。否则，武汉市物流行业将会成为“工业强市”战略和“工业倍增计划”的瓶颈。

（郭淑华　武汉市统计局　蔡晓生　武汉市发展和改革委员会）

成都市

2010 年，成都市物流业在产业发展规划及相关政策的实施和指导下，以园区（中心）为载体，以产业集聚为核心，通过加快基础设施建设，加大招商引资力度，一批重大物流产业项目相继建成，物流园区（中心）发展初见成效，为成都市经济发展注入了新的活力。

一、全市物流业发展特点

1. 交通运输、仓储、邮政业保持较快增长

2010 年成都市限额以上交通运输、仓储、邮政业实现增加值 154.49 亿元，实现营业收入 424.39 亿元，同比分别增长 26.3% 和 25.6%，两项指标增幅均高于限额以上服务业平均增幅 4 个和 4.4 个百分点，物流业主要行业的较快增长，有利于全市经济稳步发展。

2. 现代物流行业加快发展

从分行业大类看，2010 年全市以道路运输、城市公共交通、航空运输、国家邮政为代表的传统运输业收入增长相对平稳，四个行业 1～12 月累计实现营业收入合计增长 22.8%，低于限额以上交通运输、仓储和邮政业营业收入增幅 2.8 个百分点；以快递业、仓储配送业，运输代理业等为代表的现代物流业快速增长，三个行业 1～12 月累计实现营业收入合计增长 60.0%，高出限额以上交通运输、仓储和邮政业营业收入增幅 34.4 个百分点，其中仓储业在总量与增速方面具有明显的优势（如表 1 所示）。

表 1　2010 年限额以上物流企业分行业收入完成情况

行　业	2010 年（亿元）	增幅（%）
交通运输、仓储和邮政业	424.39	25.6
传统物流业	383.00	22.8
铁路运输业	0.48	—
道路运输业	79.71	13.2
城市公共交通业	15.94	17.3
水上运输业	0.04	70.0

续　表

行　业	2010年（亿元）	增幅（%）
航空运输业	247.16	30.3
邮政业（国家邮政）	39.70	3.2
现代物流业	41.30	60.0
装卸搬运和其他运输服务业	1.91	31.4
仓储业	30.33	71.5
邮政业（其他寄递服务）	9.06	36.0

3. 行业效益水平大幅提升

2010年，成都市限额以上交通运输、仓储、邮政业全年实现营业利润52.31亿元，同比增长57.5%，营业利润增幅在限额以上各服务行业中仅次于租赁和商务服务业位居第二。其中，航空运输业实现利润42.53亿元，占赢利企业利润的67.6%，同比增长46.5%，在航空运输业的带动下全市限额以上交通运输、仓储、邮政业效益水平得到大幅度提升（如表2所示）。

表2　　2010年限额以上物流企业分行业营业利润情况　　单位：亿元

行　业	2010年	2009年
交通运输、仓储和邮政业	52.31	33.22
传统物流业	53.26	33.86
铁路运输业	0.04	0.00
道路运输业	20.00	13.83
城市公共交通业	-5.70	-5.41
水上运输业	0.01	0.00
航空运输业	42.53	29.02
邮政业（国家邮政）	-3.61	-3.58
现代物流业	-0.95	-0.64
装卸搬运和其他运输服务业	0.02	0.00
仓储业	-1.27	-0.98
邮政业（其他寄递服务）	0.30	0.33

4. 运输行业格局悄然变化

2010年，成都市交通运输业在总体向好，加快发展的基础上，出现了结构性变化。从货运周转量增速看，公路增长18.9%，增幅居首位，民航增长11.8%，分别快于铁路11.5个和4.4个百分点；客运周转量增速民航最快增长16.4%，铁路增长11.2%，受私家车快速增长的影响，公路客运周转量下降8.3%，但从全年来看，下降幅度逐步减缓。2010年成都市铁路客运、货运周转量虽然继续占有较强优势，但在全市交通运输客运、货运周转量中比重却分别下降1.2个和1.7个百分点，而公路客运、货运周转量以及民航客运周转量比重出现了不同程度的提高。

二、物流园区（中心）发展初见成效

1. 园区建设步伐加快，招商引资推进情况良好

2010年，成都市物流园区（中心）共有建设项目83个，完成固定资产投资40.5亿元，为全年计划投资的142%，累计竣工各类房屋建筑面积91.52万平方米。全市物流园区（中心）建设项目分构成看，产业类项目个数和完成投资规模均居首位，分别占61.5%和63.5%；地产类项目累计竣工房屋面积规模最大，占67.6%；基础设施类项目数量少且规模相对较小（如表3所示）。

2010年，成都市物流园区（中心）共签约项目92个，新引进企业40户，实际引进资金65.1亿元，企业引进资金平均规模为1.63亿元；随着引进项目的陆续开工建成，产业聚集效应开始逐步显现（如表4所示）。

表3　　按构成分物流园区（中心）项目完成情况

项　目	项目个数（个）		完成投资额（亿元）		竣工房屋面积（万平米）	
	数量	占比（%）	总量	占比（%）	总量	占比（%）
合　计	83	100	40.50	100	91.52	100
基础设施类项目	7	8.4	8.41	20.8	1.26	1.4
产业类项目	51	61.5	25.71	63.5	28.35	31.0
地产类项目	25	30.1	6.39	15.8	61.96	67.6

表4　　2010年物流园区（中心）招商引资情况

物流园区（中心）	实际引进的企业数（个）	实际引进的资金额（万元）	已签约项目（个）
全　市	40	651000	92
保税物流中心	3	1500	55
龙泉物流中心	3	83816	3
成都国际集装箱物流园区	7	218050	7
青白江铁路散货物流园区	1	45680	1
新都物流中心	5	62890	5
成都国际航空枢纽综合功能区	9	163000	9
新津铁路散货物流园区	12	76000	12

2. 企业发展势头迅猛，成为物流业新的增长点

2010年，成都市7个物流园区（中心）坚持特色发展，成效明显。截至2010年年底，全市共有27家单位投入经营，累计完成营业收入24.62亿元，同比增长1.4倍；与全市限额以上交通运输、仓储、邮政业25.6%的收入增速相比，园区（中心）企业发展势头迅猛。从经济效益和贡献看，全市物流园区（中心）在上年亏损的基础上2010年实现了扭亏为盈，累计实现利润0.85亿元；上缴税金及附加0.38亿元，同比增长1.07倍；解决就业人数2118人，同比增长79.2%。

从企业规模看，投入经营的27户企业户均主营业务收入达到9117.8万元，比全市限额以上交通运输、邮政、仓储企业户均主营业务收入高1469.8万元。其中，有6户企业主营业务收入超过亿元，合计实现主营业务收入20.87亿元，占84.8%。主营业务收入规模最大为中央储备粮成都直属库（中储粮），同比增长3.2倍。27户企业分主要业态看，其中仓储类企业有11户，户均规模为15112.3万元；运输类企业有5户，户均规模为9456.4万元；配送类企业有2户，户均规模为5209万元（如表5所示）。

表5　　2010年主营业务收入在5000万元以上物流企业分布情况

法人单位名称	所属物流园区	主营业务收入（万元）
中央储备粮成都直属库（中储粮）	新津铁路散货物流园区	85459
成都中融物流有限公司	龙泉物流中心	40000
成都市新津映辉实业有限公司	新津铁路散货物流园区	29635
四川安吉物流集团成都有限公司	新都物流中心	23857
中央储备粮四川新津直属库（中储油）	新津铁路散货物流园区	19575
四川玉柴机器实业发展有限公司	新都物流中心	10193
中国物流公司成都分公司	新都物流中心	6370
成都传化物流基地有限公司	新都物流中心	6149
嘉里物流分拨中心	成都国际航空枢纽综合功能区	5200

3. 物流园区（中心）发展各具特色

成都高新综合保税区10月18日获国务院批准设立。为确保综保区能按时封关验收，相关工程现已投入建设，主体工程将于2011年1月完成。区内2010年实现营业收入0.09亿元，同比增长3.08倍。

龙泉物流中心作为成都公路口岸已获省政府正式批复。截止2010年年底“三横八纵”16千米内部路网全面形成通车能力；中融物流、一汽物流、一汽国际正加快建设，民生物流、中原物流等项目完成前期工作，初步形成1000亩建成区规模；新引进龙头物流企业3家，协议总投资达6.4亿元。区内2010年实现营业收入4.18亿元，同比增长1.61倍。

成都国际集装箱物流园区“一横四纵”道路基础设施框架已经形成，支干道路正在加快推进中；园区内口岸联检大楼主体工程已封顶，预计2011年3月底前全部竣工投入使用；成都铁路集装箱中心站已建成投入使用，日均到发集装箱1000余标箱；2010年区内实现营业收入0.48亿元。保税物流中心一期工程目前正按计划推进，计划2011年3月底前全部竣

工投入使用。

新都物流中心一期工程建成投运，形成项目承载能力。2010 年引进西部品牌分拨中心等 9 个项目，同时，积极储备加拿大宝仓、中外运、美国普罗斯等物流高端项目，增强物流中心发展后劲。2010 年中心实现营业收入 5.2 亿元，同比增长 63.8%。

成都国际航空枢纽综合功能区 2010 年有 9 个项目建成投运，8 个项目正在加快建设，基本形成 2500 亩建成区规模。2010 年，区内实现营业收入 1.12 亿元。

新津物流园区内骨干道路及基础设施基本完成，形成项目承载能力。2010 年签约重大项目 8 个，引进亿元项目 6 个，已有四川汇津、中储油、中储粮、川港物流 4 户知名物流企业入驻园区，全年区内实现营业收入 13.55 亿元，同比增长 2.2 倍。

三、关于物流园区（中心）发展的有关建议

1. 土地指标短缺，影响配套和招商

从调研情况看，目前成都市 7 个物流园区（中心）均存在不同程度的用地紧张状况，一些产业项目和配套项目无法按计划实施，有意愿入驻园区（中心）的企业排队等候现象时有发生，针对这些问题，建议从增加土地供给、节约用地、提高单位土地面积产出效益三个方面进行解决，确保全市物流业健康快速的发展。

2. 突出区位优势坚持特色发展

按照成都市出台的物流产业发展规划要求，已对 7 个物流园区（中心）分别从自身的区位出发，作出不同的物流发展定位。随着发展的不断深入和加快，各物流园区（中心）之间要注意避免行业类同、恶性竞争等问题的出现，应严格按照全市物流业规划中的产业布局与发展定位，突出区位优势坚持特色发展。

3. 重视物流人才的培养和引进

当前现代物流业专业人才较为短缺，高层次人才更是稀少，从物流业就业人员的分析来看，成都市的物流业大专及以上人才比重不到 25%，专业技术人员比重不到 15%，在物流业发展越来越趋于信息化、专业化、现代化的今天，这样的人才结构显然难以支撑成都市物流业的提升发展，引进和培养专业的物流人才迫在眉睫。

（成都市统计局服务业处）

青岛市

2010年，受实体经济复苏基础进一步巩固影响，青岛市物流业运行稳步回升，物流业重回较快发展轨道，连续三年获得全国物流中心城市杰出成就奖。青岛市实现物流业增加值512.93亿元，同比增长12.3%，物流业增加值占青岛市生产总值比重为9.1%；实现社会物流总额1.81万亿元，同比增长24.28%；实现社会物流投资额364亿元，同比增长26.3%。实现货运量2.66亿吨，同比增长12.65%；机场货邮吞吐量16.37万吨，同比增长20.9%；港口货物吞吐量3.57亿吨，同比增长10.55%；港口集装箱吞吐量1201万标准箱，同比增长17.06%。

一、2010年青岛市物流业发展的特点

1. 重点物流建设项目稳步推进

李沧楼山物流园天择物流一期建设完毕。胶州湾国际物流园综合服务楼开工建设。总投资3亿元的青岛物流分拨交易中心二期8个专线作业区已经完成投入使用。总投资1.95亿元的春明神鹿物流1号、2号分拣车间装修完成。总投资3.7亿元的金世纪物流三期6万平方米钢材加工仓储车间和2.6万平方米钢贸大厦基础在建，钢贸大厦封顶。总投资1.9亿元的福兴祥冷链物流冷链部分基础工程主体及装修工程基本完工。总投资3.2亿元的银利农资加工仓储配送物流仓储、加工包装车间一期主体完工。保税港区一期封关区域于2010年11月1日全面运营。

2. 物流定向招商实现突破

2010年，青岛市签约、注册及重点在谈项目达30余个。其中，过亿元项目部分已注册的有：投资3000万美元的圣美尔综合物流项目；投资约1.4亿美元建设的捷润码头及油品交易中心项目；投资2亿元建设的中外运物流集散中心项目；投资2亿元建设的海关监管中心项目。已签约的项目有：注册资金9000万美元的新加坡丰树物流项目；注册资金5000万美元的太平洋恩利冷链物流；投资2亿美元的嘉里中心综合开发项目，等等。

3. 品牌物流企业数量再创新高

2010年，青岛市又有4家企业进入全国第10批、第11批A级物流企业名单，它们分别是中远国际货运5A综合型、中创物流股份5A综合型、泽瀚物流4A综合型以及西元庄国际物流2A综合型。截至2010年12月，青岛市A级物流企业的数量已由2008年前的2家增加为42家。

4. 物流公共服务平台建设启动

2010年，青岛市物流主管部门组织有关人员围绕青岛市物流公共服务平台建设，本着

"政府主导、企业运作"的原则，对融资方式等问题进行多方调研论证，正式印发了《青岛市物流公共信息平台建设方案》，该方案计划用3年时间构建系统框架，5年内基本建成。平台包含1个平台管理系统、5个数据交换系统、7个应用系统、8个通用软件，整合10余种相关信息的系统。另外，青岛南车四方车辆物流有限公司的"青岛南车四方车辆物流有限公司信息管理系统"等7个项目入选"青岛市第二批两化融合示范项目"。

5. 物流服务领域不断拓展

2010年，在青岛市物流主管部门的大力推动下，青岛市物流服务领域不断拓展，突出表现为以下几点：

一是新开外贸航线19条、内贸航线7条。截止2010年12月，青岛港已拥有外贸航线150条、内贸航线14条；其中空港新开了青岛—济宁等2条航线和青岛—休斯顿等2条包机航线。截止2010年12月，青岛国际机场共拥有国内航线96条、国际（地区）航线11条。二是积极开展了日照、威海两市异地货站建设的市场调研和合作伙伴选择等工作。三是推动了中韩陆海联运汽车货物运输项目，制定出台了《青岛市中韩陆海联运汽车货物运输项目实施方案》，遴选和认证具有资质的企业从事中韩陆海联运。经推荐的青岛交运集团等3家企业作为中韩陆海联运项目企业资质已获得省厅许可批准，中韩陆海联运汽车货物运输甩挂滚装航线的开通工作已经启动。四是支持港口企业开展了美国—青岛—新疆—中亚过境的冷冻货拆箱拼装业务，使青岛口岸成为国内首家国际海铁联运冷冻货运过境口岸，开辟了国际货物海铁联运新通道。五是中外运被评为全省甩挂运输试点，中外运、交运、长运、天人物流4家企业正式启动甩挂运输业务。

6. 物流基础性工作扎实开展

一是本着"总结'十一五'，规划'十二五'，远看'十三五'"的原则，扎实做好了现代物流业"十二五"发展规划的编制工作。二是举办了物流与供应链培训班，指导青岛市大中型制造企业和商贸流通企业运用供应链管理的先进理念来提升物流整体服务水平，压缩物流成本，推动制造业、商贸流通业与物流业的联动发展。三是参加第六届中国国际物流节，青岛包揽物流中心城市杰出成就奖、物流突出贡献奖以及最佳展区金奖。

二、青岛市物流业发展存在的问题和解决思路

2010年，青岛市现代物流业发展迈出的步子是很大的，然而不能否认还存在一些问题，比如制造业与物流业联动发展的步子相对较小。促进制造企业与物流企业联动发展，对于降低企业成本提高企业竞争力具有重要意义。制造业与物流业联动发展作为近年来现代物流的热点问题，被列入国家《物流业调整和振兴规划》的九大重点工程，各级政府重视程度日益增加。青岛市虽有较好的制造业基础，但大部分制造企业的"大而全"、"小而全"思想依然严重，物流外包意识淡薄、企业内部的物流成本不单独核算、物流效率低、物流管理普遍粗放、管理信息化程度较低。另外，第三方物流企业对制造业没有形成强有力的影响。专业物流企业和制造业还没有形成良性互动和循环。显然，青岛市现代物流业要更快更好地发展，必须尽快解决这些问题。这就要求有关部门要紧抓我国经济转方式调结构的重大历史机遇，以定向招商、物流集聚区建设以及产业物流与物流业的有机融合为重点，提高物流综合服务效率，优化物流发展布局，为推进青岛市现代物流业的快速发展做好基础工作，具体包括：抓好物流集聚区建设、加大定向招商力度、推动产业物流与物流业有机融合、实现物流公共服务平台试运营和不断拓展物流服务

领域。

1. 抓好物流集聚区建设

重点推进城阳综合物流园、李沧楼山物流园以及胶州湾国际物流园的建设，积极引导和推动重点领域和区域物流业制订发展规划。争取开工建设邮政速递、苏宁物流基地等一批过亿元大项目。抓好青岛市重点续建、新建物流项目建设进度，动态更新项目情况，实地查看并帮助项目方解决遇到的困难和问题。推进前湾保税港区二期封关验收和胶州铁路集装箱中心站海铁跨境集疏运项目。

2. 加大定向招商力度

利用东亚经济交流合作机构物流分会等机会宣传推介青岛物流，鼓励知名物流企业来青岛市投资建设物流项目。同青岛市贸促会、青岛市招商局、青岛市台办等对接，争取到日本、新加坡还有中国香港和中国台湾地区进行招商推介，通过宣传青岛物流业发展的优势、市场空缺等吸引知名的第三方物流企业以及物流的设计、咨询第四方物流企业等来青岛市考察投资环境，吸引其来青岛市投资兴业。

3. 推动产业物流与物流业有机融合

会同农委、经信委等部门研究产业物流发展办法，重点抓好农产品冷链物流、商贸物流及高新技术物流发展，提升产业物流管理与运作水平。此外，联合国资委等部门通过试点带动，引导大型国有工业企业剥离外包物流业务，释放物流需求，实现供应链优化重组，推动制造业与物流业联动发展。

4. 实现物流公共服务平台试运营

在2010年印发公共服务平台建设方案的基础上，扎实完成公共服务平台实体组建，开展基础建设期管理系统、交换系统、应用系统等建设工作，力争用一年的时间实现试运营，通过试运营解决系统存在的问题，优化完善系统。

5. 不断拓展物流服务领域

充分发挥试点单位示范引导作用，争取新培育发展甩挂运输企业3~5家。争取日照、威海两市异地货站建成投入使用。积极引导大船公司将青岛港作为其中转基地，增加青岛港的箱量。大力发展合资合作项目，建立APL（美国总统轮船公司）、MSC（地中海船运公司）在青岛港的转运中心。争取开通2条内贸航线和5条外贸航线，加强与国内外民航企业（达美、汉莎、南航）协商，争取开通欧美航线。

（青岛市交通委物流业发展处）

苏州市

2010年，苏州市各地各部门紧紧围绕“三区三城”建设总目标、总定位，按照现代物流业新一轮跨越发展的要求，把发展现代物流业作为调整产业结构转变经济增长方式的重要举措，积极推进苏州市物流业重点区域和重点项目的发展，努力发挥物流优势，加快物流资源整合，全力改善物流环境，取得了一定的成绩。

一是现代物流业发展迅速，物流服务规模和水平继续提升，全社会物流总额总量稳定增长，费用占比下降，效益明显。2010年，苏州市社会物流总额为39081亿元，比上年增长24%左右，占全国社会物流总额的3.12%，其中，工业品物流总额26239亿元，增长20%；社会物流总费用为1421亿元，比上年增长15.9%，占全国社会物流总费用的2%；社会物流总费用占GDP的比重为15.5%，同比下降0.3个百分点，比全国低2.3个百分点。

二是在优化投资结构的前提下积极扩大有效投入，加快推进重点基础设施建设。全市完成基础设施投资732.21亿元，比上年增长8.2%；完成交通基础设施投资99亿元，其中公路建设投资71.6亿元，港口建设投资21.6亿元。2010年年末全市公路总里程12296公里，其中高速公路535公里。新增5个万吨级码头泊位，2010年年末苏州港已建成万吨以上泊位109个。

三是全市2010年完成公路、水运客运量4.53亿人次，客运周转量196.45亿人公里，分别比上年增长15.1%和17.0%；完成货运量1.34亿吨，货物周转量123.74亿吨公里，分别比上年增长18.0%和19.9%。苏州港港口货物吞吐量3.28亿吨，比上年增长33.5%；集装箱运量364.4万标准箱，比上年增长34.1%。

一、苏州港品牌效应彰显，港口集疏运体系加快形成

随着港口基础设施建设的逐年投入，截止2010年年底苏州港已建成万吨以上泊位109个，港口吞吐能力逐步增长，港口生产三大指标继续保持高位增长，长三角集装箱干线港的地位更加突出。

（1）太仓港物流主体地位进一步增强。截止2010年年底，太仓港已建成大小泊位56个，开辟航线83条。全年完成集装箱221万标准箱，货物吞吐量达8058万吨，同比分别增长46.36%和56%。区港联动、虚拟口岸、直通放行模式运作良好。

（2）张家港港2010年完成货物吞吐量达2亿吨、外贸进出口运量达4803万吨、集装箱

运量达 112.4 万标准箱，同比分别增长 33.4%、23.2%、29.2%，港口货物吞吐量连续三年保持全省领先，居全国县域口岸首位和外贸运量居长江沿线各港之首。口岸的大豆、木材、羊毛、化工品等商品的货运量继续位居全国前列。

（3）常熟港 2010 年完成货物吞吐量 5040 万吨，突破 5000 万吨大关，其中外贸吞吐量为 944 万吨，较上年分别增长 13.0% 和 11.3%。此外，2010 年常熟港货物吞吐量发展呈现新的亮点——特色货种及大宗货物稳步增长，纸浆、钢材、化工原料、煤炭、矿物性建材、金属矿石 6 大类货物总吞吐量为 4536 万吨，占全港总吞吐量的 90%。

沿江港口的迅速发展，增强了货物进出能力，带动了沿江产业开发，进一步提升了苏州港对区域经济的拉动效应和服务功能。

二、国际物流、保税物流增势强劲，支撑作用明显

2010 年，苏州市依托众多的国际物流和保税物流园区建设，积极吸引重大项目落户物流园区，加快发展适应国际货物中转、采购、配送、转口贸易业务要求的国际物流，苏州工业园区综合保税区、张家港保税物流园区、高新区综合保税区、昆山综合保税区等物流园区不断提升和完善的服务功能，逐步形成了一批适应国际贸易发展需要、有能力承接国际服务贸易转移的大型国际物流枢纽，构建现代物流与生产相互支撑、相互促进、协调发展的格局。

（1）张家港保税物流园区基础实施更加完善，东华能源 2 万立方米压力球罐、长江国际 11.65 万立方米化工储罐、孚宝二期 19 万立方米储罐竣工验收，园区已建成液体储罐总容量 140 万立方米、固体仓库及堆场总面积 70 万平方米。物流企业日益增多，已有 100 多家物流企业入驻，包括荷兰孚宝、荷兰博斯勒、西班牙帝诺、日本日通、中远、中外运等多家全球百强物流企业。园区辐射不断扩大，年转拨化工品 300 多万吨，已成为全国最大的液体化工品集散地；纺织原料进口量占全球的 20%，已成为东部沿海地区重要的分拨配送中心，进出境货物遍布全国 23 个省市（区），对推动长江流域经济国际化发挥了重要的辐射带动作用。2010 年保税物流园区货运总量达到 964 万吨，货值 93 亿美元，海关征收税款达 41 亿元。

（2）昆山综合保税区（一期）顺利通过验收。在获批升级为综保区后，经过对区域范围内的隔离设施、卡口设施和相关配套设施进行逐项改进和完善，通过了海关总署和国家其他部委领导的正式验收。新增第三方物流企业注册资本 1490 万元，引进物流增值服务业企业和销售公司 10 家；完成保税业务总量 650 亿美元，增长 67%；实现物流保税营业收入 5.28 亿元。

（3）苏州高新区综合保税区是经国务院批准的全国第 11 个“综合保税区”，在 2010 年 10 月 12 日顺利通过验收。苏州高新区综合保税区总面积为 3.51 平方公里，由原苏州高新区出口加工区和苏州高新区保税物流中心（B 型）整合形成。主要将分为三大功能区，即口岸作业区、保税物流区和保税加工区。口岸作业区规划面积约 0.11 平方米公里，主要用于区域的进出口通关和检验检疫现场。保税物流区面积约 0.7 平方公里，主要用于发展 VMI 和 DC 等保税仓储业务。保税加工区面积约 2.7 平方公里，主要用于发展加工制造、研发设计、检测维修等。由于高新区综合保税区是在高新区出口加工区北区和南区及高新区保税物流中心所在的 3 个点合并建立的，它已打破了过去在物理概念上统一的将铁丝网、围墙等围起来的“综合保税区”，实施综合管理系统、全区域视频监控系统、卡口联动放行系统、途中监管系统等四位一体的海关监管体系，从而

成为全国首家通过“信息化围网”技术来进行监管的国家级综合保税区。

三、物流行业转型升级加快步伐

2010 年，苏州市通过积极引导交通物流企业通过整合、兼并、重组，新组建跨区域、跨行业、跨所有制的具有较强竞争力的大型物流企业。截至 2010 年年底，全市拥有国家 A 级企业 82 家，其中 3A 级以上企业 66 家；省重点物流企业 32 家、基地 11 家，合计 43 家，占全省 185 家的 23.24%，行业整体竞争实力进一步增强。

（1）重点加快交通物流运力结构调整，引导物流企业发展满足区域性长途干线运输的重型货车；大力发展专用车辆，包括集装箱车、冷藏运输车等专项运输车辆及高利用率的甩挂运输车辆。截止 2010 年年底，苏州市拥有道路货运车辆 8.99 多万辆（牵引头 3509 辆）、46.76 万载重吨，车均载重吨 5.2 吨，其中厢式车、集装箱运输车、罐式车、专项作业、冷藏车等专业化车辆近 3.63 万辆，比例达到 42.0%；拥有货运船舶 285 艘，12.15 万载重吨，船均 426 载重吨，专业化船舶比例达到 25.6%。

（2）甩挂运输试点逐步深入。苏州市交通局制定了《区域甩挂运输试点方案》，引导运输企业大力发展甩挂运输，全面取消了挂车二级维护强制保养和综合性能检测，苏汽物流、飞力达国际物流两家企业已申报部、省甩挂运输试点企业。开展货运出租行业整合工作，按照“引导行业转型升级，加快推进交通物流发展”原则，制定了《苏州市货运出租行业整合升级方案》并获得市政府常务会议批准，首批更新的货运出租车已完成采购。通过货运出租行业资源整合，彻底改变原有货运出租车租赁承包经营模式，引导企业走公司化、规模化、集约化发展道路。

（3）积极鼓励和引导企业提高现代物流理念，转变经营方式，大力提倡和鼓励物流企业通过联合、兼并、重组等途径发展大型“第三方物流”企业，组建跨区域的大型物流企业集团。通过释放物流外包业务和剥离低效物流部门，实现物流业的专业化、集中化和社会化，促进企业物流向社会物流转变。引导现有的物流企业根据自身需要不断地扩展服务内涵和外延，从传统运输、仓储等单项服务拓展到以现代科技管理和信息技术为支撑的综合物流服务，以满足苏州市经济跨越式发展的需要。

（4）积极培育国际货运代理企业。国际货运代理企业备案工作是加强国际货运代理市场管理、规范国际货运代理企业经营行为的重要举措，也是维护国际货运代理企业合法权益的有效保证。2010 年，苏州市物流主管部门进一步加强了国际货代市场管理，全年共为 66 家货代企业办理了国际货运代理备案，促进了外向型经济的发展和国际物流发展的主体的培育，也为现代物流业的发展奠定了基础。

四、物流园区建设成果凸显

当前，苏州市在建、拟建的物流园区（含中心、基地）32 家（不完全统计），总投资超过 560 亿元，其中 1 亿～10 亿元的物流园区有 20 家，10 亿～20 亿元的物流园区有 5 家，20 亿～50 亿元的园区有 6 家，超百亿的园区有 1 家；投资超 10 亿元的物流园区有 11 家，合计投资 501.4 亿元，占物流园区总投资的 89.5%。32 家物流园区累计入驻企业 6500 余家，其中物流企业 900 家、货代企业 460 家、商贸企业 2700 家、运输企业 340 家、生产企业 1700 家，其他服务企业 400 家。32 家物流园区累计年吞吐能力超过 1.7 亿吨，全年流通商品价值累计超过了 1 万亿元，营业收入超过 2000 亿元，累计上缴税收 150 亿元。

五、物流信息化水平不断提升

信息平台可以有效解决与物流活动有关的信息采集、信息传输和信息共享问题，对整合社会资源，降低市场风险、提高企业经营治理效率具有重要的支撑作用。2010 年，“苏州交通物流信息平台”（www. jt56w. com）正式上线运行，共有 3300 余家企业入驻交通物流信息平台，累计发布车源信息 1. 2 万余条、货源信息 7 万余条、资讯信息 1000 余条，并与传化物流基地、白杨湾物流中心等企业级信息平台、苏州市运政 GPS 综合管理系统、GIS 系统进行了成功对接，实现了对 5000 余辆运输车辆的实时跟踪和 3000 多家运输企业的 GIS 定位。

苏州市物流商会继续认真加大力度开展“苏州现代信息物流交易平台”（http：//www. cmcc56. com）项目的各项工作与“陆运”版块落地运营。2010 年 12 月，平台已实现点击率 42 万人次，有注册会员企业 1 万余家，受到了各级领导、物流企业、生产企业的关注与重视。平台“陆运”版块目前也已开始落地实际运作，并还开通 400 - 180 - 5656 服务热线，可以实现替货找车、帮车配货、信息服务等功能服务。

2010 年 10 月，苏州市物流商会与上海集时通网络科技有限公司联合开发的“集时通”物流精准信息沟通平台，被授予了“2010 中国物流技术装备优秀创新成果奖”。通过有效的信息化服务，将实现有效降低苏州各类物流成本的目标：降低陆运成本 15%、降低水运成本 5%、降低国际运输成本 5%、使仓储利用率提高 20%，其产生的经济效益不容低估。

六、创新通关新机制，实现通关便利化

（1）在全国系统率先推出虚拟口岸直通放行新模式。苏州是内陆口岸，多年来，随着苏州开放型经济的快速发展，进出口贸易规模不断扩大，对发展现代物流的需求不断增长。为更好地服务苏州开放型经济，构筑内陆与口岸区域共同发展的新优势，苏州海关、检验检疫局在上级部门的支持下，全力创新通关模式，在苏州内陆地区进口货物目的地和出口货物启运地的集中区域依托上海港、太仓港、无锡硕放空港建立“虚拟口岸”通关和检验检疫区。将港口功能延伸至苏州内陆地区，将苏州内陆地区作为港口的始发港和目的港，苏州的进出口企业或其代理人以集装箱运输的进出口工业产品在苏州“虚拟口岸”有关机构申请办理口岸查验放行手续；海关和检验检疫机构在对进出口货物有效监管的前提下，在苏州虚拟口岸完成对进出口货物的口岸查验放行工作。虚拟口岸直通放行模式实行“一次报关报检、一次检验检疫、一次放行”，方便进出口企业，支持地方经济的发展。

截止 2010 年年底，苏州检验检疫局对苏州三星电子有限公司、名硕电脑（苏州）有限公司、苏州佳世达电通有限公司、金龙联合汽车工业（苏州）有限公司等 53 家重点进出口企业实施了虚拟口岸直通放行模式，通过苏州虚拟口岸进出的货物达 4. 39 万批、11. 3 万个标准箱，约为企业节约物流费用 1200 万元，在提速、减负、增效、严密监管方面取得了良好的经济效益和社会效益。

（2）探索大区域管理新方法，实行“一区多点”管理模式。针对一个大区域内存在不同类型的特殊监管区，因点多、面广而产生的监管分割、资源分散、协调不畅的现状，苏州检验检疫局通过管理理念的创新和人力、物力、信息等资源的整合，实现检验检疫模式一体化、区域执法一体化、信息技术保障一体化，从而实现监管有效、服务高效的新型管理模式。一是实现机构设置科学化。在一个业务量相对集中的工作点设立一个检验检疫管理机构

（综合业务管理点），对整个“大区域”内所有通关业务作业点的“多点”统一管理；二是实现人力配置合理化。通过建设一支由行政执法人员和检验检疫协管员相结合的专业团队，对大区域内的检验、检务、检疫等专业人员进行集中管理和统一调配；三是实现监管政策统一化。针对我国各种不同类型的特殊监管区域进行功能整合、政策叠加的发展趋势，结合国际公认的管理准则，形成了全覆盖的、适合于各类特殊监管区域的统一的监管要求；四是实现信息管理电子化。建立统一的信息监管系统和视频监管系统，对特殊监管区域检验检疫监管信息进行全覆盖管理，对检验检疫关键场所（如：进境货物查验过程、卫生除害处理过程、直通企业查验现场）进行实时监控；五是实现技术保障集约化。在整合技术资源方面，通过整合各特殊监管区域检测资源、集中专业人员、建设中心实验室（外来有害生物防控实验室）和专业的标本室，提高疫病疫情检出能力；六是实现区域管理诚信化。通过风险分析，给予低风险商品自动快速核放，给予诚信企业无纸报检、集中报检、过程检验、直通检疫等方便措施。

（3）推行“预报即放”新模式。针对苏州工业园综合保税区拓展国际配送功能，发展第三方物流的要求，苏州检验检疫局通过实地了解企业实际物流流转配送情况，积极探索现代物流模式下的监管新方式，在全国系统率先推出“预报即放”检验检疫监管模式。通过对监管节点前推、联网监管和诚信准入等监管手段的运用，为国际配送中心量身订制了“预报即放”的新型监督管理模式，实现了产品在预报检合格后，24 小时全天候按需分批转移到企业产线上的即时配送物流功能。目前，这一监管模式已在苏州工业园区、苏州新区的 20 家物流企业中实施，监管货值达 20 亿美元，为企业节约滞仓、待产等费用约 3250 万元。

七、多渠道培养物流专业人才

发展现代物流需要强有力的技术支撑，尤其是要借助自动化技术、信息化技术加以推进，需要大量的专业技术人才来管理。从国外物流业的发展经验来看，物流从业人员必须具有一定的物流知识水平和实践经验。相比较而言，苏州市在物流方面的认识还有待进一步提高，物流企业人员素质低、缺乏物流专业知识。

（1）苏州市教育局牵头组织 22 家物流公司、12 家职教院校，联合成立了苏州“现代物流”职业教育集团，物流职教集团下设有专业建设委员会、产学研指导委员会、创业就业指导委员会、培训教育指导委员会等机构，旨在推动苏州市物流职业教育更好地对接产业发展需要，积极探索规模化、集约化、连锁化的办学道路，打造苏州市物流专业职业教育航母，积极为物流企业提供优质的人才保障。

（2）苏州市商务局承办了 2010 年度全国国际货运代理从业人员岗位专业证书的考试。由于苏州出口企业众多，每年报考人员逐年增加，2010 年苏州的考点由原来的两个增加到三个，报考人员增加至近 800 人，达到全省报考人数的 50%，创出了新高。

（3）太仓市健雄职业技术学院还专设商贸管理系物流专业，致力培养专业知识精、实践能力强、综合素质高的物流业应用性技术人才。培养的人才既具备物流、储运、配送企业物流运作的基本能力，又具有处理和解决物流现场问题的基本能力，以及计算机办公软件和物流软件的应用能力，英语口语交流和商务谈判的一般能力，成为太仓市物流领域高素质技能应用型人才的储备库。

（4）常熟市积极鼓励和支持常熟理工学院和职教中心物流相关专业培养现代物流管理人才和专业技术人才。研究制定人才柔性流动和各种激励政策，引进一批国内外优秀物流专业人才。该市物流主管部门积极推动企业与科研院所开展多种形式的合作，促进产学研有机结合，提高全市现代物流人才队伍的总体水平。

八、努力营造物流环境，优化物流政策

（1）太仓市在充分调研的基础上，出台了《关于促进太仓港发展的若干优惠政策和措施》等相关鼓励政策，为太仓物流企业实施了降低物流企业进入门槛和运营成本、减少行政收费、给予税收补贴等扶持措施。同时，做好结对挂钩服务。结合全市开展的“千名机关干部下千企业”和“科学发展观学习实践活动”，机关骨干与各重点物流企业挂钩，长期结对，为企业解决实际问题。

（2）昆山市积极落实促进物流企业发展扶持政策。制定出台了《现代物流业资助项目和扶持企业评审工作操作办法》，加强政策宣传，指导企业申报，认真落实政策，经过材料审核，组织专家组评审，共有 14 家现代物流企业享受到政策扶持，发放政策扶持资金共计 588.91 万元。积极向上争取政策扶持，为多家企业争取到省级扶持资金。

（3）常熟市在市级服务业引导资金中安排一定资金，用于支持重点物流发展企业、重大物流设施和重要物流信息服务系统建设，同时为重点物流项目积极争取省现代服务业发展引导资金。在按照基本建设项目管理的基础上，进一步简化物流项目审批程序、优化服务、提高工作效率。鼓励融资担保机构为现代物流企业提供信贷担保，增加现代物流发展投入。积极培养和引进现代物流人才。多种形式宣传普及现代物流知识，提高全社会现代物流意识和知识水平。

（4）吴江市根据《关于鼓励制造业企业分离发展现代服务业》的文件精神，由市发改委会同地税局、财政局等部门上门走访有分离意向的企业，积极做好政策的宣传工作，帮助企业进行成本收益测算，引导企业把运输服务从生产制造业中分离出来。2010 年，已有吴江翔宇物流中心有限公司等 11 家物流企业正式办理营业执照。另外还增加物流业发展引导专项资金，用于支持物流业的技术引进和项目建设。鼓励规模型企业物流外包。鼓励物流企业建设公共物流交易平台，争创国家 AAA 级及以上物流企业称号。对营业性仓储设施，将依据相关政策和企业实际情况，落实土地使用税和房产税的减免优惠。

（5）张家港市制订出台了《加快现代物流业发展的意见》（张政发规［2010］16 号），从税收优惠、财政扶持、要素配置等方面，加大对物流重点项目建设、规模物流企业培养、物流信息化建设等扶持力度，促进推动现代物流业的快速发展。

九、突出重点组织物流招商和推介活动

在全面推进新一轮开放型经济发展的工作中，苏州市紧紧围绕促进开放型经济转型升级的总体要求，在赴境外开展的一系列经贸促进活动中，把包括引进现代物流等现代服务业的招商放在更加突出的位置，并鼓励制造业企业分离发展现代服务业和释放物流外包业务。全市各级政府积极配合，突出重点、有效衔接，一大批国际、国内的大型物流企业先后落户苏州。

2010 年，昆山市先后多次专场招商会，加强招商引资的力度，以独特的区位优势、有竞争力的投资环境等优势受到各界投资商的追捧。先后引进嘉里万升、汇亚仓储、富源仓储、江苏富莱德仓储等一大批国际知名物流企业。在美国纳斯达克主板上市的众品食业股份有限公司正式落户，将在昆山建设华东地区规

模最大、标准最高的冷链物流基地。在金秋经贸服务业专场招商活动上，昆山天运国际物流项目等物流项目举行了签约仪式。一批世界著名物流企业入驻，为苏州市带来了世界先进的物流理念和运作模式。

苏州市还成功举办了各类物流研讨、推介和大型会议，包括第四届中国国际物流科技博览会、物流企业联合上市研讨会、各类招商推介会、供应链金融研讨会、中加物流政策研讨会、现代物流信息化发展研讨会、物联网技术论坛等，都取得了较理想效果。

十、积极开展供应链金融服务

2010年，苏州市精心组织开展供应链金融服务。通过努力，与上下游供应商、分销商建立战略联盟，构建一体化供应链，实现物流、商流、信息流和资金流的有机结合，强化在供应链中的核心主导作用，统筹配置各环节资源，拓宽市场空间，提高综合效益。做大企业对接平台。利用本市产业相对集聚的特点，充分发挥物流企业集中采购、库存管理和加工配送等方面的优势和专业化服务，实现物流企业与制造企业的无缝对接，整合优化整个供应链系统，降低物流成本，提高产业竞争能力。

苏州市物流商会继2009年与中国工商银行成功签订50亿元授信额度服务规模性物流企业后，2010年9月，又与民生银行签订了10亿元授信贷款，专门为苏州市中小物流企业提供每家300万～500万元的贷款融资，实实在在地为中小企业的发展“雪中送炭”。目前，已成功上报了12家企业名单，并在积极接受需贷款企业的融资申请。

此外，各地各部门还积极开展银企互动、融资推介等活动，搭建融资服务平台，把物流企业与各类金融机构有机地衔接起来，为苏州物流企业服务，把企业做大做强。市物流商会与渣打银行、工行、农行、华夏银行、招商银行、中行等金融机构进行对接与合作。成功协办了“苏州市供应链金融研讨会”，还与苏州信联投资担保等融资公司进行了座谈与业务合作，积极为会员企业提供优质的金融服务。

（苏州市发展和改革委员会）

宁波市

“十一五”时期，宁波市坚持将现代物流业作为实施浙江省海洋经济战略、加快经济社会转型发展、再创开放型经济新优势的突破口，加快推进率先发展，物流业发展质量和效益明显提升。

一、物流业规模持续扩大，产业地位得到确立和巩固

2010年，宁波市物流总额和物流业增加值分别达到1.5万亿元和506.9亿元，年均增速分别为15.4%和17.4%；物流业增加值占GDP比重保持在10%左右，进一步巩固了全市物流业的产业地位；物流效率明显提高，物流总成本占GDP比重下降到17.83%，比2006年（宁波市物流统计从2006年开始）下降1.5个百分点，相当于新增社会经济效益75亿元，有力地支持了全市国民经济发展和发展方式转型。

二、推进产业体系建设，以港口物流为龙头的现代物流体系基本形成

“十一五”以来，宁波市以港口联盟建设、省内外“无水港”建设、海铁联运发展为重点，积极拓展港口经济腹地，培育发展保税物流、非保税物流等港口物流，港口物流业增加值占全市物流业增加值的比重超过70%。2010年，宁波市港口货物吞吐量再上新台阶，集装箱吞吐量达到1314.4万标准箱，排名跃升至中国大陆港口第三位、全球第六位，为宁波港从国际大港向国际强港迈进奠定了基础。

与此同时，全市强化物流业与其他产业的联动发展，以港口物流为龙头，制造业物流、大宗商品物流、城市配送物流、空港物流、危化品物流等为配套的物流产业体系初步形成。

三、加快重点园区（项目）建设，物流业载体支撑力得到强化

梅山保税港区于2010年6月封关运作，已引进企业355家、注册资本达16.8亿元，正加快培育国际采购、国际配送、国际中转等新型业态。镇海大宗货物海铁联运物流枢纽港以液体化工、煤炭、钢材、木材、粮食、再生金属、有色金属等大宗货物交易市场发展为依托，正加快建设区域性大宗货物资源配置中心和集散中心。北仑经济技术开发区现代国际物流园区已有中外运物流、浙江前程石化等一批知名物流企业落户。北仑郭隘集装箱海铁联运中心站通过了铁道部批复，即将开工。宁波空港物流园区保税物流中心（B型）2009年年底封关运作，2010年经营保税物流业务2150票，

进出口总货值达到1.48亿美元，在全国同期获批的保税物流企业中名列前茅。“三中心”建设全面推进，其中2009年年初正式开业的国际航运服务中心一期在2010年年底已有70多家口岸部门及船舶代理、货运代理、报关、报检、法律咨询、金融服务等机构及企事业单位入驻。

四、强化模式和业态创新，企业竞争力明显增强

2010年，宁波市物流业界不断探索模式和业态创新，一是积极探索模式和业态创新，物流业与制造业联动发展的途径，制造企业物流外包和资源整合步伐加快。吉利汽车有限公司与上海畅联国际物流有限公司合作成立第三方物流公司，优化流程、整合资源，为吉利汽车降低了可观的物流成本；逸盛石化投资成立物流公司，实现与制造业的分设。二是鼓励企业创新业务模式，提高了企业竞争力。高新货柜、宁波港九龙仓储有限公司等一批仓储龙头企业加强与期货交易所合作，积极拓展期货交割库业务，期货交割库集群开始起步。推广应用集装箱甩挂运输、双重运输、汽车列车等先进管理技术和运输模式，甩挂运输列入交通运输部试点。三是探索建立大宗商品“三位一体”港航物流服务体系，镍金属交易平台、宁波长三角固体石化产品交易中心（前程石化）等大宗商品交易平台与物流融合发展的业务模式取得较大成功。创新使宁波市物流企业的实力明显增强。

五、加强市场主体培育，物流企业发展水平进一步提高

一是吸引世界排名前20位的船公司和FedEx、UPS、TNT、DHL等国际知名物流企业落户宁波，形成了一些物流企业总部和跨国公司的职能型分支机构。二是推进工商企业主辅分离，剥离培育了一批第三方物流企业。三是强化政策引导，培育形成了一批主营业务收入数亿元至数十亿元的本土物流企业。目前，宁波市已有各类注册物流及相关企业4077家，注册资本超过120亿元，实际从事物流相关业务的企业超过5000家，门类齐全、机制灵活、运作高效、竞争充分的市场主体业已形成。四是推进企业标准化建设，约有一半左右的港口物流企业通过了ISO质量管理体系认证，国家A级物流企业数量超过70家，3A以上物流企业46家，占到全省数量的一半。

六、推进物流信息化和先进技术应用，物流智能化水平得到提高

一是宁波电子口岸致力于构筑集电子政务与电子商务于一体的口岸信息平台，已开发海关集装箱管理系统、空港物流监控系统等大型政务服务项目，推出了“外贸八达通”、“企业E管家”等商务服务产品，社会效益显著。二是第四方物流市场加快建设。宁波第四方物流市场于2009年年初正式投入运营，到2010年年底已吸引6850家企业加盟运作，年信息发布总量达72万条，年网上交易额突破10亿元，大大激发了物流市场微观主体活力，正在成为促进宁波物流业发展的新引擎。三是先进物流技术、设备在全市物流领域得到应用。2010年，全市新增集装箱车辆GPS安装率达100%，条码技术在各种物流业务中得到普遍应用，RFID技术已在宁波港码头得到良好应用，集装箱车辆在码头闸口的通过时间由2分钟降到30秒以下。

七、强化政务服务，物流业发展环境明显改善

一是口岸相关部门积极推进“通关单联网核查”、港区卡口智能化系统和出口货物电子装箱单系统、空港通关中心和快件监管中心等

建设，区域整体通关环境进一步优化。二是密集出台了宁波港海铁联运政策、第四方物流市场系列政策、现代贸易物流企业扶持政策、企业分离发展服务业政策、现代物流示范企业扶持政策等多项政策，同时，积极开展国家税收试点物流企业申报和组织重点物流项目申请国家预算内资金等工作。三是举办了甬港经济合作论坛、“新加坡·宁波周”等物流专题推介活动，促进与国内外重点城市的物流交流与合作。四是加强了与国家有关部门的沟通衔接，成功获批梅山保税港区，正推进镇海液化品保税物流中心（B 型）申报；与铁道部签订了部市合作协议，深化了合作共赢、共同促进宁波海铁联运发展的工作机制。

八、加强统计、培训等工作，物流业工作基础进一步夯实

一是在国家社会物流统计核算制度框架内，建立了重点企业物流统计调查制度，较全面地反映了工业企业、商贸企业、物流企业物流发展状况和物流成本变化趋势，为行业评估奠定基础。二是充分利用高校资源和专业培训机构力量，举办了多期物流师执业资格培训班、物流相关专业高校毕业生培训班、现代物流专题研修班、物流企业高层研修班和物流方向研究生班。到 2010 年年底，有近 1600 人参加中高级物流师和助理物流师培训，1300 余人通过国家统一考试取得资格证书。物流相关专业高校毕业生培训人数近 400 人次，现代物流专题研修班、物流企业高层研修班等培训人次超过 200 人次。三是加强了任务分解、督促检查等基础工作，每年做到年初有任务分解，年末有督查总结，提高了工作实效。

（宁波市现代物流业发展领导小组办公室）

扬州市

2010年，扬州市上下紧紧围绕落实科学发展观，“发展创新型经济，建设创新型城市”的目标，物流业发展环境进一步改善。在整体经济运行方面，经济和社会发展保持了良好的发展势头，全面完成了“十一五”既定目标，为物流业发展提供了新的空间；在政策方面，以编制《扬州市“十二五”现代物流业发展规划》，贯彻实施《扬州市现代物流产业（2010—2012）三年振兴行动计划》为重点，起草了新的政策措施；在产业建设方面，公路、水路、港口等基础设施取得新的突破，一批成长性物流企业得到扩张，应急物流、冷链物流快速推进；在社会舆论方面，物流业已经引起各方面的关注，成为扬州市经济生活中的新的“热点”和“亮点”。

一、2010年扬州市物流业发展的概况

2010年，在扬州市委、市政府的重视和大力推动下，扬州市现代物流业取得了长足发展，主要体现出以下特点：

一是物流业继续保持快速发展的态势。2010年，扬州市全社会货物运输、集装箱吞吐量再上新台阶，共完成公路货运周转量70.3亿吨公里，同比增长18.3%；完成水路货运周转量113.6亿吨公里，同比增长19.8%；港口集装箱吞吐量突破30万标准箱，同比增长29.3%。2010年，扬州市物流业增加值实现122.6亿元，同比增长23%，占服务业增加值的比重达到15%。

二是物流业与制造业联动发展的趋势更加明显。随着物流业的快速发展，企业物流由“小而全、大而全”向“主辅分离、服务外包”转变的速度在不断加快。2010年，扬州市制造业企业物流业务分离出了59家运输企业，当年新增税收3221.43万元。杭集镇对全镇物流资源进行整合，建成占地181亩的三笑物流园，入园物流经营户达86家，政府配套建立的园区物流服务中心紧随其后为企业提供了一体化的物流服务。

三是物流业投资增长加快。2010年，扬州市物流业相关领域固定资产投资37.6亿元，同比增长47.5%。从投资构成看，交通运输业投资达41.3亿元，同比增长42.9%；仓储业投资达5.3亿元，同比增长89.3%。市规划的港口、长江石化、公铁水、商贸四大物流园区投资强度持续加大，完成投资18.7亿元，增长21.2%。全年17个物流重大建设项目共实现投资16.5亿元，物流企业的投入均有较大增长。

四是新的物流领域加快拓展。上汽赛克物

流中心2010年营业收入突破7亿元，建成总投资2000多万元的物流信息服务平台，已基本形成集现代运输、仓储、搬运、包装、部件加工、组装、配送、产品流通、物流信息及汽车零部件制造于一体的仪征汽车零部件及商品车物流中心；宝应湖粮食物流中心入园企业超过30家，主营业务收入过7亿元，扬州粮食储运加工中心累计完成投入8.5亿元，已投入试运营；扬州食品工业园、扬州朝苏农副产品畜产品冷冻食品批发市场已有5.2万吨的冷库投入运营，冷链物流业初绽雏形；高邮戚伍水产发展股份有限公司完成1.5万吨冷库扩容，新建受控低温生产车间1.5万平方米，质控中心1000平方米，新添冷链运输车辆及制冷设备，提高了冷链处理能力；高邮诚信应急物流中心作为江苏首家“应急物流动员中心”，建成应急物资专用仓库2.5万平方米和5000平方米应急指挥中心，装备先进货运网络系统，配套建设应急物流信息平台。

二、2010年扬州市为推动物流业发展积极工作

2010年，扬州市政府主管部门为推动扬州市物流业的发展做了大量的工作。

一是编制“十二五”扬州市物流业发展规划。根据市政府统一部署扬州市物流办委托东南大学启动“十二五”扬州市物流业发展规划的编制工作，年内两次召开规划征求意见会，广泛听取各方建议。与此同时，扬州市各县（市、区）结合“十二五”规划的编制积极着手制订物流业发展规划。

二是出台物流业三年行动计划。2010年，扬州市政府制订并出台《扬州市现代物流业产业（2010—2012）三年振兴行动计划》，该行动计划对现代物流的定义、产业特征、三年发展目标、主要任务和重点工程、保障措施等方面制定了详细具体的实施时间表，为扬州市物流业的稳步发展奠定了扎实的基础。

三是制定了鼓励物流业发展的政策措施。为全面贯彻落实江苏省加快发展现代服务业工作会议精神，进一步改善物流发展环境，更好地服务于扬州市经济建设，根据国内物流发达地区经验，结合本地已有政策执行情况，扬州市物流办起草了《关于鼓励促进市区现代物流业加快发展的意见》，通过数轮征求意见已报呈扬州市政府审批。

四是开展马路货运市场调研。扬州市马路货运市场不但干扰了市区物流资源的集聚发展，更影响了市区的市容市貌。因此，推进市区物流资源集聚、整合、提升，已成为扬州市物流业发展必须解决的问题之一。对此扬州市物流办牵头开展了市区马路货运市场专项调研，从市区马路货运市场发展现状、马路货运市场整治的意义和整治建议等几方面做了深入细致的调研，并撰写专项报告提交扬州市政府决策参考。

五是做好物流业扶持工作，争取扶持资金。2010年，扬州市共争取国家和省级物流业项目扶持资金1520万元，有利地支持了包括扬州粮食储运加工中心、江苏亲亲食品冷链物流中心、高邮戚伍特种水产加工制品冷链物流等项目建设；全年市级服务业引导资金中支出物流业扶持资金120万元。扬州市物流协会工作拓展顺利，市现代物流协会创办了《扬州物流》杂志，刊印6期，得到了社会各界好评。此外，2010年，扬州市还制定了市级水产品冷链物流服务规范；编印了《2010扬州物流年鉴》。

三、扬州市物流业发展的主要问题及对策

2010年，扬州市物流业发展还存在不少问题，主要表现为以下几点：

一是园区功能定位没有得到落实。除长江

石化物流中心外，港口、公铁水、商贸物流园进驻的第三方物流企业所占比例偏小，大量非物流项目鸠占鹊巢。商贸物流园到目前为止，尚无一家第三方物流企业进驻。各园区在实现现代城市配送功能、整合社会物流资源、降低城市物流成本、提升物流发展水平等方面没能发挥应有作用。

二是物流项目落地难。根据江苏省政府发展服务业相关政策，物流用地享受工业用地价格，由于受到园区拆迁成本和招商引资考核体系的影响，物流项目用地享受不到工业用地价格，政府缺少相应调控手段。同时，受土地指标限制和对发展现代物流重要性的认识偏差，许多物流项目排不上当地政府的用地计划，严重制约了物流业的健康快速发展。

三是产业链条不健全。就冷链物流而言，扬州市目前农产品从农场到餐桌还无法做到冷链无缝对接，现有的冷链物流体系不健全，农产品质量安全难以形成全程控制，质量安全漏洞百出。

四是现代物流人才匮乏。现代物流已进入供应链管理的高级阶段，供应链的每个环节都需要相应的专业技术人员，由于扬州市高端物流人才十分匮乏，因而制约了物流业的升级换代。

针对上述问题扬州市物流业拟重点开展以下工作：

1. 加大园区建设，提升运营水平

一是加强物流园区配套。结合“十二五”物流业发展规划的编制，着重加强物流业集聚区与工业开发区的规划衔接，进一步明确物流园区发展目标、功能定位、建设规模和工作要求。二是加快服务功能完善。加强物流园区公共平台建设，积极扶持发展商务类、技术类、保障类等公共服务平台。三是推进物流园区升级换代。进一步明确物流园区建设和管理标准，加大对园区目标管理和标准化建设的考核力度，着力扶持1～2家建设和管理示范园区，通过典型引路实现物流园区升级换代。短期目标：用一年的时间组织实施9个物流重大项目，力争实现17.3亿元的年度投资目标。

2. 理顺管理关系，整合物流资源

一是整合物流资源。整合开发区与扬州港物流发展资源，做大扬州出口加工区保税物流中心保税物流业务；扬州长江石化物流中心进一步提升物流配套功能，完善石化专用公共保税区建设，做大做活保税业务；建成扬州长江石化物流电子交易平台；整合市区生产资料物流资源进入公铁水物流集聚区发展，整合市区生活资料物流资源进入扬州商贸物流园集约发展，整合市区冷链物流资源进入食品工业园发展。二是整合物流企业。引进一批国内外知名第三方、第四方物流企业，启动市区货运站、货运配载点和马路货运市场退城进园整合工作；加大对专业化骨干型物流企业的扶持力度，鼓励对中小物流企业并购重组。三是整合物流环节。在宝胜集团、迎江船业等企业中推进仓储、运输、物流加工等物流环节业务剥离、建立专业物流中心或进园集聚发展试点工作；在产品批发市场开展物流业务分离整合试点工作。四是整合物流发展支撑体系。开展校企对接，推进“订单式”专业化物流职业人才培养模式；加强银企对接，鼓励大型仓储企业发展仓单质押贷款业务，破解中小物流企业融资难的矛盾。

3. 加大市场整合力度，推动物流资源集约发展

牵头拍摄《市区货运市场调查》专题片，组织相关部门赴周边城市考察取经，制定《市区社会货运业主退城进园发展方案》并报呈扬州市物流业领导小组参考，为扬州市政府全面开展市区社会货运市场整治提供决策依据。

4. 出台物流新政，宣讲物流政策

尽快出台《关于鼓励促进扬州市区现代物流业加快发展的意见》，提高对市区物流业发展的扶持力度；加大对物流新政的宣传力度，

印制《宣讲手册》免费发放各物流企业。

5. 加强产业组织领导，完善物流体系建设

组织召开物流业领导小组成员会议，着重研究解决市区物流业发展中亟待解决的问题；完成扬州市“十二五”现代物流业发展规划的编制工作、专家评审和报批工作；进一步完善物流业统计工作，基本建立起扬州市物流业统计体系；牵头开展扬州市物流业专题招商活动；组织物流企业经营管理人员赴境外进行专题培训；组织冷链物流企业赴国内先进地区考察学习；引进和培育物流集成商在市区发展城市配送物流。

6. 转变政府职能，发挥协会作用

建立起政府与物流协会新型合作关系，提高协会自治与自我服务能力；推动在市物流协会下成立快递业分会；办好《扬州物流》杂志和《扬州物流年鉴》编印工作。

（扬州市发展现代物流业领导小组办公室）

鹰潭市

鹰潭市位于江西省东北部，全市总面积3556平方公里，人口120万。鹰潭市背靠内陆腹地，面向长三角，紧邻珠三角和海西经济区，地处浙、闽、粤、湘、皖、鄂交通要道，处于浙闽粤通往中西部地区的重要地理节点，是江南重要的交通枢纽，素有“六省通衢”之美誉。浙赣、鹰厦、皖赣三条铁路干线在鹰潭市纵横交汇，故铁路鹰潭站是全国特等站之一，也是华东四大编组站和货运地之一，日编组能力达1万辆。800公里以内，毗邻宁波港、上海港、南京港、厦门港。江西五大水系之一的信江蜿蜒穿城而过，向西流入鄱阳湖与长江水系相通。320国道、206国道、沪昆高速，济广高速在鹰潭境内呈“双十字”型交叉，为铁路和高速公路“双十字”交汇的枢纽城市。此外，从鹰潭市沿沪昆高速公路90分钟可达江西省会南昌市和昌北机场。鹰潭市自身的交通运输先天优势，使其发展现代物流产业具有得天独厚的基础。然而，如何将沉睡的物流优势催醒、激活并发挥出来？2007年年初，鹰潭市委、市政府审时度势，提出了以“大铜业、大物流、大旅游、大框架城市和新农村建设”为主要内容的“四大一新”发展战略，把物流业提升到实现经济超常发展关键的战略高度。随着大物流战略的实施，物流产业异军突起，呈现了迅猛发展的态势。现在鹰潭市物流业已经成为地方税收继房地产之后的第二大支柱产业，物流业创造的税收占鹰潭市地方税收的15.28%，大物流格局逐步形成。

2010年，鹰潭市现代物流业发展继续呈稳步快速增长的态势，为拉动地方经济增长起到了积极的推动作用。

一、2010年鹰潭市物流业发展的主要特点

1. 物流主体实力增强

截止2010年年底，鹰潭市注册登记的物流企业达186家，其中2010年新增物流企业71家。在186家物流企业中，规模以上的物流企业有33家，并全部通过ISO 9001质量管理体系认证；营业收入过亿元的物流企业达31家，而2007年营业收入过亿元的物流企业仅有一家；税收超百万元物流企业有30家，而2007年税收超百万元物流企业仅有一家。2010年，鹰潭市物流产业营业收入超过55亿元，税收上升到2.4亿元，增幅位居江西省之首。物流产业的快速发展对地区经济的拉动作用明显，创造了1400多个就业岗位，带动了保险、餐饮、维修等相关产业的发展。经有关部门测算，2010年鹰潭市物流业创造的产值达到90亿元，鹰潭市物流企业正朝着规模化、专业

化、信息化、集团化方面发展。

2. 物流载体建设成效显著

在鹰潭市大物流战略的规划部署中，建设现代化的物流载体是其重要的组成部分。2010年，鹰潭市物流载体建设工作成效显著，主要有下述5个亮点。

（1）现代物流“航母”建设顺利启动。鹰潭市现代物流园犹如鹰潭市现代物流的“航母”，它对鹰潭市现代物流的发展具有重要的作用。为此鹰潭市政府提出，要把现代物流园打造成“珠三角”、“长三角”和“海西”经济区的商贸、物流、信息等交换中心，集商流、物流、人流、资金流、信息流为一体的综合性物流园区。鹰潭市现代物流园规划面积6.46平方公里，总投资达18亿元。项目分四期建设：一期开发320国道两侧，主要打造公共管理服务区、汽贸汽配交易功能区及大宗货物交易转运中心；二期在一期基础上向外延伸，主要建设各类商贸流通市场仓储配套服务区等；三期开发商务休闲中心及金融监管仓库等；四期主要开发预备用地。随着现代物流园工程的推进，将逐步建造出海公路货运集散场的现代化运筹物流中心。

现代物流园是2010年度鹰潭市的重点工程之一，在鹰潭市政府的全力支持下，现代物流园一期工程顺利启动。2010年7月28日，现代物流园区正式开工建设，标志着鹰潭市现代物流园开发建设掀开了新的一页。就在同一天，落户该园区的投资总额1.2亿元的江西广甸汽车集团轿车4S店项目和投资总额1.8亿元的江西大三江商业储运公司投资仓储设施项目同时奠基开工，大大提高了园区的影响力和辐射力。

（2）首创水陆联运转关通关模式。江西鹰潭铜产业循环基地拆解加工区项目（以下简称鹰潭铜拆解加工区）是经国家环保总局批准的在我国内陆地区设立的第一家废弃机电产品集中拆解利用加工区，并被列为国家进口废五金电器、废电线电缆和废电机等进口第七类物质“圈区管理”的试点。该项目规划总用地面积3570亩，基础设施总投资约4.38亿元，主要包括生产区、仓储区、监管区、生活区、污染防治区五大功能区。按照“政府引导、统一规划、市场运作、圈区管理”的原则，分步实施开发建设，最终要形成180万吨的年拆解能力，每年产出40万吨废铜、10万吨废铝、9万吨废塑料、93万吨废钢铁的拆解规模，成为全国最大的铜废旧原料回收利用基地和再生资源集散中心之一，为鹰潭市打造世界铜都奠定了扎实的基础。为打通国外废杂铜进口快车道，南昌海关积极争取国家海关总署的支持，针对鹰潭铜产业循环基地拆解加工园区进口原料通关监管问题，以及铜产业循环拆解加工园区进口原料的特点，量身定制通关监管模式，依托GPS（全球定位系统）等高科技监管手段，为鹰潭铜产业循环基地拆解加工区进口原料单独开辟“上海—九江—鹰潭”水陆联运转关通关模式。“上海—九江—鹰潭”水陆联运转关通关模式属国内首创，借助GPS（全球定位系统）系统全程监控进口转关货物流向，依托信息化手段打造三地海关无缝对接的海关监管链条在中部地区也属首例。采用此模式监管，不仅可以大幅度提高货物进口通关效率、缩短通关时间、简化企业办事程序、节约通关成本，而且能够有效确保海关监管落到实处。2010年6月3日，鹰潭铜产业循环加工区项目建成投产，首批140吨进口原料由上海入境，经长江水道运抵九江港后采取集装箱转关运输方式运抵铜拆解园区，标志着江西省“上海—九江—鹰潭”水陆联运铜拆解原料进口通道顺利打通，此举必将为鹰潭铜产业循环加工区业务发展创造良好的通关物流环境。2010年8月10日，中央机构编制委员会办公室批复海关总署同意设立鹰潭海关，为隶属南昌海关的正处级机构。

（3）通江达海、公铁联运的大物流框架已

形成。鹰潭国际物流中心（无水港）的建设，开启了鹰潭市“借船出海”的梦想。鹰潭“无水港”规划用地500亩，设计年作业量10万标准箱，通关量5万标准箱，货物作业量500万吨。项目总投资约2.7亿元，项目分两期建设，项目一期约占地200亩、投资约8000万元。鹰潭“无水港”是以铁路、公路等运输方式为依托的国际运输操作平台，是沿海港口国际物流服务功能在鹰潭的延伸，在发展国际物流服务的同时，兼具国内物流服务。项目建成后，将为鹰潭铜产业循环基地拆解加工区、鹰潭周边市县内外贸企业、赣浙闽皖四省交界区域和中西部地区提供便捷通畅的，综合体现“物资流”、“信息流”、“资金流”、“商流”为一体的全方位现代综合物流服务。2007年9月24日，鹰潭市政府与我国四大国际深水港之一的宁波港集团正式签署在鹰潭合作建设“无水港”项目的协议，正式拉开了鹰潭市筹建“无水港”的序幕。2009年2月23日，鹰潭“无水港”项目正式开工建设；2010年年初，项目建成并投入运营。2010年5月31日，贵溪天福金属有限公司首批6个集装箱货物运抵鹰潭“无水港”，并实现顺利通关。此举标志着鹰潭“无水港”正式投入运营，直接在“无水港”报关、通关和清关。据统计，2010年，“无水港”共进集装箱157个，货物重量约2.5万吨。自此，鹰潭市进口货物通过“无水港”实行“一次报检、一次报关、一次放行”的一站式、高效快捷的通关方式，在家门口就能享受到便利的港口服务，大大加快了货物通关速度。

（4）物流仓储配送体系建设进入快车道。伴随着鹰潭市政府对物流业发展扶持力度的加大，鹰潭市的仓储利用率得到显著提升。中铁十一局集团桥梁有限公司（原鹰潭战备材料总厂）长期闲置的5万平方米仓库，2010年出租率达到95%以上，吞吐量达到10万多吨，形成了生产性原材料配送中心。此外，占地面积36.34亩、设施先进的烟草配送中心于2010年建成使用；规划中的农副产品物流中心、盐业配送中心、粮食配送中心、邮政物流配送中心扩容等一批专业配送中心正在紧锣密鼓地建设之中。

（5）多式联运体系建设结硕果。鹰潭市物流主管部门高度重视海铁联运工作，积极争取铁路、交通和海关部门的支持，与厦门港强强联合，充分发挥港口和铁路交通互补的综合优势，开通了鹰潭南站直达厦门港的海铁联运集装箱班列，货物品种涵盖了汽车、建材、服装、鞋帽、食品、矿产品等，业务呈快速增长态势，成为周边地区货物快速集散的重要通道。同时，开通了鹰潭至贵阳、鹰潭至重庆、芜湖东至鹰潭的铁路五定班列，实现了货物运输客运化，大大节约了货物在途时间，降低了物流成本，提高了物流过程可控性。海铁联运和五定班列的有效衔接，进一步提升了鹰潭市的辐射能力和范围，不少沿海货物纷纷选择以鹰潭为基地，中转湖北、湖南、贵州、云南、重庆、四川等内陆地区。尤其是中国邮政物流将鹰潭列入全国100个邮政物流节点城市后，经由江西发往西南方向的邮政物流由鹰潭邮政物流公司转发，鹰潭市建立了24小时内直达全省设区市的快速物流体系。开通了至上海、广州、温州等沿海主要城市的专线，建立了福建、江西至西南方向的公铁营运体系，极大地降低了进口货物的物流成本。

3. 物流信息化建设稳步推进

2010年，鹰潭市物流信息化建设侧重三个平台建设：一是策应数字鹰潭建设，加强了物流公共信息平台建设，及时发布、提供实时物流信息，涵盖政策、货物、运输工具、报关通关、物流供求等方面的信息服务。并与省货运交通信息平台以及宁波、上海、厦门、南京、南昌等大中城市货运信息网相连，减少车辆的空载率。二是物联网平台建设，与中京嘉信物流科技公司共同建设鹰潭物联网，利用其公司人才及软件优势打造区域性物联网，前期工作正在有序进行中。三是专业物流平台建设。拓展物流信息平台的增值服务功能，鼓励物流信息服务企业对物流信息进行加工处理，提供增值服务，为广大中小物流需求和供给企业服务，鼓励外贸企业依托口岸物流公共信息平台，将进出口业务与单证处理结合起来。

4. 物流调研工作硕果累累

针对鹰潭市物流产业发展中的新情况和新问题，物流相关部门深入开展调查研究，并借鉴鹰潭市外先进的经验和做法不断完善物流工作思路及政策措施，有力地推动了鹰潭市现代物流业的发展。一是对工业物流进行了专项调查，提出了《全市工业企业物流成本调查分析报告》；二是就建立环鄱阳湖生态经济圈鹰潭物流中心开展了调研，提交了《鹰潭在环鄱阳湖经济圈中推进现代物流发展的调研报告》；三是就发展物流业总部经济进行调查研究，形成了《发展物流业总部经济的对策思考》；四是对建立物流公共信息平台进行了调研，提出了《信息平台搭建工作方案》。五是结合物流产业发展需要，市物流办负责人对全市物流产业的发展进行调研思考，撰写了《鹰潭市物流产业发展研究》，并被评为第 8 次中国物流学术年会优秀论文。

5. 物流地位不断提升

鹰潭市现代物流产业发展取得的令人瞩目的成绩，加之鹰潭市在江西省大物流发展格局中举足轻重的地位，江西省委、省政府在《江西省现代物流业“十一五”发展专项规划》中将鹰潭市与南昌、九江、赣州、新余列为省五大区域物流中心；在《鄱阳湖生态经济区物流基地和口岸建设规划》中又明确，江西省物流发展总体布局将以南昌、九江、鹰潭三个城市为重点构建国内区域性物流中心；在《江西省物流业调整和振兴规划》中又将鹰潭市与九江、赣州作为国内地区性物流节点。按照现有的发展态势，构建区域性物流中心的目标指日可待。

二、鹰潭市发展物流产业的主要做法

近几年鹰潭市物流业呈加速发展的态势，但与国际国内先进水平相比还存在很大的差距。一是物流社会化程度低，鹰潭市虽然拥有发展大物流的资源优势，但大部分企业自办物流业务，造成物流有效需求相对不足。二是物流网络不健全，物流响应度低，物流效率不高。三是物流信息化滞后，物流公共信息平台功能不完善，物流企业及工商企业信息装备较差并且互相割裂，形成“信息孤岛”效应。四是物流主体竞争力不强，规模化、集团化程度不高，高端物流服务供给不足。五是物流人才短缺，尤其是物流管理人才和操作人才不足，物流从业人员总体素质偏低。这些问题不解决将会成为阻碍鹰潭市物流业持续发展的瓶颈。按照把鹰潭构建成物流政策盆地、服务高地、投资福地，将区位优势转换为物流优势、物流优势转换为产业优势，打造成华东地区承东启西、通江达海、公铁衔接的区域性物流中心的总体思路，鹰潭市政府和物流主管部门将着重采取以下措施继续推动现代流业的发展。

1. 切实加强物流工作的组织领导

鹰潭市政府专门成立了以副市长任组长，市直相关单位部门领导为成员的发展现代物流工作领导小组，不定期地召开工作会议，总结阶段性的成果、分析物流发展态势、研究解决工作中存在的问题、提出工作任务与要求。市县（市、区）设立鹰潭市发展现代物流工作领导小组办公室，负责贯彻落实市委、市政府以及现代物流工作领导小组的决定和决议，指导、协调全市物流工作。与此同时，建立了协调、办事、服务工作机制。从而推动了物流工作的健康发展，为现代物流业的快速发展提供了强有力的组织保证。

2. 编制物流规划指导物流产业科学发展

根据经济发展总体规划，鹰潭市政府聘请了有关专家对地区物流业发展进行调研，由天津规划设计院编制了《鹰潭市商业网点发展规划》、由国家交通部科学研究院编制了《鹰潭市国家二级道路运输枢纽规划》。2010 年编制的《鹰潭市物流发展规划》详细规划了鹰潭市物流的发展蓝图，是指导鹰潭市物流产业科学发展的依据。

3. 优化环境促进物流产业的大发展

按照鹰潭市物流发展总体规划的要求，鹰潭市政府和物流主管部门出台了一系列的政策配套措施，建立了物流绿色通道为企业提供一站式服务，各有关部门和行业（包括：交通、交警、国税、地税、工商、银行、保险、城管等）制定了相应的具体操作办法，确保鹰潭市委、市政府加快现代物流发展一系列政策措施落到实处，并做好跟踪服务。

4. 以招商招强引导物流产业集聚发展

一是按照“引进一批”的要求，利用中物联各种会议及闽、浙、赣等十三市物流经济合作协作会为契机，加大物流项目的招商引资力度，积极引进国内外著名的物流公司来鹰投资或设立分支机构。二是按照现代物流的理念，推进传统物流企业的“转型一批”。结合交通运输物流专项规划和商贸物流专项规划，选择江铜物流、邮政物流、战备材料厂、市工业园区等进行试点工作，培育物流示范企业，向现代物流服务转型。三是推进“剥离培育一批”的试点工作。积极推动制造业与物流业联动发展，结合工业物流专项规划，选择三川水表、金田铜业、新叶铜业、中旺食品、贵雅节能灯等进行试点，由政府工业生产主管部门通过组织培训和聘请专家的方式，通过对企业中高层管理人才进行培训，引进新的管理思想，将有效的供应链管理同企业自身的特点结合起来，培育企业内部物流管理的先进企业和对企业物流进行剥离的示范企业，以此来提升鹰潭市制造业的竞争力，产生示范带动作用，以便在工业企业中广泛推行现代物流管理技术。

5. 以人才建设做强物流支撑体系

一是鼓励工业企业和物流企业大力引进物流专门人才，以解燃眉之急。二是注意物流人才的培养，采取与市内外院校合作的形式，鼓励工业企业与物流企业签订合作协议，选送人员脱产学习培训，以固物流发展之根本。三是挑选人员到物流发达地区挂职锻炼，以增加物流实际工作能力，提高物流管理和操作水平。四是积极争取中国物流与采购联合会的支持，在鹰潭市设立物流师培训点。截止 2010 年 12 月，鹰潭市已参加物流师培训的学员有 114 人，其中 3 人获得高级物流师资格证书，获得中级和初级物流师资格证人数合计 80 多个。五是积极与北京交通大学在鹰潭市合办在职物流工程硕士研究生班，提升鹰潭市物流人才的知识水平。

6. 努力发挥行业协会桥梁纽带作用

在鹰潭市大物流战略规划的实施中，鹰潭市物流行业协会将继续履行好行业服务、自律和协调的职能，充分发挥联系政府部门与物流企业的桥梁纽带作用，搞好行业协调、自律和规范，为政府决策、企业运作和人才培养提供服务，为推进鹰潭市物流业的健康发展发挥作用。

（黄东风　鹰潭市现代物流业发展办公室主任）

晋中市

晋中市东邻河北省、西靠吕梁、延则通达陕甘，北接省会城市太原市，伸则可达大同市、内蒙古，南濒临汾市、长治市，版图平面轮廓西南狭长，东北见方，呈“钥匙”形，是连接华北、西北、中原诸省的重要通道。发展现代物流业对晋中市有着极为重要的现实意义，发展现代物流业不但对晋中市调整产业结构、推进全市跨越赶超起到重要作用，而且发展现代物流业还可以创造就业岗位，缓解晋中市的社会就业压力，有利于全市的稳定和谐。2010 年，晋中市的生产总值达到 763.8 亿元，位居山西省第六位。晋中市经济实力的不断增强，为晋中物流业的加快发展提供了坚实的物质基础。

参考中国物流与采购联合会对物流产业的统计测算办法，结合晋中市经济发展的实际情况进行分析，综合得出晋中市 2010 年物流产业发展的基本情况。

一、晋中市物流产业发展现状

1. 物流产业增加值超百亿元

2010 年，晋中市现代物流业建设已初具规模，对全市服务业的快速发展起到了积极地推动作用。初步核算，2010 年晋中市物流产业增加值占全市 GDP 的 17.4%，约为 133 亿元，比上年增长 9.9%。交通运输和仓储业增加值占物流产业增加值总量的 58.9%，批零业占 40.8%。具体情况如表 1 所示。

表 1　　晋中市 2010 年物流产业增加值

指标名称	绝对额（亿元）	构成（%）	比上年增长（%）
合　计	133	100.0	9.9
交通运输和仓储业	78.3	58.9	8.4
邮政业	0.4	0.3	-20
批发和零售业	54.3	40.8	15.0

注：交通运输业包括铁路和道路货运业。表中未包含包装服务业、装卸搬运和其他运输服务业。

2. 物流相关行业固定资产投资完成额和新增固定资产高速增长

物流相关行业投资额与新增固定资产是反映物流产业发展潜力的主要指标。2010 年，晋中市物流相关行业投资完成额为 57.9 亿元，比上年同期增长 53.4%，道路运输业以 44.3 亿元的投资位居各行业之首，仓储业以 6.2 亿元的投资位列第二。与 2009 年各行业投资相比，道路运输业以 92.9% 的增速遥遥领先。但铁路运输业、批发业和邮政业投资完成额同比下降。

2010 年，晋中市物流产业新增固定资产额为 20.8 亿元，比上年同期减少 49.4%。在物流各相关行业中，新增固定资产额位于前列的是道路运输业和零售业，其新增固定资产额分别为 12.5 亿元和 2.8 亿元。与 2009 年相比，零售业增长 76.7%。具体情况如表 2 所示。

表 2 2010 年晋中市物流相关行业固定资产投资情况

	投资完成额（万元）	增幅（%）	新增固定资产额（万元）	增幅（%）
物流产业合计	579410	53.4	207734	-49.4
铁路运输业	9937	-51.2	6800	-7.8
道路运输业	443807	92.9	125125	-61.2
仓储业	62260	5.9	27381	10.8
邮政业	296	-4.5	0	—
批发业	22264	-57.1	20092	-49.3
零售业	40846	152.6	28336	76.7

注：由于缺乏测算资料，本表分别以铁路运输业、道路运输业（均包含旅客运输和相应的辅助活动）代替铁路货运业、公路货运业。

截止目前，全市正在规划和建设的大型现代物流项目已达 18 个，总投资 100 多亿元。其中，商贸、煤机、粮食、钢材、汽贸、铁路、农业 7 个类型的物流项目已规划和开工建设。项目主要集中在晋中市开发区和榆次区，已建成投产的 7 个现代物流项目是晋中市开发区宝丰隆物贸有限公司、太原铁路分局集装箱货运、中铁快运有限公司铁运物流配送项目、家家利物流配送、山西金利恒钢材市场、顺源通物流仓储中转基地和信息中心项目和山西新华图书物流中心、三晋国际商贸物流城；正在建设的 5 个项目是山西能源工业国际分销物流港、山西省粮食物流中心、山西兰田汽贸国际物流圈、潇河物流中心项目铁路专用线煤焦发运站；拟建和正在洽谈的 6 个项目是经纬农副产品批发市场、太铁物流中心、吉利汽车物流、航空港物流配送、烟草物流配送中心、钢铁物流中心项目。商贸物流业，太原都市圈晋中综合物流园区规划和一期工程启动，山西能源工业国际分销物流港等项目加快推进；三晋国际商贸物流城（一期）、山西新华图书物流中心（一期）投入运营，太铁物流中心、山西粮食物流中心、美特好农副产品加工配送物流中心等项目前期推进顺利。

3. 物流基础设施日益完善

随着物流行业固定资产投资力度的不断加大，晋中市物流基础设施日益完善。2010年，全市有铁路专线77条、铁路货运站场27个，其中大型铁路货场年吞吐量达1230万吨。公路通车里程14562公里，其中，高速公路292公里、一级公路372公里、二级公路2099公里。2010年全市完成公路货运量为6542万吨，完成货物周转量为130.4亿吨公里。随着太中银铁路建成通车，大西客运专线、石太客运专线的相继建设、龙城高速公路加快推进，汾邢高速公路汾阳至平遥段建成通车，东纵高速公路晋中段前期工作基本完成。贯穿晋中市境内的交通网络将与京、津、冀、豫、陕、蒙、甘的交通网络以及环渤海经济带连成一片，晋中市作为区域性交通枢纽已渐具雏形。

目前，晋中市各类仓储设施逐步完善，容量较大。城乡商业网点密布，大中城市内新型商业经营业态不断出现，2010年全市限额以上批发和零售法人达186家，比上年增长25.7%；营业面积69.24万平方米，从业人员2.55万人。批发和零售业的迅速发展，带动了各种配送机构正的蓬勃发展。

4. 物流企业发展快、种类多、发展空间大

晋中市具有天然的“浅内陆、近沿海”区位优势，纺织机械、汽车零部件、医药化工等工业行业发展迅速，加上部分工业发展在全省甚至全国居于领先地位，以及得天独厚的煤炭资源，内外贸产品流通和交换的总量和频度不断加大，推动了全市物流业的快速发展；周边城市经济发展较快，极大地促进了晋中市物流业的发展。同时，在晋中市城乡居民收入取得较快增加的带动下，居民消费的持续快速增长成为现代物流发展的内在条件。截至目前，全市注册资本在500万元以上的物流企业已达18家，各类仓库近百个、铁路货运站场27个。晋中市作为煤焦资源大市，煤焦运输是支撑全市物流业的重要行业之一，2010年全市销售原煤5563.4万吨，同比增长21.9%。

二、晋中市物流业发展中存在的问题

1. 物流产业增加值占GDP比重偏低

2010年，晋中市第三产业增加值占GDP总量的36.6%，低于第二产业增加值在GDP中54.9%的比重，第三产业规模有待提高，经济结构仍需优化。第三产业成为加快推进产业结构调整增加就业的重要途径，作为占第三产业增加值47.4%的物流业，仅占全社会GDP的17.4%，比重明显偏低，距离2015年物流业增加值将占服务业增加值比重的60%、占GDP比重的30%的目标仍有一定差距。

2. 物流固定资产投资比例偏低

2010年，晋中市第二产业完成固定资产投资额占全社会投资的53.2%，第三产业在完成固定资产投资额占全社会投资的39.2%，物流相关行业投资完成额为57.9亿元，占第三产业投资额的29.9%，反映出全市物流固定资产投资比例偏低，发展物流需要继续扩大相应投资。

3. 物流业中批发零售企业规模偏小，专业程度低

第二次全国经济普查数据显示，晋中市现有批发和零售业企业法人单位2015个、个体户41726个，从业人员分别为3.69万人和8.62万人。其中，限额以上的企业只占总体个数的0.3%，从业人员占总数的11.6%。限上企业的比重偏低，规模效应不足，大型连锁超市经营企业数不多；限下企业及个体户受到自身分布偏散、商品附加值低、需求弹性低，对物流服务需求不高。

4. 物流以道路运输为主，新型物流形态缺少

现阶段晋中市大多数物流企业以从事单一

功能的运输、仓储和配送，很少能提供物流策划、组织及深入到企业生产领域进行供应链全过程的管理，绝大部分企业缺乏现代增值服务，现代物流服务方式与水平还难以满足经济发展的需求。

5. 物流信息技术运用不足信息共享存在难度

目前，晋中市的许多物流企业依然使用传统落后的操作方式，采用电话或传真等方式进行业务信息联系，电子化、信息化手段运用程度低，未形成完善的物流网络体系。即使有些企业建立了物流网站，但还没有与生产销售领域建立物流公共信息平台。在晋中市物流业比较集中的公路运输行业，由于缺乏信息共享的渠道和平台，致使运输车辆配货率不高，造成了货运资源的浪费。

三、晋中市物流业发展规划和加快发展的建议

依据国家和山西省发展物流业的规划精神，以及山西省建设三晋综合物流网的总体部署，立足于打造全省最优的现代物流示范园区，培育市域经济新的增长点，拟在以晋中经济技术开发区和榆次工业园区为核心的方圆100平方公里范围内，建设晋中市现代综合物流园区。园区将结合区域产业特点，以铁路为亮点、以航空为补充、以公路为辅助、以信息为配套，着力打造区域立体化现代综合物流网络体系，形成覆盖全省、辐射华北乃至全国的“黄绿白黑”（粮食、农产品、煤焦以外的货物、煤焦冶金及产品）相间的产品集散、分拨、配送及中转、交易等于一体的大型现代化物流园区，带动全市相关产业的联动发展。成为全市的新兴主导行业和区域经济新的增长点。

现代物流业对区域经济发展和社会和谐都起着重要的作用。为加快晋中市现代化物流业的快速发展，建议相关部门在以下方面给予必要的关注和支持推动。

1. 进一步优化交通运输网络

依托高效、便捷、安全的综合交通运输体系，改造提升物流组织和物流运行方式。利用晋中市紧邻太原可作为太原城市容量的补充，且地价、劳动力价格较太原偏低，依托太原作为中心城市的影响和辐射，与太原合作共赢，主动融入“大太原经济圈”。加快建设以公路为基础，以铁路为骨干，航空和城市道路协调发展的高效便捷、有机衔接的综合交通运输网络。

2. 建立综合协调机制

现代物流业是一综合性行业，是一项与经济和社会发展各个方面密切相关的系统工程，涉及计划、经贸、财政、规划、建设、交通和公安等若干部门。促进物流业发展必须加强领导，整体协调，形成各部门密切配合、市区县共同推进的工作机制。政府部门应建立物流业发展的综合组织协调机制，负责统一编制、协调各部门、各区域的物流发展规划和物流行动计划。

3. 规划和引导物流建设

支持重大物流工程建设、培育大型物流企业、引导物流资源整合和传统物流改造提升、扶持农产品批发市场建设。可以设立现代物流业发展专项资金，采取财政贴息或补助方式用于物流发展。

4. 重视物流人才培养

物流人才应该具备全面的综合业务素质，对仓储、运输、装卸、包装、配送等物流各环节都有全面的了解，能够维护、管理与客户的关系。

5. 建立物流企业共享的信息平台，避免物流资源的浪费

政府部门要鼓励建设公共的物流网络信息平台，支持工商企业和物流企业采用互联网等先进技术，实现资源共享、数据共用、信息

互通。

6. 大力发展第三方物流

大力发展第三方物流，以满足生产经营企业集中精力搞好主业、把相关物流活动以合同方式委托给专业物流服务企业的需求，同时，通过信息系统与物流企业保持密切联系，以达到对物流全程管理控制的一种物流运作与管理方式。

（张彩霞　晋中市统计局）

乌海市

内蒙古自治区乌海市具有包兰铁路和110国道、109国道以及京藏高速公路经过的区位优势和自身产业产品结构的特点，由此依托丰富的物流资源，构建符合经济、社会发展的现代物流体系，对满足全市外向型经济日益扩大的需要具有十分重要的意义。

一、乌海市物流业发展的现状

近几年，乌海市经济的高速发展带动了乌海市物流业的发展充满勃勃生机。

一是乌海市的物流业在发展中不断壮大。2010年，乌海市共完成货物运输7882万吨，比上年增长16.3%。其中，铁路2901万吨，比上年增长10.3%；公路4981万吨，比上年增长20.2%；民航129吨，比上年增长352%。目前，乌海市有物流企业（法人）143户，从业人员5853人，分别比2005年增加了3.9倍和1.6倍；物流业增加值达到28.4亿元，是2005年的2.6倍。物流业已成为第三产业中占比重最大的行业。

二是乌海市的现代物流业雏形已初步形成。2010年年末全市拥有载货汽车共计2.39万辆，营运1.32万辆；拥有挂车2380辆，营运2320辆；仓储容量51万立方米；装卸搬运能力5000万吨以上。初步形成沟通“两大经济区”，畅通各主要工业园区，联通两大口岸的“两条环线”、“五个出口”及延伸的公路网格局。境内公路里程718公里，其中，等级公路667公里，高速公路64.5公里。乌海累计铁路通车里程达到394.8公里。正在积极筹划“三基地四出口”的区域铁路网；民航机场已开通乌海—北京、乌海—西安—广州、乌海—上海等航线5条。

三是大型物流园区建设全面启动。乌海鑫诺物流有限公司乌海西工贸分公司物流园地处乌达工业园区和乌斯太工业园区的交叉点，系物流服务的黄金地段且功能完善，物流园有专用线四条、有效延长1600米，仓储面积达6.8万平方米、仓储量达到5万吨，年物流服务量可高达1000万吨。乌海市铁通石油仓储项目、亚力达公路物流园、呼铁同洲物流园一期和铁神物流铁路专用线项目，已形成2000万吨的年货运能力。呼铁如意俊安物流园项目和广东塑料交易所西部交收仓项目如期建设中。总投资22亿元的海勃湾物流园项目，三条路已完工，现在正在进行验收；已有16家4S店开工建设，8家准备开业。由内蒙古众利惠农有限责任公司投资兴建的物流园项目正在按计划要求分步骤施工建设，现已完成投资近4亿元，总占地面积68.13万平方米，总吞吐货物总流量为450万吨。其中，仓储量180万吨，是为煤焦、化工、建材等加工企业进行产品配送、仓储、运输、信息服务为一体的专业化、社会化的现代物流园。乌海市大批物流园项目的建设和投产，对实现企业产品快速便捷销售及原辅材料采购，促进企业加快生产流程都将起到较大的作用。

另外，按照乌海政发〔2011〕9号《关于深化企业改革，优化产业结构实施意见》的要求，开展企业二三产业分离，细化专业分工，2011年还将有一批大型物流企业诞生，这对推动物流业发展，乃至全市经济协调、可持续发展具有积极作用。

二、乌海市物流业发展的有利因素

乌海市依托资源、区位、交通及周边工业园区的产业优势，立足自治区西部重化工基地，发展物流业具有得天独厚的先决条件。

1. 经济的持续高涨带动了消费品流通市场的大发展和逐年庞大的外需贸易，形成了强大的物流需求

2010年，乌海市国内生产总值为391.12亿元，占全区GDP的3.4%，全市GDP增速已经连续15年保持两位数以上的增长，尤其是“十一五”以来GDP年均增长达到18.6%。社会消费品零售总额增长速度在全区名列前茅，到目前已连续四年保持全区第一。

2. 自身的产业结构和产品特点决定了物流业有广阔的发展空间

乌海作为一个资源型城市，煤炭开采、洗选、煤化工、氯碱化工、冶金、建材等产业的原料及产品需大吨位的运输。2005年以来，乌海市主要工业产品的产量年均增长分别为：原煤12.53%、洗煤14.25%、焦炭6.45%、平板玻璃2.1%、水泥9.78%、PVC19.11%、铁合金18.36%、生铁20.07%、电石11.71%，由于本地加工工业不发达，就地转化能力很小，80%以上的产品需外运；加之周边有蒙西、棋盘井、乌斯太三个重要工业园区产品的流转，为物流业的发展提供了广阔的空间。

3. 得天独厚的区位条件形成了物流业发展的比较优势

乌海市是连接我国西北地区和华北地区的重要枢纽，也是“宁陕蒙甘”沿黄经济带的中心，同时还是呼和浩特—包头—鄂尔多斯金三角经济区的延伸地带。特别是乌海市被确定为自治区西部重化工基地后，对周边地区经济的辐射作用进一步增强，以及日益频繁的区域经济交流与合作使乌海物流业发展的比较优势更加凸显。

三、物流业发展中存在的问题

乌海市的物流业在迅速发展的同时，也存在一些不容忽视的问题，主要有：

1. 第三方物流服务比重低，企业规模小

第三方物流是指物流供应链一体化过程中由物品的供方、需方以外的第三方提供物流服务。西方国家的发展经验表明，发达的物流业需要独立的第三方物流占到全社会物流业的50%以上，第三方物流发展程度反映了一个国家及地区物流业发展的整体水平。目前，第三方物流在整个物流市场的比重，日本为80%、美国为57%、我国仅为18%，就乌海市目前状况而言约为30%，虽高于国家，但与发达国家和地区相比还有很大的差距。不仅第三方物流服务比重低，而且第三方物流企业的规模也较小。截止2010年乌海市仅有十多家第三方物流企业，三级以上资质的只有2家，远不及赤峰和鄂尔多斯。

2. 物流市场机制不健全、竞争秩序不规范、诚信经营度低

目前乌海市物流业还处于起步阶段，行业管理制度不完善，加之物流行业法规不健全，导致物流市场上无证照经营、违章超装滥载、

偷税漏税、忽视安全生产、货损货差严重、以压价等不正当手段招揽货源、把持控制运力等现象时有发生。此外，担保和抵押制度不健全、第三方结算体系没有形成，导致诚信纠纷经常出现。

3. 物流企业技术装备差，信息化水平低

现代物流业的发展离不开物流基础设施建设和物流信息系统建设两方面的发展。从基础设施方面看，乌海市物流园区还在规划中，尚未建设；拥有自主品牌的跨地区、跨行业的大型物流企业仍是空白；包装、仓储、装卸、搬运还处于手工操作、人工处理的低级阶段。从信息技术方面看，由于全市物流企业从总体来说信息化起步比较晚、信息化程度较低，不少物流企业还处在电话联系，许多现代信息技术，如条码技术、射频技术、EDI 技术、电子结算交易系统技术、GPS 跟踪定位系统技术等，都处于学习和起步阶段。总体说乌海市物流业的技术装备和信息化水平都不高，很难满足经济发展的需求。

4. 物流专业人才偏少、经营管理水平不高

就乌海市目前的情况而言，多数物流企业人才储备不足，专业人才多属“摸着石头过河”，没有经过正规、专门的物流管理和物流技能训练。在乌海市物流业的从业人员中，拥有高级职称的物流人员仅占 0. 58%，远远低于全市 9. 7% 的平均水平，而高级技师、技师的比例也仅为 0. 18% 和 0. 44%，也分别低于全市 0. 23% 和 0. 87% 的平均水平。人才的严重匮乏进一步导致物流企业管理水平低下，组织涣散、竞争力弱。

四、加快现代物流业发展的几点建议

1. 切实转变观念，强化物流意识

要积极引导企业从根本上改变“大而全”、“小而全”、“万事不求人”的观念，树立现代物流经营理念，加大宣传力度，确立物流业的重要地位，走出把货物运输等同为物流的误区，强化现代物流意识。充分认识在市场经济条件下，生产和流通日益社会化、专业化，物流已不再是生产、流通的派生部门和辅助手段，而是相对独立分离出来的，是大有发展前景的新兴产业部门。要大力学习和借鉴先进地区的好经验、好做法，发挥现有优势，指导现有物流企业积极重组，整合社会存量资源，改变企业各自为政的局面，形成一个完整、统一的社会物流体系。

2. 科学规划园区布局，充分发挥比较优势

物流的规划与建设首先要与乌海市经济发展水平相适应，与周边地区的物流发展状况相联系，不能一哄而上，更要防止重复建设。此外，应合理定位、突出特色，增强区域互补性、互惠性竞争的能力。凭借乌海市优越的物流资源条件，可以将乌海市定位为跨地区的物流服务中心。

3. 建立物流主体信用制度，开展诚信服务

衡量现代物流业发展水平的一个重要标志，就是物流主体有很高的商业信用和遵守职业道德。第三方物流是指由供方与需方以外的物流企业提供物流服务的业务模式，通过契约形式来规范物流供应者和物流消费者之间的关系，其服务落实在一系列委托与被委托、代理与被代理的关系上，完全以信用制度、信用体系为基础。生产企业以合同方式将物流活动委托给第三方物流企业，第三方物流企业以合同方式汇集仓储、运输、包装等众多合作伙伴协同服务以及时满足顾客的要求。在物流正常运行过程中，涉及多个物流参与者，其中任何一个物流参与者出现信用问题，都将影响物流业的正常运作，甚至无法进行。因此，要加快物流信用制度建设，实行企业信用分级制度，建立企业信用档案，随时公开曝光不讲信用的物流企业，对逐步净化物流市场、优化物流环境、推动物流业健康发展意义重大。

4. 培育一批有竞争力的物流骨干企业

发展现代物流业，必须有一批强大的、以第三方物流为主的物流企业作支撑。对乌海市来说，采取积极措施培育一批有竞争力的物流骨干企业，如鼓励大型制造企业和工商企业剥离自办物流，实现企业物流向专业化物流企业转变；发挥政府主导作用，将经营场地相对集中、经营规模较小的一些货运代理和仓储企业，采取以资产为纽带的形式，进行资源的有效整合，组建股份制企业集团，实现规模化集约经营；选择一批龙头企业，按照“扶大、扶优、扶强”的原则，进行重点引导、支持和培育，形成具有自主品牌的专业物流“航空母舰”。

5. 加强物流企业信息化建设，提高物流企业运作效率

物流信息化主要包括物流企业设施自动化和经营网络化两个方面。设施自动化是指货物的接收、分拣、装卸、运送、监控等环节以自动化的过程来完成。设施自动化涉及的技术非常多，如条码技术、射频识别技术、EDI技术、全球卫星定位技术、地理信息系统技术等，通过这些技术设施，可以实现货物的自动识别、自动分拣、自动装卸、自动存取，从而大大提高物流作业效率。经营网络化是指将网络技术运用到物流企业运行的各个方面，它既包括物流企业内部管理上的网络化，也包括对外联系上的网络化。物流信息化建设需要大量的人才、资金和科技投入，因此，政府要将其列入科技、技改项目，加强管理，从税收政策、资金政策、人才政策和技术方面给予更多的支持与帮助，促进其发展。

6. 加速物流人才培养，引进优秀物流人才

现代物流业涉及管理、贸易、运输、包装、计算机及网络技术等多门类学科。作为一个人才密集型的行业，物流业的发展需要一大批熟悉服务对象的生产、经营、销售，熟悉物流服务、组织运输、组织管理相关业务，熟悉市场营销和计算机网络、信息开发维护等方面的人才。要培养和引进一批高层次、高素质的物流人才，除利用高校资源外，还要加强全市现有物流人员的职业培训工作，努力造就一大批熟悉物流运作规律，并有开拓创新精神的人才队伍，提高整个物流产业管理水平和市场竞争力。一方面，应增强政府、高校、企业之间的合作，加强内部相关人员的培训，形成产、学、研相结合的良性循环。可以采取“请进来，走出去”的办法，通过高校、政府机构、行业协会与企业等多种渠道，邀请国内外著名物流专家举办现代物流培训班，采取长期培养与短期培训、综合理论与专业知识培训、专业知识学习与境内外考察相结合等多种形式，培养和造就一大批懂现代物流技术和熟悉物流管理业务的各层次的专业人才。另一方面，企业也应当建立起行之有效的人才引进机制和对优秀人才的奖励机制。

（刘昆林　乌海市统计局综合科）

第六部分

物流技术与装备

2010 年中国工业车辆行业

2010 年，对于中国工业车辆行业来说是值得纪念的一年，在国内经济继续快速发展、世界经济逐渐恢复的良好形势下，全年国内外总销售量刷新历史纪录，实现了重要的跨越。

一、2010 年我国工业车辆市场概况

2010 年，我国叉车市场在春节后出现井喷式增长，3 月和 4 月国内市场的月销售量均超过 2 万台，5 月后到年底的月销售量虽然相比 3 月和 4 月有所下降，但始终保持较高水平，全年国内共销售机动工业车辆 19.35 万台，与 2009 年的 11.5 万台相比上升了 68.34%，这是近年来国内市场涨幅最大的一年。2010 年，国内叉车市场的销售量占亚洲叉车市场销售量 31.4 万台的 61.57%，比 2009 年上升了 6.09 个百分点，继续列亚洲第一位；占世界叉车市场总销售量 74.07 万台的 26.13%，比 2009 年上升了 5.78 个百分点，继续位列世界第一大销售市场。

2010 年，参加我分会统计的机动工业车辆制造企业共销售工业车辆 23.24 万台，与 2009 同期的 13.89 万台相比，增长了 67.31%；共销售非机动工业车辆 151.1 万台，与 2009 年同期的 88.72 万台相比，增长了 70.32%。

2010 年我国机动工业车辆各月销售情况如表 1 所示，全年销售走势如图 1 所示。

表 1　　2010 年我国机动工业车辆各月销售情况　　单位：台

月份 \ 类别名称	Ⅰ类 电动平衡重乘驾式叉车	Ⅱ类 电动乘驾式仓储叉车	Ⅲ类 电动步行式仓储叉车	Ⅳ类＋Ⅴ类 内燃平衡重式叉车（实心、充气轮胎）	Ⅰ～Ⅲ类电动叉车	Ⅰ＋Ⅳ＋Ⅴ类平衡重式叉车	Ⅰ～Ⅴ类工业车辆
1	1785	444	1355	10677	3584	12462	14261
2	1143	334	1211	7844	2688	8987	10532
3	1818	512	1575	18869	3905	20687	22774

续 表

类别名称 / 月份	Ⅰ类 电动平衡重乘驾式叉车	Ⅱ类 电动乘驾式仓储叉车	Ⅲ类 电动步行式仓储叉车	Ⅳ类＋Ⅴ类 内燃平衡重式叉车（实心、充气轮胎）	Ⅰ～Ⅲ类电动叉车	Ⅰ＋Ⅳ＋Ⅴ类平衡重式叉车	Ⅰ～Ⅴ类工业车辆
4	1673	525	1683	18662	3881	20335	22543
5	1844	464	1944	16798	4252	18642	21050
6	1930	645	1833	15644	4408	17574	20052
7	2092	595	1933	15524	4620	17616	20144
8	2091	675	1891	15993	4657	18084	20650
9	2296	776	1977	15990	5049	18286	21039
10	2107	654	2148	14641	4909	16748	19550
11	2270	687	2376	15952	5333	18222	21285
12	1911	1191	2354	13073	5456	14984	18529
合　计	22960	7502	22280	179667	52742	202627	232409

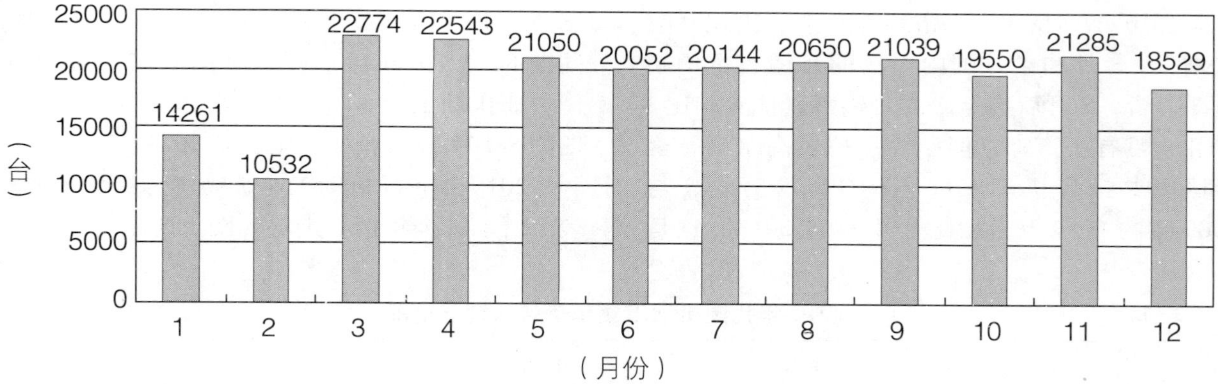

图 1　2010 年我国机动工业车辆销售趋势

（一）机动工业车辆销售情况

2010 年，我国机动工业车辆销售量达到 23.24 万台，与 2009 年同期的 13.89 万台相比，增长了 67.31%。

1. 内燃叉车销售情况

2010 年，我国共销售内燃平衡重乘驾式叉车 17.9 万台，与 2009 年同期的 10.57 万台相比，增长了 69.98%。销售的内燃平衡重乘驾式叉车中柴油叉车 16.99 万台，其余为汽油叉车（含双燃料）。2010 年全国内燃叉车各月销售情况如图 2 所示。

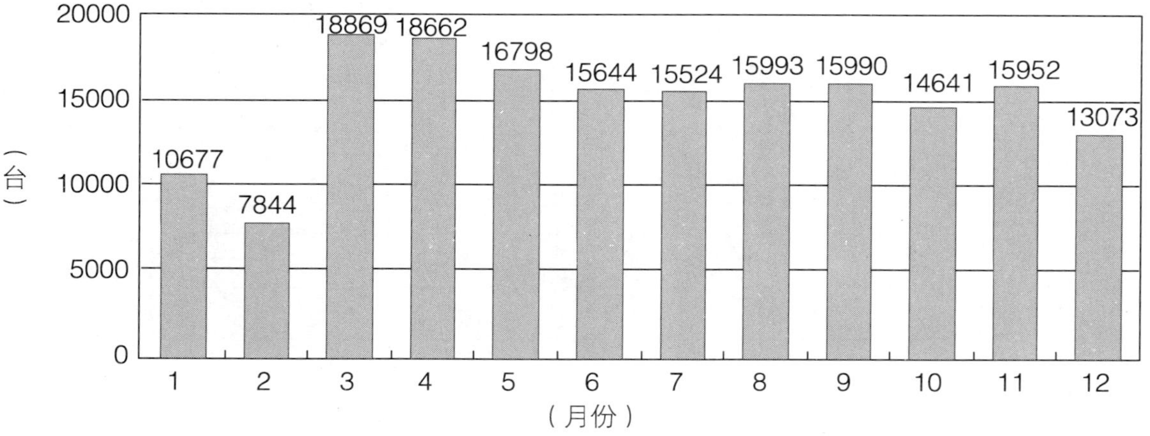

图2　2010 年全国内燃叉车各月销售情况

内燃叉车销售量超过3000台的企业依次是：杭叉集团股份有限公司、安徽叉车集团有限责任公司、龙工（上海）叉车有限公司、台励福机器设备（青岛）有限公司、安徽江淮银联重型工程机械有限公司、广西柳工机械股份有限公司、大连叉车有限责任公司、浙江省美科斯叉车有限公司、杭州友高精密机械有限公司和凯傲宝骊（江苏）叉车有限公司。

排在前五位的企业共计销售 12.94 万台，占内燃平衡重乘驾式叉车销售量的 72.05%；排在前十位企业的销售量为 14.95 万台，占内燃平衡重乘驾式叉车销售量的 83.22%。

在内燃平衡重乘驾式叉车的销售量（含出口）17.9 万台中，按起重量吨位级分 3.0～4.999 吨位级的销售量最高，占总销量的 78.16%。具体情况如下：0.0～1.199 吨位级共销售 193 台，占总销量的 0.11%；1.2～1.999 吨位级共销售 3969 台，占总销量的 2.21%；2.0～2.999 吨位级共销售 20063 台，占总销量的 11.17%；3.0～4.999 吨位级共销售 14.04 万台，占总销量的 78.16%；5.0～9.999 吨位级共销售 1.27 万台，占总销量的 7.09%；10.0～42.0 以上吨位级（含正面吊）共销售 2287 台，占总销量的 1.26%。

在内燃平衡重乘驾式叉车的销售量（国内）15.65 万台中，按起重量吨位级分 3.0～4.999 吨位级的销量最高，占总销量的 83.15%，详情如下：0.0～1.199 吨位级共销售 188 台，占总销量的 0.12%；1.2～1.999 吨位级共销售 1983 台，占总销量的 1.27%；2.0～2.999 吨位级共销售 1.11 万台，占总销量的 7.14%；3.0～4.999 吨位级共销售 13.01 万台，占总销量的 83.15%；5.0～9.999 吨位级共销售 1.12 万台，占总销量的 7.12%；10.0～42.0 吨位级（含正面吊）共销售 1873 台，占总销量的 1.20%。

2010 年，我国销售内燃平衡重乘驾式叉车中含有空箱叉车、重箱叉车、空箱正面吊、重箱正面吊等共计 418 台，相比 2009 年的 171 台（不包含三一集团数据），增长了 144.44%。销售单位主要是三一集团（三一港口机械有限公司）、香港卡尔玛亚太有限公司、林德（中国）叉车有限公司、大连叉车有限责任公司、安徽叉车集团有限责任公司和上海海斯特叉车制造有限公司。

2010 年，我国销售内燃平衡重乘驾式叉车中含有侧面式叉车共计 214 台，相比 2009 年的 220 台减少了 2.74%。销售单位主要是安徽叉车集团有限责任公司、厦门厦工叉车有限公司、镇江福马叉车有限公司、杭叉集团股份有限公司和浙江省美科斯叉车有限公司。

2. 电动叉车销售情况

2010 年，我国电动叉车（包括电动平衡重乘驾式叉车和各类电动仓储叉车）销售量为 5.27 万台，与 2009 年同期的 3.32 万台相比增长了 58.83%。2010 年电动叉车各月销售情况如图 3 所示。

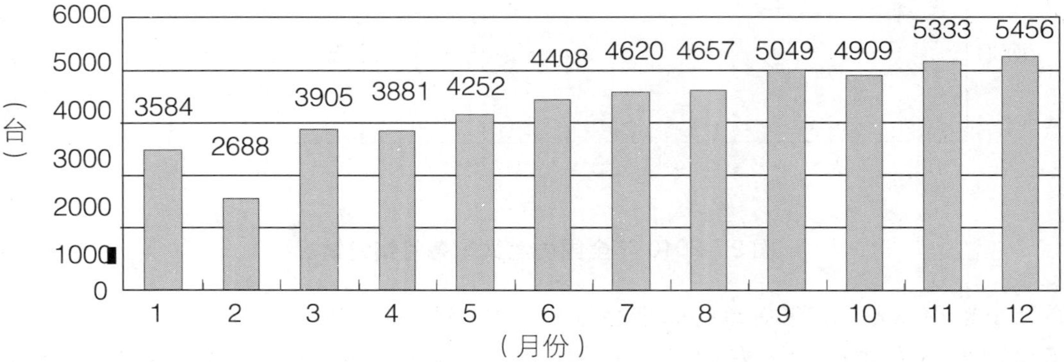

图 3 2010 年电动叉车各月销售趋势

（1）电动平衡重乘驾式叉车分吨位销售情况。2010 年，我国共销售电动平衡重乘驾式叉车 2.29 万台，与 2009 年同期的 1.46 万台相比，增长了 56.81%。

销售量排在前六位的企业依次是：安徽叉车集团有限责任公司、杭叉集团股份有限公司、林德（中国）叉车有限公司、上海力至优叉车制造有限公司、丰田产业车辆（上海）有限公司和台励福机器设备（青岛）有限公司。

销售量排在前三位的企业共销售 1.32 万台，占电动平衡重乘驾式叉车销售量的 57.28%。

销售量排在前六位的企业共销售 1.69 万台，占电动平衡重乘驾式叉车销售量的 73.48%。

电动平衡重乘驾式叉车按起重量吨位级分的销售情况如下：

0.0～1.199 吨位级的销售量为 766 台，占总销量的 3.3%；1.2～1.999 吨位级的销售量为 1.02 万台，占总销量的 44.3%；2.0～2.499 吨位级的销售量为 6124 台，占总销量的 26.7%；2.5～2.999 吨位级的销售量为 2655 台，占总销量的 11.6%；3.0 以上吨位级的销售量为 3248 台，占总销量的 14.1%。

（2）电动仓储叉车（包括电动乘驾式仓储叉车、电动步行式仓储叉车等）。2010 年，我国共销售电动仓储叉车 2.98 万台，与 2009 年同期的 1.86 万台相比，增长了 60.42%。

销售量排在前六位的企业依次是：浙江诺力机械股份有限公司、宁波力达物料搬运设备厂、林德（中国）叉车有限公司、宁波如意股份有限公司、浙江杭叉工程机械集团股份有限公司和安徽叉车集团有限责任公司。

销售量排在前三位的企业共销售 1.63 万台，占电动仓储叉车销售量的 54.67%。

销售量排在前六位的企业共销售 2.9 万台，占电动仓储叉车销售量的 97.52%。

3. 各地区叉车销售情况

从 2010 年销售到国内各省、市的 19.21 万台机动工业车辆的流向看，沿海地区和经济发达地区市场情况一直较好，边远地区和经济欠发达地区叉车销售市场情况逐年向好。2010 年各省叉车销售数量和占有市场份额的排序如表 2 所示。

表 2　2010 年各省叉车销售数量和占有市场份额排序

排　序	省区市	销售量（台）	2010 年占市场份额（%）	2009 年占市场份额（%）	同比增长（%）
1	广东	24084	12.54	11.31	1.23
2	江苏	23715	12.34	12.05	0.29
3	山东	21214	11.04	10.92	0.12
4	浙江	17178	8.94	8.86	0.08
5	上海	12909	6.72	7.44	-0.72
6	福建	7384	3.84	3.96	-0.12
7	河北	7247	3.77	3.99	-0.22
8	北京	6506	3.39	3.69	-0.30
9	辽宁	6024	3.14	3.46	-0.32
10	安徽	5814	3.03	2.87	0.16
11	天津	5706	2.97	3.25	-0.28
12	河南	5422	2.82	2.93	-0.11
13	湖北	5205	2.71	2.63	0.08
14	四川	4075	2.12	2.61	-0.49
15	陕西	3923	2.04	2.13	-0.09
16	湖南	3910	2.04	2.08	-0.04
17	山西	3574	1.86	1.79	0.07
18	广西	3207	1.67	1.63	0.04
19	黑龙江	3205	1.67	1.57	0.10
20	吉林	2890	1.50	1.69	-0.19
21	江西	2808	1.46	1.59	-0.13
22	重庆	2553	1.33	1.37	-0.04
23	新疆	2424	1.26	1.40	-0.14
24	云南	2401	1.25	1.15	0.10

续 表

排 序	省区市	销售量（台）	2010 年占市场份额（%）	2009 年占市场份额（%）	同比增长（%）
25	甘肃	2271	1. 18	0. 88	0. 30
26	内蒙古	1810	0. 94	0. 93	0. 01
27	海南	1394	0. 73	0. 36	0. 37
28	贵州	1331	0. 69	0. 53	0. 16
29	宁夏	1032	0. 54	0. 55	-0. 01
30	青海	688	0. 36	0. 30	0. 06
31	西藏	229	0. 11	0. 08	0. 03

若按地区划分则销售情况是：东北地区共销售 1. 21 万台，占市场份额的 6. 31%；华北地区共销售 2. 48 万台，占市场份额的 12. 93%；华东地区共销售 9. 1 万台，占市场份额的 47. 37%；中南地区共销售 4. 3 万台，占市场份额的 22. 50%；西南地区共销售 1. 06 万台，占市场份额的 5. 51%；西北地区共销售 1. 03 万台，占市场份额的 5. 38%。

（二）轻小型搬运车辆市场情况

2010 年，分会会员单位报告销售非机动工业车辆（手动及半动力液压托盘搬运车和手动液压装卸车）151. 02 万台（其中，国内市场销售 28. 01 万台、出口 121. 59 万台、贴牌 1. 42 万台），相比 2009 年的 88. 72 万台，增长了 70. 21%。

（三）固定平台搬运车销售情况

2010 年，分会会员单位报告销售固定平台搬运车销售量为 155 台，与 2009 年同期的 147 台相比增长了 5. 44%。

（四）牵引车销售情况

2010 年，分会会员单位报告销售牵引车销售量为 828 台（其中电动牵引车为 200 台、内燃牵引车为 628 台），与上年同期的 1286 台相比减少了 35. 61%。

牵引车销售量排在前六位的企业依次是：江苏靖江叉车有限公司、林德（中国）叉车有限公司、大连叉车有限责任公司、安徽叉车集团有限责任公司、香港卡尔玛亚太有限公司和丰田产业车辆（上海）有限公司。

销售量排在前三位的企业共销售 626 台，占牵引车销售量的 75. 60%；销售量排在前六位的企业共销售 765 台，占牵引车销售量的 92. 39%。

二、2010 年工业车辆进出口情况

（一）出口情况

2010 年，我国出口叉车及装有升降或搬运装置的工业车辆共 158. 01 万台，与 2009 年的出口量 94. 22 万台相比，增长了 67. 69%；出口金额为 7. 56 亿美元，与 2009 年的出口金额 4. 66 亿美元相比，增长了 62. 19%。这些工业车辆分别出口到 176 个国家和地区。2003—2010 年我国外贸进出口中工业车辆的出口情况如表 3 所示。

表 3　　2003—2010 年我国外贸进出口中工业车辆的出口情况

年　度	出口数量（台）	同比增长（%）	出口金额（亿美元）	同比增长（%）
2003	554507	40.44	1.19	32.92
2004	831919	50.03	2.02	70.39
2005	913835	9.85	2.96	45.81
2006	1252382	37.05	4.6	55.40
2007	1710729	36.60	7.9	71.73
2008	1666411	-2.59	10.33	30.74
2009	942242	-43.46	4.66	-54.85
2010	1580085	67.69	7.56	62.19

1. 2010 年机动工业车辆出口情况

2010 年，机动工业车辆出口数为 4.71 万台，与 2009 年的 2.76 万台相比，增长了 71.07%。其中，电动叉车（含巷道堆垛机）出口为 1.97 万台，与 2009 年的出口量 1.27 万台相比，增长了 55.23%；内燃叉车（含集装箱叉车）出口为 2.74 万台，与 2009 年的出口量 1.49 万台相比增长了 84.60%。2003—2010 年度机动工业车辆出口数量、金额情况如表 4 所示，出口走势如图 4 所示。

表 4　　2003—2010 年我国机动工业车辆出口数量、金额情况

年　度	出口数量（台）	同比增长（%）	出口金额（万美元）	同比增长（%）
2003	4772	26.41	5398.59	22.91
2004	9696	103.19	10206.18	89.05
2005	16462	69.78	17838.53	74.78
2006	26588	61.51	29073.52	62.98
2007	48871	83.81	52951.54	82.13
2008	60333	23.45	72268.24	36.48
2009	27558	-54.32	30942.14	-57.18
2010	47143	71.07	51783.29	67.36

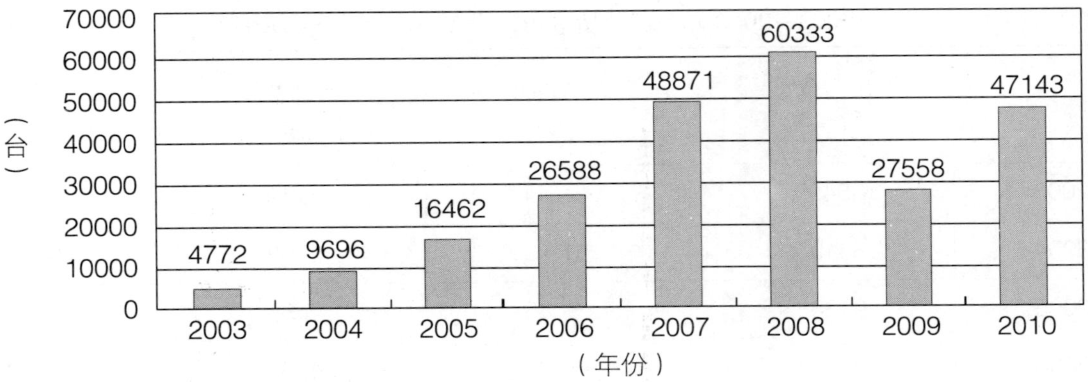

图 4　2003—2010 年我国机动工业车辆出口数量趋势

（1）机动工业车辆出口各洲数量比例情况。2010 年在机动工业车辆出口总量的 4.71 万台中，美洲占比为 31.22%、欧洲占比为 28.42%、亚洲占比为 27.66%、非洲占比为 9.76%、大洋洲占比为 2.94%。在电动叉车（含巷道堆垛机）出口总量 1.97 万台中，欧洲占比为 36.72%、亚洲占比为 29.34%、美洲占比为 28.48%、非洲占比为 2.94%、大洋洲占比为 2.52%。在内燃叉车（含集装箱叉车）出口总量 2.74 万台中，美洲占比为 33.18%、亚洲占比为 26.46%、欧洲占比为 22.45%、非洲占比为 14.66%、大洋洲占比为 3.25%。出口各洲数量比例情况如表 5 所示。

表 5　2010 年我国机动工业车辆出口各大洲的数量及占比情况

地　区	机动工业车辆		电动叉车		内燃叉车	
	数量（台）	占总量的百分比（%）	数量（台）	占总量的百分比（%）	数量（台）	占总量的百分比（%）
亚洲	13039	27.66	5782	29.34	7257	26.46
非洲	4603	9.76	580	2.94	4023	14.66
欧洲	13395	28.42	7235	36.72	6160	22.45
拉丁美洲	10434	22.13	1942	9.85	8492	30.95
北美洲	4284	9.09	3672	18.63	612	2.23
大洋洲	1388	2.94	495	2.52	893	3.25
合　计	47143	100	19706	100	27437	100

（2）机动工业车辆出口各洲同比增长情况。在 2010 年机动工业车辆出口总量 4.71 万台中，出口美洲的数量同比增长 129.40%、出口亚洲的数量同比增长 75.92%、出口非洲的数量同比增长 46.69%、出口欧洲的数量同比增长 40.13%、出口大洋洲的数量同比增长

34.37%。在出口的1.97万台电动叉车（含巷道堆垛机）中各洲的增长情况分别是，美洲同比增长101.00%、亚洲同比增长67.98%、非洲同比增长56.33%、欧洲同比增长29.17%、大洋洲同比增长1.43%。在出口的2.74万台内燃叉车（含集装箱叉车）中各洲的增长情况分别是，美洲同比增长151.28%、亚洲同比增长82.80%、大洋洲同比增长63.85%、欧洲同比增长55.63%、非洲同比增长45.39%。2009—2010年我国机动工业车辆出口各洲的情况如表6所示。

从出口数量上看，2010年出口工业车辆按叉车类型和数量排序出口去向位居前五名的国家如表7所示。

表6　　2009—2010年我国机动工业车辆出口各大洲的情况统计

地区＼出口量	机动工业车辆（台）			电动叉车（台）			内燃叉车（台）		
	2010年	2009年	同比增长（%）	2010年	2009年	同比增长（%）	2010年	2009年	同比增长（%）
亚洲	13039	7412	75.92	5782	3442	67.98	7257	3970	82.80
非洲	4603	3138	46.69	580	371	56.33	4023	2767	45.39
欧洲	13395	9559	40.13	7235	5601	29.17	6160	3958	55.63
美洲	14718	6416	129.40	5614	2793	101.00	9104	3623	151.28
大洋洲	1388	1033	34.37	495	488	1.43	893	545	63.85
合　计	47143	27558	71.07	19706	12695	55.23	27437	14863	84.60

表7　　2010年我国出口叉车去向排名

排　序	电动叉车		内燃叉车		其他未列名叉车	
	国家	数量（台）	国家	数量（台）	国家	数量（台）
1	美国	3082	巴西	3752	美国	301231
2	德国	1878	阿根廷	2665	德国	237276
3	俄罗斯	1149	俄罗斯	1938	俄罗斯	62769
4	泰国	1043	土耳其	1526	比利时	62659
5	阿根廷	642	南非	911	法国	52206

在机动工业车辆的出口中，电动叉车的数量为1.97万台，占出口量的41.80%；内燃叉车的数量为2.74万台，占出口量的58.20%。2009—2010年我国机动工业车辆出口构成变化情况见表8。

表 8　　2009—2010 年我国机动工业车辆出口构成变化情况

年份	机动工业车辆合计（台）	电动叉车		内燃叉车	
		出口量（台）	占机动工业车辆出口总量的百分比（%）	出口量（台）	占机动工业车辆出口总量的百分比（%）
2010	47143	19706	41.80	27437	58.20
2009	27558	12695	46.07	14863	53.93

2. 2010 年我国非机动工业车辆（轻小型搬运车辆）出口情况

2010 年，我国出口非机动工业车辆（轻小型搬运车辆）销售量为 153.29 万台，与 2009 年同期的 91.47 万台相比增长了 67.59%。2010 年度非机动工业车辆（轻小型搬运车辆）各月出口情况如表 9 所示，出口走势如图 5 所示。

表 9　　2010 年我国非机动工业车辆（轻小型搬运车辆）各月出口情况

月份	轻小型搬运车辆出口量（台）	月份	轻小型搬运车辆出口量（台）
1 月	97931	8 月	145439
2 月	81803	9 月	139951
3 月	118118	10 月	121473
4 月	115960	11 月	148273
5 月	122354	12 月	145686
6 月	149194	合　计	1532942
7 月	146760		

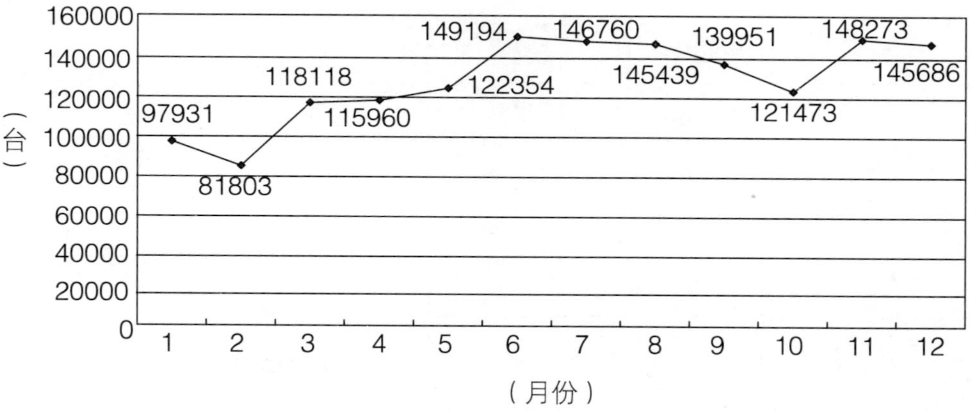

图 5　2010 年非机动工业车辆各月出口走势

（1）2010 年度我国非机动工业车辆（轻小型搬运车辆）出口各大洲情况。2010 年度我国非机动工业车辆（轻小型搬运车辆）出口各洲情况如表 10 所示。

表 10　　2010 年度我国非机动工业车辆（轻小型搬运车辆）出口各洲情况

大洲名称	非机动工业车辆数量（台）	占出口总量的比率（%）
亚洲	293354	19.15
非洲	36081	2.35
欧洲	738940	48.20
拉丁美洲	107378	7.00
北美洲	326102	21.27
大洋洲	31087	2.03
合　计	1532942	100.00

从表 10 可知，出口到欧洲和美洲的非机动工业车辆占非机动工业车辆（轻小型搬运车辆）出口总量的 76.47%，其中欧洲占 48.20%、美洲占 28.27%、亚洲只占 19.15%。

（2）2010 年，我国非机动工业车辆（轻小型搬运车辆）出口欧洲地区排列前 10 位的国家及其数量和占比情况。2010 年，我国非机动工业车辆（轻小型搬运车辆）出口欧洲地区达万台以上的位居前 10 位的国家及其数量和比例情况如表 11 所示。

表 11　　2010 年度我国非机动工业车辆出口欧洲各国按数量排序位居前 10 位的国家及占比情况

排　序	地区和国家名称	非机动工业车辆数量（台）	占地区总量的比率（%）
1	德国	237276	32.11
2	俄罗斯	62769	8.49
3	比利时	62659	8.48
4	法国	52206	7.06
5	荷兰	48448	6.56
6	意大利	41503	5.62
7	英国	36224	4.90
8	西班牙	31388	4.25
9	瑞典	27405	3.71
10	波兰	27009	3.66
合　计	欧洲地区	738940	100

从表 11 可以看出，2010 年欧洲地区进口我国非机动工业车辆数量位居前 10 的国家进口总量占欧洲地区进口总量 153.29 万台的 40.78%，排位前七的 7 国进口数量占欧洲地区进口总量的 35.29%。其中德国就占欧洲进口总量的 15.48% 以上。

（3）2010 年我国非机动工业车辆（轻小型搬运车辆）出口美洲地区各国数量排序位居前 10 的国家的数量和占比情况如表 12 所示。

表 12　2010 年我国非机动工业车辆出口美洲地区数量排序位居前 10 位的国家及其数量和占比情况

排　序	地区和国家名称	数量（台）	占地区总量的比率（%）
1	美国	301231	69.49
2	巴西	38040	8.78
3	加拿大	24871	5.74
4	墨西哥	18280	4.22
5	阿根廷	14646	3.38
6	智利	11248	2.59
7	秘鲁	5872	1.35
8	巴拿马	4103	0.95
9	哥伦比亚	3284	0.76
10	委内瑞拉	2821	0.65
合　计	美洲地区	433480	100

从表 12 可以看出，2010 年我国非机动工业车辆出口美洲国家数量超万台的有 6 个国家，其数量总和占出口美洲地区总量的 94.19%，其中仅美国占比就达 69.49%。

（二）2010 年我国工业车辆进口情况

2010 年，我国共进口叉车及装有升降或搬运装置的工业车辆 1.46 万台，与 2009 年的进口量 9652 台相比增长了 51.72%；进口金额为 3.89 亿美元，与 2009 年的进口金额 2.94 亿美元相比增长了 32.54%。其中，电动叉车（含巷道堆垛机）为 8181 台，与 2009 年的进口量 4310 台相比增长了 89.81%；内燃叉车（含集装箱叉车）为 1914 台（其中集装箱叉车 27 台），与 2009 年的进口量 1525 台相比增长了 25.51%；未列名叉车 4549 台，与 2009 年的进口量 3817 台相比增长了 19.18%。2003—2010 年我国外贸进出口中工业车辆进口情况如表 13 所示。

我国外贸进出口中进口的工业车辆分别来自 28 个国家和地区。

2010 年，在我国进口的 1 万多台机动工业车辆中，从欧洲进口的占比达 42.86%、从美洲进口的占比达 10.08%、从亚洲进口的占比达 46.22%、从大洋洲进口的占比达 0.84%；在 8181 台进口的电动叉车（含巷道堆垛机）中，从欧洲进口的占比达 50.25%、从美洲进口的占比达 8.05%、从亚洲进口的占比达 41.68%、从大洋洲进口的占比达 0.02%；在

表 13　　2003—2010 年我国工业车辆进口情况

年　度	进口数量 （台）	同比增长 （%）	进口金额 （亿美元）	同比增长 （%）
2003	15630	−8. 75	1. 84	29. 59
2004	15103	−3. 37	2. 09	13. 43
2005	14920	−1. 21	2. 39	14. 49
2006	14938	0. 12	2. 86	19. 70
2007	16549	10. 78	3. 47	21. 57
2008	13807	−16. 57	3. 43	−1. 22
2009	9652	−30. 09	2. 94	−14. 45
2010	14644	51. 72	3. 89	32. 54

进口内燃叉车（含集装箱叉车 27 台）1914 台中，从欧洲进口的占比达 11. 29%、从美洲进口的占比达 18. 81%、从亚洲进口的占比达 65. 62%、从大洋洲进口的占比达 4. 28%。

三、行业发展面临的问题与未来发展需关注的焦点

从目前来看，我国工业车辆行业发展主要存在以下几个问题：

1. 增长速度过快，加剧了重复建设和同质化竞争

过去几年行业增长速度过快，无形中鼓励了投资热情，由于我国国情的特殊性，对中低端产品需求量占比巨大，造成行业内企业开发产品方向、技术水平、销售对象趋于一致，大多数企业靠大路货低价位竞争，势必造成重复建设和国内外市场的同质化竞争。

2. 技术进步与产量发展不同步，结构调整和升级还需进一步加强

目前，内燃叉车仍然是我国机动工业车辆的主要产品，我国的内燃叉车占到了世界内燃叉车总量的45%、亚洲总量的72%。我国电动工业车辆在总销量中所占比例不到全部工业车辆的20%，与欧盟超过75%，美国、日本超过53%的比例相比，差距甚远。另外，整车产品结构依旧不合理，由于缺乏核心技术，高端产品依然需要进口。

3. 产量大、销量大，综合竞争力有待进一步加强

目前，我国工业车辆行业内企业市场竞争方法单一，片面追求发展规模和速度，品牌建设、技术创新能力、管理水平、服务水平等方面还需进一步学习和提高。

4. 企业重主机轻配件，核心技术缺失制约行业健康发展

主机的发展离不开基础配套件，多年来我国工业车辆的主机配套件尤其是关键配套件生产没有取得突破性进展，关键技术水平相对落后，过于依赖进口。业内和后进入行业内的企业更愿意加入主机生产行列，使得零部件产业发展滞后。尽管近年来在传统的、低附加值的零部件方面形成了一定的配套规模，结构件生产也取得良好发展，但高技术含量、高附加值的零部件，特别是电气元件、液压元件、动力部件的性能和使用可靠性还与国际水平差距

较大。

5. 专业型人才短缺

产品的制造环节目前是利润率最低的环节，而产品研发、专业技术咨询、售后服务等则是产生价值的高端环节。我国工业车辆生产面临的问题之一是缺乏创造价值的专业人才，首先是高级创新型技术人才，技术人员习惯按图纸、按样品研发产品，缺乏自主创新的热情和能力，直接影响了产品在市场上的竞争力和价值；其次是高级销售人员，服务意识与技巧水平落后，以简单地卖装备为目的，无法为用户提供专业咨询服务和全面解决方案，不能帮助用户在实现投资回报的最大化的同时使自身产品价值达到最大化；再次是专业技术工人和维修技术工人的，新生产工艺、新产品制造过程中操作人员不能达到高水平，影响产品质量和生产效率。在高技术含量车种、复杂设备维修中，同样存在高级维修人员严重缺失的现象。

“十二五”工业车辆的发展目标是通过注重节能环保、技术创新、科学管理、完善服务，达到由数量扩张向提升质量效益的转变。为实现这一目标，行业发展应关注一下几点：

1. 企业找准定位，科学发展

大型企业在做大后要进一步做强。俗话说：“大而不强，好景不长；大而不优，必有远忧”。所以，在转变中要注重过程，要具备持续发展的能力，努力向世界级企业迈进，担负起引领行业发展趋势和全方位进步的重任。中小企业对自身发展要有清醒的认识，产品靠做精做细，做出自己的特色来凸显自身价值，赢得市场份额。

2. 加大技术研发力度，缩小国内产品与国际先进水平的差距

踏实做好基础研究工作，努力参透核心技术，攻克技术难点，做出高水平产品，逐步摆脱关键零部件和整机高端产品依赖进口的现状。提高自身研发和创新的力度和水平，从过去跟风、模仿向自主研发、创新转变。

3. 调整产品结构，适应市场发展的要求

为保护生存环境，全世界对控制排放、节约能源提出了越来越迫切、越来越严格的要求，这种趋势势必对未来工业车辆产品的发展方向产生巨大影响。尤其对中国目前还是以内燃车占绝对数量的市场来说，企业做好节能、环保型产品的技术研发和技术储备工作尤其重要。新能源工业车辆和高效电动工业车辆是全球未来发展的方向，谁先拥有核心技术、谁的技术更先进，将直接影响企业在国内、国际两个市场的地位和未来的市场份额。

4. 加强主机生产企业与零部件生产企业的合作，协同发展、共同提升

主机生产企业和零部件企业要形成战略发展关系，主机企业开始研发新车的同时对零部件企业提出技术要求，进行同步研发，摆脱过去零部件企业产品跟不上主机发展步伐的困扰，也使现有零部件企业能更加有针对性地加大投资力度和明确技术研发方向，同时能够吸引更多有远见、有实力的企业加入到零部件生产的链条当中。

5. 市场竞争虽然激烈，营销手段创新、服务模式创新还会为企业提供非常大的发展空间

同质化低价竞争绝不会为企业发展带来正面影响是大家都认可的，除了比产品还可以比谁能为用户提供专业的咨询和完善的整体解决方案，带去身心愉悦的使用感受，带去严谨、专业、贴心、周到的服务，使用户在得到产品的同时对企业综合实力有深刻了解。可以说，产品以外的细节在国内市场还有非常广阔的发展空间留给每一个参与竞争的企业去挖掘、去实践、去发挥。

6. 出口产品要调整、升级，出口方向要跟上节拍

由于人民币升值的压力、国内人工成本在不断增加等因素，出口方面这些原有的优势正在逐步消失，企业需要尽快调整产品结构，生

产出高附加值产品，形成新的优势。另外，要密切关注国际市场需求变化，及时跟进新兴市场，抢占先机。

鉴于目前国际复杂的贸易竞争环境，我们的出口企业一方面要维护好整体的竞争秩序，另一方面需要比以往更加用心地了解当地的法律、法规、技术标准、市场规则，做到知己知彼，才能保护好自己，保护好整个行业的出口环境。

总体来看，“十二五”期间，我国经济发展和国家产业政策将进一步得到落实，国际金融危机后大环境逐步好转，这些都将继续为我国工业车辆行业提供巨大的发展空间，行业整体将会继续保持增长势头。调整产业结构、改变发展模式、缩小与国际水平的差距是我们必须要完成的任务，可以说机遇与挑战共存。这五年对行业发展、产业升级、企业进步都至关重要，我们需要全行业的共同努力，抓住机遇，及时调整，实现真正由大到强的质的转变。

（张　洁　中国工程机械工业协会工业车辆分会秘书长）

2010 年中国 RFID

2010 年物联网发展被正式列入国家发展战略，开始真正得到各级政府部门的高度重视和关注，这对中国物联网的发展具有里程碑的重要意义，也为中国 RFID 产业带来前所未有的良好发展机遇。在政府、行业组织和企业的共同努力下，2010 年中国 RFID 产业进入了成长期的第一年，市场规模高速增长，达到 121.5 亿元人民币，比 2009 年增长了 42.8%，首次突破百亿规模。

一、2010 年我国 RFID 发展的几个亮点

1. 政策方面：重点发展物联网，推进“三网融合”

2010 年 1 月，住房和城乡建设部提出了一个“意见”和一个“规划”，关于长江三角区域与上海互联互通的指导意见，适应了长三角区域互联互通及 2010 年世博会即将在上海召开的应用需求。而 2010 城市 IC 卡应用发展规划，提到了 IC 卡与 RFID 技术的相结合发挥的作用及带来的效益。

2010 年 3 月，全国两会召开，温家宝总理在《政府工作报告》中首次提及物联网应用明确纳入重点产业振兴。重点产业振兴是 2010 年“加快转变经济发展方式，调整优化经济结构”的首要任务，意义非凡。从 1999—2009 年我国研究了十年的物联网伴随着 RFID 为代表的信息传感技术的成熟，悄无声息地发生着量变。两会的召开让业界听到一个强音，国家对于战略性新兴产业政策投入的力度已经被提到一个战略性新兴产业的高度。3 月 25 日，国家发展改革委下发了《关于组织实施 2010 年信息安全专项有关事项的通知》，表明重点支持安全的 RFID 应用产品以及面向 RFID 的安全产品的产业化，并支持 RFID 类产品和系统安全性检测服务。

2010 年 3 月 30 日，中国工业和信息化部科技司司长闻库表示，对我国物联网产业的发展，政府将采取四大措施支持电信运营企业开展物联网技术创新与应用。4 月 16 日，工信部科技司副司长代晓慧在“2010 第二届中国移动支付产业论坛”上表示，目前工信部科技司和通信发展司正在积极组织开展小额手机支付标准的研究和制定工作，也即将组织相关的调研工作，并组织有关方面筹备下一步的标准制定工作。

2010 年 6 月，胡锦涛总书记在两院院士大会讲话时强调，要大力发展信息网络科学技术，加快发展物联网技术，推进国民经济和社会信息化。同年 6 月，为了促进整个 RFID 以及智能卡技术在整个商贸流通领域的应用，商

务部积极推动放心肉服务体系建设，与财政部一起选择在北京、上海、山东、江苏、福建、广州等10个省市进行试点。还是在同年6月，住建部IC卡中心综合有关行业专家、应用单位及通信运营机构的意见和建议，编制并发布《城市一卡通手机支付应用白皮书》，为各地城市一卡通运营机构在城市信息化发展的新形势下，如何更好地实现资源整合、优势互补、规模发展提出指导意见。

2010年9月，中国银联与铁道部在北京签署战略合作协议，用手机、电话、互联网、自动售票机等新兴支付方式买火车票将成为可能。

2010年10月，十七届五中全会出台《中共中央关于制定国民经济和社会发展第十二个五年规划的建议》，“十二五”规划将明确战略新兴产业是国家未来重点扶持的对象，物联网产业作为重要的战略新兴产业之一列入“十二五”规划锁定的十大领域。

随着国家物联网RFID相关政策的出台，各级地方政府部门纷纷行动起来，江苏、山东、浙江、上海、北京、广东等省市开始制定物联网RFID产业的规划政策，努力打造无线城市、发展物联网示范工程、培育物联网产业、攻坚物联网核心技术、举办物联网主题展会，积极抢占物联网发展的制高点。江苏无锡预计未来10年将投入330亿元资金，实现以产业为依托，以生态、集聚、共融为原则，建设传感网产业创新示范基地；山东计划未来5年，将以构筑“智慧山东”为目标，重点实施“5412工程”，即5个物联网核心技术领域、4大物联网产业和12类物联网重大示范工程；浙江杭州制定了吸引物联网企业进入的多项优惠政策以打造“天堂硅谷”，重点在公共安全、节能减排、交通物流、电力安全等推广应用，打造杭州物联网泛在智能城市平台；上海市已将物联网列为“十二五”期间信息产业发展的一项重点；广东省人民政府办公厅出台了关于加快发展物联网建设智慧广东的实施意见……踏着物联网时代前进的步伐，各地政府也在积极推动物联网概念的联盟和相关产业园区的建设，政、产、学、研、用结合得更加紧密。

2010年12月，交通运输部和国家发改委、财政部联合出台《关于促进高速公路应用联网电子不停车收费技术的若干意见》，决定在基本具备条件的省（区、市）和区域加快推广应用高速公路联网电子不停车收费（ETC），逐步形成跨省区联网的收费格局，并加快形成规模化应用和产业链，充分发挥规模效益，在大幅提升服务水平的同时实现节能减排、节约土地和节省费用，为广大人民群众提供畅通、便捷、安全、高效、绿色的公路交通运输服务体系。

2. 物联网产业兴起成为RFID发展的新引擎

2010年是我国物联网发展的元年，物联网的RFID感知技术应用，以及物联网的相关标准、核心技术产品，公共应用平台和服务业建设，都迎来了难得的发展机遇。

从2009—2010年在“物联网”的全民热潮中，RFID已渐由关注转折进入行动的上升通道。RFID是物联网感知层最重要的一项技术，因此2010年我国物联网产业的兴起必然成为RFID行业发展的新引擎，RFID市场也因此收获了空前的繁荣。上海世博会更为RFID技术提供了一个全方位展示的舞台，从世博门票到食品物流追溯系统，从园区安全管理到园区周边的智能交通管理，RFID技术为精彩的上海世博增添了炫丽的一笔。在上海世博会期间，“车务通”全面运用于上海公共交通系统，以最先进的技术保障世博园区周边大流量交通的顺畅。

2010年，众多的RFID企业都取得了不俗的成绩，有的企业是在新技术的研发上有所突破，有的企业是在新的应用领域有所成就，新的突破和新的成就汇成了RFID行业蓬勃发展的局面。特别是在医疗、电力、交通、物流、安防等领域RFID技术应用的不断推陈出新，成为2010年RFID行业的亮点。

2010年一系列推动物联网发展的举措频频出台。10月，《国务院关于加快培育和发展战略性新兴产业的决定》出台，在这一决定中，物联网列入新一代信息技术的行列成为国家首批加快培育的七个战略性新兴产业。这标志着物联网已经正式纳入国家发展战略，对我国物联网的发展具有里程碑的重要意义，预示着我国物联网即将迎来一个快速发展的良机。

3. 应用方面：RFID应用初显创新特色，价值潜能进一步发掘

在物联网发展提速的大背景下，2010年我国RFID技术无论是在大型活动、重大事件、政府政策还是经济效益方面都取得了可喜可贺的进展，RFID技术的创新和拓展开发最突出的应用领域是电子票务、公共安全、智能交通和手机支付。

2010年，上海世博会和广州亚运会两场盛大的活动再次为RFID提供了大显身手的平台。之前，2008奥运会和全运会在门票防伪、食品安全、交通、门禁和物流等领域已率先应用RFID技术，为世博会和亚运会成功应用RFID技术树立了良好的范本。而后在此基础上，世博会和亚运会根据自身需求又开辟出一些崭新的RFID应用领域，如世博会和亚运会的手机门票、世博会运营的RFID未来商店、亚运会在马术比赛中的RFID贴标应用等，都是RFID技术应用在广度的不断拓展。正是有了这些活动的广泛影响，才有了其后人们热点关注的RFID技术“后效应”问题。目前，RFID门票因其安全、高效、信息化管理等特性已逐渐成为一种主流应用，并成为RFID技术应用最为大众化的体现。

RFID在公共安全领域的应用提速是2010年RFID应用的一大亮点，也出现了一些创新的举措。公共安全就属于与国计民生关系最为密切的一个领域，包括食品安全、特种设备安全、信息安全、医疗安全等。在食品安全方面，年初，食品安全国家标准审评委员会成立，使监管力度进一步加大，这意味着当有食品安全问题暴露出来的时候，能得到更加及时的控制和解决。虽然食品流通市场上的三聚氰胺奶粉事件、肉蔬中毒事件、假酒事件依然在上演，但“RFID攻势”的保卫行动随之展开：面对最为严峻的奶粉危机，国务院办公厅下发了《关于进一步加强乳品质量安全工作的通知》，提出“建立电子信息追溯系统”，为RFID在食品安全中的应用搭建了一个公共平台。实际上，在乳品行业的供应链中一些RFID乳品追溯体系已经建立起来，如飞鹤、味全和亚华乳业等都颇具代表性。与此同时，为了促进整个RFID（电子标签）以及智能卡技术在整个商贸流通领域的应用，商务部、财部于2009年5月启动了“放心肉”服务体系建设，选择北京、上海、江苏、福建、山东、湖北、四川、青岛、厦门和广州10省市作为试点，启动基于RFID的放心肉的质量安全信息全程自动追溯体系，将物联网应用到生猪屠宰运输销售各个环节，加强监控建立与其衔接的肉质安全和追溯系统，重点是优化屠宰行业布局，建立健全监管制度、建设屠宰监管和肉品质量信息可追溯系统，强化执法能力，引导大型屠宰龙头企业延伸产业链，扩大品牌肉的占有率，提升肉品质量安全保障能力和行业整体水平，确保百姓放心消费。

2010年，商务部会同财政部研究制定了肉类蔬菜流通追溯体系建设的总体方案，并确定了上海、重庆、大连、青岛、宁波、南京、杭州、成都、昆明及无锡10个城市为首批试点。试点城市将按照统一采集指标、统一编码规则、统一传输格式、统一接口规范、统一追溯规程的“五统一”要求建设追溯体系，从而保障不同追溯技术模式信息的互联互通，跨区域无缝对接，实现全国范围内信息的追溯查询。

酒类市场上，RFID 防伪功能的国酒五粮液和高端葡萄酒的研发应用也加快了脚步，五粮液集团已经投入到将国际通用的 EPC 和 RFID 相结合的工作之中。除了食品安全，RFID 在公共安全的推进还有一个大项——特种设备安全。今年，在特种设备制造和使用大省山东、江苏和四川在 CNG 气瓶开展贴标的示范作用及低碳新理念的感召下，重庆、上海、宁夏、山西、河南等省市也都在不同程度的积极推广 CNG 气瓶的电子标签监管，RFID 对于 CNG 气瓶的安全监管实现了降耗、安全的双赢及油改气产业和 RFID 产业的双赢。

在智能交通领域，高速公路 ETC 车道的建设力度明显加大。目前，ETC 在京津冀、长三角、珠三角等部分地区的省级区域和跨省区区域联网大趋势已经形成，并且向全国联网进军。比起人工收费来，提高通行能力、减少环境污染、不使用现金交易避免找零麻烦是 ETC 的几点突出的优势，虽然在推行之初有些许阻碍和尴尬，但是一系列积极新措施的实施从不同程度上减少了 ETC 推行的阻力。

在手机支付领域，扩展的势头异常迅猛。经专业咨询机构统计，2009 年我国手机支付市场规模达到 19.74 亿元，用户规模达 8250 万人；而 2010 年，我国手机支付市场规模将达到 28.45 亿元，手机支付用户总数超过 1.5 亿人。两组数据对比结果已经标明，我国手机支付市场借助物联网的平台已经快速打开并且进入了市场规模扩张的新阶段。得益于世博会和亚运会给予的应用契机，手机支付成了 2010 年 3G 技术最火暴的应用。

2010 年，美邦把 RFID 技术引入企业建立了以 RFID 芯片为基础的物联网系统，不仅产生了营销变革，提升供应链的效率，还为试点门店带来了 7% 以上的零售增长。借助 RFID 芯片这一物联网的重要介质，美邦让顾客亲身体会到购买过程中“物与物联”带来的便捷。此外，RFID 在医疗药品贴标方面的应用、在成都食品溯源生鲜连锁店等零售业的应用，以及电力、资产、金融、智能卡等领域的应用都是 2010 年 RFID 技术应用的亮点。

在“物联网”普及以后，用于动物、植物和机器、物品的传感器与电子标签及配套的接口装置的数量将大大超过手机的数量。物联网的推广将会成为推进经济发展的又一个驱动器，为 RFID 产业开拓了又一个充满无穷潜力的发展机会。按照目前对物联网的需求，在近几年内将有以亿计的传感器和电子标签需求量，这将大大推进信息技术元件的生产，同时增加大量的就业机会。

4. 人才方面：我国各高校纷纷申办物联网专业

2010 年，在国家把以物联网为代表的新一代信息技术作为战略新兴产业列入发展重点后，教育部为了加大战略性新兴产业人才培养力度，支持和鼓励有条件的高等学校从本科教育入手，加速教学内容、课程体系、教学方法和管理体制与运行机制的改革和创新，积极培养战略性新兴产业相关专业的人才，满足国家战略性新兴产业发展对高素质人才的迫切需求，立即启动相应的人才培养计划。

2010 年年初，教育部办公厅下发《关于战略性新兴产业相关专业申报和审批工作的通知》（教高厅函〔2010〕13 号），明确提出在 2010 年 4 月底前完成一次战略性新兴产业相关专业的申报和审批工作。物联网技术专业作为信息网络产业方向重点支持的开办专业之一列入申报之列。截止 2010 年 3 月，全国已有近 700 所高等院校向教育部提交了增设物联网等相关专业的申请。2010 年 7 月《教育部关于公布同意设置的高等学校战略性新兴产业相关本科新专业名单的通知》下发，公布高校新设置的 140 个本科专业和获批高校名单，明确新增专业将从 2011 年起开始招生。其中，物联网工程和传感网技术位例名单之中，共有北京邮电大学、北京理工大学、四川大学、武汉大学、华中科技大学、西安交通大学等30所高校获准开设物联网工程专业，有5所高校获准开设传感网技术专业。

5. 标准方面：我国提出和推动制定的物联网界首个国际规范发布

国际标准化组织（ISO）日前正式发布了集装箱货运标签系统。这是在物流和物联网领域，首个由我国提出并推动制订，并由ISO正式发布的可公开提供的规范。

据国家标准化管理委员会介绍，这个规范的全称为《ISO/PAS 18186：集装箱—RFID货运标签系统》，它是在我国国家标准《供应链监控用集装箱电子箱封应用技术规范》（GB/T 23678—2009）的基础上制订而成的。它的推广有助于加速开发低成本、安全可靠、使用方便的集装箱电子装置，将对提升国际集装箱安全运输水平发挥作用。

这套集装箱货运标签系统通过无线射频识别技术（RFID）与互联网的结合，可为货主、港口、船舶运营公司、海关和商检等单位提供集装箱实时货运状态信息，实现集装箱运输信息由“告知”到“感知”的变革，对提高集装箱的安全水平和运输效率具有重要意义。

二、2010我国RFID行业发展的十大最有影响力事件和十大最有影响力成功应用

2011年3月，由国际物联网贸易与应用促进会主办，RFID世界网、《物联网世界》（http：//www.iotworld.com.cn）承办，“粤港RFID产业联盟”、“上海RFID产学研联盟”、“山东RFID产业联盟”等联盟机构协办的“2010RFID世界年度评选”活动正式揭晓，其中，2010中国RFID行业十大最有影响力事件是：RFID技术成功应用于2010上海世博会；RFID物联网纳入“十二五”规划成首要发展目标；“集装箱RFID货运标准”有望成为首个由我国提出的物联网国际标准；2010深圳国际RFID技术与物联网应用展览会成功举办；广东检验检疫局采用RFID技术保障亚运食品卫生安全；商务部、财政部要求肉类蔬菜流通体系尽快引入RFID等溯源技术；军队数十万车辆换发含RFID芯片的驾驶证；中国手机支付技术标准将统一采用银联标准；中山达华智能科技股份有限公司成功挂牌上市募集资金7.8亿元和中国物联网标准联合工作组成立。

2010中国RFID行业十大最有影响力成功应用是：RFID在酒类防伪中的应用；RFID图书自助漂流亭牵手世博；部队RFID数字化仓储物流项目；“烟花爆竹流通安全监管系统”在熊猫烟花生产安全监管中的成功应用；粤马港首个采用RFID技术追踪清真食品溯源应用示范；美特斯邦威服装RFID应用；城市运营车辆智能监检管理系统；重庆电子车牌城市智能交通管理项目；成功应用于军事单位的武器弹药安全管理系统和汕头车辆射频电子标签自动识别系统。

回顾“十一五”，从2006年《中国RFID技术政策白皮书》的发布到2007年我国超高频RFID标准制定取得突破，到2008年中国初步形成从标签及设备制造到软件开发集成等较为完整的RFID产业链，到2009年《中国射频识别（RFID）技术发展与应用报告蓝皮书》的发布和物联网的升温，再到2010年物联网RFID被正式定义为战略性新兴产业，我国的RFID产业正逐轮升级。目前，我国已形成基本齐全的物联网产业体系，部分领域已形成一定市场规模，网络通信相关技术和产业支持能力与国外差距相对较小，传感器、RFID等感知端制造产业、高端软件及集成服务与国外差距相对较大。仪器仪表、嵌入式系统、软件与集成服务等产业虽已有较大规模，但真正与物联网相关的设备和服务尚在起步。展望“十二五”，RFID产业无论是在战术还是战略上都将

向更广的范围和更深的层次发展，在自主创新能力的提升引领产品和技术应用由低端走向高端的同时，RFID 企业将开疆拓土进入品牌化综合竞争时代。此时，抓住机遇把物联网与企业现有工作的紧密结合将是挖掘更多应用的突破口，最终利润提升空间无限广大。

“十二五”期间信息产业将面临新形势、新任务和新挑战，IC 卡、RFID 和物联网相关新兴领域将进入一个爆炸性发展的阶段，迎来一个大发展的良机。

（张　铎　21 世纪中国电子商务网校校长）

2010 年中国托盘业

一、2010 年我国托盘业发展的环境

2010 年，伴随着经济复苏向好发展的宏观形势，我国托盘业取得了长足的发展。回首一年的发展历程，可以清晰地看到 2010 年我国托盘业的发展环境良好，五个重要因素组成了推动托盘业向好发展的动力。因素一是国家政策的助力，2010 年是《物流业调整和振兴规划》落实实施的第二年，4 万亿投资项目陆续落实到位，国家发改委、商务部、国家税务总局、海关总署等政府部门纷纷为物流业发展给予了有力的支撑和便利的条件，各级地方政府加大对物流业的投入和支持力度，制定专项法规促使物流业发展的政策环境进一步转好，这种自上而下的促进物流业发展的政策支持使托盘业受益匪浅。因素二是全年 GDP 增长 10.3%，经济总量达近 40 万亿元，外商投资破千亿大关。经济的快速回升、对外出口的回暖，托盘订单明显增加。因素三是物流和供应链需求转旺。经济建设规模扩大带动了物流和供应链市场的升温，全国社会物流总额达到 125 万亿元、物流业增加值达到 2.7 万亿元，巨大的物流需求即刻刺激了托盘需求的增长。因素四是托盘地位的上升和人们对托盘重要性认知的提升。长期以来，人们只是把托盘视为普通的物流器具，很少有人深刻认识托盘的重要地位和作用。随着经济社会尤其是物流和供应链的发展变化，越来越多的企业通过实践逐渐意识到物流效率的提高、成本的降低和服务的升华离不开托盘，没有托盘供应链运作的顺畅与贯通是一句空话。由此自主地使用托盘，业界的托盘使用量和生产量因此骤增。因素五是经营条件的变化和企业理念的更新。由于市场竞争的激烈化、人工成本的增加和人的观念的转变，人们开始寻找更经济的方法和更实用的技术降低物流的成本，托盘具有的良好品质使其在低碳、环保、节能、再生利用中成为时代经济发展的宠儿。

二、2010 年我国托盘业发展的情况

2010 年，在全国的物流需求大幅增长的形势下，托盘行业的发展出现了新的变化。

1. 托盘生产的特点

（1）木托盘仍占绝对比重。2010 年是我国木托盘生产受原材料困扰最严重的一年，尽管木材资源短缺、供应紧张，而且用于进出口贸易的木托盘必须进行熏蒸达到检验检疫要求，但木托盘的总量仍然居高不下，数量依然超过托盘总量的 80%，约在 6 亿片以上。

在托盘生产中相比塑料托盘、模压托盘等

必须使用模具等木托盘的生产加工相对最简单，只要有木板和钉子就能迅速生产。因此，木托盘的生产加工一直没有中断。面对国产木材供应受限、国外进口木材的价格不断涨价加之供应越来越紧张，致使木托盘的原材料供应稳定性越来越差的现实情况，一些托盘生产企业为了维持生产已经开始走上了以材代木的道路，如用层积材代替木材、以杨木代替松木等。

（2）塑料托盘的生产和销售处于最佳状态。2010 年，受益于我国对外贸易的回暖塑料托盘的生产和销售形势喜人，订单量快速扩大，尤其是上海力卡、上海庆豪等“中国十大明星托盘企业”的订单骤增，山东力扬、上海派瑞特、上海鑫鹏等大型塑料托盘生产企业情况也毫不逊色与之相差无几。据托盘委掌握的数据，目前我国塑料托盘的数量在 1 亿片以上，占托盘总量的比例已从 2008 年的 11% 增至现在的 13%，增长速度很快。塑料托盘数量快速增长的原因主要有以下几个，一是因为塑料托盘自身的优越性，特别是通过加入钢件等方法进行工艺改革后，使得塑料托盘的承载量增加、拓宽了使用范围；二是因为啤酒、饮料、奶制品等质量大、包装规范的产品在物流过程中使用托盘的优越性和必要性逐步显现，使得国内的青岛啤酒、燕京啤酒、汇源、康师傅、娃哈哈、蒙牛、伊利等大型啤酒、饮料和奶制品生产企业对塑料托盘的需求增长十分迅速；三是塑料托盘加工加工设备自动化程度高、产量大、设计灵活，可以更好地满足客户定制化的需求；四是近年来国家加大了对森林砍伐的控制，使木材成本大幅上扬，加上欧美对木制托盘的要求越来越苛刻和铁路运输禁用木制托盘规定出台等多重因素，刺激了塑料托盘的使用。

（3）金属托盘及周转箱的产量变化可观。近几年，托盘生产企业不断进行金属托盘产品结构和制造工艺的创新，诸如通过材料革新逐渐轻量化、在托盘底部加一层木质垫片防滑等，以进一步满足物流作业和用户的个性化需要。同时，开始注重金属材料托盘表面的工艺处理，以使产品更美观漂亮。金属托盘及周转箱的一系列创新，改善了产品的性能、提升了使用价值，引发了产量和销量的可观变化。2010 年，全国钢托盘（含托盘周转箱、托盘架）的产量明显增长，在托盘总量中所占比例已由 2008 年的 1.2% 上升到 2010 年的 2%，总量在 1500 万片左右。“中国十大明星托盘企业”之一的苏州安华前些年就已成功地开发了欧洲市场，该企业生产的钢托盘结构和工艺不断创新，并刻意为用户进行个性化设计和生产，有些产品产量增幅高达 40%。该企业 2011 年上半年欧洲的订单已排满。最近他们又在与澳大利亚一家钢托盘生产企业商谈合作的同时，拟在连云港、重庆等地设新厂，以满足快速增长的客户需求。

（4）复合材料托盘增长较大。2010 年全国复合材料托盘，包括塑木复合材料托盘、胶合板托盘、再生人造板托盘、模压托盘（以麦秸、木屑、树枝、竹子、灌木、废塑料、木板条等为原材料模压而成），产量约为 1.5 ~ 2 万个，占托盘总量的 2% 左右，比 2008 年增加近 1%，增长较快。在全球倡导低碳、环保、节能的环境下，以材代木成为复合材料托盘生产的主旋律。用废料、废纸、木屑、再生人造板、刨花板、树枝、竹子、灌木等为原材料生产复合材料托盘渐渐成为一种趋势，越来越多的复合材料托盘生产企业加入研发行列。深圳宝兴是早期生产复合材料托盘的知名企业，其产品主要用于出口贸易，十多年来该企业生产销售的再生人造板托盘在 500 片以上，节约木材 15 万立方米。他们投资 40 万扩建 400 平方米新厂房，购进再生人造板加工设备，用树枝、木屑、边脚料、刨花板等节能环保材料代替木材，开辟托盘生产低碳化之路。北京菲保利华将城市生活垃圾中的废塑料，经过科学方法加工处理后制造塑料托盘，既减轻了城市负担，实现了环保综合利用，又降低了托盘生产成本，受到了有关方面的称赞。

（5）纸托盘的生产和销售也呈现可喜态势

虽然纸托盘的产量仍然只占托盘总量的1%左右，但近年的产销状况十分可观。比如江阴丰惠，由于注重研发和产品质量，订单始终应接不暇。该企业作为“中国十大明星托盘企业”之一品牌效应逐年显现，2010年在纸张价格高涨10%的情况下，企业的纸托盘产量和销量依然双双大幅增长。

2. 托盘行业的变化

2010年，我国托盘业发生了许多新的变化，出现了新动向，主要表现在以下几个方面。

（1）托盘“热”不断升温。2010年在全国GDP增长10.3%、外贸进出口总值达到近30亿美元、物流需求大幅上扬的态势下，托盘行业很快从金融危机的阴影中走了出来。有些大型的托盘生产企业纷纷购置土地、增建厂房、增添设备、扩大队伍，以响应迅速增长的订单需求和客户“等米下锅”的急迫需求。上海力卡、上海庆豪、山东力扬、江阴丰惠、金华捷特、苏州安华等知名托盘生产企业都根据自身的情况采取了不同的大动作。由于它们是我国托盘业的领军企业，所以它们的发展状况基本就是我国托盘业发展的整体态势和走向的缩影。

（2）低碳、环保在托盘行业中唱主调。为了响应政府普及低碳知识，发展低碳循环经济的号召，2010年托盘行业以低碳、环保为主调开展了各项活动。5月，托盘委在无锡召开的“全国托盘工作会议”会议自始至终以低碳经济为主调，围绕后金融危机时期托盘行业经营环境及应对措施；托盘企业经营模式创新与市场运营策略；托盘企业如何适应低碳经济、绿色经济发展目标；托盘租赁、托盘共用系统构建和托盘行业建设等议题展开了热烈而深入的探讨。全年托盘生产企业“以材代木”研发托盘新材料、新产品的硕果累累，在托盘委于2010年年底举办的“2010中国托盘国际会议暨2010全球托盘企业家年会”和托盘新材料、新产品展示会上，以材代木托盘新产品、新材料的成果令人耳目一新，在托盘生产方面，使用秸秆、木屑、竹子等植物纤维代替木材生产托盘，既符合倡导节能、环保、再生利用、低碳经济政策，又节能增效。

（3）托盘共用在变革中迎来曙光。托盘共用是托盘作用得到充分发挥的标志，也是托盘租赁规模化的最佳途径。但是，建设托盘共用系统是一项投资大、耗时长的大工程，目前我国尚未建立全国范围的托盘共用系统。2010年，我国首家民族品牌的托盘共用系统运营企业——中包精力托盘共用系统（北京）有限公司成立。该托盘共用系统运营企业由中国包装总公司与江阴模塑集团有限公司共同投资3000万元人民币，为推进托盘循环共用、发展低碳经济而创立。主要从事托盘、包装容器、包装机械、物流及仓储设备的租赁与管理服务；电子标签（RFID）及物联网技术开发等项业务。经过试运营已初见效果和发展潜力。此外，2010年托盘行业还出现了托盘生产企业创建托盘租赁网络、开展托盘循环共用的事例。应该说，新生的托盘共用系统和托盘租赁网络虽然规模都不大、还难成气候，但它们的出现就好似托盘共用变革中的一道曙光，代表了托盘业未来的发展方向。

2010年7月，腾讯网上有一条新闻引人注目，即关于招商局集团收购澳大利亚托盘租赁服务商、跨国托盘共用系统企业路凯公司的报道。不少人都在猜测招商局集团花近7亿澳元（约40亿人民币）收购路凯的理由。但不管怎么说，这至少可以说明，招商局集团对托盘共用系统价值的认可。对招商局集团来讲，花大资本收购一个跨国托盘租赁企业是经营发展战略的组成部分，或者说也是一种远见卓识、雄才大略。

（4）托盘行业呈现“大家族”新局面。2010 年，我国托盘行业一派朝气蓬勃、欣欣向荣的景象，业内成员一呼百应的凝聚和团结一致的创新热情呈现出托盘行业“大家族”的可喜局面。究其原因，一是受益于在整个经济建设、物流发展大环境中托盘地位和作用的凸显以及需求旺盛的新态势；二是受益于近些年托盘理论、托盘框架体系的初步确立，托盘作为独立行业，逐步从包装等行业中剥离出来，得到经济社会的认可；三是受益于托盘委多年来组织引导行业企业、专家学者、有识之士大力开展宣传，进行启蒙教育，倡导团结、互助、共赢理念，建设“大家族”的文化。

（新　伟　中国物流与采购联合会托盘专业委员会常务副主任）

第七部分

采购

2010年中国对外贸易

2010年，在世界经济逐步复苏、国际市场需求回暖和国内经济向好势头更加巩固、稳外需扩进口政策效应不断显现、企业竞争力进一步增强等共同作用下，我国对外贸易实现了恢复性快速增长，进出口已经恢复到危机前水平并再创历史新高；我国贸易增长方式加快转型，结构进一步优化，贸易平衡状况继续改善，“十一五”外贸发展规划目标顺利实现。

一、2010年我国对外贸易的基本情况

2010年，我国对外贸易增长方式加快转型，外贸顺差继续下降，进出口实现大幅恢复性增长并取得了创历史新高的好成绩。

1. 进出口实现大幅恢复性增长

2010年，我国进出口贸易总额达2.97万亿美元，同比增长34.7%。其中，出口总额为1.58万亿美元，同比增长31.3%；进口总额为1.39万亿美元，同比增长38.7%。2010年的进出口、出口和进口贸易总额比2008年分别增长16%、10.3%和23.2%。由于进口增速快于出口增速，进出口趋向平衡。全年贸易顺差为1831.0亿美元，比2009年下降6.4%，比2008年下降38.6%。这是继2008年外贸顺差达到历史高点后连续第二年下降，外贸顺差过大的矛盾得到进一步缓解。2010年我国对外贸易月度进出口增长情况如下页图所示。

2. 机电产品和高新技术产品出口保持稳定，资源密集型产品出口增势较好

2010年，我国出口产品结构进一步优化，机电产品和高新技术产品出口稳步回升，资源密集型产品出口大幅增长。全年机电产品出口达9334.3亿美元，同比增长30.9%；高新技术产品出口4924.1亿美元，同比增长30.7%。全年船舶、汽车零部件出口保持较快增长，其中，船舶出口同比增长44.5%、汽车零部件出口同比增长44.1%。全年纺织、服装、鞋类、家具、箱包、玩具合计出口3032.4亿美元，同比增长25.9%。其中，纺织品出口770.5亿美元，同比增长28.4%；服装出口1294.8亿美元，同比增长20.9%；鞋类出口356.3亿美元，同比增长27.1%；家具出口329.9亿美元，同比增长30.3%。

2010年1～10月，按STITC分类的产品中，我国初级产品出口同比增长32.5%，其中食品及活动物、饮料及烟类、非食用原料、矿物燃料和动植物油出口增幅分别为24.1%、10%、42.4%、44.4%和22.2%。工业制成品出口增幅为32.8%，其中化学及有关产品、按原料分类制成品、机械及运输设备和杂项制品出口增幅分别为40%、37.3%、34.4%和25.7%。出口增幅最大的产品有生橡胶、金属

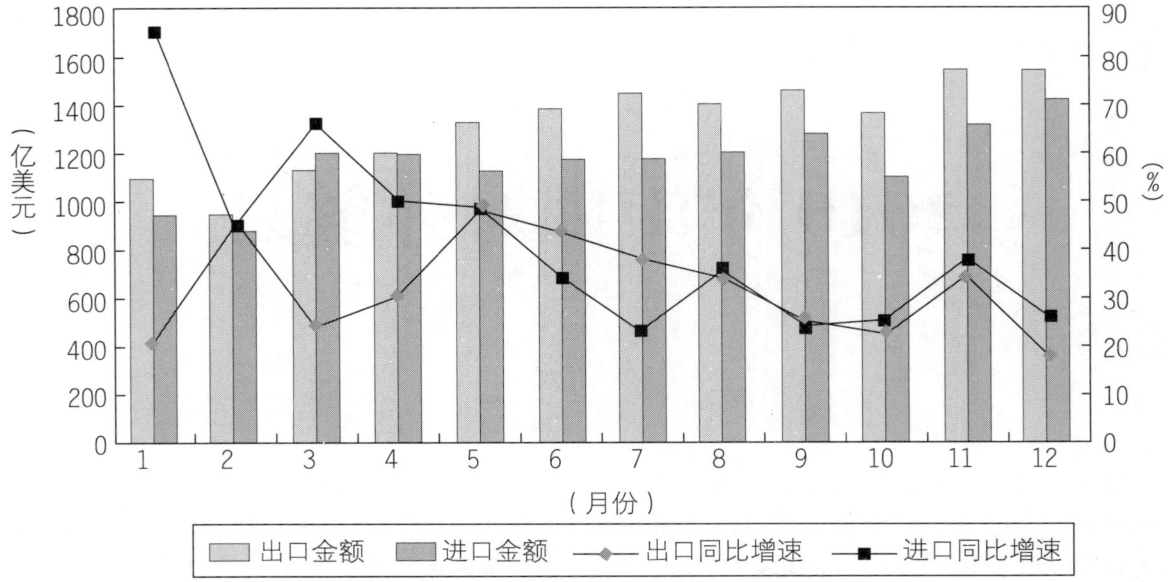

2010 年我国对外贸易月度进出口增长情况

资料来源：中国海关统计

矿砂、石油、天然气等、无机化学品、染料、制成肥料、初级塑料、钢铁、有色金属、特种工业专用机械、电力机械、陆路车辆和其他运输设备。生橡胶和金属矿砂出口增幅高达 215% 和 311%。

3. 进口规模不断扩大

为了促进外贸平衡发展，国家采取多种鼓励进口的措施，如提供进口设备贴息，实施进口便利化措施，建立进口展览会、博览会为进口商品搭建平台等，促进了进口规模的扩大。总体看全年资源性产品进口价格全面上扬，机电产品进口增长较快。根据海关统计，2010 年一些农产品、资源性产品、机电设备进口大幅增长，其中活动物、谷物及制品、糖及糖制品、饲料、生橡胶、纸浆、纺织纤维、天然肥料及矿物、煤炭、石油、天然气、无机化学品、橡胶制品、非金属矿物制品、特种工业专用机械、陆路车辆和家具进口增幅明显。

受国内投资增速有所放缓等因素影响，能源资源产品进口量增速逐步回落，但进口额因国际市场价格持续攀升而继续扩大。2010 年，我国铁矿砂进口量同比下降 1.4%，进口额同比增长 58.4%；原油进口量同比增长 17.5%，进口额同比增长 51.4%；初级形状的塑料进口量同比增长 0.4%，进口额同比增长 25.2%；大豆进口量同比增长 28.8%，进口额同比增长 33.5%。国际市场需求回升带动加工贸易进口平稳增长，加上国内最终需求不断增加，机电产品进口额达到 6603.1 亿美元，同比增长 34.4%；高新技术产品进口额达到 4126.7 亿美元，同比增长 33.2%。

4. 一般贸易国际竞争力大大提高，民营企业表现优于整体

近年来，由于国家对加工贸易政策的调整，加工贸易开始转型升级，进出口产品结构不断优化，国际产业价值链不断提升，一些高耗能、高污染和资源密集型出口产品生产被淘汰和转移，高新技术和节能环保产品出口大幅增加。而在国家鼓励技术创新政策的刺激下，一般贸易结构调整加快，产品档次、技术含量和附加值进一步提高。新产品、新技术和节能环保产品像雨后春笋层出不穷，其中有海信应

用自主研发的 itv－OS 操作系统开发的智能 3DLED 液晶电视等，这些产品深受外商青睐，出口的议价能力大大提高，国际竞争力很强。

2010 年，由于我国进出口企业加快转变增长方式、提高自主营销比重，使得一般贸易增长呈现快于加工贸易的态势，而且产品档次、技术含量和附加值进一步提高。据海关统计，2010 年我国一般贸易进出口额为 1.49 万亿美元，同比增长 39.9%，高出当年我国进出口增速 5.2 个百分点，其中一般贸易出口和进口分别同比增长 36.0% 和 43.7%。2010 年，我国加工贸易进出口额为 1.18 万亿美元，同比增长 27.3%，其中加工贸易出口和进口分别同比增长 26.2% 和 29.5%。加工贸易项下顺差为 3229 亿美元，扩大了 22.2%，相当于当年总体顺差规模的 1.76 倍。从经营主体看，外商投资企业进出口规模仍居首位，出口同比增长 28.3%，进口同比增长 35.3%；国有企业出口同比增长 22.7%，进口同比增长 34.3%；民营企业继续显示较强的活力，出口同比增长 42.2%，进口同比增长 56.6%，进出口规模已经超过国有企业。2010 年我国分贸易方式、企业性质进出口情况如表 1 所示。

表 1　2010 年我国分贸易方式、企业性质进出口情况

项目		出口		进口	
		金额（亿美元）	同比（%）	金额（亿美元）	同比（%）
总额		15779.3	31.3	13948.3	38.7
贸易方式	一般贸易	7207.3	36.0	7679.8	43.7
	加工贸易	7403.4	26.1	4174.3	29.5
	其他方式贸易	1168.6	37.7	2094.2	40.2
企业性质	国有企业	2343.6	22.7	3875.6	34.3
	外商投资企业	8623.1	28.3	7380.0	35.3
	其他企业	4812.7	42.2	2692.8	56.6

资料来源：中国海关统计

5. 欧美日仍为主要贸易伙伴，我国与新兴市场的贸易快速回升

2010 年，我国在实施市场多元化的战略中，大力发展同新兴市场的互利共赢的合作关系，如 2010 年 3 月我国同俄罗斯、印度和巴西等国签订了农业合作协议，进一步加强了“金砖四国”之间的交流合作，推动了我国与新兴市场的贸易关系迅速发展。

2010 年，我国的三大贸易伙伴仍为欧盟、美国和日本。其中，我国与欧盟的双边贸易额达到 4797.1 亿美元，同比增长 31.8%；我国与美国的双边贸易额达 3853.4 亿美元，同比增长 29.2%；我国与日本的双边贸易额达 2977.7 亿美元，同比增长 30.2%。

2010 年，我国与东盟、印度、澳大利亚、巴西、俄罗斯等新兴市场和发展中国家的双边贸易大幅增长。其中，与东盟的双边贸易额为 2927.8 亿美元，同比增长 37.5%；与巴西的双边贸易额为 625.5 亿美元，同比增长 47.5%；与印度的双边贸易额为 617.6 亿美元，同比增

长 42.4%，印度已成为我国第 10 大贸易伙伴；与俄罗斯的双边贸易额为 554.5 亿美元，同比增长 43.1%。

另据海关 2010 年 1～10 月的统计显示，我国对亚洲国家出口同比增长 30%，进口同比增长 41.7%；海峡两岸贸易也在两岸经济合作协定的推动下出现大幅增长。对非洲出口同比增长 26.5%，进口同比增长 62%。在欧洲主权债务危机的影响下我国对欧洲进出口仍有较大的增幅，出口同比增长 36%，进口同比增长 33.6%；对爱尔兰出口同比下降 4.1%，进口同比增长 6.5%；对葡萄牙的出口同比增长 32%，进口同比增长 56%。对拉美出口同比增长 65.2%，进口同比增长 38.6%；对北美洲出口同比增长 30.6%，进口同比增长 31.2%。对大洋洲出口同比增长 32%，进口同比增长 51.9%。

2010 我国与主要贸易伙伴贸易情况如表 2 所示。

表 2　　2010 年我国与主要贸易伙伴贸易情况

国家或地区	金额（亿美元）			、同比（%）		
	进出口	出口	进口	进出口	出口	进口
全球	29727.6	15779.3	13948.3	34.7	31.3	38.7
欧盟	4797.1	3112.4	1684.8	31.8	31.8	31.9
美国	3853.4	2833.0	1020.4	29.2	28.3	31.7
日本	2977.7	1210.6	1767.1	30.2	23.7	35.0
东盟	2927.8	1382.1	1545.7	37.5	30.1	44.8
中国香港	2305.8	2183.2	122.6	31.8	31.3	40.9
韩国	2071.7	687.7	1384.0	32.6	28.1	35.0
中国台湾	1453.7	296.8	1156.9	36.9	44.8	35.0
澳大利亚	880.9	272.3	608.7	46.5	31.9	54.1
印度	617.6	409.2	208.4	42.4	38	51.8
巴西	625.5	244.6	380.87	47.5	73.3	34.7

资料来源：中国海关统计

2010 年，我国对外贸易的快速恢复为“十一五”外贸发展规划目标的胜利完成画上了圆满句号。“十一五”前期我国对外贸易持续快速增长，国际金融危机爆发后，我国进出口急剧下滑。面对这一严峻复杂形势，我国政府及时出台了一系列稳定外需的政策措施，积极扩大内需和鼓励增加进口，有效遏制了外贸持续大幅下滑的势头并在 2010 年实现快速恢复，经受住了国际金融危机的严峻考验，在逆境中实现了新发展。2006—2010 年，我国对外贸易进出口总额年均增长 15.9%，高于同期世界贸易增长速度。与“十五”末期相比，我国出口由世界第三位跃居首位，占全球份额由 7.3% 上升至 10.4%；进口由世界第三位升至第二位。我国对外贸易的强劲发展有力地推动了世界经济和贸易复苏，改善了贸易不平衡状况，外贸顺差与国内生产总值之比由2007年最高点时的7.6%回落至3.1%。外贸结构继续优化，发展质量和效益进一步提升。2010年机电产品和高新技术产品出口占出口总额比重比“十五”末分别提高了3.2个和2.6个百分点；市场多元化效果明显，2010年对发展中国家出口占出口总额比重已经由“十五”末的42.7%提高至48.3%；中西部地区进出口增长速度高于东部，2010年中部和西部地区出口占全国出口比重比“十五”末分别提高1.0和1.2个百分点。

二、入世以来我国对外贸易的发展情况

2010年是我国加入世贸组织的第十个年头。十年来我国经济社会发展取得了显著的成就并对世界经济做出了重大的贡献。

1. 对外开放程度不断提高

我国加入世贸组织后，全面履行了加入世贸组织的开放承诺，逐步扩大了农业、制造业和服务业的市场准入，放开了外贸经营权。关税与非关税限制水平显著下降，贸易投资自由化和便利化程度显著提高。与此同时，我们也享受了世贸组织成员的各项权利，营造了更加稳定开放的外部市场环境。

加入世贸组织以来，我国的货物贸易进出口规模从2001年的5098亿美元增长到2010年的近3万亿美元，增长了4.8倍，其中，出口规模增长4.9倍，进口规模增长4.7倍。我国已经成为世界第一大出口国和第二大进口国。

在服务贸易方面，我国的进出口规模从2001年的719亿美元增长到2010年的3624亿美元，增长了4倍，目前我国已经成为世界第三大服务进口国和第四大服务出口国。

在利用外资方面，我国实际利用外资在2010年突破了1000亿美元，稳居发展中国家首位。

此外，我国对外投资合作步伐加快，2010年我国对外直接投资流量达到688亿美元，同比增长21.7%，连续九年保持增长势头，年均增速为49.9%。根据联合国贸发会议《2011年世界投资报告》，2010年中国对外直接投资占全球当年流量的5.2%，位居全球第五，首次超过日本、英国等传统对外投资大国。我国的对外投资正在为许多国家的经济复苏和发展起到促进作用。

2. 我国社会主义市场经济体系进一步完善，综合国力显著提高

我国加入世界贸易组织不仅促进了本国的对外开放和国际经贸交流，而且促进了自身的改革和市场经济的进一步完善。我国入世后中央政府部门共清理和修改了各种法律法规和部门规章2300多件，地方政府共清理19万多件地方性法规、政府规章和其他政策措施。此外，相关部门系统地修订了外商投资法律，统一了内外资企业的所得税、制定实施了《反垄断法》；积极健全知识产权法律保护体系，加大了知识产权法规执法力度；建立健全了多层次多种形式并存的投融资体系，积极推动了外汇体制改革。

在一系列改革和开放措施的推动下，我国国民经济在近十年来快速稳定持续增长。国内生产总值从2001年的11万亿元增至2010年的近40万亿元，年均增长超过10%，世界排名由第6位跃升到了第2位，综合国力显著提高。

3. 我国人民生活水平得到明显改善

加入世界贸易组织以来，我国人均国内生产总值从2001年的1038美元上升到2010年的4481美元，人民收入得到提高，生活水平得到显著改善。与此同时，我国政府以改善民生为出发点，在教育、就业、收入分配、社保、医疗等领域推出了一系列措施，努力实现包容性增长，使广大群众都能分享到改革开放和经济

发展的好处。我国经济的发展使得贫困人口大幅度下降，为全球福利增长和国际社会的稳定做出了巨大贡献。

4. 我国经济已经全面融入世界经济

入世近十年来，我国经济已经全面融入世界经济，我国在全球生产体系中的作用日益重要，国际分工地位正在发生深刻变化。

一是我国经济的产业升级与产业链条的扩展近年来，在继续保持劳动密集型产品生产和出口优势的同时，我国在部分技术含量较高，增值率较高的产品上正在逐渐形成新的竞争优势，开始出现了一批具有自有创新技术、自有知识产权、自有品牌和技术含量高、附加值高、产业化程度高的“三自三高”产品。从2001—2010年，我国规模以上电子信息制造业收入增长近4.6倍，软件业收入增长17倍，电信业务总量增长近7.6倍。目前，我国生产的900多种产品所占的国际市场份额居全球首位，其中不乏技术含量较高的产品。2010年，我国汽车产量1827万辆，跃居世界第一。在光纤接入互联网设备市场上，我国企业占有世界前五大生产商中的三席，分居第一、第二和第四位。在新型产业不断出现，产业竞争力不断提升的同时，我国原有的产业增值链条有所延伸，并向深加工和核心技术领域扩展。我国的加工贸易在整个对外贸易中的比重从2001年的47.4%下降到了2010年的38.9%，但增值率却从2001年的56.9%提升到了2010年的77.4%。加工贸易对国内经济的拉动作用增强，正在发挥新的重要作用。

二是我国市场已经成为世界市场的重要组成部分。加入世界贸易组织以来，我国经济规模不断扩大、市场开放程度不断提高，已经成为世界第二大进口国。我国市场已经成为世界市场的重要组成部分。

由于我国经济的增速远远高于世界平均水平，从单个企业的角度来看，日益扩大的中国市场本身意味着内需的重要性日益增强。我国的汽车产业以及光纤接入互联网设备产业之所以能够占有最大的世界市场份额，与我国市场自身的重要地位密不可分。巨大的并且不断扩大的中国市场，正在日益成为我国企业在世界市场上竞争优势的来源之一。

（《中国物流年鉴》编辑部加工整理）

2010年中国政府采购

2010年是“十一五”的收官之年，可以说，“十一五”的五年是政府采购制度改革实现新的突破和跨越、政府采购职能体系丰富发展、国际化进程逐步加快的五年，是“管采分离”体制更加完善、监管运行机制更加透明、政策功能作用成效显现的五年；是政府采购制度改革的影响力不断扩大、依法采购意识全面提升、社会认知度大大提高的五年。五年来，我国政府采购工作取得了显著的成绩：政府采购规模由2005年的将近3000亿元增加到2010年的8000多亿元，年均增长23.5%；累计节约财政资金4000多亿元；政府集中采购规模由2005年的2000多亿元增加到2010年的7000多亿元，集中采购规模占采购总规模的比例由80.6%提高到86.5%；公开招标采购金额由2005年的不到2000亿元增加到2010年的6000多亿元，公开招标采购规模占采购总规模的比例由65.5%提高到77%。五年间全国节能环保产品政府采购金额达2726亿元，约占同类所有产品政府采购金额的65%左右。五年来政府采购工作取得的巨大成绩充分体现了政府采购制度的先进性和优越性。

一、2010年中国政府采购状况

2010年，我国政府采购工作继续深入贯彻落实《国务院办公厅关于进一步加强政府采购管理工作的意见》（国办发〔2009〕35号）精神，不断创新发展思路、改进工作方法、谋划工作新举措，各项工作取得了新的成果。

1. 政府采购工作分析

（1）采购规模。2010年，我国政府采购规模达到8422亿元，比2009年增加1008.8亿元，同比增长13.6%多，占2010年财政支出的9.4%，占2010年GDP的2.1%多。其中，节能产品政府采购金额达700多亿元，约占同类所有产品政府采购金额的80%。

（2）采购模式。2010年，我国政府采购采用公开招标的采购规模为6482亿元，占采购总规模的77%，比2009年同期增长16.2%。2010年年全国集中采购规模为7284亿元，占采购总规模的86.5%，比2009年同比增长42.6%。

2. 政府采购的新进展

（1）支持自主创新产业。政府是市场中的最大的消费者，它的某项行为足以对整个国民经济产生举足轻重的影响。政府采购数量、品种和频率的改变可以实现对产品和产业结构的调整。截止2010年年底，我国已列入政府采购清单的节能产品达28类3.1万种，环境标志产品达24类1.5万种。2010年年初，在北京市十三届人大第三次会议开幕式上北京市市长郭金龙在政府工作报告中明确指出，要加大政府采购自主创新产品力度。2010 年北京市政府采购中关村自主创新产品共签约五批示范项目，采购中关村自主创新产品达 51.5 亿元、项目达 356 个，超额完成市政府年初制定的 40 亿元的工作目标。截止 2010 年年底，北京市政府采购自主创新产品工作已经开展两年多时间，共有 600 多个投资项目应用了自主创新产品，采购金额达到 85 亿元，提升了自主创新创业企业的信心和市场号召力。根据北京市"十二五"规划，未来 5 年，北京市将不断完善政府采购自主创新产品相关制度，不断扩大采购比重和范围，5 年采购总额超过 300 亿元。此外，2010 年江苏省采购"龙芯"多媒体互动教学系统达 4.1 亿元，成为全国首购第一大单。

（2）支持节能环保产业。2010 年，我国政府加大了对节能环保产业的支持力度，绿色采购已成为引领、推动全社会建立可持续消费观念和环保社会责任机制的重要手段和有效方式。2010 年 3 月底，财政部、环境保护部调整后的节能产品政府采购清单（第五期）包括轻型汽车、数字式多功能复印设备等 24 个类别的产品。节能产品政府采购清单（第七期）包括 24 类节能产品和 7 类节水产品，其中 9 类产品为强制政府采购产品。考虑到有些节能产品可能在初期投入比较大，但后期的使用成本会小很多，并且符合节能的要求，因此仍被列入节能产品政府采购清单。各地方政府按照《国务院办公厅关于建立政府强制采购节能产品制度的通知》要求，积极出台相关政策支持节能环保产业。《天津市政府采购支持节能环保建设促进自主创新实施意见》规定，部分节能效果达到要求的产品实行强制采购。沈阳市积极倡导绿色采购，提高政府采购节能环保意识，鼓励优先采购节能降耗产品。评审原则由"同等优先采购"改为"强制采购高效节能、节耗、环保标志产品"。无锡市出台了《无锡市 2010 年政府集中采购目录》，环保节能成为政府"采购篮"中的主打菜品，并首次将太阳能光伏产品、城市环卫保洁、市政养护等纳入政府集中采购目录。

（3）扶持中小企业的发展。2010 年国务院办公厅公布了《国务院批转发展改革委关于 2010 年深化经济体制改革重点工作意见的通知》，明确将继续完善对小企业的支持政策，健全小企业的信用担保体系，开展支持小企业融资的金融产品创新试点，研究制定促进中小企业发展的政府采购政策，并列入"鼓励支持和引导非公有制经济发展"的重要内容之一。为了解决中小企业的资金问题，政府采购部门通过多种方式支持中小企业融资。2010 年，由财政部主导的在政府领域引入信用担保试点的工作逐步展开。随后由地方政府出面，利用政府采购的信用特性，为企业搭建融资平台工作也在各地循序展开。我国多个省份的政府采购部门还根据实际情况组织免费培训等活动。为了解决中小企业的资质问题，2010 年一些地方政府采购部门，针对中小企业有能力参与的项目，选择了弱化资质作为"门槛"的做法，而强化了在资质环节发挥政策引导的"箭头"作用。如江苏省制定了《关于政府采购促进中小企业发展的意见》，清理对中小企业参与政府采购的不合理限制，明确中小企业政府采购中标份额比例标准，保障中小企业优先获得政府采购合同，减轻了中小企业参与政府采购的负担。2010 年 9 月，江苏省财政厅会同省政府金融办共同印发了《关于做好中小企业政府采购信用担保融资工作的通知》，以借助政府采购帮助中小企业融资。2010 年，江苏省政府采购规模达 902.26 亿元，其中采购中小企业产品 536.55 亿元，占总规模的 59.47%，同时，还帮助中标的中小企业通过政府采购合同抵押的方式实现贷款规模 2.13 亿元。

2010 年 5 月，湖南省政府采购支持中小企业融资会议召开。会议决定，今后湖南省中小企业可以用中标通知书和政府采购合同作为信用抵押凭据就能获得银行的贷款。2010 年 7 月，云南省政府出台《关于贯彻落实国务院进一步促进中小企业发展若干实施意见》（以下简称《意见》）。《意见》明确，凡中小企业购置并实际使用符合国家相关规定的节能节水、环保、安全生产等专用设备的，设备投资额的 10% 可从企业当年应纳税额中抵免。云南省政府要求，从 2010—2012 年，云南省省级财政安排用于支持非公、中小企业发展的专项资金，每年的递增将不低于 10% 。并且当年起，提高中小企业在政府采购中所占合同授予的比例不得低于 50% 。云南省政府新政确保了有自主知识产权创新产品的中小企业优先获得政府采购订单；对符合产业政策的成长型中小企业，单独安排信贷规模；中小企业可用项目中标通知书和政府采购合同作为融资抵押凭据。

2010 年 12 月 15 日，上海市人大召开《上海市中小企业发展条例（草案）》（以下简称《草案》）解读会，会上相关部门对《草案》条文进行了解读。可以说，《草案》是上海市拟从多方面立法提高中小企业的战略地位，为中小企业生存困境对症下药补不足的举措。《草案》中提出了政府采购向中小企业适当倾斜的相关规范，如《草案》规定预算金额内的政府采购项目，中小企业能够提供的，采购人应当向中小企业采购；超出预算金额的政府采购项目，在同等条件下，优先向中小企业采购。还提出了符合国家相关规定的节能节水、环保、安全生产等专用设备的，其设备投资额的 10% 可从企业当年应纳税额中抵免。这些都是上海市政府采购为扶持中小企业制定的新规。12 月 23 日，上海市十三届人大常委会分组审议了《草案》。上海市人大常委会的人员说，将尽快召开立法征询会议，充分听取有关方面对立法内容的意见和建议，最后提交上海市人大常委会表决通过。可以肯定，上海市的这一地方性的促进中小企业发展法规一旦出台，必将加快上海市率先转变发展方式，实现创新驱动发展。

3. 2010 年中国政府采购存在的问题

《政府采购法》实施 7 年来，在党中央、国务院的正确领导下，各地区、各部门不断加强制度建设、规范采购行为，政府采购在提高资金使用效益，维护国家和社会公益以及防范腐败、支持节能环保和促进自主创新等方面取得了显著成效。然而我国政府采购制度改革起步较晚，尚有较多不完善、不规范的地方，与《政府采购法》的规定还有一定的差距，如操作执行环节不规范、运行机制不完善、监督处罚不到位等。总体上看，政府采购无论从规模上还是行为的规范上，尚未达到预期的制度设计目标，必须进一步规范和完善。

（1）对政府采购意义认识不足，导致一些人对政府采购还有误解。随着经济社会的发展，已经有越来越多的人开始关注政府的职能、开始关注政府采购。因为，政府采购行为可以对国民经济产生重大的影响，政府采购甚至可以实现对产品和产业结构的调整。然而，由于宣传不足仍然有很多人在提到政府采购时全然不知；还有人对政府采购不甚了解以致有误解，一提到政府采购就联想到腐败。这种误解加大了政府采购工作的难度，不利于政府采购工作的深化。

（2）政府采购工作的透明度不够高。政府人员代表人民用纳税人的钱为人民办事，人民有权知道政府采购工作的进行状况。政府采购透明化是市场经济的客观要求，如果这种委托代理的关系没有公正透明，容易滋生腐败行为，于民于国都不利。尽管政府采购工作一直遵守公开透明的原则，但直至今天在实际操作中由于各种原因导致政府工作无法做到高度透明。被誉为“阳光工程”的政府采购也不能幸免。提高政府采购的透明度，让“阳光工程”真正充满阳光的呼声从未停止过。

（3）法律法规不够完善。我国政府采购制

度改革试点始于1996年，2003年开始实施的《政府采购法》以及之前颁布的《招投标法》均是政府采购工作的行动指南。但在实际操作中因两法有不一致的地方，对不同的范围界定有差异、有漏洞，客观上为滋生腐败和作弊行为提供了机会。这种由于制度本身的漏洞而导致的利益分配不公正，对社会的危害很大。为了使法律法规更完善、政府采购人员的工作更明确，近几年国务院法制办公布了《政府采购法实施条例（征求意见稿）》，其中的很多规定越来越明确、细化和具有可操作性。然而，需要指出的是尽管征求意见稿对一些模糊的词语都有了明确的界定，但仍然有很多地方需要深入探讨商榷，需要进一步完善。

（4）政府采购机制设置不统一健全。由于我国的特殊国情，政府采购机制设置不同地方依据不同，加上各地区经济发展程度不同，导致了各地区机制不统一、规模大小不同。由于我国政府采购相对国外来说较年轻、实际经验不足，要把握好政府采购的微观操作和其宏观发挥的功能之间的平衡难度是相当大的。

另外，我国对政府采购工作的研究还缺乏深度，在当今买方市场占主导地位的大环境下，有许多人花大量的时间和精力去研究如何卖的问题，而很少人关注如何买的问题，而关于政府采购的研究就更少。甚至还有很多研究工作跟政府购买的实际情况相脱节，导致这些研究结果无法进一步指导政府购买的实际工作。

政府采购制度是深化财政改革、强化财政支出管理的重要制度，是从源头上预防和治理腐败、加强党风廉政建设的有效途径，是创造良好市场环境、实现市场经济条件下财政宏观调控的重要手段。因此，我们必须进一步从规模和行为规范上不断完善采购制度，让“阳光工程”真正充满阳光。

二、2010年政府采购大事件

（1）2010年1月11日国务院法制办公布《政府采购实施条例（征求意见稿）》，其内容比之前的更加丰富，规定更加明确、细化，更具有可操作性。如“集中采购和分散采购”等很多模糊词语都有了更加明确的界定，当然仍然存在很多问题需要更深入的探讨。

（2）2010年5月7日，《中国政府采购报》正式创刊。这是中国政府采购领域中第一份“中”字头的专业报纸，其是财政部指定的政府采购信息发布媒体，是中国政府采购信息传播的主要渠道和载体，推动着中国政府采购的发展。

（3）2010年6月24日，中美WTO《政府采购协议》研讨会在江苏省南京市成功举办。该研讨会邀请了美方官员和专家介绍GPA和美国政府采购制度。该会主要是针对中国地方政府采购官员举办的，目的是让各地区进一步了解GPA的规则，为各地区开展加入GPA研究提供技术支持。

（4）2010年8月5日，“2010年政府采购中关村自主创新产品第三次签约大会暨轨道交通领域自主创新产品推介会”在北京会议中心召开。签约大会上，中国联通北京分公司和中国电信北京分公司两大运营商共采购中关村自主创新产品3000万元。会上还发布了北京市轨道交通建设的采购需求，并对中关村国家自主创新示范区的轨道交通领域相关企业和产品进行了推介。

（5）2010年9月9日，由中国商务部世界贸易组织主办的中国WTO政府采购公共信息咨询平台网站在厦门开通。力图通过厦门世界贸易组织政府采购平台，让更多中国优质商品走出国门。当天，中国加入WTO《政府采购协议》的研讨会也在厦门举行。中国商务部世贸司官员索必成在研讨会上向海内外客商介绍了WTO《政府采购协议》框架，主要条款以及加入程序。他说，这是中国继加入WTO后，在对外经贸领域开展的又一项重大谈判。

（6）世界贸易组织秘书处、财政部、商务

部于2010年10月25～28日在上海举办了世界贸易组织GPA的国别研讨会，来自国务院有关单位（世界贸易组织GPA研究工作组成员单位）各省（市）财政部门，部分商务主管部门，部门地区世贸组织中心代表共100人参加了这次会议。

（7）政府采购为亚运项目开通绿色通道。从广东省到各个地市的集采机构，对第16届亚运会所需采购的项目都秉承“国货优先”的原则。仅广州市政府采购中心就完成了第16届亚运会相关163个项目、242个批次的政府采购任务，采购总额达到13.26亿元，有效地扶持了国内企业的发展。

（8）2010年12月9日，全国政府采购学科建设研讨会在中央财经大学召开。来自财政部、教育部、中国人民大学、南开大学、国际关系学院、北京物资学院、中南财经政法大学、上海财经大学、国家信息中心、部分地方政府采购中心以及中国政府采购杂志社等单位的30余名专家、学者出席了会议。各专家、学者根据自身在实际工作、教学和科研中的经验和体会，对政府采购的学科建设、人才培养等进行了交流和探讨。

（9）2010年12月15～17日，“首届全国农民专业合作社精准对接及‘投融资洽谈会’”召开。这次大会是首次政府采购支持三农、服务三农、助推三农的盛会，是真正帮助农民专业合作社成功实现多渠道对接的尝试，更重要的是开辟了一条农民合作社进入政府采购的不同寻常之路。

（10）关于评审专家管理问题提到议事议程。减少评审专家自由裁量权，扩大专家库的专家数量，实现资源共享成为2010年的共识。财政部已经对这个问题进行了研究，并准备从三个方面加强对评审专家的管理：一是完善政府采购专家评审办法，将评审专家自由打分改为只能按事先设定的分值进行符合性打分。二是进一步完善评审专家分类标准，充实和扩大中央单位政府采购评审专家库容量，在此基础上，与地方现有评审专家库资源整合，形成全国联网、相互连通共享的专家库。三是建立评审专家考核评议制度，加强对评审专家行为的约束。

（管晓薇　倪东生　北京物资学院）

第八部分

物流科技、信息化、标准化

2010 年中国物流科技

《物流业调整和振兴规划》指出：物流业是融合运输业、仓储业、货代业和信息业等的复合型服务产业，是国民经济的重要组成部分，涉及领域广，吸纳就业人数多，促进生产、拉动消费作用大，在促进产业结构调整、转变经济发展方式和增强国民经济竞争力等方面发挥着重大作用。2010 年是我国“十一五”的收官之年，虽然面对严峻复杂的国内外形势，我国物流业积极应对国际金融危机的冲击保持了较快的增长，全年社会物流总额和物流业增加值分别达到了 125 万亿元和 2.7 万亿元，与“十五”末期的 2005 年相比双双实现了翻番，社会物流总费用与 GDP 的比率为 17.8%。物流业在我国国民经济中的地位显著提升，物流市场规模增速扩张，物流企业加速成长，物流核心群体逐步形成，专业服务能力大大增强，供应链管理与效率大幅改善，物流信息化实效显著，物联网与现代物流业的融合日趋顺畅。我国物流业取得的这些成绩不仅得益于社会经济发展的积极推动，也得益于物流科技水平的迅速提升，得益于众多物流企业的参与实践。正因为科技创新和技术进步不断走在物流实践的前面，才能为现代物流的发展开辟了各种可能的途径，创造新的市场机会。

总体看，2010 年中国物流与采购科学技术奖申报项目不仅在科技含量及涵盖范围方面都比前几年有大幅度提高，且表现出很强的专业性。这说明科技信息技术在我国物流业中的地位在日益提升，越来越多的物流企业成为物流科技应用与创新的新军。2010 年共有 56 个项目获得中国物流与采购科学技术奖，其中包括 2 项科技发明奖和 54 项科技进步奖。获奖项目涉及钢铁、化工、有色、建材、石油、医药、烟草、汽车、机电、电信、农业和连锁零售业以及高等院校等行业物流过程的各种技术，并贯穿于物流各个环节。可以说，物流科技的理念已经深入我国物流业的每一个角落，成为推动我国现代物流业快步发展的重要力量。

2010 年，我国物流科技的发展在几个大的方面尤为突出，特点明显。

一、科技信息化程度大幅提高

如今，科技信息化已经成为物流企业生存和发展的命脉之一，在物流企业中信息技术专业化程度日益提高，应用范围也越来越广。据中国物流与采购联合会的调查表明，截止 2010 年年底，已有 61% 的物流企业建立了企业网站，约 80% 的物流企业有独立的 IT 部门和专职的信息系统管理维护人员，70% 的物流企业建立了信息系统，信息系统的主要模块包括：电子订单管理系统（EOS）、销售时点系统

(POS)、仓储管理系统（WMS)、运输管理系统（TMS)、采购管理系统、货运代理系统、客户关系管理系统（CRM)、网上支付系统等。企业的信息化投入力度也越来越大，2010 年企业信息化投资比 2009 年增加 50% 以上。

物流企业信息化水平不断提升的表现形式就是一体化管理程度的提高，其中信息的联动和共享是重要标志。企业的计划、生产、销售等部门都在统一的数据库中操作和管理，通过规定和严格的权限管理技术实现企业各个层面对数据的开放性要求，奠定了企业一体化管理必需的信息共享基础。

如浙江传化物流基地有限公司针对传统的货运站场功能设置单一，相互之间协同不足，站点规模小、数量多、分布散、服务能力弱等行业现状，通过设置合理的公路港功能模块、搭建公路港信息化支撑体系、整合集聚公路港运营的市场资源、为客户提供"一站式"服务并创建公路港连锁复制的标准化体系等一系列措施，形成专业化运营的公路港物流服务平台，成为吸引、整合、集聚"物流服务（中小物流企业）、物流设施设备（社会车辆）、物流需求（货物信息）"三大资源的有形载体。赋予了公路运输板块高效低耗、集成化、信息化管理的时代特征，从而在海港、航空港之后，以全新的模式拉伸了公路物流短板，完成了现代物流集海、陆、空于一体的完整体系构建。

传化公路港物流服务平台搭建的信息化支撑体系，以物流信息交易为核心，以终端渠道管理为手段，对企业中的信息流、物流和资金流进行全面设计。应该说传化公路港物流服务平台信息化支撑体系的建设无论从系统架构上、技术路线上、应用前景上、服务能力上都很好的适应和满足目前乃至未来国内物流行业的发展需要，对物流信息系统和管理一体化模式有很好的示范价值和社会价值。

又如国药控股股份有限公司作为我国最大的药品及医疗保健产品分销商及领先的供应链服务商，拥有并经营着我国最大的药品分销网络，目前正在构建华北、华东、华南等地区自动化一级物流中心、各省会城市现代化二级物流中心、各省地市城市三级物流中心的全国立体化物流网络，并通过统一的物流信息平台，整合全国各物流中心管理信息系统与运输管理系统，在国药控股的各子公司、关联企业形成统一调配、多仓库联动的全国药品仓储现代化物流网络，并对药品物流各环节进行实时跟踪，有效地控制物流活动的全过程，实现对药品的购进、储存、销售、运输各环节管理以及经营全过程的质量控制，保障全国药品供应保障体系高效运转，全面提升药品物流的服务能力。

再如中国邮政速递物流配送管理信息系统是一个集配送计划管理、客户预约管理、出入库扫描作业、配送道段管理、库存管理等功能为一体的配送管理信息系统。相对于一般的配送管理系统，它不仅实现了仓储、配送作业的信息监控管理，还引入了完善的客户预约管理功能，包括主动式电话预约与客户来电受理等。通过将预约管理与配送计划有效结合，以配送计划指导预约，以预约结果更新配送计划，极大地提高了配送作业的成功率和客户服务满意率。此外，针对预约中同一客户多订单、多客服人员同时预约等情况，系统开发了客户信息智能识别、多订单批量预约、订单预约状态锁定等功能，使系统操作更加友好化、智能化。同时，该系统的信息化作业和管理平台，既开放式地向各物流服务商提供信息协作平台，又采用了严谨的角色分配机制和授权机制保障信息的保密性和安全性。

二、物联网发展迅速 RFID 仍是热门

2010 年，在物联网发展上升为国家战略的同时，物流业这一在物联网领域内应用最广泛

的产业也迎来了新的变革，这一项变革被称之为“智能物流”时代。可以预言，传统物流设备与物联网感知技术相结合的物流技术装备的智能化、物流信息系统的网络化和跟踪追溯系统的精准化，必将成为物联网时代下物流业的新特征。

物联网的应用主要有三个层次：一是感知层，即以二维码、射频识别和传感器为主，实现物品识别；二是传输层，即通过现有的互联网、广电网和通信网等实现数据的传送；三是应用层，即利用现有的手机、PC 和各种手持终端实现最终的应用与操控。三个层次中，传输层和应用层的技术已经基本成熟，而感知层在技术和成本控制方面仍有大量的问题亟待解决。作为感知层技术之一的无线射频识别（简称 RFID）技术一直是近些年科技部门研究的热门。无线射频识别技术在国外发展非常迅速，射频识别产品种类繁多。在北美、欧洲、大洋洲、亚太地区及非洲南部，射频识别技术被广泛应用于工业自动化、商业自动化、交通运输控制管理等众多领域，诸如汽车、火车等交通监控，高速公路自动收费系统，停车场管理系统，物品管理，流水线生产自动化，安全出入检查，仓储管理，动物管理，车辆防盗等。

2010 年，我国 RFID 技术成果应用显著，业绩骄人。全年全国物联网 RFID 产业市场规模达到了 117.7 亿元人民币，比 2009 年的市场规模增长 38.3%。目前，我国 RFID 产业链基本形成，但是关键技术缺乏特别是超高频方面的技术仍然相对落后。我国现有 RFID 企业总数超过 100 家，其中，各种代理或外企分支机构约占 40%，芯片和天线设计与制造企业总共不到 10%。芯片和天线设计与制造是我国 RFID 产业最薄弱的环节，且还未形成统一的全球化标准，市场呈现为多种标准并存的局面。在 860 ~ 960MHz 的 UHF 频段，不同的国家和地区针对不同的应用分配了不同的 RFID 频率，国际上无法统一使用单一频率来规范 RFID 电子标签，造成了电子标签中多个频段共存的状态。南京三宝科技集团有限公司经过多年的读写器研制和应用，开发的多频段 RFID 读写器可用于 UHF 的各个频段，包括日本、美国与欧洲的 860MHz、915MHz、960MHz 频率以及目前国内的 433MHz 频率。开发了基站式、手持式、多天线等读写器产品，可以实现对 860 ~ 960MHz 中多个频段的电子标签的识别和读写，统一了 UHF 频段读写设备的设计。这种将读写器中的 3 个基本模块做成标准化模块（射频信号处理模块、数字信号处理模块、控制与管理接口模块）的设计进一步提高了产业化程度，降低了产品成本，具有很高的性价比。目前已广泛应用于海关物流、停车场、门禁和仓储等管理中。

主动式 RFID 技术作为物流信息化的一个重要技术，已经为全球各大型物流企业广泛认可，具有非常好的推广应用前景。上海海事大学研究的主动式 RFID 读写器及电子标签采用 2.45GHz 频段和主动式工作方式，识别距离达到 600 米，使用寿命大于 3 年，具有高防冲突性能，电子标签通过数据加密和信道自动监测实现高可靠的空中数据传输。主动式 RFID 读写器及电子标签，是一种有效的远距离识别和信息采集技术，可以广泛应用于物流领域及其他目标跟踪相关应用领域中，如货物仓储管理、运输工具的监控、危险化学品监控、辐射源监管等。与国内外同类 RFID 产品相比，海事大学的研究成果在识别距离、低功耗、防碰撞设计等方面已达到或超过国内外同类产品的性能。目前，该成果主要应用于我国内河船舶的动态监管，并在浙江省“杭嘉湖”地区大规模应用；在浙北航道网中各港航管理站已安装 RFID 航道读卡器 50 余部，发放 RFID 通行卡 13000 张。上海世博会期间，浙江省港航系统为拟进入交通管制水域的船舶免费发放浙北内河航道 RFID 通行卡，以实现对船舶的动态监管，完成世博专项安保检查工作。除良好的社会效益外，内河船舶动态监管系统的应用保证了“费改税”工作的实施，减少了盲目出艇检查，提高了船舶通航效率。

但物联网技术与现代物流的融合不是某一项技术的应用就可以实现的，需要综合借助各种技术手段的优势，才能实现真正意义的智能物流。北京汇通天下信息技术有限公司设计的公路货运物联网系统，就是综合应用物联网相关技术构建的“以信息整合运力”的服务平台。这个服务平台通过物联网技术解决了我国公路货运的常见问题，使得大企业无须大规模投入车辆资产，借助以物联网技术就可以像控制自己的车辆一样控制个体车主的运营服务及运营效率；使得小型运输业主可以在确保自身灵活性的同时成为大企业优秀管理体系的有机成员，最终通过信息平台形成以大型企业为龙头的高效物流价值链。这一平台将移动的车辆、工作中的司机以及物流企业的各个部门，货主随时随地链接在一起，链上的每一个成员可以随时获取各自需要的来自终端的实时信息，如货主获得货物位置信息、物流公司获得调度信息、车主获得里程油耗信息、投递员获得送货地址信息、司机获得路况天气信息等。通过网络、全球定位系统（GPS）、移动通信技术、RFID 等技术把公路货运中的人、车辆及相关的各个环节结合在一起，实现资源整合，提高了物流管理水平和运转效率。物联网时代下智能化物流体系的形成，已是大势所趋。

三、供应链管理日趋精细化

精细化、可视化、高效化和一体化是经济全球化对现代物流供应链管理提出的更高要求。

供应链链上企业的协调是现代物流管理成功与否的一项重要指标。要使供应链管理变得更加规范和易执行，必须借助物流信息化技术和专业化管理的经验。如北京泛太物流公司的“实物资产动态监管信息系统”是专门为国内大的电信集团企业专门开发的信息管理系统，他们在数年的服务过程中意识到，电信企业的供应链管理方面存在的巨大的提升空间，所以，他们一方面开始对电信企业内部的资产、仓储、配送环节的活动进行重新梳理，将原来散落在不同部门的多个环节的业务予以整合，并且以实时性的要求达到数据的统一共享，提高了企业一体化管理的水平；另一方面与电信产品的供应商合作，协调电信企业关注的采购数量、到货时间、存货地点等直接影响电信企业和供应商运营效率的环节，使得供应链的运行更加的顺畅。这种使得电信企业、第三方物流和诸多产品供应商三方受益供应链管理模式得益于专业化管理水平的提高。北京泛太物流公司采用结构化的开发模式令系统的改造升级更加容易，由于设计上采用可视化的技术，使得产、供、销到客户管理的整个操作流程充满了人性化。此外，作业流程可定义重组、不同层次的业绩考核指标监控等在系统中予以体现都是北京泛太物流公司在竞争中胜出的主要原因。

又如北京物美集团充分认识到，只有解决供应链条冗长、中间商和周转环节多、提高信息透明度的问题才能在竞争中获得生存和再扩展。因此，物美集团重新打造了以顾客需求为起点的供应链，通过协同企业外部的生产商（代理商）、运输企业，企业内部的物流配送中心、采购部门、营运部门、店铺和消费者各主体，对连锁企业从采购、到物流配送，到卖场的进货、陈列、销售的各流程按照供应链管理的思想进行再造和系统集成，迅速提升物美的供应链管理水平，实现物美从连锁企业向供应链企业的转变。物美的原始供应链流程和流程再造后的供应链体系如图 1 和图 2 所示。

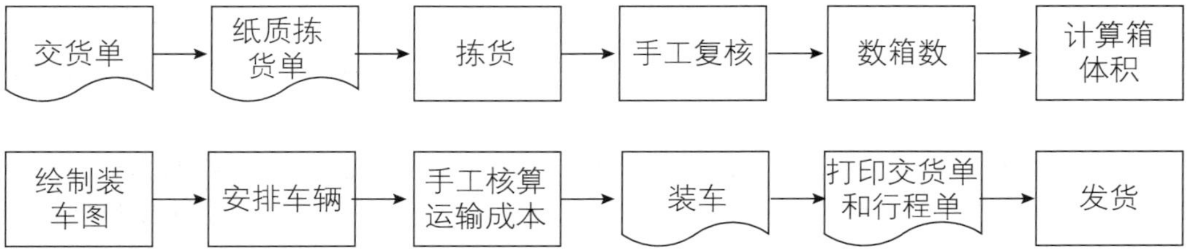

图1　物美的原始供应链流程

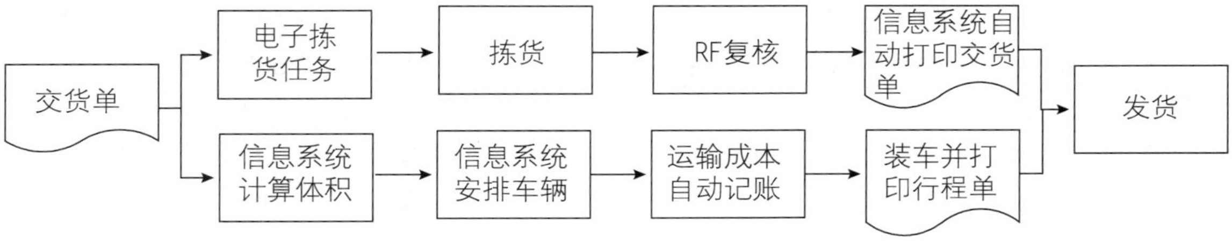

图2　物美的流程再造后的供应链体系

整个供应链上的各个参与主体，包括供应商、采购、配送中心和门店都是以顾客需求为原始驱动，以满足顾客需求为最终目标，各个参与主体通力协同，快速响应，密切配合，共同为顾客创造价值。并以是否为顾客创造价值为准则，删除供应链流程体系上的不增值环节。

物美实施的供应链流程再造包括3个层级（高层管理流程、核心业务流程、支持管理流程），9个模块（VMG + IC + MC + SCM + MK + LS + SS + FC + HR），包括了从顾客、店铺、配送中心到供应商的整个供应链流程。流程总数为283个，其中高层管理流程59个，核心业务流程216个，支持管理流程8个，实现了供应链流程的整体升级。这个供应链精细化的管理中也充分体现了高度信息化、充分机械化和适度自动化的合理作业模式的优势。

四、港口物流呈现集成化

水运具有节能、环保、经济高效的优势，是国家一直以来所鼓励运输方式。同时港口作为供应链中的一个重要链节，日益成为一个物流平台，一个供应链的整合载体。基于这种情势，跨国公司要求港口成为其全球供应链一体化的一个重要环节，为它们提供物流加工与分销配送等各种增值服务。公共码头通过能力一般为货主码头的三倍，在我国深水岸线和近岸土地资源紧缺的情况下，港口资源配置的争夺日趋激烈。目前，国内外大型钢铁厂均在临江靠海的地方自建专用煤、矿、辅料和成品码头，以满足钢厂生产的特殊需求。而上述方式导致了泊位利用率低、投资大、岸线资源得不到充分利用的问题，浪费了大量土地和岸线资源。

上海港务集团总结多年经验，研究出了适合我国港口运行的一系列关键技术，这些技术已成功推广应用在相关企业。一是实现了公共散杂货码头与大型钢铁企业间的无缝隙物流配送新模式；首次实现了在我国港口深水岸线资源紧缺情况下的“一线三用”，即一条岸线同时供公共码头、大型钢厂和电厂灰场共用。实现了以物料配送为主线、码头装卸系统与制造业生产系统间跨平台异构信息交互技术的集成。研发了以散货全自动装卸系统、散货码头带式输送机全变频驱动系统等为代表的多项创新技术，从而实现了散杂货物流精准配送、高度集约、管控一体。罗泾二期散杂货码头已为宝钢配送原材料和成品 770.68 万吨，配送准确率为 100%；并为 505 家客户提供综合信息服务。上港的研究成果已在深圳山东核电 15 万吨级码头、唐山曹妃甸矿石码头、江苏大丰港煤炭码头等工程得到推广应用。

二是以 RFID 为主要技术手段，结合无线通信、GPS、智能终端等技术，发明了实时感知的集装箱物流监控系统，建立了公共信息和安全监管平台，提高了集装箱物流的透明度与安全性。

三是集成了敏捷物流系统设计、物流系统监控与决策分析技术等，创建了具备汽车分拨、零部件配送、一站式增值服务等滚装物流服务新模式，构建了汽车滚装码头营运与物流一体化信息服务平台，实现了滚装码头从单一的装卸功能向定制化增值服务延伸。已完成汽车滚装业务 15.35 万辆，为 36 家客户提供综合信息服务。

近年来，国内多式联运取得了很大的进展，然而，在实际操作中尤其是信息化和集成化方面还存在着欠缺。目前国内多式联运方面的信息系统研发者众多，但大多是软件科技公司接受某公司的委托开发，没有实际业务经验，只能为某个特定的业务服务，形成一个个信息的孤岛，而国内的船公司，也在开发相应的信息系统，但由于管理体制、技术力量等诸多原因，不能完成有一定规模的信息系统。所以国内在多式联运信息系统的研发与国际水平有相当大的差距，以至于形成国内多式联运各参与方之间的信息系统严重缺乏协作和数据共享交换。由中远网络技术公司设计的多式联运平台，从货物委托开始，以客户需求为主导，通过业务有效驱动与技术应用拉动相结合，建立贯穿国际货运代理各业务环节的操作和管理信息协作管理，对货物供应链全程进行监控和管理，重点推进多式联运的智能化管理，打破了传统的海运服务模式，开创中国海运货代服务新纪元，在技术水平和服务模式已经和国际其他船公司的货运平台站在同一高度，完全满足国际多式联运货运服务的新模式，已经在国际多式联运货运业务中发挥和起到重要作用。

五、物流软件呈现平台化和模块化

根据赛迪顾问（CCID）《2008—2009 年中国物流供应链软件市场研究报告》显示，2008 年，我国物流行业软件投入达到 14.8 亿元，物流供应链软件投入达到 4.884 亿元，均比上年同期增长超过了 50%。物流软件投入的快速增长意味着越来越多的物流企业开始购买物流软件来提升其物流管理水平。各个规模的企业物流供应链软件发展进入了新阶段。大型企业进入深入优化阶段，中型企业进入功能完善阶段，小型企业进入全面普及阶段。

上海博科资讯股份有限公司的物流企业管理自主平台 MAP 的开发和应用，实现了几百万家物流企业基于互联网共用同一个平台。首先基于 MAP 平台的体系结构，用户无须编写大量的代码就能够通过配置模型的方式实现各种企业特需的应用功能，这将极大地提高物流软件应用的灵活性、适应性，降低了总体成本。其次 MAP 具有的物流解析系统，使得用户只需关注业务问题，这些业务通过业务解析系统产生业务价值。它可以灵活地组装，动态地解决变化的业务需求。面向管理描述的解析系统，快速无缝响应企业不断灵活地组建业务架构、组织职能、人员部署、管理模式的需求。三是有利于中小企业实现低建设成本、低维护成本、低应用门槛、低投入风险、高质量的要求。

六、电子商务发展迅猛，配套物流有待加强

据统计，2010 年我国电子商务市场交易额

已达4.5万亿元，同比增长22%。其中，B to B电子商务交易额达到3.8万亿元，B to C电子商务市场交易规模达5131亿元。我国电子商务网站总数超过1万个，其中长期运营的有效网站达在到4000个左右。随着互联网的普及和消费模式的转变，“网购”已经成为一种生活方式，加之网上零售政策环境的成熟、基础设施建设的完备以及技术水平应用范围的拓宽、服务产业链的完善，越来越多的企业开始关注电子商务。在电子商务的三大核心信息流、资金流、物流中，前两者均可在线完成，唯独物流即电子商务交易的最后一公里，需要人具体完成，低效、管理失衡、货损丢失索赔难等始终是不可回避的现实问题。2010年淘宝“光棍节”订单量的激增、春节期间很多网店纷纷为物流“折腰”，等事件，使得电子商务物流成为电子商务发展的制约瓶颈。

电子商务物流历经数年发展现阶段逐渐形成并稳固成为三种模式：一是外包模式，主要存在于中小型无自建能力的电子商务企业中，如中粮我买网。二是自建模式，主要存在于大型和产品专一属性较强的电子商务企业，如凡客诚品和京东商城。三是混合模式，即将自建模式与外包模式的融合，此种现已经成为大中型电子商务企业的主流模式，诸如当当网、麦考林等之前完全将物流服务外包的电商企业都逐步改变成为混合模式。在三种模式中，三方快递企业目前仍是电子商务物流配送的主要力量，国内知名快递企业顺丰速运、中通快递、申通快递等前十名的快递企业已经占到整个行业订单量70%之多。物流服务成为电子商务企业软竞争的重要杠杆，而正是令人堪忧的物流外包促使了拥有自建实力的电商公司越来越加快仓储、配送渠道的自建，电子商务公司逐步由轻公司向重公司转变，并且物流活动也开始出现由服务功能向营销功能转变的趋势。

从我国目前的物流业现状看，物流发展的成熟度还不能满足电子商务快速发展的需求，尤其是电子商务物流标准、诚信担保体系和货品损坏赔偿责任分担等问题至今仍是悬而未决的难题。无论怎样，电子商务的发展将会持续推动我国快递业的创新发展和服务质量提升，而第三方快递对于电子商务发展的影响也将会持续较长的一段时间。

七、物流装备高速增长

科学技术的进步启迪了物流理念的更新，而先进的物流理念又推动了物流技术装备的发展。2010年我国物流装备业的增长是与国民经济和工业经济发展相同步，从年初就展现出了爆发式的增长态势，较2009年增长35%左右，其中叉车、托盘和货架发展迅猛，物流装备的需求热点增多，主要体现在快递、医药、烟草、服装、冷链和电子商务物流应用方面并呈现出信息化、高速化、精准化和模块化等趋势。

如顺丰第二代智能手持终端系统是面向顺丰业务运作的手持终端系统，通过配备条码扫描设备，帮助在现场工作的快递人员实时获取后台运单信息、及时提交任务完成情况、并提供信息查询，业务数据统计等功能。通过此系统，快递人员能够在第一时间接收到后台分派的工作任务，安全、准确地扫描和采集数据，及时快捷地提交相应订单处理信息等，从而加快了作业处理效率减少了与后台沟通的工作量。

又如山东兰剑物流科技公司研发的瀑布式卷烟分拣机，专业应用于烟草商业系统成品条烟分拣作业。通过“预分拣”的概念，即在原来“下订单—分拣”之间再增加一个预分拣环节，从设备外形来看，就是在卧式机和输送带之间建立一个“瀑布式”输送带，在上一个订单下烟到输送带的时间，即开始下一个订单的预分拣，并输送到“瀑布式”输送带下沿，上一个订单—分拣完，第二个订单的内容都已准备好，使得分拣效率提高一倍以上。满足了烟草行的日订单处理量大、分拣效率要求高、连续作业时间长、国家专项信息控制等要求。该项目只需稍加调整，即可成功移植到医药、化妆、酒类和食品等行业的物流分拣作业。

八、科技推动诚信体系的建立与完善

公路货运最关键的两个要素是车和货。现代物流追求的是车货合理的匹配，也就是说，以较短的货车行程完成相对最多的货物运送量；或者说是货车的空驶率尽可能的低。好处毋庸置疑：对企业可以节约资金，对城市可以缓解交通压力，对国家可以节省能源等。经过若干年的实践探索业内人士有了基本的共识：利用因特网或其他公共设施并借助信息化手段，能够实现车、货合理的匹配。这是因为IT技术本身具有的特性恰恰最适合这样的应用，如信息传递快、无地域限制等。

近十年来，以货运场站、物流配送中心和物流园区为主的车货衔接信息系统逐渐地发展起来，特别是近几年，信息系统已经覆盖了全国1000多个货运场站和近500物流园区。主要的形式是以车主货主会员为服务对象，提供一个可以提交和显示车源和货源信息的系统，然后通过因特网、手机、卫星等手段发布。车主货主得到最新信息后就可以自行联系，合理匹配了。目前，绝大多数的货运信息系统和平台都是这种模式，它确实革命性改变了传统的场站集送货模式，提高了管理效率和时间效益。但由于缺乏诚信和监管不到位，使得交易履行的严肃性没有保证，一旦车主或货主变卦，之前的信息和交易操作毫无意义，直接导致了这种系统的可信度以及这种模式的推广速度。

湖南天骄物流信息科技公司推出的“天骄物流诚信服务信息平台”最大的亮点是强调“诚信”，恰好这点是广大受众最为关心和盼望解决的问题。技术上他们采用因特网信息平台，以保证信息传播的广阔性和及时性，同时为确保交易数据的真实性和不可抵赖性，又采用了可追溯的交易痕迹记录技术。在管理上，他们提供了诚信担保，经平台交易匹配的双方发生的风险由天桥和相关合作方承担，这种有交易安全保障的模式很快得到了客户认可，平台的用户很快地发展到4000多家，并继续以较快的速度在向省外扩展。以往信息平台企业或货场、站企业不敢触碰的交易中诚信难题得到了突破。

九、现代物流综合体系研究深入

无论从国家大力发展现代物流服务业的宏观政策，还是从市场对系统化、专业化、标准化、信息化现代物流服务需求的有力驱动，都迫切需要深入系统地开展现代物流综合体系建设的研究。目前，我国物流综合体系的研究是以第三方物流企业和区域物流为示范对象，充分利用企业现有的物流资源和信息网络资源，通过系统分析物流服务在生产、加工、储藏、包装、运输和销售等供应链环节中物流与信息流集成规律，结合优化仿真技术、信息技术、可视化技术、供应链预警技术和协同优化技术的集成应用，确定物流系统内部和物流系统之间信息共享与交流的关键控制点和关键因素。建立面向整个供应链成员的物流公共服务业务集成平台，构建资源集聚、信息集聚和功能集聚的经济高效的现代物流科技支撑平台，提高物流运营体系的科技含量和物流服务的可视化管理水平。

物流综合体系的研究又带动了物流仿真学的发展。复杂的物流系统运作的成败事关重大，而仿真方法是完善、推进和校验物流系统的有效方法。仿真系统在物流领域主要应用于物流系统优化、运输调度、设备操作、成本估算和库存控制等领域。已经发展成为现代物流体系中不可或缺的一部分。

科技创新增加了物流的需求，促进了物流技术水平的提高，改变了物流企业的组织形式和管理模式，只有充分发挥科技创新在支撑和引领现代物流发展中的作用，充分调动科学技术发展的巨大潜力，迅速提升物流科学技术的整体实力和自主创新能力，才能使我国现代物流走上科技主导、运行高效、发展有序、人力资源优势得到充分发挥的科学的发展道路。

（刘宇航　中国物流信息中心科技处）

2010 年中国物流信息化

2010 年是《物流业调整和振兴规划》全面落实的一年，也是我国物流信息化加快发展的重要时期。在这一年里，我国物流运行形势总体良好，运行效率有所提高，伴随着物流业增加值的快速增长，物流信息化的发展水平也得到了快速提高。

一、国家对物流信息化工作高度重视

为及时掌握和了解我国物流信息化进展，准确判断和分析物流信息化发展水平和趋势，支撑物流信息化工作的科学决策，引导物流信息化的发展方向，从 2010 年 5 月开始，工业和信息化部信息化推进司制定了物流信息化发展动态监测评估工作方案，经多次征求意见，此方案于 2011 年年初开始实施。

2010 年 7 月 6 日，交通运输部科技司组织开始了“金交工程”建设调研工作，重点了解当前行业信息化建设、应用、体制机制以及技术管理的现状、发展成果和存在问题，详细梳理影响行业信息化协调有序发展的关键因素，研究探索交通运输信息化发展方向、建设模式以及管理体制等问题。

2010 年 6 月 18 日，国家发展改革委编制的《农产品冷链物流发展规划》（以下简称《规划》）正式印发。《规划》在分析我国当前农产品冷链物流发展现状和问题的基础上，提出了到 2015 年我国农产品冷链物流发展的目标、主要任务、重点工程及保障措施，明确了农产品冷链物流发展的七项主要任务：一是推广现代冷链物流理念与技术，二是完善冷链物流标准体系，三是建立主要品种和重点地区农产品冷链物流体系，四是加快培育第三方冷链物流企业，五是加强冷链物流基础设施建设，六是加快冷链物流装备与技术升级，七是推动冷链物流信息化。

2010 年 6 月 12 日，国家标准化管理委员会联合国家发展和改革委员会、科学技术部、工业和信息化部、交通运输部、铁道部、商务部、国家质量监督检验检疫总局、国家粮食局、中国民用航空局、国家邮政局等部门以及全国物流标准化技术委员会、全国服务标准化技术委员会、全国物流信息管理标准化技术委员会、全国国际货运代理标准化技术委员会编制了《全国物流标准专项规划》，从我国物流业发展的实际需要出发，提出了物流技术、物流信息、物流服务、道路运输、铁路运输、国际货运代理、仓储、粮食物流、冷链物流、医药物流、汽车和零部（配）件物流、邮政（含快递）物流、应急物流 13 个重点领域的标准制修订任务，旨在推动物流业基础性、通用性标准和急需标准的制修订工作，健全物流标准体系，为我国物流行业朝着标准化、一体化、精细化、量化、智能化和优化方向发展，打造现代化的物流管理信息系统，进而为推动物流公共信息平台的建设打下基础。

2010年12月2~3日，“中日韩运输及物流发展论坛”在浙江杭州召开。与会期间，三国运输与物流主管部门的代表共同签署了《东北亚物流信息服务网络合作备忘录》，而随着东北亚物流信息服务网络的成立，将有效解决目前中、日、韩三国间的物流信息互联存在传递效率低、扩展性差、信息孤岛多等问题，直接推动东北亚区域物流一体化发展，从而服务于中、日、韩乃至整个东北亚地区的经济贸易发展。

二、物流企业信息化建设的投资越来越大，信息化程度越来越高

2010年，中国物流与采购联合会网络事业部对物流企业信息化的情况继续进行了调查，综合分析调查情况可从以下几个方面看出我国物流企业对信息化建设的投资在不断加大，企业的信息化程度在日益提升。

1. 基础信息化建设的现状

（1）企业网站已广泛应用，成为企业信息化的主要手段和企业形象的宣传工具。根据调查，61%的企业建立了企业网站。

（2）一大半企业（大约78.2%）有独立的IT部门。80%的企业有专职的信息系统管理和维护人员。

2. 信息化系统建设现状

（1）随着现代物流的观念不断的深入人心，企业信息系统的重要性越来越受企业的重视，在受调查中的企业，大约70.5%建立企业管理信息系统。

（2）根据调查，企业中建立信息系统的主要应用模块为：电子订货系统（EOS）、销售时点系统（POS）、仓储管理（WMS）、运输管理（TMS）、采购管理、货运代理、客户关系管理、网上支付系统、物品跟踪与查询等。调查结果显示，仓储管理（WMS）、运输管理（TMS）、客户关系管理这些模块是物流信息系统最主要的功能，比例高达70%多。对公司最有帮助的功能模块为：仓储管理（WMS）、运输管理（TMS）、采购管理、客户关系管理。

（3）自行开发和购买软件是最主要的系统开发方式分别占40.2%和37.6%。此外是联合开发，购买服务、长期外包的比例最低。

（4）系统解决物流流程标准化、可视化问题。调查显示，系统能较好解决标准化、可视化问题的占50%，一般能解决的占22.7%，没有解决的占27.3%。

（5）系统之间的集成情况。调查显示，系统之间没有集成的企业占15.6%，系统之间部分集成的企业占62.5%，系统之间全部集成的企业占21.9%。

（6）数据库管理模式主要以集中式为主，分布式为辅，而大多数的企业都很重视新技术的应用，应用条码的占40.3%，应用GPS+GIS的占31.8%，应用RFID或RF的占18.6%，用手机定位的占9.3%。

3. 公共信息平台

构建公共物流信息平台，不仅能解决行业、企业，以及企业与客户之间的信息交流，还能有效整合资源，避免重复投资，提高资源利用率，从而实现供应链的优化，从根本上提升整体物流服务水平。因此，物流公共信息平台已成为我国物流信息化建设的核心，将引领我国物流信息化建设向新的方向快速发展。

然而，目前我国物流公共信息平台的建设情况却并不容乐观。调查显示，17.9%企业经常使用公共信息平台，大部分企业是与银行和客户进行联网。企业希望建立和使用的信息平台是物流公共信息平台。

4. 企业信息化的建设投资与效益

调查结果显示，企业的信息化投资力度越来越大：2009年大多数企业用于信息化建设的

投资在 20 万～50 万元，2010 年大部分企业用于信息化建设的投资在 50 万～100 万元。

（1）信息化投入的效益。企业进行巨大的资金投入，目的是为了优化流程、降低运营成本，根据调查的结果可以看出大部分企业认为信息化投资降低物流成本的效益明显，维护企业客户的效益明显。

（2）信息化的建设过程中存在的问题。调查结果显示，信息化建设过程中存在的问题主要表现在：企业自身缺乏专业人才、软件价格太高、缺乏行业标准等。

（3）大部分企业信息化建设的重点为网络的建设及软件开发。

三、产业物流信息化的发展迎来了良好的发展机遇

近年来，在产业升级和生产方式转变的背景下，制造业、商贸业、农业等传统产业对物流与供应链建设越来越重视，与此同时物流企业进入专业化领域的成功案例也越来越多。从信息化角度来看，主要有两种类型。

1. 制造、商贸等企业通过信息数据的集约化管理推进内部物流资源整合与优化

湖北中烟为了适应市场变化，整合旗下六大卷烟厂搭建物流联合调度平台，实现了资源合理利用，大大提高了物流响应速度。他们引入了唯智 eLOG Enterprise Suite 软件包，建立集中化的物流信息化平台的方案。他们的经验是物流整合和优化必须尽快从职能整合、业务整合和组织整合开始突破，从而拉动全面性的现代物流建设工作。具体来说就是将现有分散在研发中心、采购中心、制造中心、营销中心的物流运输职能和业务分离出来，成立湖北中烟物流办，进而将分散的物流运输通过流程设计、职能和业务整合实现集中、统一管控，以物流中心和各烟厂物流分中心的模式实现优质、高效、低成本的物流服务。

南车青岛四方股份机车车辆有限公司基于供应链的精益制造生产现场管理可视化系统（SLJV－MES），是通过利用 RFID、电子扫描、DCT（数据采集终端）、条码等自动化数据采集手段，对制造生产现场信息实时采集集成，通过 CIMS 将管理系统和业务系统进行整合，建立完整的制造信息数据库及生产控制、品质管理的可视化和透明化，以满足生产制程的全面追溯及精益敏捷控制需要，并通过 SPC 等分析工具不断改善产品品质的软件系统。

2. 物流企业深化与客户的信息数据整合，推进供应链建设

有的公司称之为从“数据级”整合转向“流程级”整合。在“数据级”整合阶段，重点在于解决信息系统之间数据的标准、安全、可靠等层面，并不涉及双方的流程协调与整体优化，进入到“流程级”整合，各自还要调整系统（包括流程）来实现协同和优化的目的，这说明他们之间已经开始形成了整合效益和双赢的机制。应该说，这一步的深化对推进供应链建设是具有重要意义的。物流企业要抓住机遇，顺应这样的趋势，加快过渡的进程。

北京泛太物流在分析了专业物流客户的深层次需求问题后，提出了“全生命周期资产管理”的专业物流服务观点，从分析客户的深层次需求入手，分析客户供应链的复杂性，提出供应链上的物流整体服务理念，通过信息系统与电信客户管理体系的紧密结合，采用箱体式、模块化的管理方法，实现了物流服务＋资产管理＋电信运营管理的创新性的全周期资产管理服务。

四川省宏图物流开发的酒类供应链物流管理信息系统行业特点比较明显，重点考虑了酒类物流运作特点，建设与其相匹配的信息系统，最大限度提升酒类物流的运作效率；整个系统平台基于酒类供应链进行设计，充分考虑供应链企业的需求，实现供应链上所有企业的

信息集成和共享；系统业务设计时遵循“流程上做减法，功能上做加法”，尽量扁平化管理，减少流转环节；在各环节的数据采集上尽量避免手工，集成自动化采集设备，确保数据录入的及时性、准确性。

3. 物流企业渐渐认同产业供应链的链主是制造企业

物流企业大多会在实践中感到困惑或徘徊，因为物流企业往往是被动的，是被整合的，即要按照客户的标准去修改信息接口、调整自身的流程，这反映了到目前为止在绝大多数情况下产业供应链的“链主”是制造企业、商贸企业等客户，而不是物流企业。这可能正是生产性服务业的一个基本特征，如果不承认“链主”在供应链建设中的主导地位，适当地调整自己的策略，物流企业的专业化探索就会走弯路、事倍功半。因此，只有正视现实、正确地定位，物流企业才有可能化被动为主动，更好地去创造整合的新价值，在供应链上提高话语权、获得合理的回报。

四、物流公共信息平台的发展依赖于创新和标准化建设

1. 公共信息平台标准化建设有新的进展

物流电子枢纽在标准化建设这方面做得很成功，在“2010 中国物流与采购信息化推进大会暨物流企业 CIO 峰会”上建立了物流电子枢纽共建联盟，并发出了《共建共享国家物流信息基础交换网络倡议书》。倡仪书主要包括三个方面的内容：一是开展物流信息交换基础网络所需基础标准的制订；二是开展物流信息交换基础网络建设；三是开展物流信息交换基础网络运维。目前，此平台工作重点是推进东北亚地区物流信息的交换和共享，开展物流信息技术及标准的合作研究、培训、咨询等国际交流活动，以提升中、日、韩乃至东北亚地区物流信息化的整体水平。

2. 公共信息平台的发展依赖于公共服务的创新

把公共物流信息平台的职能定位在物流信息的互联互通上，显然是不够的，因为互联网已经基本解决了一切信息的互联互通问题，物流平台则要解决物流的服务和流程能够互联互通，责任能够传递，能够满足商业上组网和管控的要求。这里要明确两点：一是这里所指的物流信息背后都关联着某种服务和责任，属于商务信息或管理信息；二是信息的整合是要完成相关物流服务和责任管控的整合，形成新的物流服务和管控体系。显然单纯的信息网站很难满足这样的需求，因为一般的信息交换背后并不要求交换服务和传递责任。

目前公共服务的整合与公共信息的开放就是最现实的公共服务创新，至少可以从以下两点做起：一是建设通关、商检、质检、年检等政府监管的整合平台，形成一站式服务；二是建设政府可以开放的信息查询平台，提供规范服务，例如企业注册、身份证查验、车牌查验、特殊资质查验、交通道路和气候实时信息等。除了有这样的信息平台可供使用，还可做成标准的系统插件，很容易地被整合到企业的信息系统内部去，可以得到同样的服务。这样企业的物流流程就把公共平台的服务整合到自身的物流流程和管控体系中去了。

3. 物流公共信息平台有从通用服务转向行业或专业服务的趋势

从 2009 年中国物流与采购联合会征集的物流信息化案例来看，大多数平台是通用型的，2010 年则更多的向专业领域拓展。

平台与专业服务的结合越来越多，有一部分平台实际上已经在做产业物流了，这是一个很大的进步。

招商局物流集团易通公司的柳州市制造业物流信息平台立足于柳州，注重于物流信息平台在中重型机械制造业应用，致力于打造优势产业链和环保、低碳供应链，同时着眼提升民

族机械制造与装备业的整体水平，既符合强化自主创新和推进节能减排的政策背景，又体现了推进现代物流业发展的整体思路。该平台具有重要的现实意义和广泛的推广应用价值。柳州市制造业物流信息平台是国内首个制造业物流信息平台，体现了国家“制造业与物流业联动”政策导向，符合柳州市及周边地区发展战略及物流行业特点。

时力永联科技开发的大宗商品电子交易与物流集成化系统管理平台（For – eMarketPlace）是大宗商品电子交易市场的运营支撑系统，是传统现货市场实现电子化改造，以及建设电子交易市场必备的信息系统，实现了对关系国计民生的大宗生产资料的电子商务活动和物流服务的全面信息化管理。

五、重视物联网发展对物流信息化带来的深刻影响

1. 中国物联网市场环境已经成熟，物联网在物流业应用前景光明

自物联网概念引入我国，发展速度惊人。有如权威机构研究报告指出的，2009 年中国物联网产业市场规模达 1716 亿元，2010 年中国物联网产业市场规模超过了 2000 亿元，至 2015 年中国物联网市场规模将达到 7500 亿元，年复合增长率超过 30%。物联网在物流业应用涉及了物流可视化追踪、货运车联网智能配货等领域，也涵盖了 RFID、图像识别、GPS 等各项感知技术在物流业应用，美国把“智慧地球”作为国家战略是真正抓住了物联网本质。目前，我国各级政府对物联网的发展非常重视，无论从标准的制定还是到物联网技术的应用都给予了关注，我国物联网市场环境已经成熟，物联网在物流业应用的前景非常光明。

2. 物联网在物流行业的应用还有一个循序渐进的过程

物联网是当前物流信息化的一个新热点，但主要还是热在技术界，产业界相对比较冷。这反映了一个偏差，即把物联网单纯地看成是一种技术创新，而忽视了对未来信息化的方向和方法可能会产生的深刻影响，这些影响对于产业界从事信息化应用的人来说却是不可不关注的。从信息的采集、传输、应用三个环节来看，创造开放与安全的新的均衡将是物联网发展的一条主线。物联网的发展并不是一个突变的过程，而是从信息整合向服务和管控整合的深化的过程。

3. 物联网时代的物流信息化

物联网在物流领域的应用叫“智能物流”，让物流智能化的过程实际上是不断提高物品、装备的感知能力，从而能够逐步减少物流管控中对人工依赖的程度。北京物美集团正在向一个数据中心的模式转化，销售方案是基于数据积累制定的，有了销售方案以后制定采购方案也是基于数据的，有了物流配送方案后变成每个作业单也是数据单，整个流程是数据推动的。形成一系列数据单证的过程，多数员工不需要懂太专业物流和销售知识，也就是说单证形成对人的依赖度很低。这样的发展，未来的目标就是智能化。

六、电子商务的快速发展对物流信息化的要求越来越高

1. 电子商务企业纷纷自建物流体系

由于电子商务的高速发展，物流配送的制约瓶颈作用越来越突出，这就要求加强电子商务供应链物流配送的建设与管理，提高物流配送的信息化水平。

2010 年，京东商城在上海嘉定建设的一个叫做“亚洲一号”的现代化仓库，已经在投入使用，这个仓库“有鸟巢的 8 倍那么大”，除此之外，京东商城希望在 2011 年年底会有 7 个一级物流中心和 25 个二级物流中心为仓储减轻压力，京东商城拟在未来三年投入 20 亿～

30亿元用于物流建设。京东商城对仓储物流的“热衷”并不是个案，此前，马云便参股了星晨快递、百世物流，当当亦宣布，2010年将斥资10亿元在华北、华东、华南新增三个物流基地。而京东商城的老对手新蛋更是先行一步，在全国7个分公司都设有分仓和自主配送队伍。大笔的资金换成了实实在在的土地和库房，B to C电子商务公司已然迎来了一阵“仓储热”，各地的物流竞赛正在上演。

电子商务企业之所以纷纷自建物流体系，主要原因有二：一是降低配送成本，二是提高供应链的响应速度。

2. 快递企业纷纷从物流配送环节延伸到电子商务领域

2010年，宅急送公司上线了商品代销平台“E购宅急送”，顺丰速运推出了购物网站“顺丰E商圈”，申通快递创办了“久久票务网”在线销售火车票。此前，民营快递企业北京小红马快递服务有限公司几年前就参与创办了专业票务网站“中国票务在线”，上海圆通快递则推出了农产品销售网站“新农网”，国有的中国邮政更是在2000年前后就推出了183电子商务网，以此作为邮政开展电子商务业务的平台。

快递企业进入电子商务领域的主要考虑两点：一是短期之内着眼于拉动公司快递量的增长，因为仅淘宝一家网站带来的快递业务量，就与邮政EMS和顺丰速运的快递量大体相当。目前，韵达、圆通等民营快递来自淘宝的快件量，已占到其总货量的60%以上。二是在为电子商务公司提供物流服务时，快递企业发现电子商务业务的利润率远高于快递业务，后者由于竞争激烈，人工物料成本的上涨很难通过提价转移给消费者，而且还经常需要为了争取订单而变相降价。因此，快递企业选择了进入电子商务领域。

（晏庆华　中国物流与采购联合会网络事业部）

2010年中国物流标准化建设

在国务院2009年颁发的《物流业调整和振兴规划》指导下，2010年我国物流标准化工作的重点是落实《物流业调整和振兴规划》提出的各项任务、推进专业领域物流标准化向纵深发展、推动各地物流标准化工作上台阶。总体看，2010年物流标准化的重点工作取得了积极成果，全国的物流标准化工作出现了新的发展局面。

一、《全国物流标准专项规划》正式颁布

按照国务院《物流业调整和振兴规划》的要求，经过各方面积极努力，2010年6月，国家标准委、国家发展改革委、科学技术部、工业和信息化部、交通运输部、铁道部、商务部、国家质量监督检验检疫总局、国家粮食局、中国民用航空局、国家邮政局11个政府部门联合颁布了《全国物流标准专项规划》。《全国物流标准专项规划》确定了近期内物流标准化工作的指导思想和主要目标，建立了由通用基础、公共类物流、专业类物流构成的新的物流标准体系框架，提出了13个重点物流领域标准修订计划项目。项目规划的特点是，补充、完善基础通用标准，进一步完善物流业在设备设施、作业、信息技术与管理、物流园区服务等方面的通用性需求；健全公共类物流标准子体系，进一步充实了道路运输、铁路运输、国际货运代理、仓储领域物流标准；加大专业类物流标准制定力度，突出了粮食、冷链、医药、汽车和零部（配）件、快递、应急物流等与国计民生密切相关的新兴专业物流领域的发展需求，将更好地为国民经济发展提供技术支撑。

二、物流标准项目制修订工作取得新的进展

列入《全国物流标准专项规划》的标准计划项目总计137项，均由国家标准委于2010年正式立项。137项国家标准计划项目涵盖了物流技术、物流信息、物流服务、道路运输、铁路运输、国际货运代理、仓储、粮食物流、冷链物流、医药物流、汽车和零部（配）件物流、邮政（含快递）物流、应急物流13个专业领域。

2010年，有4项国家标准计划项目（送审稿）通过审查，包括1项托盘标准《组合式塑料托盘》、2项工业货架标准《工业货架规格尺寸与额定荷载》和《工业货架设计计算》、1项物流作业标准《物流作业货物分类和代码》。这些标准对于推进我国物流专用设备规范化、

系统化，提高产品的安全性、可靠性，提高物流作业水平，具有重要指导意义。

三、积极推进物流专业领域标准项目深入发展

随着我国现代物流业的迅速发展，市场对专业物流标准化的需求日益强烈且涉及领域更加宽泛，这不仅成为2010年物流标准化工作面临的新特点，也是今后物流标准化发展的主要方向。

1. 冷链物流

冷链物流标准项目编制工作近两年有了较大发展。全国物流标委会组织编制了冷冻食品和冷藏食品冷链物流运作两个通用性标准，商贸部门组织编制了果蔬品种的冷链物流专用标准。2010年，全国物流标委会重点推进两项国家标准项目编制：一个是“冷链物流分类与基本要求”，主要是将冷链物流分别按照温度控制与冷链物品划分为不同类型，同时，对冷链物流的主要环节与基本要点提出了总体性的规范要求，经过多次研讨，已形成标准送审稿；一个是“食品冷链物流温度信息可追溯性管理要求”，主要是为建立食品冷链物流温度信息追溯机制，对各物流环节的技术操作提出规范要求，已形成标准初稿。这两项标准对于推进我国冷链物流标准化发展，具有基础性的指导作用。

2. 医药物流

医药物流是近几年快速发展的新兴专业物流领域，由于药品的特殊性，医药物流标准编制工作得到有关政府部门、行业组织、医药流通和物流企业的格外关注。全国物流标委会在2010年5月召开了首次“全国医药物流服务标准化研讨会”，就医药物流标准化的现状、特点、工作方向等问题进行了广泛、深入的讨论，会后又多次召开了医药物流标准计划项目的编制与协调会议，确定首先完成两个重要国家标准的编制工作，一个是“药品物流服务规范”，是基础性通用规范；另一个是“药品冷链物流运作规范”，是专业技术操作规范。经过多次协调与修改完善，均已形成标准初稿，进入征求意见程序。

3. 应急物流

应急物流是我国近几年应对自然灾害形成的新的物流领域，并由此产生了应急物流标准化的需求与研究。经过多方面的研究协商，2010年正式立项并组织编制的有三项国家标准：“应急物流企业条件评估”、“应急物资投送包装及标识”和“应急物流仓储设备设施”。

4. 快递物流

由全国邮政业标准化技术委员会提出并归口的《快递服务》系列国家标准（送审稿）于2010年8月通过审查。这项系列标准包括三个标准：《快递服务第1部分：基本术语》、《快递服务第2部分：组织要求》、《快递服务第3部分：服务环节》。这三个标准是在总结行业标准实施三年后的经验基础上，对原标准进行了扩展和完善，增加了国际快递、代收货款、网购签收等内容。

此外，2010年有关出版物物流的两项国家标准“出版物物流接口作业规范”、“出版物物流退货作业规范”均完成标准送审稿；有关媒介物流的“媒介物流服务规范”已完成标准初稿。

四、标准化基础性课题研究取得重要进展

大力开展物流标准化基础性课题研究，是提高物流标准化工作水平，更好地推进物流标准化的一项重要内容。2010年，物流标准化基础性课题研究主要开展了两方面的工作：

一是组织申报2010年度国家质检公益性标准化科研专项课题——“家电物流等重点物流领域关键技术标准研究”。经科技部、财政

部审查，由质检总局于2010年9月立项下达，课题周期为两年，由中国物流与采购联合会牵头承担，4个协作单位参与。“家电物流等重点物流领域关键技术标准研究”包括4个子课题，对家电物流、钢铁物流、化工产品逆向物流、托盘共用系统四个领域物流标准化进行系统研究，并研制四个领域总计23项重点标准项目。

二是落实2009年度国家质检公益性标准化科研专项课题——“冷链物流等重点物流领域关键技术标准研究”。这项课题经科技部、财政部审查，由质检总局于2009年12月正式立项下达，2010年全面展开，计划2011年完成。“冷链物流等重点物流领域关键技术标准研究”包括冷链物流、汽车物流、医药物流、应急物流、物流单证和物流统计6个子课题，研究任务包括系统研究各专业领域物流标准化及构建标准体系框架，并研制多项重点标准项目。为保证课题研究质量，按时完成任务，2010年中国物流与采购联合会3次召开课题组阶段工作会议，落实课题研究的启动、阶段任务、国家标准委中期检查等方面工作，研讨、解决有关问题，保证了课题扎实进行。

五、地方物流标准化工作取得新进展

在国家大力发展现代物流产业的方针指导下，许多省市积极推进现代物流业的建设，相继制定了地方的物流产业发展政策，有效地推动了地方物流标准化工作的开展。继2009年山东、浙江、安徽等省成立省级物流标准化技术机构后，2010年，广东省物流标准化技术委员会也正式成立；此外，一些省市针对各自的需要扎实开展专业物流标准化的推进工作，如成都市政府发布了《成都市道路货运站（场）管理办法》，内蒙古包头市发布了烟草物流配送服务标准，太原市发布了《太原物流园区标准体系表》，四川泸州市完成了泸州市港口物流标准化体系框架等。各省市的积极行动推进了地方物流标准化工作取得新进展。

六、开展物流标准化的对外发展与交流

2010年7月1日，由上海港务集团牵头研制的《集装箱RFID货运标签系统》国际标准（ISO/PAS 18186）正式发布。该标准于2007年启动，经过在多条国际集装箱航线和物流监控中应用示范，于2009年取得国际标准提案资格。这是物流领域中由我国提出并牵头制定的第一项ISO发布的国际标准。标准的发布和推广，将有利于加速开发成本低、安全可靠、使用方便的集装箱电子装置，对提升国际集装箱安全运输水平发挥积极的作用。

2010年7月，中国物流与采购联合会与美国驻华使馆农业贸易处、美国食品药品监督局（FDA）驻华办公室、美国运输与物流协会在北京召开第二届“中美冷链标准交流会议”。这次会议是2009年成功举办第一届中美冷链标准交流会议的基础上举办的，得到了中美两国有关政府部门和行业组织的支持，在会议的内容方面进行了更深入与具体的交流，包括中国冷链物流标准化发展、冷链物流标准课题研究，美国政府冷链法规的制定、实施、发展概况，以及中美企业的冷链实际运作，对于提高我国冷链物流运作水平具有很好的借鉴意义。

七、物流标准化技术组织积极发挥联络协调作用

物流标准化涉及诸多行业、部门，需要做大量的联络、协商、协调、交流工作。2010年，在国家标准委的直接领导下，物流标准化技术组织充分发挥了跨行业、跨部门联系，组

织协调的作用：

一是受国家标准委委托，具体落实《全国物流标准专项规划》编制过程中的文件起草、标准体系研讨、标准项目汇总、标准项目协调的有关工作。

二是相关标委会相互参与标准研制工作，包括邮政快递、国际货代、服务业标准项目研讨，农产品流通标准体系建设课题研究等。商贸领域五个蔬菜品种流通标准应用新颁布的通用平托盘国家标准规格，促进商贸物流中的标准化进程。

三是在专业物流标准项目编制工作中，标委会积极争取政府部门的支持、指导，更好地为政府部门行业管理工作服务。如医药物流、应急物流标准项目的研制，得到多个相关管理部门的关注和支持，今后必将服务于相关的行业管理工作。

八、物流信息标准化工作取得新的进展

2010 年，全国物流信息标准化工作取得新的进展，主要表现在以下几个方面：

1. 物流领域 RFID 应用标准取得突破

RFID 是一项重要的自动数据采集技术。2010 年，深圳标准化研究院制定了广东省地方标准《13.56MHZ 和 800/900MHZ 射频识别读写设备规范》以及深圳市 RFID 产业标准联盟标准《集装箱电子铅封》；中国物品编码中心结合国内外物联网发展和应用现状，制定了物品电子编码系列标准；工业信息化部信息技术标准化研究所与中国物品编码中心联合制定了 RFID 空中接口协议系列标准。RFID 相关标准的制定，为我国物流领域信息化建设提供了技术支撑，并进一步为物联网的发展奠定了基础。

2. 制定系列产品质量追溯标准

物流领域产品质量追溯是产品质量安全体系建设中的重要内容。2010 年，中国物品编码中心制定了国家标准《食品追溯信息编码与标识规范》、《食品可追溯性通用技术规范》，规范了食品追溯系统建设和编码与标识；山东标准化研究院提出了农产品追溯要求系列标准，规定了果蔬、乳制品、水制品等农产品供应链溯源体系的基本要求；四川标准化研究院制定了茶叶追溯要求标准。这些标准，为推进物流供应链全程信息化建设，实施产品质量追溯提供了指导和借鉴。

3. 进一步推进物流公共信息平台标准化

2010 年，交通运输部启动了交通运输业物流信息平台标准体系研究与基础标准制定，对主要数据元、数据元代码集、主要单证进行了规范，为促进多省共建物流公共信息平台以及东北亚物流信息服务网络建设奠定了基础；广东标准化研究院制定了《物流园区公共信息平台通用规范》系列标准，对平台体系架构、信息编码规则、基础功能要求、数据接口、系统运行环境提出了要求和规范，为广东省地方物流园区的信息化建设奠定了基础。

（黄久久　全国物流标准化技术委员会
李素彩　全国物流信息管理标准化技术委员会）

2010 年我国物流与供应链领域科技论文发表情况调查统计报告

经过对美国科学引文索引（SCI）文献库、美国工程索引（Ei）文献库、科技会议论文引文索引（CPCI－S，原 ISTP）文献库、中国学术文献总库（cnki）文献库、中文社会科学引文索引（CSSCI）文献库以及国家自然科学基金网、全国哲学社会科学规划办公室，以及中国高校人文社会科学信息网等文献库检索数据库 2010 年国内外物流与供应链领域科研项目和科技论文的发表情况的相关信息进行检索分析，并对部分指标与 2009 年的数据进行对比分析，可以得出如下结论：从总体上来说，我国的物流与供应链领域科技论文数量呈逐年上升趋势，而且我国的物流科研水平在不断提高。

一、2009—2010 年各文献数据库论文发表、项目情况统计

以下数据均由 2011 年 7 月 4 日检索所得，检索时间为 2009 年至 2010 年所发表的物流与供应链相关科技论文。根据检索条件，汇总 SCI、Ei、CPCI－S 等数据库，结果如表 1 所示，从总体上看，该课题正受到越来越多的关注，研究不断取得新的进展。

表 1　2009 年和 2010 年各文献数据库中物流与供应链相关科技论文和项目数量统计

数据库名称	2009 年的数量（篇）	2010 年的数量（篇）	同比增长（%）
SCI	603	762	26.37
Ei	5044	6940	37.6
CPCI－S	2447	2574	5.19
国家自然科学基金项目	60	83	38.33
国家社会科学基金项目	2	9	350
教育部人文社会科学研究一般项目	64	124	93.75
中国学术期刊网络出版总库文献库	6114	5992	－2.0
中国优秀硕士学位论文全文数据库	848	1124	32.55
中国优秀博士学位论文全文数据库	98	72	－26.53
中国重要报纸全文数据库	8346	6327	－24.2
中国重要会议论文全文数据库	219	510	132.9

二、SCI 文献库统计分析

1. 检索条件

在网站 http：//isiknowledge. com/wos 高级检索中，以关键词“物流”，或“供应链”为检索条件得到 2009 年和 2010 年 SCI 文献。其中 2010 年的 SCI 文献有 762 篇，相较于 2009 年发表量 603 篇有了较大幅度的增长。

在高级检索中以“物流”（Logistics）为关键词，或含“供应链”（Supply Chain）并且作者地区为中国为检索条件检索得到 SCI 文献。结果显示 2009 年和 2010 年全部文献都是英文撰写。这说明我国的科研人员的英语水平明显提升。

2. 作者单位及地区

从表 2 可看出我国近两年在物流研究领域发展迅猛，不但 2009 年和 2010 年在 SCI 中的文献数量排名都相当靠前，而且远远高于排名靠后的国家，这说明我国物流领域科研治学术交流活跃度很高而且关注度高。同时也说明进入 21 世纪后，我国经济发展战略的明确和政府对物流产业发展给予的政策扶持有力地推动了我国物流业呈现出良好的发展态势。

表 2　2009 年和 2010 年 SCI 数据库中物流与供应链相关科技文献发表数量排位前六的国家和地区

国家和地区	2009 年发表的文献数量（篇）	占总量的百分比（%）	国家和地区	2010 年发表的文献数量（篇）	占总量的百分比（%）
中国	137	27. 40	美国	254	33. 33
美国	116	23. 20	中国	89	11. 68
英国	38	7. 60	中国台湾	61	8. 01
中国台湾	26	5. 20	英国	54	7. 09
德国	21	4. 20	加拿大	32	4. 20
荷兰	21	4. 20	伊朗	32	4. 20

从检索出的信息看，论文发表最多的机构分别是香港理工大学（18 篇）、亚拉巴马大学（13 篇）、田纳西大学（13 篇）、香港大学（12 篇）、香港城市大学（11 篇）和印第安科技研究院（11 篇）。虽然国内的香港理工大学以 18 篇占据第一位，但总体分布均匀，各大院校都有发表文献，说明各地区都很关注物流领域的发展变化。

3. 发表期刊分布

在 SCI 2010 年发表的物流与供应链相关科技文献中，期刊《国际生产研究杂志》（*International Journal of Production Research*）刊登了相关文章 58 篇，占总量的 7. 61%，位居第一名；位居第二名的是期刊《国际生产经济学杂志》（*International Journal of Production Economics*），刊登的相关文章总计 55 篇，占总量的 7. 22%；位居第三名的是期刊《国际实物分销与物流管理》（*International Journal of Physical Distribution & Logistics Management*），刊登的相关文章总计 39 篇，占总量的 5. 12%。另外，刊登量超过 20 篇的期刊有《国际物流管理》（*International Journal of Logistics Management*）和《专家系统与应用》（*Expert Systems With Applications*）。

三、Ei 文献库统计分析

1. 检索条件

在 Ei Village 中以“物流”（Logistics）或“供应链”（Supply Chain）进行检索，检索项为学科/题目/文摘，检索到 6940 篇 Ei 文献，其中发表文献数量最多的是中国（3203 篇），随后依次分别为美国（1060 篇）和中国台湾地区（288 篇）。

以关键词“物流”（Logistics），或“供应链”（Supply Chain）并且作者地区为中国为检索条件，检索得到的相关 Ei 文献共 3203 篇。从表 3 中可以看出在 Ei 数据库中我国作者近几年的文献发表数量一直保持着较大的比重。这说明着我国将物流业确定为十大振兴产业之后，国内学者对物流领域的发展关注度明显提高，近两年相关内容的文献发表量猛增并保持良好的增长量。

表 3　Ei 数据库中中国作者发表物流与供应链相关科技文献数量和占比情况

年　份	Ei 数据库相关文献数量（篇）	中国作者发表文献的数量（篇）	中国作者文献占相关文献的百分比（%）
2009	5044	1935	38. 36
2010	6940	3203	46. 15

2. 作者单位及地区

由上可知 Ei 文献库中我国以 3203 篇占据第一位，第二位和第三位分别是 1060 篇和 288 篇。前三位已经明显地形成了三个等级台阶，而且差距很大。可以看出我国的文献数量一直保持着很大的领先优势，跑在了科研的最前头。国内的学者凭借近几年物流研究氛围的宽松与升温，文献的发表数量也遥遥领先于美国。

在 Ei 数据库 2009 年和 2010 年两组数据中，位居文献发表量首位的机构是西南交通大学物流管理学院，该学院每年都有较大的发表量，紧跟其后的是同济大学经济管理学院（27 篇）和河北工程大学经济管理学院（25 篇）。这些大学拥有较好的科研氛围和经费支持，不但科研关注度高而且科研成果产出量较高。同时，由两组数据发现 2009 年各大学文献在 Ei 数据库中的分布相对更加均匀，表明各校都在根据国家社会发展的需要，加大对物流产业的关注并开展对物流产业的研究（如表 4 所示）。

表 4　2009 年和 2010 年物流与供应链相关科技文献发表数量排名前十的单位

2009 年		2010 年	
单位名称	文献数量（篇）	单位名称	文献数量（篇）
西南交通大学物流管理学院	27	北京交通大学经济管理学院	46
同济大学经济管理学院	27	哈尔滨工业大学管理学院	41
河北工程大学经济管理学院	25	西南交通大学管理学院	38
北京交通大学经济管理学院	24	天津大学管理学院	35
华中科技大学管理学院	23	香港理工大学工程学院	32
中国南方科技大学经济和商贸学院	18	西南交通大学物流管理学院	31
天津大学管理学院	16	西南交通大学交通运输学院	27
西安理工大学工商管理学院	16	同济大学经济管理学院	26
东南大学系统工程研究所	14	天津科技大学管理学院	24
厦门大学管理学院	14	杭州电子科技大学	23

3. 发表期刊分布

在Ei文献库中，《2010年物流系统与智能化管理国际会议》（2010*International Conference on Logistics Systems and Intelligent Management*）收录文献448篇，排名第一。而《2010物流工程和管理国际会议论文集》（*Proceedings of the 2010 International Conference of Logistics Engineering and Management*）以收录文献416篇紧随其后，排名第二。另外，《管理与服务科学国际会议》（*International Conference on Management and Service Science*）收录143篇，《国际生产经济学杂志》（*International Journal of Production Economics*）收录133篇，《计算机科学讲义（人工智能和生物信息学系列）》（*Lecture Notes in Computer Science*（*Including Subseries Lecture Notes in Artificial Intelligence and Lecture Notes in Bioinformatics*））收录129篇。其他期刊收录数量比较分散。

四、CPCI－S文献库统计分析

1. 检索条件

在CPCI－S中以主题为搜索对象，以“物流”（Logistics）或“供应链”（Supply Chain）为关键词进行检索，共检索到2009年入库的文献有2360篇，出版的文献有2447篇。而2010年入库与出版的文献分别增长至2514篇和2574篇，增幅均超过5%。

以标题为搜索对象，以“物流”（Logistics）或“供应链”（Supply Chain）为关键词进行检索，则可检索到2009年与2010年的入库文献分别为1349篇和1510篇，2009年的文献出版量为1364篇，2010年的出版文献出版量仅为822篇。

2. 作者单位及地区

对2009年和2010年入库，以“物流”（Logistics）或“供应链”（Supply Chain）为关键词所检索出的相关文献进行分析可得出以下的结果。

若以作者进行排序可有结论，IEEE与IEEE COMPUTER SOC在两年内均进入前三，而SCIRES PUBL则在2010年成功取代了CHINA MACHINE PRESS位列第二。其中，IEEE在2009年和2010年的文献发表数量分别为426篇和354篇，占总数的31%和23%。

若以机构名称进行排序可得结论，2010年发表文献排在前三的机构分别为北京交通大学（53篇）、武汉科技大学（51篇）和哈尔滨商业大学（47篇），而2009年的前三甲则分别属于武汉科技大学（51篇）、清华大学（39篇）和同济大学（23篇）。通过对两年的统计数据进行比较，有一点值得一提，即2010排名前七的机构所发表的论文数量均超过了20篇，前十名的论文发表总和远远大于2009年的统计结果，这表明物流作为一门颇有潜力的发展学科正受到越来越多的高等院校重视。在2009年物流被列为我国经济发展的十大振兴产业之一后，国家相关决策部门陆续推出扶持性的产业政策还给予资金的支持，铁路提速、高速公路网的建成、高铁建设提速等都为物流业的快速发展奠定了坚实的基础。然而发展有了政策的支持，有了资金的支持，有了动力提高物流质量、改善物流效率，还必须在技术层面和管理水平上取得飞跃，而这恰恰需要依靠更为成熟的物流研究理论成果的支持。所以，我国物流业的发展与物流科学和理论研究是相辅相成的，科学理论帮助人们理性看待市场经济下的物流业发展，而市场对现代物流的需求则大大推动了物流理论的创新和进步。

若以国家排序可得出表5。从表5中可看出我国发表的物流与供应链相关科技文献率占比远远高于第二名和第三名，走在了世界科研的前端。

表 5　2009 年和 2010 年 CPCI – S 数据库发表物流与供应链相关文献数量排序前六的国家和地区

国家和地区	2009 年文献数量（篇）	占比（%）	国家和地区	2010 年文献数量（篇）	占比（%）
中国	1025	75. 98	中国	1175	77. 81
中国台湾	41	3. 04	德国	37	2. 45
美国	41	3. 04	美国	35	2. 32
德国	21	1. 56	中国台湾	34	2. 25
意大利	17	1. 26	意大利	24	1. 59
英国	13	0. 96	法国	16	1. 06

3. 发表期刊分布

在 CPCI – S 文献库中，2010 年排名前三位的期刊分别是：《2010 年物流系统与智能管理国际会议 1 ~ 3 卷》（*Proceedings of* 2010 *International Conference on Logistics Systems and Intelligent Management*，*Vols* 1 ~ 3）发表了 141 篇，占总数的 9. 34%；《工业工程与商业管理国际会议 1 ~ 8 卷》（*International Conference on Industrial Engineering and Business Management*，*Vols* 1 ~ 8）发表了 87 篇，占总数的 5. 76%；《中国运营与供应链管理系列》（*Series of Operations and Supply Chain Management in China*）发表了 74 篇，占总数的 4. 90%。

五、CSSCI 数据库统计分析

1. 检索条件

2010 年，在 CSSCI 数据库中以“物流”或“供应链”为关键词进行检索，当以“物流”为关键词时，可检索到 218 篇文献；以“供应链”为关键词时可检索到 274 篇文献。这一查询结果相比于 2009 年的数据有所下降，在 2009 年以“物流”或“供应链”为关键词进行检索，可分别检索到 322 篇和 405 篇文献。

2010 年，在 CSSCI 数据库以“物流”为被引用文献篇名（词）进行检索，共检索到 940 篇被引用文献，共计被引 1036 篇次。以“供应链”为被引文献篇名（词）进行检索，共检索到 961 篇被引用文献，共计被引用 1213 篇次。而在 2009 年在此数据库中以“物流”为被引用文献篇名（词）进行检索，共检索到 1096 篇被引用文献，共计被引用 1281 篇次。以“供应链”为被引用文献篇名（词）进行检索，共检索到 1040 篇被引用文献，共计被引用 1437 篇次。与 2009 年相比，2010 年的引用篇数大体一致。

2. 作者单位及地区

在 CSSCI 文献库中，2010 年物流文献发表前三的机构分别是北京交通大学，以 10 篇位居第一；吉林大学以 8 篇排名第二；中国人民银行、长安大学和北京物资学院均以 6 篇并列第三。如表 6 所示。

表 6　　CSSCI 数据库发表物流与供应链相关科技文献数量前十的单位

2009 年		2010 年	
单位名称	文献数量（篇）	单位名称	文献数量（篇）
北京交通大学经济管理学院	10	北京交通大学经济管理学院	15
吉林大学交通学院	8	北京物资学院信息学院	12
中国人民银行延安市中心支行	6	天津大学建筑规划设计研究总院	10
长安大学经济与管理学院	6	湖南商学院经济与贸易研究院	10
北京物资学院信息学院	6	重庆大学经济与工商管理学院	8
重庆大学经济与工商管理学院	4	南开大学现代物流研究中心	7
西南交通大学软件学院	4	山东大学管理学院	6
南开大学现代物流研究中心	4	中南林业科技大学物流学院	5
湖南商学院工商管理学院	4	中国物流与采购联合会	5
湖南大学工商管理学院	4	武汉大学信息管理学院	5

3. 发表期刊分布

在 CSSCI 文献库中，期刊发表物流或供应链相关文献数量排在前十的单位如表 7 所示。其中，2010 年排名前三位的期刊依次是：《决策与统计》发表了 24 篇，占同类文献总数的 11.01%；《北京交通大学》发表了 13 篇，占同类文献总数的 5.96%；《软科学》发表了 8 篇，占同类文献总数的 3.67%。

表 7　CSSCI 文献库中 2009 年和 2010 年发表物流或供应链相关文献数量排名前十的期刊

排序	期刊名	2009 年发表数量（篇）	占同类文献总数的百分比（%）	排序	期刊名	2010 年发表数量（篇）	占同类文献总数的百分比（%）
1	中国流通经济	62	19.251	1	统计与决策	24	11.01
2	统计与决策	25	7.76	2	北京交通大学	13	5.96
3	商业研究	23	7.14	3	软科学	8	3.67
4	科技管理研究	14	4.35	4	华东经济管理	7	3.21
5	现代管理科学	11	3.42	5	商业经济与管理	6	2.75
6	北京交通大学	9	2.80	6	学术论坛	6	2.75
7	科学研究与对策	7	2.17	7	技术进步与对策	5	2.29
8	华东经济管理	7	2.17	8	经济地理	5	2.29
9	北京工商大学	6	1.86	9	财经理论与实践	5	2.29
10	管理现代化	5	1.55	10	中国管理科学	5	2.29

六、国家自然基金网统计分析

在网站 http：//isis. nsfc. gov. cn 项目检索中，以项目主题词为“物流”，或“供应链”为检索条件检索 2009 年和 2010 年国家自然基金网批准项目。剔除不相关课题检索结果如表 8 所示。总体上看，物流项目数有很明显的大幅度增长，供应链项目数也有一定增长，项目数总体增长率达到 38. 33%。

表 8　　国家自然基金网 2009 年和 2010 年获批项目数

物流项目数（个）		供应链项目数（个）		项目数合计（个）		项目数增长率（%）		
2009 年	2010 年	2009 年	2010 年	2009 年	2010 年	物流	供应链	合计
11	25	49	58	60	83	127. 27	18. 37	38. 33

七、国家社科基金项目统计分析

在网站 http：//www. npopss – cn. gov. cn 中的 2010 年国家社科基金年度项目的公布列表中，可以检索到立项的物流或供应链的一般项目（如表 9 所示）。从表中不难看出，2010 年的项目数比 2009 年有明显的增长，增长数达到 7 项。

表 9　　2009 年和 2010 年国家自然基金批准的物流和供应链项目统计

物流项目数（个）		供应链项目数（个）		项目数合计（个）		项目增长数（个）		
2009 年	2010 年	2009 年	2010 年	2009 年	2010 年	物流项目	供应链项目	合计
2	4	0	5	2	9	2	5	7

八、教育部人文社会科学一般项目统计分析

在网站 http：//sinoss. net 中公布的《2010 年教育部人文社会科学研究一般项目（规划基金项目、青年基金项目、自筹经费项目）立项一览表》里，搜索与“物流”或“供应链”有关的一般项目（包括一般项目中的青年基金项目），结果如表 10 所示。从表 10 不难看出，相关项目数的增长幅度非常大，一般项目的增长达到 100%，其中青年基金项目有 85. 19%；而供应链项目的增长是非常明显的。

表 10　　2009 年和 2010 年教育部人文社会科学一般项目的批准情况

	物流项目数（个）		供应链项目数（个）		项目数合计（个）		项目数增长率（%）		
	2009 年	2010 年	2009 年	2010 年	2009 年	2010 年	物流项目	供应链项目	合计
一般项目	14	20	23	54	37	74	42. 86	134. 78	100. 00
青年基金项目	10	13	17	37	27	50	30. 00	117. 65	85. 19

九、中国期刊全文数据库文献统计分析

1. 中国学术期刊网络出版总库文献库

在中国期刊全文数据库（http://www.edu.cnki.net）中，进入中国学术期刊网络出版总库文献库，以“物流”、“供应链”为关键词，它们的逻辑关系为“或者包含”，分别检索2009年和2010年的文献情况，得到结果为2009年有6114篇文献、2010年有5992篇文献。

中国学术期刊网络出版总库文献库中物流与供应链领域科技文献发表量较大，且学科类别较广。文献的科学类别中，宏观经济管理与可持续发展的有2801篇、企业经济的有1641篇、工业经济的有823篇。其他还涉及计算机软件及计算机应用（361篇）、数学（318篇）、农业经济（289篇）等。刊发该领域文献的主要刊物如表11所示。

表11　中国学术期刊网络出版总库文献库发表物流与供应链相关科技文献数量超过50篇的期刊统计

期刊名	发表文献数量（篇）	期刊名	发表文献数量（篇）
物流技术	499	价值工程	100
物流工程与管理	404	中国物流与采购	57
物流科技	369	中国流通经济	57
中国商贸	102	现代商业	54

从表11可获知，中国期刊全文数据库中的高产作者以及他们所在的单位。除了排名第一的作者发表的文献量与其他人相比非常突出以外，其他高产作者的发表量比较平均。由于这些单位能够为科研工作者提供良好的环境，使得他们在科研工作中不但科研成果产出量大，而且文献的研究价值也较高，在一定程度上能够反映物流领域的研究水平及发展方向。其中，北京交通大学还以185篇的高产位居第一，南开大学、北京物资学院分别以75篇和72篇名列第二名和第三名。可以看出北京交通大学对物流领域的研究有着举足轻重的地位。

表12　发表物流与供应链相关科技文献数量超过10篇的作者统计

作者姓名	作者单位	发表数量（篇）	作者姓名	作者单位	发表数量（篇）
陈菊红	西安理工大学	21	张旭梅	重庆大学	10
孙宏岭	河南工业大学	13	达庆利	东南大学	10
但斌	重庆大学	11	王耀球	北京交通大学	10
马士华	华中科技大学	10			

文献中关键字代表了物流科研的主趋势。对2009年和2010年前10位关键字词频出现情况进行统计整理得出了表13。从表13可以看出2009年和2010年相关关键词的出现频率变化不大，而且供应链、物流、供应链管理的出现频率仍在前三位。

表 13 2009 年和 2010 年物流与供应链相关科技文献中关键词出现频率情况统计

2009 年		2010 年	
关键词	出现频率（次）	关键词	出现频率（次）
供应链	997	供应链	899
物流	779	物流	768
供应链管理	219	供应链管理	179
电子商务	155	第三方物流	165
对策	151	电子商务	156
第三方物流	143	对策	120
物流管理	116	逆向物流	112
逆向物流	112	物流管理	105
物流企业	105	物流企业	86
现代物流	104	现代物流	85

2. 中国优秀硕、博学位文献文献库

（1）中国优秀硕士学位论文文献库。在中国期刊全文数据库（http：//www. edu. cnki. net）中，选择中国优秀硕士学位论文文献库。以“物流”、“供应链”为关键词，它们的逻辑关系为“或者包含”，分别检索 2009 年和 2010 年的文献情况，得到信息是 2009 年 848 篇、2010 年 1124 篇，同比增长 32. 55%。如表 1 所示。

中国优秀硕士学位论文主要的论文类别是行业指导、基础研究、工程技术。这些学位论文包含的学科专业主要有管理科学与工程（410 篇）、企业管理（304 篇）、交通运输规划与管理（68 篇）等。2010 年物流与供应链相关科技发表数量排位前十的高校情况如表 14 所示。

（2）中国优秀博士学位论文文献库。在中国期刊全文数据库（http：//www. edu. cnki. net）中，选择中国优秀博士学位论文文献库，以“物流”、“供应链”为关键词，它们的逻辑关系为“或者包含”，分别检索 2009 年和 2010 年文献发表情况，得到的信息是 2009 年 98 篇、2010 年 72 篇，同比增长 -26. 53%（如表 1 所示）。2010 年中国优秀博士学位论文文献库中物流与供应链相关科技文献发表数量前 5 位的高校排序如表 15 所示。

表 14 中国优秀硕士学位论文文献库 2010 年物流与供应链相关科技文献发表数量排位前十的高校情况

排序	高校校名	发表数量（篇）
1	北京交通大学	85
2	大连海事大学	65
3	天津大学	54
4	华南理工大学	46
5	武汉理工大学	37
6	吉林大学	36
7	长安大学	33
8	电子科技大学	31
9	上海交通大学	30
10	重庆大学	27

表 15　2010 年中国优秀博士学位论文文献库中物流与供应链相关科技文献发表数量前 5 位的高校排序

排序	高校校名	发表数量（篇）
1	北京交通大学	10
2	武汉理工大学	7
3	中南大学	7
4	重庆大学	6
5	华中科技大学	4

3. 中国重要会议文献库

在中国期刊全文数据库（http：//www.edu.cnki.net）中国重要会议文献库中以“物流”、“供应链”为关键词，它们的逻辑关系为“或者包含”，分别检索 2009 年和 2010 年收录的会议文献情况，得到中国重要会议上发表的论文中包含的主要关键词如表 16 所示。

表 16　2010 年中国重要会议发表的物流与供应链相关科技文献中位居前 5 位的关键词统计

关键词	词 频
物流	30
供应链	21
供应链管理	10
物联网	5
闭环供应链	151

4. 中国重要报纸文献库

在中国期刊全文数据库（http：//www.edu.cnki.net）中，单独选择中国重要报纸文献库。以“物流”、“供应链”为关键词，它们的逻辑关系为“或者包含”，分别检索 2009 年和 2010 年的文献情况，得到的信息是 2009 年发表文献 8346 篇、2010 年发表文献 6327 篇（如表 1 所示）。

其中，发表物流与供应链相关的文献排名前十位的报纸如表 17 所示。从表 17 中可以看出国际商报、中国邮政报在 2009 年和 2010 年对有关物流与供应链的文献刊登量非常大，与其他报纸拉开很大距离。

表 17　2009 年和 2010 年刊载物流与供应链相关的文献数量前 10 位的报纸

排序	2009 年		2010 年	
	报纸名称	刊载数量（篇）	报纸名称	刊载数量（篇）
1	国际商报	289	国际商报	152
2	中国邮政报	170	中国邮政报	144
3	中国电子报	126	现代物流报	99
4	中国企业报	107	中国包装报	91
5	中国工业报	89	中国企业报	90
6	中国国门时报	78	第一财经日报	86
7	21 世纪经济报道	73	21 世纪经济报道	84
8	电脑商报	70	经济日报	68
9	中国贸易报	59	中国交通报	66
10	现代物流报	56	中国经营报	60

科技文献的数量可以从一个侧面反映出相关领域科研的活跃度，质量可以从一个侧面反映出相关领域的理论水平。从表 17 所列的报纸可以看出，一是这些报纸与物流和供应链关联度比较高；二是除《国际商报》和《中国邮政报》连续排在第一位和第二位上，物流行业的《现代物流报》已从 2009 年的第十位上升至 2010 年的第三位，行业报《中国包装报》和《中国交通报》均从十名之外进入前十之内。

十、本研究的数据源与方法

本文所涉及的检索数据库包括了美国科学引文索引（SCI）文献库、美国工程索引（Ei）文献库、科技会议论文引文索引（CPCI－S，原 ISTP）文献库、中国学术文献总库（cnki）文献库、中文社会科学引文索引（CSSCI）文献库以及国家自然科学基金网、全国哲学社会科学规划办公室以及中国高校人文社会科学信息网等文献库。

1. 科学引文索引

科学引文索引（Science Citation Index，SCI）是由美国科学信息研究所（ISI）1961 年创办出版的引文数据库。它与 Ei（工程索引）、ISTP（科技会议录索引）并称为世界三大科技文献检索系统。SCI 在充分考虑了期刊的学术价值的基础上，运用引文数据分析和同行评估相结合的方法，收录了全世界出版的数、理、化、农、林、医、生命科学、天文、地理、环境、材料、工程技术等 150 多个学科领域，近 6381 种期刊。因而，SCI 检索系统被国内外学术界作为制定学科发展规则和进行学术排名的重要依据，是国际公认的反映基础学科研究水准的代表性工具。

2. 工程索引

工程索引（The Engineering Index，Ei）创刊于 1884 年，是美国工程信息公司（Engineering Information Inc.）出版的著名工程技术类综合性检索工具。Ei 数据库每年新增的 50 万条文摘索引信息分别来自 5100 种工程期刊、会议文集和技术报告，收录的文献几乎涵盖了所有的工程领域，其中大约 22% 为会议文献，90% 的文献语种是英文。

3. 科技会议论文引文索引

科技会议论文引文索引（Conference Proceedings Citation Index－Science，CPCI－S，原 ISTP），创刊于 1978 年，由美国科学情报研究所编制，专门收录、报道国际最新出版的科学技术会议录资料的文摘信息，包括专著、丛书、预印本以及来源于期刊的会议论文。数据涵盖了社会科学、艺术与人文科学领域的会议文献。

4. 中国学术资源总库

中国学术资源总库（cnik）是中国知网的核心资源，是由众多院士、科学家、专家学者参与策划、编纂的我国知识信息资源的大规模集成体。目前中国知网已实现了国内 25% 的知识资源的数字化和网络化共享，集结了 7000 多种期刊、近 1000 种报纸、18 万本博士或硕士论文、16 万册会议论文、30 万册图书以及国内外 1100 多个专业数据库，是全球信息量最大、最具价值的中文网站。

5. 科学基金网络信息系统

科学基金网络信息系统（Internet－based Science Information System，ISIS）是由国家自然科学基金委员会委托香港城市大学、爱瑞思软件（深圳）有限公司进行的开发项目。它可以帮助我们更有效地了解和查询有关物流和供应链的科研项目。

6. 国家哲学社会科学规划办公室

国家哲学社会科学规划办公室是全国哲学社会科学规划领导小组的办事机构。其主要职责包括负责制订全国哲学社会科学发展规划和年度计划方案，具体管理和筹措社会科学基金，检查中长期规划和年度计划实施情况，交流社会科学研究信息和组织对重大课题研究成果的鉴定、验收和推广。

7. 中国高校人文社会科学信息网

中国高校人文社会科学信息网（简称社科网）是教育部社会科学司指导下建设的为人文社会科学服务的专业性门户网站。其目标是成为人文社会科学的资料信息中心、网络出版中心、信息发布中心、网络管理中心和咨询服务中心。社科网通过建设全国性的网络平台，为高校及全国社会科学研究工作者提供社科研究的信息服务；并充分利用人文社科资源与成果，向海内外整体介绍和展示我国高校人文社会科学的发展动态、研究成果及其他信息。

本文对于前三个外文数据库将着重根据检索条件、作者单位及地区和发表期刊三方面对检索结果进行深入分析。而对于中国学术资源总库则将从中国学术期刊、中国优秀硕、博学位论文、中国重要会议和重要报纸四部分进行单独的分析，以便了解物流与供应链在国内外的研究现状和发展趋势。信息基金网络系统、国家哲学社会科学规划办公室和社科网的统计数据则能帮助我们了解物流和供应链课题的申报、完成情况以及各高校对此课题的关注程度。

（蒋长兵　罗晓颖　周怡等　浙江工商大学）

第九部分

部分优秀物流企业综观及经典案例

十年来为我国物流业发展作出较大贡献的
50家企业和50位人物

十年

2001—2011

中国物流与采购联合会走过了十个年头。十年来，我国物流业取得了令人瞩目的成绩，这离不开党和政府的大力支持，离不开相关行业协会的积极推动，离不开全行业2000万职工的努力奋斗，更离不开众多优秀物流企业和杰出企业家的大胆探索，他们是我国物流业发展的实践者，是推动我国物流业发展的生力军，是物流界的英雄。

《中国物流年鉴》

CHINA
LOGISTICS
YEARBOOK

50十年来为我国物流业发展作出较大贡献的50家企业

（按政府网省顺序排名）

中国邮政速递物流股份有限公司

——全新、全速、全球

中国远洋物流有限公司

——物畅其流，传递文明

中国外运股份有限公司

——服务创造价值

中铁快运股份有限公司

——海纳百川，相容相合

中国物资储运总公司

——物流天下，服务社会

中铁现代物流科技股份有限公司

——供应链一体化综合物流服务提供商

北京宅急送快运股份有限公司

——珍重承诺，送物传情

吉林省长久实业集团有限公司

——至诚、志专、致远

北京福田物流有限公司

——热情、团结、学习、创新

天津港（集团）有限公司

——发展港口，成就个人

天津市物资集团总公司

——科教兴企，以人为本，永续经营

天津滨海泰达物流集团股份有限公司

——诚信，荣誉，责任；资源，效率，价值；合作，创新，进取

开滦集团国际物流有限责任公司

——开滦物流与客户共创价值

河北物流产业集团有限公司

——秉承“诚信、务实、团结、创新”的企业精神，打造中国现代商贸物流强企

唐山海港远大物流有限公司

——仁爱诚信，和谐共赢

北大荒物流集团

——构建现代化大农业物流服务体系

天地华宇

——中国公路快运领导者

远成集团有限公司

——大气度决定大格局，大眼光决定大前途

上港集团物流有限公司

——宏谋志专，和谐致远

上海现代物流投资发展有限公司

——联接一切可能，服务创造价值

上海外高桥物流园中心有限公司

——创新服务品牌，打造全国样板

安吉汽车物流有限公司

——以诚行道，以信载物

大新华物流控股（集团）有限公司

——致力于构建海陆空综合物流、金融服务、物流信息网络以及大型制造业一体化的全球物流综合服务运营商

上海华运通仓储配送有限公司

——中国领先的全过程供应链服务提供商

苏州工业园综合保税区

——离岸加工向离岸服务转型升级

长三角金属物流园集团有限公司

——中国现代金属商贸高端平台

浙江传化物流基地有限公司

——整合创造价值，技术改变格局

浙江省八达物流有限公司

——正德、利用、厚生、唯和

淮矿现代物流有限责任公司

——服务至上，缔造共赢

建发物流集团有限公司

——专注服务的每一个细节

山东盖世国际物流集团

——服务八方，物流天下

山东荣庆物流有限公司

——我们用心，让您省心

青岛海尔物流有限公司

——虚实网融合，深度分销，第一竞争力物流解决方案提供商

河南煤业化工集团国龙物流有限公司

——鼎立中原，物流天下

九州通医药集团股份有限公司

——做中国医药健康产业最佳服务商

湖南金霞粮食产业有限公司

——创新思维，深耕主业，锻造品牌，流通天下

湖南中南物流有限公司

——车源＋货源＝中南物流园公共信息平台

西安国际港务区管委会

——打造中国最大的国际内陆港，Set up the Largest International Inland Port in China；建设世界一流的现代服务业新城，Build a World Class New City of Modern Service Industry

中国石油天然气运输公司

——石油运输野战军

南光物流有限公司

——源自澳门，服务全中国

招商局物流集团有限公司

——与时代共发展，与客户共成长

华南城国际工业原料城（深圳）有限公司

——综合商贸物流创新的样板

广州市商业储运公司

——零缺陷服务

深圳赤湾石油基地股份有限公司

——宝湾物流，一流的物流平台

宝供物流企业集团有限公司

——客户满意、主人翁精神、诚实正直、开拓进取、团队协作、注重效果

广州嘉诚国际物流股份有限公司

——致力于从客户的需求出发，为世界500强企业提供全球性的全程物流服务，提供整合供应链管理，满足客户从原材料采购到成品配送的全程物流服务需求

深圳速必达商务服务有限公司

——速必达—速度效率，瞬间必达

深圳市越海全球物流有限公司

——物流企业一定要加强对前端、后端的建设，这样才不会被两端挤死

重庆公路运输（集团）有限公司

——开拓、求实、拼搏、奉献

成都亿博物流咨询有限公司

——专业、责任、团队、荣誉

50十年来为我国物流业发展作出较大贡献的50位人物

（按姓氏笔画排序，排名不分先后）

丁俊发 **中国物流与采购联合会首席顾问**
——科学发展中国物流业

王　佐 **中国北方工业公司高级政策研究员**
——物流业发展是物流人的神圣使命

王志忠 **天津市物资集团党委书记兼董事长**
——肩负责任前行

王国文 **综合开发研究院（中国·深圳）物流与供应链管理研究所所长**
——从物流到供应链的变革是从量变到质变的合乎逻辑的演进，管理和技术则是主要驱动力量

王宗喜 **解放军后勤指挥学院军事物流工程实验室主任**
——军事物流必须走军民融合发展之路

王　彪 **中国邮政速递物流股份有限公司董事、总经理**
——珍惜每一刻，用心每一步

王德荣 **中国交通运输协会常务副会长**
——积极开拓创新，加快我国物流业发展

叶伟龙 **中国远洋物流有限公司董事、总经理兼党委副书记**
——与中国经济同成长，与核心客户共发展

冯耕中 **西安交通大学管理学院教授、博士生导师，西安交通大学电子商务与现代物流研究中心主任**
——踏踏实实做人，认认真真做事

包起帆 **上海国际港务（集团）股份有限公司副总裁**
——创新、振兴物流

刘　志 **中国石油天然气运输公司总经理、党委书记**
——以运为主，运工贸一体化多元发展

刘　武 **宝供物流企业集团有限公司董事长兼总裁**
——物流是中国经济的“血液”

刘景福 **中物华商国际物流股份有限公司总经理**
——中物华商，让世界更流畅

刘秉镰 **南开大学经济与社会发展研究院副院长**
——人流的便利带动物流的便利，也必然会带动信息流和商流的便利

许胜余 **上海华联超市股份有限公司总工程师**
——连锁超市呼唤现代物流，高效配送的关键是把商流、物流、信息流和资金流高度整合

邢铁英 **新疆亚欧大陆桥国际物流有限责任公司董事长**
——强者创造机遇，智者把握机遇，弱者等待机遇

朱道立 **上海同济大学经济管理高等研究院副院长、上海同济大学经济管理学院教授**
——努力创新现代物流服务，促进经济、社会和环境的协调发展

邢慷弟 **上海外高桥物流中心有限公司党委书记**
——海关主管、园区协管、企业自管、社会共管

张文杰 **北京交通大学物流研究院教授、博导**
——发展应用型的物流教育，构建低成本的物流体系，整合小散弱的物流企业，强化复合型的物流产业

陆　江 **中国物流与采购联合会名誉会长**
——艰苦奋斗的十年，改革创新的十年，快速发展的十年

张成海 **中国物品编码中心主任**
——商品条码与自动识别技术是提高物流管理水平不可或缺的技术手段

汪　鸣 **国家发展和改革委员会综合运输研究所副所长**
——物流业是现代服务业的重要构成要素，应在转变经济发展方式的战略高度，聚集产、学、研、官各方力量，推进物流业扩张、提升和发展

谷春光 **九州通医药集团股份有限公司技术总裁**
——创新无止境，服务更卓越

张建卫 **中国外运股份有限公司总裁**
——抓时机，促发展，谋转型

何明珂 **北京工商大学研究生部主任**
——注重社会活动，为我国的物流教育和理论研究作出了巨大的贡献

张　泉　**深圳市越海全球物流有限公司董事长**

——创新就是要改变现有的游戏规则，否则只是一种优化。未来的越海还会有更多的创新，我们还会不断地"颠倒"行业的游戏规则

陈显宝　**北京宅急送快运股份有限公司总经理**

——落实"国八条"，用好政策为物流业发展护航

张　舰　**天津滨海泰达物流集团股份有限公司董事会主席、总裁**

——目标要看得准，思维要跟得上，压力要顶得住

汪晓秀　**淮矿现代物流有限责任公司董事长、总经理**

——企业物流改革的锐意进取者，长江战略的有力实践者

陈功玉　**中山大学物流与供应链研究中心主任**

——务必不可高估个人在集体中的力量，因为当你离开这个集体时你会发现，并不由于你的离开而给集体带来影响

陈仲维　**成都市现代物流业发展领导小组办公室（成都市口岸服务领导小组办公室）主任**

——现代物流业是基础性、先导性产业，物流环境是城市重要的投资环境，需要物流企业和政府共同去改善，进而推动城市的发展

吴清一　**北京科技大学物流研究所所长**

——物流常青树

郑松兴　**华南国际工业原料城（深圳）有限公司董事长**

——世界综合商贸物流中心的缔造者

周建亚　**武汉商贸职业学院物流学院院长、现代物流研究所所长**

——依靠行业、依靠企业，按照合作办学、合作育人、合作就业、合作发展的方针，着力推进校企合作、工学结合，努力培养新一代高素质、高技能、创新型的物流人才

洪水坤　**中国诚通集团董事、总裁、党委副书记**

——中国诚通物流以物流行业领导者为目标，打造综合一流物流集成商的航母

姚文通　**浙江传化公路港物流发展有限公司总裁**

——通过持续创新，传化公路港一定会发挥出"企业物流外包的窗口、中小物流企业的孵化器、货运司机的驿站"作用

胡　政　**招商局物流集团有限公司董事长**

——做与时代并肩的供应链管理者

姜超峰　**中国物资储运协会会长**

——仓储业是个古老而又现代的行业，我为自己是其中一员而感荣幸

黄有方　**上海海事大学副校长、教育部高等学校物流类专业教学指导委员会主任**

——从拥有走向控制：弱化产业间的博弈，实现物流业与其他产业的合作、共赢、创新和发展

高会恩　**北京福田物流有限公司总经理**

——与行业同人携手，共同打造互动的国内物流服务平台；整合利用资源，为客户提供优秀的整体物流服务解决方案

黄东风　**江西省鹰潭市现代物流业发展办公室主任**

——苦练内功，外树形象

盖守岭　**山东盖世国际物流集团有限公司总经理**

——栽好"梧桐树"引来"金凤凰"

黄远成　**远成集团有限公司总裁**

——超越，永远是远成文化的主旋律

常法胜　**北大荒物流集团有限公司董事长、总经理**

——用信念与魅力勾勒宏伟蓝图

黄艳婷　**广州嘉诚物流股份有限公司董事长**

——用物流的手段来实现低成本、高效率、高品质的物流全程管理，充分发挥"四流合一"的供应链管理模式，来帮助制造业提升他们的市场竞争力，真正达到两业联动

韩　松　**西安市人民政府副市长、西安国际港务区工作委员会书记**

——按照"一年打好基础、两年核心区运营、三年初具形象、五年形成规模、七年建成新城"的工作步骤，竭尽全力，为把西安国际港务区建设成为未来西部最大的自由贸易区而努力奋斗

赖展京　**南光物流有限公司总经理**

——澳门物流发展的参与者

缪立新　**清华大学深圳研究生院现代物流研究中心主任**

—— 创新提升竞争力

翟学魂　**北京汇通天下科技有限公司总裁**

——十余年专注于物流信息化的探索和推广

薄世久　**吉林省长久实业集团有限公司董事长**

——行天下，长久远

2001—2011

2001—2011年是中国物流业艰苦奋斗的十年，改革创新的十年，快速发展的十年。

祝愿中国物流业在“十二五”期间实现新的飞跃、取得跨越发展，为中国经济的腾飞发挥积极作用。

50 十年来为我国物流业发展作出较大贡献的50家企业

十年来为我国物流业发展作出较大贡献的50家企业

展示顺序

中国邮政速递物流股份有限公司
中国远洋物流有限公司
中国物资储运总公司
北京福田物流有限公司
天津港（集团）有限公司
天津滨海泰达物流集团股份有限公司
开滦集团国际物流有限责任公司
北大荒物流集团
天地华宇
上海现代物流投资发展有限公司
上海外高桥物流园中心有限公司
长三角金属物流园集团有限公司
山东盖世国际物流集团
湖南中南物流有限公司
西安国际港务区管委会
中国石油天然气运输公司
南光物流有限公司
华南城国际工业原料城（深圳）有限公司
广州市商业储运公司
深圳赤湾石油基地股份有限公司
成都亿博物流咨询有限公司

中国邮政速递物流股份有限公司

——全新、全速、全球

作为国内最具规模的快递物流运营商，中国邮政速递物流秉承“百年邮政”的优良传统，依托并充分发挥其强大的网络资源优势和良好服务的信誉，成功地为政府、企业、个人等用户提供了个性化、专业化、全方位的快递物流服务。

在快递服务方面，陆续推出“次晨达”、“次日递”、国际“限时递”，“代收货款”、“收件人付费”、“代客报关”等高端产品和增值服务，以及“思乡月”、“五节联送”、“及时礼”、“家乡包裹”等礼仪产品，并率先向社会承诺“限时未达，原银奉还”，充分展示了我们信守承诺、追求卓越的信念和决心。

在电子商务速递业务方面，结合自身资源和发展方向，特别为从事电子商务交易的个人和企业量身定做的速递服务，与“淘宝网”、美国 eBay、“京东商城”等网站实现合作，为 2 万余家网商和客户提供服务。根据电子商务运作的特点，邮政速递物流开发了新的综合服务产品——“e 邮宝”业务（EMS 电子商务经济快递）业务以及整合推出网上 ems“e–EMS”业务；创立了“网商创业园”（引进来）、“仓储配送集中服务”、“嵌入式”（走出去）服务等经营服务模式，受到客户欢迎。

50 ENTERPRISES

在合同物流方面，采用先进物流运作模式和技术手段，努力为客户提供个性化、量体裁衣的各类完善的物流解决方案，提供基于供应链管理的包括仓储、封装、配送、加工、理货、运输和信息等服务于一体的综合物流服务。目前，邮政物流已拥有了以惠普、戴尔、诺基亚、博世、摩托罗拉、雅芳、中国移动、中国电信等大型跨国公司为代表的核心客户群体。服务范围扩展到港澳地区，服务内容涵盖了原材料巡回取货、供应商库存管理、入厂配送物流、供应链金融、领导型物流服务商(LLP)等高端物流增值业务，在高科技、快速消费品、汽车、烟草、医药、服装等行业，不断深化与客户在供应链上的合作，并逐步走向亚太地区及全球。

邮政速递物流股份有限公司将进一步致力于建设覆盖全国、通达世界的快递物流服务网络；致力于建设营运高效、服务优良的现代快递物流企业，为构建社会主义和谐社会做出新的贡献。

中国远洋物流有限公司

——物畅其流，传递文明

中国远洋物流有限公司成立于2002年1月8日，是中国远洋控股股份有限公司所属全资子公司，是居中国市场领先地位的国际化第三方物流企业。

中远物流定位于"整合的物流服务提供商"，以做"最强的物流服务商、最好的船舶代理人"为目标，秉承"服务客户最优，回报股东最大"的经营理念，在电子、化工、航空、电力、会展物流及供应链管理领域为国内外客户提供全程物流解决方案，提升供应链管理品质；为全球国际贸易商提供海运和空运货代服务，为海内外船东提供中国港口的船务代理服务，实现客户价值最大化。

中远物流以现代科技化管理为手段，以高素质人才队伍为基石，以国际化物流服务体系和领先服务为优势，以传统运输代理业务为基础，以建设现代科技为物流操作平台，以客户满意体系有效运行机制，有效整合物流资源，培育核心竞争力，做大做强综合性的运输服务体系，为广大客户实现价值最大化架设安全、便捷通道，为国内外广大船东和货主策划科学、经济的物流解决方案，提供全过程的高效、优质的服务。

中远物流总部在北京，在中国设立了8家区域公司400多个业务分支机构，在美洲、亚洲、欧洲设有17家海外公司和代表处，形成了遍及中国、辐射全球的服务网络系统。在北美、西亚、西欧拥有各类仓储和

50 ENTERPRISES

运输资源。中远物流拥有和控制4000余辆各类运输车辆，大件运输车辆395轴线，11000多载重吨。在中国运营300多个堆场、危险品库、冷库、立体自动化分拨中心。

中远物流拥有完全知识产权的"公路大件运输决策系统"、"大件货物滚装上下船计算机模拟系统"等物流技术获国家专利和科技成果奖。在推广通用物流信息技术的基础上，自主研发综合物流管理信息系统、配送中心信息系统和船代、货代业务等专业信息系统，建立了安全快捷的数据交换和电子商务平台。

中远物流建立了完善的企业管理体系，通过英国BSI的ISO 9001（2000）、14001（2004）和OHSAS 18001（2007）综合管理体系认证，与人民大学合作开发并应用客户完全满意度测评系统（TCSS），寻求规范化管理和个性化服务、标准化流程和多样化需求的结合，形成了自我约束、改进、创新、发展的循环管控机制。

- **中远物流凭借自身雄厚实力以及不断改进的优质服务，确立了在中国物流市场上的行业领先地位，获得了很高的社会声望**
- **在历届"中国物流百强企业"评比中，中远物流均荣登榜首**
- **在2005年我国首批5A级物流企业评定活动中，中远物流排名第一**
- **在历次中国货运业大奖评比中，囊括了各个物流奖项的第一**

中国远洋物流有限公司
地址：北京市朝阳区麦子店西路3号新恒基大厦10—11层
电话：010—64611188
传真：010—64673118
网址：www.cosco—logistics.com.cn/www.5156.com.cn
邮编：100016
中国远洋物流有限公司客户服务系统
免费服务热线：8008105158/8008105156
传真：010—84582556
邮箱：service@cosco—logistics.com.cn

中国物资储运总公司

——物流天下，服务社会

中国物资储运总公司总资产130亿元，占地面积859万平方米 ，货场面积 332万平方米 ，库房面积 148万平方米。储存各类生产和生活资料。年吞吐货物 6200万吨 ，年平均库存 300万吨 。各物流中心均有铁路专用线，共78条,总长75公里 。载重汽车1000余辆。

中国物资储运总公司是具有40多年历史的专业物流企业，拥有国内最大的仓储占地、先进的物流设施、完善的服务功能和各类物流专业人才，是中国物资储运协会的会长单位。依托通达全国的仓储实体网络，中储可为各界客户提供全过程物流解决方案、组织全国性及区域性仓储、运输、配送、多式联运、国际货代、物流设计、质押融资、现货市场、内外贸易、加工制造、科技开发、电子商务等综合物流服务。

中国物资储运总公司控股的中储发展股份有限公司（简称：中储股份，代码：600787），1997年1月在上海证券交易所上市。为中储系统的机制创新和资产的优化重组找到了有效途径。随着中储整体上市发展战略的实施，中储股份不断按照市场化要求，构架新型管理模式、优化资源配置，表现出持续高速的成长性。

中国物资储运总公司在全国中心城市和重要港口设有子公司及控股公司50多个，凭借完备的硬件设施、优质的服务品牌，形成了以分布在全国主要中心城市的大中型仓库为依托，以信息化为纽带，以现代物流技术为手段，覆盖全国、辐射海内外的综合物流服务网络和全天候、全方位、全过程的多维服务体系，为客户选择合理的运输方式、便捷的运输路线、最低的物流成本，提供最佳的物流服务。

50 ENTERPRISES

北京福田物流有限公司

——热情、团结、学习、创新

2002年5月6日，北京福田物流有限公司（以下简称福田物流）正式成立。以北京总部为管理中心，在北京海淀、昌平、怀柔、山东诸城、湖南长沙、广东南海等地设立了八个分公司，主要业务围绕汽车制造企业整车运输、零部件仓储配送及第三方物流业务，并在京、鲁、川、陕、新等14个省市区设立了22个办事处，信息网络遍布全国。

自创立以来，福田物流致力“热情、团结、学习、创新”的企业文化建设，坚持走管理创新、机制创新和科技创新之路，形成了以销售物流、国际物流、生产物流、供应物流、售后物流为核心的五大业务格局，发展成为拥有3000余名员工，年发运商品车达110万台、仓储面积33.2万平方米、专业设备500余套的现代化物流服务企业。

公司拥有商品车零公里专用运输车780余辆，整合社会资源4500余辆，成功运作了福田旗下欧曼、欧马可、蒙派克、风景、迷迪、奥铃、萨普等十大品牌业务，并同时为东风渝安、中国二重、佳通轮胎等国内外知名生产制造企业提供服务。结合客户需求，自主开发了TMS等信息系统平台；通过采用GPS设备监控手段，强化业务过程及评价管理；在行业内率先实施了业务过程的11节点管理；应用国际先进的WMS仓储管理系统和条码管理技术，及时、精准地为客户提供入厂零部件的仓储与配送上线；同时，公司大力拓展第三方物流业务，建立了丹阳集货中心、江苏宏福物流园等大型集散中心，构建制造业与物流业两业联动的新型供应链联盟。

经过多年不懈努力，福田物流在物流界收获了众多荣誉，被评为国家4A级物流企业，中国物流与采购联合会常务理事单位，连续7年蝉联“中国物流百强企业”、“中国汽车物流行业十大影响力品牌”荣誉称号，2010年全国通用仓储企业50强第26位，“业务过程的11节点管理”荣获中国物流与采购联合会汽车物流分会颁发的“汽车物流行业创新奖”。

近年来，福田物流抓住新的发展机遇，不断提升专业化水平。国际物流、KD包装物流业务取得丰硕成果；为福田汽车新工厂制定供应链一体化物流运作方案并实施。到2015年，公司年营业收入将达到50亿元，逐步实现业务全球化。福田物流必将成为中国汽车物流第一品牌，成为物流行业最优秀的整体物流解决方案提供商。

福田物流将继续为行业的发展及社会的发展做出更多更大的贡献！

天津港（集团）有限公司

——发展港口，成就个人

天津港，世界等级最高的人工深水港，中国北方最大的综合性港口，天津滨海新区对外开放的门户、滨海新区建设中国北方国际航运中心和国际物流中心的核心载体。天津港通达世界180多个国家和地区的500多个港口，辐射占中国面积52%的14个省、市、自治区，是连接东北亚与中西亚的纽带。2010年，天津港完成货物吞吐量超过4亿吨；完成集装箱吞吐量突破1000万标准箱，基本实现建设世界一流大港目标。

天津港集团公司长期坚持“质量效益发展”，推动质量管理工作。

20世纪80年代提出的“四个第一，五方满意”；1991年天津港集团公司发布了第一部质量手册，并于1997年天津港集团公司在全国港口企业中率先通过了英国BSI和中国船级社两家质量认证机构的认证；2003年和2006年委托世界上权威机构AC尼尔森开展了客户满意度第三方调查，天津港的客户满意度指数高于全球BTB、亚太和中国的平均水平。天津港集团公司曾多次获得“全国质量效益型先进企业”、“全国质量效益型先进企业特别奖”、“全国推行全面质量管理先进企业”、“全国质量管理小组活动先进企业”等称号。特别是2008年，在纪念全国质量管理小组活动30周年纪念活动中，天津港集团公司和田长松总裁经地方和行业双推荐，分别获得“全国质量管理小组活动优秀企业特别奖”和“全国质量管理小组活动个人贡献奖”。

天津港集团公司自1990年开展“让您满意在天津港”优质服务月活动以来，至今已走过了二十二个年头。二十二年来，伴随着港口生产的跨跃发展和天津港的全面进步，优质服务工作呈现出勃勃生机与活力，广大员工服务意识不断增强，港口服务功能不断完善，优质服务举措不断创新，全港整体服务水平不断提高，为实现“世界一流大港”目标发挥了重要作用。

50 ENTERPRISES

天津港集团公司长期坚持求实创新，“七大转变”实现又好又快发展。

一是从“匀速前进”到“加速奔跑”，天津港货物吞吐量跻身世界港口十强。2010年，天津港货物吞吐量居世界港口第5位；集装箱吞吐量居世界集装箱港口第11位。

二是从“市场开发”到“功能开发”，天津港市场辐射带动作用与日俱增。1984年，在全国沿海港口中，天津港较早提出了市场开发的理念。近年来，天津港又提出了以“建设国际资源配置枢纽”为目标的新理念，走出了一条以功能开发带动市场开发的新路。

三是从“资本积累建港”到“市场融资发展”，天津港资本规模不断壮大。基本建设投资由“九五”时期的年均7亿元，到“十五”时期的年均26亿元，再到目前的年均超过百亿元。

四是从“浅水浅用”到“建设深水大港”，天津港循环发展模式世界瞩目。通过近年来持续开展的深水化建设，天津港的航道等级已经达到25万吨级，成为了世界上等级最高的人工深水港，实现了进入渤海湾的船舶天津港都能够接卸的目标。

五是从“建设推着规划走”到“超前规划、合理布局”，天津港规划和现代产业布局行业闻名。天津港坚持“国内领先，世界一流”，高起点规划、高水平建设，逐步形成了“四大港区比翼齐飞”的全新发展格局。提出了港口装卸业、国际物流业、港口地产业、港口综合服务业为四大产业的产业布局。这将使天津港形成多增长点支撑、多区域发展的总体格局。

六是从“自发自生”到“自动自觉”，天津港企业文化建设全国叫响。2002年，率先在全国港口行业中全面系统地开展企业文化建设，并将“文化制胜”战略纳入港口整体发展战略，并逐步形成了以“发展港口，成就个人”价值理念为核心的文化体系。获得“全国企业文化示范基地”殊荣。

七是从“注重自身效益”到“关注社会责任”，天津港对外品牌形象有口皆碑。一方面，加大生态环境投入，用时10年、投资100亿元完成了“北煤南移”工程，全方位有效治理了煤尘污染；另一方面强化现代企业制度创新，建立了质量、职业健康和环境三标一体的管理体系，并依照SOLAS公约履约建立了安保体系；第三是锐意改革，着力解决了员工住房、绩效考核、薪酬分配、个人职业发展等改革重点难点问题，做到了“无过失不下岗”，并使员工待遇始终保持全国同行业领先水平。

天津港集团公司在港口发展的同时注重回馈社会。

2008年“5·12汶川大地震”发生后，积极发动员工开展募捐活动，并分四次向四川灾区捐款1342万元和100万元的衣物。2010年6月天津港为了进一步发展慈善事业，回报社会，投入200万元成立了天津港慈善基金。2010年8月青海玉树发生地震后，我们向玉树地震灾区捐款300万元，帮助地震灾区群众渡过难关。2010年12月分别向市慈善协会和市困难职工救助中心捐款各100万元。

未来的天津港将建设成为设施先进、功能完善、管理科学、运行高效、人文和谐、生态环保的现代化国际一流企业。为滨海新区的建设和区域经济发展提供最优良的服务和强有力的支撑，为建设北方国际航运中心和国际物流中心、实现天津城市定位作出贡献。

天津滨海泰达物流集团股份有限公司

——诚信，荣誉，责任；资源，效率，价值；合作，创新，进取

天津滨海泰达物流集团股份有限公司(TBTL，HKex:08348)成立于2006年6月，注册资本3.54亿元人民币。2008年4月30日，滨海泰达物流在香港联交所创业板上市，股票代码HK8348。

滨海泰达物流是国家5A级综合服务型物流企业，一直致力于为客户提供综合物流服务及供应链解决方案。滨海泰达物流在高档商品车及汽车零部件物流、电子零部件物流领域拥有丰富的运作经验，与丰田汽车、丰田通商、丰田输送、阿尔卑斯电子等国际企业建立了长年稳定的合作关系。凭借滨海新区突出的区位优势和自身的强大背景，滨海泰达物流积极开拓大商贸物流、供应链金融物流等新兴业务门类。滨海泰达物流拥有包括高等级(保税)仓库、堆场、铁路专用线在内的庞大物流基础设施，分布于天津、上海、大连、无锡等地。

经过多年发展，滨海泰达物流已经成为一家拥有十余家下属企业的专业化物流集团，年营业额达到29亿元，业务分布至全世界22个国家或地区，经营面积超过130万平方米，旗下拥有两个期货交割仓库——大连商品交易所线型低密度聚乙烯材料指定交割仓库和上海期货交易所首批指定的钢材期货品种螺纹钢、线材交割库及三家国家级高新技术企业。滨海泰达物流连续两年被评为天津经济技术开发区“百强企业”，同时，滨海泰达物流在天津港拥有17万平米场地，用于发展集装箱综合物流和进出口冷链物流。

在注重企业发展的同时，滨海泰达物流也注重感恩社会、回报社会。2008年，国内相继发生南方雪灾和汶川特大地震，造成重大损失。滨海泰达物流集团组织下属公司及员工向红十字会捐款24万余元，支援灾区救援和重建工作。向西南干旱灾区、青海玉树灾区和中西部贫困地区捐款、捐物总计价值约45万元，用于支持灾难重建和中西部贫困地区的新农村建设。

未来几年，滨海泰达物流将继续坚持“诚信、荣誉、责任”的企业文化，利用滨海新区优势，通过不断地整合资源、合作创新，推动公司持续快速发展。

开滦集团国际物流有限责任公司

——开滦物流与客户共创价值

开滦集团国际物流有限责任公司是开滦（集团）有限责任公司所属全资子公司，是生产服务性、综合服务型物流企业。现有在职员工1600人。下设铁路运输、港口储运、进出口等15个子（分）公司。运营网络分布于东北、华北、华南、华东、西北和香港等地区。

公司基础设备完备、布局合理、煤路港航一体化运作。业务涵盖煤炭专业物流、物资仓储加工和逆向物流、运输服务物流、汽车物流、空港物流、钢铁物流六大板块，覆盖制造、冶金、电力、焦化等多个行业。

近年来，开滦国际物流公司先后被评为国家5A级综合服务型物流企业，中国物流实验基地，中国物流产学研基地，全国先进物流企业，中国物流十大杰出贡献企业，中国煤炭物流领军企业，河北省物流领军企业，河北省首批物流业“双十示范工程”。2011年度，被评为全国制造业与物流业联动示范企业，中国能源物流最佳示范基地，中国能源物流最佳企业，中国煤炭供应链管理杰出服务商，中国物流信息化十佳应用企业，“十一五”期间河北省物流行业先进单位等殊荣。

“十二五”期间，开滦物流将以科学发展为主题，以加快转变经济发展方式为主线，开放、融入、创新，调结构、促增长、保质量、提效益。按照生产服务性、综合服务型定位，推广信息化集成技术，推进蔚州、内蒙、新疆、兴隆及海外生产基地物流和煤炭物流园区建设；践行“三位一体”新模式，做实钢铁物流、远洋运输、仓储配送、汽车物流、空港物流；实施资本运作，加快香港国贸上市，促进国际化进程；形成以煤炭物流为基础的“一专多元”产业格局，推进物流业与采掘业、制造业联动发展，全力打造千亿级大型物流企业集团，为百年开滦转型发展做出新贡献！

北大荒物流集团

——构建现代化大农业物流服务体系

用信念与魅力勾勒宏伟蓝图的企业家
——北大荒物流集团董事长、总经理常法胜

常法胜，中共党员，高级经济师。

现任北大荒物流集团董事长、总经理。

常法胜任职期间，始终践行着“诚信、务实、创新、卓越”的北大荒核心价值观，以构建现代化国际物流产业集团为己任。在他的带领下，北大荒物流不仅成功晋升为国家5A级物流企业，而且在2010年实现了由物流公司向物流集团的华丽转身。

北大荒物流集团，具有完善的信息网络、配送网络、基地网络和一批具有实际经验、高素质专业人才的综合性、多功能的现代物流企业，是国内物流领域中服务功能最为齐全的物流企业。

集团下设客运、货运、冷链物流、粮食物流、危险品运输、仓储、加工、港口中转、物流装备制造、信息指挥中心等20多个专业化子公司及分公司，在京津唐、长三角、珠三角、东北亚、中西部地区拥有五大物流中心，在省内拥有6大物流园区，配送网络遍布全国，并在各中心城市及港口和发达地区设有分支机构。

集团拥有28条铁路专用线，总长度近2万延长米，总仓储能力60余万吨，可调配使用铁路散粮运输车500辆；为提高粮食“四散化”运输能力，公司研制出一种拥有自主知识产权的，集自装、自卸、自称、自检等功能为一体的现代化散粮运输汽车，解决粮食短途运输问题；作为全省道路运输企业中规模最大、标准最高、安全性能最好的危险品运输车队，负责全垦区54座油库，197个加油站的成品油配送任务，保证了服务区域成品油的日常需求和战略储备，同时，集团还配有冷藏、LNG等各类公路运输车，车辆全部安装GPS卫星定位系统；集团与大连、北良、营口、锦州和宁波等港口建立了长期合作伙伴关系，可使用固定仓容40余万吨；集团现拥有463条客运专线，其中跨地区线路达300多条，管理各类客车556辆，所有车辆均配备现代化智能信息管理系统；集团下属的物流装备制造公司，其产品在功能、性能及稳定性等方面，均达到甚至超过世界先进水平，并获得多项技术专利；集团正在建设一座集客运、货运、专业运输为一体的现代化信息指挥中心，形成覆盖垦区、辐射全国的物流信息平台。

经过北大荒物流人几年的不懈奋斗，公司在国内物流领域享有较高声誉，已通过ISO 9001:2000质量管理体系认证；被中国物流与采购联合会评为“AAAAA”级物流企业；国家道路运输二级资质企业；全国唯一被中国消费者协会授予“诚信、维权单位”的物流企业；全国首批被国家税务总局列为物流企业税收试点单位；通过了安全生产标准省级一级企业的资质评定；被评为“中国食品物流行业50强”企业；“中国物流采购与联合会”常务理事单位；“黑龙江省道路运输协会”副会长单位；先后被中共黑龙江省委员会、黑龙江省人民政府授予“文明单位”等各项光荣称号。

集团预计到2015年，完成“六大”物流园区、百个重要物流节点及配送网点网络建设，打通垦区粮食外运大通道，健全统一高效的物流信息平台，形成原材料与产成品物流紧密结合，产区与销区路路、路铁、路海、铁海通道紧密对接，适应现代化大农业和城乡一体化建设的现代化物流服务体系，形成黑龙江垦区覆盖全国的流通大动脉。建成集成化、专业化、个性化功能齐全的第三方物流产业集团。将北大荒物流打造成全国知名的物流企业集团，行业排名进入全国30强。

50 ENTERPRISES

天地华宇

——中国公路快运领导者

天地华宇为国家首批5A级资质的物流企业，全球领先的国际快递公司TNT快递在华全资子公司。天地华宇1995年成立于广州，总部设在上海。目前公司运营着中国最大的私营公路运输网络，在全国600个大中城市拥有57个货物转运中心、1600个营业网点、3000余台运输车辆和1.8万名员工。

作为中国公路快运业的领军企业，天地华宇于2009年2月率先推出中国首个覆盖全国的高端公路定日快运服务——“定日达”。该产品以其准时、安全、高品质服务的特性，让客户以不到航空货运1/3的价格，享受堪比航空货运的高性价比服务。目前，“定日达”服务水平已成为包括世界500强在内的众多企业级客户公路快运的首选。

除“定日达”之外，天地华宇还提供“零担运输”和“整车特运”等服务产品，同时提供多种增值服务，以满足不同客户的需求。

作为TNT快递在中国的重要业务分支机构，天地华宇将在未来几年继续加大其在运营（门店、大型分拨中心及线路优化）、IT系统、员工培训及车辆采购等方面投资，以进一步打造中国最强大、最快捷、最可靠的定日公路快运网络，巩固其在定日公路快运市场的领导地位。

天地华宇秉持“投资于人”的管理理念，通过不断加强员工培训、职业规划并给予其良好的发展平台，来促进员工素质和职业技能的提升，进而为客户提供更加优质的服务。

TNT快递是全球领先的快递服务供应商，为企业和个人客户提供全方位的快递服务。通过其在全球200多个国家的近2600个运营中心、转运枢纽以及分拣中心，平均每周在全球递送470万个包裹、文件和货件。TNT快递在欧洲、中国、南美、亚太和中东地区拥有航空和公路运输网络。公司拥有8.3万名员工，3万辆公路运输车辆和50架飞机。2010年TNT国际快递的营业收入为70.53亿欧元。

50 十年来为我国物流业发展作出较大贡献的50家企业

上海现代物流投资发展有限公司

——联接一切可能，服务创造价值

上海现代物流投资发展有限公司为百联集团全资子公司，公司注册资本2.83亿元。总资产11.95亿元。

公司坚持实践“联接一切可能，服务创造价值”的经营理念，从成立之日起，就确立了发展目标：要将公司打造成为集物流、商流、信息流、资金流为一体的现代物流企业。公司拥有近100万平方米的基地和70万平方米的库房；拥有2条铁路专用线、3座专用码头。与全国20多个省市的40多家物流企业结成战略联盟，服务网络遍布全国各主要城市。拥有多家世界500强企业和高端品牌客户。

在企业高速发展的过程中，实践了现代管理方法。

一、推广先进管理经验。公司引进和消化国外先进管理经验，不断创新现场运作流程，在公司内部逐步推行华硕电脑采用的丰田TPS精益化管理方法，提升运作能效。LG项目采用“5S”［“整理（Seiri）、整顿（Seiton）、清扫（Seiso）、清洁（Setketsu）、素养（Shitsuke）］管理方法、百联配送优化A位拣货方法在公司内全面推广，使企业的管理理念、管理模式有了提升。

二、强化管理考核力度。公司向各成员企业每年下达“实现库房单位面积创收提升5%。延伸增值服务提升10%等指示，将其作为考核企业的硬任务，提高基层库运作质量。

三、物流服务应用信息技术。公司十分重视信息化建设，积极参与上海市引进技术的吸收与创新计划，在公司建立适合企业特点的信息应用系统，取得一定成效。①仓储管理系统与智能标签得到应用；②管理信息系统在公司实现全覆盖；③RFID项目有新的推进。启动了在世纪联华配送中心RFID的实施，延伸RFID技术应用，将RFID技术应用到商品的源头。

通过完善信息对接，优化业务流程，提升服务质量，在较好地发挥对百联集团核心业务支撑作用的同时，努力扩大社会城市配送服务，几年来，配送量年年递增。将努力挖掘增值服务空间改为：提升了核心竞争力。

企业在此基础上提升了核心竞争力

一、探索管理技术输出服务。①长桥物流在为亚东日化、立邦涂料提供供应链延伸服务中，把物流服务延伸到客户终端，成功实施物流管理输出，提高了客户的库房利用率和工作效率；②所属长桥物流公司为百特药业提供延伸服务，在长海医院设点，将物流配送服务和管理从仓库延伸到医院药库，直至将药品配送病房。该项目获得了2009年上海商业服务创新奖。

二、努力挖掘增值空间。①晶通发展公司在为新疆天业服务的过程中，提供报关、出口检验、海陆空多式联运等危化供应链物流的“一体化”服务；②宝联五金公司在定向采购钢材业务中为客户提供冷轧、热轧加工服务，物流增值服务收入明显增长。

三、延伸物流供应链服务。拓展定向采购业务，已从单一采购、为单一货品提供物流服务向多品种货品提供物流服务的方向拓展，为公司物流主业提供多点支撑，产品也由钢材，逐步拓展至化工原料等多品种；拓展金融物流，充分利用品牌、管理、资源等优势，与民生银行、深圳发展银行等合作，在控制风险的同时，开展了“动产质押业务”、“非标准仓单质押业务”等。

四、推进要素资源整合。探索托盘等物流设备设施共用系统项目，采用租赁的形式，扩大托盘供应范围，组建成一个社会性的托盘共用系统，该项目成为上海市推进现代物流发展重点项目之一。

50 ENTERPRISES

上海外高桥物流中心有限公司

——创新服务品牌，打造全国样板

上海外高桥保税物流园区是国务院批准的首家区港联动保税物流园区，是上海市“十五”期间重点规划的现代物流园区，也是国家促进国际港航产业与现代物流产业联动发展的先行先试示范区。2004年4月15日，经国务院八部委联合验收小组验收通过并实施封关运作，开发面积1.2平方公里，项目计划总投资33亿元人民币。

经过多年的开发建设与营运管理，外高桥保税物流园区以其独有的“区港联动”创新监管模式，促进了我国外贸进出口的持续增长，发展外向型经济，以及融入经济全球化的战略发展。园区以与时俱进、领先一步的姿态，崛起于我国的东海之滨，并逐步成为了全国的样板，世界的亮点。

一、整合创新，科学发展

集成港口与保税区联动发展的优势建设外高桥物流园区是建设上海国际航运中心，提升城市现代物流水平的重要举措，是“区港联动”发展的必然产物，是发展服务贸易，营建跨国采购中心、配送中心、中转中心的重要基地，是抓住入世机遇，先行先试、领先一步的必然要求，也是营建现代物流运作平台，适应经济一体化发展的重要载体。

围绕“服务经济、促进发展”和建立“区港联动”创新模式的总体要求，外高桥保税物流园区着力于体制创新、科技创新和管理创新，设计了国际中转、国际采购、国际配送、国际转口贸易四大功能，并在四大功能的基础上创新了十几种的业务运作模式，实现了业务结构由低端向高端转变，信息管理由分散向集中转变、营运模式由单一向多元转变、政策资源从局部向共享转变。

二、节约型开发，集约化经营

外高桥保税物流园区不断创新节约型的开发模式，不断探索土地、资本、政策、功能在统筹资源和整合利用最大化的路径，走出一条规模化开发、集约化经营、差异化竞争的发展道路，初步建成具有资源优化配置、功能定位科学、产业结构合理、环境友好型的国际化保税物流园区。

自验收封关运作起，园区已建成10万平方米一层仓库，28万平方米现代多层物流仓库，14万平方米集装箱转运区，1.6万平方米的海关关检大厅和办公用房以及三座卡口和查验场地等综合关检设施。

三、流程再造，培育主体

作为全国第一家区港联动保税物流园区，没有现成经验可以借鉴。为此园区在探索中求前进，在创新中求发展，在科技、管理、服务、功能上自主创新，以资源整合为目标，按照“形态开发高标准、服务管理高效率、项目引进高层次、企业经营高效益”的要求，实现项目引进、政策应用、管理创新、环境优化。

先后引进MOL、DHL、日通、世天威等跨国物流企业，累计引进中外物流企业83家，累计吸引外资3亿美元。开展“立足长三角、打造服务东南亚、东北亚国际采购配送中心”的战略实施，提升多式联运联动格局，进一步实现长江流域制造业与物流业产业联动发展。

四、品牌建设，文化重组

外高桥保税物流公司始终坚持以客户为中心，努力为客户创造市场，追求客户与园区共发展的价值目标。以精细化管理和精品服务树立品牌形象，配合实施企业文化重组战略，通过价值管理，引进高端客户；通过功能创新，拓展增值空间；通过强化服务，塑造一流品牌；通过业务联动，加大价值溢出；通过区域合作，实现联动发展。以优质服务和文化重组带动品牌建设。

作为国务院批准的第一个区港联动试点区域，外高桥保税物流园区的迅速崛起证明了国家实施区港联动的战略是正确的，取得的效益是显著的。面向未来，园区将充分立足新起点、瞄准新目标、实现新跨越，在实施集约化经营战略、建设节约型物流园区的进程中把外高桥保税物流园区建设好、营运好、管理好。

长三角金属物流园

——中国现代金属商贸高端平台

长三角金属物流园正在中国的东方崛起！33亿元的投资总额，1200余亩的规划面积，使它成为长三角地区，乃至全国的现代金属商贸高端平台。

区位优势明显，水陆交通便捷。长三角金属物流园位于苏、浙、皖三省交界的江苏省宜兴市，东临104国道、南频芜申运河，西接红星河，北达204省道。宁杭高速公路、锡宜高速公路和新长铁路交织成畅通、便捷、多维的运输网络，为该园提供了辐射四面八方的交通条件和区位优势。

千亿市场定位，华东第一物流。长三角金属物流园依托中国长三角地区巨大金属材料需求以及众多金属加工应用企业，将项目定位为服务金属企业的、有形市场和无形市场相结合的现代金属商贸平台，为金属企业提供完善的信息、金融和物流服务，是金属材料、制品生产企业和需求市场直接接轨的纽带。园区旨在打造“华东地区金属物流第一品牌”，实现“五年创千亿级市场的目标，真正成为“中国现代金属商贸高端平台”的开拓者、实践者、引领者，使之成为具有国际影响力的“现代金属商贸平台”。

六大功能区域，综合配套齐全。长三角金属物流园项目总投资达33亿元，总体规划面积达1200余亩，具有金属材料交易商务区、仓储式交易区、保税物流中心、码头及保税仓库区、园区数据交易中心、综合配套服务区六大功能区；整体分三期开发建设：一期金属材料交易商务区已于2009年8月全面交付使用，同年9月投入运营；二期仓储式交易区已于2010年全面竣工，其中室外6500平方米、室内5500平方米的公共型保税仓库已经通过南京海关验收，取得经营资格；码头装卸加工区已于2010年由江苏省发改委正式立项；三期保税物流中心、园区数据交易中心、综合配套服务区将于2012年年底全部建成投入使用。

A /金属材料交易商务区 | B/仓储式交易区 | C/码头装卸加工区 | D/保税物流中心 | E /园区数据交易中心 | F/综合配套服务区

三大优势平台，国际交易基地。“长三角金属物流园”将构建物流、金融、信息三大优势平台，大力发挥国际二类口岸、码头、公共保税库等功能作用，为客户提供仓储、配送、交易、研发、展示、交流以及融资担保、中远期交易等一站式服务，打造长三角地区配套完善的规模化、现代化、专业化、国际化金属材料交易基地。

商贾大享云集，合作势头强劲。园区自2009年年底开始试运营，2010年就有宁宜、万邦两大组团300多家商户入园经营，实现交易额20多亿元；同时，中外运、江苏苏美达等已与园区开展托盘、仓单质押业务，并取得了良好的合作效果；江苏永吉钢材市场、无锡兴业已与园区签约，并将整体搬迁入园；中储股份、新疆新鑫矿业、上海希投投资公司等已与园区达成初步合作意向，众多的商家客户纷至沓来，合作势头十分强劲。

政府鼎力支持，开创物流示范。长三角金属物流园自筹建以来，各级政府十分关心、鼎力支持。本园区是中国物流与采购联合会的理事单位，被江苏省发改委列为“2009年、2010年度江苏省现代服务业重点项目”，被无锡市人民政府授予“无锡市重点物流基地”，被中国物流与采购联合会授予“杰出创新模式物流园区”，长三角金属物流园码头被江苏省交通厅列为“全省内河示范港”。

长三角金属物流园——翟小平

激情源于梦想

翟小平1977年入伍，在部队里是个尖子，多次立功受奖，而且在全国大比武中以百发百中的成绩，获得“神炮手”荣誉称号。现任长三角金属物流园集团有限公司董事长、总裁。

1986年转业回到家乡宜兴，先后在宜兴市计经委、物价局工作，1992年邓小平南巡讲话的春风，吹向了祖国大地。翟小平热血沸腾，决心抓住这个千载难逢的机遇大干一场。他毅然辞去职务，“下海”创业。创业之初，没有项目，没有资金，可是他发扬了军人“一不怕苦，二不怕死”的精神，北上南下，向有识之士学习。他敢试敢闯，先后创办过交通工程公司、机械公司、建材装潢市场，虽然碰过无数次碰壁，交了不少学费。

前几年，政府鼓励发展现代服务业，他积极响应，决定在现代物流业上发展。他投资千万元在宜兴创办了江苏广厦汽车市场，这是宜兴第一个上规模的民营汽车城。不久，二手车交易即将迎来黄金时期，谁先进入市场，谁就抢占了制高点。他决定到无锡创办二手车市场。宜兴市、无锡市、江苏省三级政府对这个转业军人的精神和这个项目十分认可，有关部门很快就发了批文。

炮兵出身的翟小平，不断瞄准新的创业目标。当二手车市场办得红红火火时，他在宜兴投资10亿元，创办一个中国金属城长三角金属物流园，辐射全国，甚至全球。这个宏伟蓝图，很快得到了宜兴市政府的高度重视和有力支持。党和政府的支持，给了翟小平无穷的力量。

他领导公司经过一年多的运行即全面进入集团化运营。他关注区域物流发展，审时度势带领公司规划开发设计了长三角金属物流园项目（经江苏省发改委立项）。项目开工仅一年多，就高质量地完成了6.7万平方米的商务办公楼建设和9.5万平方米的仓储设施建设，其中公共型保税仓库已投入使用；至2012年年底，22万平方米商务配套服务区、12.5万平方米数据交易中心和码头装卸区都将交付使用。

山东盖世国际物流集团

——服务八方，物流天下

山东盖世国际物流集团由济南市历城区华山街道盖家沟村投资组建，自1998年以30万元资金、300亩土地起步，经过十多年超常规发展，资产总额达到56亿元，占地7000亩，拥有济南、聊城、齐河、济阳四个大型物流基地，成为全国规模最大的综合性物流园区之一，为济南市乃至山东省打造了一个公共物流平台，取得了良好的经济效益和社会效益。

盖世集团探索并创立了储运、流通、综合服务三大功能园区互为依托、优势互补的运作模式，是我国仓储物流和商贸物流的典范企业。目前集团入驻了海尔、海信、国美、苏宁、中远、天地华宇、台湾统一等近千家国内外知名企业，开通了济南至全国各大中城市货运专线1600多条，基本实现全国各省市无盲点覆盖。

为发展农产品物流和冷链物流产业，盖世集团打造了包括水产、茶叶、粮油、蔬菜、酒水等产品在内的大型综合性农产品和冷链物流平台。2007年集团规划建设了20万吨冷库，2009年名列全国低温仓储行业排名首位，成为全国食品冷链物流定点联系企业。目前农贸大市场经营商户达1100家，发展态势良好。

盖世集团根据需求高规格兴建配套服务设施，努力打造综合性物流服务平台，配套建设了宾馆、写字楼、信息中心、加油站、超市、汽修厂、消防站等综合服务设施，引进了公安、消防、交通、工商等政府职能部门驻站服务，使园区具备了更加完善的综合性物流服务平台功能。

自2009年起，盖世集团先后在德州市齐河县、聊城市经济开发区和济南市的济阳县相继购买土地，开发建设高标准物流园区，正在通过连锁复制的方式输出管理。其中，山东盖世冠威国际物流园区（德州齐河）已完成投资近12亿元，形成了以中远、格力、安得、宝供等大型知名企业为主体的客户群。济阳济北物流园区和聊城盖氏邦晔物流园区也即将投入使用。

目前，盖世集团集中国5A级物流企业、中国物流示范基地、中国物流百强企业和中国物流产学研基地四项国家品牌于一身，被山东省政府列为省级“重点服务业园区”和“重点服务业企业”，荣获“山东省服务名牌”、“山东省消费者满意单位”、“山东省物流信息化示范单位”等荣誉称号。2010年，盖世集团获评全国先进物流企业、中国物流杰出企业等殊荣，被选举为中国物流与采购联合会副会长单位。

盖世集团的总体发展思路为：不断吸收现代物流先进发展理念，完善园区服务功能，探索物流资源整合模式，积极推进物流信息化建设，逐步构建由济南到全省，再到全国的盖世物流服务网络，形成以物流园区经营为核心业务，大力发展商贸物流、农产品物流、冷链物流等业务，拥有全国性物流节点网络的大型综合性物流企业集团，力争为我国现代物流业发展做出更大贡献！

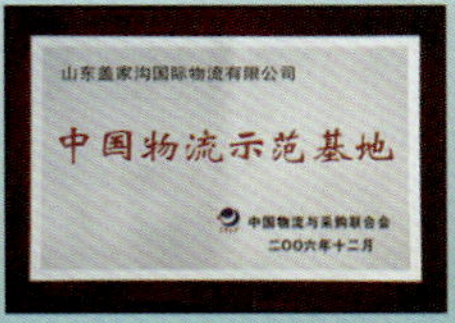

湖南中南物流有限公司

——车源+货源=中南物流园公共信息平台

湖南中南物流有限公司（中南物流园）是集货运信息配载、零担专线、仓储配送、餐饮休闲、停车住宿、车辆维修、办公配套于一体的大型专业物流公司，占地面积616亩，总投资2.1亿元人民币，于2004年11月建成开业，2010年已累计完成投资1.99亿元人民币，园区现有物流营业用房21000平方米，专业仓库4万多平方米，停车场20多万平方米，配备了先进的智能化管理系统，叉车、吊车、地磅等物流专业设施齐全，园区服务于长沙、株洲、湘潭、岳阳、益阳、常德、娄底等省内城市，辐射全国的大型物流枢纽中心，园区现有700多家物流企业在园经营，日停车量1500多台，是目前湖南省最大的货运信息交易中心和货运车辆集散中心。通过了ISO 9001质量管理体系认证。2009年4月，公司顺利通过中国物流与采购联合会评估委员会的评审，正式晋升国家AAAA级综合服务型物流企业。

园区于2009年完成的中南物流园公共信息平台功能齐全、信息及时准确，每天通过平台发布的货运和车辆信息3000多条，达成交易1000多单。

为顺应物流产业信息化的要求，缩短物流环节、减少物流成本，增加物流信息的透明度和公开度，公司结合中南物流园的实际情况和客户需求，投资开发了服务于需要物流信息的生产企业和商贸流通企业、物流企业、货车司机三方的最直接、最精简有效的物流公共信息平台。公共信息平台包含两大功能模块：

车源信息系统：所有货车进入物流园区停车场时，该车的车牌、车型、载重、求货方向、电话等相关信息立即被物流园车辆入口的收费员录入信息平台的数据库，全省各地需要找车的用户登录公共信息平台即可查询所有的车源信息，通过电话与司机取得联系，直接达成交易。而该车一旦出园，其相关信息又被物流园车辆出口的收费员及时在信息平台数据库删除，保证了平台信息的准确度。物流园区车源信息平台的使用，相当于建立了一个全省乃至全国范围内的网上停车场，充分利用网络资源的优势，充分发挥物流园区货运车辆集散中心的优势，减少了货运配载的中间环节，降低了物流费用。

货源信息系统：物流园区货源信息系统的开发有效解决了上述问题。通过用户终端，生产企业或物流经营户在各自的电脑上将货源的类型、重量、装货地址、目的地、价格、联系人、电话等信息发布到货源信息平台，这些信息立即在各个物流园区信息交易大厅的大型电子显示屏上同步显示，货车司机能够第一时间掌握货源信息并与企业取得联系，达成承运交易，既提高了企业的运营效率，减少了中间环节，又缩短了司机的找货时间，提高了货车的利用率，降低了物流成本。

通过在中南物流园3年多时间的运行和不断完善，物流园区公共信息平台运行情况良好，到目前为止用户数量已达到1万多户，每天通过平台发布的信息超过了1万条，受益的司机超过50万人。物流园区公共信息平台已经在行业内形成了较大的影响力，来自中物联以及湖北、福建、山西、哈尔滨等省的物流行业领导和专家纷纷来中南物流园参观考察，一致对平台给予了高度评价，并提出了省际合作的意向。

十年来为我国物流业
发展作出较大贡献的50家企业

西安国际港务区

打造中国最大的国际内陆港
Set up the Largest International Inland Port in China
建设世界一流的现代服务业新城
Build a World Class New City of Modern Service Industry

西安国际港务区成立于2008年6月，是陕西省委、省政府，西安市委、市政府调整产业结构，转变经济发展方式，提升现代服务业发展水平，打造内陆地区开发开放战略高地的创新举措，是中央深入实施西部大开发战略和《关中—天水经济区发展规划》中明确支持发展的重点区域。

西安国际港务区位于西安市主城区东北部，规划控制面积120平方公里，规划建设面积44.6平方公里，与2011年世界园艺博览会址毗邻。园区借助西安铁路集装箱中心站、西安综合保税区、西安公路港三大核心支撑平台，充分发挥其叠加效应，将沿海的港口口岸服务功能内移，实现了公、铁、海、空等“多式联运”高效运转，有效提高物流效率，降低物流成本。

西安国际港务区管委会自组建以来，按照“先建内陆港、后建开发区、再建东部新城”的发展战略，积极探索社会经济和产业一体化发展的新路径，着力推动建设一座现代化、生态化、国际化的东部新城。

目前，西安综合保税区一期保税物流中心已顺利封关运营。西安综合保税区位于西安国际港务区内，是该区三大核心支撑平台之一，总体规划用地6.18平方公里，是西北地区规模最大的综合保税区。2011年2月14日，国务院批准在西安国际港务区内设立综合保税区，使西安成为全国第十五个拥有综合保税区的城市。

西安铁路集装箱中心站地处西安国际港务区核心区，是国际港务区发展的重要支撑平台之一。总投资6.36亿元，经过一年九个月的紧张建设，西安铁路集装箱中心站项目已于2010年7月1日正式竣工，2010年12月1日正式运营。目前平均每天发送和到达集装箱约185标准箱，西安铁路集装箱中心站建成通车被评为“西安市2010年十大新闻事件”。同时，西安铁路集装箱中心站国际监管箱区查验场所也顺利建成投入运营，它开创了全国18个集装箱中心站站内国际货运直接查验办单的新模式。随着西安铁路集装箱中心站正式运营，集装箱货物吞吐量将逐步达到84万标准箱，中期将达到138万标准箱，远期将达到310万标准箱。

与此同时，被列入国家交通运输“十二五”规划的西安公路港项目也已拉开建设大幕。日前，西安公路港招商中心已经封顶。

在陕西省委、省政府和西安市委、市政府的大力支持下，在国际港务区的大力宣传和推动下，园区的影响力与日俱增。2010年，西安国际港务区获得国际国内广泛关注，知名度和美誉度不断攀升，先后获得“2010中国十佳物流园区”、“2010物流中心城市杰出成就奖”、“2010陕西经济最具影响力区域”。“西安国际内陆港发展模式”被列入中国物流学会2010年全国优秀案例。

西安国际港务区三大核心支撑平台

西安综合保税区

西安公路港

西安铁路集装箱中心站

地址/Add:西安市西安国际港务区港务大道六号
Address:No.6 of port Avenue, Xi' an International Logistcs &Trade Part
邮编/P.C:710026
电话/Tel: +86(29)83591918
传真/Fax:029-83453501
网址: www.itl.gov.cn

中国石油天然气运输公司

——石油运输野战军

中国石油天然气运输公司成立于1953年，是一个具有光荣发展历史的老石油企业。从1953年我国经济建设史上著名的“玉门原油东运”开始，50多年以来，先后参加了玉门、青海、克拉玛依、大庆、胜利、四川、辽河、大港、江汉、长庆、管道、华北、中原、冀东、塔里木、吐哈等重要石油会战，为中国石油工业的发展做出了重要贡献。

中国石油天然气运输公司现有员工35000多人，各种车辆20000多台，资产总额120亿元，主要为新疆三大油田、四大炼厂和全国113家石油石化与销售企业提供专业化运输、石油化工产品配送及其他综合配套服务。

在全国31个省市自治区设有分公司，481个地级城市设立了配送中心和运输车队，运输生产作业范围辐射全国各地市县。在尼日尔、利比亚、阿联酋、乍得、缅甸设立了项目部，在土库曼斯坦和哈萨克斯坦设立了分公司。取得了国家一级道路货运企业、涉外运输、危险品运输、国际国内海陆空货运代理、进出口贸易、建筑安装、路桥施工、境外投资与对外承包工程等经营资质，通过了国家质量管理与质量保证体系认证。位列“中国道路运输百强企业”第3名和“中国物流百强企业”第4名，并被评为国家5A级运输物流企业。公司先后获得全国“安康杯”竞赛优胜企业奖、全国“守合同、重信用”企业、“2007年中国物流重诚信企业”和中央企业“2008年抗击雨雪冰冻灾害先进集体”、全国抗震救灾·重建家园“工人先锋号”、“2008年度全国道路运输百强诚信企业”、“2010年度中国物流百强企业”、“2010年度全国文明诚信模范单位”和“2011年度中国危险品物流行业模范单位”等称号。

公司下属的一公司、塔里木运输公司、沙漠运输公司、特种大件运输公司等专业运输公司，具有全国一流的常规运输、特种运输、沙漠运输和大件运输等各种专业化运输设备。其中，沙漠运输公司是世界最大、中国唯一的具有国际一流水平的大型专业化沙漠运输企业，位居新疆运输企业之首。

中国石油天然气运输公司以建设国内一流的跨国运输物流企业为目标，弘扬“石油运输野战军”的精神，秉承“站着做人，跪着服务”的服务理念，恪守“诚信守时、方便快捷、高效安全、服务一流”的服务承诺。坚持以发展为第一要务，牢牢把握科学发展、安全发展、和谐发展这条主线，用现代信息手段改造传统运输，提升管理水平，取得了巨大成效。企业自我积累、自我发展能力不断增强，步入了持续有效的跨越式发展的轨道。

地址：新疆维吾尔自治区乌鲁木齐市西环北路2219号（石油新村）
邮政编码：830014
电话：(0991) 3722377、3723867、3724506
传真：(0991) 3713522、3717851、3723534
邮箱：ysbgs@xjbip.cn
网址：www.cnpc.com.cn/hy/

南光物流有限公司

——源自澳门、服务全中国

南光物流有限公司（以下简称南光物流）是澳门地区具有综合物流运营实力的第三方物流服务商，隶属澳门南光（集团）有限公司。南光物流作为品牌企业，在澳门和珠海地区拥有5家实体公司，主营仓储配送、跨境运输、会展物流与搭建、港口物流，以及海、陆、空货运物流等业务。南光物流享有中国太平保险（澳门）股份有限公司的地区代理权，能够为客户代理财产、货运、责任和雇员意外事故等险种的承保业务。

多年来，南光物流秉承“成本低，服务优”的经营理念和品质，为客户提供全方位的服务，包括：船舶出入境澳门代理，澳门内港码头进行散货和集装箱装卸、理货与转运安排，澳门地区的普通货和冷藏货仓储与库存管理、流通加工和分拨配送，冷冻货品协助检验；珠海地区的保税仓储，进出口货运代理和货物中转安排、报关报检、海关查验和口岸监管，仓储货品的流通加工、分拨和配送服务；集装箱运输物流、集装箱库场管理与作业服务等。

为充分利用珠海的特殊政策优势和带来的机遇，共同探索在“一国两制”前提下内地与澳门的一种新型合作模式，借助广东以及珠海的制造业、人才、技术和低成本的优势，实现珠澳两地优势互补，资源共享和共同发展。南光（集团）有限公司积极参与珠澳跨境工业区珠海园区的投资建设，由南光物流有限公司组建珠海通宇物流有限公司，在珠澳跨境工业区珠海园区建设综合物流服务中心（以下简称中心）。中心总面积达1.6万平方米，其中内设2500平方米的恒温仓库；中心提供的综合物流服务包括：专业仓储服务、VMI/JMI管理、MILK RUN 循环收货、广域物流网络管理、条码/RFID、JIT配送、厂内物流管理、逆向物流、供应链信息网络、内货运代理、同时亦提供包括委托检验/加工/组装、进出口代理及外汇收付、按单包装、商务代管、进出口报关、出口退税等增值服务。中心自运作以来，在跨境一日游（为客户提供进出跨境工业区专用口岸运输业务）、进口分拨中心和保税VMI+JIT配送等业务方面取得较好的效果。南光物流上述业务的主要服务对象包括国内加工贸易型企业，海外制造商、海外贸易商社、进出口贸易商，货物涉及电子信息、通信、精密仪器、新能源、新材料等行业的各类高附加值进出口商品。

南光物流在资源不断扩大与整合优化的基础上，按照“做精澳门业务，做大做强国内业务，本着源自澳门、服务全中国的理念，致力于成为区域和特定细分行业领先的现代物流企业”的发展战略，以 “服务最优、成本最低”的经营理念，竭诚为海内外客户提供快捷、安全、准确、定制化和一体化的综合性国际第三方物流服务，期望与广大合作伙伴共同发展物流事业。

华南城

——综合商贸物流创新的样板

华南城以“一体两翼”（“主体”即超大型综合商贸物流中心；“两翼”即紧邻主体的住宅地产和完善的功能配套）为架构，以“专业市场+展会活动+电子商务”为营运模式、以其庞大的建设规模、完善的服务配套和成熟的专业运作和典型的集成服务型经济而迅速享誉中外，被誉为“华南城模式”。

华南城的商贸物流创新，是通过跨越物流和专业市场的产业边界，重组各种元素，同时实现差异化和低成本两个目标，打破常规市场竞争中价值和成本的权衡取舍关系，使两者兼得，并让来到华南城的供应商、采购商均能“一站式”获得低成本的多种专业化服务。同时，华南城以惊人的速度和更加宏大的气魄在全国四处开花，广西南宁华南城、广东河源华南城、陕西西安华南城和江西南昌华南城就相继大规模开工，各地各级政府无不将华南城项目工程视为提升民生经济的重头大事而鼎力支持，华南城奠基开工无不成为当地的大事件新闻。

超前的经营理念：“谋求共赢，分享成功”

“谋求共赢，分享成功”是华南城经营理念的核心，体现这一经营理念的关键是，华南城的绝大部分物业长期持有，仅少量出售。华南城五大交易中心展示位的销售面积严格控制在30%以内，包括酒店、办公楼、公寓等配套设施也只租不售。其意义在于：一是售出30%的展示位，可以有效地保证城内商家的相对稳定性；二是掌握70%的产权，从根本上保证了投资商与经营者利益的一致性，利于共同做大做强市场；三是有利于统一规划、统一管理，为项目的快速和可持续发展创造条件。

体现“谋求共赢，分享成功”这一理念的另一个重要方面，就是最大限度地整合社会资源，联合各方面力量，把华南城建成一个参与各方共同合作发展的大平台。华南城从筹备阶段开始，就注重同各行业协会、金融机构、中介组织、新闻媒体、研究机构及相关专家学者的合作，为国家、省、市及香港相关行业协会组织提供免费办公条件和工作人员工资补贴；赞助各行业在华南城举办各类活动；以最优惠的条件引进国家级产品检验检测机构、研发设计机构和财会、法律、税务、广告、策划、媒体等中介服务机构进驻，目前与华南城建立合作关系的上述各类机构已达数百家。

先进的运营模式：专业打造，集成服务

华南城通过将产业链中原材料的供应和采购活动中所需的资源进行有效的整合，提供给采购商的不仅是一个“一站式”的采购平台，同时提供了一个集交易、展览展示、检测、电子商务、信息交流、仓储、配送、货运以及金融结算等功能于一体的超大规模工业原材料及成品展览交易平台，是一个集采购、旅游、餐饮、休闲、娱乐为一体的现代化综合商贸物流城和高端生产服务业基地。

华南城把生产性服务的传统商业模式向前推进了一大步：集各种专业市场和服务为一体，为制造业厂商提供了集成性的综合服务。这个模式的一头连着提供各种产品和各类服务的千万家企业，另外一头则连着批量采购各种物资和服务的珠三角厂商群。这就是华南城的制造业集成服务中心的商业模式。

目前，华南城的集成服务模式还没有第二个，属中国首创。在全球和国内信息技术成熟的前提下，在珠三角社会经济基础设施进一步完善的前提下，制造业的集成服务中心成为华南城历史性的创新成果，它满足了珠三角地区作为制造业基地发展和结构提升的需要。它是我国制造业和服务业发展中的重大制度创新。

广州市商业储运公司

——零缺陷服务

广州市商业储运公司（以下简称“公司”）成立于1953年，公司一贯秉承“零缺陷”优质服务宗旨，不断创新经营管理，转变营销观念，按国际ISO质量管理标准执行经营实务管理，构建标准化服务体系。自主开发仓库条码信息管理系统，实现仓储业务运作信息化、货运车辆调度智能化管理，经营业务进一步拓展，物流金融、汽车备件、烟草配送等供应链一体化主营业务取得显著效益，公司已由传统的仓储、运输公司发展成为华南地区最具规模的国有大型综合性物流骨干企业之一。

一、不断转变营销观念，创新营销方式

公司搭建了营销、运营两大体系，将整体经营目标分解到两大体系，优化项目组织效能。并引入项目管理制方法，设立项目经理，直接管理项目的前期开发和后续运营，有效理顺项目营销与运营服务的无缝衔接，在组织化运营模式下，实现资源配置最优化，使服务运营效率显著提高。

公司不断转变营销观念，创新营销方式，整合社会资源，使公司在大项目的顺利投标及高效运营方面得到进一步拓展。先后参加多个大型品牌项目的投标，其中吉利汽车备件物流项目、中石化非油品配送项目实现了跨省区供应链一体化物流配送业务的创新发展。

二、自主开发仓库条码信息管理系统

公司自主开发仓库条码信息管理系统在仓库广泛应用，该系统能有效快速提高货架式立体仓库的运营效率，增加客户货物流转量，原来运作单据由手工输入，平均耗时为900秒/单，采用条码技术后，平均耗时仅为10秒/单，提高工作效率90倍。运输管理信息系统投入运行，实现了公司运输对车辆、司机、收入、支出等多方面的信息管理，为公司满足高端客户需求、向现代物流转型发展提供了现代科技手段的支持。

三、搭建三大服务体系

公司被国家和广东省政府选定为现代服务业先进标准化建设试点企业。建立了由服务通用基础标准体系、服务提供标准体系、服务保障标准体系三大子体系组成的公司服务标准体系。公司严格实施标准化管理，促进了服务运营效率的大提升。如：汽车备件物流项目，建立了标准化的操作流程，系统直接导入进出仓数据，进出仓单据处理由原来每单耗时10分钟缩短至1分钟。项目运作效率大幅度提升。公司不断增加投入，在完善自主开发的WMS仓库管理系统功能上，先后完成了公司物流信息系统平台的建设和广佛物流中心物流信息子系统、汽车备件中心库物流信息子系统和烟草GPS智能调度子系统的建设。

四、物流金融业务创新发展

公司锐意拓展物流金融业务。成功与晨鸣纸业、金光纸业、博汇纸业、华泰纸业等国内大型纸业公司建立了物流金融运营模式的业务合作关系。纸品项目规模及利润收益实现了年度业绩的跨越式增长。

五、企业勇担社会责任

当国家受到灾难的侵害时，公司积极配合国家与当地政府进行支援工作。

2008年春运期间，我国南方发生严重的大面积雨雪冰冻灾害，公司积极配合政府紧急调动人员、车辆赶往火车站等地春运前线，协助政府支援春运抗灾救灾工作。公司共调动员工263人次参与支援春运抗灾救灾，调度抢运物资车辆29车次，捐助物资价值12.66万元。在“5・12”汶川大地震的救灾工作中，公司根据上级与政府的统一指挥，迅速作出安排，火速派出人员把救灾物资送往地震重灾区。公司及员工为地震灾区捐款捐物，折合金额共计103.86万元。

广州市商业储运公司作为国有企业，在紧急关头，充分显示了企业利益服从国家利益的无私奉献精神，表现出高度的社会责任感，得到了地方政府和上级主管部门的高度评价。

50 ENTERPRISES

深圳赤湾石油基地股份有限公司

——宝湾物流，一流的物流平台

深圳赤湾石油基地股份有限公司（以下简称深基地）于1984年由中国南山开发（集团）股份有限公司与新加波海洋联合服务有限公司共同投资兴建。为在中国南海海域从事石油及天然气勘探、开发生产活动的作业者提供全方位的后勤保障服务。现在已经发展为以石油后勤保障服务、海洋工程服务和物流后勤服务三大产业为核心的多元化企业。

深基地于2003年建立“宝湾物流”。之后宝湾物流相继在长三角、珠三角、环渤海及中部和西南经济区域的战略城市自行开发、拥有并管理多个大型物流园区项目。目前，宝湾物流投入运营及规划开发的物流仓储设施已经超过100万平方米，是国内著名的物流园区开发商和运营商之一。已完成开发的物流设施吸引众多国际著名物流企业、生产企业、商贸企业进驻。

为进一步提高管理水平，公司引进先进的仓库管理系统G-WMS：Goldvalley Warehouse Management System，以实现对货物入库、存储、出库、越库等仓库业务进行动态安排，对仓库作业全过程进行信息化管理。该系统除了提供以上基本仓库管理功能以外，还提供库存量优化、VMI、物权调整、盘点、库存分析等功能；并可以对货品实行批次、分级管理。该系统可与Barcode、RF物流技术和其他物流系统实现无缝集成，帮助企业实现仓库高效、低成本管理，提高仓库的经济效益。

该系统的功能及特色

◎真正的多仓库、多货主、多级库位管理

支持多种类型仓库：平面仓库、立体仓库、平面无托盘仓库、平面有托盘仓库、货架仓库，每一个库位有一个唯一的编码加以标识。

◎灵活的仓库管理模式

系统可自动生成仓库出入库计划，自动分配仓库和货位，大大提高仓库的利用率，也可作人工调整，直接执行零星出入库。

◎多模式拣货处理

支持多种模式的拣货处理，如先进先出、后进先出、分批认定，效期控制、关键件控制、序列号控制等。系统可对拣货模式进行参数化定义。

◎支持VMI管理、物权调整，实现QR/ECR

◎支持流通加工和增值服务管理

◎提供计划循环盘点和随机盘点管理

自定义仓库的安全库存、最高库存、最低库存、订货点，系统提供库存和货品过期预警管理。

◎支持仓库货品ABC分类管理

支持标准RF设备及Barcode管理（库位和货物的识别条码化）。

◎提供产品批次管理

以批号全程跟踪货物，清晰每笔货物的流向；每批货物设置启用日期、失效日期，实现批次货物的效期管理。

◎多计量单位换算功能，支持多种SKU

提供特殊（无出入库指令）出入库管理，如办公领用、报废处理、货损补货等。

◎支持手工和自动拣/配货

提供强大的自定义报表工具：用户可通过自定义报表生成器实现各种仓储业务的分析报表功能。

未来五年，宝湾物流将继续加大投资力度，在国内主要区域经济中心城市建立网点，同时拓展现有战略核心区域城市的园区规模，形成辐射全国、初具规模的物流设施服务网络，成为国内领先的物流园区开发商与运营商。

50

十年来为我国物流业

发展作出较大贡献的50家企业

成都亿博物流咨询有限公司

——专业、责任、团队、荣誉

成都亿博物流咨询有限公司成立于2007年，公司是中国最为知名和专业的物流咨询公司之一。管理团队均来自国内外著名高校、科研院所和大中型企业，对中国物流行业的现状和发展具有深刻独到的见解，具有丰富的业内知识和精湛的一线经验。

亿博一直致力于物流领域内的探索和实践，目前已经推出十大物流服务产品系列，尤其擅长物流战略咨询、物流工程咨询（包括物流园区和配送中心）、供应链管理设计与优化和信息平台规划设计。

亿博长期为政府、地区及大中型企业服务，已成功运作两百多个大中型物流咨询项目，业务遍布全国各地，不仅取得了丰硕的理论研究成果，更取得了宝贵的实践应用成果，亿博物流是国内唯一的物流园区全面解决方案提供商，可以向客户提供交钥匙工程。亿博同时在钢铁、烟草、汽车、医药等相关领域积累了丰富的项目运作方法和经验，赢得了业内广泛的认可和良好的口碑。

西部内陆城市既不沿边又不靠海，外向型经济的发展一直受到制约，受成都龙泉物流中心委托，成都亿博物流咨询有限公司承接了四川省唯一的公路口岸研究报告——《成都公路口岸可行性研究报告》。

亿博通过大量的市场调研和详尽的数据分析，从宏观到微观，从第一产业到第三产业，遍及项目需求的方方面面，最终得出成都龙泉公路口岸的可行性论证结论。

规划的成都公路口岸集报关报检、检验检疫、保税物流等多功能为一体，并设有配套商务服务、集装箱物流服务、多式联运服务、多功能信息服务等内陆“无水港”服务功能，是西部地区首家具有“一关三检”功能的国家二类陆路通关口岸，将极大促进地方经济的发展。

随着亿博业务的拓展和业务的延伸，在物流咨询的业务基础上，公司呈集团化方向发展，业务涉及物流设备、物流地产、物流科技和物流教育。相继成立了：

四川楷通物流设备有限公司

四川创物科技有限公司

四川亿博房地产营销策划有限公司

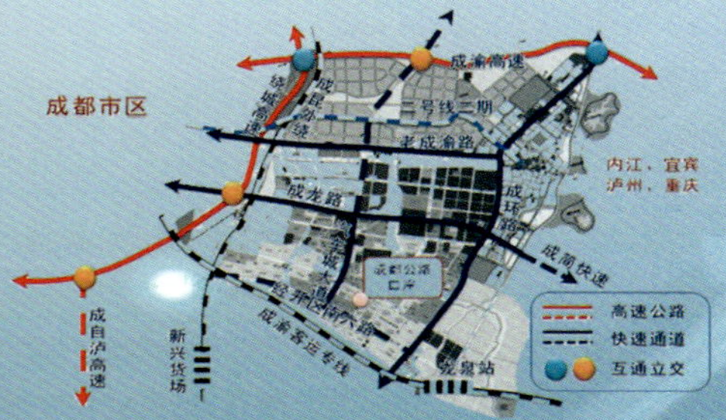

理论发展实践，实践高于理论
——成都亿博物流咨询有限公司总经理谢勤

谢勤是中国资深物流咨询师，MBA，大学客座教授。他是探索和打造“中国物流智襄业”的先行者。中国物流方案解决专家，在物流战略咨询、物流工程咨询和供应链咨询等方面为客户解决疑难杂症，并帮助客户提升价值和实现效益，体现出一位致力于推动行业发展的开拓者的真知灼见。

2009年11月，谢勤主导的《基于供应链管理理论的烟草企业物流外包决策研究》荣获第八次中国物流学术年会课题优秀成果奖。

《基于供应链管理理论的烟草企业物流外包决策研究》在供应链管理基础上，系统地分析了烟草企业物流外包决策的方法，即可以运用交易成本理论、核心能力理论和产业组织理论等方法，并结合烟草行业的实际，对其外包进行决策，这些方法可以为烟草企业进行物流外包风险管理工作提供参考。

2010年11月，谢勤主导的《口岸物流对内陆城市外向型经济发展的推动作用》的课题荣获第九次中国物流学术年会课题二等奖。

《口岸物流对内陆城市外向型经济发展的推动作用》通过对内陆城市口岸物流的研究得出了以下结论：发展口岸物流，有利于促进外向型的区域经济发展、有利于缩短内陆与沿海地区对外开放水平的差距、有利于提高城市的综合竞争力、有利于更好地承接产业转移、有利于增强企业国际竞争力。

2010年11月，谢勤领导的亿博物流咨询公司在第六届中国国际物流节上同时荣获中国物流业双项大奖，“2010中国物流品牌价值百强企业奖”和“2010中国物流经典解决方案奖”，亿博也是本届及历届中国国际物流节上唯一获奖的物流咨询企业。

2011年1月，在成都市物流办主办、成都市物流协会承办的“2010年度成都市物流行业评优暨2011年迎春大联欢”上，亿博物流咨询公司总经理谢勤先生被评为“2010年度成都物流行业杰出贡献人物”。

在他的领导下，亿博物流咨询公司取得了井喷式的发展，业务突飞猛进，品牌迅速传播，专家管理团队扩大到一百多人，成为国内规模最大的物流咨询公司。他和他带领的管理团队完成了成都公路口岸可行性研究报告、崇左东盟国际物流园区总体规划、宁东宝塔石化总体规划、聊城大东钢管升级改造总体规划、珠海物流园区总体规划等在内的200多项大中型物流咨询项目，在满足了客户需求的同时，亦推动了地方经济的发展，用实力和成绩在业内建立了广泛的影响和口碑。

目前，他带领的亿博物流咨询公司正向多元化发展，在物流金融、物流地产、物流设备研发销售、物流IT方面布局，为客户提供更为专业和优质的服务，打造中国物流咨询第一品牌。

谢勤领导的物流咨询公司在推动行业发展的同时，也在积极地承担社会责任，实现着一个企业在社会责任中的使命和价值。亿博创造了一定数量的物流高端就业岗位，这些岗位在不断地引领物流业的发展方向，在业内不断探索和进取；在物流人才紧缺的现状下，亿博为业内企业培养了一大批专业实用的物流高端人才，这些亿博子弟在物流各领域内辛勤耕耘和实践，传播着亿博对物流的认识和理念；亿博所做的每一个物流咨询项目，都积极响应国家政策，不遗余力地引领物流咨询项目的政策倾向，推动中国物流产业不断发展、壮大和规范。

50 十年来为我国物流业发展作出较大贡献的50位人物

十年来
为我国物流业发展
作出较大贡献的50位人物

展示顺序

王国文
王　彪
刘　志
邢慷弟
张成海
陈显宝
何明珂
张　舰
吴清一
郑松兴
周建亚
洪水坤
黄东风
高会恩
盖守岭
黄远成
韩　松
赖展京
薄世久

（部分顺序调整原因：排版完整性安排）

50 PERSONS

王国文

——从物流到供应链的变革是从量变到质变的合乎逻辑的演进，管理和技术则是主要驱动力量

王国文，综合开发研究院（中国·深圳）物流与供应链管理研究所所长，经济学博士，管理学博士后、副研究员。兼任美国供应链管理专业协会（原美国物流管理协会）驻中国代表处首席代表兼中国圆桌会常务副主席、秘书长；美国仓储教育研究会（WERC）中国首席代表、中国物流学会副会长、深圳市政府决策咨询委员会委员。南开大学、北京交通大学客座教授，《供应链季刊》、《北京交通大学学报（社科版）》、《港口经济》编辑委员会会员。

主要研究方向：物流战略规划、供应链流程优化与绩效考量。

王国文长期从事物流产业管理工作及研究工作，熟悉、港口、航运、陆路运输、国际货运代理、仓储、物流配送、商业物流体系等物流环节，在区域经济、产业规划、交通和物流规划、第三方物流战略、企业供应链流程与物流网络优化、国际物流等领域有丰富的研究经验。他主持或主笔的研究咨询课题60多项，发表重要演讲、学术报告100多场，参与、主持、组织的学术研讨会40多个，出版著作5部（含著、编、译作），发表学术论文40多篇。他的主要研究成果有《供应链管理流程标准》、《企业战略供应链绩效考量》、《仓储规划与运作》、《仓储战略与管理》、《第三方物流战略》、《物流统计指标体系》、《深圳国际物流定位与深港物流关系》、《第三方物流转型模式研究》、《国际物流与制度因素》等。王国文多次应邀参加国际、国内物流学术会议，发表主旨演讲，组织多项国际交流和国际培训项目。

部分研究咨询项目（主持或主笔的项目）

胜利石油管理局运输总公司发展战略规划研究，2005－2006年
深圳前海湾保税港区调研报告及政策研究，2007年
山东潍坊沿海产业带、浙江台州沿江发展轴产业规划研究，2008年
湖南郴州“两城”战略规划、郴州“十二五”规划研究，2009年
云南开远市产业战略规划研究及物流园区建设可行性研究，2010年
国家开发银行支持华强集团电子商务物流战略研究，2010年
福建龙洲股份募投项目可行性研究，2010年
五矿国际钢铁城（麻涌）项目可行性研究，2010年
深圳市物流“十二五”规划专题研究，2010年
RFID技术应用市场研究，与德国邮政DHL联合课题，2011年
城市物流研究，与西门子、德国邮政DHL联合课题，2011年
喀什特殊经济开发区产业规划及基础设施建设项目可行性研究，2011年

主要著作

《供应链管理流程标准》，译、校，清华大学出版社，2007年4月，北京
《CSCMP全球物流视角——中国篇》（英文版），美国供应链管理专业协会，2006年1月，芝加哥
《仓储规划与运作》主编，中国物资出版社，2009年2月，北京
《仓储管理与战略》，主编，中国物资出版社，2009年2月，北京
《国际物流与制度因素》，著，中国物资出版社，2010年5月，北京
《中国供应链管理蓝皮书》，副主编、作者，中国物资出版社，2011年6月，北京

王 彪

——珍惜每一刻，用心每一步

中国邮政速递物流股份有限公司董事、总经理
经济学学士学位，高级经济师
2008年，担任北京奥运火炬手
2010年，荣获“建国60年航运与物流业杰出人物”

王彪于1971年11月投身于我国邮政事业。历经38年，积累了丰富的工作经验。于2009年8月就任中国邮政速递物流公司党委书记、总经理；2010年6月10日出任中国邮政速递物流股份有限公司董事、总经理。

王彪是中国邮政最早探索开办现代物流业务和积极推动邮政速递物流整合者之一。期间，他积极推动速递物流体制机制改革，大力拓展服务领域；在市场开拓和邮政速递物流业务体系建设和品牌建设等方面做出了突出成绩，对邮政速递物流乃至中国快递物流业的整体发展，起到了积极的推动作用。

在担任北京邮政速递公司总经理、物流局局长期间，他通过业务流程再造，为某世界著名服装品牌企业在全国30个城市、历时3个半月的巡回展出提供了全程的综合物流服务，受到了客户的好评。2003年4月，非典疫情肆虐北京，他出任原国家邮政局速递局局长，当年全国邮政速递业务收入首破50亿元大关，业务量同比增长22.6%。

2004年，他带领邮政速递专业，着力打造优质、标准、新型的梯次业务体系，确立了EMS“全新、全速、全球”的服务理念，使速递成为邮政第二大专业。期间，他积极推动业务创新，首开多项速递服务：依托邮政自有航空“全夜航”快速网络，积极开办“次晨达”业务；在中秋礼仪市场营销开发中，奠定了邮政作为中秋礼仪文化传递者的基础，并对行业参与礼仪市场提出了清晰的发展思路。他积极致力于企业品牌建设，不仅建立起邮政速递（EMS）完整的品牌体系，并在短时间内将其打造成中国快递业的第一品牌。

50 PERSONS

2008年以来，按照在国务院的要求，中国邮政集团公司进一步加快了体制改革步伐，实施了邮政速递、物流两大专业的整合，成立了中国邮政速递物流公司，王彪先生全面主持和组织实施邮政速递物流的专业整合和市场开发工作。在他的带领下，邮政速递物流成功抵御了金融危机的影响，进一步提升、稳固了邮政速递物流的市场竞争优势和地位。特别是在2010年6月10日，中国邮政速递物流股份有限公司成立，王彪先生出任股份公司董事、总经理后，继续深入推进邮政速递物流的股份制改造工作，深入推进邮政速递物流业务的发展。面对激烈的市场竞争和速递物流股份制改造的新形势，他积极倡导“珍惜每一刻，用心每一步”的企业发展理念，围绕市场、客户需求变化，努力推动邮政速递物流揽投网、省内网、区域网、陆路快速网、邮政自主航空网等专业化网络建设；通过持续、深入地开展速递业务流程优化等工作，使速递物流运行质量和客户服务质量得到有效地改进和提升，为进一步确立邮政速递物流核心竞争优势和企业的长远发展打下了良好基础。2010年，邮政速递物流发生了深刻的变化，业务规模突破200亿元大关，企业实力得到明显提升。王彪先生对邮政速递物流的改革与发展作出了重要贡献，同时也将会对中国快递物流业的发展起到积极的推动作用。

刘 志

——以运为主，运工贸一体化多元发展

刘志，是新疆维吾尔自治区第六届、第七届党代会代表，2006年被评为新疆维吾尔自治区“劳动模范”，2008年当选十一届全国人大代表，2009年被新疆维吾尔自治区人民政府评为“第四届新疆优秀企业家”。

2001年刘志临危受命就任运输公司经理、党委书记，担起了“活企增效”的重担。刘志以学习实践科学发展观为动力，积极转变职工思想观念，大力调整产业结构，内抓管理搞改革，外拓市场谋发展，逐步建立了与市场经济相适应的体制机制。刘志一直以企业家的睿智和胆识，结合企业实际，以基层和现场管理为重点，不断创新管理模式，促进了企业发展。一是推行运输专业化管理；二是创新财务集中管理；三是强化经营管理；四是严格安全环保管理；五是加快信息化建设步伐。

他提出了“一年起步、两年上路、三年大发展”的工作方针和“以运为主、运工贸一体化多元发展”的经营思路，大力实施“三个轮子（运输主业、基建工程、多种经营）、一个过渡带（文教卫生、基地物业）”的产业结构发展目标和“13633”三年发展战略。之后又提出了“16336”发展目标。

他使运输公司发生了脱胎换骨的变化：①经营领域从油田运输延伸到石油石化产品配送、基建工程、产品制造等业务；②市场范围已从新疆扩展到全国31个省市自治区和国外；③资产总额从2000年的6亿元增加到120亿元；④车辆从2000年的1232台增加到现在的20000多台。装备的更新、运力的增加，增强了公司的整体实力和市场竞争力，提高了创效能力；⑤货物周转量从2000年的3.3亿吨公里增加到2010年的103.7亿吨公里；⑥启动了OA办公自动化系统，建设了车辆GPS卫星定位监控系统，建成了新疆、北京两个车辆GPS卫星定位监控指挥调度中心和覆盖全国481个配送中心（车队）的视频会议、电话会议系统，初步建成了公司的信息化管理平台和全国信息网络指挥体系，提高了运输配送质量和安全管理水平；⑦经营收入从2000年的3.1亿元增加到2010的170.3亿元，是2000年的54.9倍。

企业跻身于“中国道路运输百强企业”前3强和“中国物流百强企业”第4名，被评为国家5A级运输物流企业，成为全国规模最大、实力最强的大型公路运输物流企业之一。

以人为本，大力创建和谐企业，10年来，大力实施“民心工程”，连续20年保持了新疆维吾尔自治区“文明单位”称号，涌现出“全国文明单位”、“五一劳动奖章”、集团公司“十大杰出青年”等86个国家级、省部级先进集体和个人，运输公司团结稳定、风正气顺的和谐局面得到有效巩固。

在刘志和公司领导班子的带领下，全体员工将紧紧抓住加快转变发展方式这一主线，积极落实保障民生、构建和谐这一主旨，大力实施“16336”发展战略，努力把公司建设成为“国内一流的跨国运输物流企业”。

邢慷弟

——海关主管、园区协管、企业自管、社会共管

邢慷弟长期从事港口物流及保税区开发建设的经营管理工作，在党的教育和自身努力下，他发扬艰苦奋斗、求真务实、开拓创新的优良传统。在建设上海“四个中心”、发展现代物流产业、实施“区港联动”战略、推进区域经济发展等方面作出了积极贡献。

2004年4月15日，经国务院批准的全国首个“区港联动”项目——上海外高桥保税物流园区正式封关运作。邢慷弟担负起园区开发建设和营运管理的领导工作，他积极围绕国际中转、国际采购、国际配送和国际转口四大功能，主持设计了9种业务流程，突出了创新整合型的国际中转业务、创新集约型的国际采购业务、创新节约型的出口复进口业务等三大模式，得到了海关、国检、外汇等政府部门和客户的一致认同，促进了“区港联动”在规划、信息、营运、政策等方面的联动发展，充分体现了政策应用、资源整合的优势。2010年，园区进出区货值实现690亿美元，海关税收实现87.7亿元人民币。在全国9个保税物流园区中各项经济指标名列前茅，成为全国物流产业发展“先行先试”的示范区。

邢慷弟按照“功能定位，定向招商”的原则，实施针对性经营和个性化服务的招商策略，2004年以来共引进国际航运集团、跨国物流企业和跨国采购零售商28家，开展跨国采购项目60余项，累计引进外资3亿美元。邢慷弟坚持优化招商结构、提升项目能级，重点引进了大创产业（DIASO）、ACE配送中心、尼桑(NISSON)分拨以及苹果（Apple）、雅马哈（YAMAHA）乐器、酷茨（COACH）等一批有代表性的专业采购类项目。同时，他还积极推进伦敦金属交易所（LME）期货交割项目落户上海的工作。

邢慷弟把品牌建设放在园区发展的突出位置，提出个性集成化的服务理念，积极推行与国际惯例相对接的标准化服务管理，既重视有形的集成和创新，又努力推进“开放、联盟、创新、繁荣”的品牌建设，增强了园区的核心竞争力。

邢慷弟认为诚信体系建设是物流业整合的关键条件，因此，他努力推动以“海关主管、园区协管、企业自管、社会共管”为基本原则的管理模式等。通过不断深化主题，配合海关等政府部门先后设计推出了“先进区后申报”、“海运直通分类管理”等，规范企业诚信经营，推进标准化建设，从而提高了园区的营运效率和经济效益。

邢慷弟长期注重研究，勇于实践。他主编的《物流园区实务指南》为企业开展保税业务提供了政策应用和营运管理的标准，推动了业务的快速增长。他在全国现代物流工作会议上作了题为《实施集约化经营战略　建设节约型物流园区》的报告。他积极与复旦大学和上海海事大学建立产学研基地，他的观点和创新成果得到了国内外物流界的关注和赞誉。2005年上海市浦东新区授予邢慷弟现代物流领域专家称号，并享受政府津贴；2007年邢慷弟被国家人事部授予“全国物流行业劳动模范”称号，2009年邢慷弟被推选为中国物流学会常务理事；2011年邢慷弟被中国仓储协会推选为保税分会副会长。

邢慷弟对发展现代物流事业充满激情，他身先士卒、严于律己，在员工和客户中享有较高威信，是实干型、知识型和创新型的带头人。

张成海

——商品条码与自动识别技术是提高物流管理水平不可或缺的技术手段

张成海，1965年6月出生，博士，研究员。现任中国物品编码中心主任，北京交通大学兼职教授、博士研究生导师。兼任中国自动识别技术协会理事长、全国物流标准化技术委员会副主任委员、全国物流信息管理标准化技术委员会秘书长、全国信标委自动识别与数据采集分技术委员会主任委员、全国物品编码标准化技术委员会秘书长。

张成海一直从事我国的物品编码与自动识别技术工作，在条码、二维条码、RFID、电子商务、供应链管理及物流信息标准化等领域拥有多年的研究、技术应用以及管理工作经验。他组织制修订了《商品条码》、《汉信码》等国家标准40余项，承担了《二维条码技术研究与应用试点》、《物流配送系统关键标准研究》等多项国家重点项目，编著了《供应链管理技术与方法》、《EPC与物联网》等10多部专著，在国内外刊物或学术会议上发表学术论文30余篇。

2000年，张成海被评为享受政府特殊津贴的中青年专家。2004年，被评为中国首批“新世纪百千万人才工程”国家级人选；同年，被国家标准化管理委员会授予“条码事业贡献奖”。2007年，任国际物品编码协会顾问委员会成员。

多年来张成海在以下方面进行了积极的卓有成效的工作并取得了显著成绩：

商品条码

建立了我国商品标识代码与条码标准体系，达到国际先进水平；制定了《商品条码》等10多项国家标准，建立了我国第一家商业POS示范系统，并在全国范围内得到推广应用。目前，国内超过10万家企业，1000多万种商品上应用了条码标识，为我国商业自动化和商品出口创汇做出了突出贡献，也为我国物流配送和连锁经营打下了技术基础。

二维条码

开拓了我国二维条码技术研究的新领域，研制出用二维条码表示汉字信息的方案，并在国际上得到推广应用。制定了我国第一个拥有自主知识产权的二维条码——“汉信码”的国家标准，并在物流管理、车辆牌照、流动人口管理等多个领域得到了应用。

EDI

开辟了流通领域EDI与标准化研究的新领域，编著了《流通领域电子数据交换规范》。目前，该规范已成为亚洲各国汉字应用国家和地区的EDI手册，该书的问世为我国流通领域EDI研究和报文标准制定打下了基础；制定了10多项EDI报文标准。

现代物流

制定了我国现代物流标准体系，承担了《物流配送系统关键标准研究》等多项国家科技项目，负责制定了20多项物流与自动识别技术方面的国家标准，著有《物流标准化》等10多部专著。

物联网

开拓了我国物联网工作，在标准、管理、试点、实验室建设等方面做出了突出成绩，推动了我国物联网建设；建立了国家射频识别产品质量监督检验中心；发展了RRID的应用；出版了《物联网与产品电子代码》、《EPC技术基础教程》等多部专著。

50 PERSONS

张成海撰写的部分专著及论文

专著：

《流通领域电子数据交换规范》，中国物价出版社，1995年

《二维条码技术》，中国物价出版社，1996年

《电子商务》，中国铁道出版社，1998年

《QR CODE码——一种新型的矩阵符号》，中国标准出版社，2001年

《QR CODE二维码技术及应用》，中国标准出版社，2002年

《供应链管理技术与方法》，清华大学出版社，2002年

《物流标准化》，2007年

《物流领域条码技术应用指南》，2008年

《物联网与产品电子代码》，2010年

论文：

《供应链管理的支持技术》，条码与信息系统，1999年第1期

《EPC引领物流新技术发展》，物流技术与应用，2004年9月

《物联网离我们有多远》，中国自动识别技术，2009年6月

张成海获得的荣誉

1997年12月，被评为原国家质量技术监督局京区系统优秀青年

1998年，被评为中央国家机关优秀青年

1999年3月，被原国家质量技术监督局授予“条码事业突出贡献奖”

1999年4月，被国家质量技术监督局授予“全国质量技术监督系统先进个人”称号

2000年6月，被评为享受政府特贴的中青年专家

2001年2月，被国家科技部等评为国家“九五”科技攻关先进个人

2001年11月，负责的“四一七条码国家标准的制定与实施”获国家质量监督检验检疫总局科技成果二等奖

2004年3月，被国家标准化管理委员会授予“条码事业贡献奖”

2004年4月，被评为首批“新世纪百千万人才工程”国家级人选

附注：中国物品编码中心

中国物品编码中心（以下简称“中心”）成立于1988年，隶属于国家质量监督检验检疫总局，是统一组织、协调、管理全国商品条码、物品编码、产品电子代码与标识工作的专门机构；1991年4月代表我国加入国际物品编码协会（GS1），负责推广统一通用的中国商品条码标识系统和供应链管理标准。

中心建成了以完善我国物品编码与标识体系为核心、覆盖全国的集编码管理、技术研发、标准制定、应用推广以及技术服务为一体的工作网络，在全国设有46个分支机构、近500个工作站。

中国物品编码中心积极探索、自主创新，取得了一批具有自主知识产权的科技成果，极大地推动了我国物品编码与自动识别技术的发展，向社会提供公共服务平台和标准化解决方案，促进了我国信息化与标准化的发展，为国际贸易、产品出口创汇以及国民信息化建设做出了贡献。

中心以商品条码为核心技术，在全国范围内建立了农产品追溯、中药材追溯、医药零售与物流、植入性医疗器械追溯与监管等20多个应用示范。在食品安全追溯领域，中心研究提出了我国食品编码标准体系，制定了多项国家标准，打造了新疆哈密瓜、四川茶叶、山东蔬菜等地方特色优质产品品牌，成功将商品条码应用于我国食品安全追溯工作和奥运食品安全保障，树立了“中国制造”的良好国际形象。在医药流通领域，中心成立了包括分中心、药监部门、卫生部门、行业协会、医药制造、医药物流、医院、药店等在内的工作组，大力推广商品条码技术在医药生产、流通和使用过程中的应用，重点普及医药POS系统在大中城市药店中的应用，提升医药流通信息化水平，保障患者安全。在零售物流领域，中心以箱码为核心，邀请零售企业、制造企业、软件企业共同编写《零售业箱码推广应用指南》（以下简称《指南》），从而指导并帮助零售企业通过采用箱码提升自身效率，进而提升全行业物流效率。目前，中心正根据该《指南》的内容申请商务部部标。

从2003年开始，中国物品编码中心以TC267为平台，就积极开展了针对物流信息编码、物流信息采集、物流信息平台等方面国家标准的研究和制定工作，已在条码标识体系标准、射频识别标准、物流信息系统软件标准、物流信息交换标准等领域取得了较快发展，在物流信息标识体系方面形成了较为完整的标准体系，制定了《商品条码零售编码与条码标识》国家标准GB12904—2008、GB/T18348—2008《商品条码　条码符号印制质量检验》、GB/T14257—2009《商品条码　条码符号放置指南》、《商品条码储运包装商品编码与条码表示》（GB/T16830—2008）、《物流单元　编码与符号标记》，现已修订为《商品条码物流单元编码与条码表示》（GB/T18127—2009）和《128条码》GB/T18347—2001等，可以基本保证物流业对条码技术标准的需要。

RFID技术作为物流领域应用的一项重要的自动数据采集技术，也是物联网建设的关键支撑技术之一。中国物品编码中心结合国内外物联网发展和应用现状，制定了物品电子编码系列标准，并联合工业信息化部信息技术标准化研究所制定了RFID空中接口协议系列标准，为我国物流领域信息化建设提供了技术支撑，为我国物流领域物联网的发展奠定了基础。

陈显宝

——落实“国八条”，用好的政策为物流业发展护航

北京宅急送快运股份有限公司总裁，中国物流与采购联合会副会长，中国快递协会副会长；工商管理硕士，高级物流师

2008年，被评为“企业快乐竞争力信心领袖”

2009年，当选“中国物流十大年度人物”

2010年，荣获“中国品牌创新人物”称号

陈显宝1994年加入宅急送，为宅急送的创始人之一，历任宅急送华南区总经理、华北区总经理、总公司常务副总裁。2008年10月，他临危授命，担任宅急送总裁。

陈显宝在宅急送的18年，正是中国快递业飞速发展的18年。18年来他全面参与了宅急送经营管理，定方向、搭班子、建团队、促发展，使一个只有7个人3辆车的小快运公司成长为一个拥有员工2万人、网络覆盖面达2000多个城市和地区，技术进步、设备先进的现代物流企业，成为民营快递企业发展的标杆。

在华南，他是华南区的开创者，在极其艰难困苦的条件下，与同事们一起风餐露宿，取得了当年开发当年赢利的业绩；在华北，他是华北区的发展者，他开创了石家庄内陆城市发展模式，天津、青岛、威海等地项目物流发展模式，更为突出的是他建立了一支学习型的团队，这个团队互相学习、互相激励、共同奋斗，华北区整体经营业绩收入占宅急送的1/3，利润近70%。从人才队伍建设到企业经营模式的确立再到企业创收，他奠定了宅急送发展的基础。随后他出任公司常务副总裁，全面参与公司经营把控，有力地控制了2004年的扩张危机。

2008年全球金融危机，宅急送又面临着一场扩张后的生死大考，陈显宝在此双重危机面前，再度表现出出色的经营素质和卓越的管理才能，带领宅急送走出了困境。他是宅急送抗危时期的信心领袖，也是宅急送创新发展的总设计师。陈显宝对中国物流企业的突出贡献是对民营企业进行的深入研究和总结，他的论文《家族企

50 PERSONS

业的治理结构》和相关观点被《中国物流与采购》杂志、《现代物流报》等多家媒体与研究机构相继摘登、转载，极大地促进了家族式民营企业的现代化发展进程，他在宅急送的创新实践为家族式民营企业的发展提供了可资借鉴的参考。

2010年，在陈显宝的主导下，宅急送投资1亿元与IBM合作，重新确定发展战略、梳理组织管理架构和组织管控体系；和用友合作，进行信息系统的全面升级，联手开发了新的BOS系统。新BOS系统分为取派、中转、路由、财务四个管理模块，共260个功能节点，覆盖宅急送前端所有业务操作、考核及相关财务处理，新系统于2011年2月8日正式上线，能同时支撑宅急送3000多家单位庞大的业务操作，使操作效率大幅提升。在业务高峰时期，工作单保存由原来的几分钟缩减到几秒钟，收入确认和收款核销的速度也由原来的几分钟缩减为1～2秒。

陈显宝力推物流管理技术现代化，宅急送采取“三位一体”分拣操作模式，实现了货物从装车—卸车—入筐—入包的全程不落地操作。三位一体，装卸机+分拣线+笼车／笼筐，货车到达物流中心后，皮带式伸缩转载机直接进到货车内部，车上的包裹被卸载在伸缩机上，自动送到与之相连的分拣线上。货物在仓库内的分拣、存储、重新装车配送全部使用笼车，全程不落地，大大减轻了劳动强度，作业现场更加整洁、货物更加安全。

目前，宅急送拥有点线面三位一体的物流服务网，在华北、华东、华南、华中、东北、西北、西南设有7大物流基地，40个运转中心，网络覆盖全国2000多个城市和地区；拥有3000多个经营网点、42个航空口岸、360条航线、近1500个航班、620条物流班车线；服务方面，宅急送能提供成熟的仓储、分拣、包装、配送一体的供应链管理服务，为电商提供仓储监控存货等相关管理，电购业务的妥投率超过90%，网购业务超过95%，年代收货款50亿元。

通过与快乐购、家有购物、淘宝网、中视购物等众多电子商务企业的合作，通过与戴尔、TCL、格兰仕、佳能、无限极、完美、玫琳凯、仙妮蕾德等直接参与电子商务的制造企业的合作，宅急送已经成为B2C快运服务专家，在未来逆向物流、部分签收、退货与换货、提供安装等诸多服务领域，宅急送将展露自己的风采。

何明珂

——注意社会活动，为我国的物流教育和理论研究做出了巨大的贡献

何明珂，博士、教授、博士生导师。现任北京工商大学研究生部主任，曾任北京工商大学商学院院长，是国务院政府特殊津贴专家、北京市教学名师。兼任国家教育部高等学校物流类专业教学指导委员会副主任委员、中国物流学会副会长、中国物流与采购联合会副会长、中国仓储协会副会长、瑞典哥德堡大学访问教授等。是国家发改委、商务部、交通运输部、北京市政府等有关政府机构的顾问或特邀专家。

十年来，何明珂潜心致力于物流教育和物流理论研究，踏实做人、诚实做事获得了诸多殊荣。

2008年他所在的物流管理专业被批准为国家级特色专业，他所领导的物流管理教学团队被批准为国家级教学团队，他本人获北京市教学名师奖和北京市高校教学成果二等奖。

1994年他被授予“北京市优秀青年骨干教师”称号，1995年被确定为北京市“百人工程”人选，1997年被评为部级有突出贡献专家，同年被邀请到中南海为国务院领导讲课，受到好评。1996年获得北京市优秀教学成果二等奖，2003年荣获全国商业科技进步二等奖两项，2004年荣获北京市第八届哲学社会科学优秀成果二等奖，2005年《物流系统论》被评为北京市精品教材。

何明珂在物流理论研究方面取得的成绩得到了中国市场学会、中国物流与采购联合会、中国商业联合会的普遍认同，他不仅被这些组织分别授予相关荣誉称号，还被列入专家库参与行业的各项重要活动。他多次应邀赴美国、英国、法国、加拿大、瑞典等国参加国际学术会议并发表演讲。

主要研究方向有：供应链物流管理、物流技术、电子商务与现代物流等。主要讲授课程：“物流系统论”、“SUPPLY CHAIN LOGISTICS MANAGEMENT”等。1993年以来共发表论文120余篇、出版著作24部，其中专著2部，共计约200万字，代表专著是《物流系统论》。主持过2项国家科技攻关课题、参与过2项国家社会科学基金课题，完成大量政府和企业咨询课题。

早期重要创新性论文：

1. 公共配送系统接口设计原则[J]. 商品储存与养护，1996.1.
2. 传统批发、储运如何向现代物流转化——在海峡两岸物流中心建设暨技术综合应用研讨会上的发言[J]. 商品储运与养护，1997.3.
3. 采用物流信息技术 降低供应链成本[J].科技智囊，1997.9.

重要论著：

1. 物流系统论[M]. 高等教育出版社，2004.
2. 电子商务与现代物流[M]. 中国经济出版社，2010.

部分重要创新性学术观点：

1. 认识物流的三分法：三重目标、三级功能、三层理解；
2. 供应链物流系统三种集成模式；
3. 供应链物流集成商的6项责任；
4. LD—CED物流网络结构及其运营。

50 PERSONS

张 舰

——目标要看得准，思维要跟得上，压力要顶得住

2008年，张舰被评为“中国物流十大年度人物”。张舰现任天津滨海泰达物流集团股份有限公司董事局主席、总裁，同时出任天津泰达阿尔卑斯物流、大连泰达阿尔卑斯物流、天津丰田物流、天津元大现代物流有限公司、天津开发区泰达公共保税仓公司、天津泰达斯迪尔电子交易市场经营管理有限公司和泰达行（天津）冷链物流有限公司的董事长，天津港国际汽车物流有限公司副董事长、天津铁合金交易所副董事长，以及天津津滨发展股份有限公司监事会主席，现任天津市政协委员。

自1995年担任泰达控股投资管理部经理后，张舰便开始投身于物流行业。在MBA学习期间，张舰就以物流作为对象，结合实际案例，通过深入细致地研究完成其毕业论文《价值创造：第三方物流企业成功之要素》，深刻阐述了第三方物流企业的内涵是价值创造，而并非成本增加。张舰凭借十余年丰富的物流从业经验，成功完成了滨海泰达物流产业的重组和上市工作，滨海泰达物流成为滨海新区首家在香港资本市场上市的物流企业。

张舰注重对物流的研究和总结，对物流行业的发展有独到的理解，他在全国及国际性专业论坛发表的观点受到业界广泛关注。

2009年9月，张舰在国家发改委联合国务院办公厅秘书局、国务院发展研究中心、公安部交通管理局、财政部、国土资源部、交通部、铁道部、商务部、海关总署、国家税务总局、国家工商总局、银监会、民航局等部门召开促进物流业发展政策座谈会上提出了物流与生产的结合、物流与商贸的结合、物流与金融的结合、物流与环保的结合四个方面的发展意见。

同时，张舰积极参加中国物流与采购联合会举办的物流报告会、形势分析会，以及关于物流政策等方面的会议，积极支持联合会工作，并为行业发展、物流产业振兴规划等提出了诸多建议。

2011年，在张舰的主导下，滨海泰达物流与亚洲开发银行和蒙古国政府的代表就有关问题进行了讨论，张舰提出了如何将“边境贸易”转化为“国际贸易”的创新思路。

张舰已成为国家、相关政府机构和天津市物流行业组织制定政策、进行战略研讨的重要意见对象，他参与到天津市和滨海新区的多项重大物流行业举措当中，曾在国家制定物流产业振兴规划、天津市制定现代物流业“十二五”发展规划的意见征询中发挥重要作用。

张舰十分关注物流人才的教育和培养问题，欣然将自己关于物流的理解和经验与业界同行、高校教师及学生分享。张舰是南开大学的特聘教师，每年都要为南开大学和天津财经大学讲学授课，并多次担任天津财经大学MBA答辩委员会主席。

吴清一

——物流常青树

吴清一几十年来一直活跃在物流领域为我国物流事业的发展奉献着自己的力量。他曾任中国物流与采购联合会副会长，现任中国物流与采购联合会托盘专业委员会主任、亚洲托盘系统联盟副会长，并担任北京科技大学物流研究所所长、《物流技术与应用》杂志主编和北京吴鼎物流科技公司董事长等职务。

他是最早将物流概念引入中国的物流专家之一，长期从事中国物流事业的启蒙与开拓工作，在物流理论、物流科学实用化、物流标准化、物流人才培养、物流媒体建设和物流技术咨询方面做出了许多贡献。在中国物流现代化迅速发展的过程中，他积极参与物流政策与标准的制定与讨论，是国家物流发展规划以及一些物流标准制定的主要参与者。

他在国内和国际物流界拥有良好的威望。2002年被评为“我国物流界十大风云人物”之一，2006年被评为“中国首批有突出贡献的物流专家”，2008年被评为“中国物流改革开放30年突出贡献人物”。

他从20世纪80年代起在我国开展物流启蒙活动，多次邀请日本和德国权威物流专家来华讲学，曾组织全国性物流讲座约10次、各地参会人员共计500余人。1986年他开始培养物流工程方向研究生，1991年他在北京科技大学创设物流专业，目前北京科技大学已拥有物流工程方向硕士点和博士点，成为高级物流专业人才的培养基地。

2002年起他参与制定《物流师国家职业标准》培训计划，主编全套物流师培训教材。截至目前，已有数十万名人员接受培训，缓解了我国物流人才严重不足的问题。

为了宣传和普及物流科学与技术，他于1996年创办了《物流技术与应用》杂志，受到业界高度评价。

为了推进我国物流咨询事业的发展，他积极参与全国各地物流建设的规划工作并且创建了北京昊鼎物流技术有限公司，指导和主持完成了百余项地区物流、物流园区、物流中心以及企业、行业物流系统的规划与设计。

近年来，他努力推进我国托盘标准化和托盘系统建设，倡议建立托盘行业组织——中国物流与采购联合会托盘专业委员会；他主持托盘国家标准修订工作，新标准已经于2008年3月1日公布实施。近年来他坚持不懈地为建立我国托盘共用系统奔走呼吁，得到有关方面重视，国家《物流业调整与振兴规划》已经将此项目列入物流业九项重点工程的内容。

他努力推进和积极参与国际交流与合作，倡导和组织国际交流平台，曾经主办过7次“ 中日韩物流技术交流会”，5届“中国托盘国际会议”。他倡导的与日韩托盘协会共同发起组织的“亚洲托盘系统联盟”，已成为亚洲物流合作活动的重要交流平台。

多年以来，吴清一撰写了数百篇论著与教材，对物流理论、物流技术、物流系统规划与设计、相关地区和行业物流发展方向、企业物流发展战略等问题进行阐述与分析，对我国物流业的发展有着广泛的影响，受到物流界的高度评价。

郑松兴

——世界综合商贸物流中心的缔造者

郑松兴，华南城控股有限公司(香港上市代号1668)联席主席兼执行董事，集团创办人之一，主要负责本集团的整体管理、方向、策略及项目发展。集团辖下大型综合物流发展项目除了已投入经营的华南城深圳项目(总规划建筑面积约300万平方米)外，还有在相继开发中的项目：华南城南昌项目(总规划建筑面积约428万平方米)、华南城南宁项目(总规划建筑面积约488万平方米)、华南城西安项目(总规划建筑面积约1750万平方米)及华南城河源项目(总规划建筑面积约350万平方米)等。经过8年的开发建设，“华南城模式”已蜚声海内外。

华南城以其准确的市场定位、庞大的建设规模、先进的经营理念、成熟的专业运作和惊人的建设速度，成为地区建设的排头兵。华南城作为区域最大的综合商贸物流中心，它向外辐射东南亚、东北亚、西北亚，直至全球商圈……华南城那“大视野、大气魄、大手笔”的企业风貌得以充分展现。

华南城每落户一处，都引来各界热捧。由于华南城先进的营运理念，海内外各方政要、行业协会、营商团体等各界人士纷至沓来；由于华南城是高端的创富平台，每次营销招商，认购认租都引发抢铺狂潮；由于华南城具有无可比拟的改善民生、提升经济的效益，而被全国各地争相引进……

随着时代的发展需要，华南城模式的内涵不断创新、丰富和完善。华南城也由最初单纯的“国际工业原料交易中心”定位升华为“世界综合商贸物流交易中心”。而今，更准确地说，华南城就是一个胸怀宏大气魄、拥有雄厚实力和具备成熟运作模式的城市运营商。华南城每到一处，就建造一座以“一体两翼”为架构、以“专业市场、会展、电子商务” 等完善的集成服务为运营模式的现代商贸新城。

主要荣誉

1997年，获香港工业总会颁发的香港青年工业家奖，美国三藩市州立大学颁发的杰出国际企业家奖；

2006年，被评为深圳物流业十大精英人物、深圳物流界十大风云人物、深圳十杰供应链管理者、深圳会展业杰出企业家，获得“热心社会公益”和“热心社会建设”奖等荣誉；

2007年，被评为首届深圳十大港商风云人物，荣获公益慈善事业贡献奖、深圳市工业经济联合会二级创会勋章等荣誉；

2008年，被评为中国企业数据库优秀企业家、纪念改革开放30周年深圳市百名杰出企业家，荣获深圳物流业十大风云人物奖等荣誉；

2009年，获得深圳物流业十大功勋人物奖；

2010年，被评为2010中国物流十大年度人物、鹏城慈善十大个人，荣获影响深圳经济特区30年的十大港商领袖等荣誉和奖项。

2011年，获“深圳市荣誉市民”称号。

周建亚

——依靠行业、依靠企业，按照合作办学、合作育人、合作就业、合作发展的方针，着力推进校企合作、工学结合，努力培养新一代高素质、高技能、创新型的物流人才

周建亚，中国物流学会特约研究员及常务理事。几十年来一直不懈地为物流职业教育奔波努力着。

1973年周建亚开始进入并接触物流的最初形态——物资。几十年的工作经历，使他热爱上了物流这个行业。2002年9月，周建亚受邀创建物流学院。一批批输送出的适合企业需要的毕业生，提高了武汉商贸职业学院的影响力和知名度。

周建亚认真研究高等职业教育理论，深入总结高等物流职业教育实践，为推进物流职业教育工作上台阶做了大量的工作。

1.2003年1月，在中国物流技术协会支持下，组织并举办了《全国高职院校物流专业教学研究及教材编写会》。同年担任中国物流与采购联合会现代物流教材编写委员会委员，主持编写的“高职院校物流管理专业第二套现代物流系列教材”共13册，2004年继续推出9册，2005年又推出12册。

2.2006年，担任教育部立项推荐高等职业教育物流管理专业紧缺人才培养指导方案配套教材编审委员会副主任委员，主编核心课程《物流基础》。

3.撰写论文，主持物流理论研究分论坛，参与专题讲座。

《我国物流职业教育》发表于2005年《中国物流年鉴》；2008年以来，主持中国物流学会农场物流分论坛三期，气氛热烈，效果良好。2011年4月28日，在中国物流学会、中国物流与采购联合会“2011年物流领域产学研结合座谈会”上作主题演讲：建设创新型职教特色的现代物流产学研基地。

4.完善并制订了包括教学基本管理、教学质量管理、专业与课程建设、实践教学管理、师资管理、学生管理等规章制度，使学院建设走上了规范化管理的新台阶。

他针对高职物流专业特点建立了顶岗实习管理制度、顶岗实习手册填写要求、毕业实习总结报告撰写要求三项制度，已成为物流专业实践教学的经典制度，效果良好。

周建亚除了在学院的工作，还承担了很多政府的工作。

1.承担湖北省人力资源和社会保障厅《湖北省物流师职业资格鉴定试题库》及国家物流员、助理物流师、物流师、高级物流师职业资格考试指南教材建设任务，并于2008年8月完成。

2.受教育部、人力资源和社会保障部、中国物流与采购联合会指派，于2004年10月—2005年4月参与主持制定《教育部职业技术教育物流专业技能型紧缺人才培养指导方案》，该《方案》已正式颁布实施。

在周建亚院长的努力下，2007年11月，武汉商贸职业学院物流学院被湖北省教育厅授予“湖北省第四批高职高专教育教学改革试点专业”；2010年4月，省教育厅授予武汉商贸职业学院物流学院物流实训中心为“湖北省示范性重点实训中心建设单位”；2011年3月，经省教育厅验收合格，授予“湖北省示范性重点专业”。

9年来，武汉商贸职业学院培养合格毕业生5300人，90%以上在物流岗位上工作，毕业生受到用人单位欢迎。所有毕业生实行顶岗实习与就业直通的创举成为高职院校共同努力的目标。学院被中国物流学会评为全国首批产学研基地。中国物流学会第四次会员代表大会授予周建亚院长优秀会员称号。

洪水坤

——中国诚通物流以物流行业领导者为目标，打造综合一流物流集成商的航母

洪水坤，高级经济师。现任中国诚通控股集团有限公司（简称“中国诚通”）董事、总裁、党委副书记。同时兼任中国物流与采购联合会常务理事、中国物流学会副会长、中国交通运输协会物流企业分会副会长、中国物资储运协会名誉会长，北京交通大学兼职教授。

洪水坤从事物流实践近40年。在他的带领下，中国诚通旗下两大物流企业——中国储运（中储股份）和中国物流有限公司成为行业内的领先企业，具有广泛的行业影响力。

他是中国储运物流业发展的探索者、推动者和见证人，是“中国物流上市第一股”的组织者、缔造者。

在担任中国储运总经理期间，他带领广大员工实施从传统储运向现代物流企业转变的发展战略。通过中储发展股份有限公司上市、组织体制改造、业务重组等一系列大胆探索和实践，使之成为国家重点物流企业，被授予“中国物流实验基地”。“中储”品牌目前得到国内外客户广泛的赞誉。

中国储运控股的上市公司“中储股份”（交易代码600787），于1997年在上海证券交易所挂牌。上市十几年来，通过资本市场融资，加快技术升级和业务结构调整，已成为我国物流市场上资产质量优良、增值服务功能强大的一支物流行业股票。2010年，中储股份实现赢利4亿多元。

他是中国物流金融业发展的先行者、探索者、推动者。

早在1999年，在他的倡导、带领下，中国储运开展仓单质押业务，通过10余年实践，已探索出了多种物流金融业务模式，并不断创新，业务量逐年扩大。目前，中国诚通与包括四大国有商业银行在内的数十家金融机构建立了合作关系，为1100余家企业提供物流金融服务。目前，年融资规模达700亿元。

他是作为物流行业内的资深人士，受到媒体的广泛关注。

《中国市场》杂志、《中国储运》杂志、《现代物流报》、香港《南华早报》等媒体分别以《探索中国物流航向的人》、《诚通集团：使命与责任》、《诚通的辩证法》、《洪水坤：“水哲学”泽物流》、Domestic Market Crucial to Future等纷纷对洪水坤进行专访，通过对这位物流业资深人士的采访，盛赞我国物流企业的快速崛起，肯定他为推动现代物流的发展发挥了积极的作用。

洪水坤以振兴民族物流业为己任，在全国集团性物流企业管理、国有物流企业体制改革、国有物流企业资本运营与资产重组、物流中心运营模式、物流服务的标准化、传统物流企业信息化改造等诸多领域不断探索，为中国物流产业的发展做出了积极的贡献。

黄东风

——苦练内功，外树形象

黄东风认真贯彻党的路线、方针、政策，坚持邓小平理论和“三个代表”重要思想，坚持以科学发展观为先导，开拓进取，勇于创新，爱岗敬业，无私奉献，以其智慧和个人魅力，创造性地贯彻落实鹰潭市市委、市政府大物流发展战略。2007年3月参与组建市物流办，2008年8月任物流办主任。在深入调查研究的基础上，借鉴国内外物流工作的先进经验，提出了鹰潭市物流产业发展的战略、方针、政策和基本思路。建立了鹰潭市物流发展的运行服务机制并身体力行地加以贯彻落实。在鹰潭市市委、市政府的坚强领导下，在有关部门的支持及共同努力下，鹰潭市物流业从无到有、从小到大、从弱到强，创造了物流业的历史奇迹，实现了跨越式增长。

黄东风在向鹰潭市政府提交的鹰潭市物流办《“十一五”物流工作回顾暨“十二五”物流工作基本思路》报告中，对鹰潭市物流产业发展的基本思路和基本目标进行了详细的阐述，他的报告受到了鹰潭市政府的充分肯定。

鹰潭市物流产业发展的基本思路

1.坚持以市场为导向，以企业为主体，以良好的政策法规环境为支撑，以降低物流成本和提高综合服务质量为中心，培育和规范物流市场，积极吸引国内外物流资源，全面增强生产与流通企业和物流企业在国内外市场竞争力。

2.与产业结构调整相适应，强化产业优势，立足于铜产业，围绕着对接珠三角、长三角、海西经济区产业转移，配合商贸流通业和农业产业化的发展，发挥区域中心的优势，打造与经济和社会发展相适应的物流服务系统。

3.以物流运输基础设施建设为基础，以物流园区、物流中心、配送中心等物流运作基础设施建设为重点，促进物流信息化建设，以信息传输和信息共享作为技术保障手段，统一规划，合理布局，建立适合鹰潭市的能够保证物流顺畅和低费用的物流服务系统。

4.为满足社会经济发展对物流服务能力、服务质量、服务效率不断提高的要求，物流发展要从实际出发，循序渐进，规划方案应具有分阶段实施的可行性和可扩充性。同时又要高起点，适度超前，努力实现跨越式发展，以适应鹰潭市经济社会快速发展的要求。

5.在物流基础设施规划建设中，要按城市总体规划的要求，合理利用土地，充分利用现有资源进行优化配置，实行新建与改扩建相结合，并充分利用现有设施设备能力，通过资产重组整合，以最新适用技术填平补齐，最大限度地节省投资，实现协调发展，全面提高物流服务的质量、效率和效益。

鹰潭市物流产业发展的基本目标

经过十几年的努力，极大地缩小与国内先进地区和国际发达国家的差距；使全社会绝大部分的“物”的流动，要用最新的物流管理理念和管理技术进行管理；畅通的物流运输基础设施保证“物” 的流动顺畅和低费用；能力充足，布局合理的物流运作基础设施和良好的信息基础设施为物流的运作和信息传递提供保证；拥有一个由各种所有制企业组成的、承担国际或国内物流服务的、大中小和专业化结构比较合理的、技术装备和管理手段先进的、服务能力和服务水平能满足物流需求的物流企业群体；形成有利于实现企业发展与运作的政策法规环境。在鹰潭市建立起了设施先进、布局合理、运作顺畅、能力充足、服务质量良好、满足经济社会发展需求的物流服务系统，把鹰潭市建设成面向世界，对接珠江三角洲、长江三角洲和海峡西岸经济区，联接闽、浙、皖以及西南诸省，服务于鄱阳湖生态经济区的区域性物流中心，为鹰潭市建设成为现代区域中心城市，实现国民经济又好又快的发展提供重要保证。

1.到2012年初步建立起设施先进、布局合理、运作顺畅、能力充足、服务质量良好、满足经济社会发展需求的物流服务系统，使鹰潭市初步形成区域性物流中心。

其标志是：

大型生产与流通企业逐步加强物流管理，中小企业开始重视物流管理，并不断产生物流服务需求；

引进和培育了一批能为物流需求提供服务的，具有一定服务能力和服务质量的物流企业；

物流运输基础设施初步适应物流需求，外部通道有了加强，市内通道较为畅通；

物流园区、物流中心、配送中心等物流运作基础设施完成规划，并开始建设；

初步建成能够保证物流信息传递通畅的信息基础设施，形成初步满足物流信息服务要求的物流信息平台；基本形成有利于物流企业运作和发展的法规政策环境。

2.到2015年基本建立起设施先进、布局合理、运作顺畅、能力充足、服务质量良好、满足经济社会发展需求的物流服务系统，使鹰潭市基本初步形成区域性物流中心。

其标志是：

大部分大型生产和流通企业实现了物流管理从主业中剥离，外包给独立的物流部门运作，大部分中小生产和流通企业物流服务实现外包，城乡配送有了很大发展，电子商务、交易批发市场、社区服务的物流需求市场已基本形成；

有一批能满足物流需求的具有较高物流服务能力和服务质量的物流企业；

物流运输基础设施布局基本合理，内外运输通道基本畅通，各种运输方式有良好的衔接和各物流运作设施间有比较通畅的运输线路；

已建设起有一定规模的能基本满足物流作业量需求的物流园区、物流中心、配送中心等物流运作基础设施；

建立起保证物流信息传递畅通的信息基础设施和满足物流信息服务要求的物流信息平台；

基本建立起能满足物流企业运作和发展的政策法规环境。

3.到2020年，在2015年已实现的发展目标的基础上，建立起设施先进、布局合理、运作顺畅、能力充足、服务质量良好、满足经济社会发展需求的物流服务系统，把鹰潭市建设成面向世界，对接珠江三角洲、长江三角洲和海峡西岸经济区，联接闽、浙、皖以及西南诸省，服务于环鄱阳湖生态经济圈的区域性物流中心，为鹰潭市建设成为现代区域中心城市，实现国民经济又好又快的发展提供重要保证。

其标志是：

大型生产和流通企业的物流管理已从主业中剥离出来，交由专业物流部门运作，实现了物流外包，中小生产和流通企业物流服务基本上实现了外包，城乡配送有了极大的发展，电子商务、交易批发市场、社区服务的物流需求市场已基本形成；

有一批能提供不同层次需求的、具有足够数量的较高服务质量的物流企业；

在建设起基本畅通的、布局合理的运输通道，物流运作设施之间有畅通的运输道路相衔接；物流园区、物流中心、配送中心等物流运作基础设施能满足物流运作的需要；保证物流信息畅通传递的信息基础设施和拥有满足物流信息服务要求的物流信息平台；建立了能满足物流企业运作和发展的政策法规环境。

目前，鹰潭市的物流发展取得了可喜的成就。物流业从无到有，从起步到初具规模，用了3年的时间，物流产业所创造税收从2007年的3.4%上升到现在的15.28%。增幅位居全省之首，物流产业成为全市继房地产之后第二大支柱产业。营业收入过亿元物流企业由2007年的一家发展到2010年的31家，税收超百万元的由2007年的一家发展到2010年的30家。物流产业已成为鹰潭市的支柱产业之一，区域物流中心的功能基本显现。

高会恩

——与行业同人携手，共同打造互动的国内物流服务平台，整合利用资源，为客户提供优秀的整体物流服务解决方案

2008年9月，高会恩就任于北京福田物流有限公司，在他带领下，北京福田物流全体员工共同努力，不断强化服务意识、夯实基础内涵、提升运营质量，追求客户满意，阔步走出了金融危机的不利影响和汽车产销量低迷的阴霾，实现了福田物流2010年发运量103万辆、营业收入15.38亿元的经营业绩。

面对企业发展过程中出现的种种困难，高会恩积极思考，提出了有效的应对方法。

一是积极开发新业务，应对业务量萎缩

加快外部新业务开发的力度，重点是加大生产物流、供应物流等业务的开发力度，以达到提高生产物流及供应物流等业务比例，进一步改善业务结构比例，有效降低经营风险的目的。

二是利用条码技术，进一步改善诸城生产物流业务

建立零部件仓储、分拣、配送的高效物流管理模式，提高零部件周转率，降低存货成本，引入高位货架等措施有针对性地解决了库房拥挤问题；改进配料方式等解决信息滞后及配料方式问题；采用先进的条码技术解决先进先出问题。

三是加强团队建设，实施绩效管理

建立干部及员工绩效评价指标与激励制度；使团队协作分工，责、权、利到位；实施绩效考核量化、合理化，通过组织绩效与个人绩效指标的提炼与设计，为绩效管理的构建评价平台；通过绩效评价与改进，促进了管理效率与效益的提升，提高了执行力与工作效率。

四是实行“四个垂直管理”，狠抓执行力

对财务、运营、资源、人力进行整合，按照计划节点，完成“四个垂直管理”即财务垂直管理、运营的垂直管理、资源垂直管理、人力垂直管理。

五是建立健全销售物流业务作业标准体系

建立健全销售物流业务作业标准化和流程规范化的管理体系，初步实现对运营工作的精益化管理。《销售物流业务作业手册》对销售物流运输过程中的11个管理节点进行了详细地阐述，对各环节操作流程和作业标准进行了较为科学地规范和说明，可以有效地指导各基层人员进行标准化操作，大大提高了销售物流业务整体的运作效率。《销售物流业务作业手册》还获得了中国物流与采购联合会汽车物流分会“汽车物流行业创新奖”荣誉奖项。

六是转变财务管理职能，提高财务对业务的分析、指导作用

调整公司财务系统的管理模式，分公司财务由财务本部统一垂直管理；实施财务业务管理与行政管理的分离；加强资金和收入结算清收，实施押款基数，保障了运营资金供给；严格费用预算管理控制；通过审计整改有力促进了管理改善，实行月度风险控制例会制度，防范了公司运作风险。

高会恩还担任中国物流与采购联合会常务理事、中国交通运输协会常务理事、中国物流技术协会常务理事、《中国物流与采购》指导委员会常务委员。荣获2008年度“中国品牌建设优秀企业家”、2009年度“中国品牌建设优秀企业家”、“中国汽车物流杰出贡献人物”。

盖守岭

——栽好“梧桐树”引来“金凤凰”

盖守岭，山东盖世国际物流集团有限公司创始人之一。2000年任济南公路主枢纽大桥路货运站总经理，2002年任山东盖家沟国际物流有限公司总经理，2008年开始任山东盖世国际物流集团党委副书记、总经理，现为济南市政协委员，中国物流学会第五届常务理事，中国道路运输协会理事，山东省物流与交通运输协会副会长，山东省物流与采购协会副会长，山东省仓储协会副会长，山东省道路运输协会专家，中国国际商会济南商会副会长。

盖守岭于1998年开始筹建并经营山东盖世国际物流集团。通过不断更新观念，创新思路，加快发展，走出了一条适应现代经济发展要求的新兴服务业之路。由于采用了先进的运营理念，集团得以迅速发展提升，从30万元启动资金，经过十余年的努力，集团从一个小型货运市场发展成了一个资产总额达56亿元，占地7000亩，拥有济南、聊城、济阳、齐河四大物流基地，仓储面积150万平方米，是全国规模最大的综合性物流园区之一。

目前，盖世集团入驻了中远、中海、天地华宇、台湾统一、海尔、海信、国美、苏宁、格力等1000多家国内外知名企业，开通了济南至全国各大中城市货运专线1600多条，基本实现全国各省市无盲点覆盖，形成了以家电、日化、医药、五金机电及农产品为核心的商贸物流中心。2007年，集团规划建设了20万吨冷库，定位于打造全国规模最大、设施最好、服务最优的现代农产品冷链物流平台，项目引进了伊利、蒙牛、佳士博、金锣、巾帼水产、国联水产等知名企业，日货物吞吐量1500多吨，客户总数达到500多家，显示了良好的发展前景。

盖世集团集中国5A级物流企业、中国物流示范基地、中国物流百强企业和中国物流产学研基地四项殊荣于一身，是国家仓储龙头企业以及商贸物流园区的典范企业，被省政府列为省级“重点服务业园区”和“重点服务业企业”，荣获“山东省服务名牌”、“山东省消费者满意单位”、“山东省物流信息化示范单位”等荣誉称号，2010年被评为“中国物流杰出企业”和“全国先进物流企业”，当选为中国物流与采购联合会副会长单位。

盖守岭在物流园区建设发展的实践中大胆创新，逐步建立起了与大型综合性物流平台相适应的管理体系，探索出了一条物流与市场相互协调、优势互补、共同发展的现代物流产业园区的成功发展和运营模式，被国家物流行业专家所认可。在盖守岭看来，物流园区的定位应该是“梧桐树”，而不是“摇钱树”，“没有‘梧桐树’是引不来‘金凤凰’的”。由于在物流行业所做出的突出业绩，盖守岭同志先后被评为“济南市优秀企业家”、“山东地产十大最具影响力人物”、“低碳山东功勋人物”、“山东省流通改革发展三十年卓越企业家”，荣获“2009中国物流十大年度人物”、“全国优秀冷藏企业家”等殊荣。

黄远成

——超越，永远是远成文化的主旋律

黄远成以自强不息的奋斗精神，带领全体员工同舟共济23年，缔造出远成物流的辉煌。他一直推崇的就是：不能满足已经获得的成绩，要以超越的心态去面对将来，不断创新。黄远成的超越精神已经成为远成人的价值观核心。在超越中不断地创新，在创新中持续地超越。超越，永远是远成文化的主旋律。

2008年在面对金融危机中，远成集团推行了许多有效的举措，企业不但渡过了艰难阶段，还赢得了更多客户的信赖和支持。黄远成高瞻远瞩、未雨绸缪，通过加强全员培训，全面提升远成服务质量。他创造性地提出了"远成物流星级服务"，首次在物流行业内引入酒店管理模式的星级服务，不仅提高了远成物流的服务标准，打造了远成物流的服务品牌，更重要的是引导行业向更加规范化和标准化发展。这将更加有利于中国物流业向纵深发展，优化物流行业的服务模式，不断增强中国物流企业的市场竞争力。

黄远成在率领远成物流不断超越的过程中，对物流行业所作出的创新贡献获得了行业的高度认可。2010年，黄远成先生分别荣获"中国物流十大年度人物奖"和"中国十大物流新闻人物奖"；2011年，被评为"2011中国低碳物流领军人物"并获得"中国物流十大杰出贡献人物奖"，还获得了2011年度中国快运物流科技进步奖——科学管理奖 。

开拓创新、不断超越是远成发展的恒久动力。"成为中国最具有国际竞争力的现代综合物流服务商"是远成人的目标，黄远成带领着远成集团的全体员工一直在努力中。

韩 松

——按照“一年打好基础、两年核心区运营、三年初具形象、五年形成规模、七年建成新城”的工作步骤，竭尽全力，为把西安国际港务区建设成为未来西部最大的自由贸易区而努力奋斗

2011年7月30日，作为2011全国物流园区工作年会的重要内容，“中国内陆开发开放探索——国际内陆港模式与价值研讨会” 在西安国际港务区召开，与会代表对国际内陆港模式对内陆型经济开发开放所起到的巨大作用形成共识，并在此基础上联名签署了我国首个有关国际内陆港发展的倡议书，折射出陕西省委、省政府和西安市委、市政府着力建设的西安国际港务区，对推动国家战略深入实施有巨大的现实意义和深远的历史意义。而这一创举的执行者，正是西安市人民政府副市长，兼任中共西安国际港务区工作委员会书记韩松。

一米八零的身高，一副金丝眼镜，举手投足间透出学者式的温文尔雅——博学、睿智、理性、热忱、幽默、健谈、实干七种色彩构成了韩松完整、独特的“性格光谱”。出生于山东、成长于北京的韩松如今的最爱是西安，这座正在焕发活力的古老城市已让他无条件地融入全部，他被调任西安市任副市长已6个年头。

在媒体眼里，他是优秀的策划大师；在外商眼里，他是最好的CEO；在经济学家眼里，他是城市运营的专家，不同的人都有不同的解构方式——这就是西安市副市长韩松。

如今的韩松，依然很“西安”。我们顺着他走过的方向，看到了星巴克、地铁时代、2006盛典西安、欧亚经济论坛和西安国际港务区的崛起。

2008年6月5日，韩松肩负起了一项使命：作为西安国际港务区党工委书记、管委会主任，带领西安国际港务区年轻的团队“开疆拓土”，在不沿边、不沿海、不沿江的西安建设中国最大的国际内陆港、全球商贸物流中心和世界一流的现代服务业示范园区，构筑内陆型开发开放的战略高地。

韩松是中国对外经济贸易大学的国际贸易与国际经济管理专业学士、公共管理硕士，曾在国家商务部、国务院办公厅和国家工商总局就职，这使他有机会长期参与国际贸易与合作事务，从而深谙双边、多边经济贸易商务谈判技巧、熟稔国际贸易与国际经济运行“游戏规则”，他还曾参与中国加入GATT的谈判，现在，这些“外向型背景”都成为他领导西安国际港务区快速、健康发展的有利因素之一。

韩松相信，西安国际港务区内的西安综合保税区、西安铁路集装箱中心站及西安公路港的功能连接和叠加，将产生“1+1+1>3”的效应，作为承载西安市现代服务业，特别是现代商贸物流业快速发展的新生开发区。西安国际港务区的发展建设受到了来自中央、省市等多个层面的高度重视和关注，而利用、运用好这种放大了的叠加效应，就自然并形成了一套成熟的“国际内陆港”发展模式。

赖展京

——澳门物流发展的参与者

赖展京除就任于南光物流有限公司外，还担任着中国物流与采购联合会常务理事、广州物流协会副会长、珠海物流与采购商会副会长、澳门中国企业协会副监事长、澳门物流货运联合商会副理事会兼秘书长、澳门空运暨物流业协会监事长等社会职务，对推动内地与澳门两地物流发展起了积极作用。

赖展京长期从事物流行业工作围绕着澳门经济的发展，参与了南光物流业不同阶段的发展工作，包括：在澳门路环投资货柜码头，打通台湾与澳门之间的水路航线，开通澳门至珠三角的跨境运输，投资修建了澳门最大的冷藏仓库，开设了包括澳门至大连、青岛、天津、上海、广州等地数条沿海航线，分别在珠澳跨境工业区珠海园区和珠海保税区设立综合物流服务中心及保税仓库。伴随着澳门的经济发展，赖展京带领南光物流进入了多元发展的新世纪。

由南光物流有限公司组建的珠海通宇物流有限公司，于2010年在珠澳跨境工业区珠海园区建设了综合物流服务中心，依托珠澳跨境工业区珠海园区贯通澳门的24小时通关政策，把南光物流综合服务中心打造成为连接澳门和香港、辐射内地的重要商贸流通平台。

随着会展物流的发展，赖展京于2008年建立了南光展览工程有限公司，拓展了展览工程业务，虽然时间不长，但此项业务已形成了自己的品牌。其成功案例迭出不穷，包括MIF澳门国际贸易投资展览会、中国国际航空航天展览、澳门回归十周年北京展览项目等，特别是南光展览工程有限公司精心打造的上海世博澳门馆，充分展示了“一国两制”方针在澳门的成功实践，为澳门、为国家赢得了荣誉，因此受到了国务院的表彰。

赖展京坚持南光集团“根植澳门，继续做好并延伸现有业务，进军内地；稳健投资，积极寻求新的效益增长点”的发展战略目标，逐步推进南光物流“根植澳门、进军内地”进程，并将业务延伸至珠海，辐射到珠江三角洲及内地。

赖展京心里装的最多的始终是发展南光物流，“怎么服务澳门、怎么发展澳门经济，是我们每一名南光人最重要的工作。而对于一个央企，如何推动澳门的经济发展，如何维持澳门的社会稳定，是我们工作中的基本要求，也是我们南光人的社会责任。”赖展京始终坚持南光集团“用最好的回报社会”的企业宗旨，不怕吃亏，认真履行好所承担的社会责任，他除了在行业商会担任了领导职务外，还担任了惠州市政协委员、同乡会副会长等社会职务。凭着在物流界和澳门社会里扮演好自己“参与者”角色的个人魅力，使南光物流的发展过程中获得业界和社会各种关系的支持协助。

薄世久

——行天下，长久远

薄世久，吉林省长久实业集团有限公司董事长，中共党员，大学文化。1982–1992年在中国第一汽车集团工作，1992年创建吉林省长久物流有限公司（吉林省长久实业集团有限公司的前身，以下简称长久集团）。现同时担任中国物流与采购联合会副会长，中国国际友好联络会理事会理事，中国物流与采购联合会物流企业综合评估会委员。

薄世久领导的长久集团成长快速而稳健，长久集团现下设汽车物流、汽车销售、汽车物流金融、汽车改装四大业务板块，注册资本7000万元人民币，员工总数8000余人。他以把长久集团打造成为“中国综合实力最强的汽车服务集团”为战略愿景，以做强民族自主品牌为宗旨，以回报社会为己任，准确把握发展契机，带领集团完成了从原始资本积累到不断扩充、再到发展壮大的演进历程，实现了企业发展的战略布局，赢得了社会的认可和赞誉，长久集团现已成为集约化的汽车产业综合服务企业。

目前，长久集团商品车整车运输的业务板块已位居国内同行业三甲之列。涵盖乘用车及商用车运输、仓储、整车物流规划、零部件配送、增值服务等业务内容。其中乘用车服务于一汽轿车、北京现代等30余个品牌。商用车业务几乎涵盖了国内所有知名品牌，如一汽解放、中国重汽、陕西重汽、北汽福田等。在全国各地设有多家全资、控股子公司，业务网点达40余处。2008年通过竞标成为奥林匹克火炬传递历史上首家中国物流商、2008年奥运火炬传递全程物流服务唯一合作伙伴，规划并提供最复杂线路上的火炬传递物流服务，历经全国113个城市60余万公里，全程零故障零延迟服务保障。

1998年，薄世久开始带领团队进入汽车销售领域。经过十余年的发展，广西长久汽车投资有限公司旗下的70余家4S店（包括在建和已获批）遍及全国各地。涵盖了汽车4S店投资、汽车饰品供应、二手车经营、信息咨询等业务内容。先后为奥迪、沃尔沃、讴歌、雷诺、丰田、大众、本田、马自达、现代、福特等品牌服务。薄世久始终站在长远发展的角度，视信誉为企业生命，以全方位满足顾客需求为中心、与厂家同呼吸共命运，以“打造精品4S店”为目标，注重社会影响和公众形象，努力实现客户利益最大化，实现长久汽车持续、快速、健康发展。其中郑州长江店连续五年荣获北京现代全国销售冠军。2010年，长久集团的汽车销售业务在全国经销商集团50强营业收入排名中名列第16位。

2006年，长久集团与深圳发展银行签署了战略合作协议，开拓了专业汽车物流金融业务领域。目前，集团已与深圳发展银行等多家金融机构合作，合作品牌涉及马自达、奥迪等50余个，监管网络覆盖全国近300个城市，监管4S店总数达1100多家，累计监管总金额超过1000亿元。因为在此领域成绩突出、诚信度高，深圳发展银行自2007年起聘请薄世久为荣誉员工。

由于薄世久带领长久集团对中国汽车服务业的突出贡献，他先后被授予“新中国60年航运与物流业杰出人物”、“中国十大经济新闻人物”、“中国物流最具影响力人物”、“全国物流行业劳动模范”、“中国最具社会责任感的企业家”等荣誉称号。

薄世久带领长久集团这个生机勃勃的新型现代化企业，面对全球经济一体化和网络经济时代的到来，在巩固其核心汽车物流业务的同时，正积极拓展其他业务领域，致力于使企业发展成为中国综合实力最强的汽车服务集团。

中国邮政速递物流股份有限公司

天地华宇

天津港（集团）有限公司

中国远洋物流有限公司

内蒙古呼铁伊东储运股份有限公司

北京福田物流有限公司

淮矿现代物流有限责任公司

天津滨海泰达物流集团股份有限公司

华南城国际工业原料城（深圳）有限公司

河南煤业化工集团国龙物流有限公司

山东盖世国际物流集团

部分优秀物流企业经典案例

中国外运的化工物流业务信息系统

中国外运股份有限公司（以下简称“中国外运”）成立于2002年11月，于2003年2月13日在香港证交所成功上市。作为中国领先的大型综合物流服务企业，中国外运业务涵盖海、陆、空货运代理、船务代理、供应链物流、快递、仓码、汽车运输等，是中国最大的国际货运代理公司、最大的航空货运和国际快件代理公司、第二大船务代理公司。

截止2010年年底，公司总资产达251亿元人民币，比2009年年底增长15.7%；2010年公司主营业务收入425亿元人民币，税前利润10.06亿元人民币，分别比2009年增长54%和40%。

中国外运实行总部战略运营管控，各下属公司和专业公司专业化协同经营的管理模式。总部制订战略规划，对下属公司业务、营销、财务、资产和人员进行统一的协调管理和管控。信息化建设和运维采取集中和分散相结合的建设和运维模式。对重要核心业务及管理信息系统采取总部集中建设和运维支持的模式，如水运船货代系统、航空货代系统、快递业务系统、物流系统（包括化工物流等专业物流系统）、财务系统、人力资源系统和投资管理系统等；对具有区域性特点的业务和管理，实行由相关子公司建设各运维支持的模式，如集装箱班轮管理系统、堆场管理系统和驳运系统等。

在市场营销方面，总部负责战略性业务和重要大客户的统一营销管理，各下属公司根据本地区市场与客户的特点负责协助总部的统一营销，并负责区域性和其他客户的营销管理。

一、建设实施化工物流信息系统的背景

化工品有固体和液体形态，大多具有易燃易爆的特点，这就决定了化工品的存储、包装与运输具有较强的特殊性，同时也决定了化工物流不同于其他物品的物流。2006年，我国逐渐成为全球第三大化工市场，包含危险品储运在内的化工物流是当时物流业的重要组成部分，同时危险品运输已占年货运总量的30%以上，并呈上升趋势。

在建设实施化工物流信息系统之前，中国外运开展的化工物流业务经营普遍存在着下述问题：一是中国外运各化工物流业务经营企业依靠其各自不同的业务和管理信息系统支撑其

完成化工物流业务相关操作，缺乏适合化工物流专业化特点的信息系统，无法满足化工物流在生产、仓储、运输等环节严格的特殊性、安全性操作管理要求。二是各下属公司在化工物流业务操作和流程等方面缺乏统一的标准规范，难以为客户提供优质高效的服务，各单位分散的化工物流业务系统也没有实现与中国外运其他系统的有效对接和协同集成。三是由于缺乏统一的化工物流系统，影响了下属各化工物流经营单位的业务整合和中国外运化工物流整体竞争力。

为了从根本上解决上述问题，中国外运于2009年下半年正式启动了中国外运化工物流业务信息系统的建设工作，经过近一年的建设该系统于2010年下半年正式投入运行和使用。

二、信息系统运营后的主要效益分析与评估

通过化工物流业务信息系统的建设，中国外运的化工物流业务有了统一集中的运作平台，原来分散在各地的化工物流公司通过这一平台得以在公司统一管理的框架内，相互协调、资源共享，变区域竞争力为全国竞争力。

通过平台整合，中国外运已经形成以塘沽天山、上海化工、广东瑞驰等化工物流公司为中心，涵盖华北、华东、华南，连贯中国沿海，辐射内陆和远洋的化工物流布局。同时，平台还整合了像天津罐箱这样的专业化工品罐箱业务公司，通过平台为其他化工物流项目承接公司提供专业资源服务。

平台内现有专业运营车辆1530辆（含牵引车、挂车、其他），其中，中国外运自有360辆、外租1170辆；运输从业人员1218人（含司机、押运员），其中，中国外运内部248人、外雇970人；罐箱1964个，其中，中国外运自有107个、其他箱东1856个。平台自2010年4月首家单位试运行以来，至今共支持运营客户的化工物流项目106个，完成订单6万余笔，月均5千笔。

通过该平台系统的建设实施，大大改善和提高了中国外运化工物流业务的操作和管理效率，系统实施后比系统实施前操作效率提高30%；系统实施后，实现了系统实施前无法完成的全公司化工物流业务的统一管理，有效提高了客户服务的质量和满意度，有效提升了公司在化工物流业务方面的市场竞争力。系统的建设实施有效推动了公司化工物流业务操作和管理流程的改造优化和统一规范，有效推动公司初步完成了公司化工物流业务的内部整合，为公司下一步整合成立全国专业化统一的化工物流专业化服务公司奠定了基础。

三、信息化解决方案的简介

化工物流业务系统，采用BS模式，前台表现层通过Flex技术开发，中间层使用中国外运自主开发的Fros技术框架，数据库采用Oracle。Fros技术框架全称Framework of Sinotrans，是中国外运通过对软件技术的经验总结自行开发整理，依托于J2EE标准平台，在B/S应用环境下，为化工物流业务整合平台开发提供的一套完整的开发标准和技术方案，提高了对复杂业务的适应能力和应变能力。

结合对化工物流业务流程的分析梳理、统一操作规范，通过有针对性地开发建设一个完整的系统平台，实现了各下属化工物流业务经营单位在化工物流操作的统一规范和流程的优化改造，促进了中国外运业务的整合，使得中国外运化工物流业务整体实现信息化，也实现了中国外运化工物流业务的集中统一管理，及化工物流系统与中国外运其他系统的有效对接和协同集成。系统总体架构如图1所示。

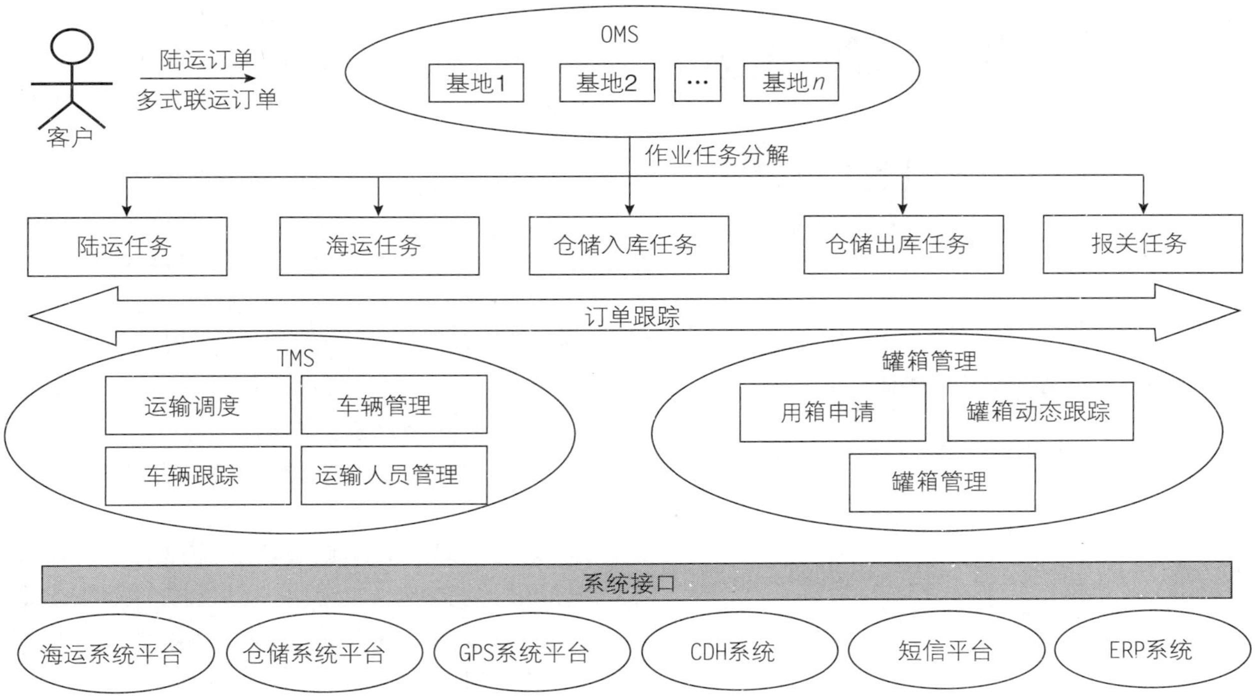

图1　中国外运化工物流信息系统总体架构

1. 系统的主要功能

（1）实现对化工物流业务的统一操作和全程跟踪。提供从接收化工物流订单到下达陆运、海运、入库、出库、报关等不同形式业务指令的完成与跟踪，签收单的上传与登记，以及对订单异常情况、状态的登记与处理。

（2）对陆运业务进行罐箱、车辆、挂车、司机、路线的安排，支持白卡、短驳、剧毒品、温控、甩挂等的陆运运输。主要包括：对陆运任务进行分拆、陆运任务创建行车单、对行车单安排集装箱、牵引车、挂车、运输人员、打印行车单、对已调度的任务进行加载与改车、行车单调度跟踪、回场登记等。

（3）为平台内各级公司和物流基地提供运营车辆、运输人员、罐箱管理等基础业务功能。系统管理还具备物料、供应商、客户等基础数据的灵活配置与维护，同时，支持系统自定义报表、图形化报表，支持客户自己定制查询。

（4）为总部和各下属公司实现了化工物流业务的一体化统一管理和规范运营。

2. 系统的主要特点

（1）内部设计上体现了 OMS 与 TMS 的模块间松耦合。

（2）建立多点协同作业平台。OMS 模块中可以在不同公司间流转订单及物流任务，TMS 模块中可以在不同调度基地间流转运力资源。

（3）整合中国外运化工物流不同的业务模式，OMS 模块涉及公路运输、海运进出口、箱管堆场业务、报关业务、仓库出入库、进出口拖车等。

（4）支持符合化工物流的运输安全管理控制，TMS 模块针对化工品调度管理提供各类资质过滤和全程监控。

（5）支持同 GPS 系统、中国外运客户供应商平台、财务平台以及其他物流业务系统对接。

中国外运化工物流信息系统的功能如图 2 所示。

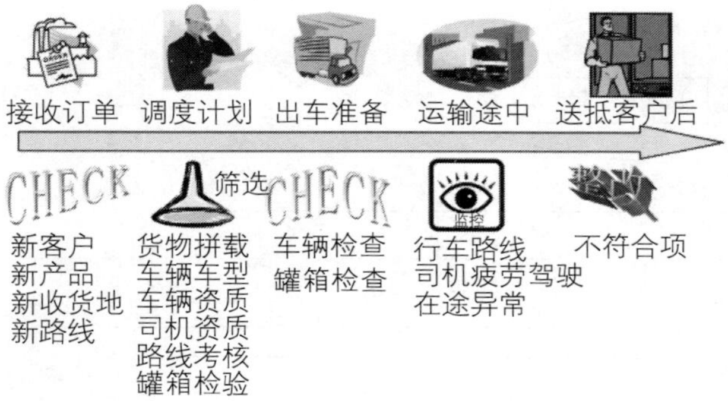

图2 中国外运化工物流信息系统功能

3. 系统对中国外运化工物流业务整合的作用

中国外运化工物流业务系统在设计时就充分考虑了对中国外运整体化工物流业务的整合作用，因此，系统运营后的整合作用相当明显。

一是实现了对公司化工物流业务模式的集中统一管理。

二是实现了不同地域经营单位化工物流业务的协同操作，以区域竞争力进一步扩大为全国一盘棋的竞争能力。

三是规范和改进了化工物流业务的流程，提高了运营安全和效率，实现了资源共享，减低成本，提高了效益。

四、信息化推进过程的应对措施和做法

化工物流业务信息系统建设工作启动后，在具体的实施过程中我们遇到了不少现实的困难和问题，经过认真分析和有针对性地采取应对措施，确保了企业信息化的如期推进，为中国外运整合打下了良好的基础。

化工物流业务信息系统建设工作启动后，中国外运立即组成了由总部牵头，总部各相关部门和各相关下属公司业务和IT技术人员组成的项目组，从组织上保证了总部业务整合战略的落实和各子公司参与的积极性。项目组在推进过程中积极面对出现的问题，有针对性地提出解决方案，采取应对措施，较好地完成了信息系统建设工作。

第一个遇到的问题是需求的分析整理。由于涉及不同地域的业务操作经营单位，不同单位的不同业务形态，还有液态Tank箱等特殊要求，项目组业务和技术人员经过对客户及不同经营单位仔细、深入、全面的需求调研，整理提出了详细的需求分析报告，经过与业务单位人员的多次反复沟通与讨论，设计出了既符合整体管理又满足各单位业务需要的需求规格设计说明书。

第二个遇到的问题是业务流程的分析梳理和标准规范实现。作为第三方物流的专业化工物流业务系统，各下属经营单位必然要面对不同的客户要求，不同的项目形态，规范与灵活两者之间必须兼顾，以满足客户的需要，向客户提供满意的服务。项目组经过全面细致的现场调研和分析，分析整理并归纳总结了中国外运目前化工物流领域所涉及的各类物流操作服务模式、操作管理流程和服务规范，并参照国家在化工品运输管理方面的相关管理要求，进一步加以统一规范。同时，要求各下属单位进行流程改造和优化。

第三个遇到的问题是技术方案与实施方案的科学合理性与可行性。先是在系统设计之初就充分考虑作为第三方物流供应商“以客户为主、以项目为中心”的特点，设计技术先进又稳定可靠的合理系统架构，实现了高效的业务操作运营、全程业务跟踪管理、灵活多级的公司参数配置、项目订单模板和自定义报表等功能。保证在中国外运化工物流业务的框架规范下尽可能地灵活支持不同的项目运作。然后制定合理可行的实施方案，确保各单位为客户提供服务的连续性、稳定性和平滑性，使系统的上线切换不影响一线业务的正常操作和对客户的服务及质量保证。

第四个遇到的问题是项目建设实施的整体协调管理和项目质量、进度和成本的管理控制。项目组通过在项目正式启动前做好系统整体规划、制订切实可行的项目工作计划，通过在项目实施过程中做好各种方案设计、严格做好“质量、进度和成本”管理以及分阶段验收，确保项目目标的实现和各项目工作的顺利完成。

2010 年 10 月，中国外运完成化工物流业务各相关单位的全面上线，保证了公司化工物流业务整合工作的顺利进行，为继续的深入机构整合提供了良好的基础。

五、信息化实施过程中的主要体会

（1）业务流程的分析梳理、改造优化和规范统一，是做好物流信息系统建设的重要基础。

（2）建设统一的化工物流系统，实现与其他系统的有效对接和协同集成，是物流服务实现规模化、集约化和一体化的重要保证，也是提升公司市场开拓与核心竞争力的重要手段。

（3）信息系统的建设，是推进公司业务整合作的重要举措和有效手段。

（4）物流信息系统的建设，不可能一蹴而就，必须坚持“统一规划、科学计划、分步实施、不断完善”的原则。

（5）项目实施过程中，需要充分与项目各相关单位和项目联系人密切沟通，并做好协调控制和严格管理，才能确保项目目标的实现。

化工物流具有专业性与特殊性，中国外运的化工专业物流信息系统具有一定的行业代表性和典型性。该系统的成功建设，有助于推动国内化工物流业信息化水平的提高，推动化工物流业务的标准化、规范化进程。目前，不少国际化工品生产巨头，已将中国外运的相关物流服务流程和规范作为其在中国地区的物流服务标杆。

（中物联网络事业部）

海尔的社会化物流服务信息平台

青岛海尔物流有限公司（以下简称海尔物流）成立于2000年1月。多年来海尔物流时刻围绕客户服务需求，通过搭建起社会化物流网络及物流服务信息平台，建立起了一个现代化的物流运作体系。

一、项目背景

物流业是我国十大振兴产业之一。海尔集团根据国家经济发展的要求积极采取措施完善自身现代物流业的建设，全力构建物流服务社会化、专业化、信息化的流通平台。其中，物流信息化服务平台是提升物流服务竞争力的关键项目。

近年来，随着海尔集团提出从制造业向服务业转型、打造“营销网”、“物流网”、“服务网”一体化运营竞争力，海尔物流就逐步转型为“海尔牌服务”——与用户零距离的“即需即送”物流网。这个网不仅为海尔品牌的产品提供物流服务，还服务于社会各行业的客户，形成一个社会化的物流品牌运营平台。

海尔物流从多年的运营中感到，资源少而散、专业化服务供需不足是制约企业发展的瓶颈。因此，企业一方面要不断创新物流服务方式、积极推进物流服务信息化，才能冲破瓶颈制约提升自身的物流服务水平；另一方面，要推进物流服务社会化、专业化、信息化的流通平台的建设，提升自身的物流服务能力和竞争力。而物流信息化服务平台则是提升物流服务竞争力的关键项目。为适应农村经济的迅速崛起，海尔物流的目标是建立“与用户零距离”、“物流服务到村”、“即需即送”的物流服务及信息化平台。

海尔物流目前通过构建基于第三方物流WMS和TMS为基础，全面管理日常物流运作；同时，通过WMS和TMS收集计费数据，并通过HOST系统中的费用结算模块，计算出最终物流费用。此外，HOST系统中还包含财务、人力资源、订单管理、KPI汇总等ERP功能。

海尔物流要向“海尔牌服务”转型，就需要构建起一个社会化、专业化的物流运营平台，因此需要与之配套的专业的系统。包括一个完全支持社会化业务，基于多货主和多仓库设计的WMS仓库管理系统；一个TMS运输管理系统。其中，运输管理系统能够进行下述智能管理。

一是能在复杂的运输环境中寻找并选择出合适的运输模式，能提出合并、优化以及中转点（pooling）的运输计划系统。这个运输计划系统除了可以完成干线运输，也可以提供城市配送优化功能。

二是能管理复杂的运输任务，实现日常车队管理以及费用结算的运输执行系统。

三是基于 GPS 的实时跟踪系统，实现车辆运输过程的全程可视化。

四是一个集成开放的数据交换平台，实现数据异步同步。

二、项目目标

在海尔集团整体战略的指导下，海尔物流建立了以 WMS、TMS 系统为核心，将订单、仓库管理、运输管理、财务管理等业务功能合理集成的应用软件系统平台，通过战略与系统的紧密结合建立强大的信息化第三方物流企业。

三、项目方案

海尔物流信息化系统是集成的解决方案。在不断适应企业发展的信息化进程中，海尔物流先后实施了 SAP、HLES、GPS、WMS 等信息系统，并阶段性地形成了如图 1 所示的海尔物流信息系统布局蓝图。

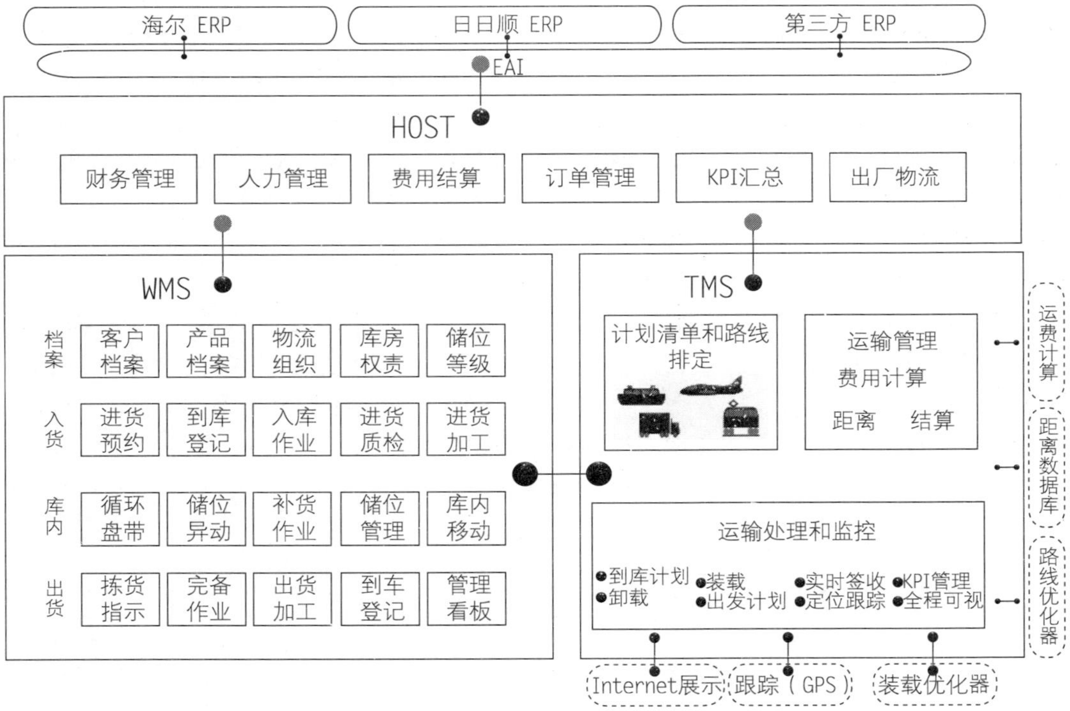

图 1 海尔物流信息系统布局蓝图

在蓝图中，各客户的 ERP 系统通过海尔信息系统中的 EAI 系统与海尔物流信息系统进行数据的交互。在这里，客户不仅仅是指海尔旗下各生产事业部，随着海尔由生产企业到服务企业的转型，客户也包含了其他行业的分销商、制造商，如已经签署合作协议的 3C 产品供应商 HP 和 Acer。所有客户的配送、仓储信息都经过海尔的 EAI 系统汇集到海尔物流的 HOST 系统中。HOST 系统是实施时间最长也是业内应用最为广泛的 SAP 系统，这个系统在整个框架里面主要完成订单管理、费用结算、工厂物流以及 KPI 汇总的工作。物流的执行信息都在该系统中做统一的集成和展现，提供客户一个集成的全流程的执行状态汇总视图。系统的版本是 SAP R/3 的 4.6C 版本，在海尔物流信息系统的建设规划中，未来该系统将被升级为 ECC 6.0 版本。

随着管理需求的提高，海尔物流又实施了 GPS 系统，通过推进海尔所有承运商的承运车辆装载 GPS 终端实现运输过程的实施跟踪监控，为到货任务（包括车辆、运输产品、数量及预计到达时间）等信息的收集及任务的调度提供了更加快捷、可靠的依据。同时，也为更准确、高效的配送服务提供了可靠的依据。

配合海尔物流全流程的改造优化，海尔物流即将升级改造仓储管理信息系统（Warehouse Management System，WMS）和运输管理信息系统（Transportation Management System，TMS），根据国外的专业统计调查公司，如 Gartner Inc. 等的调查报告，在行业内全球排名前 5 名的信息系统供应商中寻找合适的物流信息系统解决方案，在原有仓储管理信息系统和运输管理系统基础上，进行替换和功能升级。通过新的 WMS 系统和 TMS 的上线，实现海尔物流运作平台的全面发展，支撑品牌多元化、行业多元化、货主多元化的运作。

1. WMS 系统方案简介

WMS 系统是海尔物流信息化平台中的核心系统，主要负责仓储节点内的调度及管理优化工作。WMS 系统的系统架构及功能如下：

（1）WMS 系统架构。WMS 系统采用了标准的三层架构，对应到服务器的部署上分别是 Web Server、Application Server 和 Database Server 在每个层面，服务器数量都是可按需扩展，以达到负载均衡的目的。各层应用服务器之间采用独立备援、双机热备等多种备援方式防止系统的失效。在服务器的部署上采取分步式部署和集中部署的灵活部署策略，以满足海尔物流多层架构的仓储体系的运作要求。

系统本身按照 SOA（Service - Oriented Architecture）架构设计，使用 C 语言开发，保证了系统的高效和稳定，同时支持 EJB 技术，可以轻松地使用最流行的 Java 语言进行开发，支持基于 WSDL（Web Services Description Language）的 Web Services，确保了系统本身强大的扩展性能。

（2）WMS 系统功能。海尔物流信息系统体系的 WMS 系统主要包含出入库执行、在库管理、库存计划和运作支持四大模块的功能。如图 2 所示。

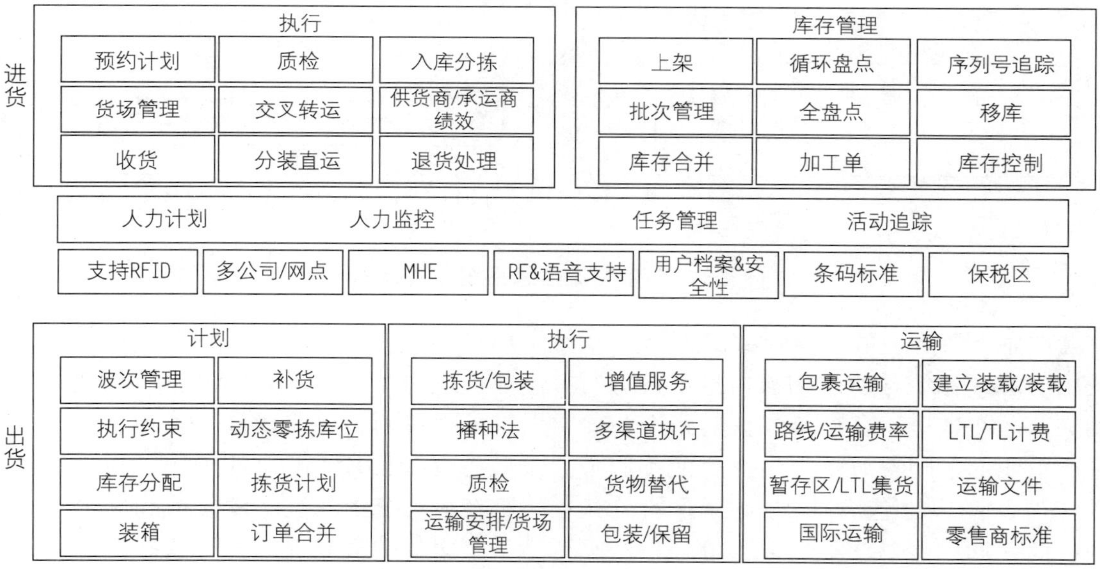

图 2　WMS 系统功能示意

在入库执行模块上，包含了车辆预约、货场管理、交叉转运、质量检测和入库分拣、上架等功能模块。通过对车辆的预约及实际到达登记及货场的管理，实现仓储中心货场资源、月台资源、装卸设备、装卸作业组等资源的有效调度，同时根据各作业时间点的记录实现对车队、作业人员效率的评价和考核，实现对库内资源的利用率及分摊的成本进行估算，以提供进一步的决策支持。

收货及上架（Receiving & Putaway）功能，如图3所示，包含从车辆停靠卸货台开始到货物完成入库入储的11步操作，该模型展示的是标准的WMS系统收货入库功能。在开始上架时，由RF扫描托盘号以计算最佳上架路线，在RF上显示出第一个上架商品的工作与建议库位。上架人员依照指示放置商品后扫描收货时打印的LPN标签条码与最终库位条码，输入数量后完成工作。如图3所示。

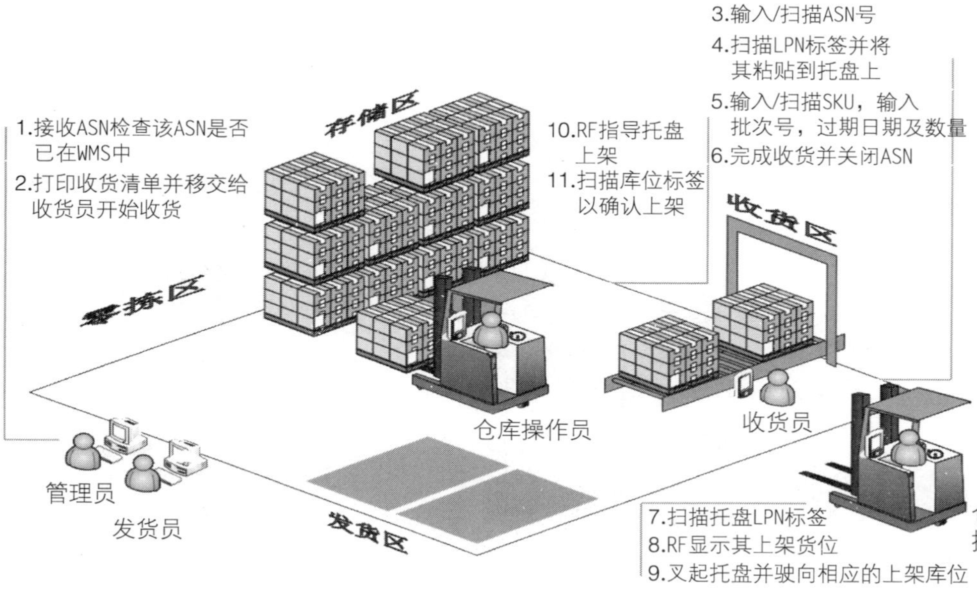

图3 收货及上架示意

WMS会自动按照定义好的规则分配上架的库位。通用的范例如下：

——根据事先定义的质检比例，将一定数量的货箱送到指定的质检区，质检比例的定义可以按照供应商、产品组、产品、订单、运输方式组合定义。需要质检的货箱会分配到质检区中，待质检完成后产品解锁，同下述处理。

——破损的货箱送到预先定义的破损处理区。

——如果送来的货箱在供应商出厂时就已经指定配给哪个门店，则将货箱直接送到越库区等待发货。对于大批量促销或者新品业务，此类越库作业能够节省大量库内作业以及空间。

——如果系统中有门店配货需求，将满足数量的货箱送到分流整合区，等待出库处理。

——如果货品属于快速流动货品而且货箱为非标准货箱，则优先补足动态补货区的零拣库位的需求。

——如果货品属于快速流动货品，则补足动态补货区箱拣库位的需求。

——如果货品属于慢速流动货品而且货箱为非标准货箱，则优先补足集中补货区。

——如果货品属于慢速流动货品，则补足

集中补货区箱拣库位的需求。

——剩余的货品按照事先定义的区域，系统会分配存储区的库位，将货品送到指定的存储库位中，这里也可以有多个条件定义，例如快速流动货品或者大件较重的货品放置在货架的下层，慢速流动货品放置在货架的上层，某一巷道如果上架或者补货任务过多，则不要分配此巷道的库位等。

为支持海尔集团社会化产品的运作，海尔物流将在全国建设 11 个自建的现代化自动立体仓库，在这些自动立体仓库里将规划有存储区和零拣区，尤其是对于小件及自动化设备的库区，为了提高作业的效率，拣配的作业主要是集中在零拣区。WMS 系统支持从存储区到零拣区的离峰补货、尖峰补货、定时补货、实时强制补货等多种补货策略，同时，可以根据产品流量统计智能地提供补货建议，拉动从存储区到零拣区的补货任务。

所有的补货作业均通过 RF 指导，由 WMS 系统进行统一的调度，图 4 中的模型展示了标准的补货作业。所有的拣货任务都会按照 RF 的指导给货箱/托盘分配合适的 LPN，通过上架库位的扫描来核对库位及产品数量并完成作业任务。

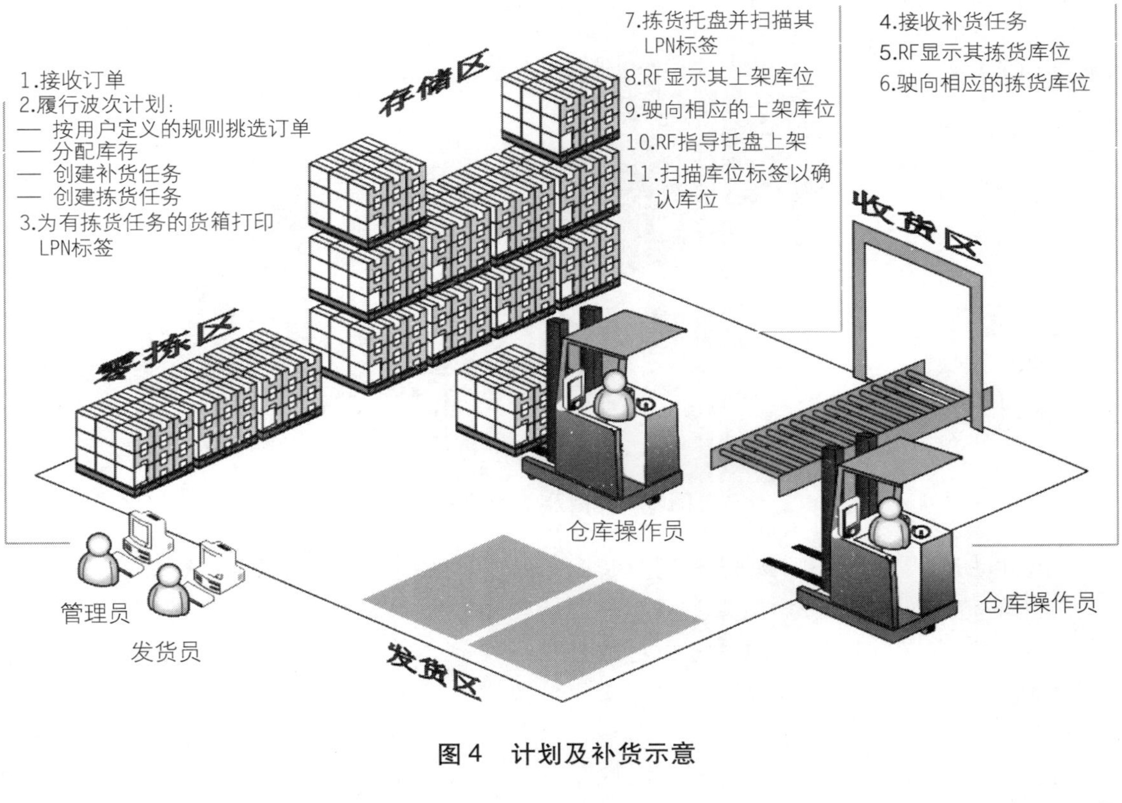

图 4 计划及补货示意

为了支持有效的任务调度管理，在系统内将定义一些规则，这些规则包括：

——设置仓库中作业人员所使用的设备，例如前移式叉车、台车、地牛等。

——设置每类作业人员可执行任务的类型与最大容量，如叉车工人一次最多一个托盘，使用台车的人员每次最多运送 6 个箱子等。

——设置仓库中的作业区域以及行走路径。

——配置每个工作人员应在哪个作业区域中作业，以及每个工作人员有权限做的工作类型。例如，叉车工人只做托盘上架、托盘拣货、托盘补货、盘点等，箱拣区的工人只做箱拣和盘点工作；而零拣区的工人只做零拣、盘点等工作。

——设定各类任务的优先级别。例如，波次中因拣货区缺货而触发的补货任务优先级别较高，而因拣完货后拣货位的库存低于安全库存的补货优先级别较低。

——设置各类任务每隔多少时间没有执行需要调高一级优先级别。

在收货、波次、闲时补货等执行完成后，系统会生成各类型的工作统一在 WMS 的任务管理队列中，然后系统会根据上述的配置，将任务在合适的时间发放给具有合适设备的作业人员。

HOST 系统接收的前端 ERP 指令都将最终被分配到 WMS 系统。在 WMS 系统中，系统将按照一定的规则对出货的订单进行波次的管理。通过对波次模板（Wave Template）的设定，定义一个仓储中心能够处理的单据流类型及规范，所有的订单将按照波次模板的规则被分配到不同的波次中。波次运行的处理逻辑包括：库存分配、出库标签、零售拼箱、集货位的分配、装载及路线分配等。

按照作业调度的逻辑，波次运行完毕后会进入任务管理队列，并被自动地分配到合适的设备及作业人员手中。作业人员按照 RF 的指示分配到存储区和零拣区完成整托出货和零拣拣配的任务，并将拣出的货物按 RF 指示放置到指定的集货位，最终按照打印的出库单核对表进行核对品类及数量，核对无误后完成装车出库的作业。

在每一个仓储中心节点，WMS 系统支撑多样化的运作流程，为运输配送全流程的高效运作提供了有效保障。如图 5 所示。WMS 系统支持完善的 Flow Thru（越库）流程，支持门店补货需求拉动门店播种的流程，支持存储区到零拣区的 RF 指导补货，也支持整托盘的拣选，所有运作均在 RF 的指导下完成，即任务是系统按照最优解进行的调度。完善的中心库内作业流程支持保障了仓储中心内部物流的有效性，而不是一个无法精细化管理的物流盲点。

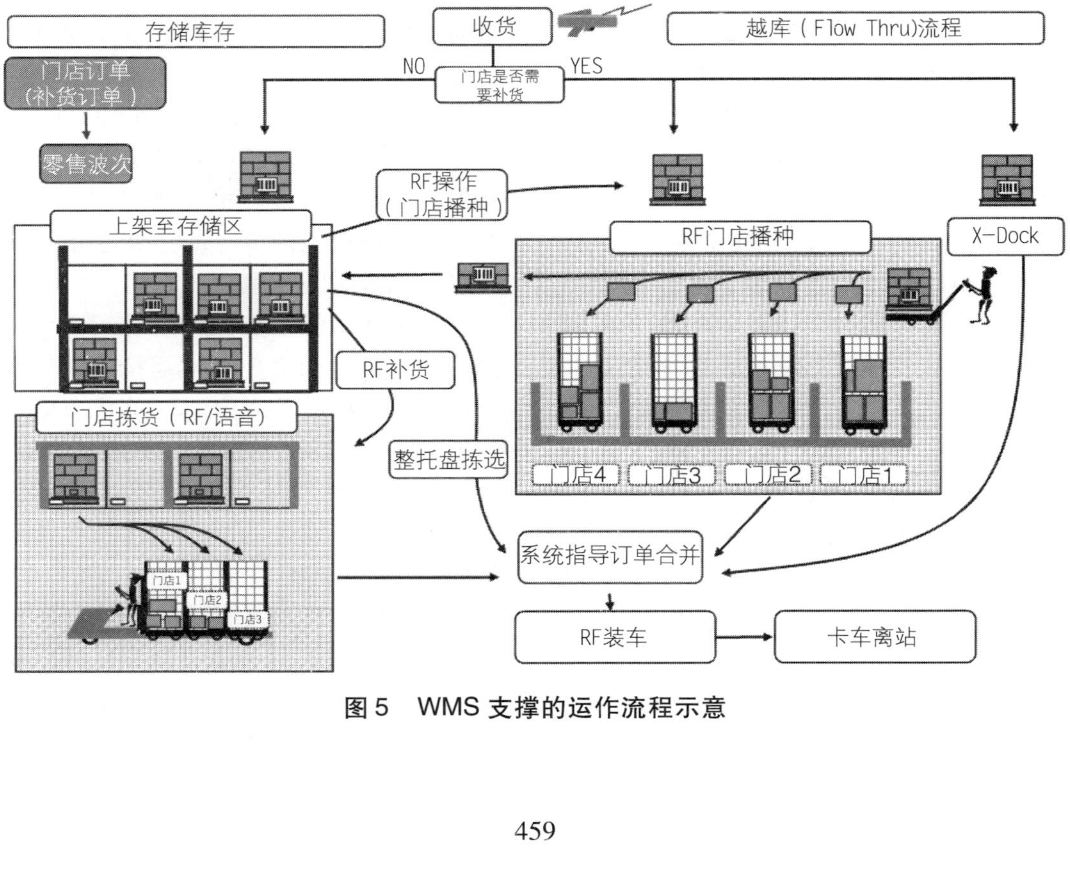

图 5　WMS 支撑的运作流程示意

2. TMS 系统方案

（1）基础数据。完成与运输调度相关的物流资源基础数据的维护工作，同时提供查询功能，使有用信息能够在各相关部门间实现共享。包括客户信息管理、产品信息管理、运输地、路线/时效/执行方案管理，以及系统配置类的管理功能。空运、水运、陆运、铁路、快运等各种运输方式管理。

（2）运输工具管理。包括对运输工具基本信息（如汽车的车辆代码、车牌号、所属公司、管理模式、车队、车型、载重、容积、挂车类别、GPS 设备号、底盘号、发动机号、司机、副司机、承包类型、购车日期、离厂日期）的维护，同时包括对车辆进行初始化的信息；可以对车辆状态信息（车辆类型、车牌号、所属车队、主司机、可用城市、预期可用时间、车辆状态等信息）进行查询，并可以对指定车辆进行状态调整，可以调整车辆当前状态（可用、在途、维修、其他），也可以调整车辆可用城市，对车辆在途位置、在途登记时间等信息进行查询，即通过这个功能可以查询出车辆的运行轨迹。

（3）订单管理。物流订单是物流企业向承运商或者承运人下达调度指令所需要的订单类型。在这个功能模块中，提供了对物流订单的手工新增、EDI 导入、手工导入、指定波次、设置执行方案、库存审核、审核生效、失效、生成退货单等操作。订单生效后，客户就能在系统订单监控屏监控到这个订单，调度员在调度屏上对这个订单进行配车调度，订单屏上也能查询出其监控状态，方便对异常订单的监控管理。

新建物流订单提供维护物流订单的基本信息和在物流订单的明细中增加、删除运输货物明细等操作。系统同时提供 EDI 订单导入和手工导入功能。对物流单的操作是通过物流订单的状态来控制的，只有在物流订单状态为录入中的情况下对物流订单进行修改和增加明细。

（4）调度管理。调度管理是运输管理系统的核心，主要是对物流订单进行合理的分拆组装完成合适的装运。

调度可以灵活的解决干线和配送的拼载和拆分管理。可以提供三种调度方式，按路线自动配载；按可用车辆自动配载；手工配载。调度完毕后，调度可以根据调度单打印出装车单，用于仓库作业人员装车交接和司机运输指导。

（5）订单监控。订单监控是系统提供给物流客户的一个重要功能，客户可以在监控屏中监控到所有已生效的订单作业情况，系统会对发生问题的环节进行预警。

（6）运输执行。发车信息登记是发运人员对运输工具指明所携带的 GPS 设备，填报发车时间，对运输工具进行的承担的调度单装运情况（装载货物件数、货物体积和重量）进行登记。

发车确认是车辆发运离开仓库后，发运人员对调度单做的发车确认。发车确认后，订单状态更改成“在途”，订单监控节点“发货”状态为完成，完成时间为发车确认的时间。

在途填报是车辆在长途运输中承运商每天必做的工作，主要填报车辆当前的位置。在途填报后，订单监控节点的“在途填报”状态为完成，完成时间为填报的时间。

运抵确认是系统提供给承运商当车辆运抵到目的地后对调度单进行运抵确认的功能。运抵确认后，调度单对应的订单状态更改为“已运抵”，订单监控“到达”节点已完成。

（7）回单管理。回单管理提供给回单管理人员对运输所携带的回单的运抵签收和回单影像的电子归档操作。

3. GPS 系统方案

（1）处理流程和数据流程，如图 6 所示。

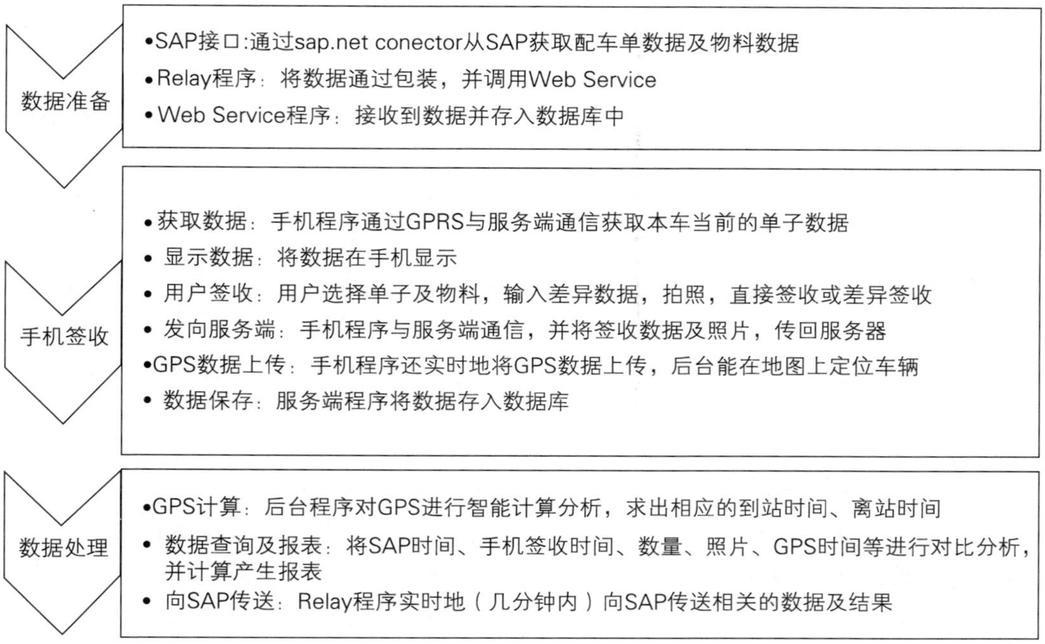

图6 GPS系统工作流程示意

（2）一次物流。具体流程如下所述：

——通过物流运输监控平台一次制单、车队人员可以轻松掌握车辆资源，提前做好配车准备，提高了配车效率和车辆资源利用率，同时也帮助车队更好地进行车辆管理。

——在车辆提货装载上，事业部人员通过平台可以看到提货车辆现有位置，提前安排好提货顺序和提货货仓并进行备货，有效地提高了事业部出库效率。

——在车辆到货装卸上，仓库客户人员可以通过平台提前安排卸货顺序和卸货货仓，有效地提高了仓库入库效率；减少因为车辆同时到达导致的入库效率降低。

——在车辆运输过程中车辆位置实时进行跟踪，物流车队各部门可以同时远程遥控车辆从而提高各环节协作力提高物流的竞争力。

（3）二次物流。具体流程如下所述：

——通过物流运输监控平台二次制单、车队人员可以轻松掌握车辆资源，提前做好配车准备，提高了配车效率和车辆资源利用率。同时，也帮助车队更好地进行车辆管理。

——在车辆提货装载上，仓库人员通过平台可以看到提货车辆现有位置，提前安排好提货顺序和提货货仓并进行备货，有效地提高了仓库出库效率。

——在车辆到货装卸上，客户可以通过访问WEB平台提前安排卸货，减少卸货时间提高物流运输效率。

——通过二次配送签收功能，可以第一时间将签收信息回传给SAP系统，提高物流运作效率。

四、项目目前及预期的效率和效益水平

1. 经济效益

WMS及TMS系统实施后，可以有效地支

撑下述服务平台运作，提升了物流服务的整体竞争力。

（1）家电客户服务平台。以家电客户为主要推进，引入惠康、GE、统帅等家电品牌，通过现有的配送平台满足客户需求，达到即需即供高品质的服务，推进整体市场业绩发展。并通过仓储深化掌控（一级市场）实质的用户需求，并整合厂商推进网路购物服务，提升日日顺整体渠道及社会化销售过程中物流服务的整体竞争力，以期增加市场份额，提升大连锁（国美/苏宁）服务管理品质。

（2）社会化服务平台。引进先进的销售模式（网路平台与产品多元性），扩大客户服务的满意度，深化渠道销售影响力与竞争力，提升海尔物流整体渠道及社会化销售和物流服务的整体竞争力，以期增加市场份额，提升物流渠道销售多样性，通过运作效率与规模，创造整体营运收益。通过引进英国 ARGOS 销售配送模式为母本，现在已经在 TC 中运作的社会化业务品牌包含有 ARGOS、宏基、惠普、华硕、TEKA、统一、百事、联合利华等。产品类型覆盖了家电、3C 数码、日用家居等多品类产品，在物流 TC 现有的软件资源上搭建更有竞争力的社会化服务平台。

（3）原厂服务平台。解决部分淡旺季需求，随时提供货品销售转运及整合零配件管理（海尔 + 社会化），有效降低了成本、提升了运作效率，提升日日顺服务配件有效管理，提升满意度。目前，所运作的零配件业务包括有通用、爱默生、特百惠、松下、三协、欧琳在内的200 多个客户。整合后作业效率提升了2 倍，为更有效地使用厂内空间创造了条件。

（4）GPS 全程可视化平台。车辆定位管理平台针对于目前物流涉及的所有车辆，通过存话费送手机模式实现：根据司机原有通话水准，进行套餐选定并预存话费。这种模式在一定基础上降低了系统投入成本。

车辆定位管理平台上线后，合同车辆上线率达到99%，签收率达到了 90% 并且有十几个中心达到了 100% 签收率。

GPS 车辆定位管理产生的效益具体体现在以下几个方面：

（1）通过地图定位实现了对加盟车的可视化管理，提高了中心对加盟车的管理效率，降低了工作人员工作负荷，有效的降低了人力成本。

（2）通过地图定位以及轨迹跟踪提高了加盟车有效里程的控制，物流将根据加盟车实际运行的轨迹核算出有效的配送里程从而降低了运费。

（3）通过签收的功能，实现了中心配送阶段中实时的签收，客户可以通过访问 WEB 平台提前做好卸货准备，从而提高了配送效率。

（4）目前，车辆定位管理平台二期开发中完善了预约送货管理以及配送签收结果管理，通过短信方式及时地通知客户货物预计到达的时间以及签收结果，提高了客户满意度和海尔物流的服务质量。

车辆定位管理平台通过签收率推进，提高了平台使用率，有效地提高了物流配送服务质量并降低了配送费用，若按照目前合同车月度750 万元的运费，以及提高 1% 运输效率计算，每年将产生 90 万元的效益。

综合以上，物流信息化能够提高效率，促进资金流提速 3 ~ 5 天。若按 1000 亿元流动规模计算，每年可降低成本 5000 万元以上。

2. 社会效益

（1）系统采用最新的 3G 网络作为信息传递的重要载体，通过 3G 无线网络实时传递订单信息、定位信息、客户以及订单的校验信息等，对网络的安全性、稳定性、及时性以及网络的带宽等要求均非常高，对于国内新兴的 3G 技术来说，是一个非常好的实验与检验环境。同时，海尔近 10 万辆配送车辆的终端配置以及由此带来的间接推广作用，对于 3G 行业发展的带动作用是不能忽视的。

（2）系统采用最新的第三代卫星定位技术与硬件，并对目前国内民用较为普及的简单的卫星定位与导航应用进行了延伸（结合地理信息图自动进行定位、测绘等），充分利用现有的硬件技术，实现了现有技术应用的二次挖掘。同时，提出了更进一步的需求，对进一步推动国内及国际卫星定位技术的发展提供了前景提示。

（3）海尔物流配送业务遍及几乎全国所有大中小城市以及众多乡镇级网点，并在全国配备90多个配送中心，未来所有的信息化系统都将在这些配送中心中进行实施，对于促进这些地区的信息化发展，尤其是中西部省市的基础信息网络建设、3G网络建设、地理信息测绘等能够起到较大的促进作用。

（4）物流解决方案中涉及多套系统，如TMS、WMS、GPS、ERP等，对于系统集成要求较高，系统间信息的传递、转换、效率等，每一项都是行业的一个重点课题，实施过程中沟通、交流、聘请大量国内、国际行业顶尖的专家进行指导，势必有利于整个行业系统集成整体解决方案的快步成熟。

（中物联网络事业部）

中邮物流的信息化建设

——邮政物流综合信息平台项目介绍

中国邮政速递物流股份公司（以下简称公司），是中国邮政集团公司旗下最新整合组建的、专业经营和管理全国邮政速递物流业务的大型国有现代综合快递物流企业。企业拥有国内最为知名的 EMS 特快专递和 CNPL 中邮物流等专业品牌，业务通达全球 200 多个国家和地区，国内 2800 多个县市，年业务规模 180 多亿元，可为社会各界客户提供方便快捷、安全可靠的“门到门”速递物流服务，最大程度满足客户和社会各界的多层次需求。

公司围绕精益物流服务，确立了一体化合同物流、中邮快货和分销配送等三大主要产品，采用先进物流运作模式和技术手段，努力为客户提供个性化、量体裁衣的各类完善的物流解决方案，提供基于供应链管理的，包括仓储、封装、配送、加工、理货、运输和信息服务于一体的综合物流服务。

公司依据多年实践悉心积累的业务运作和管理经验，运用先进的信息技术和网络架构，依托邮政综合网和互联网，采用全国联动、统一版本软件和数据大集中模式，创建了功能强大的速递物流邮件综合信息处理平台，突出实现了各类邮件全流程信息化处理和全过程实时动态跟踪查询功能；同时，实现了综合统计分析、清分结算、客户管理和运行监控等主要应用功能。揽收和投递工作人员配有便携数据采集器，邮件及货物信息分秒之间即可通过网站、手机短信息、11185 客服电话查询。此外，依托中国邮政综合信息网的电子邮政子系统（网上支付、认证系统）、金融子系统，实现网上订货、网上支付等功能，为更好服务“三农”，建立了农资连锁配送平台、客户服务平台，为客户提供 SCM 配套信息解决方案。

一、信息化建设背景

2009 年 3 月，国务院印发《物流业调整和振兴规划》，举国上下兴起了“积极推进企业物流管理信息化，促进信息技术广泛应用”的热潮。大力推进邮政业务信息化进程，建立高水准的邮政现代化信息系统体系不仅是邮政业大发展的需要，更是国家振兴发展的需要。邮政物流信息化建设迎来了一个历史性的机遇。

中邮物流业务自 2003 年开办以来，连续多年年增长率在 20% 以上。其开通运作的大型合同物流项目 100 多个，合作伙伴涵盖电子、医药、烟草、汽配及消费品等多个行业，与多家世界五百强企业建立了稳定的合作伙伴关系。运作的代收货款、电子返单、包装封发等增值服务在第三方物流行业都是理念超前、服务领先的业务。

中邮物流高度重视物流信息服务，认为信息服务和物流服务一样对于客户至关重要。因此，在中邮物流七大区域集散中心和各省集散中心、仓储中心以及重点城市配备了先进的PDA设备，详细记录着从仓储、运输、配送等全环节的物流处理信息。

近5年来，公司先后完成了物流运输信息系统、仓储管理信息系统、连锁配送信息系统、客户服务平台系统、经营分析系统等基础性信息系统的建设，有效地支撑了各项业务的开展。但是，随着企业的不断发展，原有信息系统已无法满足创新业务的需要。特别是在日益激烈的市场竞争中，面对市场和客户对物流业务服务及品质日趋多样化、日益严苛的要求，企业原有的多套信息系统之间相对独立、分散的情况，使得其竞争力明显不足，从基础架构、集成程度、硬件设备等方面都远远不能满足未来市场竞争和快速响应的需要。

此外，随着邮政物流业务的多样化发展和规模的不断扩大，原有物流系统在功能设计上已经无法满足邮政物流服务体系现代化的需要，需要构建一套适应业务发展的功能完善、技术架构先进的现代化邮政物流综合信息平台，从而实现客户物流服务的快速个性化定制、订单流转全过程的动态监控、经营分析的可视化管理，以及企业内外部的协同作业。至此，构建现代化的邮政物流综合信息平台成为中国邮政实现物流管理信息化的第一要求。

二、信息化建设的方案

1. 系统总体方案

邮政物流综合信息平台系统采用以客户为核心、以项目管理为基础、围绕精益物流的服务理念进行建设，旨在通过充分优化和有效利用各类资源，实现物流运作全过程的动态监控、经营分析的可视化管理、客户服务的个性化定制，以及企业内外部协同作业的信息化交互，从而深入供应链管理，提高企业整体效率与效益。物流综合信息平台采用全国大集中的方式，依托互联网和邮政综合网，构建了一个功能齐全、架构先进、统一化的信息系统。如图1所示。

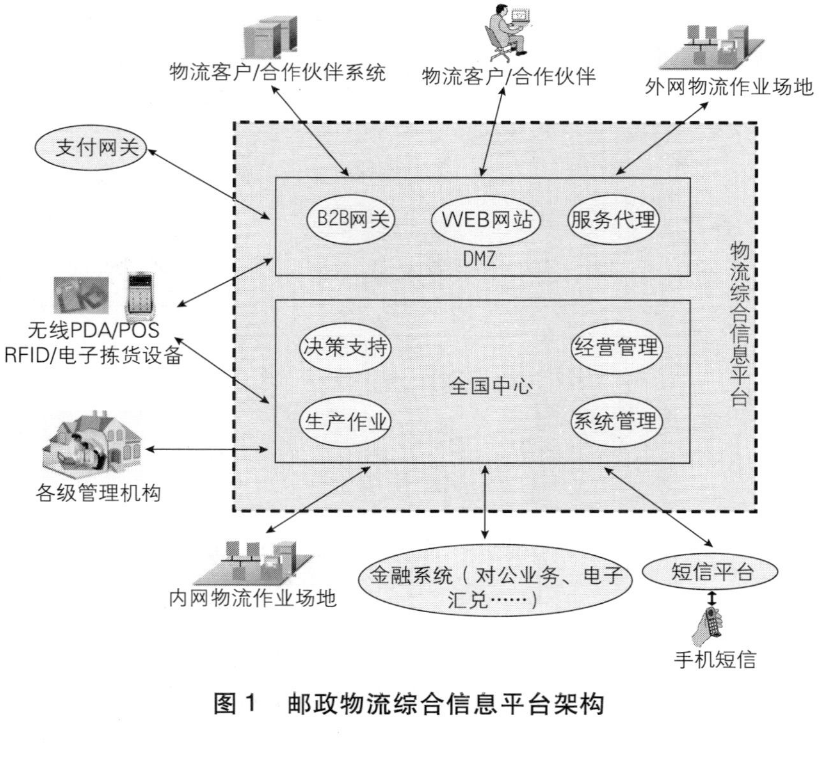

图1 邮政物流综合信息平台架构

邮政物流综合信息平台项目建设方案主要包括以下内容：

（1）构建一个集物流生产运营、客户服务、项目管理与经营决策于一体的，高度集成的，具有良好扩展性与兼容性的物流综合信息平台。功能覆盖订单、仓储、运输、配送、增值服务等物流各环节，满足查询、统计、监控、结算、分析等各方面的管理需求。

（2）搭建与客户、供应商、合作伙伴的供应链协同作业平台，从而深入供应链管理，缩短物流响应时间，提高物品可得率和资金周转率，降低平均库存水平和物流总成本，实现供应链全程管理优化，提升服务能力和品质以及供应链的整体竞争能力。

（3）建立企业知识库，促进企业经营管理水平与效率提升。

（4）实现与相关邮政系统的互联互通，强化对邮政资源的充分利用。

（5）完成邮政物流综合信息平台全国中心硬件系统购置、安装、集成，实现全网生产作业信息的全国集中处理和统版管理。

2. 系统基本架构

邮政物流综合信息平台从层次上划分为决策支持层、经营管理层、生产作业层、系统管理层四个层次，分别部署不同的系统模块，如图 2 所示。

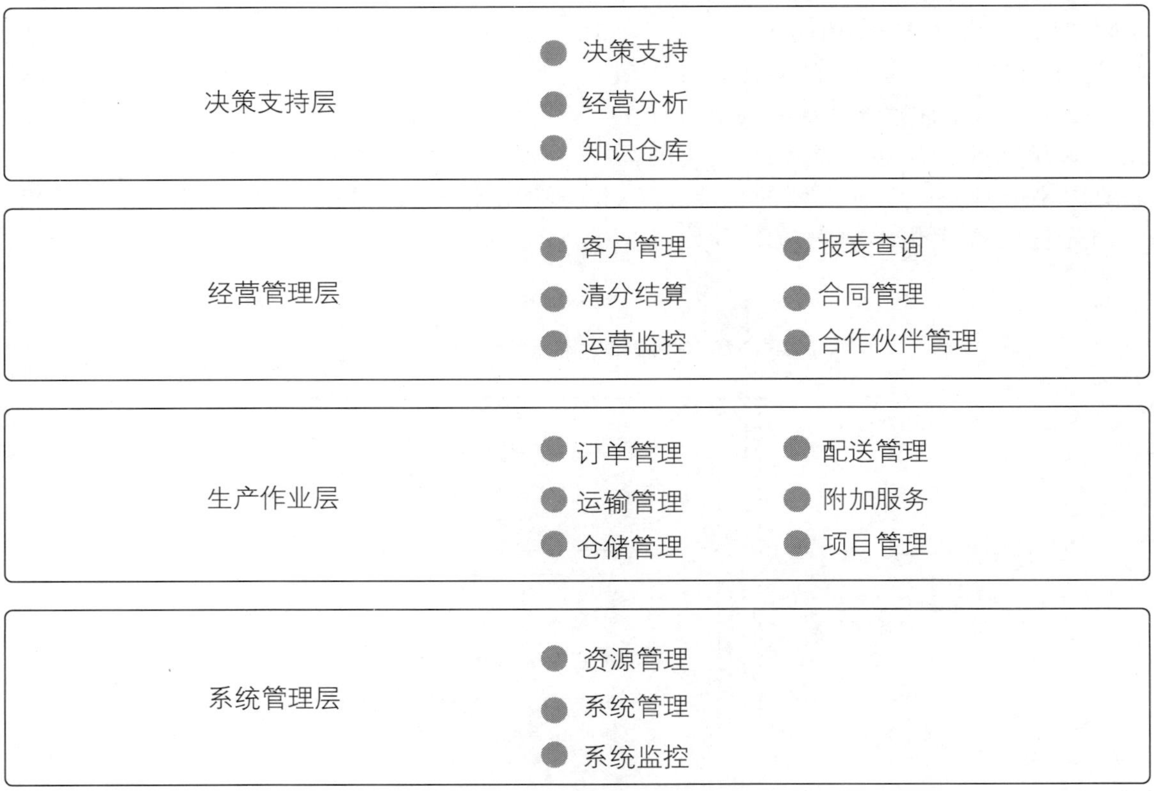

图 2　邮政物流综合信息平台的功能模块

如图 2 所示，各层的功能分别如下。

（1）系统管理层。主要实现资源管理、系统管理、系统监控功能。

（2）生产作业层。主要实现系统核心的生产作业及相关管理功能，包括项目管理、作业处理。其中，作业处理是系统核心部分，根据物流作业分为订单管理子系统（OMS）、运输管理子系统（TMS）、仓储管理子系统（WMS）、配送管理子系统（DMS）。另外，还包含代收货款、电子返单、短信通知等附加服务子系统。

（3）经营管理层。建立在生产作业的基础和数据上，主要完成客户管理、合作伙伴管理、运营监控、报表查询、清分结算、合同管理等管理功能。

（4）决策支持层。对各业务的生产、管理、市场等信息进行综合分析，向领导提供统计分析报告，辅助领导制定发展方针政策。

3. 系统技术特点

（1）采取统一、集中的方式建设：平台遵循统一化、集中化的标准建设，改变了原有订单系统、运输系统、仓储系统、经营分析系统等多系统分立、标准不统一、接口复杂的局面，避免了信息孤岛的存在。这种方式极大地方便了生产和管理。生产用户避免了多系统登录、切换的操作；管理用户则只需通过一个系统，即可对所有物流业务进行跟踪、监控和管理分析。此外，统一、集中的平台节省了企业内部各系统间接口开发的工作量，大幅提高了开发效率，提高了邮政物流对市场变化和客户需求的响应速度。

（2）基于 SOA 的软件架构。平台采用 SOA 架构，敏捷改进业务流程、快速实现系统集成、最大化重用物流业务服务、提高系统开发速度和降低系统开发成本，建设成为具有良好兼容性和可扩展性的综合信息平台。

（3）应用国际领先的 BtoB 网关实现客户数据交换。为了统一邮政物流综合信息平台与客户系统的数据交换，平台采用了国际领先的 BtoB 数据网关。借助所拥有的高性能转换器，网关可快速进行数据映射，并可执行高速 EDI/XML 转换，从而大大加快与客户系统的接口调测时间，为客户提供更快更优质的服务。此外，邮政物流综合信息平台还定义了一套标准化的客户接口，客户只需部署接口客户端即可高效地获取其货物信息，为客户管理自身物流信息提供了高效的工具。

（4）通过 BRM 工具管理业务逻辑。BRM（业务规则引擎）技术为管理多变的业务逻辑提供了一种解决方案。邮政物流综合信息平台采用国际先进的 BRMS 将物流业务中复杂的客户计费、结算等规则进行模型化的设计、实现和管理，同时又与流程引擎和系统平台紧密结合，可以根据实际业务要求实现启动流程和触发后端系统功能等操作，灵活适应客户的不同业务规则。

（5）使用 BPM 管理企业流程。BPM（业务流程管理引擎）是一套达成企业各种业务环节整合的全面管理模式。邮政物流综合信息平台采用国际先进的 BPMS 实现跨应用、跨部门、跨合作伙伴与客户的企业运作，实现信息传递、数据同步、业务监控和企业业务流程的持续升级优化。

三、系统功能架构

邮政物流综合信息平台建设旨在实现物流作业的全程信息化、管理的可视化、服务的个性化及决策的智能化，以项目管理为核心，实现企业内外部作业环节高度协同的供应链物流服务体系，为客户提供全面的、可定制的信息服务。系统架构如图 3 所示。

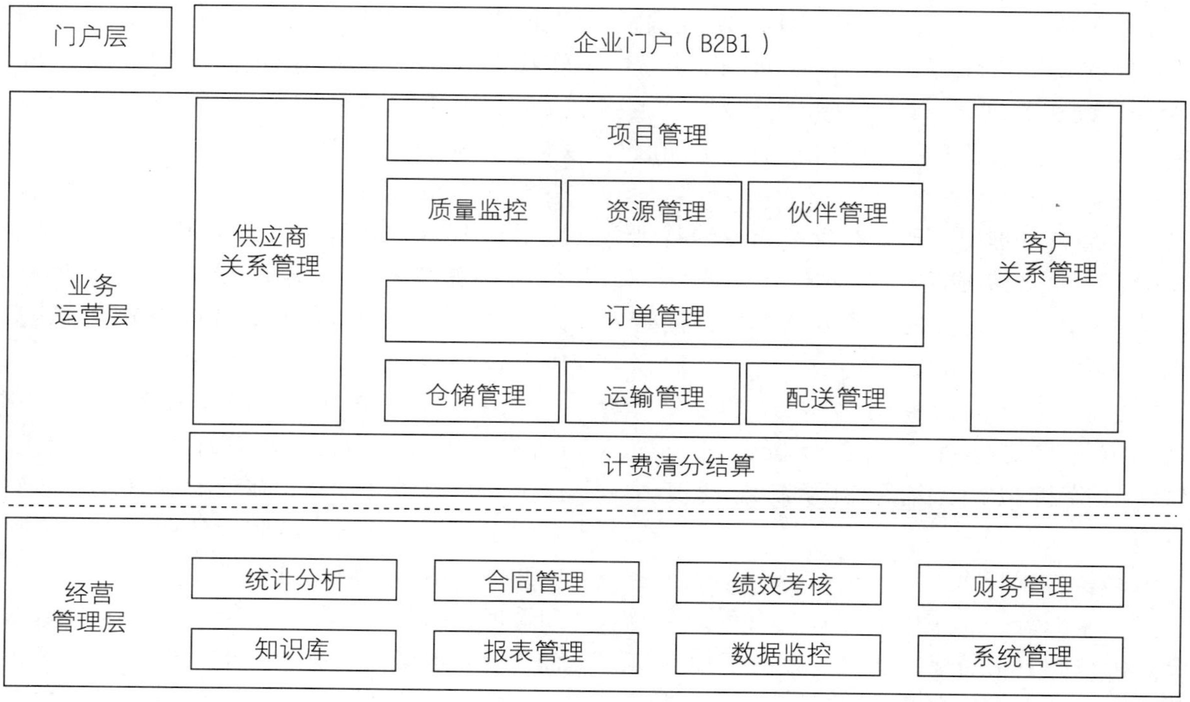

图3　邮政物流综合信息平台系统架构

整个邮政物流信息平台包含15个子系统（如图4所示），实现了对供应链中客户、合作伙伴、自身资源信息的综合管理，覆盖订单、仓储、运输、配送、增值服务等各物流环节，同时辅以项目管理、查验管理、运营监控、计费清分、经营分析等手段全面提升邮政物流管理信息化水平，是一套功能全面、高度集成、极易扩展的综合信息平台。

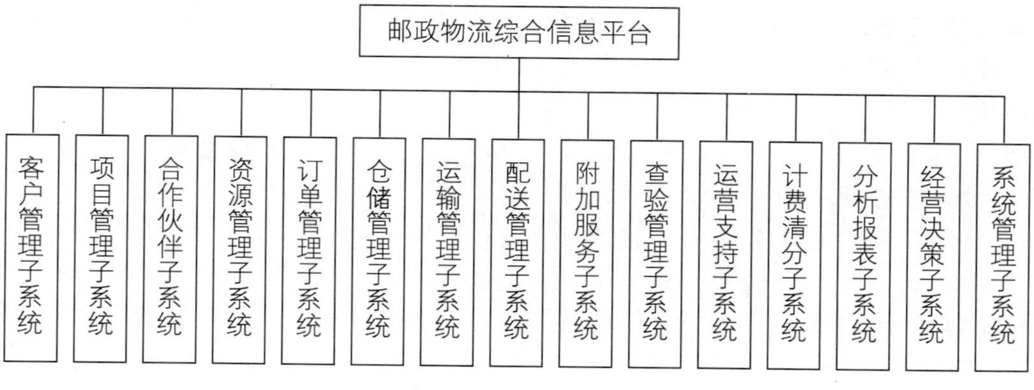

图4　邮政物流信息平台的子系统结构

四、配套实施条件

企业信息化的建设，必须依托于强有力的组织和领导。为推动邮政物流综合信息平台项目的建设，公司在总部设立了项目领导小组和工作组，负责项目建设的计划、组织、领导和控制工作。此外，在下属的各省邮政速递物流公司设立省工作小组，根据总部领导小组的统一部署，负责物流综合信息平台项目在各省的推广应用工作，落实各项具体工作安排。

此外，为满足现代物流信息化作业的需要，支撑电子返单、代收货款等增值服务的开办，邮政物流综合信息平台需配套在作业端采购和部署大量的外围设备，包括 PC、PDA、IC 卡、扫描仪、条码打印机、针式打印机、移动 POS 机等。

五、信息化建设取得的效益

通过信息化对业务流程的再造和优化，信息化已成为企业的核心竞争力，并成为引领业务快速、健康发展的重要保证。具体体现在以下几个方面：

一是引导企业业务规范化。企业信息化建设的过程，也是企业明确战略目标、梳理和优化业务流程、规范业务发展的一个过程。加快推进业务信息化进程、实施业务规范科学管理，既是确保业务快速健康发展、防范经营风险的内在要求，更是提升业务竞争能力的重要手段。

二是提升企业整合供应链能力。通过信息系统的支撑，邮政物流可以更方便地管理和调度资源，并实现与供应链上下游的协同作业和信息共享，提升了邮政物流在供应链领域的集成能力。

三是增强了企业服务的柔性。应用物流平台具有的良好配置能力，邮政物流能够为客户提供量身订制的信息解决方案，实现应用功能的快速部署，更大程度满足客户的个性化要求，从而提高企业对市场的响应速度和客户满意度。

四是提供了差异化服务能力。邮政物流提供的电子返单、代收货款、实时信息交换等附加服务均离不开信息系统的支撑，有效提升了产品竞争能力。

五是实现了管理精细化和可视化。信息系统将管理内容集约化，不仅拓宽了管理者的管理范围、增加了管理深度，提高了管理的及时性，而且还增加了数据的透明度，确保了数据的真实性和准确性。管理者可以通过直观方式，实施及时有效的管理，从而提高了业务运行的质量。

通过邮政物流综合信息平台项目的建设，邮政物流全面实现了信息化对营销、运营、客服、管理等各个层面支撑，目前已覆盖全国 31 个省及香港特别行政区，为 2 万多个企业客户提供物流服务，取得了令人满意的效益。

1. 直接经济效益分析

2004—2009 年年底，邮政物流业务在信息系统的有力支撑下，业务收入持续增长，年均增长率超过 20%。随着邮政物流综合信息平台于 2009 年 9 月逐步投入生产，邮政物流信息化服务能力进一步提高，先后拓展了惠普、博世等一批世界 500 强客户，帮助企业在市场竞争中取得了优势，为邮政物流业务收入持续增长提供了坚实的保障。

2. 间接社会效益

长期以来，我国社会生产总成本中物流成本就占据着较大的部分，远远高于发达国家的水平。物流信息化在提高物流企业自身竞争能力的同时，通过降低库存、加快原材料和成品的流通速度，有效降低了原料及产品的损耗，缩减管理费用；也间接地降低了社会物流总成本、企业物流成本。

邮政物流综合信息平台建设定位于“国内领先、国际一流”的目标，广泛引入了国际先进的机构、技术和工具，在原有的信息化基础上再提升了一大步。邮政物流综合信息平台建设的成功，将在技术支撑和引领业务发展上进一步地促进行业信息化水平的发展，提升国内物流企业信息服务能力和竞争能力，为共同降低社会物流总成本作出贡献。

六、信息化建设需要制度保证

信息化是物流企业的核心，只有实现了信息化，才能有效实现物流的网络化、管理的系统化、服务的柔性化，才能真正有效地提高物流效率和服务质量。对于公司而言，信息服务已经成为邮政物流服务不可分割的一部分。然而，在信息化建设过程中，企业基层尤其是一线生产作业人员对企业信息化的重要性认识不够、信息系统应用能力有限等都是信息化基础的薄弱环节，为此企业常常要付出较大的实施和培训成本，以进行必要的强化和提升。此时，强有力的组织领导，完善的保障制度，以及信息化的实施队伍是信息化建设扎实进行的不可缺少的条件。

一是要加强信息化实施工作的组织领导。企业信息化是对企业原有业务流程的再梳理和优化，涉及组织内多个部门。要有效推动信息化工作的开展，必须建立以企业一把手为核心的信息化推进组织，提高各级管理部门对信息化重要性和必要性的认识。

二是要制定和完善系统推进的相关保障措施和制度，例如业务管理制度、信息系统操作规范、信息应用考核制度等，使系统使用规范化、制度化。

三是要建立和培养信息化实施队伍，并保证信息人员的稳定性。企业信息化推广难点在于有效实施和应用，要保障信息化实施的质量和应用的有效性，确保业务和信息的有机结合，必须依赖一支强有力的信息化队伍。

（中物联网络事业部）

铁龙物流的铁路冷链物流智能化信息系统

中铁铁龙集装箱物流股份有限公司（以下简称公司）成立于1993年2月，1998年5月在上海证券交易所挂牌上市，是中国铁路系统第一家A股上市公司。公司第一大控股股东为中铁集装箱运输有限责任公司，是铁道部直属的三大专业运输公司之一，是中国集装箱铁路运输的唯一承运人。经过多年的市场锤炼，公司逐步发展成为资产质量优良、主营业务突出、赢利能力强、管理现代化的全国性物流企业集团。

2006年12月，公司正式介入铁路特种集装箱运输市场。按照铁道部部署，公司针对市场发展需求于2008年研发了适应我国铁路运输的智能化冷藏集装箱，2009年成功研发完成并上路试运。同时，公司陆续研发了符合国际标准的不锈钢罐式集装箱、框架式润滑油罐式集装箱等多个新箱型。

随着冷链运输发展的需要，公司研发出智能化冷藏集装箱，填补了我国铁路冷藏集装箱运输的空白，并在此基础上开发了居于铁路物流行业领先水平的铁路冷链物流智能化信息系统，两项研发特别是信息系统的研发提高了铁路特种集装箱物流信息化水平，为国内铁路运输安全提供了保障。

一、铁路冷链物流智能化信息系统项目的概况和意义

1. 项目概况

铁路冷链物流智能化信息系统项目（以下简称智能信息系统）由公司在铁道部、中铁集装箱运输有限责任公司支持下负责立项、组织、开发、实施与推广。该项目集成GPS、GIS、RFID、呼叫中心、短信平台等现代物流技术、计算机网络技术和现代通信技术，本着服务客户、服务冷链物流行业、推动行业信息技术应用与进步的原则，构架中国铁路冷藏箱乃至铁路特种集装箱物联网的公共服务系统，在最大程度满足铁路冷藏箱运输客户需求基础上，实现全供应链的信息实时与透明，有效地提高了我国铁路乃至国内冷链、化学品及更广范围货物的运输安全和物流效率，并起到表率和示范作用。

智能信息系统项目共分四期进行：第一期开发完成铁路冷链物流业务的管理信息系统（2010—2011年）；第二期增加冷库、配送及定制服务模块，形成综合冷链信息管理平台（2011—2012年）；第三期建立门户网站平台（2012—2013年）；第四期将铁路特种箱管理全部纳入到信息系统平台中（2013—2015年）。

2. 项目实施的意义

（1）有利于促进冷链物流信息资源整合。目前，在我国冷链物流领域中，信息技术应用的程度普遍不高是我国冷链物流行业整体竞争力偏弱的主要原因之一。冷链物流信息化的滞

后，特别是公共信息平台的建设滞后，导致了冷链物流信息分散、运输途中温度控制不智能、资源不能有效整合等问题，形成了大大小小的“信息孤岛”。因此，发展现代冷链物流，必须加强冷链物流信息资源整合力度，大力推进物联网建设，促进信息资源的共享与传递。

（2）有利于提升冷链物流食品安全。公司推出的以铁路为主要运输方式、适于多式联运的冷藏集装箱，强调将智能化和信息化作为核心技术重点考虑，结合 GPS、GPRS、传感器、互联网等技术，实现了铁路冷藏箱的智能化定位、跟踪、监控与管理，这一系列技术的应用有效提高了铁路冷藏集装箱的管理水平和运输品质，很大程度提升了冷链物流食品的安全性。

（3）有助于推动冷链物流行业标准的建立。目前，我国冷链物流无标准可依，与食品物流安全直接相关的食品冷链安全体系基础建设相当薄弱，没有一个统一的行业标准，也没有明确的法规指引。冷链物流作为高复杂性、高时效性、高技术含量、高协调性的专业物流，缺乏行业标准将在很大程度上影响冷链物流乃至食品行业的健康发展。冷链物流必须以智能化的信息管理系统，即物联网建设为依托，制定对生产、运输、仓储等各环节行之有效的监管标准，确保食品质量安全，助推食品行业的发展。

（4）推动铁路运输信息系统现代化建设和多式联运方式的转变。经 30 多年的发展，铁路信息系统从无到有、从小到大，铁路信息化建设取得了较大的成就。近年来，铁路在物联网技术应用与推广方面进行了积极的探索与尝试，铁龙公司组织开发的铁路冷链物流智能化信息系统，将在铁路物联网技术的应用与推广方面起到示范性作用。

二、智能信息系统项目前期开发情况及所具备的基础

公司于 2009 年研制开发了以铁路为主要运输方式、适用于多式联运的铁路 45 英尺冷藏集装箱（以下简称“冷藏箱”）具有智能化功能。结合远程监控系统平台和信息化技术即可实现冷藏箱及箱内货物的信息获取、信息传输、信息处理等信息化功能。经过 2009 年 11 月 ~2011 年 5 月的试运行，我们得出的结论是冷藏箱性能稳定、高效，智能化的服务功能得到客户认可、市场反响良好，为冷链物流物联网建设奠定了坚实的基础。可以说，公司研制开发的高度集中的智能化、信息化冷藏箱，为物联网技术在冷链物流的推广和示范提供了可行的载体和良好的基础。

1. 冷藏集装箱已实现智能化

由于冷藏集装箱的冷机采用了智能化的微处理机控制器，因而可实现如下功效：

（1）节能降耗。冷机设有多种运行模式，通过自动控制温度精度，在满足温度管理要求的同时最大程度节省燃油；另外，通过信息系统的控制，可以在货物达到目的地后第一时间远程关闭冷机，减少不必要的能源消耗。此外，冷机还具有自动柴油电力动力切换功能，在接有外部电力动力时自动切换到电力动力，减少发动机的工作时间和污染物的排放。

（2）故障诊断。冷机可以根据设定的程序或人工选择进行自检，在自检过程中如发现问题，控制器就会发出告警信息；在上货之前确认冷机处于最佳状态，最大限度地保证途中货物安全。另外，当冷机在运行过程中发生故障时，控制器也会发出告警信息。告警信息分为通知性预防信息、到站维修信息及立即维修信息，使得操作人员可以防患于未然。

（3）实时监测。控制器连接了 7 个传感器（5 个温度传感器、1 个门开关传感器、1 个油位传感器，其中温度传感器和门开关传感器可根据需要分别扩展到 9 个和 4 个），记录 HACCP 食品安全管理体系要求的温度、冷机数据和冷藏箱开关门等状态（传感器分布如图 1 所示），因而能够实现实时监测。

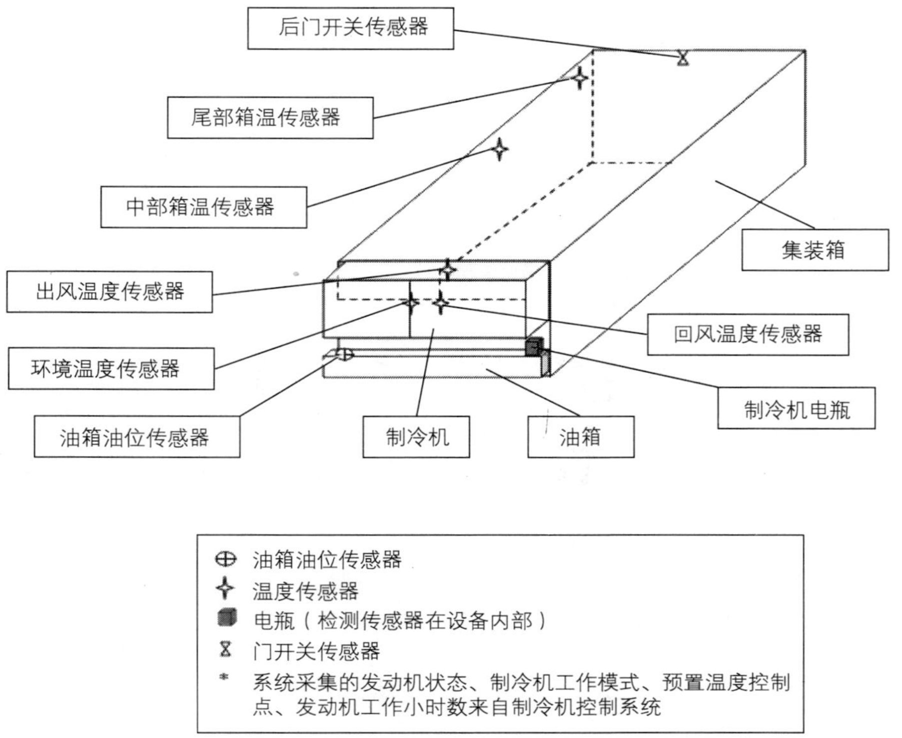

图1　传感器分布

（4）温度管理。控制器可预设最佳温度管理数据，为货物提供最适合的箱内环境温度。借助信息系统的管理，不仅可以根据运输货物的不同随时进行温度远程修改，还可以改变温度控制（出风、回风温度）模式和启动除霜，更可以进行自动启停和连续运转模式转换，以满足不同工况、不同货物的要求。

（5）维护管理。控制器带有能记录冷机维护有关数据的记录仪，记录冷机所有运行数据如控制参数、传感器、故障提示、冷机运行模式或各种模式运行时间和除霜间隔等，还可以提示维修保养间隔，方便冷机的维修和保养。

（6）安全管理。可对不同用户的权限进行灵活设置，随时授权或按时间段进行授权；所有的操作都有记录可查；远程控制和操作都由高级别用户实现。

（7）运营管理。通过GPS，可随时获取冷藏箱的所在位置及在该位置的停留时间，若出现非正常的滞留，则可以第一时间通知相关人员处理，最大程度地保证物流效率。

2. 冷藏集装箱已实现信息化

冷机连接了远程控制装置（可选择冷机自带的远程控制装置，也可通过一个通信协议装置和第三方的远程控制装置连接），远程控制装置和冷机与控制中心的通信通过互联网、GPRS、GPS、传感器实现了双向交互，实现了不间断采集和报告冷机运行数据和箱内货物环境温度状态、冷藏箱位置、发生的意外事件、告警信息实时发送到控制中心并可以实时发送到指定的邮箱和手机等，同时控制中心可向冷机发出指令，包括改变冷机设定温度、启动除霜、清除冷机故障代码、启动冷机出发前自检、不同运行模式转换和开关机等。

系统可以灵活授权，使所有授权的客户在任何地区、任何时间都可以借助互联网访问其授权范围内的信息内容，感知货物中途运输的质量保证，如图 2 所示。

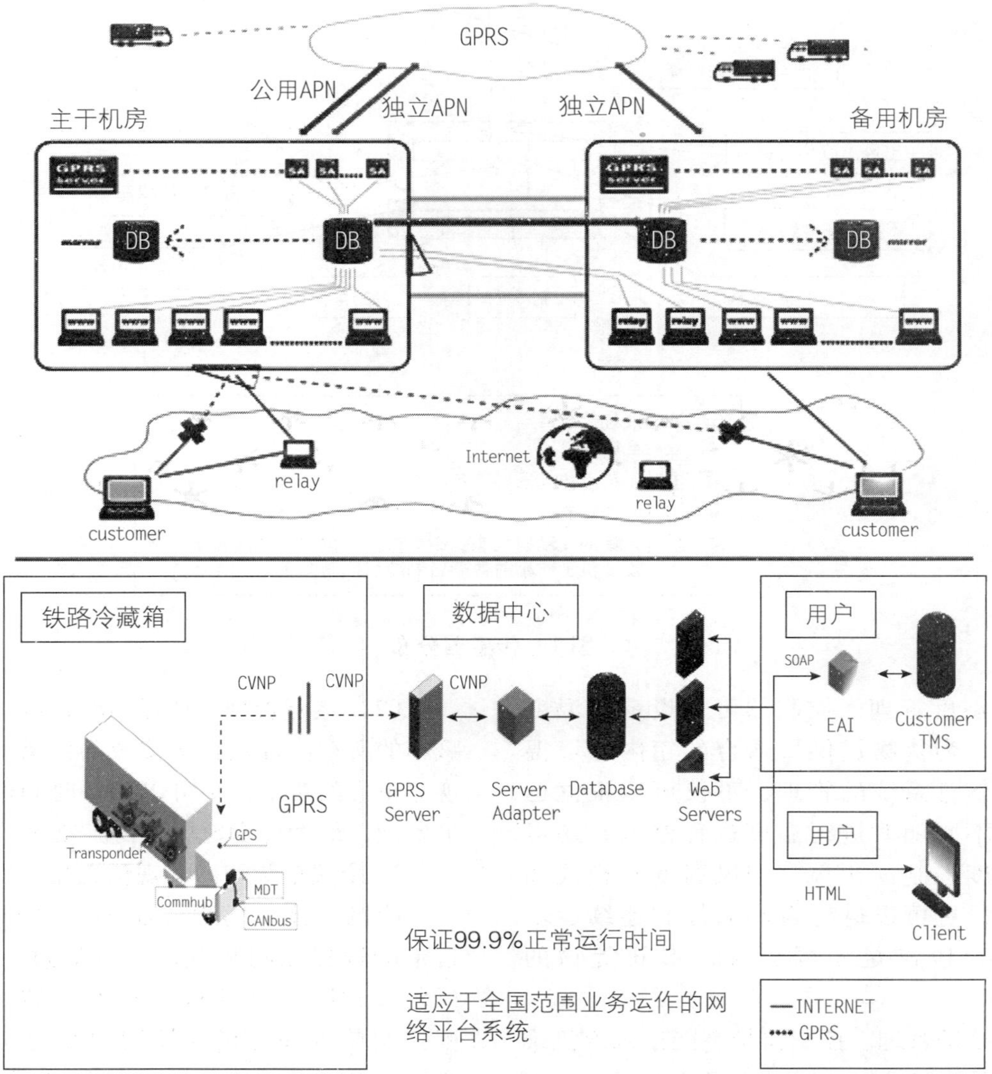

图 2 系统概况

三、智能信息系统项目简介

公司初期冷链业务使用的冷藏集装箱借助的第三方提供的信息平台系统，侧重于监控功能，为全面提高信息化对冷链业务的支持力度，2010 年，公司与天津嘉里公司共同开始开发智能信息系统项目。该智能信息系统已于 2011 年 6 月投入试运行。

1. 项目主要目标

开发智能信息系统的最终目标是提高信息化对冷链业务的有效支持，即提供全方位服务。一是综合信息服务。综合信息服务模块分新闻类、专业类、共享与工具类、信息交换类等四个板块，整合冷链行业动态和物流企业日常通用的各类信息，以最快、最新、最普及的时效性信息为主，以冷链行业的技术普及和共享信息的发布为主要目的，促进产业的标准、规范服务和产业升级。

二是行业资源整合与服务。行业资源整合服务模块以满足冷链行业运行与交易需求为目的实现各专业系统的网上交易，功能分冷链企业黄页、冷链需求信息、配货信息、物流保险等。

三是政府服务。进行政府冷链物流信息资源的交换共享，包括政策发布、指导，同时收集企业信息，为行业管理和规划服务。

四是冷链解决方案服务。为了满足没有自建信息系统的冷链企业的需求，支持冷链企业能够以较低的成本实现规范管理自身服务的目的，针对中小物流企业提供冷链作业系统的管理与咨询服务，加速中小企业的物流信息化。

五是对生产企业、消费者的服务。对生产企业可以提供全程一体化冷链服务的信息，起到为其维护和提升品牌的作用；消费者可以凭所购买的冷藏冷冻食品数据获知食品安全相关信息，真正做到买的放心、吃的安心。

2. 智能信息系统项目的主要内容

（1）建设平台总体架构。物联网平台最终建设完成后，将以铁路冷藏箱运载的冷藏冷冻货物为核心、智能化感知和获取的信息为主线、公共服务部门等为支撑，平台整体上相对独立。各层相互提供信息和数据交换服务，以提高冷链全程服务标准，为各方提供真正满足其需求的冷链规范服务，如为生产企业提供货物状态查询、综合性冷链物流解决方案，为流通企业提供物流设备跟踪和状态查询，为消费者提供所消费食品的追溯查询等。

智能信息系统项目平台的总体结构如图3所示。

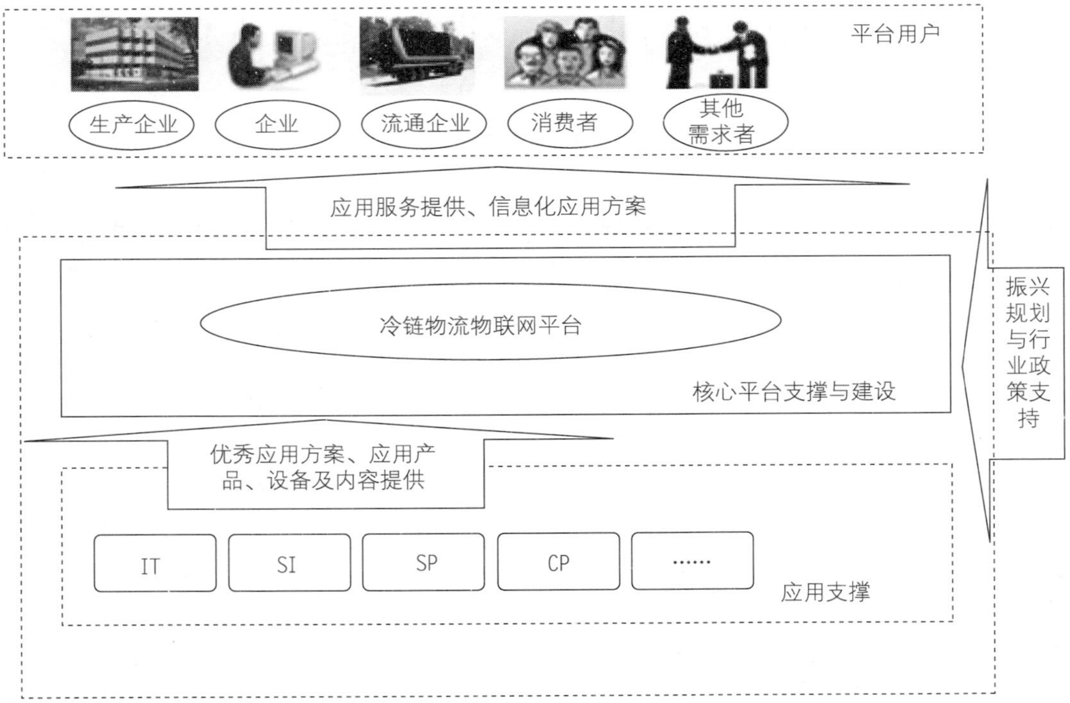

图3 智能信息系统项目平台的总体结构

（2）建设平台技术框架。基于对本项目的需求分析和功能要求，平台技术框架如图4所示。

如图4所示，物联网平台技术框架分为数据标准整合层、服务层、用户层、安全及管理保障系统层等几个主要模块。

一是数据标准化整合层。本层实现数据采集、数据标准化、数据存储（SQL Server）、数据交换（Biztalk）、信息规范、GIS系统、CA系统及编码规则等功能模块，本层着重为物联网平台提供数据、安全、规范等方面的支撑。

二是服务层包括业务服务和功能服务。业务服务包括智能冷藏箱管理、冷藏货物的智能管理、异常货况管理、电子商务等模块，实现平台相关的业务部分。功能服务包括即时通信系统、电子邮件系统、物流服务平台等模块，辅助业务模块达到更好的使用效果，提高效率，保障沟通的顺畅、及时、准确、安全。

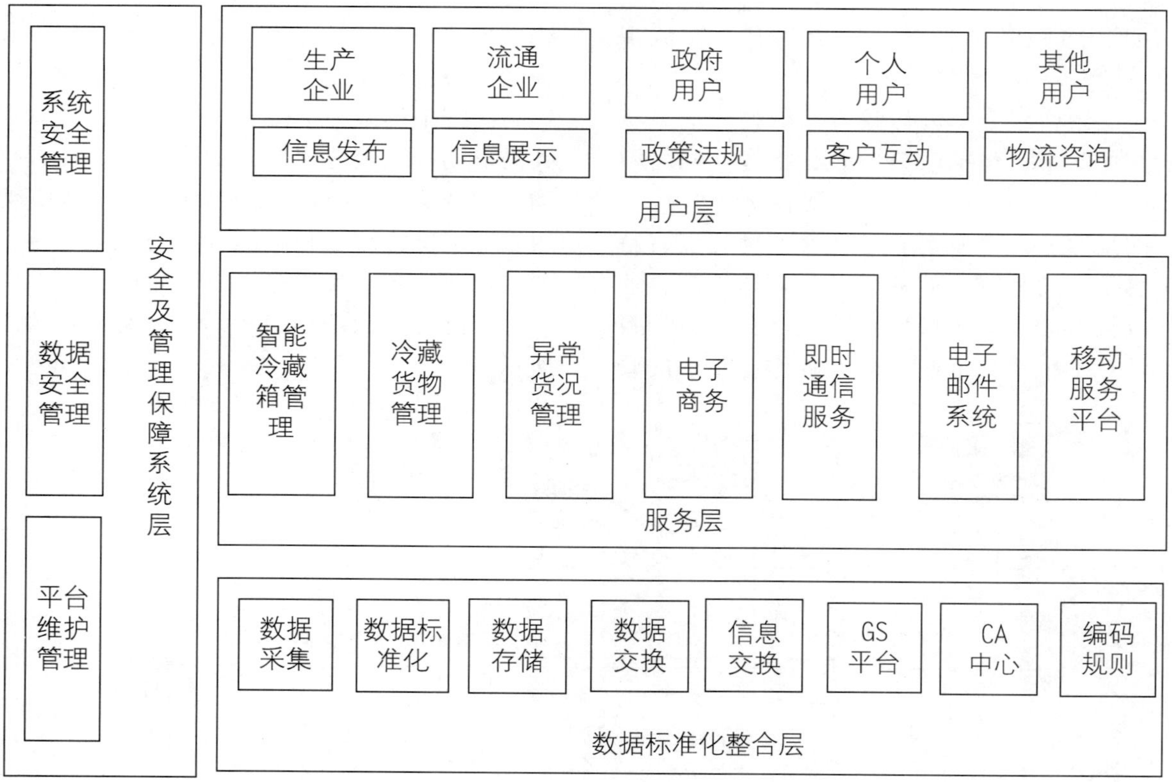

图4 物联网平台技术框架

三是用户层。平台的用户包括生产企业、流通企业、政府用户、个人用户和其他用户。主要功能是为这些用户提供信息发布、信息展示、政策法规解读、客户间互动、物流行业咨询等服务。

四是安全及管理保障系统层。包括系统安全管理、数据安全管理、平台运维管理几个模块。主要是为物联网平台提供了安全及管理的保障。

（3）建设门户网站。该物联网平台是基于构筑智能信息技术驱动的集成化、网络化的冷链管理服务平台，能够支持客户冷链全过程管理，面向政府管理部门、企业、消费者以及第三方社会资源提供综合的冷链信息服务、行业资源服务和各种保障与支撑服务。平台最终以门户网站的形式展现，主体包含5大模块，形成一个完整的服务平台，平台功能组成如图5所示。

四、智能信息系统项目组织实施方案

1. 设计思想

冷链物流管理信息平台系统采用模块化设计（如图5所示），要实现各个模块“即插即用”。系统可以将软件的不同模块，如Web服务模块、GIS模块、GPS模块、数据存储模块、通信（GSM/GPRS）模块等，组装在一台机器上运行，也可以分别运行在不同的机器上，共同来完成整个平台系统的功能。如果需要的话，每一种模块还可以再拆分在不同的服务器上运行，实现负载分担（即分布式计算），同时，系统的服务监测模块可以对不同主机的服务进行动态监测，实时完成故障切换，从而避免单点故障，因此系统可以根据需要和用户的使用模式进行定制。由于考虑系统构建和使用方便程度，本项目采用C/S和B/S混合模式。

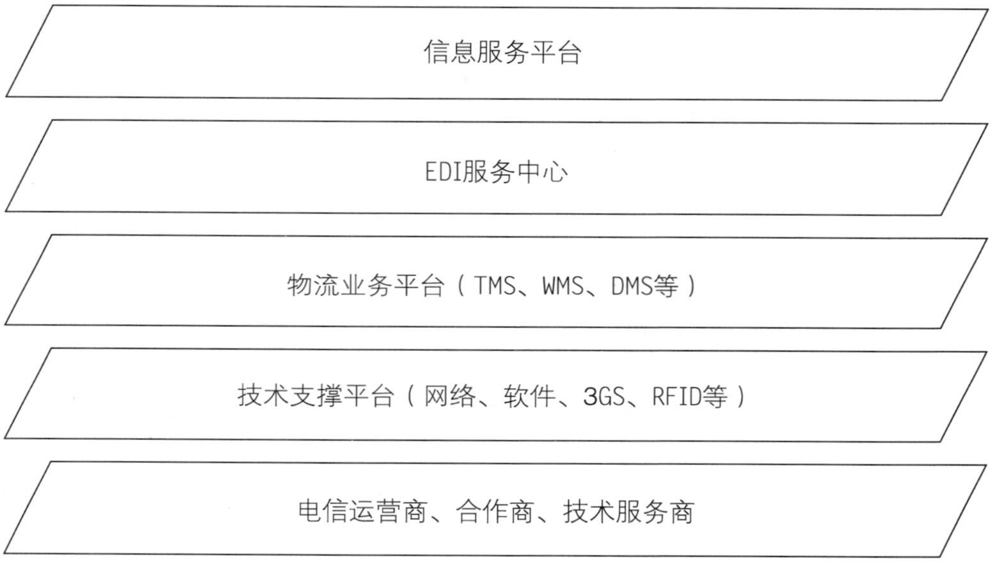

图5　冷链物流管理信息平台系统的设计模块

一是总监控中心采用C/S结构，分散用户使用B/S结构，将平台系统的可使用范围延伸到广域网，消除了C/S结构的局限。

二是中心操作员，按照功能分工，使用不同的坐席，如报警中心的操作员使用C/S监控坐席，以保证信息的反馈速度，解决了B/S的瓶颈问题。

三是尽管监控端是不同的结构模式，但是监控的结果是一致的，两种结构统一数据源、通信中心等服务。

此外，还要重点解决数据源层与服务系统层的接口定义、公共数据平台与服务系统本身的设计的问题。

2. 项目的技术线路

冷链物流管理信息平台系统主要由智能终端及其数据采集设备、通信服务器子系统、应用服务器子系统、Web发布服务器子系统、地图发布子系统、接口服务子系统、数据处理中间件（DBAgent）、C/S客户端和B/S客户端和无线网络、互联网组成。

（1）数据采集系统。数据采集系统是冷藏品供应链公共数据平台与服务系统的中心，是数据管理以及数据交换的基础。主要解决从冷藏品供应链监测电子设备到阅读器或数据采集接收设备、到中间件、到站点管理、到区域管理以及到整个冷藏品供应链中的相关信息的采集与管理。

（2）数据发布系统。冷藏品（供应链）安全监管信息平台与服务系统为供应链相关用户提供实时的跟踪和状态查询服务。平台可以提供 WEB 网站、WEB SERVICE 接口、短信、邮件通知等多种方式，用户根据自身特点，选择合适的方式，进行查询服务。

（3）数据交换系统。冷藏品（供应链）安全监管信息平台将是一个开放的系统，提供标准的数据接口，为未来同各管理系统、国际同类数据平台等进行数据交换。

（4）基础安全系统。先进可靠的安全解决方案是公共数据平台与服务系统稳定运行的技术保障，安全解决方案可以为平台提供从硬件平台到系统应用的一体化解决方案，包括安全认证系统、基于角色的安全控制分权管理、安全机房、服务器集群等。

3. 项目的系统配置

硬件方面，已研发的冷藏箱完全符合国际标准，引用了国际上成熟箱体和最好的制冷技术。制冷机组采用了柴电一体式驱动模式，使用的是开利 Vecter1850 和冷王的 SB210 + 50 型号机组，均是目前世界上最先进的陆用机组，针对铁路运输的特殊情况，在强度、减震、主要零部件固定等方面具有独到设计，在国外铁路运用成熟。

冷藏箱在设计之初就引入了“物联网”技术，强调将智能化和信息化作为核心技术重点考虑，冷藏箱的智能化设计，结合远程信息监控系统平台和信息化技术，实现了冷藏箱及箱内货物的信息获取、信息传输、信息处理功能。

信息系统方面，公司与佳里公司（CARRIERWEB）合作，由佳里公司根据公司提供的操作流程和技术要求、发展思路进行开发。该系统以开放的网络形式（Web - based）提供以上服务，客户不需要添置后台电脑设备及管理软件和相应的系统维护人员。

4. 项目实施步骤

根据实际情况，物联网平台建设分四个阶段实施，不同阶段因技术水平的不同分别实现不同的目标。

（1）开发完成铁路冷链物流业务的管理信息系统（2010—2011 年）。首先建立满足企业内部管理需要，并一定程度能够服务市场需求的信息平台，实现数据实时准确性、信息获取自动化、供应链透明，提高管理水平和服务效率。

（2）增加冷库、配送及定制服务模块，形成综合冷链信息管理平台（2011—2012 年）。在完成第一阶段信息平台建设同时，公司将抓紧对铁路冷链物流基地建设，实现为客户提供网络化的综合一体化冷链服务。届时，将开发与客户密切相关的冷库仓储、配送管理信息系统，与生产企业、其他物流供应商管理信息系统对接，实现冷链物流信息的无缝衔接，共同推动物流信息标准的制定，提高冷链信息一体化程度。

（3）建立门户网站平台（2012—2013 年）。通过第一阶段对现代物流技术、信息平台结合使用的基础，建立门户网站，更进一步地集成各项现代物流技术、现代通信技术、网络技术，建成以铁路冷链为主导的公共物流信息平台，实现政府机构、金融机构、物流企业、生产企业及其他相关服务行业间的资源共享、数据共用，信息互通，为相关企业提供信息交流、“一站式”物流配套服务。有效提升物流信息化标准，物流企业的服务水平。

（4）将铁路特种箱管理全部纳入到信息系统平台（2013—2015 年）。随着信息平台的成熟运用，公司将符合条件的铁路特种集装箱纳入到本项目，将进一步扩大更多货物品类的物流过程透明化。

五、技术经济和社会经济效益分析

1. 经济效益分析

（1）提升冷链物流运输率。统计数字表明，美国、日本及西欧国家的食品冷链运输率达80%～90%，东欧国家约50%，而我国只有20%左右。智能化信息系统平台的建立将增大生产企业和消费者对冷链物流的信心，吸引更多货源参与冷链运输，提升冷链物流运输率。

（2）降低冷链物流损耗。2008年，我国因丢弃腐烂食品造成的浪费达700亿元人民币，占食品生产总值的20%。这种浪费主要是由于缺少运输体系，导致一些食品在运输过程中因无法长期保鲜被丢弃造成的，而发达国家的果蔬损失率则控制在5%以下。由于运输过程中损耗高，整个物流费用占到易腐食品成本的70%，而按照国际标准，易腐食品物流成本最高不超过其总成本的50%。这些问题，都迫切需要通过智能化冷藏箱以及冷链物流智能化信息系统，确保食品通过合适的冷链途径和规范进行运输，降低损耗、节省物流成本。

2. 社会效益分析

（1）以行业示范效应推动国内冷链行业标准的建立。目前，国内冷链物流无标准可依，与食品物流安全直接相关的食品冷链安全体系基础建设相当薄弱，没有一个统一的行业标准，也没有明确的法规指引。冷链物流作为高复杂性、高时效性、高技术含量、高协调性的专业物流，缺乏行业标准将在很大程度上影响冷链物流乃至食品行业的发展。冷链物流智能化信息系统建设将有助于制定对生产、运输、仓储等各环节行之有效的监管标准，推动国内冷链行业标准的建立。

（2）促进我国食品物流安全体系建设，保障食品安全。由于目前的冷链物流运输设备缺少智能化的跟踪监管设备，更没有建立相应的冷链物流安全追溯体系，因此很多物流企业为节省成本都存在中途停止制冷或常温搁置等现象，无法实现完整的冷链运输，食品在运输过程中存在变质或二次污染的风险，给人民群众的健康带来了极大的隐患。

通过铁路智能化冷藏集装箱的应用，以及基于智能化集装箱的冷链物流智能化信息系统应用，真正做到了能够实现食品冷链的全过程实时监控，确保食品供应链安全，凭借先进的物联网技术促进我国食品物流安全体系建设。

（3）提高我国国民生活质量水平，增强我国农产品国际竞争力。冷链信息化水平的提升，将大幅减少易腐货物在物流过程中的巨额损耗，直接增加农民收入，对于推动我国新农村建设和农村社会全面发展具有积极作用。另外，冷链物流智能化信息系统平台的建设使用将提高冷链食品品质，加强质量、安全监督，有利于提高国民生活质量和水平，增强国民身体素质。

基于冷链物流智能化信息系统平台的货物运输将增强我国农产品在国际的竞争力，改变农产品产量虽然逐年增长，而成本高、销售价格低的不利局面，改变农业经济的增长方式，提升与国外农业竞争与抗衡能力，促进我国农业的可持续发展。

（4）促进我国低碳环保经济发展。随着铁路冷链物流智能化信息系统平台的成功建设与运营，铁路运输水平不断提升，加之中长距离运输优势的吸引，更多易腐货物生产企业会采用以铁路运输方式为主的多式联运，对国家提出的发展低碳环保经济有巨大的促进作用。

六、结束语

采用自主创新和国际先进技术生产的智能化冷藏箱与目前正在开发的智能化信息系统对接，使公司的冷链物流具有全程跟踪监控、全程质量控制等较完善的功能，开创了我国铁路全新的全程冷链物流服务模式，为冷冻冷鲜产品提供了更优质环保的物流平台。

未来三年内，公司将进一步扩大物联网在铁路特种箱物流方面应用，加快发展物流综合一体化，不断提高服务效率和水平。铁龙公司将组织物流、信息系统等专业人才组成项目组，与协办单位共同努力，积极发挥铁路行业的优势，按照计划逐步推进冷链物流智能化信息系统的建设工作。

（中物联网络事业部）

创新中发展的邮政速递物流

中国邮政速递物流股份有限公司（以下简称邮政速递物流）秉承“百年邮政”的优良传统，积极探索、不断创新，依托并充分发挥其强大的网络资源优势和良好服务的信誉，成功地为政府、企业、个人等用户提供个性化、专业化、全方位的快递物流服务，当之无愧地成为国内最具规模的快递物流运营商。

在我国经济飞速发展，人民生活水平日益提高的今天，邮政速递物流紧跟时代的节拍，以创新求得大发展。

在快递服务方面，陆续推出“次晨达”、“次日递”、国际“限时递”、“代收货款”、“收件人付费”、“代客报关”等高端产品和增值服务，以及“思乡月”、“五节联送”、“及时礼”、“家乡包裹”等礼仪产品，并率先向社会承诺“限时未达，原银奉还”，充分展示了邮政速递物流信守承诺、追求卓越的信念和决心。

在电子商务速递业务方面，结合自身资源和发展方向，特别为从事电子商务交易的个人和企业量身定做的速递服务，与“淘宝网”、美国 eBay、“京东商城”等网站实现合作，为近 2 万余家网商和客户提供服务。根据电子商务运作的特点，邮政速递物流开发了新的综合服务产品——“e 邮宝”（EMS 电子商务经济快递）业务以及整合推出网上 EMS“e－EMS”业务；创立了“网商创业园”（引进来）、“仓储配送集中服务”、“嵌入式”（走出去）服务等经营服务模式，受到客户欢迎。

在合同物流方面，采用先进物流运作模式和技术手段，努力为客户提供个性化、量体裁衣的各类完善的物流解决方案，提供基于供应链管理的包括仓储、封装、配送、加工、理货、运输和信息等服务于一体的综合物流服务。目前，邮政物流已拥有了以惠普、戴尔、诺基亚、博世、摩托罗拉、雅芳、中国移动、中国电信等大型跨国公司为代表的核心客户群体。服务范围扩展到港澳地区，服务内容涵盖了原材料巡回取货、供应商库存管理、入厂配送物流、供应链金融、领导型物流服务商（LLP）等高端物流增值业务，在高科技、快速消费品、汽车、烟草、医药、服装等行业，不断深化与客户在供应链上的合作，并逐步走向亚太地区及全球。

创新是邮政速递物流发展的主旋律，是做大做强的根本，创新让邮政速递物流活力无限。

一、“网商创业园”——筑巢引凤式的邮政电子商务服务

“网商创业园”是邮政速递充分利用邮政在场地资源、资金、配送、仓储、理货等综合服务能力，针对电子商务市场特点采取的一项

差异化服务解决方案。经过几年的探索和实践，2008 年 10 月，广东邮政 EMS 率先与“淘宝网珠三角商盟”达成“网商创业园”项目合作协议，并组织筹备试点，为网商提供办公、仓储、配送等综合性“一条龙”服务。此后，在总结广东邮政速递物流试点经验的基础上，邮政速递物流提出了在全国电子商务重点城市推广“网商创业园”的电子商务服务模式。按照“引进来”的基本思路，邮政速递物流通过原有场地利旧和在重点城市的经济开发区、工业园区内新建办公和仓储场地，为商户提供设施齐全的办公场所和仓储设施，邀请具有一定发货量的网商免费入驻，为其提供“写字楼 + 仓储 + 理货 + 配送 + 代收货款 + 融资 + 其他增值业务”的一体化服务。同时，邮政速递物流还配备专业营销管理团队，对“网商创业园”进行集中、规范的管理和全面、周到的服务。2008 年以来，邮政速递物流“网商创业园”的服务模式在全国特别是在北京、深圳等电子商务重点城市迅速推广，各具特色的“网商创业园”如雨后春笋，这为邮政速递物流进一步拓展电子商务配送市场，起到了巨大的推动作用。特别是石家庄的“大学生创业扶助园”，更是充分利用邮政在场地资源、资金、配送、仓储、理货等综合服务能力，为客户提供全流程的服务，打造了“零风险创业的平台”；同时，还积极扶持高校学生进行自主创业，已成功扶持了十多所高校的学生，得到了当地政府及教育部门的支持和认可。邮政速递物流的这种服务模式，不仅有助于降低邮政揽收成本，加快全程处理时限；还可为入园的电子商务商家提供面对面的贴身服务，实现服务增值；同时，它还为电子商务商家节约了办公、包装、人员等费用成本，确保商家物品安全；此外，该模式可以扶持中小企业的发展，特别是在其创业初期，极大地降低了经营成本和创业风险；并可为大学生提供网上创业免费培训及实习基地；通过低成本仓储及免费开店培训等，为社会解决就业难问题找到了一条新路。中国邮政通过推进“网商创业园”服务模式，可以将邮政三大板块有机结合，为网商提供包括数据库营销、商函制作寄递、快递物流配送、仓储、金融等全方位一站式的服务，打造邮政特有且无法复制的综合服务品牌，形成中国电子商务新的发展模式和服务模式。

二、eBay 项目——邮政国际电子商务服务

eBay 项目，是近年来邮政速递物流在国际电子商务服务方面形成的一个新亮点。为开拓国际轻小件快递市场，为中国国际电子商务提供更加稳定、一体化的物流产品，中国邮政速递物流联合美国邮政和 eBay 中国，在 2010 年 7 月正式推出了国际 e 邮宝业务（ePacket），8 月开始对所有 eBay 中国的卖家开放。

三方在产品设计、技术开发和升级、国际运输、市场推广、联合营销等方面，采取了一系列有成效的活动，在短时间内提高了国际 e 邮宝产品的市场知名度和占有率，确保了国际 e 邮宝能够顺利度过邮件和航空运输旺季，获得了客户和 eBay 的认可。依托 eBay 网站，由中国邮政速递物流负责国内“卖家”货物的发货、报关、境内运输，美国邮政负责在美的终端配送。为此，邮政速递物流为 eBay 项目定制了“客户网上下单、直接打印运单、EDI 报关”的“一条龙”式服务，这种新的商业模式受到了市场和客户的欢迎。eBay 项目的运行质量稳定，得到了市场的高度认可，使用的网商规模迅速扩大。该市场潜力巨大、业务发展前景非常广阔，势必将成为邮政国际业务发展的一个新的有效增长点。

三、“三流合一”的合同物流服务

某集团是一家总部位于德国，在汽车技

术、工业技术、消费品和建筑智能化技术领域世界领先的技术及服务供应商。其全球约27万多名员工在2009财年创造了382亿欧元的销售额。时至今日，该集团的汽车技术、工业技术、消费品和建筑智能化技术三大业务部门均已落户中国，并设立了47家公司，同时在上海设有投资有限公司。2009年，该集团在华销售额达274亿元人民币，并且每年以40%左右的速度增长。中国市场在该集团的业务中起着日益重要的作用，成为继德国和美国之后销售额最高的市场。该集团在中国市场的强劲发展势头得益于公司将战略发展方向与中国可持续发展和低碳经济目标紧密结合。如今，节能环保的创新目标贯穿于它的三大业务领域，产品和解决方案涉及范围从清洁柴油系统、动力总成电气化、风力发电齿轮箱、热泵、节能家用电器到锂电池电动工具。

随着其中国市场业务的高增长该集团的物流战略也像其他一些在华的跨国企业一样发生了变化，即物流采购权逐渐向总部集中。经过几年的跟踪和沟通，2009年，邮政速递物流与该集团终于建立了全面的战略合作关系。邮政速递物流参加了其2009—2010年国内运输项目的招标，经过严格的选拔审核，正式成为其指定的中国国内物流服务商。目前，邮政速递物流已为该集团在华公司提供包括整车运输、零担、空运、巡回取货、仓储、EMS等多项服务内容。作为该集团在中国大陆重要的战略合作伙伴，邮政速递物流还参加了其2010年度推出的供应商共同成长计划项目。这个项目使邮政物流的运营团队在项目管理、流程优化、风险控制、成本控制、作业现场管理、车辆管理等方面能力获得极大提升，同时也带动了业务快速增长。2010年，该项目业务收入已达4000万元以上，邮政与客户的关系更加紧密。在2011年的新的年度合同招标中，邮政速递物流又成功中标。

（中国邮政速递物流股份有限公司）

沃尔沃卡车的全面物流解决方案

——为湖北中烟乐道物流高效提速

2011年1月18日，沃尔沃携手武汉开力向湖北中烟乐道物流（以下简称乐道物流）的交车仪式在武汉隆重举行。总计20辆沃尔沃FH 4004×2系列卡车先后成功交付给乐道物流，随同车辆一起交付的还有沃尔沃独有的全面物流解决方案。该方案不仅能帮助乐道物流全面提升运营效率、降低成本、提高效益；还能为武汉物流行业在运营方面带来新理念，树立先进的管理典范。

一、度身定制全面物流解决方案

提供全面物流解决方案为客户解开营销难题，是沃尔沃卡车业务中的特色服务，也是其提高客户营运水平、优化营运效率的制胜法宝。此次沃尔沃卡车为中烟乐道物流提供的全面物流解决方案就是结合客户特点量身定制的。

有100个人就会对全面物流解决方案有100种不同的定义。凭借在沃尔沃卡车从事全面物流解决方案研究推广的多年经验，沃尔沃卡车全面物流解决方案专家对此有着自己的理解："全面物流解决方案经历了发展和完善的过程，从以前两点的产品、售后服务架构，拓展到现在第三点的增值服务，即后期决策上提供给客户软性管理的支持，这是大势所趋。当车队达到一定规模之时，就需要有一定的管理经验和管理模式与之匹配，其中软性管理至关重要。"

沃尔沃卡车的增值服务根据客户的实际需求度身定制，包含产品选型、车辆决策、车队配置、车队管理到精益车队服务等内容。

产品选型需为客户作整体考虑是沃尔沃卡车的服务精髓。他们在销售中不是简单的卖车，关注如何帮助客户选择正确的运输工具、选配合适的车辆使得运输效益及运能最大化，比如在冷藏运输等特种行业提供客户挂车上的建议。

车辆决策则通过物流测算采用不同产品，如利用项目周期、货运量情况、物流对时效性要求等一系列因素，以量化的分析引导客户作出最佳的经济性决策。针对新老客户，车队管理也将分别采取全套引导和经验分享两种模式，为包括油耗和轮胎管理、薪酬设计，甚至人员选配等重要经营链提供建议。

二、精益车队服务切实优化车队管理，实现高效

当车队投入运营后，就进入了沃尔沃的精益车队服务环节。精益车队服务通过沃尔沃的管理工具、经验分析切实帮助客户改进运营模式，实现高效运营。

沃尔沃卡车为乐道物流提供的车队管理服务早在2010年7月就已开始执行，当出车积累到一定时间的数据时，精益车队服务可由数据分析得出驾驶员在驾驶习惯上需要保持或改善之地方，由此形成一个科学量化的按图索骥管理模式。精益车队服务针对驾驶员及其驾驶习惯，按照管理模式长此以往地引导驾驶员修正驾驶习惯达到省油，还为驾驶员定义长期线路上的最佳驾驶方式。

沃尔沃还拥有一套车队管理软件——运输信息系统（Dynafleet），主要功能包括油耗与环保、司机驾驶时针、定位功能和即时信息，在车辆调度、指派、监控上成效显著。行程管理（Trip Manager）是运输信息系统的一个核心功能，可以协助客户进行日常决策，令运输计划更高效和更好地跟踪车辆。目前运输信息系统较多运用于欧洲，适当的时候会逐步引进国内。

三、与乐道物流合作，从磨合到共同成长

此次和乐道物流达成采购合作并非一帆风顺，经过多次的沟通和了解，沃尔沃以其“品质、安全、环保”的品牌价值、全面物流解决方案以及系统的运营体系，赢得乐道物流的“芳心”，双方最终达成协议。对于和沃尔沃卡车的合作，乐道物流给予了很高的评价，从初期磨合到共同进步，沃尔沃卡车为客户建立起信心的同时，更用实际行动为客户排忧解难。

“每当接触到一个新客户，我们就必须要花时间和客户在一起，从客户身上了解运作模式的差异。尤其像烟草运输行业存在特殊性，在客户并未太明确自身要求的情况下，我们有责任充分理解客户的需求，通过反复的沟通得出针对性的解决方案”，Eddy 如是说，“我们通过多次研讨会的共同交流将先进的运营模式理念传达给乐道物流。就烟草行业来说，实现利润最大化的绝佳途径就是通过优化运营模式理念的完成”。

烟草行业对货物安全性要求非常高，乐道物流的运输特点是配送范围广、小批量多品种、配送不均衡，导致运输调度配备比较难。为解决乐道物流存在的难题，沃尔沃卡车建议先对货物进行分析，由于客户原先使用的运输车型小于沃尔沃卡车规模，因此全部套用大卡车运输并不经济，需要进行筛选适合大卡车运输的货物。于是沃尔沃卡车首先为之设计了一个滚动的调度配送计划，通过计划性来弥补波动的运量。

另外，沃尔沃为乐道物流的供应链下方调整了运输计划。由于烟草消费量总体而言是趋于均衡的，所以导致配送不均的真正原因极有可能是人为因素。于是沃尔沃卡车提议和区域经理进行沟通，在不影响销售的情况下进行内部调整，为运输计划成功提效。虽然可在区域范围内建设一些配送中心，但操作上还存在一些难度。所以，加强自身保险和滚动计划制订，以及引导区域销售经理均衡管理成为了两个最切实的解决方案。

就先前的营运模式来说，乐道物流主要以粗放性经营为主，对油费、过桥过路费等相关成本考核并没有引起重视，沃尔沃卡车就此提出了改进车队绩效考核的建议，包括了油耗管理、人员管理等诸多项目。此外，沃尔沃卡车还鼓励客户尝试突破，在不同区域的某些线路上实现对流运输。目前，乐道物流已在东北、广东、山东等地通过精益管理服务建立了这样的新模式帮助驾驶员降低油耗。

四、差异化竞争是未来制胜关键

在合作过程中，乐道物流对于沃尔沃卡车给予的建议相当认同和配合，调整了人员配置、加强了制度管理。首批交付的10辆沃尔沃 FH 4004×2 卡车于2010年12月开始使用，

而在这之前，仅凭沃尔沃卡车关于油耗管理的建议，靠填补漏洞的方式，乐道物流就在原车的基础上大大提高了利润。

“如今，全面物流解决方案所面对的市场需求是巨大的，提供全面物流解决方案已逐渐成为企业服务的一种趋势，增值服务能以无形的形式赋予客户实际的利润。” Eddy 表示。

与此同时，在解决方案层出不穷的市场也面临激烈的竞逐，产品、售后同质化的过程中表现出的新意往往会成为企业取胜的法宝。树立独特鲜明的竞争优势，寻求差异化的竞争手段便是沃尔沃卡车未来发展的关键。目前，沃尔沃卡车在国内所提供的增值服务是不收取任何费用的。

沃尔沃卡车运输解决方案专家坦言：“好的理念需要进行推广并付诸实践，精益服务不是短期内容，它是一个长期跟踪的服务过程，我们希望在日后有更多的同人能加入到这个推广与实践的行列，让我们共同努力把理念转化为客户的经济效益。”

1. 沃尔沃品牌赋予驾驶员信赖感、归属感与自豪感

谈到关于沃尔沃卡车的使用感受，乐道物流的 A 司机和 B 司机都不约而同地给予很高的评价。

B 在业内已有 18 年的货运经验，虽然曾驾驶过各种卡车，但沃尔沃品牌还是他平生首次驾驭的进口品牌。“沃尔沃卡车的表现令人印象深刻，在一些不平稳的路段也能稳定运行，是值得我们信赖的伙伴”，B 坦言。

沃尔沃卡车重载比空车仅多耗 5 升不到的油，其自动模式为驾驶员在操作上带来便捷，无须手动操作，驾驶感舒适轻松。A 表示：“由于沃尔沃享誉世界的品牌影响力，能驾驶好沃尔沃卡车对我们来说会有一种油然而生的自豪感。当然也加强了我们对公司的信任和忠诚，对工作的尊重与归属感。很多司机对车辆更加爱护，出车回来后都会主动洗车，这是在以前不常见的。”

迄今为止，效力于乐道物流的沃尔沃卡车都没有发生过任何故障问题，即便是 12 月气温寒冷、北风凛冽的东北地区，沃尔沃卡车在防冻方面的卓越表现使其在长途物流运输安全方面赢得良好口碑。

2. 加强驾驶员培训管理，保障车辆运输节油高效

乐道物流的司机必须要经过专业的培训考核才能上岗，考核内容包括概念和技能考试，通过双管齐下选出优秀合格的司机获得驾驶沃尔沃卡车的机会。

前后两批沃尔沃卡车都已在沃尔沃管理模式下进行操作。第一，是对于车辆性能，按照技术技能定期进行保养；第二，主要考虑成本管理；第三，则是车辆监控、运行安全管理。A 表示：“如今，我们还在全新的沃尔沃卡车上试运行，安装了可视的节能运行系统，可以依靠 GPS 观察到驾驶室里的情况。此外，沃尔沃卡车的储备模式真的对油耗有一个稳定的控制，现在我们在武汉加满油箱的情况下，出车的路程油耗基本就可以满足，无须再中途加油了。”

B 坦言随着培训的深入，每次的培训内容都会更加细化，如细致到对卡车仪表的认识。经过车队严格的管理、驾驶员技术的指导、任务标准的制定，都让每一位参与培训的驾驶员受益匪浅，甚至改变了一些学员的驾驶习惯。“我的驾驶习惯就从跑马帮的形式变成了开货车的形式，沃尔沃卡车让我找到了更好更适宜的驾驶方式”，B 如是说。

接下来沃尔沃卡车驾驶员培训项目将针对车辆性能继续展开，沃尔沃卡车提供的远远超过产品本身的价值就是通过精益车队服务为客户提升车队品质、提高运输效率。

（蒋坤元　沃尔沃（中国）投资有限公司品牌市场部）

打造引领钢铁行业创新发展的商业流通模式

——淮矿现代物流有限责任公司与江苏申特钢铁有限公司联动项目案例

淮矿现代物流有限责任公司（以下简称淮矿物流）是企业物流向物流企业转变过程中，依托服务于以大型国有煤电企业为核心节点的整个供应链而发展壮大的。淮矿物流的发展历程是从做供应商的供应商开始，致力于区域配送与物流资源整合、第三方物流整体外包、物流业与制造业联动，以及社会资源的科学合理配置的现代物流运营综合能力不断提升的历程。

一、联动项目相关企业概况

1. 淮矿物流简介

淮矿物流于 2008 年 10 月成立，是一个典型的企业物流社会化发展后与大型生产制造企业分离分立的物流企业。淮矿物流的前身是服务于淮南矿业集团煤炭、电力、房地产、机械制造等多种产业板块、辐射半径近百公里的企业内部采供物流服务部门。现主营业务包括：金属产品及其原材料等生产资料的商贸物流、第三方物流及供应链物流整体外包服务等。

淮矿物流在淮南本地拥有 10 万平方米的物流大市场和保税仓库、在江阴拥有一个整体租赁物流园区、在芜湖港拥有一个贸易型的码头。正在合肥经济开发区新建一个 1300 亩的前港后园式的物流园区。

淮矿物流自有专业的仓储配货联运公司，具备强大的车源整合能力和社会运输配送服务能力，拥有自行设计的配送系统和配货信息发布系统，能广泛开展市内配送、省际区域配送、多式联运业务。现已吸引数十家大型物流公司入驻，其中跨区域签约物流企业近 50 家。

淮矿物流在沿长江流域建立了 9 个从事商贸物流的子（分）公司，面向华东及沿江地区提供物流服务；在北方成立的鄂尔多斯分公司，向西北地区煤炭企业提供物流服务。同时，在上海、崇明、昆山、苏州、无锡、江阴、镇江、溧阳、南京、合肥、芜湖、杭州、宁波、武汉、重庆等区域整合社会仓储、运输、配送等物流资源 30 多家，积极开展仓储基地建设，延伸商贸后第三方物流服务，推动商贸与物流一体化发展。

淮矿物流（前身）自 1997 年起积极开展信息化建设，具有 15 年信息化建设经验，自身的信息化建设已经日臻成熟，实现了各项作业规范化、程序化、自动化、智能化管理，经营动作简捷、高效、透明。通过不断地发展创新，淮矿物流 2008 年实现物流总产值 33 亿元，2009 年实现物流总产值 78 亿元，2010 年实现物流总产值 183 亿元。2010 年被中国物流与采购联合会评为国家 4A 级物流企业。

2. 江苏申特钢铁简介

江苏申特钢铁有限公司（以下简称申特钢铁）是江苏常州溧阳市第一纳税大户，是一个在国内少有的集洗选煤、炼焦、余热发电、烧结、炼铁、炼钢、轧钢等为一体的高度集约的综合类钢铁企业。年产石灰30万吨、洗精煤200万吨、成品焦100万吨、发电7.6亿度、烧结矿400万吨、铁水320万吨、钢坯330万吨、轧钢330万吨。厂区总占地面积只有150万平方米，建筑面积只有40万平方米。拥有年吞吐能力1000万吨级的码头和60万吨的仓储基地。2010年产值236亿元。已通过ISO 9001质量管理体系认证和ISO 14000环境管理体系认证，是钢铁行业中难得一见的、花园式的节能环保生产企业，也是“产品质量国际信用3A级单位”和“质量信用守信企业”。

二、两业联动方案

2009年下半年，淮矿物流开始与申特钢铁联动发展。申特钢铁作为钢铁制造企业，把全部精力用于产品研发、技术改造、质量控制、安全生产等，集中精力提高核心竞争力；淮矿物流作为大型物流企业，负责除制造环节外的原材料采购和产成品销售等物流与商贸业务的整体外包。通过淮矿物流对其采购、销售的整体外包，解决了申特钢铁采购成本高、资金周转慢、物流成本高、销售渠道不畅等问题。

三、两业联动的发展概况

淮矿物流与申特钢铁的联合联动是供应链关系上的包括产、供、销、第三方物流等多方面的全方位合作，淮矿物流简称其为“申特模式”、“供应链物流整体外包服务”。双方合作的基本情况如下：

1. 原材料采购

申特钢铁主要原辅材料需求所构成的供应物流总量近600多万吨。淮矿物流凭借多年来服务于大型国有企业的采购供应团队和多年积累总结出来的采购供应管理经验，为申特钢铁整合上游供应商资源。通过发挥规模采购优势，有效保证了申特钢铁原辅材料的按时按量采购供应。

2. 生产衔接

申特钢铁将全部产品交由淮矿物流代理销售后，改变了钢铁行业多年来采用的多客户一钢厂的传统分销模式，创新成一对一的点对点分销。由淮矿物流每月25日前根据近期销售量和库存状况报送需求计划，申特钢铁只需对淮矿物流一家计划排产、组织生产。遇特殊需要，双方快速沟通协调，现场制定计划变更方案，简单快捷省事省心，也大大提升市场反应能力，更加适应了瞬息万变的钢铁市场。

3. 产品销售

申特钢铁产成品年生产销售规模近300万吨。申特钢铁改变钢厂传统的分销模式，将全部产品交由淮矿物流代理经销，双方互利互惠、优势互补。淮矿物流为申特钢铁提供了优质的产成品整体物流外包服务，申特钢铁为淮矿物流市场开发提供了优质的商贸资源，也为淮矿物流母体淮南矿业集团正常生产提供了生产建设材料。淮矿物流代理销售后充分利用沿长江流域从事商贸物流的子（分）公司构成的销售网络，在上海、崇明、苏州、无锡、江阴、镇江、南京、芜湖、合肥、杭州、武汉、重庆以及沿海的宁波、福州、厦门等区域开展产品销售。淮矿物流以其宽广的客户资源、高水平的销售队伍和健全的销售网络，帮助申特钢铁打开了在全国的销售市场，扩大了申特钢铁产品品牌在各个地区的知名度和市场影响力。

4. 第三方物流外包

申特钢铁将原材料采购、产品销售外包给淮矿物流后，淮矿物流根据申特钢铁货物进出以水路为主的特点，充分考虑原材料采购物流环节由海进江再由江进河到申特钢铁和产品销售环节由申特钢铁沿内河进江再由江进海或沿长江流域销售等因素，与申特钢铁共同整合了

20多家专业水运公司，共同定价、共同协调组织物流服务。以镇江惠龙港国际钢铁物流基地、江阴长宏物流园为中转中心，建立以中转中心为主的原材料供应和产品销售的集散地。从而形成了一个围绕申特钢铁，以中转中心为集散地，拥有专业、充足的水路运输队伍的在海洋、长江、内河可反向互逆的大型、综合性物流组织，以此顺利完成年1000万吨以上的供需物流量。

淮矿物流与申特钢铁的合作是基于整个钢厂产业链中计划、采购、供应、生产、销售、运输等各个环节上的，是对整个产业链进行的综合服务外包。

四、两业联运的成效

1. 原材料采购成本有效降低

淮矿物流凭借多年来服务于大型国有企业的采购供应团队，发挥多年总结出来的采购供应管理经验，依托近1500多家的优质供应商资源，为申特钢铁进行上游供应商资源整合，形成了淮矿物流与申特钢铁一对一的采购模式，直接降低采购成本6%，降低综合采购成本4%，合作一年来，综合采购成本下降近5亿元。

2. 原辅材料库存周转有效加快

淮矿物流与申特钢铁合作之前，主要原材料的常态库存周期为2个月左右，若遇机会性备货库存会更高。如今，库存量已急剧下降至现在的1个月的常态库存，每年为申特钢铁节约库存成本近1亿元。

3. 产成品销售畅通资金回笼加速

淮矿物流利用原先服务于淮南矿业集团的广泛客户资源以及健全的销售网络，一直按时按量履行购销协议，产成品销售已经辐射重庆、武汉及长三角范围内的诸多区域，销售畅通无阻。同时，淮矿物流利用自身强大的资金实力优势及时支付货款，申特钢铁货款回笼也得到有效保证，比以前的货物变现率提高40%以上。

4. 物流成本下降

申特钢铁每年需采购原辅材料近600多万吨，对外销售产成品近300万吨，年进出运输总量达1000多万吨。淮矿物流运用多年来打造的辐射全国的水运、汽运等物流运输链条，运费方面年节约成本6000多万元。

5. 新技术推广、技术改进不断推进，竞争力提升

淮矿物流对申特钢铁进行整体物流外包，让申特钢铁可以全身心地将更多的人财物资源注入生产技术的改进和新技术的推广应用中去。新技术的不断推广应用、产品质量的不断改进、节能减排环保项目的不断推出，加速了成本降低的转变历程，提升了企业的核心竞争力。

6. 扩大再生产能力加强

申特钢铁在资金链健康和人力资源充足的前提下，组织了扩大再生产。2008年申特钢铁年产量为100万吨，2009年产量为108万吨，2010年产量为180万吨，2011年产量预计达到300万吨，联动发展对申特钢铁生产能力的拉动效果最为明显。

五、结论

真正的物流产业其功能不仅仅表象为简简单单的仓储、运输、配送、装卸、搬运、流通加工、包装等低端服务，重要的是体现在对区域资源有效整合与配置上，体现在对供应链上下游资源的有效整合和配置上，体现在对整体社会资源的有效整合与配置的综合服务能力上。

淮矿物流把公司的业态定位在“商贸+第三方物流”上，目的是以第三方物流服务为支撑组织好商贸物流，以商贸物流的开展拉动第三方物流服务的发展。淮矿物流与申特钢铁的

合作，优化整合了原材料的采购供应物流，优化整合了钢厂（生产制造业）的产成品销售物流，让生产制造企业有充足的时间和精力安心于安全生产、专心于生产技术研发、倾心于核心竞争力的提升，真正实现制造业与物流业的联动发展，也真正体现淮矿物流“服务至上，缔造共赢”的经营理念，践行“追求交易成本最小化”、“供应链成本最小化”的企业核心价值观。

（窦永虎　淮矿现代物流有限责任公司副总经理

王　杰　淮矿现代物流有限责任公司秘书）

坚持“特”色全力推进特货运输可持续发展

一、2010年中铁特货公司经营生产情况

2010年，中铁特货公司坚持以科学发展观为指导，以实现公司又好又快发展为目标，坚持注重经营效益，坚持注重管理质量，大力推进经营转型、管理升级，圆满完成各项经营任务和目标。

1. 经营任务全面超额完成

2010年主要经营指标全面和超额完成铁道部确定的考核指标。运输收入完成21亿元，其中：商品汽车运输完成9.4亿元，大件运输完成4.8亿元，冷藏运输完成3.3亿元，B15E运输完成3.4亿元，其他杂费收入0.1亿元。

2. 市场开发成效显著

公司确立了“做强汽车运输、做大大件运输、做精冷藏运输、做专其他运输”的发展战略，制定了“把握市场、开发市场、占有市场、巩固市场、最终统领市场”的营销策略和“高品质、大批量、长距离、多往返”的经营战略，经过几年来的扎实推进和实施，取得显著成效。一是商品汽车运输快速增长。2007年在铁道部的部署下，全国铁路商品汽车运输资源和业务整合集中到特货公司，开启了铁路商品汽车运输的新时代，整合当年运输商品汽车42万台，2010年达到83万台，三年增长近一倍，实现了从无到有、从小到大的跨越式发展，成为拉动公司发展的主要动力，市场份额逐步扩大。二是大件运输稳步提升。260吨以上大件运输实现了较快增长，使用新研制开发的450吨落下孔车成功完成411吨轧机机架的运输，使用新开发的450吨钳夹车成功完成1000兆瓦发电机定子的运输，都创造了我国铁路大件运输的新纪录。260吨以下的大件运输实现了基本覆盖，大件运输产品市场的发展空间逐步拓展。抓住铁路大发展的历史机遇，利用有限的DL1型车资源，全力满足大规模铁路建设所需的预制梁运输，成为大件运输的一个增长亮点。B15E运输作用明显。B15E代棚运输作为公司盘活存量资产的重要举措，为公司增运增收作出了贡献。

3. 运输组织持续优化

强化车辆运用，车辆周时同比压缩0.63天。围绕公司经营战略，以提高车辆运用效率效益为原则，紧密对接市场，灵活配置资源，努力实现增运增收。积极组织整列、成组运输和重去重回运输，商品汽车整列运输比例达到30%，以规模化运输促效率提高，增强运输时效性。

4. 装备保障能力增强

适应市场需求，扩大市场份额，加大设备更新改造投入，全年新造并投入使用DK36A

型大车2辆，JSQ6型车450辆、板架箱600组，为增运增收提供了强有力的装备保障。不断完善机冷车检修工装设备，继续强化专业化、集中修的功能建设。完善机冷车检修技术标准，狠抓车辆检修质量、提高车辆上线率。

5. 货场建设实现重要进展

新建郑州、西安货场顺利开通投入运营，有效提升了公司基地建设水平，完善了经营网络和物流节点，为公司今后的物流基地建设发挥了有益的示范作用。

6. 信息系统开发加快步伐

公司开发了货运营销周/月计划信息系统，建立了内外网数据交换安全平台，收入统计查询系统、调度装车计划管理信息系统得到优化完善。

二、“十二五”时期中铁特货公司发展的主要目标

国家和铁道部“十二五”发展目标和要求，为实现特货公司大发展提供了重要机遇和有利条件，立足公司发展现实，结合面临的形势任务，公司提出“十二五”时期主要发展目标：

1. 做强做大特货市场

明确突出“特”字、坚持“特”字、扩大“特”字的发展定位，坚定不移地贯彻保盈亏、保品质、增收入、严考核的经营方针，实现从追求数量和收入向追求质量效益的转变。实现商品汽车和大件运输市场全覆盖，到2015年，运输收入达到40亿元以上，商品汽车运输达到300万台，乘用车市场占有率达到20%，按物流产值口径占有率达到30%；大件运输要延伸物流链条，在提升服务的基础上，实现市场拓展、运输增量和收入增加，运输收入达到10亿元。

2. 持续改善经营质量

全力改善经营管理，实现扭亏为赢，并保持赢利逐年递增，不断提高经济效益，提升公司发展质量，树立公司的良好品牌形象，增强市场竞争力，促进可持续发展。

3. 车辆装备保障有力

优化装备结构，淘汰老旧车型，把新造车的重点放在市场需求大、通用性强、运用效益高的主型专用货车上，加大J型车新造和研发，加快D型车更新换代，提高车辆装备水平，为公司发展提供强有力的装备保障。

4. 货场建设不断完善

充分利用铁道部政策支持，加快特货作业区建设，2013年建成覆盖全国省会及主要城市的物流基地，构建功能齐全、设施完善、技术先进的专业物流节点网络。加快信息网络系统建设，2012年建成与所有主机厂联通的配送网络信息系统。

（中铁特货运输有限公司）

新起点　新征程

2010年，福田汽车集团为实现制造系统结构升级，投资26亿元重点推进国内欧曼新型节能重卡数字工厂（以下简称欧曼二工厂）工程项目，项目建成后合并年生产能力可达20万辆，可实现年销售收入600亿元，将成为全球最大的重卡数字工厂。作为福田汽车的物流总服务商，北京宝供福田物流有限公司（以下简称福田物流）紧紧抓住发展的机遇，面对前所未有的挑战与压力，义无反顾地承接起欧曼二工厂整体物流建设项目，不惜重金投入，不遗余力实施，实现了入厂物流、线边物流、流通加工、厂内物流及整车运输等全过程物流环节的深度涉入，取得了机会增长与能力增长的双丰收。

一、迅速启动　成立专项项目组

欧曼二工厂物流建设项目，从项目内容、运作规模来看可视为福田物流面临的最大挑战和尝试，该项目生产物流仓储库房包括RDC1（RDC，即区域分发中心Regional Distribution Center，是指具体进行业务运作的分发、配送中心，是一种极为重要的物流运作模式）、RDC2、RDC3、RDC4、管路库、轮胎库等六大库区，共计5.27万平方米，可供存储5万余种零部件，仓库面积利用率达95%以上。

为确保为工厂提供“低成本、高效率、专业化”的生产、销售物流服务，将欧曼二工厂物流部打造成为福田物流专业物流服务团队的样板，2010年6月1日，福田物流成立了以总经理层为核心的欧曼二工厂专项项目组，充分展现出了做好业务项目的决心和能力。

项目组由福田物流总经理层领导担任总负责人，抽调各单位、各部门业务骨干，搭建专业化项目团队，按职能要素组建了项目规划管理组、业务运营实施组、设备技术组等8个工作小组，各小组在完成各自职能范围内项目的同时，在项目总体调度小组的统筹协调下开展协作与配合，共同确保整体项目的顺利实施。

二、凝结智慧　群策群力谋项目

对于项目组而言，欧曼二工厂物流项目任务量大、工期长、质量要求高，绝大部分任务都是初次运作，没有任何经验可借鉴。但面对困难，项目人员表现出的是勇挑重任的“扁担精神”和坚韧不拔的“青松品格”，他们各司其责、群策群力，为把欧曼二工厂物流项目打造成为公司金牌项目而奋力拼搏、努力奉献。

业务运作组的人员，重点负责业务流程和组织结构的设计，从每台车计划生成到各零部件入库、仓储、出库，再到整车销售、转运，他们对每个节点都严加把关；综合管理组尤其是人力资源工作人员，在整个项目组中是压力最大、工作量最重的，面临人员紧缺，招聘难度大等问题，他们奔走于各招聘现场，从300余名新员工的招聘、培训到安置都做到了事无巨细，使人员得到及时补充；设备技术组负责各RDC库房设备设施的招标、采购，他们对待工作的一丝不苟和严格验收，保证了设备设施的高质量；VI形象组统一规范标准与标识；成本预算组精确测算成本；资源筹划组合理筹备运力……所有项目工作人员表现出的高度的责任感和强大工作能力，有力确保了项目的顺利实施，受到了集团公司和欧曼工厂各级领导的一致好评，并为福田物流在后续多功能工厂等项目的建设上积累了宝贵经验，奠定了坚实基础。

三、硕果累累　新起点踏上新征程

欧曼二工厂物流项目自启动到12月31日进入实施，共历时214天，取得了阶段性成果。项目组根据运作内容，对各项任务的作业强度、时间进行周密考虑，在时间节点上合理安排，分批次推进，最终保证了7个月时间内施工、采购、培训、准备、试运作等工作有条不紊的开展并紧密衔接，125项细分项目完成率达100%，5大重点工程顺利竣工，已完成库房建设工程，RDC1、RDC2库房已投入使用，正式进入生产物流业务运作；完成设备设施建设工程，结合实际物流服务需求，采购安装货架960组、9600个托盘位、转运设备1781台、仓储器具2.58万个，一期设备设施投入2076万元，新设备已全部安装到位并投入使用；完成物流组织机构搭建和业务运作体系、管理体系的构建，成立欧曼二工厂生产物流部，累计招聘、组织到位员工300余人，项目管理运行投入658万元；完成信息系统建设工程，自主开发实施WMS仓储管理系统，与工厂SAP、SRM系统实现数据交互和信息传递，并在RDC各库投入使用。

如今，欧曼二工厂物流运营工作已全面展开新阶段，并随着业务的深入不断改进和完善，福田物流正走上“十二五”发展的新征程，“立足客户需求，完善解决方案，提升服务质量，追求客户满意”，拓展视野、调整心态、提升素质，全面提升公司各主体的业务能力，坚定不移地为客户提供更完善的服务，是福田物流乐此不疲的追求。

（张艳丽　北京福田物流有限公司党群工作部公关传播科科长）

创新“一体化供应链管理”打造越海模式

——深圳越海全球物流与飞利浦联动项目案例

一条供应链可以延伸多长？对于一般的生产企业而言，其供应链可归结为“仓储+运输”，即产品生产出来以后存放于配送中心，再由配送中心发往各地代理商。不过，对于飞利浦这样的跨国生产商来说，供应链要复杂得多。飞利浦销往中国的产品从代工厂到终端需要经过码头货运、进出口报关、全国配送、分销体系等多个环节，最终到达客户端。

之前，飞利浦将供应链不同环节外包给不同的物流供应商：有货运代理公司负责码头运输和报关、物流商负责全国范围的运输和配送、代理商负责产品的分销。直到2007年7月，飞利浦将一张高达30亿元的物流订单交给了深圳越海全球物流公司（以下简称越海）。

越海是一家全球性、创新型现代物流企业，在国内外设有八大基地、16个分、子公司及30个运营网点，总注册资金5.2亿元。

公司以前瞻的理念和全新的运作模式成功整合了国内外各种有效资源，搭建了一个安全高效的“一体化供应链”平台，与众多跨国公司和国内知名企业建立了良好的战略合作关系，其运输配送、国际货代、进出口代理、VMI仓储、国际采购、分销执行、供应链金融、销售代理、售后维修、供应链解决方案、电子商务物流等业务迅速增长，先进的RFID信息管理平台、高标准的服务质量、丰富的物流资源，为高效、安全、优质的供应链服务提供了保证，各项管理纳入ISO 9001—2000质量管理体系。

飞利浦与越海这份巨额订单凸显了飞利浦的配送模式之变：一改以往一条供应链被多家物流服务商分割的局面，而是交由越海全球统一管理。这种从工厂到终端均由一家企业来操作的配送模式，便是近年来在业内普遍看好的“一体化供应链”。而越海全球物流有限公司也在这几年中积累了完整“一体化供应链”的诸多经验。

一、“一体化供应链”模式演变

越海全球物流有限公司董事长张泉认为，二级代理商并不在乎谁当总代理，他们更关心的是谁能提供更优惠的价格和更好的服务。

事实上，越海最初与飞利浦的合作也是从最基本的货运开始。1997年越海刚刚成立，当时公司核心业务是货运代理。这一年，飞利浦在东莞的显示器工厂竣工，越海承包了飞利浦显示器的原材料进口的报关、运输、厂内周转仓储等物流业务。2004年，越海又承接了飞利浦内销部分的运输、进出口代理贸易等业务。

2005年，飞利浦更换华南区总代理。在这之前，飞利浦将显示器生产线与全球另一大显示器生产巨头冠捷整合，组建成全球最大的显示器生产厂家。当时，国内不乏具有庞大销售渠道的IT代理商，但飞利浦将华南区的代理权抛给了IT产品分销的“外行”——越海全球，让很多翘首期盼的IT渠道商大跌眼镜。由此，越海完成了一体化供应链的最后一跃，建立自己的分销系统，由物流商转身为代理商。

越海与飞利浦的合作已经涵盖了飞利浦的订单管理、采购执行、报关、仓储、运输、配送等大部分供应链环节，没有人比我们更了解飞利浦。由此不难看出，越海的一体化供应链模式中，难点在于如何建立和管理自己的分销体系。因为，对于物流供应商来讲，运输和仓储是其强项，但要在全国建立庞大的分销体系，并非易事。

其实，在做飞利浦总代理之前，越海已经与飞利浦各级渠道商保持密切的联系，掌握大量的渠道信息。目前越海拥有100多家二级代理商，在深圳的电脑城，越海还有自己的IT零售店铺。

而接管飞利浦分销渠道之后，越海也进行了流程优化的改造。与此同时，越海组建起一支针对分销业务的管理团队，出台多项鼓励下游分销商的奖励政策，此举得到飞利浦及下游分销商的积极支持。整合后，飞利浦的物流管理从复杂迈向简约，物流效率显著提高，供应链成本也明显下降。据了解，自从渠道整合以来，飞利浦产品从工厂到客户端的平均周期由之前的一周左右减少到3～4天时间。

另外，一体化供应链可以由物流服务向金融服务延伸。在目前越海为飞利浦提供的服务中，像进口报关，代缴关税、增值税，代垫货款等价值链上服务，越海全部为飞利浦提前埋单。而像AOC这样的全球知名显示器厂商，越海则负责其原材料的采购与垫资。而在采购、报关、仓储、配送等一系列环节完成之后，AOC才需要向越海支付相关的各种费用。

越海在价值链上的管理不仅提高了客户的物流效率，而且极大地降低了客户的资金成本。

二、无缝连接

从工厂到终端，一体化供应链涉及多个环节，往往是牵一发而动全身。因此，供应链各环节无缝连接在整个过程中是非常重要的。

接管客户整条供应链，越海能够掌握产品配送过程中的每一个节点，并且通过信息系统与遍布全国的运输网络，以及供应链各个环节形成无缝连接。如果将整条供应链比做一台高速运转的电脑的话，配送中心则是它的CPU，它有条不紊地处理着进出这里的每一笔货物，并且在信息系统中留下记录。据了解，目前越海在我国华北、华南、华东地区均有物流中心，这些物流中心对接着客户企业的数百家工厂和下游渠道商。

如何实现“无缝连接”呢？每天客户会下达指令单到自己的系统。由于越海全球的ERP与飞利浦、富士康、华硕等客户的ERP系统进行连接，登录越海的ERP系统，便可以看到客户下达的指令单。该指令单包含了丰富的信息，如客户名称、订货时间、发货仓库、调度部门、发票号、目的地、产品数目和规格等，甚至连产品的配送路径都进行了详细的规划。

收到客户指令单后，配送中心的仓储系统员根据客户的指令信息打印拣货单，仓管员安排人员进行拣货。与客户指令单相对应，拣货单内容包含产品型号、出厂批次、产品所在的库位等。在配送中心工作人员拣货的同时，车辆的安排已经在进行中，此外，如果该批货物要运输到其他区域的分仓中，系统便会通知当地的分仓做好收货准备。

三、前期介入

市场是随时变化的，工厂生产组织的重点越来越从紧盯订单转向紧盯交期转变，随之而来的生产用物料供应也将由根据订单采购转向根据生产排程采购。

越海模式可以延伸到供应链最前端，当一个产品还在原材料阶段的时候，物流商就已经介入，从而最大程度减少供应链环节，提高配送效率。

众所周知，如今的电子消费市场变幻莫测，客人交给工厂的订单也会随时增减甚至取消。越海认为，工厂生产组织的重点越来越从紧盯订单转向紧盯交期转变，随之而来的生产用物料供应也将由根据订单采购转向根据生产排程采购。这就要求对于生产物料的库存有着更加及时和精准的预测。VMI 倡导的零库存需要在买卖双方同时实现才能真正获得双赢甚至多赢的功效。越海以此为目标指定了相应的管理流程，并将此管理流程设定在自行开发的、多方信息共享的 VMI 物料管理计算机管理系统内。供应链上各方可根据此系统的数据报告进行生产排程编订、库存物料补充、超期物料处理等一系列高效有序的互动。从而达到 VMI 实施所期望的目标。

事实上，这一切都是由越海自主研发的 WMS（仓库管理系统）来完成的，每个供应商都有自己的独立账号，登录账号，供应商可以看到自己需要在什么时间交付多少物料。

为了降低物流费用、提高配送效率，越海 VMI 管理提供了不同的交付模式，一天一次，或者几个小时一次。有些时候，工厂订单突然发生变化或者临时需要赶制某一产品。这就需要“紧急 Call 料”。而一般紧急 Call 料都会在 1 小时内送达，不过需要额外加收物流费用。

另外，配送中心不但对接下游的代理商，还要与上游客户企业的工厂相连接，因此有一个产品入库的流程。与“发货”流程相类似，产品进入配送中心之前，信息系统首先接收到的是包含产品型号、数量、来源等信息的入库指令单。库管员清点货物并存放进入相应的库位以后，ERP 自动记录每个货物的库位和相关信息，方便出口时拣货。

从工厂到终端，一体化供应链涉及多个环节，往往是牵一发而动全身。因此，供应链各环节无缝连接看似容易，实则很难。张泉总结其秘诀是提高综合执行力。所谓综合执行力，其实是越海在多年供应链管理中积淀下来的管理经验。往往是一些细节，最能考验供应链管理的水平。

以货物的保护为例，像光驱、键盘这样的 IT 产品，对外包装的保护要求非常严格。据配送中心员工介绍，如果一箱产品的外包装凸起超过 1.5 厘米，那么这个产品将被视为不合格，要求退回去进行质量鉴定。如此“苛刻”的要求对物流商提出了很大的挑战。因此，越海为了保护货物的外包装，减少退货成本，在商品外包装的四角贴上护条，并且在外面用塑料膜进行“打膜”。在运输过程中，每箱货物之间都要进行填充，如果空隙过大，甚至要用到充气袋。

此外，为了保证到货的及时率，在陆运资源方面，越海开通了深圳分别至四川、上海、北京三条干线。越海采用 GPS 定位管理车队，并且在每条干线设置多个支援中心。目前，越海在每 200 公里处便有一个支援中心，配备有修车工具、医药箱等设备，支援中心 24 小时待命。一旦中途发生事故，支援中心在 3 小时之内赶到现场。

（深圳市越海全球物流有限公司）

安全是快递企业的头等大事

快递渠道安全不仅关系个人利益、企业声誉，更关系国家的和谐。快递渠道中经常发生的货物人间蒸发事件、货物破损事件、客户信息泄露等事件不断为我们敲响警钟。警示我们：安全工作必须与时俱进常抓不懈。怎样确保快递渠道安全？怎样制定切实可行的安保措施？我们在 17 年的发展中坚持，一手抓“人防”，打造安全“软环境”；一手抓“技防”，充分发挥安全设备作用，通过软硬件的有效结合，积极预防安全事故发生，促进了企业的健康发展，对行业的发展有很大的借鉴作用。

一、加强人防，提高全员法纪意识

一般而言，快递渠道中 90% 的事故是由于人的不安全行为造成的，而这些事故的发生 100% 又来自于人的安全意识淡薄。因此，抓快递渠道安全工作人是第一要素。我们的做法是：

一抓建立健全安全组织。总公司建制有安保处，隶属操作管理部；分公司、基地建制有安保科，各作业场所配备有安保专员、安检员。

总公司成立了安全领导小组，职责是统筹协调公司整体安全，归口处理突发应急事件；分公司也成立了相应组织，职责是负责领导和组织本单位的安全工作，贯彻落实总公司的指示、要求和安全管理规定。

当组织的安全意识变成了组织的一致行动，安全才有了最大的保障。

二抓安全制度落实。通过下面几个制度使安全制度切实有效。

一是分析形势制度，采取自上而下的方法，以独立经营单位为主体，每月进行一次安全形势分析。二是安全检查制度，分公司、基地、营业厅所每周进行一次安全检查。三是报告工作制度，下级单位每月要向上级单位汇报安全工作情况。四是安保工作信息员活动制度，每月至少进行两次安全工作信息交流。五是安保人员培训制度，每半年集中组织全国安保人员进行业务技能培训。六是严禁受理违禁品，公司自成立以来，对寄递环节安全要求十分严格，特别是受理取货环节，一律禁止受理危险品、禁运品。在国家、地区重大节日、活动期间，公司组织对受理环节进行专项安全检查，防止违禁品流入口岸危害国家安全。

三抓把好人员入口关。就是对所有新入公司人员必须进行严格审核，通过多环节把控，定期对关键岗位人员复审。

四抓加强全员法纪教育。公司每年都会制订法纪教育培训计划，根据不同时期的安全形势有针对性地开展法纪教育，并采用法纪教育讲座、张贴海报、宣传橱窗、下发专题法纪教育材料和案件警示录、每月员工大会宣讲等多种形式，把法纪教育落实到实处。

五抓严格落实责任追究。公司在安全工作上建立了具体、详细的责任追究奖罚标准。一是每年年初，总公司与各单位总经理签订安全工作责任状，明确安全考核标准，分季度兑现不达标单位总经理处罚，年终兑现达标单位总经理奖励；二是根据《案件管理办法》，将所有丢失案件录入案件系统，由总公司进行责任界定，督促各单位调查丢失原因，并查找问题，落实具体责任人责任追究，并加以整改。处理事故坚持三不放过原则：没有查到事故原因不放过，责任人没有受到教育不放过，没有采取防范措施不放过。避免类似事故的重复发生。

二、加强技防，构建安全经营环境

快递企业与生产企业不同，快递业务具有时间短、辐射面广、人员复杂的特点，因此抓安全工作就必须构建安全经营环境：一要舍得上设备；二要注重安全流程的把控。我们采取的方法是：

一是对口岸提发货实时监控。为了加强提发货环节货物安全，总公司在华北、华南、华东、华中、东北、西北、西南七个基地的提发货车辆上安装了车载监控设备，实时监控口岸提发货情况，并在基地作业现场统一配备了监控设备，利用网络技术实现了监控联网。

二是操作库区监控无盲区。为了加强货物在库安全，公司投入大量资金，从分公司营业所到货物集散的运转中心，所有操作库区全部安装监控设备，对陈旧落后的监控设备进行了淘汰更换，避免因设备老化给货物在库带来安全隐患，做到货物安全无盲区。

三是物流车辆实现 GPS 全球定位。为了及时了解物流车辆在途运行情况，公司在所有干、支线物流班车上安装了 GPS，预防车货在途被盗。

四是操作场地与办公、生活区域时间隔离。目前，公司已对全国 25 处场地进行隔离改造。改造的重点：第一，将操作区域与办公、生活用隔离网进行隔离，隔离后操作场地成为全封闭场所；第二，在人员进出口安装门禁、安检门和手持金属探测器，进出操作场地人员必须刷卡；在车辆进出口安装道闸，除运营车辆外，其他车辆一律不得进入操作场地；第三，对操作场地人员进行服装区分。隔离改造后，操作场地秩序井然，货物丢失率较隔离改造前明显下降。

五是市内串点、取派、物流车辆实行人货分离，签封交接。过去宅急送各分公司市内串点、取派车辆的驾驶室和载货区连为一体，货物安全得不到保障。为此，公司对全国 400 多台市内串点和取派车辆进行了安防改造，安装了隔离网、防盗窗、车门锁扣，并明确要求所有车辆上锁上封签，加强货物安全。

方法对路、安全环境良好，货物安全率保持在满意水平。

三、以客户价值为导向，加强信息安全建设

作为国内快递企业信息化建设的先行者，公司培养的项目研发团队开发并使用以 BOS 为核心的 10 大业务操作系统及 5 大办公系统，向着以信息化为牵引的现代化快运企业飞速发展。

近几年随着国内电子商务行业的兴起，公司率先提供 HTTP POST（超文本传输协议服务）、批量导出成 XML 文件、WEB（网络）服务等形式多样的对接方式，使客户办公系统与公司业务系统实时对接，满足了客户下单、查询、对账、结算等多项需求，全面提升了服务质量。

我国信息化建设的飞速发展，使得人们对信息的依赖程度越来越高，因而信息安全就显得尤其重要。在快递行业，过去我们常说的安全包括三个方面的内容：人的安全、货物的安全和车辆的安全。现在又要加上一个即信息的安全，它包含两个方面的内容：一是快递业务操作过程中客户信息的安全；二是公司信息的安全。它直接促进公司与客户的和谐进步与发展。

公司主要采取以下措施加强信息安全建设：

一是数据加密传输。服务器与客户机之间的数据交互，均经过加密后，再传输，防止信息被窃取。

二是系统对接采用数字证书。宅急送与客户建立的系统对接，全部采用数字证书，以保证双方信息在传输过程中的机密性、完整性。

三是系统登录实行实时验证。用户登录系统时，系统会自动发送“验证码”到用户手机或邮箱中，防范用户密码被盗用，确保个人账户安全。

四是对敏感信息进行屏蔽。在内部 BOS 系统中，对客户关键信息进行屏蔽，防止信息外泄。

宅急送来自于社会、服务于社会，公司的安全工作基本上做到了，与客户的和谐统一、与干部员工的和谐统一、与现代技术装备的和谐统一，如果还要加两点的话，那就是基于发展战略的风险防范与始终如一的直营网络。所以说，安全是快递企业的生命线。它不仅给企业带来效益，更是一种文化，愉悦员工、愉悦客户、愉悦家庭，温暖全世界。

（陈显宝　北京宅急送快运股份有限公司总裁）

远成在创新中发展壮大

远成集团（以下简称远成）创立于1988年，是国内首批5A级“综合服务型物流企业”，也是目前国内最大的民营物流企业。集团一直坚持秉承“以心传递、畅达天下”的星级物流服务理念，经过23年的不懈努力和发展，业务范围不断扩大。在主营公路快运、城际配送、包装仓储、铁路运输、航空海运及国际货代等多种特色物流运输服务的同时，还涉足物流方案策划、实业投资和国际贸易等多个综合业务领域，全球客户数稳步上升，综合实力逐步加强。近几年，远成集团不断开发推出新业务，在创新中发展壮大，树立了良好的企业形象，取得了良好的社会效益。

一、战略协同，联盟合作实现共同发展

战略协同就是指具有多个业务单位的公司在确定长期目标、发展方向和资源配置的战略管理过程中，把公司拥有的技能、资源在企业内部通过整合的方式形成优势资源和核心竞争力，并在各个业务单位之间传递和共享，从而获得公司整体战略实现以及业绩的提升。2009年金融危机下的远成，对内加强各业务单位之间战略协同发展的能力：物流服务、实业投资、国际贸易等互为促进互为发展；公路运输、铁路运输、航空海运、集装箱运输、城际配送以及个性化的物流策划服务等实现无缝对接，协同发展。这是远成一直保持稳定发展的因素之一。

对外，远成集团加强了战略联盟合作，以实现共同发展之大局。2009年2月开始，先后与两家大型投资机构签订合作协议，对远成集团进行投资。2009年4月28日，远成集团与福田汽正式签署了战略联盟协议。……通过整合资源、联盟合作，共同创造市场，共同发展。

二、加强物流基地投资建设，完善了全国网络战略布局

远成在2009年能够转危为机，在全球金融危机下实现逆势发展，不仅在于远成对经济形式的把握，也在于其发展综合物流的信心。远成在CPI和PPI指数都呈下滑趋势，锋芒最低时候，把握住这个机会来占有市场，既有利地降低了投资成本，也抢占了发展的先机，相信当整个经济好转后，远成正好可以大作为。

正因为远成的远见卓识，战略眼光与大气魄，从2008年开始，远成集团就开始加强物流基地的投资建设，着手完善全国的网络战略布局。全国七大物流基地先后相继开工，战线

直指东北、西北、西南、华中、华东、华南及重庆。远成集团初步完成了中国大陆所有省会城市及主要二级城市的物流网络布局。

2010年4月28日，远成集团在广州召开全部高层会议，吹响了加快网点建设的号角。创造“以点带面”的辐射效应，由大中城市单一的同心圆式的布局网络向与“卫星”城市交叠的立体式布局网络转变；由注重“进货”的布局模式向注重“消费心理”的布局模式转变。至今年年底，远成将成为在全国拥有近千个网点的物流品牌。

三、卓越的信息化管理

随着远成集团经营能力的不断提升和业务的迅速发展，要降低人力成本，提高对订单的跟踪完成能力和对仓储管理的透明度，就必须对信息管理系统提出更高的要求。为此，远成集团大力加强信息化建设。一方面，加强集团内部信息技术人员研发力度，他们结合集团各公司业务实际需求研发的信息管理系统，具有很好的可操作性，增强了集团对各公司的统一管理力度，提升了集团的市场竞争力。另一方面，远成集团与世界著名的软件企业公司联手研发，在物流信息化建设多个领域进行密切合作。

目前，集团斥巨资积极引进和开发先进的物流供应链管理系统。包括电子商务系统、订单管理系统（OMS）、运输管理系统（TMS）、仓储管理系统（WMS）、业务协同工作管理系统、车辆全球定位系统（GPS/GIS）、财务系统。远成物流供应链管理系统的应用，有效地满足了客户的查询、监控、跟踪、结算、配送等需求，让客户选择远成时，更无后顾之忧。

四、倡导“绿色物流”

远成集团一直倡导低碳环保的绿色物流，将节约资源、减少废料、降低污染作为企业发展的长远目标。近年来，远成集团加大了旧车排放改装的力度，在完成集团所有旧车排放改装的同时，严格按照欧Ⅲ排放标准购置新货车，从源头上降低了碳的排放。此外，远成集团充分利用自身先进物流技术整合集团资源、优化资源配置，运用托盘联营、单元化堆码、自动分拣机械、条码识别、电子扫描、自动化包装作业、GPS等，对物流运营过程进行流程再造和自动化、信息化管理。

与此同时，集团陆续推出了50余条新干线业务，采用定时、定点开行、优先发送分理的货物处理方式，采取班车式运输，实现了各网点的无缝连接。新干线业务在满足客户需要的同时，大大提高了物流配送和运输的效率，减少了碳的排放，引领物流行业进入了一个崭新的低碳绿色时代。

五、研发物流新产品，创新物流服务理念

创新，是一个民族和国家进步的灵魂。创新，同样也是企业发展进步的利器。远成集团20多年的发展史就是一部“创新史”，在经营好既有物流产品与服务的同时，远成一直不断地研究与开发物流服务新产品，以满足不同客户不同市场的需求。远成新干线就是创新发展成果之一。远成新干线通俗的说就是“货运客运化”，它区别于一般的城际班车，是差异化的汽运服务，是汽运中的顶级产品。体现远成新干线的核心思想有三个关键词：便利、及时、优先。2009年10月12日远成第一条新干线：成都—郑州（往返）开通，12月20日，北京—沈阳新干线正式开通，目前华东的上海、南京、杭州，华南的广州、南京，华北的北京、天津，东北的沈阳、长春，西北的西安、兰州，西南的成都、昆明，华中的郑州、武汉等城市已先后开通新干线，还有更多的远

成新干线正在规划筹备中。截止到目前，远成集团汽运新干线线路已覆盖全国各省会城市，并在此基础上大力推出远成新干线快运业务。

通过网点建设的高密度铺设，同时配合创新产品——远成新干线的开通，此两项策略将会拉动远成全国物流的发展，大大缩短货运路程的距离，更好地实现远成星级服务的承诺，提升远成集团的品牌价值，有效地推动城市经济一体化的发展。

六、实施物流星级服务

一直以来，远成集团非常重视客户服务并从战略上建立起以客户为中心的经营目标，根据客户对物流服务需求的变化，不断提高自身服务水平。远成物流认为，现代物流的竞争，不单是物流设备、仓库、运输工具、物流信息系统等硬件的竞争，更重要的是服务软实力的竞争，比如服务体系的完善程度、服务质量的优劣程度以及由此带来的客户对品牌的综合满意度等。正是基于这一认识，远成物流在物流行业率先提出并推动实施物流星级服务标准和规范。远成物流的物流星级服务标准和规范是针对物流行业中的缺乏服务标准问题，在对自身物流服务剖析后，参照服务业星级服务的理念，根据自身的物流服务过程制定的各岗位面对客户的服务标准和服务规范。远成的物流星级服务标准和规范不是纸上谈兵的门面，它是一项持续学习、培训、改进和提高的工作。每一个远成员工都要按此接受全面培训，并积极努力地实践应用。远成集团希望通过每一个远成员工的物流星级服务，给客户留下深刻美好的印象，同时树立起远成物流在行业中的影响力。

当前物流行业在客户服务方面普遍存在服务质量参差不齐、客户满意度低下的问题，从而导致物流行业市场比较混乱、整体形象较差。远成物流首次在物流行业内引入并推广酒店管理模式的星级服务，不仅可以提高远成物流的服务质量、打造远成的物流服务品牌，更重要的是可以引导行业更加规范化、标准化发展，有利于增强我国物流企业市场竞争力，推动我国物流行业向纵深发展。

七、校企合作＋强化员工培训构建人才体系

为构建完善的人才体系，远成集团秉承“民生为本、人才优先”的工作主旨，一方面，加强与高校的合作，培养出更符合社会和企业需求的人才；另一方面，强化员工培训机制，积极开展员工培训培养人才。校企合作＋强化员工培训较好地构建了集团的人才体系，集团的社会保障人力资源工作取得新的进展，使远成人拥有强大的社会竞争力。

多年来，基于对物流人才培养计划和储备人力资源强企需要，远成集团积极与院校合作，通过多种形式支持鼓励物流专业人才的定向培养。集团先后在武汉商贸物流学院开办远成物流定向培养班、在西南交通大学颁发远成物流奖学金，还与北京吉利大学达成联合办学协议，利用各自优势将联合办学及长期人才培养实现有机结合，最终实现双向的人才培养、员工培训、实习实训、职业资格认证等一系列计划。这种联合办学项目的推进，给职业教育和企业培训带来了积极深远的影响：一是做到了校与企业结合、师生与实际劳动者结合、理论与实践结合；二是实现了从传统的升学导向向就业导向转变，促进了院校培养的学生在专业知识、实际技能操作和综合素质等方面更加符合企业和社会的需求，切实解决了学生所学与社会脱节、人才错位的问题。实践表明，远成集团把高等职业教育和企业人才定向培养就业融合共同发展的举措符合经济社会发展需要，对提高毕业生就业率、满足企业人才需求具有积极意义，是院校和企业双方受益、多方

共赢的有效途径。

远成物流尊重每一个员工的发展，鼓励员工充分利用公司健全的培训及发展制度规划个人职业生涯，引导他们将个人发展目标与企业发展目标结合起来，实现企业和个人价值。为支持企业的持续发展和保持在行业内的竞争力，远成集团对所有员工分系统、分专业、分级别、分阶段进行持续有效的培训，并多次组织管理人员到日本研修，学习国外先进的物流管理经验，除了提高员工的工作技能和综合素质外，也培养了员工对核心精神“远成为家”的企业文化的认同，增强了企业凝聚力。

远成集团搭建了完善的培训体系，注重强化员工培训。不论是新员工的理论与实践培训、各岗位的基础技能培训、管理人员的综合素质培训，以致积极工作心态的企业文化培训，都有完善的培训计划、明确的培训目标和系统的培训内容。远成集团的员工培训是系统化的，是建立在岗前入职培训与定期在职培训相结合、定向培训与定期轮训相结合、终身持续学习与学历教育相结合的基础之上的，它的最终目的是促进员工更快的成长，推动远成集团获得更大的发展。

（远成集团）

中铁现代物流科技股份有限公司

中铁现代物流科技股份有限公司（以下简称中铁现代物流）是由中国铁路物资股份有限公司控股的国有大型第三方物流公司，成立于2002年，注册资本1.18亿元。中铁现代物流的成立与“我国把发展现代物流业作为‘十五’期间三大重点任务之一”等事件并列被评为2002年中国物流十件大事。中铁现代物流自成立以来，始终坚持“诚信致远、客户至上、打破边界、协同发展”的企业宗旨快速稳定发展。中铁现代物流以大宗生产资料综合物流服务为核心、铁路物流服务为特色，大力发展供应链一体化综合物流业务，拥有基础物流、港口物流、金融物流、铁路物流、钢铁物流、煤炭物流、机电接运七大业务板块，业务涉及钢铁、煤炭、矿石等大宗生产资料、快速消费品、汽车、化工等诸多领域。中铁现代物流总部设在北京，在北京、上海、天津、广州、武汉、西安、成都、昆明、大连、青岛、鹰潭、太原、合肥、长沙设有14家分、子公司，控制协调遍布全国的1000多个配送中心及作业部，依托先进的物流信息系统支持，形成了以枢纽城市为核心、覆盖全国的网络体系。中铁现代物流依靠雄厚的实力，被中国物流与采购联合会授予“中国物流示范基地”称号，并先后被评为中国首批“AAAAA级综合服务型物流企业”、“中国500强最具价值品牌”、中国首批“AAA级（最高级别）信用物流企业”、“全国物流行业先进集体”，荣获“中国物流百强企业”第八名以及2010年“中国先进物流企业”、“中国物流百强企业”称号。

简单的劳动密集型行业技术已经不支持传统物流公司的进一步发展，现代物流是在传统产业基础上整合形成的新型服务业。公司各项成绩的取得都与创新二字紧密相关，创新业务模式、创新业务领域，一体化整合创新，创新成为企业发展中不变的主旋律。

一、定制物流——模式创新

定制物流是指根据用户的特定要求而为其专门设计的物流服务模式。中铁现代物流作为一家综合性第三方物流企业，凭借雄厚的资本、完善的物流实体网络和延伸服务网络、在定制物流方面不断突破创新，通过对特定物流活动的计划、组织、协调与控制，为其专门设计个性化定制物流服务，并提供包括仓储、装卸、搬运、运输、配送、信息管理等在内的全程一体化物流。

案例：定制的综合陆路运输

A公司是一家中型的生产资料制造企业，

位于河北北部。由于交通瓶颈使该企业的发展受阻于物流环节，他们找到中铁现代物流寻求帮助。在对A公司周边物流市场进行详细的调查之后，中铁现代物流制定了一套综合陆路运输方案。这套方案摆脱了传统的公铁联运模式，更加灵活地将公路、铁路融为一体，互为补充。

中铁现代物流为A公司专门定制了两支分别由20辆重型卡车组成的印有中铁现代物流和A公司标识的运输车队。车队以融资租赁的形式交由A公司指定的专业运输公司运营，并由中铁现代物流专业人员进行全程管理。第一车队主要负责将产成品从A公司仓库直接配送到600公里范围内的客户手中，第二车队主要负责其他客户的运输配送。A公司的客户遍布全国，对于地理位置分散且距离较远的客户，只靠公路运输势必会大大增加产品成本，但A公司所在地的铁路运输计划十分紧张，根本不能满足A公司的需求。怎样才能突破瓶颈将产品运往全国呢？中铁现代物流创造性地用公铁联运、铁铁联运巧妙地解决了A公司所在地的铁路运输瓶颈。即利用公路、铁路的联合手段将产品先从A公司所在地短倒至北京，再利用中铁现代物流在北京控制的充裕铁路运输资源将产品运到A公司的主要分销商处。

这样的定制物流陆路运输方案彻底解决了A公司的产成品物流瓶颈。此外，中铁现代物流还开发出A公司产品原材料的逆向物流，不但解决了A公司的原材料资源，还降低了A公司的物流风险，即使在物流运输的旺季，A公司的运输资源也能得到充分保障。更重要的是，中铁现代物流的方案使其供应链总体成本降低了接近30%，大大缓解了A公司的资金压力。对于中铁现代物流而言，这套定制方案能够进一步推动公司大客户战略的实现，保证可持续性的稳定收益。同时，以融资租赁方式定制车队，一方面不会增加中铁现代物流在车辆修护、油料控制、司机成本等方面的运营压力；另一方面大大提升了资产质量，提高了资产使用效率。这是一套双赢的物流解决方案。

定制物流为客户提供的是一种优化组合模式，每一单项物流服务都为客户提高了供应链价值，而价格通常却低于普通社会物流现价，从而大大节省了整条供应链的成本，真正实现了对第三方物流企业和客户的双方共赢。

二、金融物流——领域创新

金融物流主要是指第三方物流企业提供的一种金融与物流集成式的创新服务。旨在盘活企业原材料和产成品资金占用，优化企业资源为目的的金融物流业务，作为中铁现代物流重点发展的业务板块及业务亮点，经过几年发展已日趋成熟，业务规模、收入水平及行业影响力均全国领先。中铁现代物流已与中国工商银行、深圳发展银行、光大银行、民生银行、兴业银行、徽商银行、华夏银行、奥地利中央合作银行等21家银行签订了总对总金融物流服务战略合作协议，并与银行紧密合作，在业务模式创新方面取得突破，实现采购供应、基础物流服务和金融服务三位一体，搭建起以输出式监管为主，涉及静态监管、动态监管及全程监管为主要监管模式的业务架构。中铁现代物流持续打造核心金融监管能力，累计运营业务网点近1400个，形成全国最大的汽车监管网络，广为国内汽车监管领域首选的金融物流服务企业。在保持车类监管全国第一地位的同时，中铁现代物流也积极开拓在钢材、煤炭、矿石、粮食和棉花等大宗物资领域的监管业务，凭借领先技术和成熟经验，经营规模飞速扩大，并且进一步创新模式在上述领域与金融机构和上游供应商深入合作，开展采购执行业务，受到客户一致好评。

案例：多方共赢的金融物流采购执行业务

金融物流采购执行业务是公司在考虑银行

和中小企业需求后，通过与银行进行资金结构和风险缓释结构合作，建立起的一种崭新的商业模式。采购执行是指受银行等金融机构委托，由中铁现代物流代其客户向上游卖方采购，对货物实施监管，并提供金融信息、中介代理、销售结算、风险管理等服务的业务。它是依托中铁现代物流在大宗生产资料领域的商贸背景优势，在为现有客户完成仓储、运输、装卸搬运、采购代理等单环节或多环节业务的基础上，利用与银行合作的金融资源，沿客户供应链向上、向下延展，进行物流需求分析，增加业务环节，延长业务链条，增加赢利点，而开展供应链一体化物流服务。它是基于中铁现代物流控货贸易业务和金融物流服务现实而建立的，使中铁现代物流与传统物流商、采购商有了本质的区别。

自从金融物流采购执行业务平台成功搭建以来，该业务在中铁现代物流得到了快速发展，从计划实施到操作运营，银行表现积极，客户反应踊跃，业务发展势头良好。2010 年 8 月，中铁现代物流与某担保公司、某银行、某钢材经销商开展了第一笔采购执行业务，至 2010 年年底，中铁现代物流已与五家煤炭和钢材经销商商户分别开展了采购执行业务，使用银行的授信额度逾 600 万元。采购执行业务不仅优化了中铁现代物流的资金结构、提升了中铁现代物流供应链金融的综合服务能力，更重要的是降低了客户成本、减小了银行放贷风险，采购执行业务带来的是多方共赢的结果。

三、一体化物流——整合创新

一体化物流服务是通过对原料、半成品和成品的生产、供应、销售直到最终消费者的整个过程的协调，促进商流、物流、信息流三流合一，通过提供商贸、物流和金融服务一体化，来满足客户全程物流需求。公司重点发展的采购执行业务便是典型的供应链一体化服务，它是基于公司现行贸易业务以及仓储、运输、装卸搬运、采购代理等单环节或多环节业务的客户，沿客户供应链向上、向下延展，进行物流需求分析，增加业务环节，延长业务链条，增加赢利点，而开展供应链一体化物流服务。中铁现代物流重视基础物流能力建设，并积极与其他物流板块相互配合，向以钢铁为主的大宗物资供应链上下游延伸，大力开展衍生物流业务；继续发挥铁路物流特色，在不断巩固扩大铁路基建物资代理服务规模的同时，重点开发基建物资投标、运输等衍生业务，服务整个铁路产业链。

案例：铁路产业综合物流服务

中铁现代物流具有深厚的铁路背景和丰富的铁路物流资源。控股母公司——中国铁物更是诞生于铁路，成长于铁路，从 1887 年中国铁路公司塘沽材料处算起，一百多年来，中国铁路所需物资大部分都由中国铁物采购供应，为中国铁路的建设和国民经济发展作出了积极的贡献。中铁现代物流继承优良传统，充分发挥中国铁物拥有铁路专用线、熟悉铁路运营管理特点、市场化服务理念强的既有优势，利用专用线开展铁路车皮到发相关物流业务，同时向外延发展，与铁路运输企业合作开发业务，在开行五定班列、循环运输、多式联运等方面取得突破，形成了公司铁路物流特色。中铁现代物流服务铁路产业，拓展铁路基建物资代理服务市场，为中国铁路建设提供综合物流服务，同时积极开发衍生业务，服务铁路基建物资供应商客户群，大力拓展了铁路基建投标业务，延伸开发了投标运输业务。两年来，承担了京沪高铁、沪宁、向莆、合福、厦深、兰新、准朔、蒙河等 40 多个铁路重点建设项目的物代服务工作。接运业务也是公司服务铁路的重要业务，已承担多项进口机车、设备和大型养路机械的接运任务，并创新业务思路，积极开发“外资内采”业务，拓展铁路机电市场空间。中铁现代物流立志服务铁路市场，始终致力于打造铁路产业综合物流服务的领先者。

中铁现代物流的发展历史是一部充满了创新发展实践的历史，贯穿了“创新才是企业可持续发展的生命线”的理念。中铁现代物流将锲而不舍地沿着创新的主线继续前行，为打造成为“国内领先的综合物流服务提供商”而不懈努力。

（王　嘉　中铁现代物流科技股份有限公司）

创新服务　优化供应链管理
努力打造现代物流集成商

上海现代物流投资发展有限公司（以下简称公司）是百联集团的全资子公司，注册资金2.83亿元，总资产11.95亿元。拥有长桥物流、商业储运、华联配送、百联配送、晶通发展、宝联五金等11家成员企业。公司通过ISO 9001：2000认证，具有进出口贸易、国内国际货运代理、道路运输、危险化学品港口作业、危险化学品储存证等齐全的经营资质，可为客户提供一体化、个性化的物流服务。公司被评为中国5A级物流企业，在2010年中国物流50强企业排名中位居第42位，获得上海市满意企业、上海名牌服务企业、物流企业财务会计信用等级A类企业、税务信用等级A类企业、银行资信等级A+级企业、中国物流企业信用评价AAA级企业等荣誉称号。此外，所属长桥物流基地为中国物流示范基地。2010年，公司完成营业收入19.79亿元，同比增长31.62%；实现利润4496万元，同比增长40.06%；净资产收益率5.98%，领先于全行业良好水平（行业良好值为4.3%）。

公司坚持实践“联接一切可能，服务创造价值”的经营理念，初步形成了以制造业物流和商贸零售业物流为重点的供应链体系，着力打造集物流、商流、信息流、资金流为一体的现代物流服务集成商。几年来，公司坚持观念创新、经营创新、管理创新、技术创新，在探索现代物流的过程中，形成了自身的核心竞争力。

一、确立现代物流观念有突破

从传统仓储业向现代物流业的转变，是一个“脱胎换骨，破旧立新”的过程。公司管理层认为，“观念决定思路，思路决定出路”。为此提出，要“一流带动，五流融合”。即要用“思想流”来带动“物流、商流、信息流、资金流”的联动，形成“五流”融合。“思想流”的内涵，就是观念的创新。几年来，公司努力建设与现代物流企业相适应的企业文化，把“联接一切可能、服务创造价值”的理念贯穿于企业经营的全过程，形成企业创新发展的思想动力。

二、做强城市配送服务有突破

一是通过完善信息对接、优化业务流程，提升服务质量，较好地发挥了对百联集团核心业务的支撑作用，几年来，配送量年年递增。二是面对市场竞争，公司敢于与著名物流大企业争抢市场份额。所属百联配送公司在为欧尚提供物流外包项目中成功中标；所属长桥物流公司成功引进神州数码等品牌客户；所属商业储运公司全方物流基地加强同百事食品的合作，经营规模进一步扩大。三是探索跨地域和多元化业务发展。一方面，介入集团统一采购进出口商品业务；另一方面，探索将城市配送的部分货源延伸到网购业务领域。

三、延伸物流供应链服务有突破

一是拓展定向采购业务。目前，定向采购业务已从单一采购、为单一货品提供物流服务向多品种货品提供物流服务的方向拓展，为公司物流主业提供多点支撑。二是拓展金融物流。公司充分利用品牌、管理、资源等优势，与民生银行、深圳发展银行等合作，开展“动产质押业务”、“非标准仓单质押业务”等，完善了供应链服务。

四、挖掘增值服务空间有突破

一是探索管理技术输出服务。所属长桥物流在为亚东日化、立邦涂料提供供应链延伸服务中，把物流服务延伸到客户终端，成功实施物流管理输出。二是服务向供应链下游延伸。所属晶通发展公司在为新疆天业服务的过程中，提供危化供应链物流的“一体化”服务；所属宝联五金公司在定向采购钢材业务中为客户提供冷轧、热轧加工服务等物流增值服务；所属长桥物流公司为百特药业提供延伸服务，将物流配送服务和管理从仓库延伸到医院药库，直至将药品配送病房。该项目获得了2009年上海商业服务创新奖。

五、实践现代管理方法有突破

一是推广先进管理经验。公司引进和消化国外先进管理经验，不断创新现场运作流程，逐步推行华硕电脑采用的丰田TPS精益化管理经验以及LG项目采用“5S”［整理（Seiri）、整顿（Seiton）、清扫（Seiso）、清洁（Setketsu）、素养（Shitsuke）］管理方法；并将所属百联配送公司优化A位拣货方法在公司内全面推广。二是强化管理考核力度。公司向各成员企业每年下达“实现库房单位面积创收提升5%，延伸增值服务提升10%”等指标，将其作为考核企业的硬任务。三是提高基层库运作质量。围绕培育综合竞争力、提高资源利用率、加强基础管理等重点，全面提升了基层库的运作质量。

六、提升新建项目的产出有突破

一是重视资产运作的产出效益。近年来，公司先后建成全方物流基地、长桥物流基地、桃浦物流基地和现代物流大厦。其中，全方、长桥和桃浦新建基地已经成为公司三大核心基地。现代物流大厦成为上海漕河泾地区唯一的甲级写字楼。二是重视社会物流资源的整合。由于市政动拆迁等原因，公司的库房面积有所缩减，为保持和不断扩大经营规模，公司积极探索“整合社会物流资源”的经营拓展模式，先后整合16处社会外借基地、20万平方米。

七、探索要素资源整合有突破

一是确立“主动营销”思路。通过上下联动、左右互动，形成公司集约营销的平台。二是推动托盘共用系统项目。一方面，以公司为平台，实现托盘共用化，形成统一采购、统一调剂、统一维护和保养使用；另一方面，扩大托盘供应范围，采用租赁的形式，组建成一个社会性的托盘共用系统。该项目成为上海市推进现代物流发展重点项目之一。

八、物流服务应用信息技术有突破

一是仓储管理系统与智能标签得到应用，

并逐步向 EXE WMS 系统（仓储管理系统）统一。此外，公司还建立了货代管理信息系统、自动补货系统、电子标签取货系统等。二是管理信息系统在公司实现全覆盖。通过 MIS 系统的建设，有效监控业务运作过程，运用技术手段保障了业务安全性。OA 系统在公司实现全覆盖。三是 RFID 项目有新的推进。将 RFID 技术应用到商品的源头，与三维图像技术、信息系统相结合，实现自动识别或自动收集信息的功能，实现实时监控库内作业情况。

公司未来三年发展的基本思路是：

第一，战略定位突出“三个两”。就是拓展两个市场（百联集团业内物流和社会物流市场）；明确两个主要服务对象（优质品牌客户、大宗商品物流客户）；造就两个重点服务形态（制造业物流和商贸零售物流）。

第二，经济指标翻一番。以 2010 年实绩为基数，公司主要经济指标的年复合增长率不低于 20%，到 2014 年，主要经济指标翻一番。

第三，“形成三大核心业务，打造一体化供应链服务体系”。即通过大力发展城市配送物流业务、制造业物流业务、危化物流业务，造就一体化的供应链服务体系。

第四，新建三大现代化物流基地。就是新建城市配送物流基地、化学货品物流基地、黑色金属物流配送基地。

第五，完成物流基地的整体布局。公司现有上海市内物流基地约 70 万平方米，采取自建和整合社会资源同步进行的方式，确保到 2014 年，物流基地总面积不少于 90 万平方米，形成东、西、南、北、中布局合理的，核心基地和配套基地互补的新格局。

（上海现代物流投资发展有限公司）

第十部分

附录

2010 年中国物流企业主营业务收入前 50 名企业名单及说明

根据国家发展改革委、国家统计局《社会物流统计核算与报表制度》的要求，2010 年 4～9月，中国物流与采购联合会组织实施了重点企业物流统计调查。借鉴国际通行的经验和做法，结合中国物流发展的实际情况，我们根据重点物流企业统计调查结果，提出了 2010 年中国物流企业 50 强排名，现予以通告。

2009 年 50 强物流企业主营业务收入共达 4506 亿元，同比下降 5.3%。在 50 强物流企业中，中国远洋运输（集团）总公司主营业务收入超过千亿元，中国外运长航集团有限公司等 9 家企业主营业务收入超过百亿元。2009 年 50 强物流企业主营业务收入均超过十亿元，排名第 50 名物流企业主营业务收入达到 12.2 亿元，同比增加 4.6 亿元，增长 60.5%。

根据物流企业主营业务收入统计调查数据排序，今年已是第六次。这是一项公益性的活动，不向企业收取任何费用，也没有专家评审的环节，充分体现客观公正性。我们希望通过中国物流企业 50 强排名，推动我国物流企业做大做强，增强我国物流业竞争力，促进我国现代物流业平稳较快发展。

2010 年中国物流企业 50 强名单

排 名	名 称	主营业务收入（万元）
1	中国远洋运输（集团）总公司	10462350
2	中国外运长航集团有限公司	7162454
3	中国海运（集团）总公司	4460087
4	开滦集团国际物流有限责任公司	2747231
5	中国物资储运总公司	1774379
6	厦门象屿集团有限公司	1698324
7	中铁物资集团有限公司	1408423
8	冀中能源峰峰集团邯郸鼎峰物流有限公司	1116028

续　表

排　名	名　　称	主营业务收入（万元）
9	中国石油天然气运输公司	1000798
10	河南煤业化工集团国龙物流有限公司	881295
11	朔黄铁路发展有限责任公司	875405
12	中铁集装箱运输有限责任公司	818553
13	中铁快运股份有限公司	723561
14	顺丰速运（集团）有限公司	644007
15	北京华油天然气有限责任公司	607482
16	中国国际货运航空有限公司	533148
17	云南物流产业集团有限公司	515986
18	中国石油化工股份有限公司管道储运分公司	503757
19	山东海丰国际航运集团有限公司	474219
20	重庆港务物流集团有限公司	400859
21	嘉里大通物流有限公司	397236
22	山西太铁联合物流有限公司	383766
23	青岛福兴祥物流股份有限公司	364401
24	广东省航运集团有限公司	302548
25	中外运—敦豪国际航空快件有限公司	264719
26	联邦快递（中国）有限公司	259192
27	天地国际运输代理（中国）有限公司	257226
28	苏州隆兴物流有限责任公司	254967
29	东方国际物流（集团）有限公司	254883
30	厦门建发物流有限公司	228619
31	成都中铁西南国际物流有限公司	226259
32	武汉商贸国有控股集团有限公司	223642
33	招商局物流集团有限公司	198116
34	浙江省八达物流有限公司	195004
35	宝供物流企业集团有限公司	191804
36	中铁特货运输有限责任公司	183305

续 表

排 名	名 称	主营业务收入（万元）
37	国药控股江苏有限公司	180312
38	中钢国际货运公司	177399
39	青岛海尔物流有限公司	171024
40	甘肃西部物流有限责任公司	161955
41	新时代国际运输服务有限公司	153086
42	上海现代物流投资发展有限公司	150379
43	唐山海港远大物流有限公司	148655
44	南京长江油运公司	143146
45	湖南一力股份有限公司	135595
46	中国货运邮政航空有限责任公司	134666
47	五矿物流集团有限公司	132680
48	上海佳吉快运有限公司	131444
49	北京宝供福田物流有限公司	125863
50	山西宝特国际物流有限公司	121974

2010年中国连锁百强排行名单及说明

中国连锁经营协会“2010年度行业发展状况调查”显示，2010年，连锁百强销售规模达到1.66万亿元，同比增长21.2%，增幅高出社会消费品零售总额2.8个百分点。百强企业门店总数达到15万个，同比增长9.8%。百强企业销售额占到社会消费品零售总额的11%，与2009年基本持平。

苏宁电器集团以1562亿元的销售规模位居中国连锁百强榜首，国美电器、百联集团有限公司、大商集团有限公司、华润万家有限公司分别以1549亿元、1037亿元、862亿元、718亿元的销售业绩排名第二至第五位。百强最后一名的销售额为22亿元，比2009年提高37%。

“2010年中国连锁百强”具有以下几个特点：

一、销售规模快速增长

2010年，百强企业的销售规模出现较大幅度增长，达到21.2%，分别比2009年的13.5%和2008年的18.4%高出7.7和2.8个百分点。有18家企业销售增幅超过30%，其中大部分是区域型连锁企业。

2010年，百强企业的店铺数量增幅9.8%，是2006年以来增幅最低的一年（2006—2009年，百强企业开店数量同比增幅分别为26%、17%、24%和19%，总体呈下降趋势）。有18家企业的店铺数量增幅为零或负增长（2008年和2009年分别为7家和16家）。

虽然开店数量增幅下降，但销售规模上升明显，显示出百强企业营运质量的提升。统计显示，百强企业可比店铺2010年销售额平均增长10%左右，扣除物价上涨因素，依然有小幅增长。

二、外资平均增速高于本土企业

百强中的外资企业主要经营大型超市业态，在该领域逐渐占据主导地位。2010年，主要5家外资大型超市新增店铺140家，新开店数比上年增加了22%。

外资企业总体保持较快的发展速度，且开店和销售增幅基本保持同步。2010年，店铺增幅超过20%的外资企业达到6家（2009年为2家）。

内资企业的开店速度和销售增长普遍低于外资。但部分企业在2010年发展速度抢眼，销售或开店增幅超过40%。

三、百货店发展速度高于超市

2010年，以经营百货为主的连锁企业占据了1/3的百强席位。35家主营百货的连锁企业的销售额和店铺数量平均增幅分别为23.2%和18.5%，明显高于超市连锁企业。并购成为百货企业扩张的重要方式，为数不少的百货企业在2010年进行了并购。

以超市为代表的快消品百强，2010年的销售规模和门店数量增幅分别为13.8%和4.5%（剔除个别特殊情况），店铺增幅低于2009年，但销售增幅比2009年有所提高（2009年分别为10.2%和9.5%），显示出经营质量的改善。

四、网上零售初具规模

统计显示，2010年，百强企业中有34家开展了网络零售业务，实现销售规模约30亿元。访问量和销售额较大的网店主要集中在家电和百货企业所营运的平台。

此外，农村市场和社区商业逐渐成为零售发展的重要市场。百强企业积极参与农村流通体系建设，新增门店很多是纳入“万村千乡市场工程”的农村店。一些社区超市和便利店通过增设服务设施，延长营业时间，增加服务功能，取得了较好的效果。百货店也在强化其社区渗透能力，开发社区型购物中心。

五、经营成本大幅上涨

2010年，百强企业面临的最大困难是经营成本的提高，包括租金成本和人工成本。

对优质网点资源的竞争、房地产价格飙升带来房租的大幅度上涨，企业租金成本明显提高，有限的利润被租金吞食，也造成企业新开门店数量的减缓。统计显示，2010年，连锁企业续约房租成本平均上涨约30%。

人工成本上升的直接体现是员工工资和福利的增长。对百强企业的抽样统计显示，2010年，人工成本平均上涨15%。此外，人员流失率高以及因此造成的招聘、培训等方面的投入也明显增加。

2010年，连锁企业尽管遭受了诸多的压力和挑战，也迎来了历史性的发展机遇，包括城市化进程的推进、消费市场的持续增长。

2010年中国连锁百强

会员	序号	企业名称		销售规模（万元）	增幅（%）	门店总数（个）	增幅（%）
★	1	苏宁电器集团		15622292	33.5	1342	41.4
★	2	国美电器有限公司	*	15490000	45.0	1346	15.0
★		其中：永乐（中国）电器销售有限公司		890954	-14.3	60	5.3
★		三联商社股份有限公司		101876	-26.2	6	20.0
☆	3	百联集团有限公司		10369291	5.9	5809	-5.6
★		其中：联华超市股份有限公司（含华联）		7007723	4.3	5239	-6.4
★		华联集团吉买盛购物中心有限公司		371436	-5.4	22	0
★		上海联华快客便利有限公司		184969	6.2	1298	0.7
★		好美家装潢建材有限公司		165200	-21.0	14	-41.7
★	4	大连大商集团有限公司		8615769	22.1	170	6.3

续 表

会员	序号	企业名称		销售规模（万元）	增幅（%）	门店总数（个）	增幅（%）
★	5	华润万家有限公司		7180000	5.6	3155	7.8
★		其中：苏果超市有限公司		3682800	10.8	1905	2.9
★	6	康成投资（中国）有限公司（大润发）		5022500	24.2	143	18.2
★	7	家乐福（中国）管理咨询服务有限公司		4200000	14.8	182	16.7
★	8	安徽省徽商集团有限公司		4051974	17.9	2915	1.1
★		其中：安徽商之都股份有限公司		904814	24.6	885	-4.6
★		安徽徽商农家福有限公司		265390	43.9	1983	3.4
		安徽省徽商红府连锁超市有限责任公司		114123	12.0	855	-4.3
★	9	沃尔玛（中国）投资有限公司	*	4000000	17.6	219	25.1
★	10	物美控股集团有限公司		3750456	14.9	2578	10.5
★		其中：北京美廉美连锁商业有限公司		426185	9.2	34	-2.9
★		浙江供销超市有限公司		250140	13.6	2100	5.0
★	11	重庆商社（集团）有限公司		3821585	27.2	319	1.9
★		其中：重庆百货大楼股份有限公司		2546371	15.0	253	4.5
★	12	山东银座商城股份有限公司		3700000	44.3	264	28.2
★		其中：山东统一银座商业有限公司		113000	13.0	142	16.4
★	13	新合作商贸连锁集团有限公司		3560000	18.7	99321	12.0
★		其中：江苏新合作常客隆连锁超市有限公司		200806	16.7	966	18.4
★	14	百胜餐饮集团中国事业部	*	3360000	16.7	3500	9.4
★	15	农工商超市（集团）有限公司		2781359	4.0	3204	-3.8
☆	16	百思买（中国内地）	*	2700000	5.1	277	5.7
★		其中：江苏五星电器有限公司		2610000	5.7	268	4.7
★	17	合肥百货大楼集团股份有限公司		2490000	19.1	171	25.7
★		其中：安徽百大合家福股份有限公司		221066	32.5	418	5.6
★	18	武汉中百集团股份有限公司		1923413	14.1	713	5.8
★		其中：武汉中百连锁仓储超市有限公司		1220231	16.1	154	10.8
★		武汉中百便民超市连锁有限公司		298010	9.3	520	4.0
		武汉中百百货有限公司		88931	7.9	5	25.0
		武汉中百电器连锁有限公司		137173	13.5	34	9.7

续 表

会员	序号	企业名称		销售规模（万元）	增幅（%）	门店总数（个）	增幅（%）
★	19	宏图三胞高科技术有限公司		2008965	26.1	191	11.7
	20	新世界百货中国有限公司	*	1790000	19.3	37	8.8
★	21	文峰大世界连锁发展股份有限公司		1764927	12.7	1016	3.9
★	22	新一佳超市有限公司		1741320	1.0	112	2.8
☆	23	武汉武商集团股份有限公司		1721093	27.3	82	9.3
★		其中：武汉武商量贩连锁有限公司		889412	21.7	75	8.7
★	24	利群集团股份有限公司		1693036	11.6	836	-6.1
★	25	北京王府井百货（集团）股份有限公司	*	1660000	25.1	22	15.8
	26	百盛商业集团有限公司	*	1656000	33.9	47	6.8
★	27	好又多管理咨询服务（上海）有限公司	*	1650000	0.0	104	0
	28	石家庄北国人百集团有限责任公司		1619223	38.7	100	25.0
★	29	长春欧亚集团股份有限公司		1617585	20.1	35	16.7
★	30	永辉超市股份有限公司	*	1598000	56.4	286	6.7
★	31	特易购（TESCO）中国	*	1590000	19.5	109	38.0
★	32	天虹商场股份有限公司		1470557	26.6	44	18.9
☆	33	乐天超市（中国内地）		1444700	18.1	80	2.6
★		其中：江苏乐天玛特商业有限公司		1260579	18.2	70	1.4
★		乐天超市有限公司		179969	14.9	10	11.1
★	34	易初莲花	*	1360000	4.6	74	-3.9
★	35	欧尚（中国）投资有限公司		1350000	36.9	41	17.1
	36	金鹰商贸集团有限公司	*	1240000	32.5	19	11.8
★	37	山东家家悦集团有限公司		1233717	21.9	524	7.2
	38	银泰百货（集团）有限公司		1196235	32.7	24	4.3
★	39	人人乐连锁商业集团股份有限公司		1174832	14.5	108	20.0
		其中：人人乐购物中心		97548	16.0	8	0
★	40	锦江麦德龙现购自运有限公司	*	1170000	13.0	48	14.3
★	41	山东新星集团有限公司		1106321	12.0	592	11.3
★	42	山东潍坊百货集团股份有限公司		1099246	15.4	356	11.9

续 表

会员	序号	企业名称		销售规模（万元）	增幅（%）	门店总数（个）	增幅（%）
★	43	北京京客隆商业集团股份有限公司		1090975	8.4	239	-3.2
★	44	武汉中商集团股份有限公司		1001272	13.7	44	4.8
		其中：武汉中商百货连锁有限责任公司		461592	18.2	9	0
		武汉中商平价超市连锁有限责任公司		470116	10.8	34	6.3
★	45	步步高集团		930000	46.6	167	65.3
★	46	辽宁兴隆大家庭商业集团		919382	43.8	21	40.0
★	47	海航商业控股有限公司		892207	89.5	319	398.4
		其中：西安民生集团股份有限公司		289714	7.4	37	15.6
		陕西民生家乐商业连锁有限责任公司		70546	-7.8	19	-13.6
		上海家得利超市有限公司		215625	2.2	154	5.5
★		湖南家润多超市有限公司		154007	4.7	23	53.3
	48	郑州丹尼斯百货有限公司		877444	23.6	67	34.0
★	49	福建新华都购物广场股份有限公司		865951	24.7	96	28.0
	50	北京新燕莎控股（集团）有限责任公司		800416	24.8	10	0
★	51	广州屈臣氏个人用品商店有限公司	*	800000	45.5	800	45.5
	52	茂业国际控股有限公司		726669	49.7	36	63.6
		其中：成商集团股份有限公司		171067	-0.7	11	10.0
★	53	麦当劳（中国）有限公司	*	710000	9.2	1200	9.1
★	54	广州市广百股份有限公司		677596	5.3	23	21.1
★	55	北京迪信通商贸有限公司		669534	11.2	1133	22.5
★	56	永旺（中国内地）		662620	11.9	27	28.6
★	57	内蒙古小肥羊餐饮连锁有限公司		622800	0.2	480	5.7
	58	济南人民商场集团股份有限公司		598552	14.2	6	0
★	59	成都红旗连锁有限公司		543868	7.4	1005	2.6
★	60	三江购物俱乐部股份有限公司		535571	7.9	145	14.2
	61	南京中央商场股份有限公司	*	530000	18.3	7	0
★	62	唐山百货大楼集团有限责任公司		501826	25.3	10	25.0
★	63	四川省互惠商业有限责任公司		482300	12.2	1236	23.6

续 表

会员	序号	企业名称		销售规模（万元）	增幅（%）	门店总数（个）	增幅（%）
☆	64	济南华联商厦集团股份有限公司		462304	36.8	22	29.4
★		其中：济南华联超市有限公司		277382	72.1	19	26.7
★	65	成都伊藤洋华堂有限公司		435363	23.9	4	33.3
★	66	北京翠微大厦股份有限公司		434197	39.5	5	66.7
	67	宜家家居		430000	22.9	8	14.3
★	68	广州友谊集团股份有限公司		415000	21.0	5	25.0
★	69	湖南友谊阿波罗股份有限公司	*	414000	38.0	9	0
★	70	北京顺义国泰商业大厦		408000	29.1	13	8.3
★	71	东方家园家居建材商业有限公司		405000	15.7	27	8.0
★	72	山东威海百货大楼集团股份有限公司		401059	-5.9	24	-7.7
	73	易买得	*	400000	14.0	27	35.0
		其中：上海易买得超市有限公司		273837	14.9	12	9.1
	74	长沙通程实业集团有限公司		396500	61.4	52	13.0
★	75	百佳超市（中国内地）		388282	8.4	44	12.8
★	76	邯郸市阳光百货集团总公司		381000	26.0	89	107.0
		其中：邯郸市阳光超市有限公司		74982	24.5	76	145.2
★	77	青岛维客集团股份有限公司		361842	10.3	50	-94.0
★	78	北京西单友谊集团		353137	20.1	220	-0.9
★	79	深圳市海王星辰医药有限公司		340000	9.7	2990	4.3
★	80	江西洪客隆百货投资有限公司		328000	2.5	23	4.5
★	81	北京超市发连锁股份有限公司		323364	22.3	111	38.8
★	82	湖南老百姓医药连锁有限公司		315030	17.5	423	20.9
★	83	加贝物流股份有限公司		315000	3.3	314	0
★	84	湖南佳惠百货有限责任公司（集团）		309100	7.3	209	4.5
	85	广东大参林连锁药店有限公司		306000	19.5	1000	25.0
★	86	山西美特好连锁超市股份有限公司		304925	7.6	39	62.5
★	87	山东全福元商业集团有限责任公司（原寿光百货大楼）		302236	15.4	122	69.4
★	88	浙江人本超市有限公司		286859	11.0	817	36.4

续　表

会员	序号	企业名称		销售规模（万元）	增幅（%）	门店总数（个）	增幅（%）
	89	深圳岁宝百货有限公司		288772	15.5	13	18.2
	90	浙江华联商厦有限公司		278665	12.4	101	-54.3
★	91	华糖洋华堂商业有限公司		270875	-0.1	8	-11.1
	92	重庆和平药房连锁有限责任公司		253000	27.8	2512	2.1
★	93	山西省太原唐久超市有限公司		252038	5.6	1056	5.0
★	94	中国全聚德（集团）股份有限公司		248097	13.0	85	0
★	95	安徽华夏集团		245013	18.0	797	7.3
	96	广西南城百货股份有限公司		243360	27.2	24	41.2
★	97	雄风集团有限公司		238000	18.5	118	2.6
★	98	话机世界数码连锁集团股份有限公司		236250	5.0	220	-22.3
	99	味千（中国）控股有限公司（中国内地）	*	230000	15.3	450	18.4
★	100	阜阳市华联集团股份有限公司		218600	13.5	594	7.0
		合　　计		166252247	21.2	150211	9.8

注：1. ★表示为中国连锁经营协会会员企业，☆表示其下属公司为协会会员企业。

2. 数字前面带*为估计值。

3. 表中所指销售规模包括直营店、加盟店、输出管理的连锁店销售额。

2010年中国物流与采购联合会科学技术奖获奖项目和项目完成人名单

科学技术奖获奖项目名单

科技发明奖名单

序号	获奖等级	项目名称	申报单位
1	二等奖	物流运输空气减震托盘	北京德利得物流有限公司
2	三等奖	用于平车的加固装置	太铁联合物流新田分公司

科技进步奖名单

序号	获奖等级	项目名称	申报单位
1	一等奖	现代港口物流服务示范工程关键技术	上海国际港务股份有限公司、中交水运规划设计研究院
2	一等奖	物流企业管理自主平台 MAP 的开发和应用	上海博科资讯股份有限公司
3	一等奖	基于信息化的连锁商业供应链系统集成	北京物美商业集团股份有限公司
4	一等奖	传化公路港物流运营与信息服务一体化体系	浙江传化物流基地有限公司
5	一等奖	超高频 RFID 电子标签及其产业化应用	南京三宝科技集团有限公司
6	一等奖	信息化条件下军械装备保障物流模式及关键技术研究	总装军械技术研究所
7	一等奖	第二代智能手持终端系统	顺丰速运集团有限公司

续 表

序号	获奖等级	项 目 名 称	申 报 单 位
8	一等奖	我国第四方物流产业发展重大问题研究	浙江万里学院、宁波市现代物流规划研究院
9	二等奖	多式联运一大集中货运主干信息系统	中国远洋物流有限公司、中远网络物流信息科技有限公司
10	二等奖	精益物流 SPS 方式在自主汽车制造企业中的技术应用创新	一汽轿车股份有限公司
11	二等奖	国药控股现代化物流网络建设项目	国药控股股份有限公司
12	二等奖	面向目标跟踪的主动式 RFID 技术应用研究	上海海事大学
13	二等奖	卷烟自动化分拣系统	贵阳普天物流技术股份有限公司
14	二等奖	电子钢铁综合服务平台建设与改造	广东欧浦钢铁物流股份有限公司
15	二等奖	瀑布式卷烟分拣机	山东兰剑物流科技有限公司、山东大学现代物流研究中心
16	二等奖	公路货运物联网	北京汇通天下信息技术有限公司
17	二等奖	苏州工业园综合保税区现代物流公共信息平台	苏州物流中心有限公司
18	二等奖	综合物流管理信息系统	开滦集团、浪潮集团通用软件有限公司
19	二等奖	陆运物流企业信息化智能官网	上海新跃物流企业管理有限公司
20	二等奖	北京城市共同配送信息平台	北京物流协会、北京首发物流枢纽有限公司
21	二等奖	基于 3G（GPS/GPRS/GIS）技术的运输过程透明监控系统	深圳市宇易通科技有限公司
22	二等奖	酒源数字化控制管理集成系统	四川泸州老窖股份有限公司
23	二等奖	远洋大亚集装箱堆场及物流中心实时管理系统	青岛远洋大亚物流有限公司
24	二等奖	镍矿作业工艺流程改革	天津港第五港埠有限公司
25	二等奖	汽车供应链物流服务体系及关键技术研究与应用	重庆大学、重庆长安民生物流股份有限公司、重庆长安福特马自达汽车有限公司、重庆长安汽车股份有限公司
26	三等奖	物流金融创新下存货质押融资风险管理理论与技术	中国科学院数学与系统科学研究院、西安交通大学
27	三等奖	基于 ERP 的国华 SCM 信息系统实施与应用	北京国华电力有限责任公司、神华电力研究院有限公司
28	三等奖	快递综合调度系统	顺丰速运集团有限公司

续 表

序号	获奖等级	项 目 名 称	申 报 单 位
29	三等奖	中国电信物流 e 通产品应用及推广	中国电信集团公司、广东亿迅科技有限公司
30	三等奖	基于供应链管理的煤炭流通管理技术研究	泰德煤网股份有限公司、国务院发展研究中心
31	三等奖	现货通现货交易市场解决方案	时力永联科技有限公司、西安交通大学
32	三等奖	“网达网”公路运力交易平台	网达物流科技有限公司
33	三等奖	钢运物流信息管理平台	太原钢运物流有限公司
34	三等奖	基于供应链管理的物流协同平台—CARGOB2B 电子商务平台	上海汇驿软件有限公司
35	三等奖	iWork 液体化工综合业务平台	天津金算盘软件有限公司
36	三等奖	万里物流配送系统	河南万里运业有限责任公司、河南万里信息技术有限公司
37	三等奖	CMOS 集装箱物流管理平台	山东怡之航集装箱物流有限公司
38	三等奖	领道软件仓储管理系统	上海领道软件有限公司
39	三等奖	自动转轨的高性能堆垛机系统	云南昆船设计研究院
40	三等奖	循环取料入库道口分配问题的建模与优化	上海安吉速驰储运有限公司
41	三等奖	特大型煤炭流通企业调度中心物流管理信息系统	浙江经济职业技术学院，浙江物产燃料集团有限公司
42	三等奖	金力钢材市场全面信息化管理软件	上海金力信息技术有限公司、苏州市工业园区思铭软件有限公司
43	三等奖	船舶生产企业余料条码信息系统研究与优化应用	江西财经职业学院
44	三等奖	虚拟步进式电子标签分拣系统的集成创新	浙江创联信息技术股份有限公司
45	三等奖	广州风神物流汽车零部件配送网络规划	广州风神物流有限公司、上海交通大学中美物流研究院
46	三等奖	宏桥 BLS 保税物流管理系统	珠海宏桥高科技有限公司
47	三等奖	中国邮政速递物流（香港）配送管理信息系统	中国邮政速递物流股份有限公司
48	三等奖	烟草商业企业自动立体仓库与传统平库综合调度解决方案	河南省烟草公司郑州市公司

续 表

序号	获奖等级	项 目 名 称	申 报 单 位
49	三等奖	手机短信自动货配平台	北京明伦高科科技发展有限公司
50	三等奖	南京物流公共信息平台	江苏仙林物流中心股份有限公司
51	三等奖	酒类第三方物流管理信息系统	四川省宏图物流股份有限公司、上海富勒科技有限公司
52	三等奖	《中国民营快递现状与发展趋势解析》	上海朗策企业管理咨询有限公司
53	三等奖	面向行业价值链的物流企业学习体系探析与实践	易通交通信息发展有限公司、北京电子科技职业学院

科学技术奖获奖项目完成人名单

科技发明奖名单

序号	获奖等级	项 目 名 称	项目主要完成人名单（按贡献大小排序）
1	二等奖	物流运输空气减震托盘	恽绵、黎凤岐
2	三等奖	用于平车的加固装置	杨新平

科技进步奖名单

序号	获奖等级	项 目 名 称	项目主要完成人名单（按贡献大小排序）
1	一等奖	现代港口物流服务示范工程关键技术	包起帆、宋海良、罗文斌、陈韬、董庭龙、王荣明、葛中雄、吴澎、刘洪波、江霞、张斌
2	一等奖	物流企业管理自主平台 MAP 的开发和应用	蒋正华、王元和、徐荣、周小伟、方华、朱成富、武兴兵、沈国康
3	一等奖	基于信息化的连锁商业供应链系统集成	张文中、吴坚忠、于剑波、张斌、徐莹、韩劲松、吴笃卿、沈晓芬、陈刚、秦娟、冯会东
4	一等奖	传化公路港物流运营与信息服务一体化体系	徐冠巨、姚文通、陈捷、徐虎祥、李绍波、俞建刚、沈建康、谢萍、潘中华、吴自红

续 表

序号	获奖等级	项 目 名 称	项目主要完成人名单（按贡献大小排序）
5	一等奖	超高频 RFID 电子标签及其产业化应用	沙敏、富煜清、宋永江、鞠苏明、常勇、曹宏海、张波、赵强、王海清、李亚竹、周幸花
6	一等奖	信息化条件下军械装备保障物流模式及关键技术研究	孙江生、张连武、赵方庚、闫鹏程、陈学军、陈琳、冯广斌、连光耀、王韶光、葛强、张国安
7	一等奖	第二代智能手持终端系统	岑子良、宋永昕、赵亮、巫新来、张玉锋、王晖、周丽娟
8	一等奖	我国第四方物流产业发展重大问题研究	毛光烈、闫国庆、李秋正、赵娜、孙琪、汪月娥、郭歆、吴胜武、戴云、徐天芳、徐侠民
9	二等奖	多式联运一大集中货运主干信息系统	张宇、沈宇、李鼎一、赵再刚、吴宝华、华国竣、龚为桥、石朋、陈昉
10	二等奖	精益物流 SPS 方式在自主汽车制造企业中的技术应用创新	汪玉春、张硕、杨晓宇、杨熙宏、赵超越、于雪林、王利芳、殷学龙、张家铭
11	二等奖	国药控股现代化物流网络建设项目	顾一民、曹国钧、宋军、万勇
12	二等奖	面向目标跟踪的主动式 RFID 技术应用研究	董丽华、孙伟、佟锐、董耀华、曹学军、张丽、顾国强、徐明华、何芊易
13	二等奖	卷烟自动化分拣系统	李军、申健初、胡宇昕、张正明、石开亮、李燕海、黄国厚、王浩、毛佑军
14	二等奖	电子钢铁综合服务平台建设与改造	陈礼豪、雷有为、万林秋、张成、张勇、李磊、冼国良、赵志广、胡瑞滨
15	二等奖	瀑布式卷烟分拣机	张小艺、刘鹏、沈长鹏、贾立冬、肖世强
16	二等奖	公路货运物联网	翟学魂、吴海波、黄丛
17	二等奖	苏州工业园综合保税区现代物流公共信息平台	陆志刚、潘建钢、徐旭骋
18	二等奖	综合物流管理信息系统	李敏、傅同君、石尚杰、刘炳文、王贺中、侯玉生、王满福、张长江、孙连忠
19	二等奖	陆运物流企业信息化智能官网	吴军、林 骞、孙剑雄、崔玉琪、沈时辛、吴 海
20	二等奖	北京城市共同配送信息平台	王国丰、王亚忠、林有来、张晓东、陈仲相、徐术通、陈国立、林青、肖和森

续 表

序号	获奖等级	项目名称	项目主要完成人名单（按贡献大小排序）
21	二等奖	基于3G（GPS/GPRS/GIS）技术的运输过程透明监控系统	黄滨、南兴军、全瑞林、王高利、胡景邦、丁坤、曹方、鲁军、潘越
22	二等奖	酒源数字化控制管理集成系统	张宿义、易彬、董晓华、林天学、卢中明、唐廷元、赵金松、马蓉、马东升
23	二等奖	远洋大亚集装箱堆场及物流中心实时管理系统	王顺举、沈季敏、吕晓军、唐建伟、王世荣、李崇耀、侯建、邱萌、王林广
24	二等奖	镍矿作业工艺流程改革	皮云生、石少兴、付永刚、徐智鹏、曹娜、张宁、李悦、高金明、王义发
25	二等奖	汽车供应链物流服务体系及关键技术研究与应用	王旭、施朝春、林 云、李习文、黄明、胡大华、邓刚、杨劲松、李希成
26	三等奖	物流金融创新下存货质押融资风险管理理论与技术	李毅学、汪寿阳、冯耕中、徐渝、张媛媛、于萍、李娟
27	三等奖	基于ERP的国华SCM信息系统实施与应用	王竞波、徐海、刘勇、王军红、谢勤龙、李海军、刘宝
28	三等奖	快递综合调度系统	谢家友、邱洪海、黄欧、钟振阳、曾鸣、黄教和、范学英
29	三等奖	中国电信物流e通产品应用及推广	万军、张东、尹学良、杨恒、吴云志、陈哲希、容典
30	三等奖	基于供应链管理的煤炭流通管理技术研究	李洪国、韩杰、阎涛、张戬、刘广成、王保全
31	三等奖	现货通现货交易市场解决方案	冯耕中、喻学刚、赵绍辉、李广强、陈亚洲、王佳斌、柴成
32	三等奖	“网达网”公路运力交易平台	李星亚、戚晓明、杨军、易光沛、陈自安、黄成献、任海军
33	三等奖	钢运物流信息管理平台	赵阳、胡永生、马旭光、刘跃田、丁鑫、魏建波
34	三等奖	基于供应链管理的物流协同平台—CARGOB2B电子商务平台	陈黄健、陈峤、王晋、吴凡、宋海山、李育卿、刘艳
35	三等奖	iWork液体化工综合业务平台	闫美云、刘永强、田金平、张伟、宋立平、文兵、杜学森
36	三等奖	万里物流配送系统	陈立干、张栋、程新民、李卓、任晓炜、郑会娟、丁庆庆
37	三等奖	CMOS集装箱物流管理平台	董冲、王世青、张学峰、田存培、刘冠峰、张腾、孙斌
38	三等奖	领道软件仓储管理系统	黄燕、姚剑彪、刘亚平、马凯慧

续 表

序号	获奖等级	项 目 名 称	项目主要完成人名单（按贡献大小排序）
39	三等奖	自动转轨的高性能堆垛机系统	张大勇、张云龙、荣蜀元、马骏、郑和平、苟涛、杨毅
40	三等奖	循环取料入库道口分配问题的建模与优化	沈飞、王超、李晓春、薛丽、张巍、张宏嘉
41	三等奖	特大型煤炭流通企业调度中心物流管理信息系统	邸凤英、陈丽能、潘琴芳、谢胜利、马荣飞、董一方、王一枫
42	三等奖	金力钢材市场全面信息化管理软件	蔡忠山、廖邦学、宋方
43	三等奖	船舶生产企业余料条码信息系统研究与优化应用	郭跃、朱圻贤、傅文清、付丽莎、张永新
44	三等奖	虚拟步进式电子标签分拣系统的集成创新	朱宝昌、张雪松、郭军强、牛爱民、冀钢木
45	三等奖	广州风神物流汽车零部件配送网络规划	吴峻、季建华、方彦兵、陈祥国、章信开、赵一飞、柴轶
46	三等奖	宏桥 BLS 保税物流管理系统	罗奔、郭成、蒋秀和、陈彬、俸斌
47	三等奖	中国邮政速递物流（香港）配送管理信息系统	代刚、韩青、张文龙、靳勇平、冯昌卫、贾阳、霍立华
48	三等奖	烟草商业企业自动立体仓库与传统平库综合调度解决方案	司军鹏、胡红春、崔小云、王焰、夏宇、吴洪刚、马明
49	三等奖	手机短信自动货配平台	黄惠良、谢金秋、王晓民、张雷、金慧贤、袁洲、黄睿
50	三等奖	南京物流公共信息平台	金陵、韩亚中、聂昱、张潇、黄琳燕、李非、张承祥
51	三等奖	酒类第三方物流管理信息系统	庭治宏、施甘图、蒲红军、曾德强、冷希康、黄广瑛、蒋凌川
52	三等奖	《中国民营快递现状与发展趋势解析》	徐 勇
53	三等奖	面向行业价值链的物流企业学习体系探析与实践	王 荣、马 骏、逄诗铭、徐秀艺、严霄蕙、马 洁、续秀梅

（中国物流与采购联合会科学技术奖励办公室）

2010 年中国物流与采购行业十件大事

1. 有关部门、地方政府出台政策、制定规划，落实国务院《物流业调整和振兴规划》。

2. 2010 年政府工作报告提出加快物联网的研发应用，物联网国家标准体系建设工作启动。

3. 大规模铁路建设加快推进，我国高速铁路运营里程居世界第一。

4. 《农产品冷链物流发展规划》和《全国物流标准专项规划》两个物流业专项规划出台。

5. 我国网络购物出现“井喷”，物流能力成为瓶颈。

6. 《两岸经济合作框架协议》（ECFA）开始实施，开启两岸物流合作新时代。

7. 国内首部促进物流业发展的地方性法规《福建省促进现代物流业发展条例》出台。

8. 交通运输部、国家发改委启动甩挂运输试点工作。

9. 全国 A 级物流企业超千家。

10. 上海世博会、广州亚运会等大型展会、赛事物流保障工作圆满完成。

（中国物流与采购联合会研究室）

2010年中国物流十大年度人物

（以姓氏笔画为序）

1. 王旭斌　青海朝阳物流园区管委会主任
2. 闫嘉有　五矿物流集团有限公司总经理
3. 宋关涛　山东北明全程物流有限公司董事、总经理
4. 汪晓秀　淮矿现代物流有限责任公司董事长、总经理
5. 沈国康　上海博科资讯股份有限公司董事长兼总裁
6. 谷春光　九州通医药集团股份有限公司集团技术总裁
7. 陈宏伟　新时代国际运输服务有限公司总裁
8. 郑松兴　华南国际工业原料城（深圳）有限公司董事长
9. 施文进　惠龙港国际钢铁物流股份有限公司董事长
10. 韩　松　西安市副市长、西安国际港务区管委会主任

（中国物流与采购杂志社）

2010 年"宝供物流奖"获奖名单

一、"宝供物流奖"获奖项目及获奖人名单

一等奖（2 项）：

1.《公路货运物联网》

获奖者：翟学魂

工作单位：北京汇通天下信息技术有限公司

2.《蓄电池机械全数字调速控制器及智能检测系统》

获奖者：康少华、刘士通、段秀兵、侍才洪、蔺振江、陶新良

工作单位：军事交通学院军事物流系

二等奖（5 项）：

1.《基于物联网的智能供应链制造系统研究》

获奖者：卢松泉

工作单位：徐州工程学院徐州市物流工程技术中心

2.《在运物资射频识别系统》

获奖者：肖学福

工作单位：总后军事交通运输研究所

3.《上海构建国际物流中心的标准化支撑体系及相关标准研究制定》

获奖者：上海市标准化研究院

4.《城市生活垃圾回收物流系统优化设计实证研究》

获奖者：孙学琴、陈松岩、陈建岭、何民爱、巍新军等

工作单位：山东交通学院

5.《镍矿作业工艺流程改革》

获奖者：皮云生

工作单位：天津港第五港埠有限公司

三等奖（11 项）：

1.《吉林省主要鲜活农产品物流系统的组织与优化模式研究》

获奖者：杜文龙、吴永民、樊雪梅、张宇

工作单位：北京城市学院经济管理学部

2.《特大型煤炭流通企业调度中心物流管理信息系统》

获奖者：邸凤英、陈丽能、潘琴芳、马荣飞、董一方、王一枫

工作单位：浙江经济职业技术学院

3.《物流信息化与综合管理关键技术》

获奖者：李文锋

工作单位：武汉理工大学物流工程学院

4.《现代粮食流通中的应急物流优化调度研究》

获奖者：王亮、乔均等

工作单位：南京财经大学

5.《集装箱港口智能化调度与仿真优化管

理研究》

获奖者：陶经辉

工作单位：南京财经大学物流管理系

6.《烟叶醇化自动化物流系统规划设计研究》

获奖者：宋志兰

工作单位：云南财经大学

7.《区域物流系统演化机理及其布局优化》

获奖者：王伟、封学军、黄莉、蒋柳鹏、张艳

工作单位：河海大学水运规划与物流工程研究所

8.《北京现代物流体系规划与建设》

获奖者：孙前进

工作单位：北京物资学院

9.《多媒介互动推广平台项目》

获奖者：现代物流报社

10.《国际化采购与供应链专业方向建设研究与实践》

获奖者：倪东生、魏国臣、杜红平、金海水等

工作单位：北京物资学院

11.《IWORK 液体化工综合业务平台》

获奖者：闫美云、田金平

工作单位：天津东软金算盘软件有限公司

二、奖学金获奖者名单（计 33 所院校 66 名学生）

1. 北京交通大学　杨星兰、张新民（硕士研究生）
2. 中山大学　宁浪（硕士研究生）、罗茹珊
3. 浙江工商大学　斯剑栋、赵宝钗
4. 华中科技大学　王晓彤、刘林
5. 南京财经大学　蒋薇（硕士研究生）、袁凌枫
6. 东南大学　侯晶、曾丽明（硕士研究生）
7. 北京邮电大学　束欢（硕士研究生）、李沫竺
8. 解放军后勤指挥学院　曾勇（博士研究生）、陈博（硕士研究生）
9. 华东交通大学　汪娟（硕士研究生）、万鹏里
10. 武汉理工大学　申欢、戴金山（博士研究生）
11. 长安大学　陈栋、郭淑娟（硕士研究生）
12. 北京物资学院　吕晓静（硕士研究生）、王琦
13. 西南财经大学　李锡姝、冯晓静
14. 大连海事大学　师秉彦、徐奇（硕士研究生）
15. 天津大学　周莲子、杨怡
16. 浙江大学　孟禹、郭宣辰
17. 山东交通学院　张莹莹、钱奇
18. 北京工商大学　宋文哲（硕士研究生）、程红晶
19. 上海海事大学　高志军（硕士研究生）、张华（硕士研究生）
20. 兰州交通大学　魏慧、王婧婷
21. 中南财经政法大学　倪媛明、蔡晓文
22. 广东商学院　段东霞（硕士研究生）、杜欢
23. 山东大学　段江丛、李振（硕士研究生）
24. 华南理工大学　刘会、丁郭音（硕士研究生）
25. 中南林业科技大学　杨络鸣、鄢小蓝（硕士研究生）
26. 江西财经大学　李临健、侯咏梅
27. 吉林大学　胡鹤严（硕士研究生）、赵超林

28. 重庆交通大学　秦星红（硕士研究生）、秦婷

29. 云南财经大学　钱翠萍、周媛（硕士研究生）

30. 暨南大学　周婉婷、王磊（硕士研究生）

31. 同济大学　张佳莹（硕士研究生）、杨光

32. 湖南商学院　赖思斯、熊培

33. 武汉大学　王红伟（硕士研究生）、郭强（博士研究生）

（中国物流发展专项基金“宝供物流奖”办公室）

2010年"中国物流示范基地"、"中国物流实验基地"名单

中国物流示范基地（6家）

广东欧浦钢铁物流股份有限公司

江阴现代物流产业园（江阴长江港口综合物流园区）

北新建材（集团）有限公司

上海中石化工物流有限公司

志勤美集（北京）国际货运代理有限公司

湖南金霞现代物流园（长沙金霞经济开发区）

中国物流实验基地（13家）

山西宝特国际物流有限公司

上海顶通物流有限公司

两湖绿谷物流股份有限公司

广东天润物流市场发展有限公司

陕西贝斯特物流有限公司

四川东方物流有限公司

江苏悦达环球物流有限公司

陕西天润金属物流有限公司

潍坊鲁东物流有限公司（鲁东物流中心）

芜湖远方物流有限公司

重庆中集物流有限公司

泉州美旗物流管理有限公司

福建省三明现代物流产业开发建设有限公司

（中国物流与采购联合会行业部）

2010年物流企业信用评价A级信用企业名单

（共33家）

AAA级信用企业27家（排名不分先后）

上海中石化工物流有限公司
两湖绿谷物流股份有限公司
志勤美集（北京）国际货运代理有限公司
广东天润物流市场发展有限公司
陕西华誉物流优钢（集团）有限责任公司
新时代国际运输服务有限公司
湖南全洲医药消费品供应链有限公司
上海顶通物流有限公司
广东欧浦钢铁物流股份有限公司
深圳市飞马国际供应链股份有限公司
中山市物资集团有限公司
江苏悦达环球物流有限公司
江阴港口物流园区投资有限公司
上海圆通物流有限公司
山东佳怡物流有限公司
泰德煤网股份有限公司
山西宝特国际物流有限公司
陕西天润金属物流有限公司
深圳市宝鼎威物流有限公司
中铁物资集团有限公司
长春市中远快运有限公司
上海景鸿国际物流股份有限公司
江西赣西电煤储运有限公司
浙江省八达物流有限公司
长春一汽国际物流中心
南京长安民生住久物流有限公司
上海新杰货运服务有限公司

AA级信用企业5家（排名不分先后）

湖州华安物流发展有限公司
深圳市化轻贸易有限公司
一汽解放汽车有限公司仓储中心
新疆伊犁恒信国际贸易物流有限责任公司
重庆中集物流有限公司

A级信用企业1家

嘉兴市大安汽车运输有限责任公司

（中国物流与采购联合会行业部）

物流企业综合评估全国第十批、第十一批 A 级物流企业名单

一、全国第十批 A 级物流企业名单及全国第二批 A 级物流企业第二次复核通过名单等

1. 全国第十批 A 级物流企业名单（共 166 家）

5A 级物流企业（10 家）：
中铁物流集团有限公司（4A 升 5A）
上海现代物流投资发展有限公司（4A 升 5A）
河北省物流产业集团有限公司
浙江省八达物流有限公司（4A 升 5A）
建发物流集团有限公司（4A 升 5A）
青岛中远国际货运有限公司
华中航运集团有限公司
武汉商贸国有控股集团有限公司
九州通医药集团股份有限公司
甘肃西部物流有限责任公司（4A 升 5A）

4A 级物流企业（57 家）：
北京环京物流有限责任公司
北京宝龙物流有限责任公司
世能达物流（天津）有限公司
天津港物流发展有限公司
上海新新运国际货物运输代理有限公司
上海益嘉物流有限公司
上海无忧物流有限公司
上海华运通仓储配送有限公司
上海恒荣国际货运有限公司
山西晋港物流集团有限公司
包钢集团机械化有限公司
吉林龙谷物流有限公司
长春市亚奇物流有限公司
吉林省福达国际物流有限公司
一汽解放汽车有限公司仓储中心
中床国际物流吉林有限公司
江苏新誉能源物流有限公司
昆山市交通汽车运输有限公司（3A 升 4A）
张家港众益物流有限公司
江苏悦达环球物流有限公司
江苏富通物流有限公司（2A 升 4A）
苏州高新区保税物流中心有限公司
浙江川山甲物资供应链有限公司
浙江山鹰物流有限公司（3A 升 4A）
湖州鑫达国际物流有限公司（3A 升 4A）
安徽光太实业集团有限公司
合肥市宝元物流有限公司
福建八方物流股份有限公司（3A 升 4A）

厦门晋联物流有限公司
厦门弘信国际物流有限公司
江西铜业集团（贵溪）物流有限公司
苍山县北方物流有限公司
烟台市农业生产资料总公司
德州资通国际物流集团有限公司
青岛泽翰物流有限公司（3A 升 4A）
郑州经济技术开发区自备车运输贸易有限公司
郑州铁路华东实业总公司（3A 升 4A）
洛阳铁路运通集团有限公司
湖北大通运业股份有限公司
宜昌港务集团有限责任公司
武汉市西马运输有限公司
长沙畅通物流有限公司
中山市秦粤物流有限公司
深圳新合程供应链股份有限公司
广州市裕丰控股股份有限公司（3A 升 4A）
富田一日捆储运（广州）有限公司
广东天润物流市场发展有限公司（3A 升 4A）
海南港航控股有限公司
海南和宇运贸有限公司
中海海南物流有限公司
四川金桥物流有限公司
云南昆钢物流有限公司
西安朱宏物流有限公司
陕西华誉物流优钢（集团）有限责任公司（3A 升 4A）
陕西贝斯特物流有限公司
宁夏交通国际物流港
新疆亚欧大陆桥国际物流有限责任公司

3A 级物流企业（76 家）：
北京嘉和嘉事医药物流有限公司
北京和众奥顺达物流有限公司
中航国际物流有限公司
上海弘和物流有限公司
上海港口化工物流有限公司
上海宜隆国际物流有限公司
上海集发物流有限公司
沈阳中深科技实业有限公司
长春昌大物流有限公司
江苏达海物流有限公司
昆山市佳佳荣泰危险品储运有限公司
昆山中大物流有限公司
昆山开发区危险货物运输有限公司
昆山大唐危险品储运有限公司
昆山市万里运输有限公司
张家港捷通中石化工物流有限公司
张家港市永泰码头有限公司
浙江陆通物流有限公司
浙江中捷环洲供应链集团股份有限公司
杭州富日物流有限公司
浙江百世物流科技有限公司
宁波市环集国际物流有限公司
宁波璐璐国际物流有限公司
宁波市波达仓储物流有限公司
宁波市环北物流有限公司（2A 升 3A）
宁波天地物流有限公司
宁波顺丰速运有限公司
浙江恒顺物流有限公司
安徽百路物流有限公司
福建省中通通信物流有限公司
福建九州通医药有限公司
厦门海投物流有限公司
厦门港务物流有限公司
厦门港务运输有限公司
厦门象屿太平综合物流有限公司
厦门宏高货运有限公司
厦门诚达运通国际货运代理有限公司
全球物流（厦门）有限公司
鹰潭市龙虎山东方物流有限公司
山东大舜医药物流有限公司
山东滨州银河国际物流有限公司
烟台瑞通物流有限公司（2A 升 3A）
烟台交运集团莱阳运输有限公司

烟台交运珠玑物流园有限公司
山东朗越国际运输服务有限公司
临沂华派克国际物流有限公司
潍坊潍柴顺达物流有限公司
洛阳铁路运通集团济源煤炭运销有限公司
洛阳铁路运通集团（上海）贸易有限公司
洛阳铁路运通集团实业发展有限公司
河南大用运通物流有限公司
湖北楚元石化物流有限公司
大冶有色物流有限公司
聚宝金昊农业高科有限公司
湖南融城物通天下物流有限公司
湖南畅达物流有限公司
广州市黄埔致发运输工贸发展有限公司
广东申通物流有限公司
广汽丰田物流有限公司
广州市郑铁物流有限公司
海南福海船务有限公司
海南邮政物流有限责任公司
德阳飞龙运业有限公司
雅安市华峰运业有限责任公司（2A 升 3A）
东方电气集团大件物流有限公司
绵阳市奔驰物流有限公司
贵州铭宇物流有限责任公司
贵州国程物流有限公司
云南腾俊国际物流有限公司
大理南星汽车运输有限公司
云南德胜物流有限公司
招商局物流集团西安有限公司
甘肃省供销合作储运总公司
宁夏陆港物流有限责任公司
宁夏佳奇石化实业有限公司
宁夏天鹰电力物资有限公司

2A 级物流企业（21 家）：
昆山市城际货运出租有限公司
昆山中新国际货运有限公司
安吉县溪龙运输有限公司
宁波浙金钢材有限公司
宁波市天晴运输有限公司
宁波人丰运输有限公司
余姚市集装箱物流有限公司
宁波鲁甬佳物流有限公司
青岛西元庄国际物流有限公司
武汉宝沃勤物流有限公司
黄石天海物流有限公司
武汉益嘉物流有限公司
湖南虹光通达物流有限公司
湘潭百嘉香食品贸易有限公司
长沙海驿物流有限公司
长沙市大宇货运服务有限公司
湖南国联捷物流有限公司
肇庆市致美物流有限公司
泸州利普物流有限公司
陕西天盛祥物流有限责任公司
宁夏四季青果蔬冷藏物流有限公司

1A 级物流企业（2 家）：
宁波保税区海盛仓储有限公司
宁波亿百华国际物流有限公司

2. 全国第二批 A 级物流企业第二次复核通过名单（共 12 家）

5A 级物流企业（4 家）：
中国外运长航集团
五矿物流集团有限公司
吉林省长久物流有限公司
锦程国际物流集团股份有限公司

4A 级物流企业（7 家）：
中信物流有限公司
北京宝供福田物流有限公司
上海申丝企业发展有限公司
山西盛唐物流配送有限责任公司
绍兴县中国轻纺城国际物流中心有限公司
深圳市共速达物流股份有限公司

佛山市汽车运输集团有限公司

3A 级物流企业（1 家）：

上海成协物流配送有限公司

3. 全国第六批 A 级物流企业复核通过名单（共 52 家）

5A 级物流企业（3 家）：

中国石油天然气运输公司
开滦集团国际物流有限责任公司
邯郸交通运输集团有限公司

4A 级物流企业（22 家）：

天津津城集团有限公司
上海新杰货运服务有限公司
第一钢市市场股份有限公司
上海乾通投资发展有限公司
上海惠尔物流有限公司
上海医药物流中心有限公司
包钢集团鹿畅达物流有限责任公司
江苏瀛环国际集团宏海物流有限公司
常熟外贸运输有限责任公司
常熟市安达洲物流有限公司
张家港港务集团有限公司
江苏叠石桥物流有限公司
徐州铁路经营集团有限公司
浙江长运物流股份有限公司
宁波市汽车运输有限公司
福建汇丰物流有限公司
江西昌顺物流有限公司
洛阳市第二汽车运输公司
武汉诚通物流有限公司
广州卓志物流服务有限公司
广东省华大物流总公司
柳州宁铁物流有限责任公司

3A 级物流企业（22 家）：

上海晶通化轻发展有限公司
上海万创危险品物流有限公司
冀运集团股份有限公司
江苏捷成物流有限公司
张家港市金港物流中心有限公司
杭州近江物流有限公司
浙江长兴捷通物流有限公司
长兴县鸿运航运有限公司
温州浙闽物流中心开发有限公司
温州长运集团有限公司
金华市中宇物流有限公司
义乌市交通发展有限责任公司
浙江川山甲物流有限公司
宁波市金星物流有限公司
慈溪市公铁联运有限公司
安钢集团汽车运输有限责任公司
中山市曙光运输有限公司
四川航天天盛物流有限责任公司
攀枝花钢城集团汉风物流有限公司
攀枝花宏德现代物流有限责任公司
陕西储备物资管理局五三三处
陕西省商业储运总公司

2A 级企业（5 家）：

黄骅市运输总公司
安平县现代物流有限责任公司
长兴盛达物流有限公司
广州市垦通物资运输服务有限公司
成都西联钢铁有限公司

4. 全国第一、第三、第四、第五批 A 级物流企业延期复核通过名单（共 2 家）

4A 级物流企业（1 家）：

山东博远物流发展有限公司

3A 级物流企业（1 家）：

杭州华商物流有限公司

二、全国第十一批 A 级物流企业名单及全国第三批 A 级物流企业第二次复核通过名单等

1. 全国第十一批 A 级物流企业名单（共 199 家）

5A 级物流企业（11 家）：

西上海（集团）有限公司（4A 升 5A）
重庆公路运输（集团）有限公司
包头华通物流（集团）有限公司
通辽市第一运输有限公司（3A 升 5A）
中床国际物流集团有限公司
黑龙江农垦北大荒物流有限公司（4A 升 5A）
芜湖安得物流股份有限公司（4A 升 5A）
中创物流股份有限公司
湖南全洲医药消费品供应链有限公司（4A 升 5A）
湖南金霞粮食产业有限公司（4A 升 5A）
招商局物流集团有限公司

4A 级物流企业（45 家）：

中信信通国际物流有限公司
同方环球（天津）物流有限公司
天津市交通集团滨海有限公司
天津丽兴园物流发展有限公司
大新华物流有限公司
河北邯钢附企巨恒物流有限公司
内蒙古华通现代物流集团有限公司
内蒙古北方重工业集团有限公司储运分公司
通辽市通粮物流有限公司
大连铁越集团有限公司
长春市中远快运有限公司
苏州得尔达国际物流有限公司（3A 升 4A）
江苏神龙物流有限公司（3A 升 4A）
江苏澳洋医药物流有限公司
江苏长江石油化工有限公司
南通大地物流有限公司
昆山吴淞江物流基地有限公司
南通中远物流有限公司（3A 升 4A）
迅捷物流集团有限公司
安徽电信器材贸易工业有限责任公司（3A 升 4A）
合肥朝阳物流有限公司
安徽春天物流有限公司
安徽省邮政速递物流有限公司
淮矿现代物流有限责任公司
福建省宏捷物流有限公司（3A 升 4A）
中港物流（厦门）有限公司
烟台海通联合发展有限公司（3A 升 4A）
烟台安德水产有限公司（2A 升 4A）
山东康诺盛世医药有限公司
龙口海达物流有限公司
郑州金辉物流有限公司
武汉武钢集团汉阳钢厂
国药控股湖北有限公司
湖北盛辉物流有限公司
荆州市鑫泰达物流有限公司
葛洲坝集团物流有限公司
湖北全诚物流有限公司
武汉钢铁集团交通运输有限责任公司
武汉兴达汽车物流有限责任公司
伟鸿食品有限公司
湖南白沙运输有限公司
湖南鸿胜物流有限公司
四川眉山顺达汽车运输有限责任公司
陕西红光钢铁物流有限责任公司
兰州金轮实业有限责任公司

3A 级物流企业（74 家）：

北京远成物流有限公司
北京海丰宝物流有限公司
北京泛太物流有限公司
北京国商物流有限公司
天津远成物流快运有限公司

上海全胜物流有限公司（2A 升 3A）
上海远成物流发展有限公司
上海外轮代理浦东有限公司
石家庄远成物流有限公司
秦皇岛龙腾运输集团有限公司
内蒙古老哈河粮油工业有限责任公司
通辽大华物流有限责任公司
大连沈铁港口物流有限公司
吉林省顺风物流有限公司
昆山世远物流有限公司
昆山市海联仓储运输有限公司
昆山市港航物流有限公司
昆山市金山运输有限公司
昆山市台达物流仓储有限公司
苏州市佳盛实业有限公司
苏州依厂物流有限公司
太仓超大物流有限公司
苏州高新物流管理有限公司
苏州快而捷物流有限公司
长兴顺达汽运有限公司（2A 升 3A）
浙江新颜物流有限公司（2A 升 3A）
浙江中盛物流有限公司
义乌国联物流有限公司
浙江世锋物流有限公司
义乌市扬翔国际货运代理有限公司
浙江鸿汇医药物流有限公司
浙江尊龙物流有限公司
临海市江南物流中心有限公司
金华远成物流有限公司
浙江天虹物流有限公司
义乌市长航国际物流有限公司
宁波英特药业有限公司
宁波港铃与物流有限公司
浙江万信物流有限公司
浙江兴港国际货运代理有限公司
合肥永春物流有限责任公司
安徽国力物流有限公司
福建运杰物流有限公司
厦门象屿胜狮货柜有限公司
厦门福慧达果蔬供应链有限公司
厦门盈升物流有限公司
厦门志捷国际货运代理有限公司
厦门闽南三通物流有限公司
上港集团九江港务有限公司
江西赣西物流有限公司
烟台连峰商贸有限公司
烟台齐畅工贸有限公司
德州锦华物流有限公司
山东世茂国际物流有限公司
漯河宏运汽车运输集团有限公司
河南省亚通物流有限公司
武汉市华春物流有限公司
岳阳市海纳物流有限公司
湖南涟钢物流有限公司
广西桂网物流有限责任公司
海口三顺物流服务有限公司
海南农垦现代物流有限责任公司
海南佳运物流有限公司
泸州君安物流集团有限公司
四川中网通信发展有限责任公司
泸州市天润实业有限责任公司
泸州三友物流运输集团有限公司
云南成华运输吊装有限公司
玉溪市鹏程运输有限公司
青海省物产化工有限责任公司
青海省物产民爆器材专卖有限公司
宁夏原野物流有限责任公司
宁夏李旺实业发展有限公司
新疆金属材料有限责任公司（2A 升 3A）

2A 级物流企业（62 家）：
北京京津港国际物流有限公司
天津中远物流有限公司
上海南华国际物流有限公司
唐山和平钢铁物流有限公司
昆山市交运仓储有限公司

昆山大洋货运有限公司
昆山好运通国际货运有限公司
昆山吉平货运有限公司
昆山市海鸿货运有限公司
昆山市神州物流服务有限公司
昆山市京津冀联运有限公司
昆山市兴安岭仓储物流有限公司
昆山市钧隆危险品物流有限公司
昆山市真安货运有限公司
昆山市环球货运发展有限公司
昆山全诚仓储运输有限公司
昆山市佳鸿货运有限公司
苏州国际快件中心有限公司
无锡中远物流有限公司
苏州中远物流有限公司
南通远通货柜储运有限公司
南通新轮国际储运有限公司
中国南通外轮代理有限公司
中国南京外轮代理有限公司
江阴中远物流有限公司
中国江阴外轮代理有限公司
常熟外轮代理有限公司
浙江海西供应链有限公司
浙江长兴申兴物流有限公司
浙江三特生态渔业发展有限公司
浙江中道物流有限公司
长兴金钉子物流有限公司
浙江捷通国际货运代理有限公司
永康市老孙物流有限公司
义乌市倍力货物运输有限公司
嘉兴市伟盛国际货运代理有限公司
中国台州外轮代理有限公司
嘉兴中远物流有限公司
嘉兴外轮代理有限公司
温州外代国际货运有限公司
宁波新盟国际船务有限公司
宁波联合国际船舶代理有限公司
安徽海通物流股份有限公司
繁昌县海洋运输有限公司
安徽中远物流有限公司
福建省永安永盛铁路运输贸易有限公司
青岛港湾国际物流有限公司
武汉市润华物流有限责任公司
武汉市创捷平安达物流有限公司
武汉市正街物流有限公司
武汉市中运通物流有限责任公司
武汉日昱物流有限公司
岳阳市安迅货运有限公司
岳阳市运来物流有限公司
岳阳运发物流有限公司
海南全顺达物流有限公司
成都诚信达物流有限公司
四川回春堂药业连锁有限公司
四川遂宁市全泰堂药业有限公司
凉山烟草运输有限责任公司
陕西新武物流有限公司
新疆瑞克物流有限公司

1A 级物流企业（7 家）：
中国丹东外轮代理有限公司
镇江远港物流有限公司
中国镇江外轮代理有限公司
泰州联合国际船舶代理有限公司
常州外轮代理有限公司
中国温州外轮代理有限公司
宁波保税区上善仓储有限公司

2. 全国第三批 A 级物流企业第二次复核通过名单（共 30 家）

5A 级物流企业（3 家）：
东方国际物流（集团）有限公司
山东盖世国际物流集团有限公司
广东省航运集团有限公司

4A 级物流企业（11 家）：
中国物流公司

上海商业储运有限公司
上海中石化工物流有限公司
上海通成运输有限公司
中国石油集团川庆钻探工程有限公司重庆运输总公司
南通交运物流集团有限公司
江苏大明金属制品有限公司
山东佳怡物流有限公司
河南宇鑫物流有限公司
广州市商业储运公司
中捷通信有限公司

3A 级物流企业（14 家）：
上海化学工业区物流有限公司
上海华联配送实业有限公司
上海乐惠物流有限公司
上海复闽仓储有限公司
上海康芸物流发展有限公司
上海市纺织运输公司
民生物流有限公司
南京大件起重运输集团有限公司
金华市经纬货运有限公司
杭州杭锅运输有限公司
宁波海联物流有限公司
信阳市运输集团有限责任公司
湖南中飞物流有限公司
陕西大件汽车运输有限责任公司

2A 级物流企业（2 家）
济源市亚之桥环球物流有限公司
河南路达物资公司

3. 全国第七批 A 级物流企业复核通过名单（共 56 家）

5A 级物流企业（2 家）：
内蒙古巴运汽车运输有限责任公司
福建省交通运输集团有限责任公司

4A 级物流企业（25 家）：
天津安达物流有限公司
上海旭富国际物流有限公司
上海市长途汽车运输有限公司
上海东方久信集团有限公司
大航国际货运有限公司
山西同元实业集团有限公司
苏州亚东国际物流有限公司
无锡星网物流有限公司
江苏河海运输股份有限公司
浙江中通通信有限公司
杭州三里洋物流有限公司
宁波富邦物流有限公司
安徽省徽商金属物流有限公司
福建盛丰物流集团有限公司
河南中原铁道物流有限公司
武汉长江沙鸥植物油有限公司
湖南一力股份有限公司
深圳市恒路物流股份有限公司
广州市新邦物流服务有限公司
广州风神物流有限公司
广东广通物流发展有限公司
云南新储物流有限公司
延安市汽车运输（集团）有限责任公司
新疆天顺供应链股份有限公司
新疆亚欧大陆桥煤炭运销有限责任公司

3A 级物流企业（27 家）：
天津中石化工物流有限公司
天津市东丽区联合运输有限公司
天津市东环物流有限公司
上海外高桥国际物流有限公司
重庆瑞驰物流有限公司
内蒙古中储物资储运有限责任公司
黑龙江金谷物流有限公司
无锡高新物流中心有限公司
浙江尖峰国际贸易有限公司
浙江富阳口岸国际物流有限公司

浙江诚信物流有限公司
浙江五星物流有限公司
浙江兴一物流有限公司
浙江省长兴县长运船务有限公司
浙江飞达物流有限公司
宁波恒胜物流有限公司
宁波龙星物流有限公司
宁波宏达货柜储运有限公司
宁波芦城国际物流有限公司
安徽省商业储运公司
福建八方迅通物流有限公司
江西大龙物流有限公司
茌平县第一汽车运输有限公司
武汉金昌物流有限公司
武汉市江天金属材料有限公司
深圳市佳捷国际物流有限公司
四川省宏图物流股份有限公司

2A 级物流企业（2 家）：
浙江中外运有限公司金华分公司
江西长兴物流有限公司

4. 全国第一、第二、第四、第五、第六批 A 级物流企业延期复核通过名单（共 7 家）

5A 级物流企业（1 家）：
黑龙江省五洲华宇恒业物流有限公司

4A 级物流企业（4 家）：
杭州一运集团有限公司
巨化集团公司运输分公司
郑州交通运输集团有限责任公司
广东远翔物流实业有限公司

3A 级物流企业（1 家）：
湖南恒邦物流有限公司

2A 级物流企业（1 家）：
宁波华东物资城物流开发中心

（中国物流与采购联合会评估办）

第六批推进流通现代化重点联系批发市场名单

1. 张家港保税区华东化工电子交易市场
2. 福建天工陶瓷城
3. 苏州市南门市场
4. 中国茶都——安溪全国茶叶批发市场
5. 中国·莆田鞋业服装城

（中国物流与采购联合会生资委）

商务部重点联系市场（第一批）名单

一、农副产品类（28家）

1. 北京新发地农产品批发市场
2. 北京顺鑫石门农产品批发市场
3. 北京八里桥农产品中心批发市场
4. 邯郸（馆陶）金凤禽蛋农贸批发市场
5. 内蒙古通辽玉米批发市场
6. 哈尔滨哈达果品批发市场
7. 牡丹江双合中俄果蔬批发市场
8. 江苏凌家塘农副产品批发市场
9. 舟山市水产品中心批发市场
10. 合肥周谷堆农产品批发市场
11. 马鞍山市安民农副产品批发交易中心
12. 江西九江京九农副产品中心批发市场
13. 福州市水产批发市场
14. 中国郑州粮食批发市场
15. 商丘农产品中心批发市场
16. 宜昌三峡国际旅游茶城
17. 广州江南果菜批发市场
18. 湛江市中鑫有限公司霞山水产品批发市场
19. 广西食糖中心批发市场
20. 重庆观音桥市场
21. 拉萨市肉食品公司
22. 成都市苏坡桥粮油批发交易市场
23. 昆明商品中心批发市场
24. 西宁市海湖路蔬菜瓜果综合批发市场
25. 大连北方粮食交易市场
26. 青岛城阳蔬菜水产品批发市场
27. 厦门蔬菜农副产品批发市场（中埔）
28. 深圳布吉农产品中心批发市场

二、生产资料类（20家）

1. 环渤海建筑材料中心批发市场
2. 太原市北郊钢材交易市场
3. 沈阳钢材中心批发市场
4. 长春钢材中心交易市场
5. 上海宝山钢材交易市场
6. 上海香山钢材交易市场
7. 南京钢材交易市场
8. 无锡生产资料交易市场
9. 无锡市南方不锈钢市场
10. 南京红太阳装饰城
11. 浙江南浔建材市场
12. 凤凰城建材物流科技园（河南）
13. 广东金属物资市场
14. 南宁虎邱城北钢材市场
15. 海南农垦电子商务交易中心
16. 西安大明宫建材家居城
17. 兰州西北物资市场
18. 银川市昆仑建材市场
19. 乌鲁木齐华凌综合批发市场
20. 余姚中国塑料城

（中国物流与采购联合会生资委）